高等教育航空运输类专业精品系列教材

INTRODUCTION TO
CIVIL AVIATION

民用航空概论

杨新湼　吴　维　孟令航　主编

人民交通出版社股份有限公司
China Communications Press Co.,Ltd.

内 容 提 要

本书为高等教育航空运输类专业精品教材，系统介绍了民航的基本概念、基础知识，以及民航系统在管理、技术变革、经营策略等方面的新技术、新动态和新发展，并注重知识体系的完整性和关联性。全书共8章，内容包括总论、民用航空器、运输航空、通用航空、机场、空中交通管理与航空情报管理、航空运行环境以及民航法规。

本书可供高等教育航空运输类专业的学生作为教材使用，也可供行业相关人员参考。

图书在版编目（CIP）数据

民用航空概论 / 杨新湦等主编. —北京 ：人民交通出版社股份有限公司，2019.6

ISBN 978-7-114-15388-4

Ⅰ.①民… Ⅱ.①杨… Ⅲ.①民用航空－概论 Ⅳ.①F56

中国版本图书馆CIP数据核字（2019）第049434号

审图号：GS（2019）2270号

书　　名： 民用航空概论
著 作 者： 杨新湦　吴　维　孟令航
责任编辑： 吴燕伶
责任校对： 刘　芹
责任印制： 张　凯
出版发行： 人民交通出版社股份有限公司
地　　址：（100011）北京市朝阳区安定门外外馆斜街3号
网　　址： http://www.ccpcl.com.cn
销售电话：（010）85285857
总 经 销： 人民交通出版社股份有限公司发行部
经　　销： 各地新华书店
印　　刷： 北京建宏印刷有限公司
开　　本： 787×1092　1/16
印　　张： 22.75
字　　数： 553千
版　　次： 2019年6月　第1版
印　　次： 2025年8月　第5次印刷
书　　号： ISBN 978-7-114-15388-4
定　　价： 49.00元
（有印刷、装订质量问题的图书由本公司负责调换）

INTRODUCTION TO
CIVIL AVIATION

前言

中国民用航空经过半个多世纪的发展，已形成一个由监管、运行、保障组成的复杂系统，具备了每天保障1.5万架次航班安全运行和150万名旅客顺畅出行的能力，航空运输客货总周转量位居世界第二位，国际影响力日益增强。

当前，我国经济社会发展已步入新的历史时期，高质量发展对交通运输业，特别是民用航空发展提出新的要求。星基通信、导航、监视技术和人工智能技术在民航领域的应用研究适逢其时，其推广应用必将深刻变革当前的运行模式和管理方式。中国民用航空局适时提出了“12334”民航强国发展战略行动纲要。行业内外科研院所、企业和社会大众对民航业的兴趣日益浓厚，迫切需要一部能够系统介绍民航系统组织架构、运行机制、管理体制，揭示民航系统运行规律，探索民航技术发展脉络趋势，剖析民航发展面临的挑战和机遇的概论性著作，为民航高等院校学生和相关研究人员提供一部学习和了解民航系统的基础性读物。

中国民航大学作为中国民用航空局直属的高等学府，承担着传播民航科学知识、培养航空领域专业技术人才和管理人才的历史使命。经过二十余年的建设和发展，形成了特色鲜明的课程教学团队。“民航概论”被评为中国民航大学校级精品资源课程、天津市精品资源建设课程、国家级精品视频公开课。团队负责人、天津市教学名师杨新湦教授组织课程组成员编写了《民用航空概论》教材。本教材主要特点如下：

(1) 以综合交通运输发展为视角，审视民航业的组成框架、运行机制和管理体制，深刻剖析民航系统关联性和业务协作关系。

(2) 以技术发展为主线，浓缩民航发展历程，传播渗透发展理念，阐述民航系统在管理、技术变革、经营策略等方面的新技术、新动态和新发展。

(3) 以对行业发展内在规律的深入研究为基础，突出知识的专业性、严谨性和科学性以及知识体系的完整性和关联性。

本书统编工作由杨新湦、吴维、孟令航完成。第一章由王愚、台宏达编写，第二章由闫凤良编写，第三章和第四章由吴维、李强编写，第五章由李昂编写，第六章由任杰编写，第七章由李克南、孟令航编写，第八章由孟令航、李克南编写。王维、冯振宇、李书明、朱新华、谷润平、张晓全、欧阳杰、降绍华、卿光辉、赵嶷飞、覃睿（按照姓氏笔画排序）等专家对本书的编写提出了中肯意见，在此一并致谢。由于民航技术发展日新月异，加之编写组成员认识的局限性，书中内容难免存在不足之处，诚恳希望读者批评指正，使得本书能更好地为广大读者服务。

编　者
2018年10月

INTRODUCTION TO CIVIL AVIATION

目录

INTRODUCTION TO

CIVIL AVIATION

第一章 总 论

民用航空（简称“民航”）是交通运输业和航空业的一个交叉行业，主要承载着远距、高速运输业务的职能。现代民航运输业经过百年发展，已经形成一个由制造、运输、保障、监管等在内的完整产业链和运行监管体系。本章主要阐明民航在交通运输业和航空业中的地位、作用，以及民航系统的组成及其相互关系。

第一节　交通运输业概述

交通运输业属于国民经济的第三产业，即服务业的范畴，是衡量区域经济社会发展的重要组成部分，是社会生产、分配、交换的纽带，也是经济社会发展的产业基础和先决条件。交通运输业包括铁路、公路、水路、航空和管道五种运输方式，各方式具有不同的技术经济特征与使用范围。航空运输在几大运输方式中出现较晚，但发展最快，其快速、舒适、不受地形限制的特点使其成为交通运输系统中不可或缺的一环。

一、交通运输的概念和要素

运输是人和物的载运和输送，而交通是运输工具在运输网络上的流动。交通运输是指借助于运输工具，实现人和物在空间上的位移。

1. 交通运输的作用

（1）交通运输是社会生产的必要条件。

（2）交通运输是社会流通的重要手段。

（3）交通运输是城镇形成和发展的重要条件。

（4）交通运输是国土资源开发的先锋（发展经济、采矿、推动其他产业等）。

（5）交通运输是满足人们工作、探亲、旅游等的重要工具。

（6）交通运输是实现国家统一、巩固国防的重要手段。

2. 交通运输的特点

（1）在流通过程中进行生产（不是在加工中产生）。

（2）不创造新产品，只改变运输对象的空间位置。

（3）运输生产的产品不具有物质实体，无法储备，在生产过程中被消耗掉。

（4）需要一个综合运输网，往往要通过多种方式才能完成。

（5）各种运输方式生产同一产品，而工农业生产的产品不同，其产品差异很大。

3. 构成交通运输的基本要素

构成交通运输的基本要素主要包括以下四个方面。

（1）运输线路：供运输工具定向移动的通道，是运输工具赖以运行的物质基础，有陆上运输线路（铁路、公路、城市轨道交通等）、水上运输线路（水运航线）、空中运输线路（民航航线、航路等）、管道运输线路等。

（2）载运工具：指在交通线路上或在具有与交通线路相似性能的几何体上，可用于装载旅客或货物，并使它们发生水平或垂直位移的各种设备，如轮船、飞机、汽车、火车、传送带、缆车、管道等。

（3）运输场站：指位于运输线路中的结点，是旅客和货物的集散地、各种运输工具的衔接点、办理客货运输业务和运输工具作业的场所，是运输企业对运输工具进行保养、修理的技术基础，是交通运输网络的重要组成部分，如火车站、汽车站、地铁站、轻轨站、民航机场等。

（4）组织与管理：为了确保交通运输安全有序运行所建立的安全监管、运输组织、运行保障等机构。以民航运输业为例，组织与管理部门主要包括中国民用航空局、民用航空地区管理局、航空公司、空中交通管理机构、航空油料保障机构等。

4. 交通运输业的发展阶段

交通运输业的发展可以划分为以下四个阶段。

（1）1825 年之前，水运阶段。

（2）1825—1930 年，铁路阶段。

（3）20 世纪 30—50 年代，铁路、公路、航空、管道竞争阶段。

（4）20 世纪 50 年代至今，综合运输阶段。20 世纪 50 年代以后，由于社会分工越来越细致，对交通的需求日益多样化，五种运输方式之间的相互协调、竞争和制约越来越明显。用现代信息技术来改造和提升现有产业，一方面有助于打破各交通运输部门之间的行业壁垒，促进统筹规划、优势互补，形成综合交通运输系统协同运行的格局，另一方面通过信息化促进智能化，形成智能交通运输系统，最终能够从根本上提升运输的效率和服务质量，降低运输成本，确保现代交通运输业绿色、和谐和可持续发展。

二、交通运输方式及其在国民经济中的地位、作用

现代社会的运输方式主要有五种：铁路运输、公路运输、水运运输、航空运输、管道运输。

1. 铁路运输

铁路运输是客货运列车在固定的重型或轻型钢轨上行驶的运输方式，是现代运输的主要方式之一。铁路运输设施主要包括铁路线路、站场和附属设施三部分。铁路运输在整个运输领域中占有重要的地位，并发挥着越来越重要的作用。

1）铁路运输的优点

铁路运输的优点有：运送能力大；运输成本低，耗费能源少；较少受气象、季节等自然条件的影响，持续性、稳定性好；计划性强，安全准时，运输能力可靠；收益随运输业务量的增加而增长。

2）铁路运输的缺点

铁路运输的缺点为：投资成本大，建设周期长；受轨道线路限制，灵活性较差，难以实现直接“门到门”的运输服务；固定成本所占比重大，大量资金、物资用于建筑工程，如路基、站场等。

3）铁路运输的地位和作用

铁路运输不仅在大宗、大流量的中长以上距离的客货运输方面具有绝对优势，而且在大流量、高密度的城际、中短途旅客运输方面具有很强的竞争优势。特别是 21 世纪以来，国家审时度势，大力发展高速铁路，高速铁路技术在世界上处于领先地位。截至 2017 年底，全国铁路营业里程达到 12.7 万 km，居世界第二位；其中高铁运营里程超过 2.5 万 km。2016 年 7 月国务院通过了《中长期铁路网规划》：到 2020 年高铁运营里程要达 3 万 km；贯通特大城市的高铁速度可达 350km/h；构建“八纵八横”主通道。在我国这样一个幅员辽阔、人口众

多、资源丰富的大国，铁路运输不论在目前还是在可以预见的未来，都是综合交通运输网络中的主体，在我国国民经济中起着核心和支柱作用。

2. 公路运输

公路运输是在公路上运送旅客和货物的运输方式，是交通运输系统的组成部分之一，主要承担陆上中短途客货运输。

1）公路运输的优点

公路运输在中短途运输中效果最为突出，尤其是"门到门"的运输更具有优越性，可以补充和衔接其他运输方式，如负担铁路、水路运输达不到的接力运输。在地势崎岖、人烟稀少、铁路和水运不发达的边远地区和经济落后地区，公路运输为主要运输方式。

与铁路、水运、航空运输方式相比，公路运输所需固定设施简单，车辆购置费用低，因此，投资成本低，回收周期短。

2）公路运输的缺点

（1）运载量小：我国载货汽车平均载重量 10t，火车则为数千吨甚至上万吨。

（2）运输成本高：公路运输成本是铁路的 10 ～ 20 倍。

（3）耗能大：公路耗能是铁路的 10 倍以上。

（4）劳动生产率低：铁路的劳动生产率是公路的 10 倍以上。

公路因其机动灵活、自组织运行等运行特征，能够适应最为广泛的运输需求。截至 2018 年底，我国公路总里程 485.95 万 km，其中高速公路里程 14.25 万 km，是世界上最大的高速公路系统，为我国经济持续高速发展提供了重要的交通保障。在当今世界，公路交通的现代化程度已经成为衡量一个国家交通发展水平的重要标志。

3. 水路运输

水路运输是以船舶为主要运输工具，以港口或港站为运输基地，以水域包括海洋、河流和湖泊为运输活动范围的一种运输方式。水路运输是货物运输中一个重要组成部分。水路运输可分为内河运输和海洋运输两大类。内河运输是指使用船舶通过江湖河川等天然或人工水道，运送货物和旅客的一种运输方式。它是水上运输的一个组成部分，是内陆腹地和沿海地区的纽带，也是边疆地区与邻国边境河流的连接线，在现代化的运输中起着重要的辅助作用。海洋运输是指使用船舶通过海上航道在不同国家和地区的港口之间运送货物的一种方式，是国际物流中最主要的运输方式。水路运输特别适合于大宗货物的长途运输，尤其是远洋运输，其不仅是国际贸易的主要运输方式，也是国民经济的重要组成部分。但水路运输受自然条件（如河流走向，海洋的季风、水域等）限制大，速度慢。

国际贸易必须依靠水路运输，国民经济贸易发展必然需要运输大量的原材料、成品和半成品。在人类历史进入 21 世纪的今天，在航空仍不能解决大批量货物运输的现实情况下，量大、价廉、便捷的海上运输仍将是联系全球性经济贸易的主要方式，承担着全球性、区域间的货物运输，成为世界经济全球一体化和区域化服务的运输纽带。

4. 航空运输

航空运输是使用航空器运送人员、装备、物资、邮件的一种运输方式，具有快速、机动的特点。民航运输是航空运输的主要组成部分，是现代旅客运输（尤其是现代远程旅客运输）以及贵重物品、鲜活货物和精密仪器运输的重要方式。

1）航空运输的优点

（1）速度快。这是航空运输的最大特点和优势。现代喷气式客机的巡航速度（真空速）为 800 ～ 900km/h，是汽车、火车的 3 ～ 10 倍，是轮船的 20 ～ 30 倍。

（2）机动性大。飞机在空中飞行，受地域、地形条件限制的程度比汽车、火车、轮船小得多。它可以将地面上任何距离的两个地方连接起来，可以定期或不定期通行。尤其在进行灾区救援、供应，边远地区的急救等紧急任务时，航空运输已成为必不可少的手段。

（3）舒适、安全。喷气式客机的巡航高度一般在 10000m 左右，飞行不受低空气流的影响，平稳舒适。现代民航客机的客舱宽敞，噪声小，机内有供膳、视听等设施，旅客乘坐的舒适程度较高。由于科学技术的进步和对民航客机适航性严格的要求，航空运输的事故率很低。

（4）基本建设周期短、投资少。要发展航空运输，只需添置飞机和修建机场。这与修建铁路和公路相比，其建设周期短、占地少、投资省、收效快。据统计分析，在相距 1000km 的两个城市间建立交通线，若载客能力相同，修筑铁路的投资是开辟航线的 1.6 倍，铁路修筑周期为 5 ～ 7 年，而开辟航线只需 2 年。

2）航空运输的缺点

飞机机舱容积和载重量都比较小，运输成本比其他运输方式高；而且在一定程度上受气象条件的限制，有时会发生航班延误。航空运输比较适宜于 1000km 以上的长途客运，以及时效性强的鲜活易腐货物和价值高的货物的中长途运输。

3）我国航空运输的地位与作用

新中国成立以来，特别是改革开放以来，我国航空运输业快速发展。2007—2018 年，我国民用航空航线条数从 1506 条增至 4206 条，民用航空通航机场数从 148 个增至 235 个，运输飞机在册架数从 1134 架增至 3638 架，运输总周转量从 365.30 亿 t•km 增长到 1206.4 亿 t•km。航空运输已成为我国交通运输体系的重要组成部分，成为我国实现现代化和加快国际化进程的重要生力军。在经济全球化环境下，航空运输不再仅仅是一种交通运输方式，而是区域经济融入全球经济的最佳通道。航空运输能改善投资环境，优化地区经济结构，构造区域经济与国际市场的无障碍运输环境，增加地区就业机会，因而已经成为区域经济和城市竞争力的重要组成部分。统计表明，航空运输投入与国民经济回报大约是 1:8 的关系，尤其是大型国际枢纽机场可形成带动力和辐射力极强的“临空经济区”，成为区域经济发展的发动机。

5. 管道运输

管道运输是用管道作为运输工具的一种长距离输送液体和气体物资的运输方式，是一种专门由生产地向市场输送石油、煤和化学产品的运输方式，是统一运输网中干线运输的特殊组成部分。有时候，气动管也可以做到类似工作，以压缩气体输送固体舱，固体舱中装着货物。管道运输石油产品比水运费用高，但仍然比铁路运输便宜。大部分管道都是被其所有者用来运输自有产品。

管道运输运输量大，可以连续运行；运费低，能耗少；安全可靠，占地面积小，对环境污染小；不受气候环境影响，能够长期稳定运行。但由于管道运输属于专用运输，输送产品单一且线路灵活性差。

管道运输由于具有连续性强、运输量大以及适应性强、建设周期短、资金回收快、永久性占地少等一系列优点，在五种运输方式中占有重要地位。它不仅是干线运输的特殊组成部分，最适宜于输送液体、气体的运输方式，而且还可以减轻其他运输方式的压力。截至2018年底，中国长输油气管道总里程已达13.5万km，基本形成了横贯东西、纵贯南北的油气管道输送网络。

三、综合交通运输

综合交通运输体系，是各种运输方式在社会化的运输范围内和统一的运输过程中，按其技术经济特点组成分工协作、有机结合、连接贯通、布局合理的交通运输综合体。首先，综合交通运输体系是在五种运输方式的基础上组建起来的。随着经济和社会的发展、科学技术的进步，运输过程由单一方式向多样化发展，运输工具由简单化向现代化发展，而人流和物流移动的全过程往往要使用多种运输工具才能实现。因此，运输生产社会化要求把多种运输方式组织起来，形成统一的运输过程。所以，综合交通运输体系是运输生产力发展到一定阶段的产物。其次，综合交通运输体系把各种运输方式通过运输过程本身的要求联系起来。这就是各种运输方式在分工的基础上，通过科学规划、协作配合，实现各种交通运输网络的合理布局、协同运行和优势互补。综合交通运输系统大致由三个系统组成：

（1）具有一定技术装备的综合运输网及其结合部系统。不同运输网络不仅自身是完善的，还要求彼此之间通过结合部实现交通网络拓扑、交通运输方式的顺畅衔接，这是实现综合运输的硬件基础。

（2）综合运输生产系统即各种运输方式的联合运输系统。其目的是将运输需求在不同运输方式之间进行科学调度，以确保生产任务能够顺利实施。

（3）综合运输组织、管理和协调系统。即根据综合运输生产系统的调度方案，组织、协调各运输环节和中转环节，执行运输任务。

21世纪初，我国高速铁路异军突起，其在价格、舒适性和便捷性方面的优势对民航运输业造成了很大冲击。统计数据表明，在高速铁路运行3h以内的市场，高速铁路占据50%以上的市场份额，而且距离越短，高速铁路市场份额越大。反之在高速铁路运行3h以上的市场，航空运输则占据着50%以上市场份额。900～1200km是高速铁路与航空市场竞争市场份额优势的临界距离。人们在这个区间上选择高铁出行的重要原因是：高铁的运营效率比航空公司高，因为航空公司必须面对安全检查、行李受限、空域限制、天气限制等各种问题，而这些恰恰是高铁运输的优势所在。同时，国家发展和改革委员会等部门也出台了《中长期铁路网规划》，规划指出，到2025年，中国高速铁路通车里程将达到3.8万km，形成“八横八纵”的高速铁路网，届时高速铁路对航空运输的冲击会更大。此外，随着电子商务的发展，冷链运输日益成为生鲜货物的主要运输方式。冷链运输是指在运输全过程中，无论是装卸搬运，还是变更运输方式、更换包装设备等环节，都使所运输货物始终保持一定温度。航空运输和公路运输结合构成的综合冷链运输方式，是实现远距、门到门快速生鲜运输的最主要形式。随着我国高速铁路、高速公路、城市轨道交通网络和民航运输网络不断完善，信息化和智能化程度不断提升，打破部门壁垒，结合民航机场群的建设，开展以空铁联运、冷链运输为基础的综合交通运输体系的研究、规划和建设，将有效促进各种交通运输资源整合，构建国家大交通体系，实现高效、绿色和智慧交通。

第二节 航空业概述

航空业是指飞行器在地球大气层（空气空间）中的飞行（航行）活动，涉及航空器的设计、制造、使用与支撑等众多领域，包括航空制造业、军事航空和民用航空三个部分。

一、航空制造业

航空制造业研究和使用最新的技术，制造适用于各种目的和使用条件的航空器以及配套的设备。航空制造业是知识、技术和资金密集型工业，是现代科技成果的综合，更是整个航空业的基础，反映一个国家科技和工业的发展水平。航空制造业中的典型产品都是复杂的庞大系统，涉及飞行器设计、飞机结构设计、航空材料、航空动力、航空电气工程、航空推进系统、人机与环境工程、应急救生等专业航空技术，被称为“制造业之花”。

波音公司和空中客车公司是当今世界上最大的两家民用飞机制造商，其百年竞争史形成了世界航空史上最为波澜壮阔的场景。普拉特·惠特尼集团公司（简称“普惠”）、通用电气公司（简称“通用”）、罗尔斯·罗伊斯公司（简称“罗·罗”）则几乎瓜分了现代航空发动机的主要市场份额。我国航空制造业也经历了从起步阶段的自主研发→国际转包机型零部件生产→国家工程型号任务研制的过程，可谓从零开始，一步一个脚印，经过近60年的不懈努力，飞机关键零部件的制造、装配技术水平和质量不断提升，基本实现了自主化，完全具备了从“支线机”到“大飞机”研制生产的技术条件。在《中国制造2025》以及“智能制造”的国家战略意志影响下，我国航空制造业正经历一场大变革。但与发达国家相比，航空制造业距离实现目标仍有不小差距。

二、军事航空

军事航空是指为了保卫国家以及维护国家内部安定，由国家武装力量执行的战争性质和非战争性质的航空活动，如空军执行的战斗飞行和训练飞行，武警执行的反恐、消防飞行，海军执行的搜救飞行等。公安部门使用国家航空器执行城市巡逻、中国人民武装警察部队海警总队使用国家航空器进行海上维权执法等航空活动，属于政府公共管理范畴，不应被视为军事航空活动。

军事航空的飞行目的、特点与民用航空有很大区别，因而其飞行规则也不同于民用航空。

三、民用航空

民用航空是指使用航空器从事除了国防、警察和海关等国家航空活动以外的航空活动，

民用航空活动是航空活动的一部分。在第二次世界大战以后，民用航空快速发展成为一个庞大的行业，它是交通运输业的一个重要组成部分，对国民经济发展有着巨大的贡献。

民用航空包括运输航空和通用航空。

1. 运输航空

运输航空是指使用民用航空器进行经营性质的客、货、邮等航空运输活动。运输航空首先是一种公共航空运输活动，面向公众提供运输服务，因而安全性和准时性是其基本要求。其次，运输航空还是一种商业活动，以盈利为目的，因而又称为商业航空，运输的效率和效益是运输航空组织管理的重要目标。尽管运输航空在运输量方面和其他运输方式相比较少，但由于其在快速、远距离运输方面的优势，使得运输航空在经济全球化的浪潮中和国际交往上发挥着不可替代的、越来越大的作用。

2. 通用航空

世界各国对通用航空的定义不尽相同。我国通用航空是指使用民用航空器从事公共航空运输以外的民用航空活动，包括从事工业、农业、林业、渔业和建筑业的作业飞行以及医疗卫生、抢险救灾、气象探测、海洋监测、科学实验、教育训练、文化体育等方面的飞行活动。国际民用航空组织（International Civil Aviation Organization，ICAO）定义的通用航空划分为航空作业和其他类通用航空两个部分。有些国家把航空作业单独作为一类航空，其他通用航空称之为通用航空。美国和英国则将定期航班之外的其他民用航空活动归入通用航空范畴。总之，通用航空是比运输航空广泛得多的航空活动，其面临的管理难题也最多。特别是近年来，随着私人航空、无人机和通勤航空的兴起，原有通用航空的定义已不足以应对航空管理领域面临的诸多难题，需要重新对通用航空进行科学定义和分类。

第三节　民用航空系统组成

民用航空是交通运输业和航空业的交叉。民用航空是一个以飞行为中心，由监管部门、运行机构、保障机构以及其他企事业单位组成的复杂巨系统。监管部门代表国家对民航行业进行安全监管，是立法和执法机构，包括中国民用航空局、民航地区管理局，民航安全监督管理局是民航地区管理局的派出机构。运行机构是以飞行为主体的民航运行机构，包括机场、航空公司、空中交通管理机构等。机场是空中运输和地面交通的结合点，负责对机场资源进行分配和调度；航空公司是飞行活动的直接组织者，负责飞行任务的组织、调度和实施；空中交通管理机构是空中交通秩序的管理者和空中交通服务的提供者，以确保空中交通的安全、高效和有序运行。保障机构包括为民航飞行提供维修、油料供应、信息保障、航材供应的运行支持机构。其他企事业单位包括民航院校、医院、研究单位、航空体育活动单位以及拥有飞机的个人和企事业单位等。

一、监管机构

政府设立民航监管机构对民航生产、运营等环节进行监督管理，其目的是确保民航生产和运营符合国家安全标准和法规，维护民航运行的安全和秩序，维护国家领空主权、参与民用航空活动的主体和地面第三人的合法权益。我国民航监管机构由中国民用航空局（简称“民航局”）、民用航空地区管理局（简称“民航地区管理局”）两级机构组成。安全监督管理局是民航地区管理局的派出机构，如图 1-1 所示。

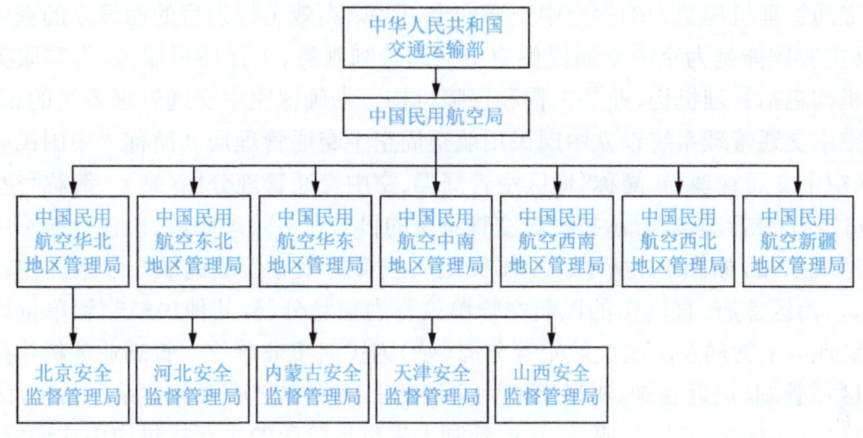

图 1-1 中国民用航空监管机构

民航局代表国家对民用航空业进行监管，其主要职能概括如下。

（1）立法权：制定民航规章和标准。

（2）执法权：负责民航行业安全监管和市场监管。

（3）规划权：制定和实施民航行业发展规划。

（4）外事权：代表政府从事民航外事活动。

民航局以下设立 7 个地区管理局，分别是华北、东北、华东、中南、西南、西北和新疆地区管理局。民航地区管理局代表民航局对辖区内的民航活动实施监管。其主要职能概括如下：

（1）制定民航规范性文件，贯彻落实民航局的规章、制度和命令。

（2）负责辖区内的民航行业的安全监管和市场监管。

各地区管理局在所辖自治区、直辖市和部分重要城市设有安全监督管理局，以地区管理局名义具体承办所辖地域民航安全监管和市场监管活动。

二、运行机构

运行机构主要包括参与航空活动的各类企业、民航机场、空中交通管理机构和现场指挥机构等。

航空企业主要包括航空运输企业和通用航空企业。航空运输企业即经营性质的航空公司，利用民用航空器从事生产运输，为旅客 / 货物提供航空运输服务，也是目前我国民航业生产收入的主要来源。其主要运行业务包括公司运营和销售、航班运行控制、飞机维修与管理等。通用航空企业主要从事运输飞行以外的其他民用航空活动，如飞行训练、航空体育、科研试验、电力巡线、森林防火、农药喷洒等，主要运行业务包括航务管理、飞行指挥、飞机维修与管理等。

机场是用于飞机起降、停放和维修等活动的场地，包括服务飞机起降和维护各种建筑物和设施，如跑道、滑行道、机坪等。提供商业服务的机场称为空港，除跑道、滑行道、机坪外，还包括候机楼和进出机场的交通设施等。民用机场是航空活动和整个社会的结合点，是提供公共服务的基础设施，机场的规划、建设、运营和管理与城市发展和活动关系紧密。

空中交通管理机构是为确保空中交通安全、正常、高效飞行为目的而设立的空中交通服务设施，其主要职能是为空中交通提供空中交通管制服务、飞行情报服务、告警服务。空中交通管理机构包括管理机构、业务机构和保障机构。为确保空中交通管理系统的正常运转，中国民航空中交通管理系统设立中国民用航空局空中交通管理局（简称“中国民航局空管局”）、地区空中交通管理局（简称“地区空管局”）、空中交通管理分局（站）（简称“空管分局”或“空管站”）三级管理机构，承担民航空管系统的日常业务管理职能，确保民航空中交通管理业务的顺利实施，如图 1-2 所示。中国民航局空管局领导管理民航 7 个地区空管局。驻省会城市、自治区首府、直辖市的民航空管单位称为空管分局，其他民航空管单位均称为空管站。民航地区空管局及所属民航空管分局（站）为民航事业单位。管制业务机构按照飞行阶段设立区域管制、进近管制、机场管制为主线的三级空中交通服务体系。其中，区域管制为航路飞行提供空中交通管理服务，进近管制为进离场阶段的飞行提供空中交通管理服务，机场管制为起降和地面滑行的航空器提供空中交通管理服务。为保障空管业务正常实施还设立了航空情报服务、航空电信服务和航空气象服务等机构，负责为空管机构提供空管运行所需的情报信息、航空气象信息、基础设施维护等运行支持服务。

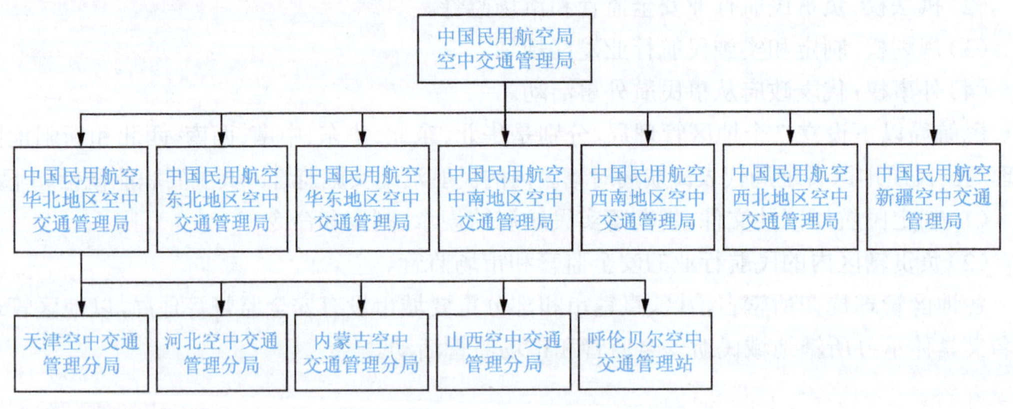

图 1-2 民用航空空中交通管理系统结构

多跑道机场的出现使得机场场面资源的管理和调度工作越来越复杂，机场现场指挥机构应运而生。现场指挥机构是为运输机场航班飞行提供场面服务的管理机构，其主要职能是根据航班运行计划及其场面服务需求，对廊桥、停机位、行李转盘、地面服务车辆等资源进行调度和优化，以确保机场场面运行的安全、有序和高效。2015 年 5 月 13 日，随着机坪管制正式投入运行，机坪运行管理职能由空管全部转移到机场，杭州萧山国际机场成为全国第一家完全实现机坪运行管制责任移交的机场，也成为机坪管制国内实践的先行者和开拓者。移交后，空管主要负责航空器起飞、着陆、脱离跑道和放行许可；机场机坪管制负责航空器推出、开车、滑行、拖拽工作。航空器机坪运行在运行效率、服务质量、安全裕度和管理建设等方面均取得了显著成效。

三、保障机构

民航保障机构主要包括飞机维修企业、油料供应企业、航材企业、航空信息服务企业、航空服务公司、飞行校验部门等。其中，飞机维修企业负责飞机的维护、大修等工作；油料供应企业负责航空油料的运输、储存、检测和销售；航材企业负责飞机采购、租赁和航材的保障；航空信息服务企业负责客户的管理、旅客的合作服务等；航空服务公司负责销售的代理等。2002 年，我国民航系统组建了三大航空服务保障集团，即中国航空信息集团公司、中国航空油料集团公司和中国航空器材集团公司。

飞机维修企业在我国主要有北京飞机维修工程有限公司（AMECO）。AMECO 是我国民航合资最早、规模最大的民用飞机综合维修企业，为航空公司提供航线维护、飞机大修及喷漆、发动机大修、附件修理、起落架大修、工程技术、人员培训、地面设备校验等方面的服务，是中国民航局授权的民用航空器改装设计委任单位代表（DMDOR）。

油料供应企业在我国的典型代表是中国航空油料集团有限公司（简称“中国航油”），该公司是以原中国航空油料总公司为基础组建的国有大型航空运输服务保障企业，是国内最大的集航空油品采购、运输、储存、检测、销售、加注为一体的航油供应商。

航材企业在我国的典型代表是中国航空器材集团有限公司（简称“中航材”），该公司是在中国航空器材进出口总公司基础上组建的，是以航空器材保障为主业的综合性服务保障企业。其经营范围包括飞机、发动机、航空器材、各种设备、特种车辆的进出口、租赁、维修、寄售以及与民用航空有关的各种工业产品和原材料的进出口业务，从事与此相关的招投标、国内外投融资、技术咨询、培训、服务、展览、航空表演业务，开展合资经营、合作生产、加工装配以及多种形式的对外贸易。

航空信息服务企业在我国的典型代表是中国民航信息集团有限公司，该公司是专业从事航空运输旅游信息服务的大型国有独资企业。其主要业务包括航空信息技术服务、结算及清算服务、分销信息技术服务、机场信息技术服务、航空货运物流信息技术服务、旅游产品分销服务、公共信息技术服务等，以及与上述业务相关的延伸信息技术服务。

航空服务公司在我国的典型代表是中国航空服务有限公司，该公司是客、货运航空销售代理企业。其主要业务包括保险代理业务、国内航空客货运输代理、国际航空客货运输代理（按国家指定对象代理）、承办空运进出口货物的国际运输代理业务（包括：揽货、订舱、仓储、中转、集装箱拼装拆箱、结算运杂费、报关、报验、保险、相关的短途运输服务）和商旅管理等。

飞行校验部门在我国的典型代表是中国民用航空飞行校验中心，该中心是我国唯一的民用航空飞行校验机构，承担我国内地、香港、澳门所有民用机场、军民合用机场和航路的各类导航、雷达、通信、助航设施设备及飞行程序的飞行校验任务。

四、其他企事业单位

其他企事业单位包括民航高等院校、医院、研究单位、航空体育活动单位以及拥有飞机的个人和企事业单位等。这是一个庞杂的群体，其活动形式多样，满足人们对航空活动的多种需要。

中国民航局直属院校包括中国民航大学、中国民用航空飞行学院、中国民航管理干部学院、广州民航职业技术学院、上海民航职业技术学院。直属医院有民航医学中心，直属科学研究机构包括中国民航科学技术研究院、中国民航局第二研究所。它们主要为民航提供人才支撑、技术支持等，满足民航在发展中的不同需求。

五、民航从业人员

民航从业人员主要包括从事民航活动的空勤人员和地面保障人员。空勤人员包括航空器驾驶员、乘务员和安全员。地面保障人员包括飞行签派员、空中交通管制员、航空电信人员、航空气象人员、航空情报人员、飞行程序设计人员、现场指挥人员、机务维修人员、机场安保人员等。民航运行安全对民航从业人员提出了严格的标准，航空器驾驶员、飞行签派员、空中交通管制员、航空电信人员、航空情报员、航空气象人员、机务维修人员等被纳入民航行政许可范畴，这些从业人员的身体条件、培训经历、理论和技能水平、实践经历都有严格的标准，只有经过考核合格并取得由民航行政机构颁发的执照的人员才能从事民航行业活动。

每架飞机的飞行安全都与各部门人员的工作职责密不可分，每个部门的人员只有尽职尽责才可以保证飞机和乘客们的安全。所以从业人员必须经过相应的培训并且获取相应的行政许可，使得每个部门之间能够高效沟通，认真负责完成本职工作，降低事故的发生率，确保飞行安全，提供最优质的服务。

第四节　民航组织及协会

航空运输活动具备天然的国际性，因而产生了许多国际性的政治、经济、安全和技术问题，涉及国家领空主权保护、统一技术规范、健康市场秩序、安全保卫等方面问题。为了促进这些问题的解决，相继成立了由主权国家、航空承运人、机场、空管部门等构成的国际性组织和协会，在国际航空安全管理中起着极为重要的作用。本节主要介绍国际民航组织、国际航空运输协会和中国的部分行业协会。

一、国际民航组织

1. 历史与宗旨

国际民航组织（International Civil Aviation Organization，ICAO）前身为根据1919年《巴黎公约》成立的空中航行国际委员会。由于第二次世界大战对航空器技术发展起到了巨大的推动作用，使得世界上已经形成了一个包括客货运输在内的航线网络，但随之也引起了一系列急需国际社会协商解决的政治上和技术上的问题。因此，在美国政府的邀请下，52个国家于1944年11月1日至12月7日参加了在芝加哥召开的国际会议，签订了《国际民用航空公约》（又称《芝加哥公约》），按照公约规定成立了国际民航组织。1947年4月4日，《芝加哥公约》正式生效，国际民航组织也正式成立，其总部设在加拿大的蒙特利尔，并于5月6日召开了第一次大会。同年5月13日，国际民航组织正式成为联合国的一个专门机构。

国际民航组织的宗旨和目的在于发展国际航行的原则和技术，促进国际航空运输的规划和发展，以便实现下列各项目标：

（1）确保全世界国际民航安全、有秩序地发展。

（2）鼓励发展面向和平用途的航空器的设计和操作技术。

（3）鼓励发展国际民用航空应用的航路、机场和航行设施。

（4）满足世界人民对安全、正常、有效和经济的航空运输的需要。

（5）防止因不合理的竞争而造成的经济上的浪费。

（6）保证各缔约国的权利充分受到尊重，每一缔约国均有经营国际航空运输企业的公平机会。

（7）避免各缔约国之间的差别待遇；促进国际航行的飞行安全；普遍促进国际民航在各方面的发展。

以上内容共涉及国际航行和国际航空运输两个方面问题。前者为技术问题，主要是安全；后者为经济和法律问题，主要是公平合理，尊重主权。两者的共同目的是保证国际民航安全、正常、有效和有序地发展。

2. 组织与运行

国际民航组织由大会、理事会和秘书处三级机构组成。

大会是国际民航组织的最高权力机构，由全体成员国组成。大会由理事会召集，一般情况下每三年举行一次，遇有特别情况时或经五分之一以上成员国向秘书长提出要求，可以召开特别会议。大会决议一般以超过半数通过。参加大会的每一个成员国只有一票表决权。但在某些情况下，如《芝加哥公约》的任何修正案，则需三分之二多数票通过。大会的主要职能为：选举理事会成员国，审查理事会各项报告，提出未来三年的工作计划，表决年度财政预算，授权理事会必要的权力以履行职责，并可随时撤回或改变这种权力，审议关于修改《芝加哥公约》的提案，审议提交大会的其他提案，执行与国际组织签订的协议，处理其他事项等。大会召开期间，一般分为大会、行政、技术、法律、经济五个委员会对各项事宜进行讨论和决定，然后交大会审议。

理事会是向大会负责的常设机构，由大会选出的33个缔约国组成。理事国分为三类：第一类是在航空运输领域居特别重要地位的成员国，第二类是对提供国际航空运输的发展有突出贡献的成员国，第三类是区域代表成员国，三者的比例为10∶11∶12。理事会设主席一名。主席由理事会选举产生，任期三年，可连选连任。理事会每年召开三次会议，每次会议会期约为两个月。理事会下设财务、技术合作、非法干扰、航行、新航行系统、运输、联营导航、爱德华奖八个委员会。每次理事会开会前，各委员会先分别开会，以便将文件、报告或问题提交理事会。理事会的主要职责包括：执行大会授予并向大会报告本组织及各国执行公约的情况；管理本组织财务；领导下属各机构工作；通过公约附件；向各缔约国通报有关情况；设立运输委员会，研究、参与国际航空运输发展和经营有关的问题并通报成员国；对争端和违反《芝加哥公约》的行为进行裁决等。

秘书处是国际民航组织的常设行政机构，由秘书长负责保证国际民航组织各项工作的顺利进行。秘书处下设航行局、航空运输局、法律局、技术合作局、行政局五个局以及财务

处、外事处。此外，秘书处有一个地区事务处、七个地区办事处和一个亚太地区分办事处，地区办事处直接由秘书长领导，主要任务是建立和帮助各缔约国执行国际民航组织制定的国际标准和建议措施以及地区规划。七个地区办事处分设在曼谷、开罗、达喀尔、利马、墨西哥城、内罗毕和巴黎，主要负责组织研究、解释和规划适用于其各自地缘政治区域的国际标准和措施。一个亚太地区分办事处设在北京，主要负责东北亚地区的空域组织和管理工作。

3. 地位与活动

国际民航组织是联合国的专门机构。该类专门机构指的是通过特别协定而同联合国建立法律关系的或根据联合国决定创设的对某一特定业务领域负有"广大国际责任"的政府间专门性国际组织。但它们并不是联合国的附属机构，而是在整个联合国体系中享有自主地位。协调一致，是这些专门机构与联合国相互关系的一项重要原则。联合国承认国际民航组织在其职权范围内的职能，国际民航组织承认联合国有权提出建议并协调其活动，同时定期向联合国提出工作报告，相互派代表出席彼此的会议，但无表决权。一个组织还可以根据需要参加另一组织的工作。

国际民航组织按照《芝加哥公约》的授权，发展国际航行的原则和技术。近二十年，各种新技术飞速发展，全球经济环境也发生了巨大变化，对国际民航的航行和运输管理制度形成了前所未有的挑战。为加强工作效率和针对性，继续保持对国际民航的主导地位，国际民航组织制定了战略工作计划，重新确定了工作重点，于 1997 年 2 月由其理事会批准实施。

（1）法规（Constitutional Affairs）

修订现行国际民航法规条款并制订新的法律文书。主要项目有：

敦促更多的国家加入关于不对民用航空器使用武力的《芝加哥公约》第 3 分条和在包用、租用和换用航空器时由该航空器登记国向使用国移交某些安全职责的第 83 分条（我国均已加入）。

敦促更多的国家加入《国际航班过境协定》（我国尚未加入）。

起草关于统一承运人赔偿责任制度的"新华沙公约"。

起草关于导航卫星服务的国际法律框架。

（2）航行（Air Navigation）

制订并更新关于航行的国际技术标准和建议措施是国际民航组织最主要的工作，国际民航组织制定的 19 个附件中有 17 个是涉及航行技术的。战略工作计划要求这一工作跟上国际民用航空的发展速度，保持这些标准和建议措施的适用性。

规划各地区的国际航路网络、授权有关国家对国际航行提供助航设施和空中交通与气象服务、对各国在其本国领土之内的航行设施和服务提出建议，是国际民航组织"地区规划（Regional Air Navigation Planning）"的职责，由 7 个地区办事处负责运作。由于各国越来越追求自己在国际航行中的利益，冲突和纠纷日益增多，致使国际民航组织的统一航行规划难以得到完全实施。战略工作计划要求加强地区规划机制的有效性，更好地协调各国的不同要求。

（3）安全监察（Safety Oversight Program）

全球民航重大事故率平均为 1.44 架次 / 百万架次。随着航空运输量的增长，如果这一比率不降下来，事故的绝对次数也将上升到不可接受的程度。国际民航组织从 20 世纪 90 年代初开始实施安全监察规划，主要内容为各国在志愿的基础上接受国际民航组织对其航空当局安全规章的完善程度以及航空公司的运行安全水平进行评估。这一规划已在第32届大会上发展成为强制性的"航空安全审计计划（Safety Audit Program）"，要求所有的缔约国必须接受国际民航组织的安全评估。

安全问题不仅在航空器运行中存在，在航行领域的其他方面也存在，例如空中交通管制和机场运行等。为涵盖安全监察规划所未涉及的方面，国际民航组织还发起了"在航行域寻找安全缺陷（Program for Identifying Safety Shortcomings in the Air Navigation Field）"计划。

作为航空安全的理论研究，现实施的项目有"人为因素（Human Factors）"和"防止可控飞行撞地（Prevention of Controlled Flight into Terrain）"。

（4）制止非法干扰（Aviation Security）

制止非法干扰即我国通称的安全保卫或空防安全。这项工作的重点为敦促各缔约国按照附件17"安全保卫"规定的标准和建议措施，特别加强机场的安全保卫工作，同时大力开展国际民航组织的安全保卫培训规划。

（5）实施新航行系统（ICAO CNS/ATM Systems）

新航行系统即"国际民航组织通信、导航、监视/空中交通管制系统"，是集计算机网络技术、卫星导航和通信技术以及高速数字数据通信技术为一体的革命性导航系统，将替换现行的陆基导航系统，大大提高航行效率。新航行系统于20世纪80年代末期由国际组织提出概念，90年代初完成全球规划，现已进入过渡实施阶段。这种新系统要达到全球普遍适用的程度，尚有许多非技术问题要解决。战略工作计划要求攻克的难题包括：卫星导航服务（GNSS）的法律框架，运行机构，全球、各地区和各国实施进度的协调与合作，融资与成本回收等。

（6）航空运输服务管理制度（Air Transport Services Regulation）

国际民航组织在航空运输领域的重点工作为"简化手续（Facilitation）"，即"消除障碍以促进航空器及其旅客、机组、行李、货物和邮件自由地、畅通无阻地跨越国际边界"。19个附件中唯一不涉及航行技术问题的就是对简化手续制订标准的建议措施的附件9"简化手续"。

在航空运输管理制度方面，1944年的国际民航会议曾试图制订一个关于商业航空权的多边协定来取代大量的双边协定，但未获得多数代表同意。因此，国家之间商业航空权的交换仍然由双边谈判来决定。国际民航组织在这方面的职责为：研究全球经济大环境变化对航空运输管理制度的影响；为各国提供分析报告和建议；为航空运输中的某些业务制定规范。战略工作计划要求国际民航组织开展的工作有：修订计算机订座系统营运行为规范、研究服务贸易总协定对航空运输管理制度的影响。

（7）统计（Statistics）

《芝加哥公约》第54条规定，理事会必须要求、收集、审议和公布统计资料，各国有义务报送这些资料。这不仅对指导国际民航组织的审议工作是必要的，而且对协助各国民航当局根据现实情况制定民航政策也是必不可少的。这些统计资料主要包括：承运人运输量、分航段运输量、飞行始发地和目的地、承运人财务、机队和人员、机场业务和财务、航路设施业务和财务、各国注册的航空器、安全、通用航空以及飞行员执照等。

国际民航组织的统计工作还包括经济预测和协助各国规划民航发展。

（8）技术合作

20世纪90年代以前，联合国开发计划署援助资金中5%用于发展中国家的民航项目，

委托给国际民航组织技术合作局(TCB)实施。此后,该署改变援助重点,基本不给民航项目拨款。鉴于不少发展中国家引进民航新技术主要依靠外来资金,国际民航组织强调必须继续维持其技术合作机制,资金的来源,一是靠发达国家捐款,二是靠受援助国自筹资金,委托给国际民航组织技术合作局实施。不少发达国家认为国际民航组织技术合作机制效率低,工作人员多,且还要从项目资金中提取一定比例管理费,因此很少向其捐款,主要选择以双边的方式直接同受援国实施项目。

(9)培训

国际民航组织向各国和各地区的民航训练机构提供援助,使其能向各国人员提供民航各专业领域的在职培训和国外训练。战略工作计划要求,今后培训方面的工作重点是加强课程的标准化和针对性。

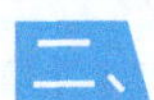

二、部分国际航空协会及组织

1. 国际航空运输协会

国际航空运输协会(International Air Transport Association, IATA)是一个由世界各国航空公司所组成的大型国际组织,其前身是1919年在海牙成立并在第二次世界大战时解体的国际航空业务协会。1945年4月16日在哈瓦那会议上修改并通过了草案章程后,新组织于同年10月正式成立,定名为国际航空运输协会,总部设在加拿大的蒙特利尔,执行机构设在日内瓦。截至2019年3月,国际航空运输协会有会员290家,代表了国际航空运输总量的82%左右。

IATA的宗旨是为了世界人民的利益,促进安全、正常而经济的航空运输,对直接或间接从事国际航空运输工作的各空运企业提供合作的途径,与国际民航组织以及其他国际组织通力合作。

IATA由全体会议、常务委员会、执行委员会和专门委员会组成。国际航空运输协会七个地区办事处为:北美地区办事处(美国华盛顿)、南美地区办事处(智利圣地亚哥)、欧洲地区办事处(比利时布鲁塞尔)、非洲地区办事处(瑞士日内瓦)、中东地区办事处(约旦安曼)、亚太地区办事处(新加坡)和北亚地区办事处(北京)。

IATA是一个由承运人(航空公司)组成的国际协调组织,管理在民航运输中出现的诸如票价、危险品运输等问题,主要作用是通过航空运输企业来协调和沟通政府间的政策,并解决实际运作的问题。但是由于IATA的成员大都由各国政府持股和经营,因而,其立法成为国际航空法的重要渊源。

根据1978年国际航空运输特别大会决定,国际航空运输协会的活动主要分为两大类:行业协会活动和运价协调活动。1988年又增加了行业服务,包括运价协调、运输服务、代理人事务。国际航空运输协会对于航空运输服务最有意义的功绩在于清算和联运,它将各个航空公司的航线结合起来,形成了相互协调、遍及世界的空中航线网络,使得旅客、行李和货物的运输以最经济的价格完成复杂的旅行,并提供安全、迅速、便捷的结算服务。目前通过国际航空运输协会每年为航空公司结算的金额,仅开算和结账系统(BSP)一项就高达近3000亿美元。

2. 国际机场理事会

国际机场理事会，原名为国际机场联合协会（Airports Association Council International，ACI），于1991年1月成立。1993年1月1日改称国际机场理事会。国际机场理事会是全世界所有机场的行业协会，是一个非营利性组织，其宗旨是加强各成员与全世界民航业各个组织和机构的合作，包括政府部门、航空公司和飞机制造商等，并通过这种合作，促进建立一个安全、有效、与环境和谐的航空运输体系，总部设在瑞士的日内瓦。

国际机场理事会的发展目标为：保持和发展世界各地民用机场之间的合作，相互帮助；就各成员机场所关心的问题，明确立场，形成惯例，以"机场之声"的名义集中发布和推广这些立场和惯例；制定加强民航业各方面合作的政策和惯例，形成一个安全、稳定、与自然环境相适应的高效航空运输体系，推动旅游业和货运业乃至各国和世界经济的发展；在信息系统、通信、基础设施、环保、金融、市场、公共关系、经营和维修等领域内交流有关提高机场管理水平的信息；向国际机场理事会的各地区机构提供援助，协助其实现上述目标。

国际机场理事会由六个地区分会组成：非洲地区分会、亚洲地区分会、欧洲地区分会、拉丁美洲/加勒比海地区分会、北美地区分会和太平洋地区分会。国际机场理事会目前拥有169个国家和地区的554名正式会员。在亚洲、太平洋地区约有42个国家和地区的57名正式会员。北京首都国际机场于1996年11月17日被国际机场理事会正式批准成为该组织的会员。

3. 国际航空联合会

国际航空联合会（The Federation Aeronautical International，FAI）于1905年10月14日在法国成立，总部设在巴黎，成立初期有50个会员，正式工作语言为英语、法语、西班牙语和俄语。国际航空联合会的宗旨是：促进航空和宇宙航空运动在全世界的发展，使其成为一种不分政治信仰和种族而使人们团结起来的强有力的工具；确认、核实国际纪录；制定航空和宇宙航空比赛的规则；汇集、分析和传播有助于改进飞机设备、飞行安全的情报。经过一个世纪的稳步增长，FAI现有100多名会员。

国际航空联合会最高权力机构是代表大会。代表大会每年召开1次，理事会每年召开2次。国际航空联合会下设国际航空运动、国际通用航空、滑翔、特技飞行、直升机、宇宙航行、跳伞、航空模型、气球、航空生理医学、航空教育、财务、国际业余制作飞机、悬挂式滑翔等15个单项委员会。

每个国家入会时将根据其会员的多少、航空运动的水平和开展情况等，由理事会和代表大会确定该组织在国际航空联合会中的等级。国际航空联合会分为12个等级，等级越高，交纳的会费也相应越多，代表大会表决时的票数也越多。

三、部分中国民用航空协会及组织

随着中国民航业的不断壮大，我国也出现了一些行业协会和组织，其通过自发的组织和协调，成为政府组织职能的有效补充，提高了民航运输的安全性和运行效率。

1. 中国航空运输协会

中国航空运输协会（China Air Transportation Association，CATA）简称"中国航协"，成立

于2005年9月，是由航空运输相关企事业单位、社会团体自愿结成的全国性、行业性、非营利性的社会组织，是经民政部核准登记注册的社团法人，业务主管单位为中国民航局。截至2018年7月，协会会员4340家，本级会员94家，分支机构会员4246家。

协会的宗旨是：遵守宪法、法律、法规和国家政策，遵守社会道德风尚；积极承担社会组织责任，努力为全体会员服务，促进航空运输发展和持续安全。协会下设综合人事部、财务部、研究部、市场部、培训部、交流部6个部门；分支机构有航空安全工作委员会、通用航空分会、航空运输销售代理分会、航空油料分会、航空食品分会、飞行乘务员委员会、法律委员会、收入会计工作委员会、海峡两岸航空运输交流委员会、航空物流发展基金管理委员会和科技教育文化委员会。

2. 中国民用机场协会

中国民用机场协会（China Civil Airports Association，CCAA）是以中国民用机场为主体，由全国民用机场、相关企事业法人和社团法人自愿结成的全国性、行业性、非营利性的社团组织，在业务上接受中国民用航空局的领导和指导，是经国家民政部核准登记注册的社团法人。

协会成立于2006年8月25日，总部设在北京。截至2018年10月，协会共有会员单位292个，其中机场会员206个，非机场会员86个。管理机构设有常务理事单位31个，理事单位88个。协会秘书处内设行政综合部、专业委员会事务部、财务部、培训与外联事务部4个部门。下设机场规划与临空经济，机场安全、安保与货运，机场运行指挥，机场医疗救护，机场服务质量，机场信息智能，机场环境保护，机场建设与设施设备，中小机场管理航线营销，机场财经，机场文化建设，机场法律，机场贵宾服务，通用机场，机场能源管理等17个专业委员会。协会按照“共同参与、共同分享、共同成就”的指导思想，认真做好服务会员、服务行业、服务社会的各项工作。

3. 中国民用航空维修协会

中国民用航空维修协会（Civil Aviation Maintenance Association of China，CAMAC）是由中华人民共和国境内涉及民用航空维修的单位，依据我国有关法律规定自愿参加结成的、行业的、不以营利为目的，经民政部核准登记的全国性社会团体法人。该协会接受中国民用航空局的业务指导和国家社团登记管理机关的监督管理，其业务主管单位是中国民用航空局。

中国民用航空维修协会的宗旨是：遵守宪法、法律、法规和国家政策，遵守社会公德；贯彻执行行业规章和有关政令，协助政府加强行业管理，在政府主管部门与企业之间发挥桥梁与纽带作用；制定行业标准，规范行业行为，促进行业发展，协调同业关系，提升行业竞争力，为航空公司提供优质服务；维护会员单位的利益和业内工作者的权益；促进与国际维修同行的交流与合作。

4. 中国航空器拥有者及驾驶员协会

中国航空器拥有者及驾驶员协会（Aircraft Owners and Pilots Association of China，AOPA China），成立于2004年8月，是由全国航空器拥有者及驾驶员自愿结成的全国性、行业性、非营利性的社会组织，是经民政部核准登记注册的社团法人。该协会接受中国民用航空局业务指导和国家社团登记管理机关的监督管理，其业务主管单位是中国民用航空局。

协会的宗旨是：遵守国家法律、法规和有关政策，遵守社会道德风尚；促进、维护和代表会员在通用航空领域的权利和义务。协会机构包括：会员大会、理事会、专家委员会和秘书处。会员大会是中国航空器拥有者及驾驶员协会的最高权力机构，它的常设机构是理事会，理事会设立秘书处负责常务工作。

思　考　题

1. 分析民航运输在五种交通运输方式中的地位。
2. 面对高速铁路运输的竞争，如何才能更有效地发挥民航运输的优势？
3. 民用航空的定义是什么？它与军事航空的区别有哪些？
4. 通用航空与运输航空在业务特点上有哪些区别？
5. 概述民航行政监管机构和空管运行机构的构成。
6. 民航从业人员有哪些？
7. 从事民航管理的国际性组织有哪些？其主要法律地位和职能是什么？

INTRODUCTION TO

CIVIL AVIATION

第二章　民用航空器

民用航空器是民用航空活动的载体。本章主要介绍民用航空器的发展历史、航空器类型、航空器制造材料以及目前民用航空主要使用的航空器的相关知识，包括飞机飞行原理、飞行控制、航空发动机、航空仪表、其他系统和性能等，并对直升机进行介绍。

第一节　概　　述

一、航空器的发展史

人类的飞行梦想从远古就开始了，在这些梦想中，把飞行作为旅行方式始终是重要部分。早在中国西汉时期，就曾有人将用鸟的羽毛制成的翅膀绑在身上，从高台上跳下并滑翔了几百步。公元13世纪，旅行家马可·波罗在游历中国的时候，曾亲眼看到有人乘着风筝在空中飞行。人类真正飞上天开始于1783年法国的蒙哥尔菲兄弟（J. M. Montgolfier，J. E. Montgolfier）制造的热气球载人升空，随后德国人开始用气球运送邮件和乘客，这是民用航空的开始。1852年在法国出现了人可以操纵的有动力的航空器——飞艇。

航空业的真正开拓是在飞机这种重于空气的航空器出现以后。实际上，重于空气的航空器设想比轻于空气的航空器设想出现得还要早。19世纪中叶，英国科学家凯利（G. Cayley）和德国科学家李林塔尔（O. Lilienthal）对滑翔机做了大量的研究和实践，李林塔尔为此献出了生命，他和其他一些科学家在空气动力理论、飞机构造的研究和操纵实践方面的贡献为飞机的出现奠定了基础。1903年，美国的莱特兄弟制造的飞机（图2-1）在北卡罗来纳州腾空而起，尽管只在空中停留了将近1min，但这被认为是航空新纪元的开始，飞机从此诞生了。

a）

b）

图2-1　莱特兄弟和他们制造的飞机

飞机诞生的最初10年，主要是发展和研究阶段。1909年，法国人布莱里奥（Louis Bleriot）成功飞过了40km宽的英吉利海峡，开创了历史上第一次国际航行。1914—1918年的第一次世界大战极大地推动了航空技术的发展。1919年初，德国首先开始了国内的民航运输。同年8月，英、法开通了定期的空中客运，民用航空的历史正式揭开了。1919—1939年这20年是民用航空初创并发展的年代，民用航空迅速从欧洲发展到北美，然后普及到亚、非、南美各洲，并迅速扩展到全球各地。1933年，美国人林白（C. A. Lindberg）横越大西洋的飞行成功，把航空由洲内飞行扩展到了洲际飞行。这个年代最具代表性的民航客机是美国的DC-3（图2-2），可载客30人，航程2420km，飞行速度290km/h。

1939 年，喷气式飞机在德国首次出现。1950 年，世界上第一架涡轮螺旋桨喷气客机——“子爵号”投入使用。1952 年，装配四发涡轮喷气发动机的英国“彗星号”客机在航线上开始使用。随后的两年内，“彗星号”连续三次空中解体，这使喷气式飞机在民航应用上受到了挫折，但喷气式飞机的优越性已经显现出来。在吸取了“彗星号”失败的教训后，人们终于找到了导致“彗星号”失事的原因，并研究出解决的方法。1956 年，苏联的图-104 投入航线。1958 年，美国波音公司的 B707（图 2-3）和道格拉斯公司的 DC-8 进入航线，开启了航空的喷气时代。作为喷气式飞机的代表机型，B707 的速度为 900 ～ 1000km/h，航程可达 12000km，载客 158 人。喷气发动机的重量轻、功率大，可以使飞机造得更大，飞得更快、更远，这为民用航空大发展提供了技术手段。民用喷气式飞机于 1956 年投入服务，民用航空开始进入一个新的阶段。

图 2-2 DC-3 飞机

图 2-3 波音 B707 飞机

随着世界经济全球一体化的发展，人类经济活动方式产生了重大变化，也带动了民用航空器市场的多样化。1969 年底，英、法合制的超音速客机——“协和号”（图 2-4）投入航线运营，标志着民用航空器开始朝着高速度方向发展。

波音公司是全球航空航天业的领袖公司，著名的民用飞机和军用飞机制造商之一，成立于 1916 年 7 月 15 日，由威廉•爱德华•波音创建。20 世纪 60 年代以后，波音公司的主要业务由军用飞机转向民用飞机。1957 年，在 KC-135 空中加油机的基础上研制成功的 B707 是该公司的首架喷气式民用客机，共获得上千架的订单。此后波音公司生产了 B717、B727、B737、B747、B757、B767、B777 等一系列型号，逐步确立了全球主要商用飞机制造商的地位。其中，B737 是在全世界被广泛使用的中短程窄体民航客机。1970 年，B747（图 2-5）宽体客机投入航线。这是民用客机大型化的一个重要标志。B747 一经问世就长期占据了世界最大的远程宽体民航客机的头把交椅，直到 2007 年才被 A380 取代。1995 年，全球最大的双引擎宽体客机 B777 飞机投入运营，B777 具有座舱布局灵活、航程范围大以及不同型号能满足不断变化的市场需求的特点。

图 2-4 “协和号”超音速客机

图 2-5 波音 B747 飞机

空中客车（Airbus，简称“空客”）公司是欧洲的一家飞机制造、研发公司，1970年12月成立于法国。A300是空客公司研制的世界上第一架双发动机宽体客机，亦是空客公司第一款投产的客机（1972年）。1978年7月，空客公司开始研制200座级中短程双通道宽体客机A310，首架原型机于1982年4月3日进行首飞。1988年，单通道双发中短程150座级客机A320系列飞机开始投入运营，这是第一款使用数字电传操纵飞行控制系统的商用飞机，也是第一款放宽静稳定度设计的民航客机。A320系列的成功打破了美国垄断客机市场的局面，也奠定了空客公司在民航客机市场中的地位。1987年4月，空客公司将A330和A340两个型号作为一个计划同时上马，两种机型有很大的共同性，有85%的零部件可以互相通用，采用相似的机身结构，只是长度不同。

到了21世纪初，环境保护已经成为人类社会活动一个重要的发展目标，这对民航业提出了更高、更严格的节能和降低污染指标，民航业在降低噪声、降低能耗、减少有害气体排放、使用生物燃油、改进航线安排、机场管理等方面全面采取节能减排措施，确保达到国际组织和各国政府提出的环保要求。2007年，空客公司研制生产的具有“空中巨无霸”之称的四引擎、555座级超大型远程宽体客机A380（图2-6）进行了首次商业飞行，满足了远距离点对点航线的直飞要求。2009年12月15日，波音公司推出全新机型B787（图2-7），大量采用了先进复合材料，可实现超低燃料消耗、较低的污染排放，并打造高效益及舒适的客舱环境。B787于2011年9月26日交付全日空航空公司。2013年6月14日，首架空客新一代A350XWB宽体飞机（图2-8）在法国图卢兹布拉尼亚克机场首飞，并于2014年12月22日交付卡塔尔航空公司。

图2-6　空客A380飞机

图2-7　波音B787飞机

图2-8　空客A350XWB宽体飞机

在世界航空业起步阶段，中国是唯一与西方相提并论的亚洲国家。1903年美国莱特兄弟开创了人类航空新纪元，而1909年9月21日，由冯如制造的中国人的第一架飞机在美国奥克兰市郊区试飞成功。1910年8月，清政府拨款委任留日归来的刘佐成、李宝浚在北京南苑修建厂棚以制造飞机，并利用南苑驻军操场修建了中国第一个机场。1913年9月，中国第一所航空学校——北京南苑航空学校成立。1920年开通的北京—天津航线是我国的第一条航线，中国民航由此拉开了序幕。1936年，广州到河内的航线开通，这是我国第一条国际航线。抗日战争期间，“驼峰航线”[1] 运送了大批盟国支援的作战物资和人员，有上千名飞行员和机务人员用生命和鲜血保证了中国抗日战争的物资被源源不断送到前线，成为航空史上的一个奇迹，中国民航人在其中做出了重大贡献。

1949年10月，中华人民共和国成立，开始了中国历史新篇章。11月9日，当时总部迁到香港的中国航空公司和中央航空公司的总经理刘敬宜和陈卓林宣布两个航空公司4000余名员工起义，并率领12架飞机飞回祖国大陆，这就是著名的奠定新中国民航事业基础的“两航”起义。新中国成立以后的很长一段时间内，中国空军主力运输机型只有运5轻型运输机，其原型为苏联20世纪40年代设计的安2运输机，它可以以非常低的速度稳定飞行，且起飞距离仅仅为170m，运行费用低廉，至今仍服务于我国的通用航空领域。1975年12月30日，哈尔滨飞机制造厂研制的运11飞机首飞成功，该机是特别适合国内农业、林业、渔业、地质、运输等使用要求的多用途小型运输机。在运11飞机基础上，中航工业哈尔滨飞机制造公司研制了轻型双发多用途运输机运12，运12既可用作客货运输、空投空降、农林作业、地质勘探，还可改装用于电子情报、海洋监测、空中游览和行政专机等。

中国民航真正的大转变开始于1978年。这一年，中国民航开始了从计划经济到市场经济根本性的转变。在苏联安24飞机基础上研制的50座级支线运输机运7于1984年成功试飞，并于1986年投入服务。运7飞机是中国第一个正式投入运营的国产运输机，填补了中短程运输机方面的空白。运8飞机是中国陕西飞机制造公司与西安飞机工业公司在苏联安12飞机基础上研制和生产的四发涡轮螺桨中程多用途运输机，于1977年1月试飞成功。1980年9月26日，中国第一个型号的大型客机运10（图2-9）首次试飞成功，之后先后飞抵北京、哈尔滨、乌鲁木齐、郑州、合肥、广州、昆明、成都等国内主要城市，并7次飞抵拉萨。试飞成功证明运10飞机性能符合设计要求，但是由于经费原因，研制工作难以继续进行，1982年起运10研制工作基本停顿。

图2-9 运10飞机

20世纪80年代中后期，在与波音公司竞争中处于劣势的麦道公司（1997年麦道公司与波音公司合并）与中国签订了在上海飞机制造厂装配30架MD-82、5架MD-83的协议，并向上海航空工业公司无偿提供了装配飞机所必需的图纸，还向中国转包了水平安定面、襟翼和6个舱门的生产。波音公司在兼并麦道公司之后，停止了美国本土麦道系列飞机的生产，这导致中国方面将MD-90的生产量减产至2架，之后便停止生产麦道系列飞机。1988年，中国西安飞机工业公司立项研制运7飞机的衍生机型新舟60飞机，新舟60于2000年3月首飞。

改革开放以来，我国经济高速发展，民航作为交通运输的一环，为国民经济高速发展做出了贡献。2001年我国加入世界贸易组织（World Trade Organization，WTO）后，民航作为世界贸易的重要组成部分必须和世界经济接轨。2002年，中国民航总局确定了用20年时

[1] “驼峰航线”是第二次世界大战时期，中国和盟军因地面物资运输被阻断，从而开辟的一条空中物资运送通道，因航线沿着山峰起伏连绵，犹如骆驼的峰背，故而得名。

间把我国由一个航空大国转变为航空强国的目标。2002 年，国务院批准 ARJ21-700 飞机项目立项。2008 年 11 月 28 日，ARJ21-700 飞机成功首飞。ARJ21-700 型支线客机（图 2-10）可载客 70 ～ 90 人，标准航程型满客航程为 2225km，主要用于满足从中心城市向周边中小城市辐射型航线的使用要求。

“大型飞机”重大专项是党中央、国务院建设创新型国家，提高我国自主创新能力和增强国家核心竞争力的重大战略决策，是《国家中长期科学与技术发展规划纲要（2006—2020）》确定的 16 个重大专项之一。成立于 2008 年的中国商用飞机有限责任公司是实施国家“大型飞机”重大专项中大型客机项目的主体，承担了我国首次自主研制的 C919 客机的工程设计任务和技术责任。2015 年 11 月 2 日，C919 大型客机（图 2-11）首架机在中国商用飞机有限责任公司总装制造中心浦东基地厂房内正式下线。2017 年 2 月 6 日，C919 完成机载系统安装和主要的静力、系统集成试验，5 月 5 日成功完成首飞。C919 基本型混合级布局 158 座，全经济舱布局 168 座，高密度布局 174 座，标准航程 4075km，最大航程 5555km。C919 是中国继运 10 后自主设计、研制的第二种国产大型客机，是中国首款按照最新国际适航标准研制的干线民用飞机，具有完全自主知识产权。通过大飞机项目，我国将跻身国际大型客机市场。

图 2-10　我国自行研制的 ARJ21 支线客机

图 2-11　我国自主设计、研制的国产大型客机 C919

二、航空器的分类

任何由人制造、能飞离地面、在空间进行由人来控制的飞行的物体称为飞行器。在稠密大气层[1]中进行飞行的飞行器称为航空器，而飞到大气层之外的飞行器则称为航天器。国际民航组织对航空器的定义是：可以在大气中从空气的反作用而不是从空气对地面的反作用取得支撑的任何机器。

航空器按照用途分为“国家航空器”和“民用航空器”两类。《国际民用航空公约》第三条第 2 款对国家航空器做了规定：用于军事、海关和警察部门的航空器是国家航空器。而民用航空器是指除用于执行军事、海关、警察飞行任务外的航空器。本章只介绍民用航空器。

航空器根据获得升力方式的不同分为两大类。一类是本身轻于空气，依靠空气的浮力而飘浮于空中的航空器，称为轻于空气的航空器，这一类按照有无动力控制飞行方向分为气球和飞艇。另一类航空器则是本身重于空气，它依靠自身与空气之间的相对运动所产生的空气动力来克服重力而升空，分为非动力驱动和动力驱动两类。非动力驱动的航空器有滑

[1] 稠密大气层通常指距地面 100 ～ 120km 以下的大气层。

翔机，动力驱动的航空器分为飞机（或称固定翼航空器）、旋翼航空器和扑翼机三类。

航空器的分类如图 2-12 所示。

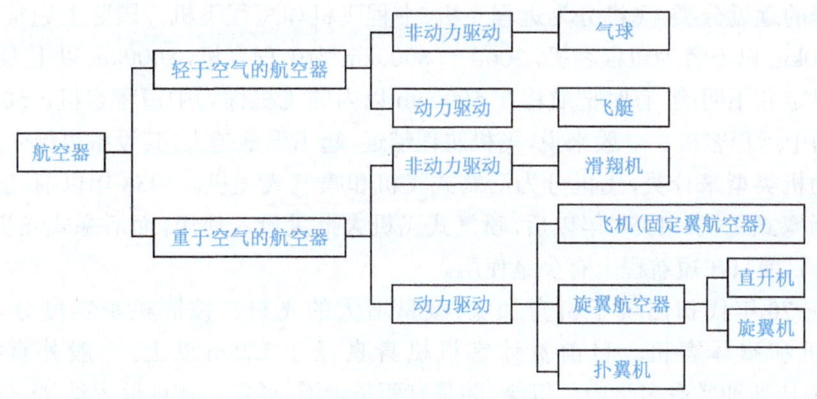

图 2-12　航空器的分类

1. 气球

气球的升力来自一个巨大的气囊，气囊大多数为球形，囊中充满密度比空气小的气体。使用热空气的气球称为热气球。气球上没有动力装置，因此它不能控制自己的飞行方向，自由气球随风的方向而飘移，系留气球则由绳索系留在地面。目前，热气球作为一项航空体育活动，在世界上有大量的爱好者；其他类型气球用于气象、探空等科学研究和文娱庆典活动。

2. 飞艇

飞艇的升空原理与气球相同，但带有动力装置，它可以依靠自身动力飞向预定的目的地。由于它要长时间安全运行，因而多数飞艇使用的气体是氦气，而不使用易燃的氢气和浮力小的热空气。20 世纪初至 20 世纪 30 年代，飞艇曾在航空运输中起过重要作用，特别是德国人齐柏林制造的齐柏林飞艇，用于 1909 年开辟的汉堡到柏林的航线，这是世界上最早的空运旅客的航线。飞艇有体积大、速度慢、不灵活、易失火等缺点，1936 年后，大型飞艇不断失事，加上飞机迅速发展，飞艇在第二次世界大战之前退出了航空运输领域。但它有滞空时间长、飞行成本低、垂直起落、噪声小等优点，在民用航空中仍占有一席之地。20 世纪 70 年代后，不少国家又开始发展飞艇，主要用于巡逻、摄影、吊装大型设备及空中广告等方面。

3. 滑翔机

滑翔机是没有动力驱动的、带有固定机翼的、重于空气的航空器。它的起飞要靠其他动力器械（飞机、汽车或绞盘等）的拖曳，或是靠从高地滑下实现；它在空中的飞行靠下滑时与空气的相对运动所得到的空中动力，或是靠上升气流实现。滑翔机是在飞机出现前唯一可操纵的、重于空气的飞行器。航空界的先驱，如英国的凯利和德国的李林塔尔，都是利用滑翔机奠定了现代飞机的飞行和操纵理论、实际构造的基础。现代的滑翔机主要用于体育运动，用于训练、竞赛及普及航空知识。20 世纪 70 年代之后出现了柔性机翼的伞翼滑翔机，造价低廉，使滑翔运动更加普及。

4. 飞机

飞机是最主要的航空器，它的诞生正式宣告了人类进入航空时代。飞机的特征是带有动力驱动并具有固定机翼，因而有的分类中也把飞机称为固定翼航空器。自从飞机出现以

来，人类的航空事业大幅度前进。民用航空器虽然种类很多，但飞机的数量占到98%以上。本书主要针对公共航空运输飞机进行讲解。

按航程的远近分类，飞机分为远程飞机、中程飞机和短程飞机。国际上通常的标准是，航程在3000km以下者为短程客机，3000～8000km为中程客机，8000km以上为远程客机。由于这个界定并不明确，有时把航程在5000km以内的飞机称为中短程客机，5000km以上的飞机称为中远程客机。一般来说，飞机航程越远，起飞重量越大，其设备也越先进。

按发动机类型来分类，飞机分为活塞式飞机和喷气式飞机。1958年以前，航线上主要使用的是活塞式飞机。1958年以后，喷气式飞机大批量投入使用，而活塞式飞机由于速度慢、效益低，目前只在短航程上有少量使用。

20世纪70年代初出现了机身加宽、载量增大的飞机。按照机身宽度分类，飞机分为宽体客机和窄体客机。目前宽体客机机身直径在3.75m以上，一般外直径5～6m（16～20ft），座舱通常有多个舱位等级，并且有两条走道，通常一排能够容纳7～10个座位。窄体飞机的机身直径在3.75m以下，一般外直径在3～4m（10～13ft）之间，座舱一排一般有2～6个座位，设一条走道，亦被称为单通道飞机。

飞机按最大起飞重量分类：5700kg（12500磅）以下为小型飞机，用于通用航空（包括一些20人以下的载客飞机）；5700kg以上为大型飞机，用于运输经营。在民航飞机中，最大起飞重量在5.7～20t区间内的机型是非常少的，这说明在飞机设计和制造中，大型飞机和小型飞机之间客观上存在着技术上的差异。在民用飞机的设计和制造要求上，对大型飞机和小型飞机的要求有很大不同，各国的民航当局都有不同的规定，大型飞机在中国民航规章中为CCAR-25，而小型飞机则为CCAR-23。这是因为大型飞机并不是将小型飞机按比例放大，大型飞机要解决因几何尺寸和商载的增加而带来的结构重量急剧增加的问题，因而它的设计原则和采用的技术手段与小型飞机相差明显。大型飞机几乎全部是喷气式飞机，采用柔性结构、多发动机和多机轮起落架。小型飞机则大多数是活塞式飞机，多采用刚性结构、单发动机和单轮的起落架。

为保证航空器运行安全，避免尾流影响，航空器之间应当配备尾流间隔最低标准。按尾流间隔分类，飞机分为重型飞机［最大起飞重量在136000kg（含）以上］、中型飞机［最大起飞重量在7000kg（含）以上，136000kg以下］和轻型飞机（最大起飞重量在7000kg以下）三类。前后起飞离场的航空器按照重型机、中型机和轻型机的不同类型配备尾流间隔。

按进近类别分类，以批准的飞机最大着陆重量，以着陆形态的失速速度的1.3倍，飞机分为A、B、C、D、E五类。A类指示空速小于169km/h；B类指示空速169km/h或以上但小于224km/h；C类指示空速224km/h或以上但小于261km/h；D类指示空速261km/h或以上但小于307km/h；E类指示空速307km/h或以上但小于391km/h。机场在制定起降最低天气标准和进行飞行程序设计时需要用到此种飞机分类。

5.直升机

直升机是旋翼航空器的一种，以机身上的动力驱动旋翼旋转而取得升力，能垂直起飞和降落，它的航行方向由旋翼向某个方向的倾斜来控制。直升机的概念出现比较早，我国的玩具竹蜻蜓可算作直升机的雏形；意大利的达•芬奇在15世纪就设想并画出了直升机的设计草图；真正投入使用的直升机出现在1936年的德国；1942年，直升机在美国进行了批量生产。直升机可以垂直起飞和降落，不需要很大的场地，并可在空中悬停，这种特有的灵活性使直升机在民用航空中得到了广泛的应用。直升机用于短距离的繁忙地区之间和无路到达、地形险峻的地区之间的运输、医疗救护、地质勘探、农业飞行、森林防火、海上采油、吊装设备等。和飞机相比，直升机航程不够、速度不高、使用费用高、振动和噪声大、载荷小，因而它只能作为飞机的补充，用于某些特定用途，而不能成为民用航空的主力机种。

6. 旋翼机

旋翼机机身上方有一个巨大的旋翼，同时前方装有螺旋桨。它和直升机最主要的区别在于它的旋翼不用动力驱动，发动机带动螺旋桨推动机身向前运动，旋翼和迎面来的气流相互作用，使旋翼机产生升力，升上天空。旋翼机出现在 1923 年，由于它不能垂直起落，与飞机相比有较短的起降距离，在其他性能方面和固定翼飞机相距甚远，因而在 20 世纪 30 年代之后就没有什么发展，目前只用于体育活动。

三、航空器制造材料

飞机越轻，飞得越高、越快、越远，装载量越大，因此要求飞机重量越轻越好。为了减轻航空器的结构重量，除了采用合理的结构形式以外，最有效的方法是选用强度、刚度大而重量轻的材料。同时，应根据不同的飞行条件和工作环境，要求材料有一定的耐高温和抗低温性能；要有良好的耐老化和抗腐蚀能力；要有良好的抗疲劳性能等。此外，还要求材料具有良好的加工性能；采用的材料要资源丰富、价格低廉。一般纯金属的机械性能都不太好，只有加入一种或几种金属元素后所形成的合金才具有良好的机械性能。民用飞机结构中常用的材料有铝合金、镁合金、合金钢、钛合金以及复合材料等。

1. 铝合金

纯铝的密度小，大约是铁的 1/3，熔点低，具有很高的塑性，易于加工，可制成各种型材、板材，抗腐蚀性能好。但是纯铝的强度很低，故不宜作为结构材料。通过长期的生产实践和科学实验，人们逐渐以加入合金元素及运用热处理等方法来强化铝，这就得到了一系列的铝合金。铝合金密度低，但强度比较高，接近或超过优质钢，塑性好，可加工成各种型材，具有优良的导电性、导热性和抗蚀性，在工业上被广泛使用，其使用量仅次于钢。一些铝合金可以通过采用热处理获得良好的机械性能、物理性能和抗腐蚀性能。一般来讲，铝合金具有比刚度高（接近于钛合金、合金钢）以及工艺性能优良、成型方便、成本低廉等其他合金所不能比拟的优点，因此铝合金是飞机的主要结构材料（占 60% ～ 90%）。飞机的机身、蒙皮、压气机等常以铝合金制造，以减轻自重。

2. 镁合金

镁合金是以镁为基础加入其他元素组成的合金。其特点是密度小、比强度高、比弹性模量大、散热好、减振性好、承受冲击载荷能力比铝合金大、耐有机物和碱的腐蚀性能好。另外，由于截面的惯性矩随其厚度的立方比增加，故用镁合金制造刚性好的航空零件十分适宜。它是实用金属中最轻的金属，具有高强度、高刚性和良好的机械加工性，因而也被广泛用作航空材料。镁合金具有较高的抗震能力，在受冲击载荷时能吸收较大的能量，还有良好的吸热性能，因而是制造飞机轮毂的理想材料。镁合金在汽油、煤油和润滑油中很稳定，适

于制造发动机齿轮机匣、油泵和油管，又因在旋转和往复运动中产生的惯性力较小而被用来制造摇臂、襟翼、舱门和舵面等活动零件。

3. 合金钢

钢具有较高的比强度，性能稳定、工艺简单、成本低廉，是制造承受大载荷的接头、起落架和主梁等飞机构件的最合适的结构材料。航空发动机中的很多重要零件，如压气机轴、涡轮轴和各种齿轮，也要用高强度钢或渗碳钢制造。超音速飞机的受力框架等重要零件因在一定的温度场中工作，必须采用中温超高强度钢。很多航空零部件都要求材料具有良好的抗腐蚀性能和优良的高低温综合机械性能。种类繁多的不锈钢正好能满足这些要求，例如马氏体不锈钢用来制造压气机叶片、压气机盘、发动机机匣、环形件和大型壳体等，奥氏体不锈钢广泛用来制造各种导管和仪表零件。因此不锈钢和结构钢在航空制造业中占有很重要的地位。

4. 钛合金

钛是 20 世纪 50 年代发展起来的一种重要的结构金属，密度小，比纯铝重，但是强度很高（接近于钢），很耐高温，熔点在 1660℃以上。钛合金因具有强度高、耐蚀性好、耐热性高等特点而被广泛用于各个领域。20 世纪 50—60 年代，主要是发展用于航空发动机的高温钛合金和用于机体的结构钛合金；70 年代开发出一种耐蚀钛合金；80 年代以来，耐蚀钛合金和高强钛合金得到进一步发展。钛合金也是制造飞机的理想材料，主要用于制作机体结构和发动机、压气机部件，可以明显地减轻结构重量。此外，钛合金具有良好的抗腐蚀性及超低温性能。飞机发动机、强化部位、加固部位、燃烧室、涡轮轴、涡轮盘、喷口等部位，大多数是用钛合金材料制造的。钛合金的主要缺点是加工成型比较困难，成本也较高。

5. 复合材料

复合材料是由两种或多种材料复合而成的多相材料。复合材料具有优异的性能，其密度小，强度和刚度高，抗疲劳性能、减振性能较好，而且可以对其力学性能进行设计，因而在航空航天结构上采用得越来越多。复合材料在飞机结构上的应用首先带来的是显著的减重效益，如用碳纤维复合材料代替等量铝合金，理论上可有 42% 的减重效果。例如 1978 年开始研制的 A320 复合材料垂尾，实现减重 20%。此后 A330、A340、A380、A350 等机种上均大量使用复合材料，主要应用部件包括中央翼、外翼、垂尾、平尾、机身地板梁和后承压框。此外，复合材料还可以提高飞机零部件的性能，例如复合材料可以提供其他传统材料无法达到的抗疲劳、抗震、耐腐蚀、耐久性和吸透波等优异功能。与铝合金等传统材料相比，复合材料还可明显减少使用维护要求，降低寿命周期成本。同时大部分复合材料的飞机构件可以整体成型，这就大幅度减少了零件和紧固件数量，降低了连接和装配成本。

目前飞机上采用的复合材料主要是碳 / 碳复合材料，是近年来最受重视的一种更耐高温的新材料。由于它重量轻、强度高，具有优越的热稳定性和极好的热传导性，是当今最理想的耐高温材料，特别是在 1000 ～ 1300℃的高温环境下，它的强度不仅没有下降，反而有所提高。在 1650℃以下时依然还保持着室温环境下的强度和刚度。到目前为止，只有碳 / 碳复合材料被认为是唯一可作为推重比 20 以上、发动机进口温度可达 1930 ～ 2227℃的涡轮转子叶片的后继材料，是世界先进工业国家竭力追求的最高目标。陶瓷复合材料在航空工业领域也是一种非常有发展前途的新型结构材料，特别是在航空发动机制造应用中，越来越显示出它的独到之处。陶瓷复合材料除了具有重量轻、硬度高的优点以外，还具有优异的耐高温和高温下抗腐蚀性能。目前陶瓷基复合材料在承受高温方面已经超过了金属耐热材料，并具有很好的力学性能和化学稳定性，是高性能涡轮发动机高温区的理想材料。

第二节 飞行原理与飞机性能

本节主要介绍伯努利定理、飞机的升力、飞机的阻力等飞行基本原理，以及在各个飞行阶段飞机的性能。

一、飞行原理

飞机的升力是由飞机和空气的相对运动而产生的，任何物体只要和空气之间产生相对运动，空气就会对它产生作用力，这个力被叫作空气动力。18 世纪，瑞士科学家伯努利(Bernoulli)对流体(包括气体和液体)运动深入研究，建立了伯努利定理，展示了流体运动的基本力学原理，出现了流体力学，从而奠定了飞机在空气中运动的理论基础。

1. 伯努利定理

通过一个实验进行演示：装置如图 2-13 所示，使流体（伯努利做实验时使用的是液体）流过图中所示截面积(S)不相等的管道，这种管子称文氏(Venturi)管。在不同的截面处测量管内流体的流速和流体对管壁的压力。流速（v）用流速计测出；流体对管壁的压力，称为流体的静压，由每个截面上垂直管中的液面高度表示出来。

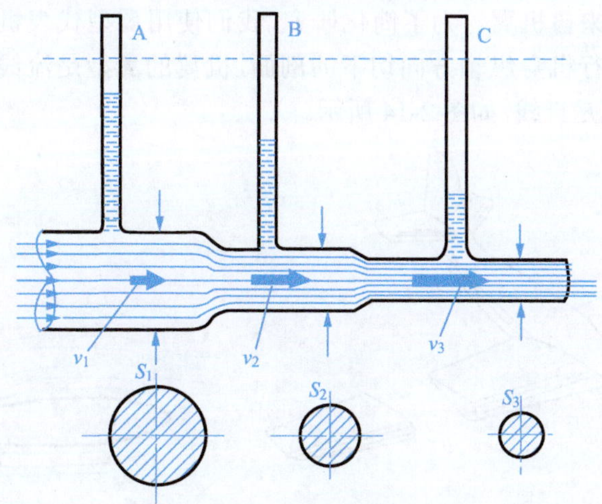

图 2-13 文氏管中流体的流动

通过实验，可以定性地得出结论。在流体稳定流动的条件下：

(1)流动是连续的，进口处和出口处所流过的流体质量是相同的。

(2)截面积小的地方流速大，截面积大的地方流速小。

(3)截面积小的地方静压小，截面积大的地方静压大。

根据这些结果，伯努利利用物理定律进行了定量推导。如果流体的流动速度不太高，那么流体可以认为是不可压缩的，即在流动过程中流体密度不发生变化，同时流体也不会中断，必须维持连续的流动。根据质量守恒定律，得出流体在每一个截面上流过的总质量是相同的；根据能量守恒定律，推定流体在每一个截面上的总能量也是相同的。在流体流动中它的能量包括动能和势能（压力能）两个部分，如果把能量的损耗忽略不计，流体在各个截面上的能量的总和是不变的。因此，伯努利定理的数学表达形式是：

$$P+\frac{1}{2}\rho v^2=P_t \tag{2-1}$$

式中：P——流体作用在容器壁上的压强，是单位流体在静止时所具有的能量；

$\frac{1}{2}\rho v^2$——动压，是流体流动时在流动方向上所产生的压强；

P_t——总压，是单位流体内动能和静止能的总和。

由伯努利定理可知，流体在流动时它们的总能量是不变的，表现为它的总压是一个常数。当流体的流动速度增大时，它的动能就增大，而这部分增加的动能来自流体静止能的减少，也就是流体静压的减少；反之，如果流速减少则静压加大。

上述伯努利定理的公式是在假设流体密度不变，连续稳定流动并且内部摩擦能量损耗可以忽略的情况下得出的，适用于液体；当把它用于可压缩的气体时，就必须考虑气体的密度随压力和温度而产生的变化，对该公式进行修正。在低速稳定流动的空气中，使用伯努利定理可以得到足够精确的结果；在空气高速流动时，伯努利定理应在增加了对气体性质的补充和修正后才能使用。

2. 机翼升力的产生原理

飞机的升力主要来自机翼。为了简化研究，我们使用翼型代表机翼来研究它的升力。翼型就是把机翼沿平行机身纵轴方向切下的剖面，机翼的翼型是流线型的，上表面弯曲得大，下表面弯曲得小或是直线，如图 2-14 所示。

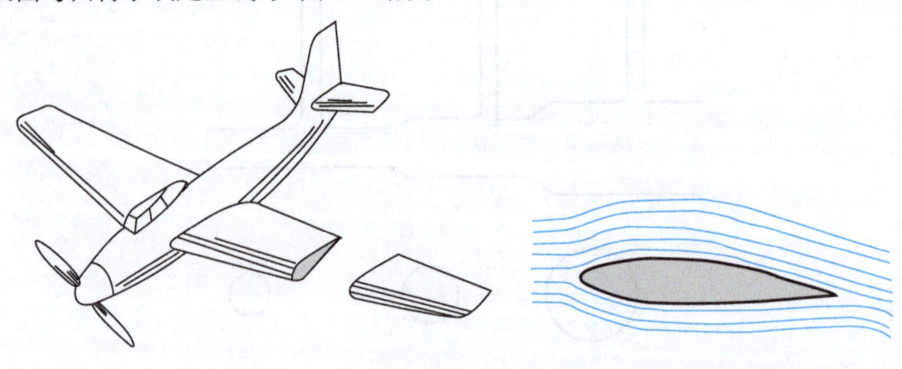

图 2-14　翼型

翼型的最前一点叫作前缘点，最后的点叫作后缘点。它们代表整个机翼的前缘和后缘。前缘点和后缘点的连线叫作翼弦，其长度称为弦长。如果机翼抬起它的前缘，翼弦和气流的方向形成一个角度，即飞机整体运动的方向和翼弦形成的角度，这个角度叫作迎角。

当飞机平飞时，流过机翼下面的气流行走的路线要比流过机翼上表面的气流行走的路线短，根据流体连续性原理，机翼下面的气流流速将慢于上翼面。根据伯努利定理，它的静压力大，而流经机翼上表面的气流流速快，因而压力小，在机翼上部产生大面积的低压区域，这个低压比周围的大气压力低，因而把机翼吸引向上；而下表面由于和气流平行，机翼平滑通过，它的压力和前方大气压力相差不大，这样，机翼上、下表面的压力差就产生了升力（Y），如图2-15所示。要产生这个升力，机翼必须和空气有相对运动，也就是飞机一定要向前运动。在飞机向前运动的同时，空气也会对飞机产生阻力（D），阻力和升力的合力形成的合力力（R），称为空气动力。

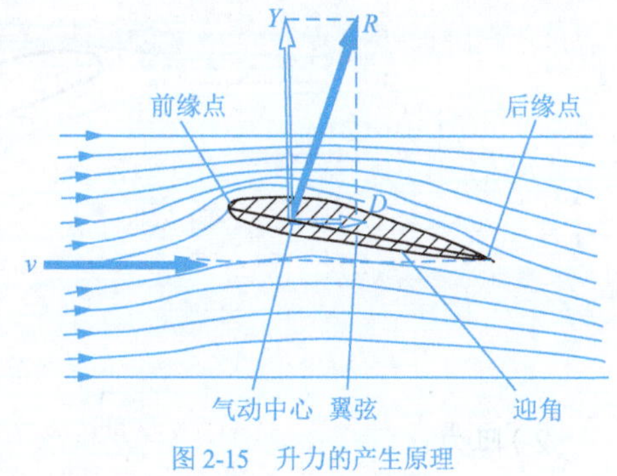

图2-15　升力的产生原理

3. 升力和阻力

1）升力

飞机在运动时，机翼、机身和水平尾翼都产生升力，但机翼是升力的主要来源。通过实验和理论研究可知，飞机的升力和飞行速度、大气密度、迎角、机翼面积以及飞机的构型等因素有关，得出如下升力公式：

$$L=\frac{1}{2}\rho v^2 S_{\mathrm{w}} C_{\mathrm{L}} \tag{2-2}$$

式中：ρ——飞行高度处的空气密度；

v——飞机的空速，飞机相对于空气的运动速度；

S_{w}——机翼的平面投影面积；

C_{L}——升力系数，通常是通过风洞实验得来的。

从公式中可以看出，空气的密度ρ对升力有直接影响，在大气环境中空气密度随着温度的上升和海拔高度的增加而变小，在这些情况下，飞机的升力减低，这是驾驶飞机时必须考虑的因素；飞机的空速v越大，升力也越大，因而速度高的飞机上就不需要太大的机翼去获得升力，但当它在低速飞行时又需要用其他方法增加升力；机翼的面积S_{w}越大，升力也越大。

飞机的升力还与升力系数C_{L}有关。对于某一种翼型，某一种平面形状的机翼可以通过实验得出升力系数C_{L}与迎角α的关系曲线（图2-16）。当迎角增大时，气流流过上表面时相比原来要走更长的路，相当于管道变窄，速度增加，静压力进一步降低；而在下表面气流受到阻隔，流速变小，静压增高，因而升力增大，同时阻力也在增大。

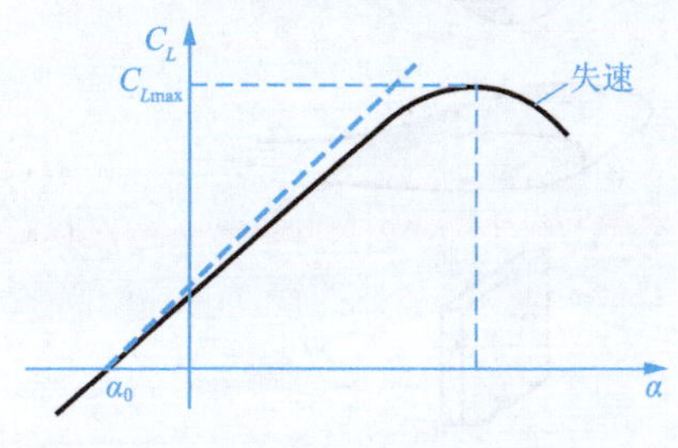

图2-16　升力系数与迎角的关系图

但迎角不能无限制地增大。当迎角达到某一个值时，升力系数达到最大值C_{Lmax}，此时的迎角称为临界迎角；当迎角超过临界迎角后，升力系数不但不会增加，反而会下降。这是因为迎角过大，机翼上表面的气流不能维持平滑的流动，气流一绕过机翼前缘很快就开始分离，在机翼上表面产生流向不定、杂乱无章的流动，形成涡流。这种涡流使机翼上表面的压力加大，升力会突然降低，阻力继续增加。此时飞机会下降高度，并产生剧烈的抖动，飞行操纵出现异常，这种现象称为失速（图 2-17)。失速对于任何飞机来说都是危险的，现代民航飞机都装有失速警告系统，防止飞机迎角过大进入失速。

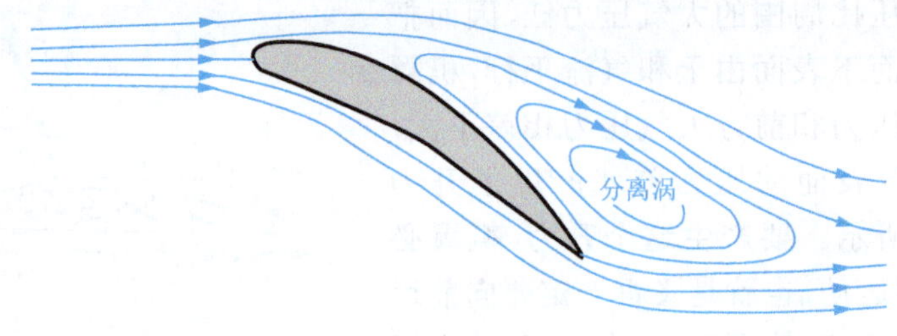

图 2.17　失速的产生

2）阻力

飞机在空气中运动必然会遇到空气的抵抗，这种抵抗就是阻力。飞机阻力按形成的原因分为摩擦阻力、压差阻力、干扰阻力、诱导阻力和激波阻力。

摩擦阻力是由于空气具有黏性造成的。当气流流经机体表面时，与机体相接触的空气由于黏性附在机体表面上，于是这部分气流的流动速度降低为零。紧靠这层空气外面的一层空气虽然没有直接受机体表面的影响，但由于其相邻空气层的速度为零，由于黏性，该层空气的流动速度也被减小到很小。这样层层影响，外层空气的流动速度逐渐加大，机体表面的阻滞作用逐渐减小，一直到速度与外界自由流速相等。这样一层流速有变化的空气称之为“附面层”。附面层内，每相邻两薄层空气之间由于存在速度差便产生摩擦力，这种摩擦力的总和就是飞机的摩擦阻力（图 2-18)。摩擦阻力的大小除与空气的黏性有关外，还与机体表面状况和飞行速度有关。为了降低飞机的摩擦阻力，就要使飞机表面尽量光滑。

压差阻力是由运动着的物体前后所形成的压强差所形成的。压差阻力和物体的迎风面积、形状和在气流中的位置有关。所谓迎风面积就是物体上垂直于气流方向的最大截面面积，迎风面面积越大，压差阻力也就越大。物体的形状对压差阻力也有很大影响，如图 2-19 所示。相对气流流过机翼时，机翼前缘的气流受阻，流速减慢，压力增大；而机翼后缘气流分离，形成涡流区，压力减小。这样，机翼前后产生压力差形成阻力。如果飞机做成和流线相符合的形状，那么它的压差阻力就会减到最小，我们将这种形状称为流线体。因此，为了降低飞机压差阻力，飞机的迎风面积要尽可能小，同时所有飞机部件都要加以整流形成流线体形状。

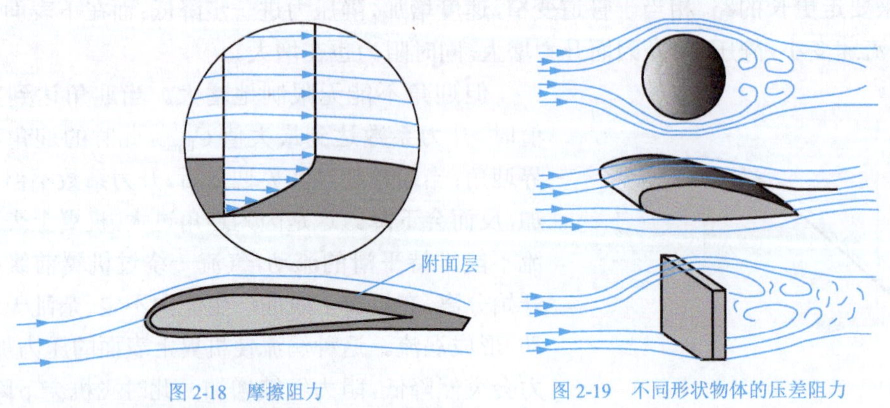

图 2-18　摩擦阻力　　图 2-19　不同形状物体的压差阻力

所谓“干扰阻力”就是飞机各部分之间由于气流相互干扰而产生的一种额外阻力，如图 2-20 所示。在机身和机翼结合的部位、机身和尾翼结合的部位、机翼和发动机短舱连接处等都会有干扰阻力产生。从干扰阻力产生的原因来看，它和飞机不同部件之间的相对位置有关。减小干扰阻力的方法是把这些结合的部分尽量平滑融合在一起，如加装整流罩或做成融合体等，使连接处圆滑过渡，尽可能减少旋涡的产生。

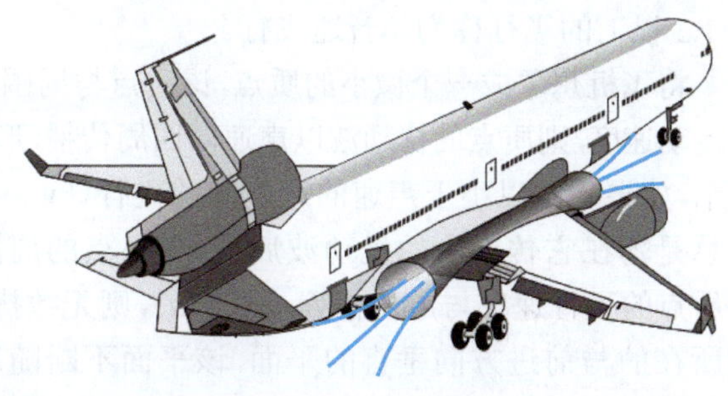

图 2-20 干扰阻力

诱导阻力主要是在机翼上产生的，是伴随着机翼上升力的产生而产生的。当飞机飞行时，下翼面压强大、上翼面压强小。由于翼展的长度是有限的，所以上下翼面的压强差使得气流从下翼面绕过两端翼尖，向上翼面流动。当气流绕过翼尖时，在翼尖处不断形成旋涡。这种旋涡，从飞机的正后方向正前方看去，右边（飞机的右机翼）是逆时针方向的，左边（飞机的左机翼）是顺时针方向的。随着飞机向前方飞行，旋涡就从翼尖向后方流去并产生了向下的下洗速度。下洗速度在两个翼尖处最大，向中心逐渐减小，在飞机对称面内减到最小。它和前三种阻力不同，它是由升力的产生而引起的，这个阻力同样也和速度有关。在翼尖加装小翼和在翼面加装翼刀都是降低诱导阻力的方法，如图 2-21 所示。另外，当物体在空气中的运动速度很快时，空气就显示出它具有可压缩的物理特性。当接近声速时，飞机会发生剧烈的抖振，而且变得很不稳定，几乎无法操纵。有时抖振太剧烈会破坏飞机结构从而造成飞机失事坠地的悲惨结果，这就是所谓“音障”。

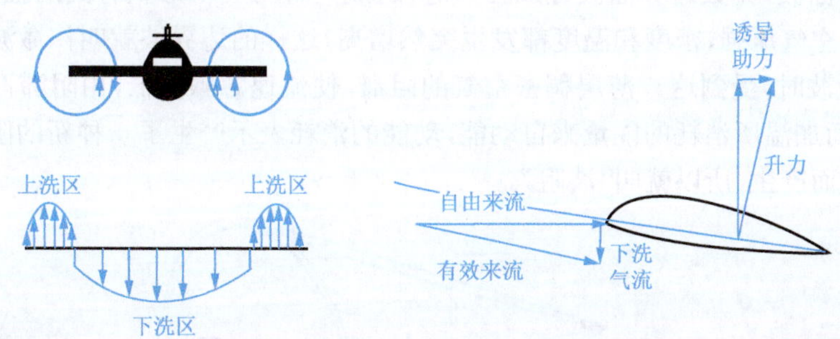

图 2-21 诱导阻力的产生

飞机飞行时会压缩前面的空气，造成疏密波。空气的密度越大（例如在低空或海平面处），则空气越难以压缩，其压缩程度就越小。可以用物体运动速度与声速之比来衡量空气被压缩的程度，这个比值称为马赫数（Mach Number），通常用 M 表示：

$$M = \frac{v_{飞}}{a} \tag{2-3}$$

式中：a——一定高度上的声速；

$v_{飞}$——飞机的飞行速度。

根据马赫数的大小可以把飞行速度分为四类：M 小于 0.4 的飞行一般称为低速飞行；M 在 0.4 ～ 0.9 之间的飞行称为亚音速飞行；M 在 0.95 ～ 1.2 之间的飞行称为跨音速飞行，在

此区域范围内飞机穿越音障，产生很大的震动，因而没有专门在这个区域内飞行的飞机；M在1.3以上的飞行称为超音速飞行。

将飞机想象成一个微小的质点，该质点与周围空气相互撞击后产生扰动波。如果质点没有运动速度，则质点的扰动波以声速向四周传播，形成以质点为中心的同心球面波。如图2-22所示，如果质点以小于声速的速度向前飞行（$v_{飞} < a$），由于声速比质点运动速度大，所以质点总是落在它传出去的扰动波后方，在质点的周围造成偏向前进方向的不同心球面波；如果质点的飞行速度与声速相等（$v_{飞} = a$），则无数扰动波都叠聚在质点前面，形成一个质点位置所在的与前进方向垂直的平面，该平面不断随质点向前移动，但质点所造成的空气扰动波都不会传播到该平面前方去；如果质点以超过声速飞行（$v_{飞} > a$），则所有扰动波都被质点超过，在飞行质点后方造成一个锥面，扰动波被局限在这个锥面内，这个锥面被称为马赫锥。

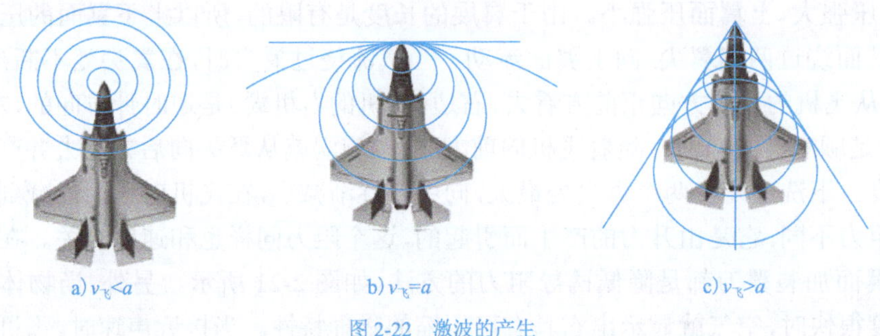
a) $v_{飞}<a$　b) $v_{飞}=a$　c) $v_{飞}>a$

图2-22　激波的产生

但是飞机并不是微小质点，它是由无数质点组成的庞然大物。每一个质点都在飞机前方造成一道界面波，无数道界面波叠加在一起，造成一种与飞机形状有关的强扰动波，这种扰动波前后的空气压强、密度和温度都发生突然增高，这样的边界波就叫作激波（图2-23）。空气在通过激波时，受到这一薄层稠密空气的阻滞，使流速急骤降低，由阻滞而产生的热量使空气加温，而加温所消耗的能量来自动能，动能的消耗表示产生了一种新的阻力。该阻力由于形成激波而产生，所以就叫“波阻”。

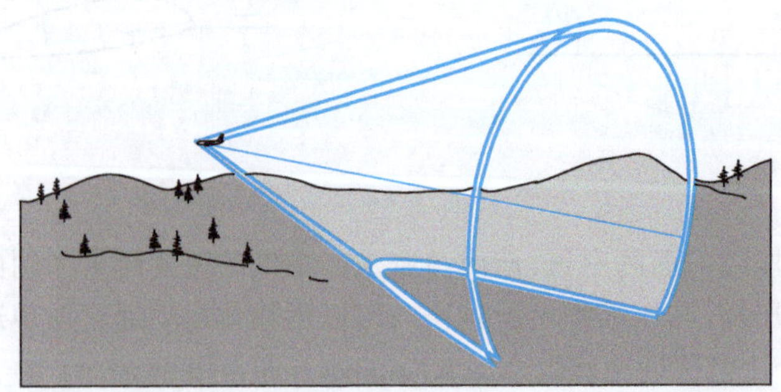
图2-23　激波

我们把超音速飞行时由于激波的传播而雷鸣般的声音称为音爆。音爆对地面的生物有伤害作用，并且会造成建筑物的损害，因而只能在公海上或沙漠上做超声速飞行。此外，超声速飞行的燃料消耗大大超过亚声速飞机，经济性能不好。1970年，英法联合研制的“协和号”超声速客机投入运行，这是航空技术上的一大成就，但由于经济性差和噪声大这两个方面的原因，超声速客机的机队没有任何发展，在2003年全部退出了航线服务。为提高效益，绝大多数现代的大型客机都把最大飞行速度定格到 0.75 ～ 0.9 之间，我们称之为高亚声速飞机。在这个速度区域里，飞机达到了速度与效益的统一，即速度不低和燃油消耗较少。

在高亚声速飞行的飞机上，由于飞机飞行速度接近声速时，飞机机体的某些部位首先达到声速，开始形成激波。这种在飞行速度尚未达到声速而在部位表面局部地区产生的激波称之为“局部激波”。飞机开始产生局部激波的马赫数称为临界马赫数（$M_{临}$）。$M_{临}$是亚声速和跨声速的分界点，此时所产生的局部激波同样也会对飞机产生不利影响。飞机速度达到$M_{临}$时，局部阻力增加很大，甚至会使结构受损，尤其是局部激波后面的附面层很容易分离，机翼上表面的局部激波会使机翼升力下降造成“激波失速”。因此，飞机要以接近声速的速度飞行，必须解决局部激波的问题，也就是设法提高 $M_{临}$。

解决这一问题的有效途径是采用合适的机翼平面形状。在机翼平面几何参数中，后掠角可以提高 $M_{临}$和降低波阻。由图 2-24 中可以看出，在平直翼上，气流速度 v 垂直于机翼，整个速度在产生升力上都是有效的，机翼上方通过气流流速比飞行速度要高，因而在 v 没有达到声速 a 时就产生局部激波。而对后掠翼，因为机翼和气流速度 v 有一个夹角，而只有垂直于机翼的速度分量 v_1 产生升力才是有效的，沿着机翼的速度 v_2 产生摩擦阻力，对增加气流有效速度是无效的，局部激波的产生由 v_1 的大小来确定。v_1 是 v 的分量，它总比 v 小，所以飞行速度在更接近声速时才会产生激波。因此，后掠翼可以提高飞机的临界马赫数。如果后掠角为 45°，则可以将临界马赫数提高 20%；如果后掠角为 60°，则可以将临界马赫数提高 41%。高亚声速飞机都采用了后掠机翼，速度越高的后掠角越大，一般民航客机的后掠角在 25° ～ 40° 之间。

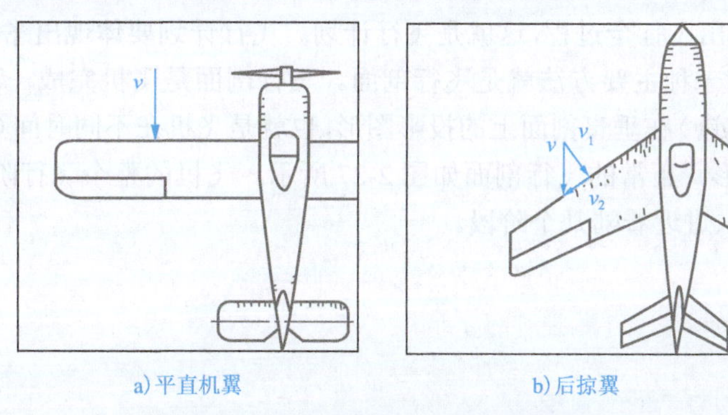

a）平直机翼　　b）后掠翼

图 2-24　流过平直机翼和后掠机翼的气流速度

后掠翼提高了 $M_{临}$，推迟局部激波出现，使飞机的速度提高，但同时它所提供的升力却减少了，因而低速飞机不宜采用后掠机翼，高速飞机需要低速飞行时，特别是起飞降落时，机翼升力不够，需要采用增升装置来提高飞行性能。此外，后掠翼上由于有沿着机翼前缘方向的气流分量，当这一气流聚集在翼尖时，会使翼尖产生失速，为了阻止气流在这一方向的流动，不少后掠翼飞机在机翼上增加了翼尖小翼（图 2-25），用以减缓气流在机翼延伸方向的流动，并增加机翼的抗扭曲刚度。

为了推迟局部激波的产生，20 世纪 70 年代出现了超临界机翼（图 2-26）。超临界翼型前缘较厚、较钝，上表面平面较平，下表面接近后缘处向上凹进，这样气流经过前缘时速度增加不多，增加了临界马赫数，使飞机的速度提高。使用这种机翼可减少飞机的后掠角，减轻飞机的结构重量。

图 2-25 翼尖小翼

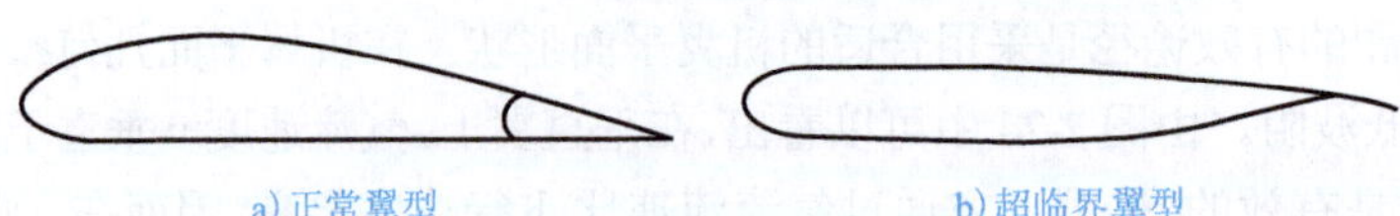

图 2-26 正常翼型与超临界翼型比较

二、飞机性能

1. 飞行阶段

飞机的每一次飞行都要满足一定的飞行任务，根据任务要求，按飞行规则，气象、燃油消耗量，通过计算安排出飞行全过程，这就是飞行计划。飞行计划要体现出飞行各个阶段的状况，表现这种状况的一种主要方法就是飞行剖面。飞行剖面是飞机完成一次飞行任务各个阶段的飞行轨迹（航迹）在垂直剖面上的投影图形，也就是飞机在不同时间（或距离）上它的高度所表示出的图形。正常的飞行剖面如图 2-27 所示。飞机的整个飞行阶段分为滑行、起飞、爬升、巡航、下降、进近着陆几个阶段。

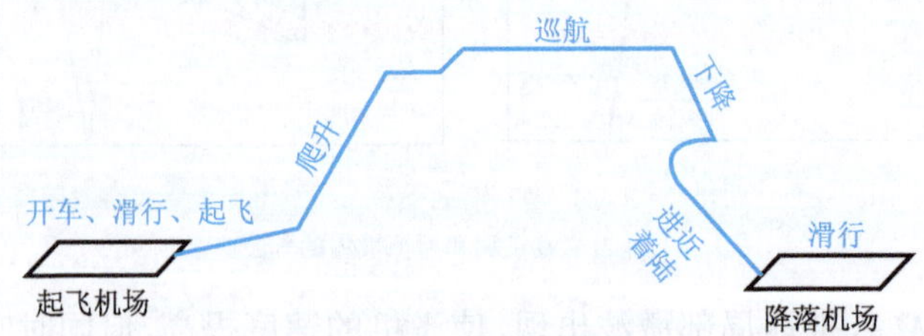

图 2-27 正常飞行剖面图

飞行剖面是飞行计划计算的依据。由于飞行中计划着陆机场由于天气、事故等各种原因无法保障安全降落时，需要选择一个合适的备降机场着陆，由起飞机场飞往备降机场的飞行剖面对应的飞行计划称为备用计划。所有航班的飞行计划都必须包括备用计划。由于备降航班计划不在备降机场正常保障计划之内，因而在备用计划中包括在备降机场上空的盘旋等待。备用飞行剖面如图 2-28 所示。

业载和油量计算是飞行计划的重要工作。油量应当包括起飞和降落机场的地面滑行油量、起飞油量、爬升油量、巡航油量、下降油量、进近着陆油量、由降落机场飞往备降机场的巡航油量以及在备降机场上空等待油量。备用燃油的数量，对运营的经济性有直接影响。备用油太多

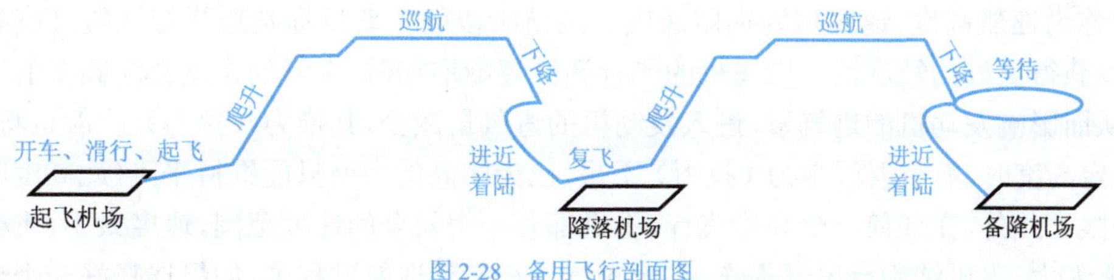

图 2-28 备用飞行剖面图

会使业载下降，太少则飞行安全得不到保证。航空公司除制定备用燃油规则外，还要针对具体的飞行任务由签派人员计算出恰当的备用油量。

考虑到规定的燃油油量指示系统误差后，最多可以供飞机在飞抵着陆机场后，能以等待空速在高于机场标高 450m（1500ft）的高度上飞行 30min 时，飞机将处于最低油量状态。当确定需要备降时，预计到达最近合适的机场进行着陆时，油量少于维持 30min 飞行时间油量，则进入紧急油量状态。

2. 飞机性能

飞行性能指飞机在飞行各阶段的速度和加速度的特性，表现在起飞、降落的场地长短、爬升率、速度等各方面。飞行各阶段对性能的要求是不同的，因而要分别讨论各阶段的性能。

1）起飞性能

飞机从在跑道端松刹车开始，到飞机离开地面达到规定的高度（一般规定为 1500ft），这一段时间是驾驶员最为繁忙、操作最复杂的阶段，也是发生飞行事故最多的阶段之一。

为了保证起飞安全，在起飞性能中要考虑多种限制，主要有三个方面的因素：飞机方面，如襟翼偏度、空调防冰的使用和刹车防滑系统的工作情况；气象方面，如风速、风向、气压高度和温度；机场方面，如跑道长度、坡度、标高、障碍物等。起飞过程要进行性能计算分析，目的是保证飞机的起飞安全和提高经济性，计算的内容主要是根据各种限制，并计入有关影响因素，针对具体的机型、气象和机场情况确定最大允许起飞重量，以检查实际起飞重量。

2）爬升性能

由起飞段终止高度到爬升至巡航高度的阶段称为爬升段。爬升到巡航高度有两种方式，一种是连续爬升，即以固定的爬升角度持续爬升到预定高度，这种方式的好处是爬升时间短，对地面噪声影响小但发动机所需功率大，燃料消耗大；另一种是阶梯式爬升，飞机升到一定高度后平飞增加速度，然后爬升到第二高度再平飞，经几次平飞、爬升后达到预定高度。

爬升中的主要参数有爬升梯度和爬升率。爬升梯度指飞机在爬升过程中，单位距离内高度的变化量。爬升率是指飞机在爬升过程中，单位时间内高度的变化率，就是飞机的垂直速度，通常用 m/s（或 ft/min）来表示。影响爬升性能的因素主要有气压高度、温度、飞机的重量和风。高度增加，空气密度减小，使爬升推力和阻力都减小，但前者减小得多，使发动机剩余推力降低，使爬升梯度和爬升率都降低；温度增高，空气密度减小，推力减小，使爬升率和爬升梯度降低；飞机重量增大，爬升率和爬升梯度都降低；风对爬升率没有影响，但会改变爬升梯度，逆风使爬升梯度增大，爬升段的地面距离缩小。

3）巡航性能

巡航阶段是飞机完成飞行任务的主要阶段，飞机飞行的大部分时间都处于这一阶段。在这一阶段，飞机保持一个适合的飞行高度，保持水平匀速飞行状态做稳定飞行，这时的飞

行高度称为巡航高度，速度称为巡航速度。巡航阶段的主要目标是选择好巡航高度和巡航速度，以获得更好的经济性。当飞机的飞行高度逐渐增加时，空气的密度会随高度的增加而降低，从而影响发动机的进气量，进入发动机的进气量减少，其推力（拉力）一般也将减小。达到一定高度时，航空器因推力（拉力）不足，已无爬高能力而只能维持平飞，此高度即为飞机的升限。此外，在任何一个高度飞行，飞机都有一个安全的速度范围，速度太小，飞机会失速；速度太大，飞机结构会出现损伤，甚至解体。在实际巡航过程中，如果选择好一个合适的巡航高度和巡航速度，飞机最省油，航程最长。

4）下降性能

飞机从巡航高度降至1500ft（450m）的阶段，这个阶段和爬升阶段对应。飞机一般在距机场30min航程时开始下降，逐渐降低高度，减小发动机推力以节约燃料。有时，在客舱增压出故障时，由于供氧限制要尽快下降到不需供氧的安全高度10000ft（约3050m）以下，为此要用最大下降率下降。

5）进近和着陆性能

这是飞行过程中又一个操作复杂极易出故障的阶段，也是飞行事故发生最多的阶段。进近包括进场和进近两个阶段。进场是指飞机在距离机场上空一定距离上，从指定位置按规定路线减速、下降高度、利用导航设备和方法接近跑道的过程。进近主要是指飞机完成进场后，通过转弯、减速、调整着陆形态最后对正跑道并着陆的过程。飞机下降过程中通过收油门配合放襟翼逐渐减速。并当高度下降到2000ft（约600m）以下时，飞机放襟翼，对准跑道后，放下起落架，准备着陆。从离地高度50ft（15m）开始到接地，直到飞机减速后滑出跑道称为着陆。离地50ft时应当达到的速度称为v_{ref}速度，该速度是失速速度的1.3倍。飞机两个主轮（主起落架）平衡着地后，前轮仍然离地，以一定迎角滑跑一段距离以增加阻力，然后驾驶员前推驾驶杆使前轮着地，这时开始使用刹车和反推装置（喷气飞机）或反桨装置（螺旋桨飞机）使飞机尽快减低速度，然后滑出跑道，进入滑行道，驶向机坪。影响着陆距离的因素包括风、进场速度、进场高度、减阻措施、湿度、温度、重心、跑道坡度等大量的可变因素，因此安全着陆在很大程度上要依靠驾驶员的判断和操作技术，同时驾驶员还要随时应对一些突发的事件，如突然的风向改变和跑道上发生未预计到的问题。

第三节　飞机结构与系统

机体主要由机翼、机身、尾翼、起落架这几个外部形状组成。此外，飞机还包含了航空仪表、警告系统、飞行管理系统、液压系统、燃油系统、电源系统、照明系统、防冰排雨系统、防火系统等很多系统，它们对于保障飞行安全、改善飞行性能起着关键作用。

一、机体结构

1. 机身

机身是飞机的主体部分，把机翼、尾翼和起落架连在一起。机身包括机头、前机身、中部机身、后部机身和尾部机身。机头装置着驾驶舱，用来控制飞机；前机身、中部机身和后部机身是客舱或货舱，用来装载旅客、货物、燃油和设备；尾部机身和尾翼相连，同时安装有辅助动力装置（Auxiliary Power Unit，APU），如图 2-29、图 2-30 所示。

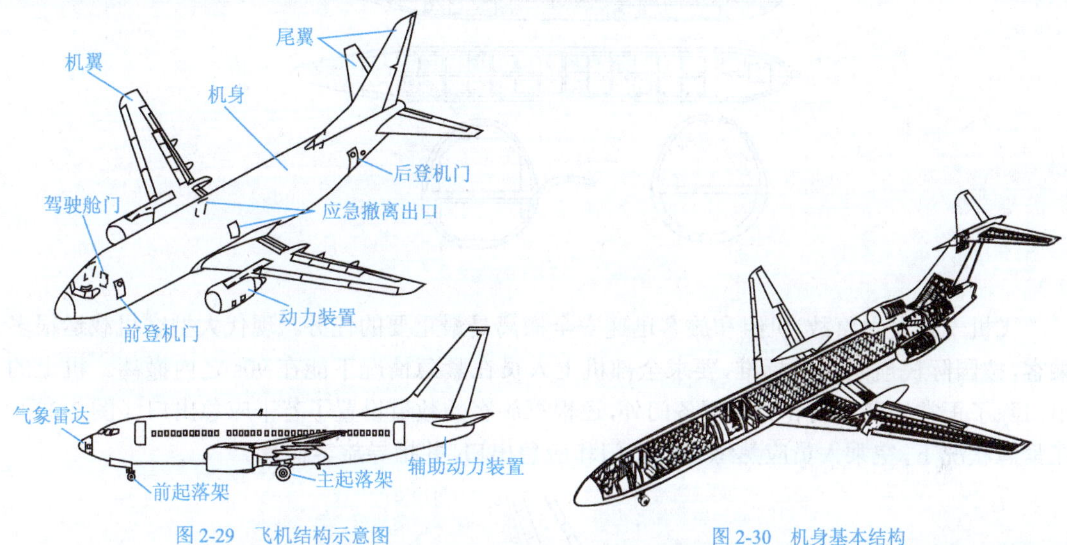

图 2-29 飞机结构示意图

图 2-30 机身基本结构

机头驾驶舱中装置有各种仪表和操纵装置，以对飞机进行控制。驾驶舱的后部根据要求可以是客舱或货舱。客舱中装载旅客，考虑到旅客的舒适度和安全性，除装有座椅外，还要有通风保暖设备、安全救生设备等。对大型客机来说，客舱座椅可按头等舱、公务舱、经济舱三个等级来安排，如图 2-31 所示。航空公司可以根据运营需要把座舱安排成头等舱和经济舱两级布局，也可以全部安排成经济舱以增大旅客运输量。客舱内布置走道、厨房、洗手间等旅客生活需要的空间，根据旅客数量设置相应数量的舱门和窗口以及其他检修、供货的进出口。

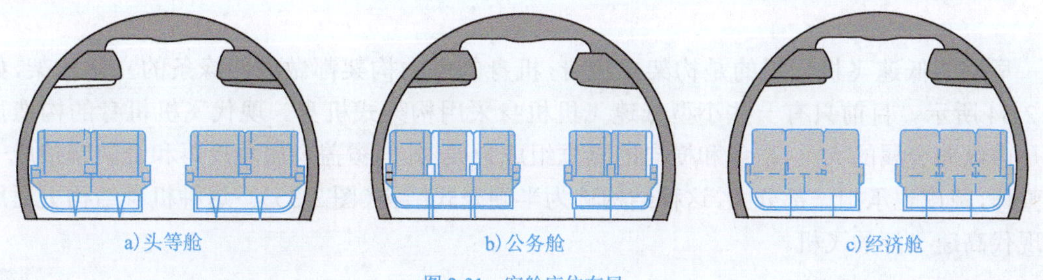

图 2-31 客舱座位布局

客舱的下部通常留出一部分作为装载旅客行李和货物的货舱。货舱的设置要简单得多，有的货舱内装有滑轨、绞盘或起重装置，主要考虑装货的通畅和方便。也有客货型的机舱，机身的前部为客舱，后部为货舱；还有客货转换型机舱，机舱内的隔板和座椅可快速拆装，几个小时内就能把客机改装为货机，或把货机改装为客机。还有专门设计的纯货机，如波音 747F，这种飞机的机身除驾驶舱外，全部都是货舱，如图 2-32 所示。为了装卸货物方便，除了机身侧方的舱门外，机头段或机尾段还能设计成可整体打开的形式，让货物从机头和机尾直接进入，有些货机上还备有专用的绞盘或起重机。

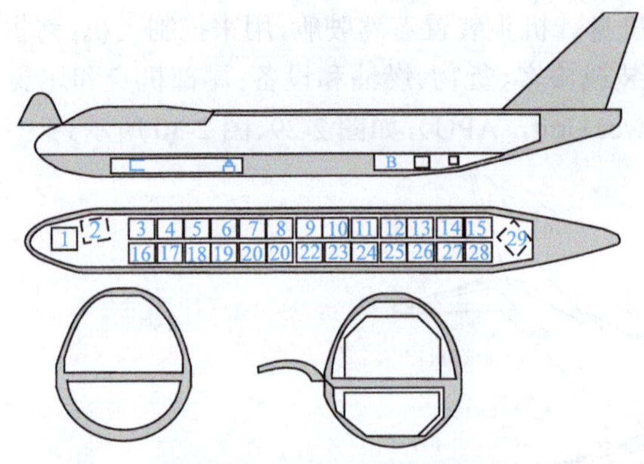

图 2-32　B747F 货舱布局

飞机一旦发生事故，机组和旅客迅速安全撤离是最重要的任务。现代大型客机载运很多乘客，按国际民航组织的标准，要求全部机上人员在紧急情况下能在 90s 之内撤离。机上的出口除了正常的登机门和厨房服务门外，还根据旅客的数量设置了若干应急出口（图 2-33），在紧急状况下，空乘人员应熟练打开机门和应急出口，并指导旅客撤离。

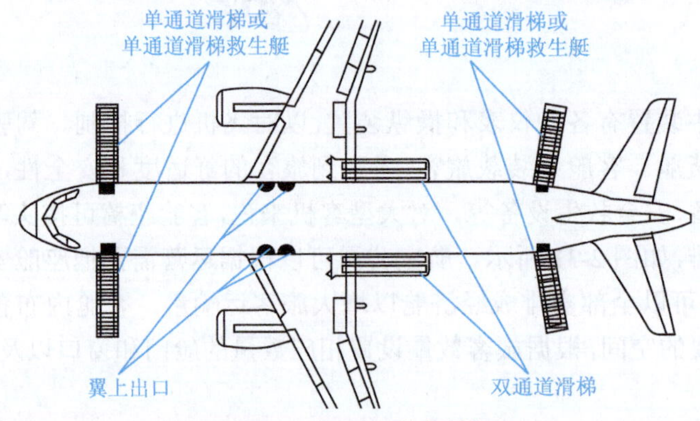

图 2-33　紧急出口和撤离滑梯

早期的低速飞机采用的是构架式机身，机身的承力构架都做成四缘条的立体构架，如图 2-34 所示。目前只有一些小型低速飞机机身采用构架式机身。现代飞机机身的构造大多是由纵向金属的大梁、桁条和横向的隔框组成骨架，外面覆盖金属蒙皮再和骨架铆接成一个整体，蒙皮也承担一部分力，这种结构称为半硬壳式结构（图 2-35）。这种机身结构更适用于现代高速飞行的飞机。

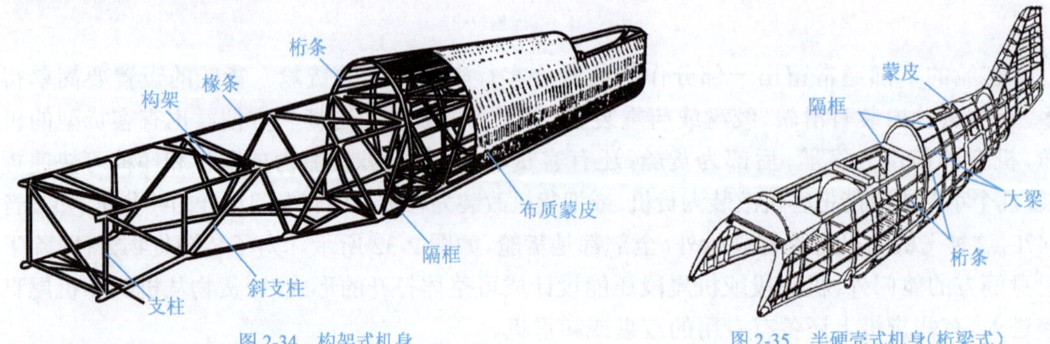

图 2-34　构架式机身　　图 2-35　半硬壳式机身（桁梁式）

2. 机翼

机翼是飞机升力的主要来源，它是飞机必不可缺的一部分，机翼除了提供升力外，还可作为油箱和起落架舱的安放位置，并可以吊装发动机。

1）机翼的平面形状

现在的民航飞机采用的大多是单机翼。单机翼又根据机翼在机身上的安装位置分为上单翼、中单翼和下单翼，其形状有平直机翼、梯形机翼、椭圆机翼、后掠机翼、三角机翼等，安装形式也有上反角机翼、下反角机翼之别，如图 2-36 所示。

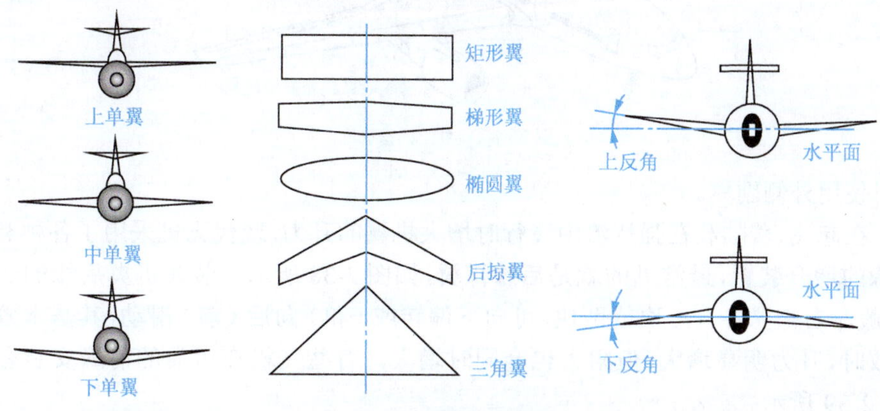

图 2-36 机翼的形状和配置

上单翼布局，干扰阻力小，有很好的向下视野，机身离地面近，便于货物的装运，发动机可以安装得离地面较高，免受地面飞起的沙石的损害，因而大部分军用运输机和使用螺旋桨动力装置的运输飞机都采用这种布局。中单翼飞机的气动外形是最好的，但因为大型飞机的翼梁要从机身内穿过，使客舱容积受到严重影响，因而在民航飞机中不采用这种布局形式。下单翼飞机的机翼离地面近，起落架可以做得短些，两个主起落架之间距离较宽，增加了降落的稳定性，起落架很容易在翼下的起落架舱收放，从而减轻了重量。此外发动机和机翼离地面较近，做维修工作方便。下单翼飞机的翼梁在机身下部，机舱空间不受影响。因此，目前的民航运输机大部分为下单翼飞机。

机翼前缘同机身轴线的垂直线之间的夹角称为掠角，如果向后，这个夹角称为后掠角，有后掠角的机翼称为后掠翼，掠角为 0° 的称为平直机翼。后掠翼有利于飞机的稳定性，也有利于提高飞机的飞行速度。

机翼装在机身上的角度，称为安装角，是机翼与水平线所成的角度，安装角向上的称为上反角，向下的称为下反角，一般下单翼的飞机都具有一定的上反角，而上单翼飞机通常有一定的下反角，以保证有适当的侧向稳定性。

2）机翼的操纵面

机翼的前缘和后缘加装了很多改善或控制飞机气动力性能的装置，这些装置包括副翼、襟翼、缝翼和扰流板。

副翼一般安装在机翼翼尖后缘外侧，有些大型飞机的副翼分内侧和外侧两部分（图 2-37），它可以上下偏转，用来操纵飞机的滚转。大型飞机在高速飞行时避免过大的舵面效应造成操纵过量，所以高速飞行时只使用内侧副翼，而在低速飞行时又要保证良好的机动性，所以

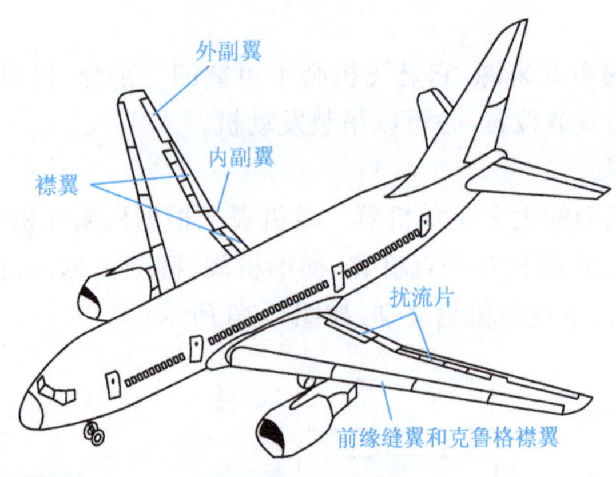

图 2-37　机翼上的操纵面

在低速时使用外侧副翼。

为了在起飞、着陆和在强扰流中飞行时增大机翼的升力，现代飞机采用了各种类型的沿机翼后缘的增升装置，最常见的就是后缘襟翼，如图 2-38 所示。装在机翼后缘的一种可动翼面，一般左右襟翼各有一块或两块，可向下偏转或（和）向后（前）滑动，其基本效用是当襟翼下放时，升力明显增大，但阻力也会同时增大。有些飞机在机翼的前缘安装有前缘襟翼，如图 2-39 所示。

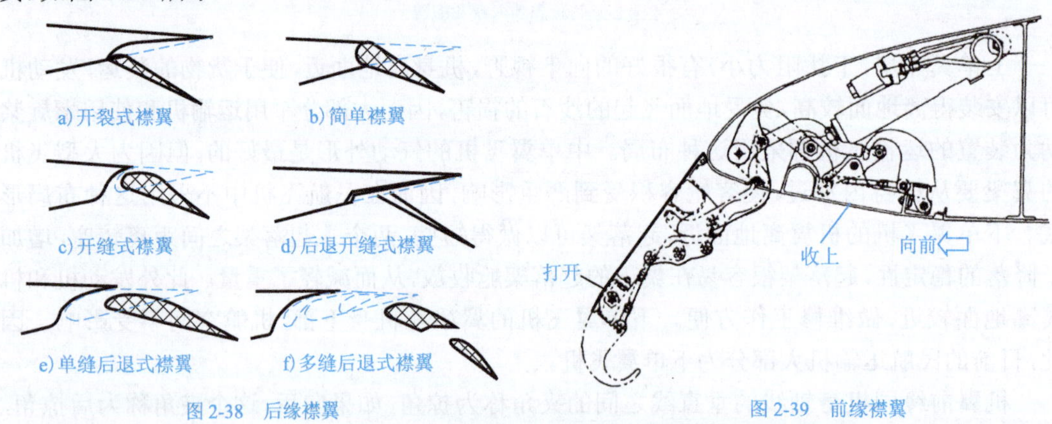

图 2-38　后缘襟翼　　图 2-39　前缘襟翼

前缘缝翼也是一种增升装置（图 2-40），是安装在机翼前缘的一段或者几段狭长小翼。缝翼向前移动时在机翼前部出现了一道缝隙，这将使气流由翼下流到机翼的上表面，使得上表面的气流加速，同时消除了上表面后部形成的大部分气流旋涡，使升力增加，并加大迎角，从而可以进一步提高升力。

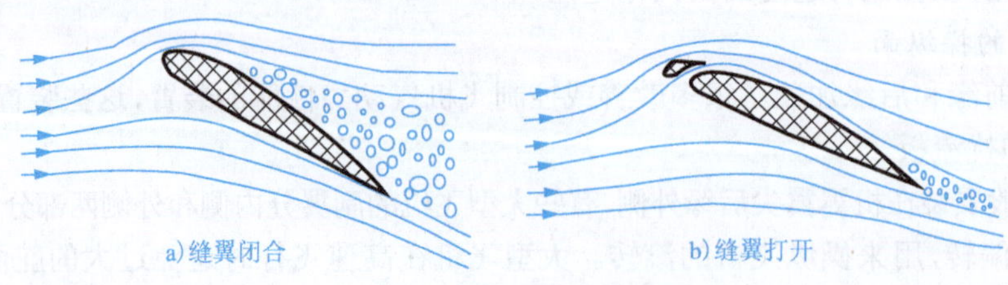

图 2-40　前缘缝翼打开时，气流分离被推迟

缝翼闭合时，在大迎角下发生气流分离，旋涡很多，如图 2-40a)所示。

缝翼打开时，旋涡很少，恢复了空气的平滑流动，如图 2-40b)所示。

襟翼和缝翼同为增升装置，一般用于起飞和着陆阶段，以便获得较大的升力。

扰流板是铰接在翼面上表面的板，它只能向上打开，起到增加阻力的作用。在空中，当机翼两侧的扰流板均打开时，增加机翼上的阻力，同时减少升力，使飞机能在空中迅速降低速度；当一侧的扰流板打开时，它的作用和副翼类似，使一侧的阻力上升，使飞机侧倾。在飞机接地后打开，使飞机压紧地面，以空气动力制动飞机，如图 2-41 所示。

图 2-41 扰流板

3）机翼的结构

机翼的结构由翼梁和桁条作为纵向骨架，翼肋做横向骨架，整个骨架外面蒙上蒙皮构成了机翼，如图 2-42 所示。翼梁承担着机翼上主要的作用力，桁条嵌在翼肋上以支持蒙皮，翼肋则保持着机翼的翼型，并支持着蒙皮承受空气动力，机翼根部和机身的接头承受着巨大的应力，因而这一部分要特别地坚固。机翼内部的空间，除了安装机翼表面上各种附加翼面的操纵装置外，它的主要部分经密封后，作为存储燃油的油箱，大型喷气客机机翼上的燃油载量占全机燃油的 20% ~ 25%，不少飞机起落架舱安置在机翼中，有些飞机的发动机装在机翼上。大部分客机的发动机吊装在机翼下。

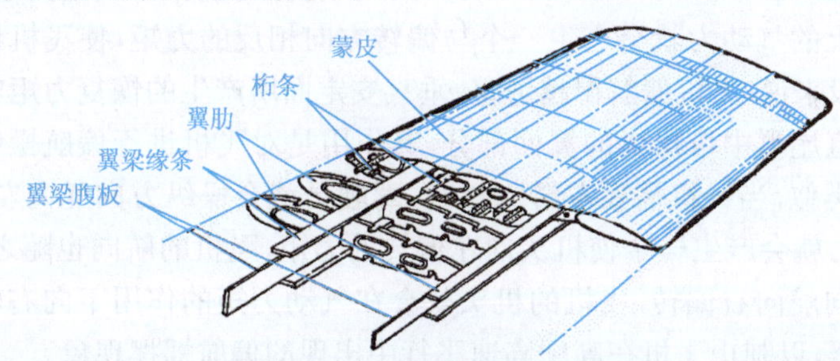

图 2-42 机翼结构的基本组成

3. 尾翼

尾翼安装在飞机后部，起稳定和操纵飞机的作用，如图 2-43 所示。尾翼结构一般也是由梁肋、桁条和蒙皮组成，而构成方法与机翼相似。尾翼一般分为垂直尾翼和水平尾翼。

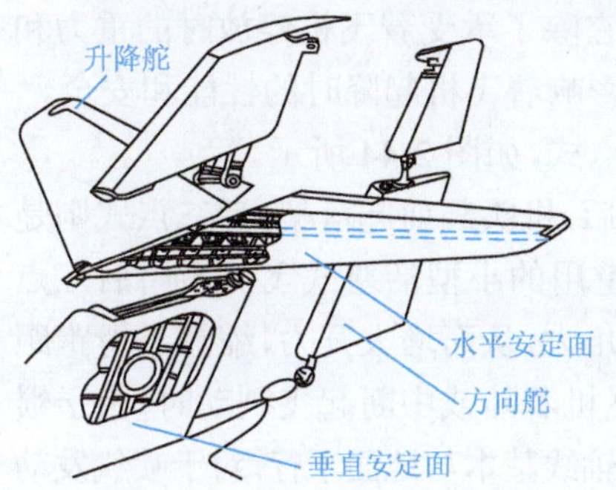

图 2-43 尾翼

1）水平尾翼

水平尾翼用来控制飞机的俯仰操纵和维持飞机纵向稳定性。一般来说，水平尾翼由固定的水平安定面和可偏转的升降舵组成。其中前半部分固定不动的为水平安定面，铰接在安定面后面、可通过操纵实现上下偏转的为升降舵。

当飞机在空中平飞时，常常会受到各种上升气流

或者侧向风的影响，此时飞机的航行姿态就会发生改变，飞机会围绕重心偏航、俯仰以及滚转。飞机的水平安定面就能够使飞机在俯仰方向上具有静稳定性。当飞机水平飞行时，水平安定面不会对飞机产生额外的力矩；而当飞机受到扰动抬头时，此时作用在水平安定面上的气动力就会产生一个使飞机低头的力矩，使飞机恢复到水平飞行姿态；同样，如果飞机低头，则水平安定面产生的力矩就会使飞机抬头，直至恢复水平飞行为止。为了确保飞机具有静稳定性，飞机的重心和飞机的气动中心不在一个位置，气动中心在飞机重心的后面。当飞机在纵向上存在不平衡力矩时，平尾产生的负升力来进行平衡。由于平尾距重心较远，只要用很小的平尾升力就能使飞机保持力矩平衡。大型飞机上，为了提高平尾的平衡能力，水平安定面在飞行中可以缓慢改变安装角，称为可调式水平安定面。

升降舵是水平尾翼中可操纵的翼面部分，其作用是对飞机进行俯仰操纵。当需要飞机抬头向上飞行时，驾驶员就会操纵升降舵向上偏转，此时升降舵所受到的气动力就会产生一个抬头的力矩，飞机就抬头向上了。反之，如果驾驶员操纵升降舵向下偏转，飞机就会在气动力矩的作用下低头。

2）垂直尾翼

垂直尾翼起保持飞机的航向平衡、稳定和操纵作用，原理与平尾相似。垂尾翼面的前半部分通常是固定的，称为垂直安定面，后半部分铰接在安定面后部，可操纵偏转，称为方向舵。

飞机的垂直安定面的作用是使飞机在偏航方向上（即飞机左转或右转）具有静稳定性。垂直安定面是垂直尾翼中的固定翼面部分，当飞机沿直线作近似匀速直线运动飞行时，垂直安定面不会对飞机产生额外的力矩，但当飞机受到气流的扰动，机头偏向左或右时，此时作用在垂直安定面上的气动力就会产生一个与偏转方向相反的力矩，使飞机恢复到原来的飞行姿态。而且一般来说，飞机偏航得越厉害，垂直安定面所产生的恢复力矩就越大。

方向舵是垂直尾翼中可操纵的翼面部分，其作用是对飞机进行偏航操纵。方向舵的操纵原理与升降舵类似，当飞机需要左转飞行时，驾驶员就会操纵方向舵向左偏转，此时方向舵所受到的气动力就会产生一个使机头向左偏转的力矩，飞机的航向也随之改变。同样，如果驾驶员操纵方向舵向右偏转，飞机的机头就会在气动力矩的作用下向右转。方向舵操纵系统中可装阻尼器，以制止飞机在高空高速飞行中出现的偏航摇摆现象。

4. 起落架

民用飞机绝大多数是在陆上起飞、着陆的，使用机轮式起落架，只有极少数水上飞机使用浮筒式或船身式起落装置，这里只介绍机轮式起落架。起落架的作用是在地面上支撑飞机并保证飞机在起飞、滑跑和在地面上移动的运动功能，它除了承受着飞机停放时的重力和运动时的动载荷外，还承受着着陆时很大的冲击载荷，它影响着飞机起降时的性能和安全。

目前民航飞机起落架的配置主要有前三点式和后三点式，如图 2-44 所示。

前三点式指主要的承重起落架（主起落架）在重心之后，机头装前起落架；后三点式则是主起落架在重心之前，尾部装尾轮或后起落架。通用航空用的小型活塞式飞机多用后三点式，它的优点是构造简单，发动机安装方便，在起、降时迎角大，从而增大升力，缩短了滑跑距离；它的缺点是在飞机速度增大时，稳定性不好，特别是飞机着陆或中断起飞制动时，由于惯性作用，飞机会向前倒立。前三点式稳定性好同时发动机轴线基本与地面平行，对于喷气发动机来说可以避免炽热的喷气流喷向地面，因而大型高速飞机的起落架都采用前三点式布局。

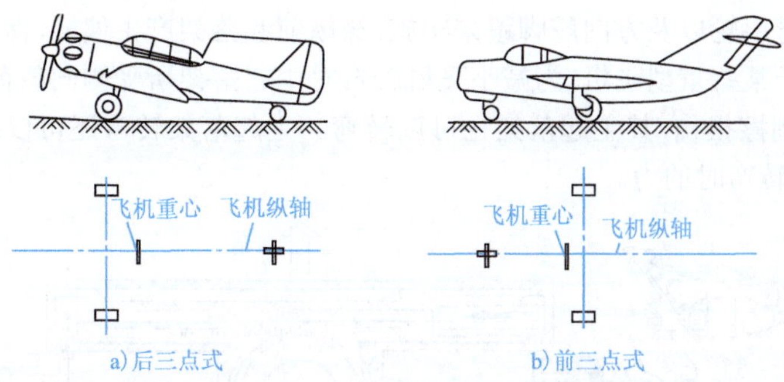

图 2-44 起落架配置形式

现代飞机的起落架具有收放、减振、制动和转弯几个功能。通用航空中的很多小型飞机由于速度不高，为了减轻重量和降低成本采用固定的不收起的起落架，不设起落架舱。现代航线飞机的速度都比较快，为了减少空气阻力，都采用了可收放式起落架。起落架的收放装置通常都是通过液压作动筒实现的，有些轻型飞机采用气压或电动收放。起落架还有一套独立的紧急收放系统，在紧急情况时，起落架可不依靠飞机的动力放下。

起落架的减振功能由轮胎和减振器实现，轮胎按所充气分为高压轮胎(0.6 ~ 1MPa)、中压轮胎（0.3 ~ 0.6MPa）和低压轮胎（0.2 ~ 0.3MPa）。低压轮胎减振效果最好，对跑道要求低可吸收振动能量的 30% 以上，但体积大，一般用于支线飞机和适于低标准机场飞行的飞机。现代大型飞机都使用高压轮胎。小型飞机上使用弹簧减振器，大型飞机一般都使用油气减振器(图 2-45)。它的作用是飞机着陆时使活塞杆向上，使液体上升压缩空气，同时液体经小孔流入活塞，当活塞杆停止向上时，气体膨胀，液体回流，使活塞杆向下，这样反复运动，使冲击能量消耗在液体流动的摩擦和气体的膨胀压缩上，从而达到减震的效果。

飞机的地面制动装置是刹车盘。刹车盘装在主起落架机轮的轮毂内，其由一组随机轮转动的刹车片和一组固定在轮轴上的固定刹车片组成，每一片动片对应一片定片，两者之间有一定间隙，如图 2-46 所示。在制动时通过活塞使定片压在转动片上，使机轮停止转动。刹车只在地面才起作用，方向舵只在高速时起作用，驾驶员通过脚蹬来进行控制，当脚蹬在高位时控制方向舵，当脚蹬踩到下部时控制刹车。

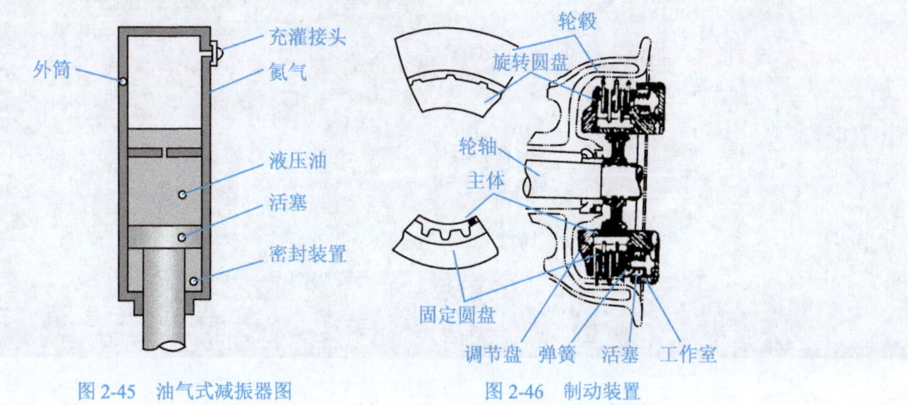

图 2-45 油气式减振器图

图 2-46 制动装置

民航飞机主要采用前三点式起落架，而前三点式飞机的转弯主要靠前轮来执行。前轮转弯由液压系统的作动筒和刹车转弯控制装置控制(图 2-47)。刹车转弯控制装置可以通过

机长和副驾驶转弯手轮以及方向舵脚蹬来实施，操纵前起落架产生偏转，保证飞机地面运动的方向控制。对于某些重型飞机，为减小飞机转弯时主起落架所受侧向载荷，减小因主轮侧滑而造成的轮胎刮擦损伤，其主起落架也可以转弯。主起落架转弯还可以减小飞机转弯半径，减小操纵飞机转弯时的力。

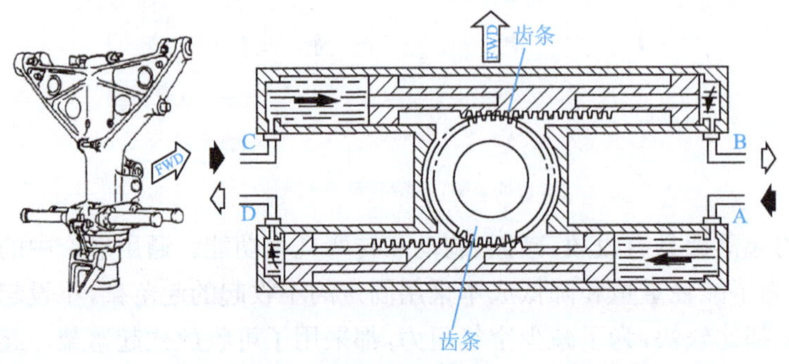

图 2-47　前轮转弯机构

二、飞机系统

飞机上有很多系统，主要包含了航空仪表、飞行管理系统、飞行数据记录系统、警告系统、液压系统、座舱环境控制系统、电气系统、燃油系统、防冰排雨系统、防火系统等，对于保障飞行安全、改善飞行性能起着关键作用。

1. 航空仪表

飞机的仪表系统是飞机感知外部情况和控制飞行状态的核心，它相当于飞机的大脑和神经系统，在飞机发展的初期，机上只有很简单的飞行仪表，控制主要由驾驶员手动完成，主要仪表构成了 T 形（图 2-48），这是操纵飞机的基本仪表。

图 2-48　传统 T 形仪表

1）气压高度表

气压式高度表的工作依据是大气压随着高度升高呈线性下降，测出这一高度的气压就可换算出高度值。气压式高度表的关键部分是表内的真空膜盒，膜盒的内腔被抽成真空密封，膜盒表面有一定弹性，表内的压力大时膜盒就被压紧，压力小时就膨胀，把压缩和膨胀位移经机械装置传送、放大到指示器上，就表示了外界的大气压力。如果表盘上刻的是相应的高度，压力表就变成了高度表。

2）空速表

空速是指飞机在纵轴对称面内相对于气流的运动速度。基于伯努利定理中总压、静压与动压之间的关系，如果能测出动压，就可以得出飞机的空速。测量空气总压的装置是有总压管或皮托管，测量静压的装置有静压孔，如图 2-49 所示。

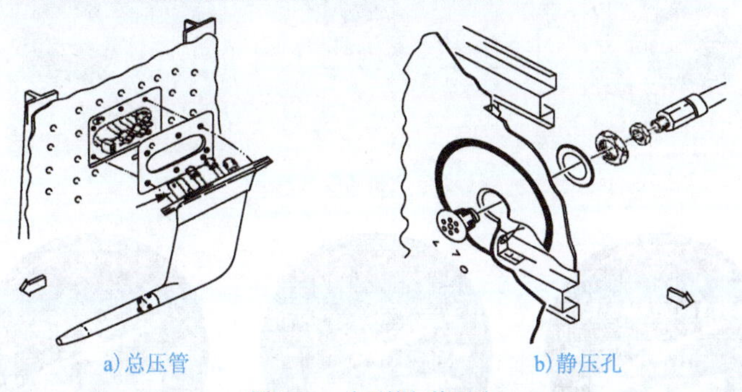

a）总压管　　b）静压孔

图 2-49　总压管与静压孔

空速表的构造和高度表相似，不同的是它的膜盒内和总压室相连，膜盒外的空腔和静压管相连。膜盒内外的压差越大，膜盒的变形就越大，这个压力差就是气流的动压。通过机械装置带动指针，就指示出空速。

3）升降速度表

飞机在飞行中，高度会发生变化，例如飞机爬升或下降。高度的变化率是单位时间内飞机高度的变化量，也可称为“升降速度”“垂直速度”或“升降率”。当飞机高度变化时，气压也随着变化。气压变化的快慢，可以表示飞机高度变化的快慢，即升降速度的大小。因此，只要测量出气压变化的快慢，就能表示飞机的升降速度。

4）地平仪

地平仪也叫姿态指示器，用来指示飞机与地平面之间的相对关系，即指示飞机的俯仰和倾斜角度。地平仪中有一个可移动的飞机标志和一条人工地平线，利用飞机标志和人工地平线显示出飞机的飞行姿态。如果飞机上仰，飞机标志在地平线上；下俯时，飞机标志在地平线下。左侧倾或右侧倾都可以从飞机标志的倾斜上看出来，表的周围和中间都有刻度来表示飞机的俯仰和倾斜角度，如图 2-50 所示。

5）转弯侧滑仪

转弯侧滑仪是用来为驾驶员指示出偏航的角度和侧滑程度，如图 2-51 所示。表盘上部的转弯仪是一个飞机标志，能指示出飞机转弯坡度的大小。表盘下部的侧滑仪由一个盛有液体的密封弯管构成，固定在表上，液体中浮着一个小球，当飞机平飞时，小球处于弯管中央的最低位置；当飞机没有侧滑盘旋时，小球受到重力和离心力的作用，方向与飞机立轴的方向一致，小球仍处于中央位置；只有当飞机出现侧滑时，小球的受力偏离了立轴，小球从中央移向侧滑的一侧，这样就使驾驶员能根据它的指示完成协调的转弯。

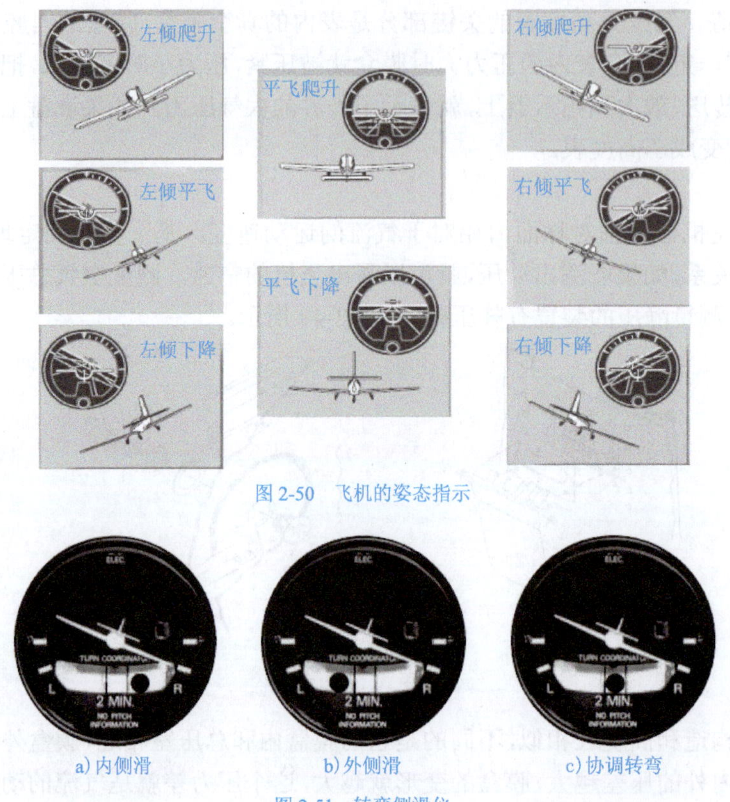

图 2-50　飞机的姿态指示

a) 内侧滑　　b) 外侧滑　　c) 协调转弯

图 2-51　转弯侧滑仪

6）航向指示器

航向指示器也称为航向陀螺仪，它的陀螺指向在起始状态，飞机静止时或平飞时要调整得和磁针指向一致，表盘中央的飞机标志固定，而表盘上的刻度盘随着机身偏航而转动，如图 2-52 所示，由此指示出飞机的航向。陀螺罗盘稳定性好，但无自动定向能力。由于飞机上有磁罗盘，其工作原理与指南针完全一样，利用磁棒在地球磁场内总是指向磁北极的特性来指示飞机飞行的方向（又叫“航向”）。人们就把陀螺的定轴性和磁针的指向性结合起来，制成陀螺磁罗盘系统，使其能够输出磁航向修正后的陀螺航向，解决了这一问题。

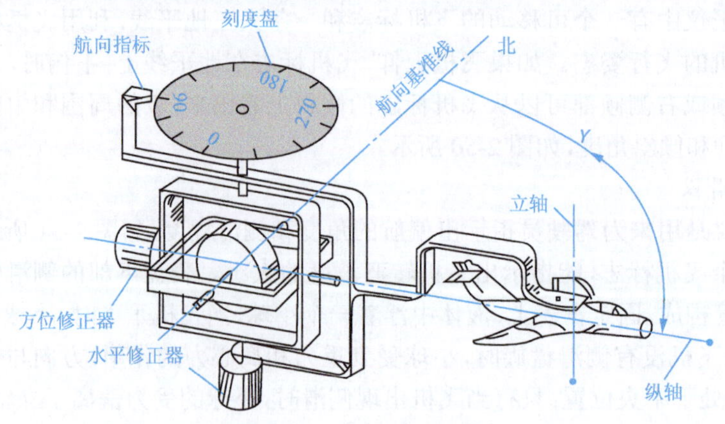

图 2-52　航向指示器的测量原理

由于飞机性能迅速提高，各种系统设备日益增多，所需指示和监控仪表大量增加，有的飞机上已多达上百种，仪表板和座舱无法安排，驾驶员也目不暇接，眼花缭乱。另外，飞机的飞行速度和机动性能的提高，又使驾驶员观察仪表的时间相对缩短，容易出错（图 2-53）。因此把功能相同或相关的仪表指示器有机地组合在一起，形成统一指示的综合仪表。现代的电子综合仪表系统主要由电子飞行仪表系统（Electronic Flight Instrument System，EFIS）和电子集成飞机监控系统（Electronic Centralized Aircraft Monitoring，ECAM，空客公司采用）或发动机指示机组警告系统（Engine Indication and Crew Alerting System，EICAS，波音公司采用）组成。驾驶舱仪表板上主要有 6 个显示组件，其中包括 2 个主飞行显示器（Primary Flight Display，PFD）、2 个导航显示器（Navigation Display，ND）和 2 个 ECAM 或 EICAS 显示器，如图 2-54 所示。它们的显示由多个余度的计算机来驱动，机组可以通过相应的控制面板来控制它们的显示与转换。

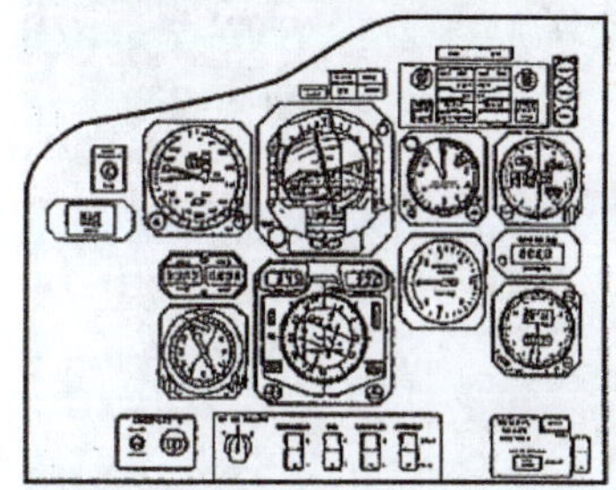
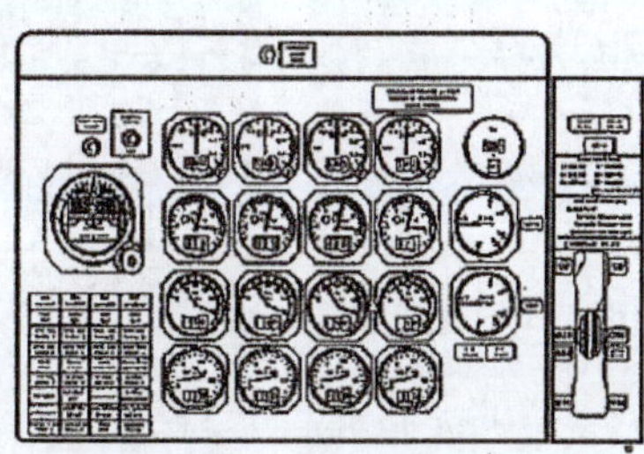
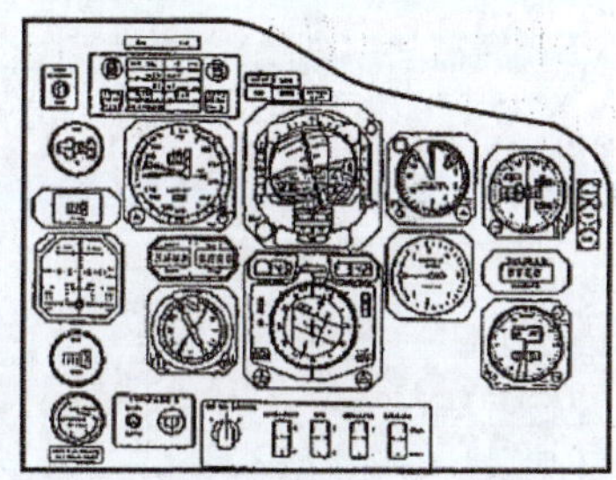

图 2-53　驾驶舱传统仪表

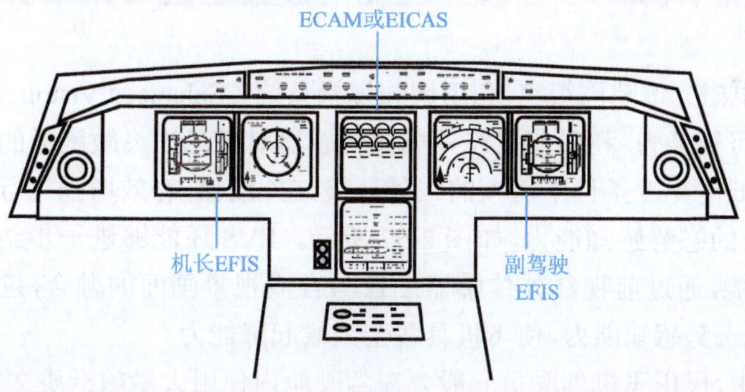

图 2-54　现代驾驶舱电子综合仪表

7）驾驶舱显示新技术

平视显示器（Head Up Display，HUD），是运用在航空器上的飞行辅助仪器，1975 年由法国 Dassault 飞机公司首先使用在 Mercure 飞机上面，如图 2-55 所示。HUD 使用方便，能够提高飞行安全，因此日趋成为驾驶舱的重要组成部分。HUD 在各飞行阶段为驾驶员提供增强的情景意识和状态管理能力，减少了驾驶员在飞行中频繁俯视仪表的动作，使其可以始终保持平视飞行。它能将飞行参数、瞄准对正、自检测等信息，以图像、字符的形式，通过光学部件投射到座舱正前方组合玻璃上的光 / 电显示装置上。飞行员透过组合玻璃观察舱外景物时，可以同时看到叠加在外景上的字符、图像等信息，并且投射焦距位于成像组合玻璃前方，使飞行员几乎不用改变眼睛焦距，即可随时察看飞行参数，可视度也不会受

到日光照射的影响。过去，飞行员需要交替观察舱外目标和舱内仪表，易产生瞬间视觉中断，由此，会导致反应迟缓、操作失误，并有可能造成飞行事故，采用平视显示器可克服这一缺点。

合成视景系统（Synthetic Vision System，SVS）的主要特征是以三维色彩地形图像为背景，叠加传统的 PFD 仪表式读数，由此形成大面积逼真的地形背景，再组合地形感知和告警系统地形数据，可以精确地描绘当前地形、障碍物和跑道等信息，如图 2-56 所示。这种合成的地形显示不受气象状况的影响，有助于飞行机组判断飞机相对地形的位置，在低能见度条件下，这一优点更为突出。PFD 上显示的地形与外部实际环境是一致的，因此，飞行员在集成了合成视景之后的 PFD 上看到的地形与理想可见度下看到的外部真实地形是一致的。合成视景系统主要应用于飞机在下降时的进近和着陆阶段。

图 2-55　平视显示器（HUD）

图 2-56　合成视景系统（SVS）

人眼可视的电磁光谱范围很窄，利用增强视景系统（Enhanced Vision System，EVS）可大大增强人眼的可视能力，利用前视红外成像传感器对可见光灵敏度低的特性，EVS 能够为飞行员提供在低能见度条件下清晰的红外环境红外图像，有效增强飞行员的观察和识别能力，提升飞行员的态势感知能力，如图 2-57 所示。EVS 还能够进一步结合合成视景系统和平视显示器功能，通过前视红外传感器图像与合成视景画面的融合，进一步提高系统性能，增强飞行员的态势感知能力，使飞机具备全天候起降能力。

在飞行过程中，民用飞机驾驶员一般要在驾驶舱内使用大量的纸质文件，包括飞行操作手册、航图和各种日志文件等，在执行某些飞行任务时，这些纸质文件甚至可达到近 30kg。这些厚重的纸质文件不仅在狭窄的驾驶舱内占用了大量的空间，不利于飞行员便捷地查阅，而且也不利于航空公司对飞行文件内容的更新和管理，更增加了额外的负重燃油成本。电子飞行包（Electronic Flight Bag，EFB）（图 2-58）能够将这些文档的存储方式电子化，提供良好的人机界面，供驾驶员在电子设备上浏览查阅，对提升驾驶员的阅读效率有着显著的效果，更方便航空公司对文档版本的更新和内容的控制管理，并在一定程度上降低驾驶舱内的重量、节省燃油成本。

2. 飞行管理系统

随着计算机能力的提高，人们不再满足于分别控制各个系统，而是要求把各个系统的计算机联成网络统一在一个主机的控制之下，经电传操纵实现飞行过程的全面自动化，使驾驶

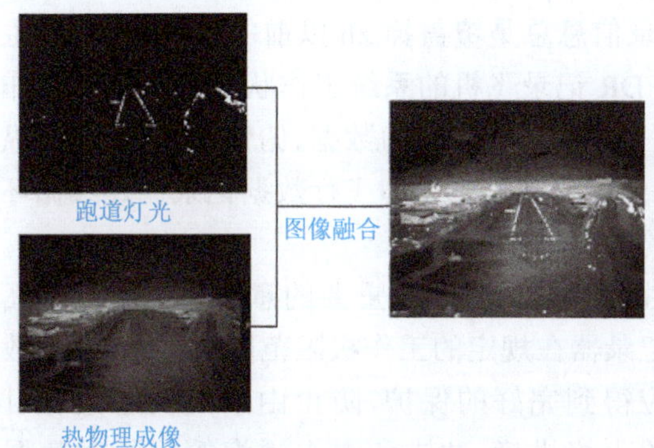

图 2-57 增强视景系统(EVS)

图 2-58 电子飞行包

员除了在必要时进行直接控制外，大部分时间用于监控仪表，并及时做出必要的调整，驾驶员的主要任务不再是一个操作员，而成为一个管理者。大量的信息进行传输和处理需要有相应的管理计算机，这就形成了飞行管理系统（Flight Management System，FMS）。FMS 提供飞行的时间、距离、速度、经济剖面和高度的预测，可减小驾驶员的工作量，提高效率，省掉许多以前通常由驾驶员执行的日常操作。飞行管理系统是以飞行管理计算机系统为核心的高级区域导航、制导系统和性能管理系统。飞机在 FMS 的控制下，可以实现全自动导航，可以以最佳的飞行路径、最佳的飞行剖面和最省油的飞行方式完成从起飞到进近着陆的整个飞行过程。

3. 飞行数据记录系统

按照航空法的规定，在大型商业飞机上必须安装飞行记录器（俗称"黑匣子"）（图 2-59）。它记录重要的飞行数据以备维修使用或者在飞机发生意外后进行事故分析。最早的飞行记录器只能记录时间、航向、高度、空速、垂直加速度和发射键控信号 6 个参数。随着航空事业的发展，对飞机发生事故后的评判与鉴定需要更多的数据，例如发动机参数、襟翼位置、俯仰角、滚转角、舵面的位置等飞行控制参数，导航信息、自动驾驶工作情况、电源系统参数和驾驶舱警告等各系统的情况。因此，现代机载飞行数据记录器能记录几十类上万个参数。

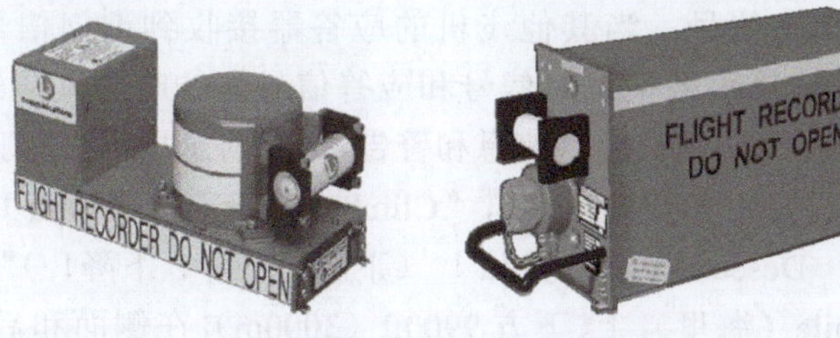

图 2-59 飞行记录器

飞行记录器包括两个部分，一个是驾驶舱话音记录器（Cockpit Voice Recorder，CVR），把驾驶舱内发生的声音和飞行的各种性能数据记录在磁带上；另一个是飞行数据记录器（Flight Data Recorder，FDR），记录飞行时的各种参数。CVR 可以连续记录驾驶舱中机组人员的通信联络话音，包括用无线电发送或接收的语音通信、驾驶舱中的声响、机组成员在驾驶舱中使用飞机内话系统进行的通话、传入耳机或扬声器中的识别导航或进近助航识别的话音或音频信号、机组成员使用旅客广播系统进行的话音通话以及空中交通服务机构的

数字通信。由于记录器是循环记录的，新记录信息总是覆盖掉2h以前的信息，所以发生事故时，必须保证记录器能够自动停止记录。FDR记录飞机的系统工作状况和发动机工作参数等飞行参数，内容包括空中飞行速度、高度、航向、发动机推力数据、俯仰与滚动数据、纵向加速度数据及许多参数数据。数字式飞行记录器将飞机系统和飞行数据记录在连续循环的磁带上，磁带的长度足以记录飞行最后25h的情况。

飞行记录器对于飞机失事调查和飞行性能评估具有非常重要的意义。因此要求飞行记录器在规定的工作极限范围内，所记录的数据应得到完好的保护，防止由于飞机坠毁等引起的火焰烘烤、冲击和海水浸泡等因素对数据造成任何损坏。为使记录器损坏的可能性降至最小，记录器通常都安装在事故发生时最不易受到冲击的飞机尾部，如后客舱、后厨房、飞机尾舱、后货舱侧壁、后机组休息舱侧壁等，如图2-60所示。话音记录器颜色为国际通用的橘红色，并写有"COCKPIT VOICE RECORDER"黑色大字标志。

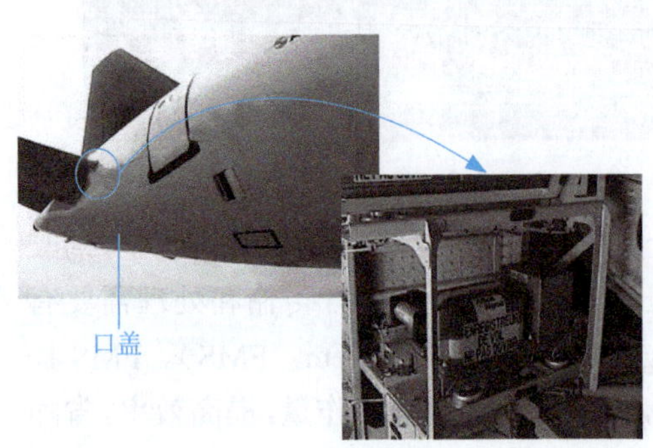

图2-60　飞行记录器安装位置

4. 警告系统

警告系统是用来提醒飞行机组人员在飞行中出现了需要采取措施或注意的情况。飞机碰撞失事主要有两种，空中飞机与飞机之间相撞和飞机与地面之间相撞。为防止这两种碰撞情况，飞机上安装有空中交通警戒与防撞系统和近地警告系统。

空中交通警戒与防撞系统，波音飞机上称TCAS（Traffic Collision Avoidance System），空客飞机上称ACAS（Airborne Collision Avoidance System），主要用于显示邻近飞机与本机的间距与航向，若是与其他飞机的距离或航向有相撞的危险时，TCAS/ACAS会用声音及显示警告驾驶员，并且会用语音指示避撞的动作，驾驶员通过这些信息可及时得到警告，采取措施防止空中相撞。相冲突的飞机若也装有TCAS/ACAS，也会发出同样的警告。TCAS/ACAS由询问器、应答机、收发机和计算机组成。TCAS/ACAS的询问器发出脉冲信号，这种无线电信号称为询问信号。当其他飞机的应答器接收到询问信号时，会发射应答信号。TCAS/ACAS的计算机根据发射信号和应答信号间的时间间隔来计算距离，同时根据方向天线确定方位，为驾驶员提供信息和警告，这些信息显示在驾驶员的导航信息显示器上，还可以提供语音警告和建议，例如，"Climb！ Climb！ Climb！（上升！上升！上升！）"或"Descend！ Descend！ Descend！（下降！下降！下降！）"。TCAS/ACAS监视的范围为前方30n mile（海里），上、下方9900ft（3000m），在侧面和后方的监视距离较小。TCAS/ACAS计算机可以算出监视区内30架以下飞机的动向和危险接近，使驾驶员有25～40s的时间采取避撞措施。TCAS/ACAS是航线飞机的标配装置，极大地降低了空中相撞的危险（图2-61）。

近地警告系统（Ground Proximity Warning System，GPWS）向驾驶员提供飞机在以不安全的方式或速度靠近地面的警告，防止发生因疏忽或计算不周而发生的触地事故，增加飞机安全性。系统的核心是近地警告计算机，计算机中存储了各种警告方式的极限数据，这些数据与其他系统输送来的飞机实际状态数据进行比较，如果这些数据超出了某一种警告方式的极限值，近地警告计算机就输出相应的语音和灯光警告信号，警告驾驶员目前飞机存在危险状态，直到采取适当的措施并脱离了不安全状态后，灯光和语音警告信号才被终止（图 2-62）。

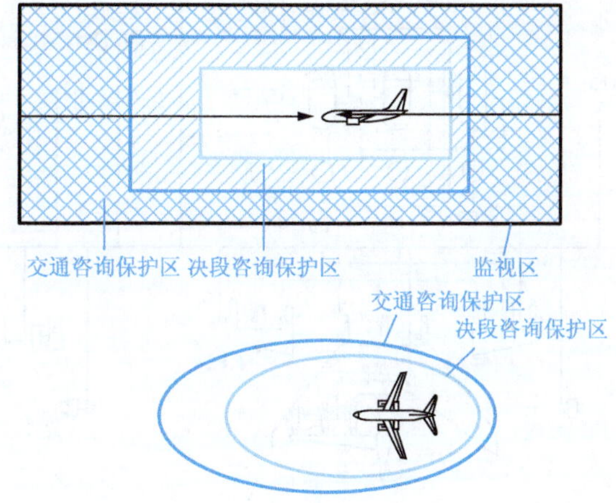

图 2-61　空中交通警戒与防撞系统（TCAS/ACAS）

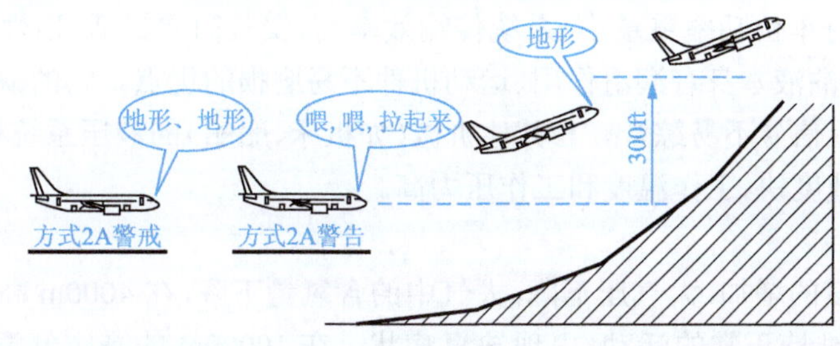

图 2-62　近地警告系统（GPWS）

GPWS 主要依靠无线电高度表工作，只能探测飞机下方的地形情况，不能探测到飞机前方的情况，当飞机进入突然上升的地形时，或者着陆至未经平整的地面时，会出现隐患，不能提供警告。增强型近地警告系统（Enhanced Ground Proximity Warning System，EGPWS），包含了全球机场位置数据库和地形数据库，并利用飞机位置、无线电高度和飞行轨迹信息来确定潜在的撞地危险，弥补了 GPWS 的不足。

5. 液压系统

液压系统是根据帕斯卡原理，以液体为工作介质，利用液体静压能来完成传动功能的系统（图 2-63）。飞机液压系统是指飞机上以油液为工作介质，靠油压驱动执行机构完成特定操纵动作的整套装置。为保证液压系统工作可靠，特别是提高飞行操纵系统液压动力源的可靠性，现代飞机上大多装有两套（或多套）相互独立的液压系统，它们分别称为公用液压系统和助力（操纵）液压系统。公用液压系统用于起落架、襟翼和减速板的收放，前轮转弯操纵，驱动风挡刮水器和燃油泵的液压马达等，同时还用于驱动部分副翼、升降舵（或全动平尾）和方向舵的助力器。助力液压系统仅用于驱动上述飞行操纵系统的助力器和阻尼舵机等。为进一步提高液压系统的可靠性，系统中还并联有应急电动油泵和风动泵，当飞机发动机发生故障使液压系统失去能源时，可由应急电动油泵或伸出应急风动泵使液压系统继续工作。

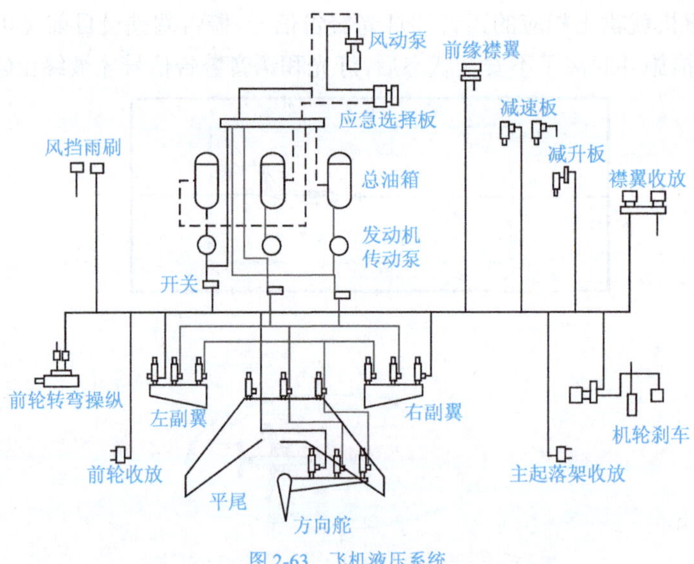

图 2-63　飞机液压系统

液压系统具有单位功率重量小、系统传输效率高、安装简便灵活、惯性小、动态响应快、控制速度范围宽、油液本身有润滑作用、运动机件不易磨损的优点。它的缺点是油液容易渗漏、不耐燃烧、操纵信号不易综合。与其他机械（如机床、船舶）的液压系统相比，飞机液压系统的特点是动作速度快、工作温度和工作压力高。

6. 座舱环境控制系统

随着飞行高度的增加，大气压下降，大气中的含氧量下降，在 4000m 高度上普通人体内的氧气已经不能维持正常的活动，出现缺氧症状。在 10000m 的高空气温会降到 -50℃以下，飞行高度超过 6000m 以上的飞机必须采用环境保护措施来保障乘客和机组人员的生命安全。这种保障系统称为座舱环境控制系统，它包括三个大部分：增压座舱、空调系统和氧气系统。

高空的低气压会使人产生减压症状，因而在高空飞行时座舱和驾驶舱的气压要保持在一定的范围内。增压的座舱要有一定的密封性能，以保证舱内压力。增压座舱的气源来自发动机，喷气飞机由发动机的压气机引出的气体来加压，活塞式发动机则备有专用增压器为座舱增压。飞行的高度越高，座舱外的压力越低，为保证座舱内外的压力差基本不变，座舱内的压力高度也随着变化，飞得越高，气体向外泄漏越多，加压装置也要供应更多的空气，当加压装置供应的气体不足以保障 4000m 高度的压力时，飞机也就到了它飞行高度的极限。现代飞机座舱内的压力高度一般保持在 1800 ～ 2400m，以保证乘客的舒适。现代一些大中型飞机上，通常设有座舱压力高度警告信号，当座舱高度达到 10000ft（约 3050m）时，向机组成员发出警告，它表示座舱压力不能再低，此时必须采取措施增大座舱压力。

空调系统的功能是保证座舱内的温度、湿度和 CO_2 浓度，保障舒适、安全的飞行环境。空调系统由加热、通风、去湿等部分组成。由发动机压气机引来的热空气和外界进入的冲压空气通过热交换器，使引气冷却，气体再经过推动涡轮来带动压气机，气体的压力和温度进一步降低，再经过水分离器送入可调的供气管路，这个管路和发动机来的引气连通，引气管上装有控制阀，通过调节引气的混入量来调节座舱温度。调节后的空气送入空气分配系统，空气由不同的管路通过座舱壁和顶部的通风孔送入座舱。

除没有增压舱的货机和一些军用飞机使用氧气面罩来维持机组人员的生命外，现代飞机的氧气系统只在紧急情况下救生使用，在座舱失压、有烟雾和出现毒气时，氧气系统为乘客和机组提供足够的呼吸用氧气。氧气系统由氧源、管路和面罩几部分组成。目前绝大多数客机有两套独立的氧气系统，一套供旅客使用，一套供飞行机组使用。为乘客供氧一般采用连续供氧系统，采用化学式氧气发生器作为氧气源。客机上为乘客使用的氧气面罩储存在座位附近，通常在天花板上，一旦舱内气压降到低于 14000ft（4268m）高空气压时，氧气面罩会自动从上面落下，如图 2-64 所示。

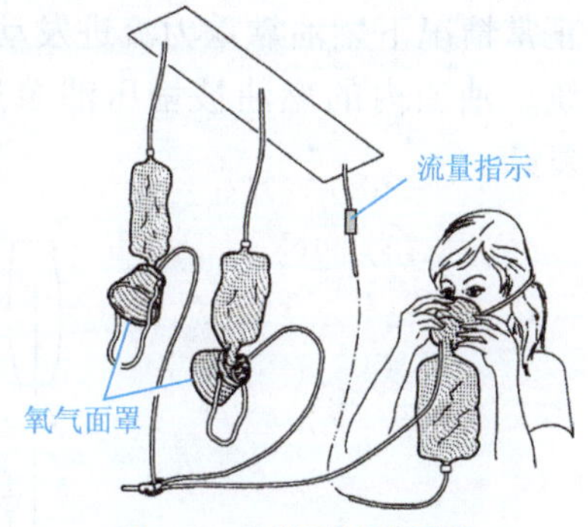

图 2-64 乘客用的氧气面罩

7. 电气系统

飞机的电气系统是指飞机的供电和用电设备系统，包括电源、配电和用电三部分。

飞机上的电能由电源系统产生，通过输变电设备为飞机用电设备提供所需的交流电和直流电。在用电量不大的情况下，低压直流供电系统简单、方便，因而早期的飞机及现在的一些小型飞机上仍在使用。但随着飞机用电量的增大，用电种类的增加，直流系统的重量大，换向调压困难，现代飞机大多采用交流电源系统，并把其中部分转换成直流电供给指定设备。飞机上交流系统的电压为 115V/200V、400Hz 的三相电源系统，由发电机、稳频系统、调压器组成。飞机上的电源由主电源、辅助电源和应急电源组成。主电源是发动机带动的发电机。辅助电源是飞机上的辅助动力装置，当在地面或紧急状况下发动机不运转时，辅助电源带动一台发电机提供电力。应急电源一般是由蓄电池构成的独立电源。

配电线路系统包括导线组成的电网。各种配电器具和接头以及检查仪表。飞机上的输电线路用单线制取代了过去的双线制，即用电设备只有一根导线，而回路则用金属机体作为地线，这样节省了大量的导线。只有一些小型非金属机身的飞机仍使用双线制，机上设备使用两条绝缘导线，在电力的控制上大部分都实行了用触点电磁开关控制或无触点的固体电路控制。

飞机上的用电设备主要有电动机、电子仪器设备、照明、加热几类。飞机上大量使用各类不同的电动机，主要用于飞机的操纵，如舵面、起落架收放等，以及驱动油泵、阀门等的电动机，其功率约占总负荷的 30% 左右。现代飞机仪表装备了大量使用固态元件的电子器件，对电压波动十分敏感，如果电压变化太大，这些电子仪器都会受到损害，对电源质量要求高，一般采用恒频交流电，其功率约占总负荷的 20%。飞机上的电加热设备主要用于防冰和加温，约占总电量的 40%。小型飞机在机翼前缘、发动机进气口、空速管、风挡玻璃上全部使用电热防冰，座舱饮食也用电来加热，因而热电器是电能的最大用户，有的飞机上电加热用电占整个飞机的 50% 以上。在大型飞机上很多地方可以利用发动机的引气来加热，从而缩小了电加热的范围。

8. 燃油系统

飞机燃油系统（图 2-65）用于存储飞行所需要的燃油，在各种规定的飞行状态和工作条件下安全可靠地向发动机和 APU 供油，调整飞机重心，冷却飞机其他系统（如滑油、液

压油、附件等)。燃油系统主要有两种形式,重力供油式和油泵压力供油式。前者是最简单的燃油系统,多用于活塞式发动机的轻型飞机。这种系统的油箱必须高于发动机,在正常情况下燃油靠重力流进发动机汽化器。现代喷气飞机都采用油泵压力供油式燃油系统。油箱内的燃油被增压油泵压向发动机主油泵。喷气飞机耗油量大,燃油系统比较复杂。

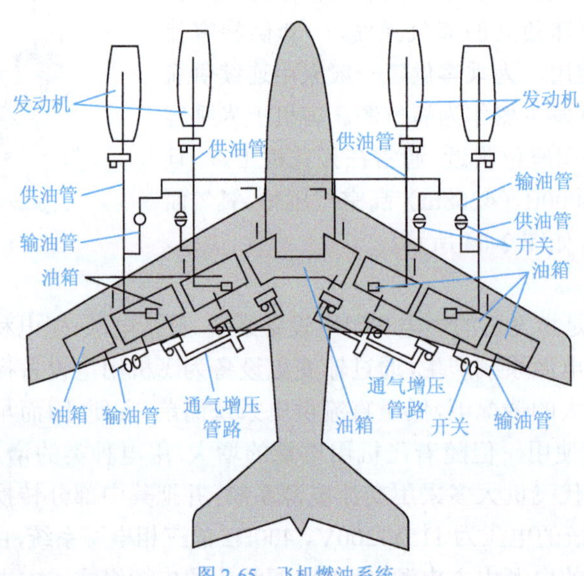

图 2-65 飞机燃油系统

飞机上众多的油箱分散布置在机身和机翼内,如果对各油箱的用油顺序不加控制,飞机的重心便会发生很大变化,影响飞机的平衡。燃油控制系统根据各油箱内油量传感器提供的信息,按照规定(保证重心变化为最小)的要求自动安排用油顺序。大型旅客机起飞时载油量很大,为了在紧急情况下(特别是在起飞后不久,燃油尚未消耗时)安全着陆,油箱内的燃油应能尽快地排放掉。紧急放油管道应足够粗,排放口的位置适当,不使放出的燃油喷洒在飞机机体上。

9. 防冰、排雨系统

飞机在温度低于零度左右的云层和雨区中飞行,这时在它的突前部分,如机翼前缘、翼展前缘、发动机进气道前缘、空速管、伸出的天线和风挡玻璃上就会出现结冰,结冰改变了飞机外形,对飞行性能产生很大影响,严重时导致坠机事故发生。机翼、尾翼前缘结冰使翼型改变,降低升力,破坏操纵性能;进气道前缘结冰则导致进气不畅,影响发动机推力,如果冰层碎裂,冰块吸入发动机,还可能打坏发动机;空速管或天线结冰影响仪表的指示;风挡玻璃结冰妨碍驾驶员的视线。总之飞机各部位都不允许结冰。

防止或消除结冰采用四种方式:气热防冰、电热防冰、化学溶液防冰和机械除冰。

(1)气热防冰。用于机上防冰面积较大的部位,如机翼前缘、尾翼前缘、发动机进气道前缘。喷气飞机的热气源引自发动机压气机,活塞发动机则要用加热器加热空气,把热空气通过导道送到需防冰的部位防止结冰。

(2)电热防冰。利用电阻把电能转化为热能进行防冰,用于面积较小、又较为突前的部位。如空速管和风挡玻璃的防冰。

(3)化学溶液防冰。使用防冻液喷洒到防冰表面进行防冰或除冰。防冻液是冰点很低的化学液体,用酒精和甘油的混合物或异丙基酒精制成,它们使水的冰点降低或使结冰融化,主要用于螺旋桨飞机的螺旋桨防冰或小型飞机机翼部位的防冰。

(4)机械防冰。在小型飞机上还广泛使用着机械除冰方法,在机翼前缘有一层橡胶防冰管带,平时这些防冰管带紧贴在机翼上,结冰后在管内充放压缩空气使管带反复膨胀、收缩,使冰层破裂为碎块,让迎面气流吹掉。

大型飞机在机身外侧都装有结冰探测器,遇到结冰就会启动机内的警告灯,并使防冰系统工作。热气防冰的地方有温度传感器,防止该区域在把冰融化后过热。机身上还装有防冰灯,在夜晚飞行时照亮机翼以便驾驶员检查结冰情况。小型飞机主要靠驾驶员目视检查结冰状况,也有的机头外侧装有探冰杆,使驾驶员易于发现结冰。

飞机排雨主要是防止雨水在风挡玻璃上聚集,因为这会影响驾驶员的视线。中小型飞机采用和汽车同样的雨刷来刮去雨水,只不过这种雨刷要承担更大的速度和空气动力载荷,功率更大。大型飞机多使用化学液体喷洒在风挡上,这种防雨液的作用是使雨水聚集成球状,不在玻璃上依附,可以被风吹走,因而不影响视线。

10. 防火系统

飞机的任一部分起火都会造成严重的后果,因此飞机从设计开始到使用期间防火都是一个重要的任务。飞机易于起火的地方有发动机舱、客舱、货舱、电子设备舱、起落架舱等,设计时对这些地方就要有特殊的考虑,如在发动机舱内装有防火隔板(亦称防火墙),使得起火时火势不至于蔓延;对客舱内的各种设施和壁板的材料采用阻燃的而且不生成有毒气体的材料;在电气设备舱做好电路防护,减少电火花的产生。但除了这些措施之外,必须装有按民航当局规定的防火系统,以便发生火险时及时探测,迅速扑灭。防火系统轻易不会动用,但它是重要的安全保障系统,必须经常检查、更换,保证处于随时可用的状态。

第四节 直 升 机

在通用航空中,除了使用飞机外,还会使用直升机。直升机相比飞机有其明显优势,本节对直升机进行详细介绍。

一、概述

直升机是一种旋翼航空器,它的升力和前进的动力是由发动机带动的旋翼提供的。直升机可以垂直起降,还能在空中向前后左右各个方向运动,在一定高度下能够在空中悬停。它机动灵活,又不需要有飞机起降时滑跑所需要的跑道和开阔的平地,它可以在山顶、峡谷、海上采油平台起降,也可以在地面、水面上悬停,因而得到了广泛的应用。

直升机在民用航空中主要用于通用航空,广泛应用于国民经济各个部门,农、林、牧、渔业使用直升机施肥、灭虫、防火、监控畜群和鱼群;工业上使用直升机进行地质勘探、海洋石油勘探,人员运送、应急救生,吊装设备和管线等;直升机还可用于空中摄影、交通指挥、城市

治安。但是直升机的构造较飞机复杂，飞行效率低，飞行品质差，速度低，振动强，噪声大，因而在航空运输上仅用于地形复杂地区或地面交通拥挤的城市中心到其他地区的特殊需要，与飞机相比，直升机所占数量比例很小。

二、直升机的分类

直升机按构造可分为单旋翼带尾桨式和双旋翼式两大类。单旋翼带尾桨式是目前最流行的形式。这种直升机顶部有一个大的旋翼，机身后伸出一个尾梁，在尾梁上装一个尾部螺旋桨（简称尾桨），尾桨的作用是平衡由于旋翼旋转而产生的使机身逆向旋转的扭矩。

双旋翼的直升机有多种形式，有两个旋翼共轴的，有两个旋翼交叉的，有两个旋翼横列的和两个旋翼纵列的，如图 2-66 所示。它们的共同点是有两个旋翼，两个旋翼的旋转方向相反，使旋翼的反作用力矩相互抵消，从而保持机身不动。目前以纵列式的使用较多，即两个旋翼沿机身长度方向排列，它的重心移动范围大，机身长，可以把直升机做得很大；共轴式的旋翼紧凑，但操作复杂，在小型直升机上有较多的使用。直升机也可按起飞重量分类，小于 6t 的称为小型直升机，6 ～ 10t 及以上是大型直升机。

a）纵列式双旋翼直升机

b）交叉式双旋翼直升机

c）共轴式双旋翼直升机

d）平旋翼直升机

图 2-66　各类直升机

三、直升机的结构

以单旋翼直升机为例，直升机的构造分为机身、动力装置、旋翼、起落装置、传动和操纵系统、尾梁和尾桨六个部分，如图 2-67 所示。

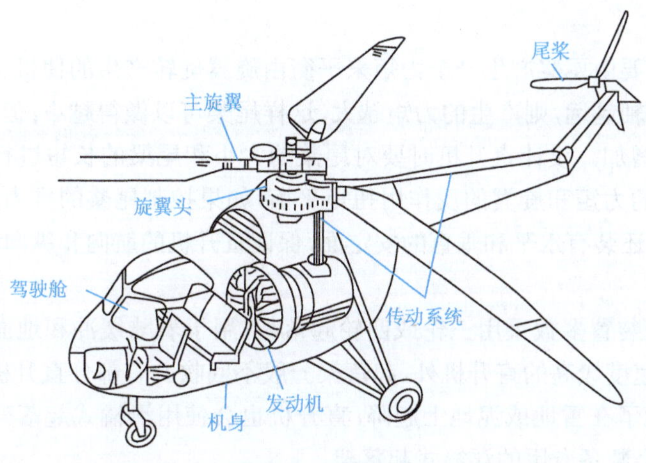

图 2-67 直升机各部分

1. 机身

机身包括驾驶舱和机舱，机舱用来装载人员、货物和其他设备。机身把直升机的各部分连在一起，和飞机机身的构造大体相同，最大的不同在于飞机机身最大的受力部位在机翼和机身的结合部，而直升机机身的最大受力部位都在机身顶部旋翼的桨毂和机身结合部。

2. 旋翼

旋翼是直升机最关键的部位，它既产生升力，又是使直升机水平运动的拉力的来源。旋翼旋转平面是升力面又是操纵面，旋翼由桨叶、桨毂和连接桨叶、桨毂的机构组成。桨叶的叶片数取决于直升机的载重量大小和设计的要求，一般来说，直升机的起飞重量越大，所需的桨叶的叶片越多，最少 2 叶，大型直升机为 6 ～ 8 叶。桨叶需经受很大交变弯曲应力和振动，因而要求其具有极好的弹性和疲劳寿命。

过去的叶片由钢木结构或铝合金制成，20 世纪 70 年代之后，大量使用碳纤维复合材料制造桨叶。从原理上讲旋翼和螺旋桨没有区别，但是旋翼要提供升力和拉力，而螺旋桨仅提供拉力，为了获得足够的升力，桨叶要做得很长，旋翼直径从小型直升机的 5 ～ 10m 到大型直升机的 20 ～ 30m，最大的有 32m。桨叶连接在桨毂上，构成整副旋翼。

3. 动力装置

直升机的动力装置要提供旋转扭矩使旋翼和尾桨旋转，早期直升机和现代小型直升机均使用活塞式发动机。喷气式发动机出现后，很多直升机使用涡轮轴发动机，它的工作原理和结构与涡轮螺旋桨发动机基本相同，不同点只是涡轮轴发动机在出口处的燃气的能量几乎全部变为涡轮的旋转能量，涡轮的转速在 6000r/min 以上，而旋翼的转速只有每分钟几百转，因而发动机之后装有主减速器，通过减速把动力传输给旋翼和尾桨。由于直升机经常用于短途飞行，且它的工作场所离地面近，因此直升机的发动机除了要做到重量轻和耗油低，还要有良好的耐疲劳性能和抗腐蚀性能。

4. 传动和操纵系统

直升机要通过改变旋翼的桨距和倾斜旋翼平面的方向来改变飞行方向，因而它的传动系统和操纵系统与飞机是全然不同的。

5. 尾梁和尾桨

单旋翼直升机要由尾桨产生一个力矩来平衡由旋翼旋转产生的使机身旋转的反作用力矩。尾桨距旋翼转轴越远，则产生的力矩越大，这样尾桨可以做得越小；但尾梁加长，传动轴也会加长，使重量增加。设计直升机时要对尾桨的大小和尾梁的长短进行综合考虑。直线飞行时，尾桨产生的力矩和旋翼的反作用扭矩平衡，如果控制尾桨的推力大小，就可以使直升机转向。尾梁上还装有水平和垂直的安定面，保证直升机的航向和纵向稳定。

6. 着陆装置

直升机的着陆装置多数采用三轮或四轮起落架，用于着陆缓冲和地面滑跑。由于直升机速度低，除少数速度较高的直升机外，起落架一般不回收。有部分直升机采用滑橇式起落架，以减轻重量；为了在雪地或泥地上起降，直升机也会使用滑橇式起落架。为了在水面上起降，有的直升机会装备专用的浮筒式起落架。

四、直升机的飞行原理

1. 旋翼受力

旋翼的桨叶在运动中产生拉力（向上），其原理和机翼相同，但是它的运动比较复杂。起飞时，旋翼在旋转一圈时，迎风半圈（前行）和顺风半圈（后行）中桨叶的相对风速是不同的，即迎风半圈大，而顺风半圈小，因而会造成升力不平衡，即前行桨叶升力大，这会使直升机倾斜，并使桨叶根部产生交变弯矩，使桨叶加速损坏。为了解决这个问题，桨叶和桨毂之间用一个水平铰链或柔性铰链连接起来，使桨叶可在旋翼平面上、下摆动，这样由于铰链不传递垂直方向的力，从而使两边升力平衡，这个铰链称为水平铰或挥舞铰。

在使用了挥舞铰后，由于桨叶的上下摆动，使每个桨叶的旋转轴的角速度发生变化，桨叶下挥时，旋翼角速度变小，上挥时，角速度增大，这个力称为哥氏力，是沿旋翼周向作用在桨叶上的，也是周期变化的，同样产生交变的根部弯曲力矩。为了减少这个力的作用，通常再加上一个垂直放置的铰链，使桨叶可在圆周方向做少量的前后摆动，这个铰链叫作垂直铰或摆振铰。

旋翼和螺旋桨相同，它的桨叶的迎角及桨距与拉力的产生有直接的关系，因而它的桨距也要求可调，从而调节和控制升力，这需要第三个铰链使桨叶可以围绕自身的轴运动，这个铰称为桨距角，或轴向铰。这样，直升机的桨叶可以绕着三个铰链挥舞、摆振和转动，从而形成一个构造复杂、维护困难又寿命不高的桨毂系统。有些直升机使用柔性元件来代替 3 个铰的功能，出现了无铰式、星形柔性式、无轴承式等桨毂，但它的基本原理和铰接式是相同的。桨毂的各种形式如图 2-68 所示。

2. 动力传递和控制

直升机的动力是通过减速器的旋转轴带动旋翼传送的，驾驶员操纵总距杆来改变桨叶的桨距角（安装角），实现旋翼的拉力增大或减小，使直升机上升或下降；操纵周期变距杆，使旋翼的旋转平面向某一方向倾斜，直升机即向这一方向飞去。执行这个动作的机构称为自动倾斜器，由动环、不动环、滑筒 3 个主要部分构成，如图 2-69 所示。

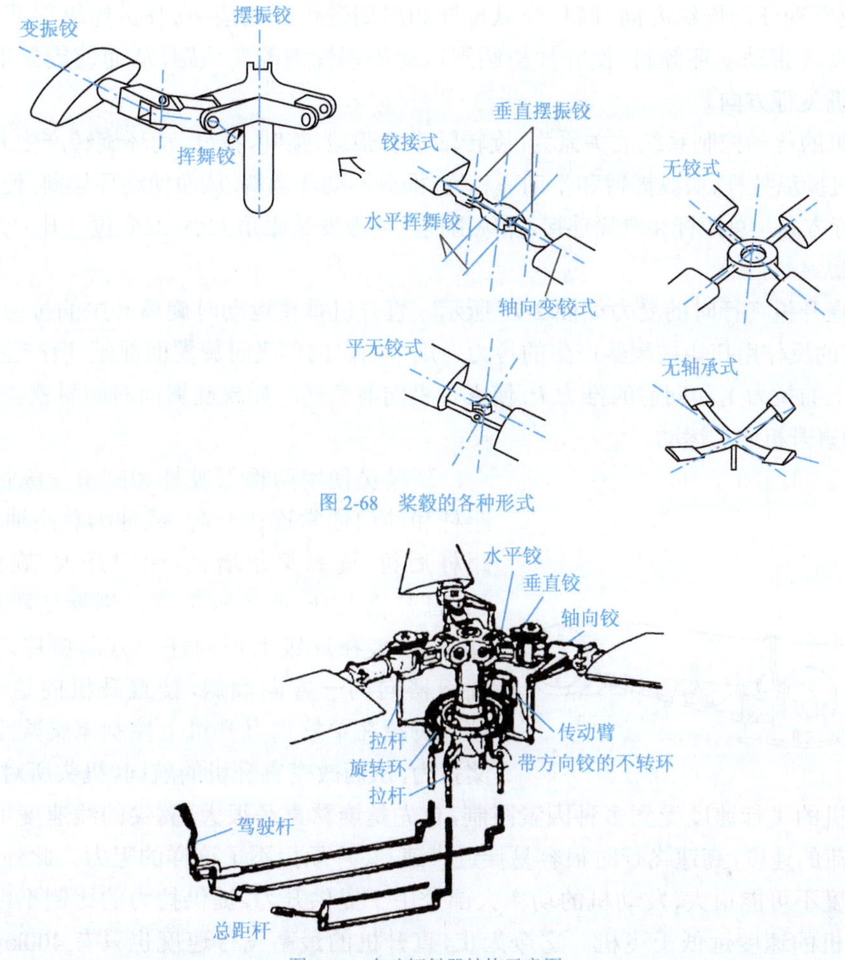

图 2-68 桨毂的各种形式

图 2-69 自动倾斜器结构示意图

1）动环（又称旋转环）

它通过变距拉杆和每个桨叶上的变距铰摇臂连接，和旋翼一同旋转，它可以沿轴向上、下运动或倾斜。它上、下运动时带动各拉杆同时向上或向下，使桨叶的安装角（桨距角）同时变大或变小，以改变拉力的大小。当它倾斜时，就会使桨叶角产生周期性的改变，转到倾斜的上位时，桨距加大，桨叶向上挥舞；在倾斜的下位时，桨距减小，桨叶向下挥舞，这样就使整个旋翼的平面发生和动环倾斜方向一致的倾斜，从而改变直升机的飞行方向。

2）不动环（又称不转环）

它与动环通过轴承相连，两者只能相对转动，但共同上下和倾斜运动。它又通过万向接头或球铰和滑筒相连，它和滑筒共同在轴向上下运动，但可以相对于滑筒做任意方向的倾斜。动环的倾斜是由不动环带动的。

3）滑筒

它带动动环及不动环，可在旋翼轴上滑动，它用拉杆与总距操纵杆连接。推、拉总距操纵杆，滑筒就向上或向下运动，通过不动环带动动环上下运动，从而操纵全部桨叶的安装角改变，控制旋翼产生的拉力。滑筒外侧还装有操纵摇臂及操纵拉杆，操纵摇臂和不动环相

连，可以使不动环向操纵方向倾斜，操纵拉杆和周期变距杆连接，驾驶员操纵周期变距杆就可以使不动环带动动环倾斜，使叶片按圆周运动周期性地改变桨距，从而使旋翼平面倾斜，改变直升机飞行方向。

直升机的传动控制系统的关系为：旋转轴带动桨毂、桨叶、拉杆、动环旋转产生升力，周期变距杆通过操纵拉杆、操纵摇臂和不动环相连，操纵不动环倾斜，从而使动环倾斜，使旋翼面斜倾改变飞行方向。总距杆和滑筒连接，操纵滑筒上下改变桨距角大小，改变拉（升）力的大小。

3. 操纵及性能

操纵直升机飞行时的受力如图 2-70 所示。直升机垂直运动时旋翼产生的拉力全部变为升力，产生的反作用扭矩被尾桨产生的拉力力矩平衡。向前飞时旋翼面前倾，所产生的拉力 R 分解为向上的拉力 Y 和向前的推力 P，使直升机向前运动。如果旋翼向右倾斜就会产生向右的分力，使直升机向右运动。

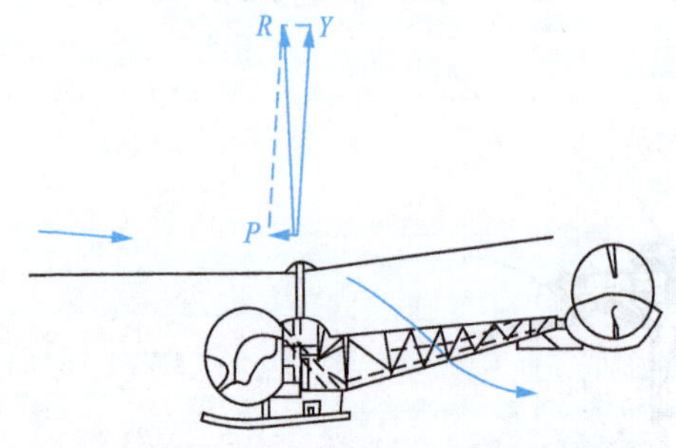

图 2-70　直升机水平飞行中的升力和拉力

驾驶员使用两根驾驶杆和脚蹬操纵直升机，总距杆和油门通常连在一起，或称为总距油门杆。总距杆后拉，旋翼桨距增大，油门开大，旋翼升力增加，直升机上升，前推则下降。周期变距杆也称为驾驶杆，装在球铰上可向任一方向偏移，带动自动倾斜器向同一方向倾斜，使直升机向这一方向平移。脚蹬在单旋翼直升机上控制尾桨桨距，改变尾桨拉力，从而改变直升机的航向（机头所对方向）。

直升机的飞行速度受到多种因素限制，首先是旋翼直径很大，翼尖的线速度很高，再加上相对气流的速度，高速飞行时很容易接近声速，桨片承担不了这样的阻力。此外由于旋翼的倾斜角度不可能很大，发动机的功率大部分用于提供升力，提供拉力的比例不可能太大，因而直升机的速度远低于飞机。迄今为止，直升机的最高飞行速度也只有 400km/h 左右，直升机的飞行速度通常在 300km/h 以内，直升机的耗油率比固定翼航空器高，维护费用也高，由于经济性的原因，直升机的设计航程通常在 1000km 以内，最长的航行距离也只达到 4000km。在性能方面直升机无法和飞机相比，但由于它的使用场地的灵活性和对地形的适应性，直升机在通用航空中占有不可缺少的重要位置，在复杂地形和拥挤城市区域的短途运输中也发挥着很大作用。

第五节　飞行控制

本节主要针对飞机飞行过程中的平衡以及飞行中的操纵性和稳定性进行介绍。

一、飞机的平衡和运动状态

飞机在运动过程中除了升力和阻力外，还要承受推力（拉力）和重力，这 4 个力构成了飞机的基本受力，在飞行过程中让飞机保持平衡，如图 2-71 所示。

飞机在空中是围绕3个轴上的运动来完成飞行任务的。飞机的3个轴如图2-72所示，3个轴都通过飞机的重心。从机头到机尾的是纵轴，也叫横滚轴；通过重心和纵轴垂直伸向两翼的轴叫横轴，也叫俯仰轴；纵轴和横轴组成的平面垂直的轴叫立轴，也叫偏航轴。纵轴和横轴形成的平面称为横向平面；纵轴与垂直轴形成的平面叫纵向平面，也是飞机的对称面。飞机绕纵轴的运动称为横滚，绕横轴的转动称为俯仰，绕立轴的转动称为偏航。

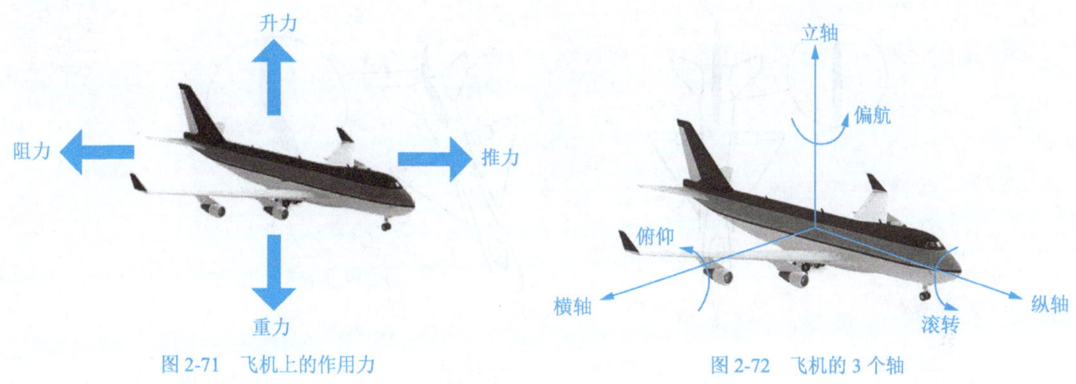

图2-71 飞机上的作用力

图2-72 飞机的3个轴

二、飞机的操纵性

飞机在空中的姿态取决于飞机对其3个轴转动的角度。要使飞机按照人的意愿飞行就必须保证飞行的姿态是可控的，对3个轴方向上的运动是可操纵的。实际上，飞机通过控制3个主操纵面（升降舵、方向舵和副翼）绕3个轴的运动来操纵飞机。

1. 俯仰操纵

俯仰操纵或纵向操纵是通过升降舵进行的，如图2-73所示。升降舵是水平尾翼上的活动部分，如果驾驶员前推驾驶杆，升降舵向下偏转，水平尾翼迎角加大，升力增大，飞机尾部上升，产生一个低头力矩使飞机低头；如果驾驶员后拉驾驶杆，升降舵向上偏转，水平尾翼迎角减小，升力减小，飞机尾部向下，产生抬头力矩，飞机就抬头。驾驶杆拉或推的角度越大，升降舵偏转的角度就越大，产生的俯仰力矩也越大。民航飞机升降舵偏转的角度一般在−20°～+15°之间（正角度表示升降舵向下偏转）。

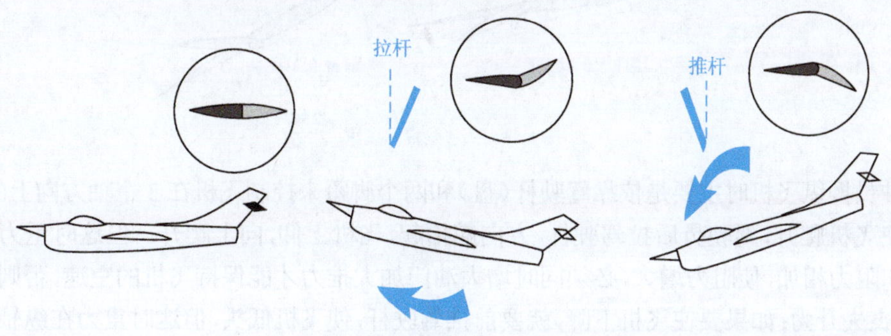

图2-73 飞机的纵向操纵

2. 偏航操纵

偏航操纵通过改变方向舵的偏转角来实现，如图 2-74 所示。方向舵是垂直尾翼上的活动部分，当飞机直线飞行时，方向舵在中立位置和机身纵轴重合。如果要使飞机向右转弯，驾驶员踩右脚蹬，方向舵向右转，相对风吹向方向舵，对方向舵产生一个向左的力，对重心形成右转的力矩，飞机绕垂直轴向右转。如果要使飞机左转，则踩左脚蹬，方向舵左转产生左转力矩。方向舵一般的偏转角度为左右 30°。

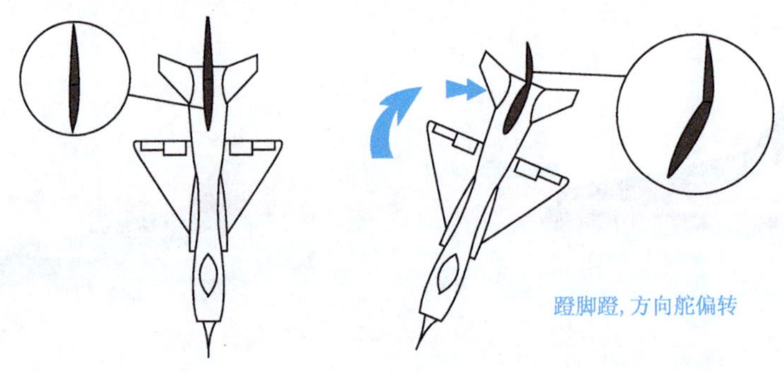

图 2-74　飞机的偏航操纵

3. 滚转操纵

滚转操纵是指飞机绕纵轴的横向滚动，如图 2-75 所示。它是由操纵副翼实现的，副翼在左右两翼的外端后缘各一片，它们的运动被设计成相反的，即左侧上转时，右侧一定下转，反之则左下右上。如果要使飞机向左侧倾斜，驾驶员把驾驶杆左偏，这时左侧副翼上扬，右侧副翼下转，下转的副翼迎角增大，使升力增大，右翼向上，左翼则因副翼上扬升力下降，飞机向左倾斜；如果要向右倾斜，驾驶员只需把驾驶杆推向右方。副翼向上偏转的角度为 20°～25°，向下偏转的角度为 10°～15°。

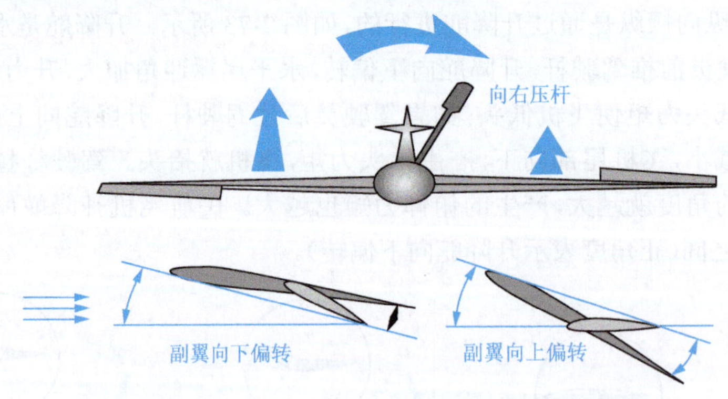

图 2-75　飞机的滚转操纵

驾驶员操纵飞机时主要是依靠驾驶杆（盘）和两个脚蹬来控制飞机在 3 个轴方向上的运动。如果要使飞机爬升，驾驶员后拉驾驶杆，方向舵抬起，飞机上仰，向上爬升。但这时重力沿纵轴的分力和阻力相加，使阻力增大，必须同时增大油门加大推力才能保持飞机的空速，否则就会产生失速，丧失升力；如果要使飞机下降，就要前推驾驶杆，使飞机低头，但这时重力在纵轴上的分力与推力相加，使空速加大，要采取适当措施（减小油门、减小迎角等）防止速度过大。

飞机进行空中转弯时，需要同时使用驾驶杆和脚蹬来操纵副翼、升降舵和方向舵。例如飞机向右转弯，需要右压驾驶杆使飞机向右侧倾，此时升力的一部分分解为水平向心力作为转弯动力；另外，为保证飞机不掉高度，在向右压驾驶杆的同时向后拉杆，以增大迎角来保持升力的垂直分量与重力平衡；此外，还需蹬右脚蹬，使机头的方向与转弯方向一致。这样才能完成一次保持高度、动作平衡的协调转弯。

在飞行中，由于燃料的消耗、速度的改变、乘客走动以及侧风等原因，驾驶员需要长时间操纵驾驶杆和脚蹬，以保持飞机的稳定飞行。长期的操纵会使驾驶员产生疲劳，精力分散，造成不安全，因而飞机上有一系列的辅助操纵系统，例如水平安定面、调整片等。辅助操纵的目的是在特定的飞行状态下辅助主操纵系统对飞机进行更为有效的操纵。

三、飞机的稳定性

一个稳定的系统是指这个系统受到干扰时有能力回到原来的状态。稳定的状态必然平衡，而平衡的状态不一定稳定，最简单的例子如图 2-76 所示，小球在三种情况中都是平衡的。

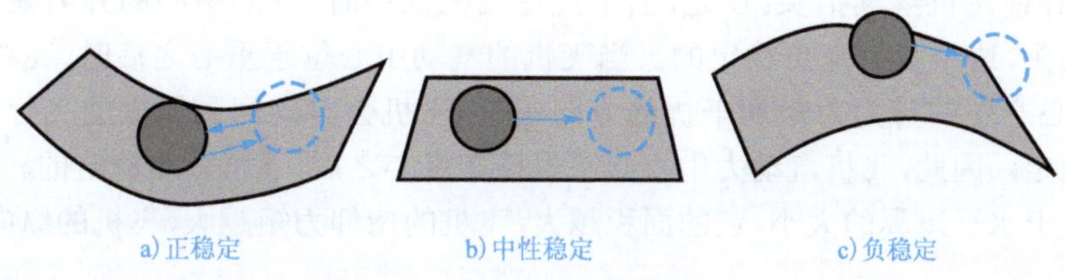

图 2-76 圆球的三种稳定状态

在图 2-76a) 所示的状态下，小球处于凹面中，如果有外力干扰，当外力消失后，它仍会回到原来状态，这个系统是稳定的，或称为正稳定；在图 2-76b) 所示的状态下，外力干扰虽然改变了位置，但小球在各处都是稳定的，称为中性稳定；在图 2-76c) 所示的状态下，小球处于凸面，只要有一点外力，小球就会离开原位，不会自动回来，这种系统是不稳定的，称为负稳定。飞机飞行时也有这三种情况：飞机在平飞时，如果短时间的气流干扰使它改变了飞行状态，当干扰过后，驾驶员不进行操纵，飞机自己恢复原状，就是正稳定；如果干扰过后飞机不能恢复，而且继续偏离原来状态，这就是负稳定；如果干扰之后，飞机在新状态下保持新的平衡，这就是中性稳定。

在飞行中的大部分时间内飞机保持稳定的飞行，方向不变，速度均匀，当有外来力干扰时，飞机能自动恢复原来的姿态，这种性能叫作飞机的稳定性。但要完成飞行任务，飞机还必须通过驾驶员的操纵改变飞行的姿态（高度、方向、倾斜度），到达预定的航线。飞机对操纵的反应，称作飞机的操纵性。不难看出，稳定性好的飞机，操纵性就要差一些，反过来操纵性好的飞机要丧失一些稳定性，因而根据飞机使用的目的，设计师就要在两者之间做出平衡。一般来说，大型飞机和民用飞机要求稳定性高一些，而军用飞机则会更多地考虑操纵性。

1. 飞机的纵向稳定性

飞机绕横轴做俯仰运动的稳定性称为纵向稳定性，也称俯仰稳定性，它主要取决于重心

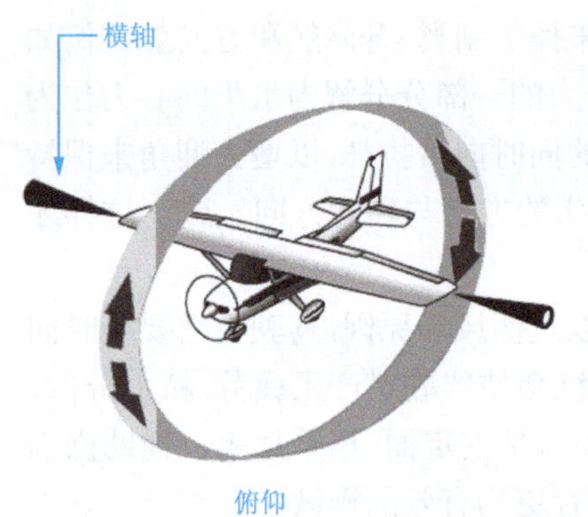

图 2-77　飞机的纵向稳定性

和气动中心之间的相互位置，如图 2-77 所示。当翼型迎角改变时，翼型所受到的空气动力在某一个点的合力矩不变，这个点就是气动中心（也称焦点）。机翼上升力的合力和翼弦的交点称为压力中心，压力中心是力系合成的一个特殊点，这个点的合力矩为 0。气动中心一般在压力中心的前面。压力中心的位置随着迎角的改变而改变，当迎角增大，升力增大，压力中心前移，这同时使得压力中心与气动中心的距离缩短，增大的升力与缩短力臂的乘积刚好是不变的力矩。对于亚声速飞机，这一点位于机翼 1/4 弦线和纵轴的交点。

飞机的纵向稳定性首先取决于重心和气动中心的相对位置。如果重心和气动中心作用在同一点，飞机就处于中性稳定状态，即使遇到干扰，飞机在新状态下仍然平衡，但这种状态是很难做到的。如果气动中心处于重心之前，飞机会产生抬头力矩，它由水平尾翼上产生的低头力矩平衡，当飞机受到干扰抬头时，飞机迎角增加，气动中心的升力加大，抬头力矩增加，使飞机继续抬头；反之，当干扰使飞机低头时，气动中心的升力减小，促使飞机进一步低头，这个状态是负稳定的。当飞机的气动中心位于重心之后时，飞机受到干扰后，气动中心产生的升力力矩和干扰的方向相反，飞机会自动回到原来的飞行状态，这种状态是正稳定。因此，飞机气动力中心必须保持在重心之后，飞机才是稳定的。其次，纵向稳定性取决于水平尾翼的大小，它的面积越大，飞机的俯仰力矩越大，飞机的纵向稳定性就越好。

飞机的纵向稳定性力矩见图 2-78。

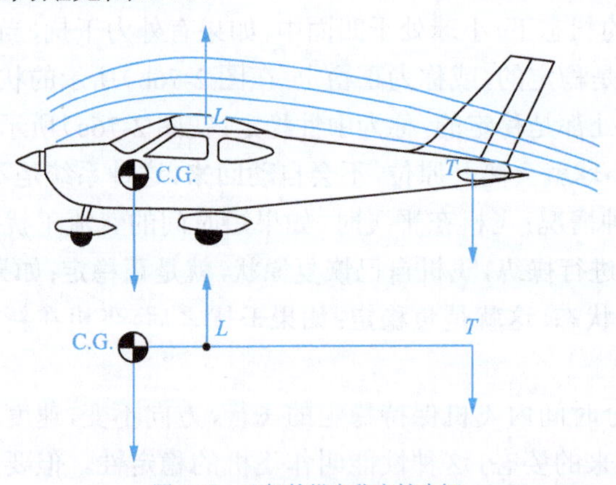

图 2-78　飞机的纵向稳定性力矩

C.G.- 重心；L- 升力；T- 俯仰拉力

飞机重心的位置会随装载情况和燃油消耗的状态而不同，重心的变化要保持在一定范围之内，重心后移不能超出此范围，因而飞机的装载配重是飞行时的重要操作内容。

2. 飞机的方向稳定性

飞机是飞机绕立轴的稳定性，也称偏航稳定性，是飞机保持方向稳定的能力。飞机的方向稳定力矩是在侧滑过程中产生的。所谓侧滑是指飞机的纵轴与相对气流方向（飞机速度方向）不一致的飞行，它是一种既向前又向侧方的运动。飞机带有侧滑时空气则从飞机侧方吹来，此时的相对气流方向与飞机纵轴之间在水平面内的夹角称为“侧滑角”。飞机在无侧风飞行时，飞机的纵轴和飞行方向一致，则偏航角为0；而当有侧风干扰时，往往使飞机的纵轴偏离航向，这时产生了侧滑角。侧滑角是确定飞机飞行姿态的重要参数。

影响方向稳定性的主要因素是垂直尾翼（简称垂尾），如图2-79所示。飞机受到干扰，机头向左（右）出现了偏航角，这时相对的气流就会吹到与航向偏斜的垂尾上，这样就产生一个向右（左）的力，这个力产生恢复力矩，使飞机恢复到原来的航向。飞机的速度提高，航向稳定性减弱，因而有些高速大型飞机的垂尾做得很大，有的做成双垂尾。机身、背鳍和腹鳍也可以产生方向稳定力矩。

另外，机翼的后掠角使侧滑前翼的相对气流有效分速变大，因而阻力更大，从而产生方向稳定力矩。上反角的存在使侧滑前翼的迎角更大，因此阻力也更大，从而产生方向稳定力矩，如图2-80所示。

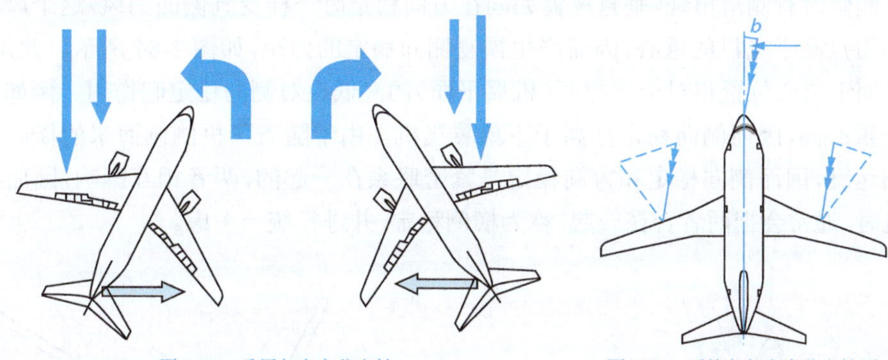

图2-79 垂尾与方向稳定性　　图2-80 后掠角与方向稳定性图

3. 飞机的侧向稳定性

飞机侧向稳定性是飞机绕纵轴的稳定性，也叫滚转稳定性。影响侧向稳定性的主要因素是机翼的上反角、后掠角和垂尾的大小，如图2-81所示。机翼与水平线形成的角度，向上的称上反角，向下的称下反角。先来看上反角的情况，如图2-82所示，当干扰的作用是使飞机右翼抬起、左翼下沉时，这时飞机的升力就不垂直于地面，它和重力不再平衡，这两个力形成一个合力，合力指向左下方，飞机就向这个方向运动，我们称之为侧滑。相对的气流就会吹向机翼，由于有上反角，左翼（下沉的机翼）和这股气流形成的迎角α_1要大于左翼的迎角α_2，因而右翼上的升力L_1大于左翼上升力L_2，从而产生一个使右翼上升、左翼向下围绕重心回转的力矩M。经过短时间的摆动，飞机恢复原状，反之下反角的飞机降低侧向稳定。

对于有后掠角的飞机，由于飞机侧倾，有一个侧滑运动，有相对这个方向吹来的侧风，与侧风产生一个相对速度v，v在左机翼（右边的机翼）上分解为沿机翼的v_2和垂直机翼的v_1（图2-83），同样在右边机翼上速度分解为沿机翼的v_4和垂直机翼的v_3，尽管吹在两个机翼上的相对速度v是相等的，但垂直流过机翼的风速则是v_1小于v_3。沿着机翼的速度对升力不起作用，而垂直于机翼的速度决定着升力的大小。v_1小于v_3表明这对右翼的升力大于左翼。从而产生一个力矩使飞机恢复到原来位置。

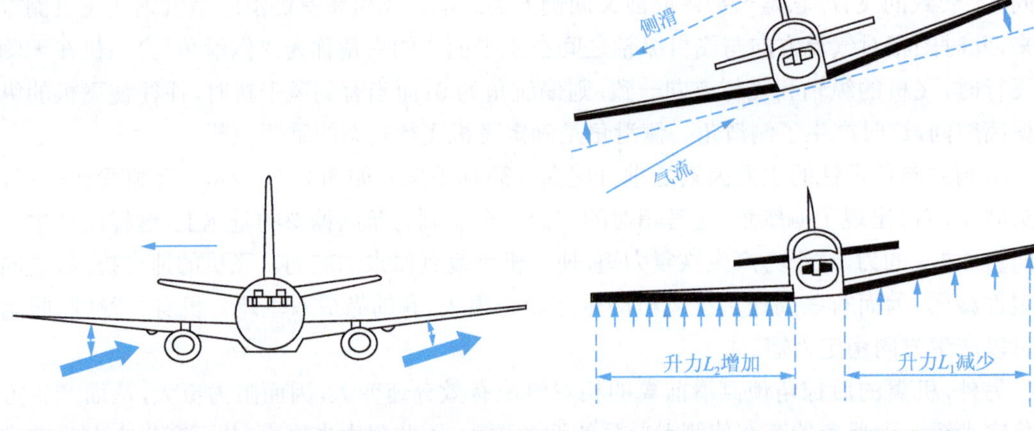

图 2-81　上反角与方向稳定性　　图 2-82　机翼上反角与侧向稳定性

由于侧倾时有侧滑出现，垂直尾翼如同在方向稳定时一样受到侧面的风，这个风力产生的力矩作用点高于飞机的重心，因而产生恢复侧向稳定的力矩，如图 2-84 所示。此外，飞机在垂直平面上重心位置相对于支撑面（机翼平面）的高低也对侧向稳定起作用。例如上单翼飞机由于重心高，因而侧向稳定性高于下单翼飞机。由于随着飞机侧倾而来的横向力使飞机做圆周运动，因而侧向稳定和方向稳定是紧密联系在一起的，两者相互影响，因而在设计制造飞机时，通常会把两者合在一起，称为横侧稳定，并进行统一考虑。

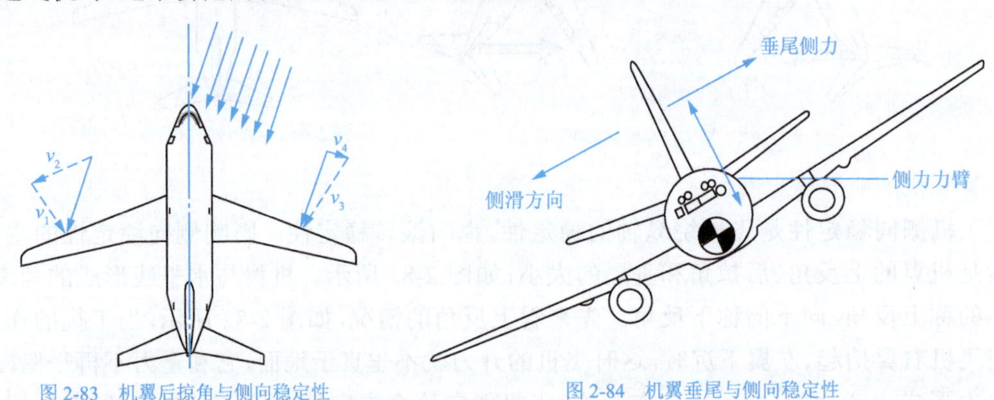

图 2-83　机翼后掠角与侧向稳定性　　图 2-84　机翼垂尾与侧向稳定性

飞机的稳定性并非越强越好。第一，稳定性越强时，操纵飞机改变飞行状态所需要的力矩越大，因而使操纵性变坏。第二，稳定性强表明飞机受到干扰后恢复的力矩强，这就使飞机恢复原状态时摆动的强度增加，使飞机回到正常位置时不能及时停止，要反复摆动多次，这对飞机的乘员和结构都是不利的。在考虑侧向稳定时，对上单翼飞机或一些大后掠翼飞机，由于不希望有过强的侧向稳定性，而采取下反角机翼。如果侧向稳定过强而方向稳定差，则在飞机在左右摆动时引起较大的方向改变，飞机会自发周期性地作侧滑，滚转和偏航运动，这种运动叫作荷兰滚。如果方向稳定性过强，侧向稳定性不好，飞机在方向不稳时自发地引起侧倾，会使飞机螺旋形下降。因而飞机的横侧稳定性要很好地配合考虑。

飞机的稳定性和操纵性是一对矛盾，操纵性好的飞机必然以稳定性下降为代价，反之，稳定性好的飞机，操纵性必然下降。在飞机设计上要综合考虑这一对矛盾，根据使用目的，使两者达到合理平衡。民用航空飞机更注重稳定性，使飞行更加舒适、平稳。

第六节 动力装置

动力装置是指为飞机飞行提供动力的整个系统，包括发动机、螺旋桨及其他附件，而其中最主要的部分是发动机，也称为飞机的心脏，是制造业皇冠上的明珠。发动机的构造复杂，自成系统，它独立于机体，成为飞机的一个主要部分。发动机制造商和飞机的机体制造商是分开的，如我们熟知的波音公司和空客公司是机体制造商，同时负责飞机的总体组装；普惠、通用和罗•罗等公司是专门的发动机制造商，在维护工作和执照中也分为机体和动力装置两个不同的工种。

一、概述

航空发动机制造业涉及流体力学、固体力学、计算数学、热物理、化学等众多门类的基础科学和工程技术，是典型的高科技产业，具有突出的技术辐射和拉动作用，可以广泛带动电子、先进材料、特种和精密加工、冶金、化工等技术和产业的发展，是国民经济运行中科技发展和创新的重要推动力量，也对世界政治、军事和经济具有非同一般的战略意义。为保持航空发动机产业的领先地位并以此确保大国地位，西方发达国家始终在这一领域倾注巨大的人力、物力、财力，使世界航空发动机产业长期保持加速发展的态势。以美国为代表的西方航空发达国家在全球航空发动机产业中始终处于领先地位并占有主导性优势。

目前的航空发动机产业主要是以航空燃气涡轮发动机技术为基础发展的产业集群，主要产品包括军民用航空发动机、辅助动力装置和航空燃气轮机，还可以包括重型燃机及利用航空发动机部件及技术衍生发展的其他产品。从第一台喷气式发动机诞生至今，航空发动机已走过了近 70 年的发展历程，航空发动机技术已经取得了巨大进步，但真正形成航空发动机产业并具有相当规模的国家只有美、俄、英、法等少数几个国家，这些国家能够独立研究和发展一流水平的军用航空发动机，而民用发动机市场上真正具有技术和商业优势的只有美、英两国。美国拥有通用、普惠两家大型发动机公司，并拥有数家专业的小型发动机公司，英国和法国都各只有一家航空发动机公司——罗•罗公司（英）和斯奈克玛公司（法）。其他一些国家的公司也涉足航空发动机领域，如德国 MTU 公司、瑞典沃尔沃公司和意大利菲亚特公司等。这些公司并不具备完整的航空发动机产业生产能力，只具备参与主流公司主导项目，获得有限研制与生产份额的能力。通用、普惠和罗•罗三家企业及其成立的合资公司（CFM 和 IAE 公司），在世界民用发动机市场的份额几乎达到了 90%。

目前民用航空发动机主要有两种类型，活塞式发动机、喷气式发动机，如图 2-85 所示。

根据目前的发动机使用情况，火箭发动机更广泛应用于航天领域，我们只介绍民用航空飞机应用的两大类发动机，即活塞式发动机和带压气机和涡轮的喷气式发动机。

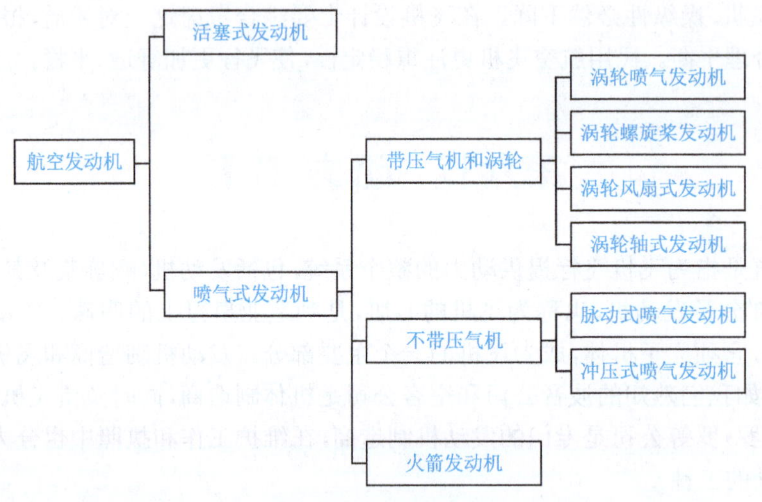

图 2-85　航空发动机的分类

二、活塞式发动机

1. 活塞式发动机的结构与原理

早期飞机通常使用活塞式发动机作为动力，其中又以四冲程活塞式发动机为主。这类发动机的工作原理如图 2-86 所示，主要为吸入空气，与燃油混合后点燃膨胀，驱动活塞往复运动，再转化为驱动轴的旋转输出。

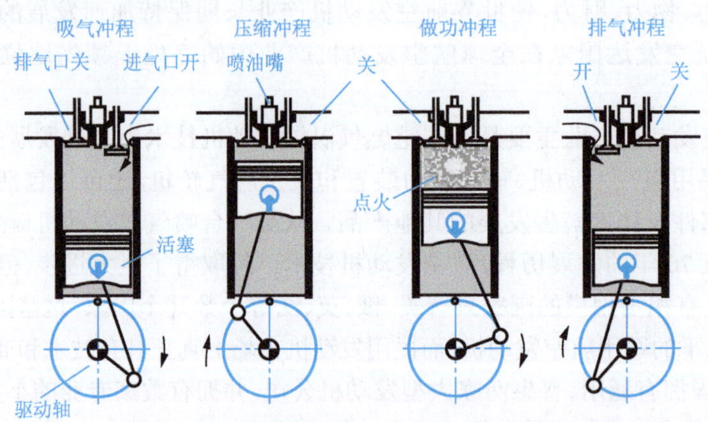

图 2-86　四个冲程的活塞式发动机工作示意图

活塞式发动机的工作原理与汽车发动机类似，其基本构件是汽缸、活塞曲轴和连杆。汽油在汽缸中燃烧，形成高温气体，气体膨胀做功，推动活塞在汽缸中向下运动，活塞带动连杆，连杆连在曲轴上，使曲轴转动，曲轴继续转动，使活塞又向上移动，然后，再开始点火，使活塞再向下运动，这样往复不断，就把汽油燃烧的热能转化为曲轴转动的机械能，这就是活塞式发动机最基本的工作原理。为实现这一过程，发动机的动作由四个过程构成一个循环，我们称这个过程为冲程（图 2-86）。发动机每进行一次循环，活塞往复两次，经过四个冲程，因此这种发动机被称作四冲程发动机，也被称作往复式发动机。在调控机构的调控下，一个循环接着一个循环地工作下去，发动机就连续工作了。

活塞式发动机若用单个汽缸，功率是不够的，因为汽缸通常受材料强度的限制，不能做得太大，且一个汽缸的工作也不均衡，会使振动很大。因此，发动机都做成多汽缸的，多汽缸的工作时间错开就使得振动变得均匀，功率越大，汽缸就越多。一般航空发动机都在 5 缸以上，最多 28 缸，功率达到 4000ps[1]。人们将多个活塞发动机并联在一起，组成星形或 V 形活塞式发动机（图 2-87、图 2-88）。

图 2-87 星形活塞式发动机

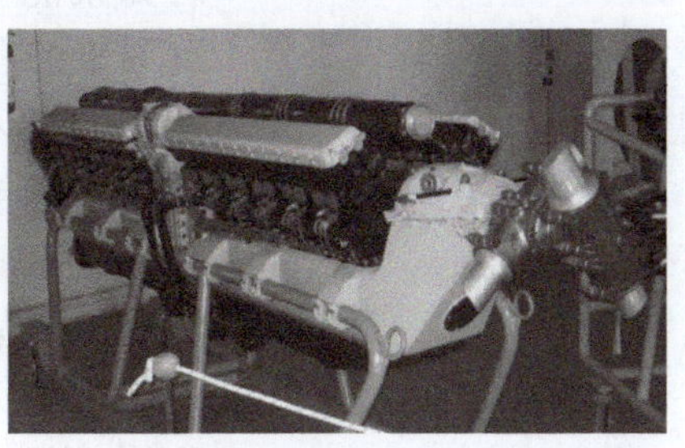

图 2-88 V 形活塞式发动机

2. 螺旋桨

活塞式发动机不能单独驱动飞机，它必须驱动螺旋桨才能使飞机运动，因而活塞式发动机和螺旋桨在一起才构成了活塞式飞机的推进系统。螺旋桨是在空气中旋转获得拉力的机构，它不仅可以和活塞式发动机配合使用，也可以和输出轴功率的喷气发动机配合使用。直升机上的旋翼和尾桨也是螺旋桨的一种。

飞机的螺旋桨一般由 2 ~ 6 个叶片组成，每个单独的叶片从根部到顶部扭曲，它的每一个与叶片轴线垂直的截面都相当于机翼的一个翼型。当它相对于空气转动时，把空气向后排开，空气的反作用力如同机翼的情况一样，在剖面突出的一边空气流动快，压力小；在剖面呈直线的一边空气流动慢，压力大，这个压差形成了垂直于桨叶叶面的力。但是桨叶的运动平面和飞机的纵轴垂直，因而在螺旋桨的一侧会产生和飞机纵轴平行的拉力，如图 2-89 所示。

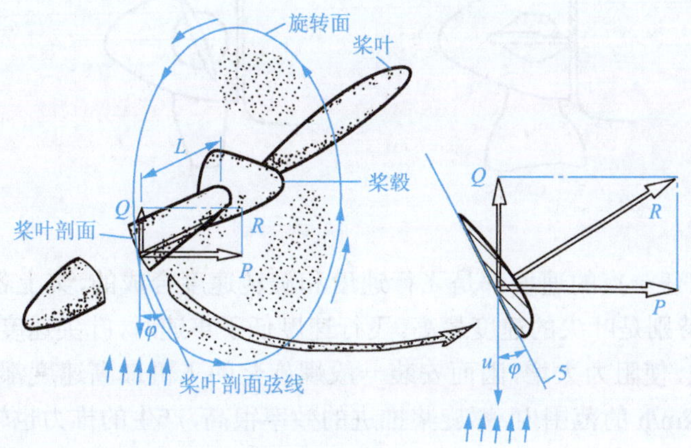

图 2-89 螺旋桨的受力

[1] ps，即公制马力。1ps ≈ 735W。

桨叶的叶弦相对于迎面气流的角度是迎角，迎角的大小影响着拉力的大小。螺旋桨的迎角从根部到顶部逐渐减小，是为了保持在叶片的各段产生大致相等的拉力，虽然桨叶的各部分以同样的角速度旋转，但是桨叶根部的速度要比尖部的速度小。只有将桨叶的迎角从根部到尖部逐渐减小，才能保证叶尖不受过大的力，这是螺旋桨扭曲的主要原因。

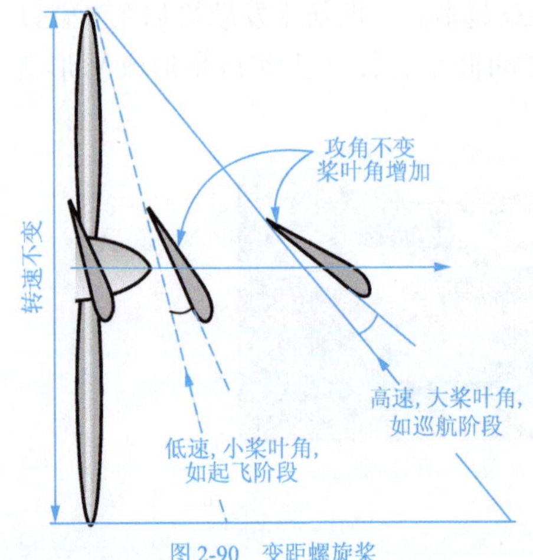

图 2-90　变距螺旋桨

随着飞行速度的提高，螺旋桨翼面的合成速度向叶弦靠拢，使迎角变小，这样拉力就会减小，这时如果能使桨叶角变大，螺旋桨的迎角就会增大到原来的有利状态，因而就产生了变距螺旋桨，如图 2-90 所示。螺旋桨的桨距是指螺旋桨旋转一周桨上一点向前移动的距离，这个距离和桨叶角的大小成正比，因而所谓变距螺旋桨，就是桨叶角可改变的螺旋桨。对于飞行速度在 200km/h 以下的小型飞机，由于速度变化范围不大，一般采用定距螺旋桨，桨叶角不变，虽然有一些拉力损失，但机构简单。而对于速度较高的大中型螺旋桨飞机，则变距螺旋桨使飞机的效率大为提高。如飞行速度高时，桨叶角变大（大桨距），飞行速度低时，桨叶角变小。变距螺旋桨能在飞行的各种状态下，按照具体的需要进行桨距调节，这样发动机和螺旋桨充分发挥了效率，也保证了发动机和螺旋桨能在转速不变的情况下，通过改变桨距来适应飞行速度改变时对力矩的需要。

此外，当不需要螺旋桨产生拉力时（降落或发动机失效），为减少阻力可以使迎角调为 0°，桨叶将顺着气流旋转，也叫顺桨，这时的阻力最小。也可以使桨叶角变为负值，使螺旋桨产生反方向的拉力，阻止飞机前进，这时称为逆桨，以利于飞机在着陆时缩短降落距离，如图 2-91 所示。

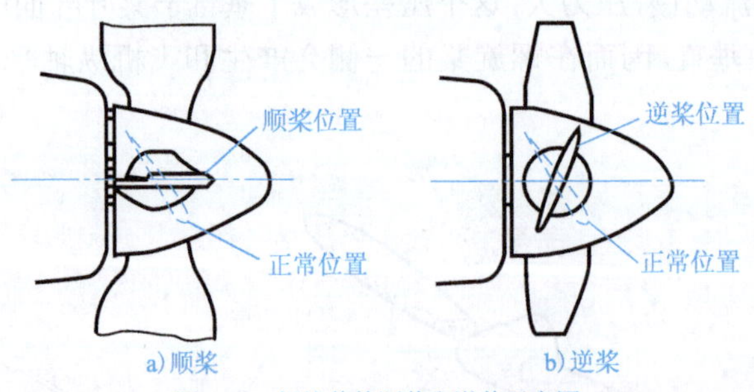

图 2-91　螺旋桨的顺桨和逆桨示意图

由于螺旋桨上任一点的速度都是飞行速度和旋转速度合成的，桨上各点的运动速度都要大于飞行速度，特别是叶尖的速度最高，飞行速度低于声速时，叶尖速度就可能接近声速，在叶尖上产生激波，使阻力大增，因而安装一般螺旋桨的飞机最高速度都在 800km/h 之下。一般在 200 ～ 700km/h 的范围内，螺旋桨推进的效率很高，产生的推力也较喷气推进的飞机大。在支线运输上，涡轮螺旋桨飞机得到了广泛应用。

3. 活塞式发动机的性能

航空活塞发动机的性能指标除了功率、重量等直接指标外，还有两个重要指标。一个是燃油消耗率，即每马力一小时内消耗的燃油重量，这个指标越低，说明这个发动机的经济性越好；另一个指标则是重量功率比，重量用千克（kg）表示，功率使用马力，这个比值越低，说明发动机重量轻而马力大。第一架飞机上的活塞发动机的重量功率比为 6.4kg/ps，而到 20 世纪 40 年代末达到 0.5kg/ps，耗油率也从 1kg/（ps•h）降到 0.2 ～ 0.25kg/（ps•h），这个指标比喷气发动机低，所以在低速飞行时，活塞发动机的经济性能很好。活塞发动机在 20 世纪 50 年代初已经达到成熟期，工作可靠，大修期提高到 2000 ～ 3000h 一次。因而它目前仍在小型、低速飞机、轻型直升机上广为应用。

三、喷气式发动机

由于螺旋桨在高速飞行时的缺点及活塞发动机在降低重量马力比上已接近了极限，因而人们为提高飞机飞行速度，在动力装置上来一次革新。1930 年，英国人弗兰克•惠特尔获得了燃气涡轮发动机专利，这是第一个具有实用性的喷气发动机设计。1939 年世界上第一架喷气式飞机在德国试飞，使飞机的动力装置出现了一个新纪元，也使人类进入了喷气机时代。

1. 喷气式发动机的工作原理

喷气发动机既转换能量又产生推力，它本身就是一个推进系统。喷气发动机和活塞式发动机一样通过燃油在发动机内部的燃烧使燃料的化学能转变为机械能，利用反作用力把气体排向后方产生推力，但二者有本质的区别。螺旋桨产生推力是由于螺旋桨的旋转，把外界的空气推向后方，空气动力对螺旋桨产生的反作用力，使飞机飞前进，如图 2-92a）所示。而喷气式发动机产生的推力则由发动机内的气体燃烧膨胀向后排出，在发动机内部产生的反作用力，使整个发动机受到向前的推力，如图 2-92b）所示。

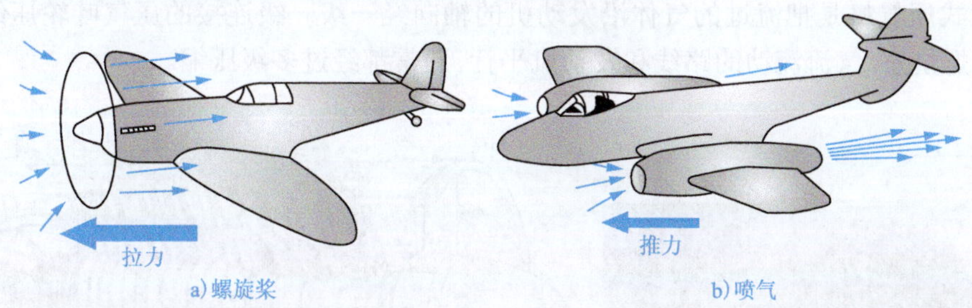

图 2-92　螺旋桨的拉力和喷气推力的产生

民航喷气式发动机主要类型有涡轮喷气发动机、涡轮风扇发动机、涡轮螺旋桨发动机和涡轮轴发动机，其中最基本的形式是涡轮喷气发动机，它由进气道、压气机、燃烧室、涡轮和尾喷管几个部分组成，如图 2-93 所示。

首先，气体从进气道进入，相当于进气冲程；经过旋转的压缩机空气被压缩，相当于压气冲程；气体在燃烧室点燃，气体膨胀通过涡轮，使涡轮转动，涡轮带动压气机，相当于工作冲程；最后，燃烧的高温气体从尾喷管排出，相当于排气冲程。这与活塞式发动机不同：一是活塞发动机所有的工作都是在一个空间——汽缸内完成的；而涡轮喷气发动机的工作是在不同的空间中完成的，吸气在进气道，压缩在压气机，燃烧（点火）在燃烧室，排气在尾喷管。

二是活塞发动机的做功是周期性的，一个循环工作一次；而涡轮发动机的做功是连续的，因而工作比较平稳，振动较小。三是活塞式发动机的功率输出只由曲轴的转动完成；而涡轮发动机的做功分为两个部分，一个部分是涡轮的转动，它除带动压气机转动外，也可以带动功率轴做功，另一部分是由喷出的气体直接产生推力做功。

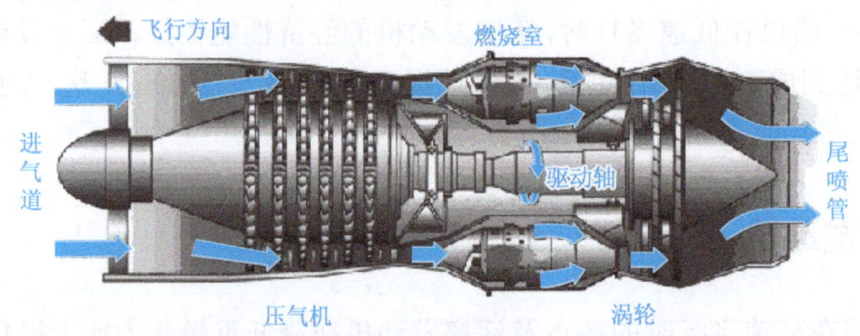

图 2-93　喷气式发动机的组成

2. 涡轮喷气发动机

涡轮喷气发动机是带压气机的喷气发动机的最基本形式，下面对它的结构进行介绍。

1）进气道

进气道（图 2-94）的作用是使进入发动机的空气流以稳定的流速连续进行。它中间装有加热防冰装置，以避免潮湿空气在进气道内结冰。进气道的形状是经过仔细计算和校验的，如果进气道的形状选择不当，会使进入发动机的气流不稳，严重影响发动机的工作。

2）压气机

压气机的作用是使空气的压力增高，密度增大，以提高燃烧的效率，同时增加喷气速度，增加推力。现代民用涡轮喷气发动机最典型的压气机形式是轴流式压气机，如图 2-95 所示。轴流式压气机是把流过的气体沿发动机的轴向经一级一级连接的压气叶轮压缩后，送入后面的燃烧室，气流流动的路线和发动机平行，通常都经过多级压缩。

图 2-94　进气道

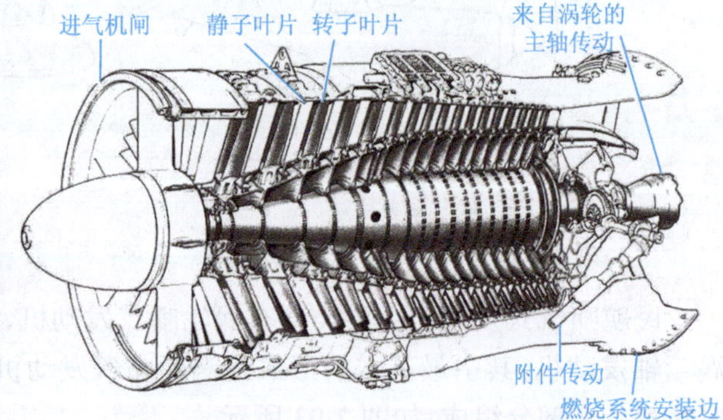

图 2-95　轴流压气机式涡轮喷气发动机

轴流式压气机由转子和静子组成。转子是一个能高速旋转的鼓形叶轮，叶片绕整个圆周方向安装成一排，每一排是一级，沿轴向安装许多级。静子是一个机匣，内部和转子各级对应装着各级的静子叶片，每级转子叶片的位置在相应的静子叶片之前。转子叶片像一个短的螺旋桨叶片，转子旋转后使空气向后和向圆周方向运动，空气流向静子后，静子的叶片把气流导向后一级转子，并使流速降低压力增加。空气流过一级压气机就可以使压强增加15%～35%，九级压气机可以使压强增加7.14倍，增压的倍数称为增压比。由于空气受压缩，它的温度也升高，出口处的气流可以提高到400～500℃，为后面混合气体的点燃提供了条件。

3）燃烧室

空气经压气机压缩后进入燃烧室，在这里由喷油雾化器把燃油雾化喷入，并由点火器点燃，图2-96是大型飞机发动机中最常用的环形燃烧室的结构图。它由内外四层壳体组成，内壁和外壁中间的两层是火焰筒，火焰筒中有喷油雾化器、点火器。气流分两股流入，一股进入火焰筒内、外壁之间，气体在这里点燃；一股流在火焰筒外壁和燃烧室外壁之间，起冷却作用。火焰的燃烧温度在2000℃以上，火焰筒的温度也在900～1000℃。火焰筒使用耐热合金制造。

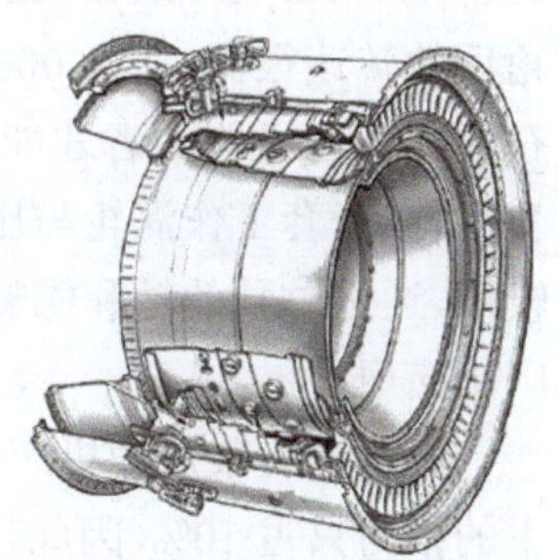

图2-96 环形燃烧室结构图

4）涡轮

燃气和空气由燃烧室喷出后吹向涡轮（图2-97），使其高速旋转，在气流作用下转动做功。涡轮转动带动压气机转动。涡轮的构造和压气机相似，也是在转动的各级轮盘上分级装上叶片，每级的转动叶片前，在静止的外壳上装有导向叶片。气流通过导向叶片时加大速度，降低压强和温度，以适当的角度冲击工作叶片，使它转动。涡轮可以从一级到很多级，前面级承受的温度高，速度大，后面级承受的温度低，速度也低。它的构造和压气机相反，前小后大，涡轮转速高，材料受到极大的离心力。涡轮前的温度越高则发动机的热效率越高，但这个温度要受到材料强度和耐热性能的限制。

5）尾喷管

尾喷管（图2-98）是圆筒状，涡轮后的气体从这里排出发动机，喷口处面积缩小，排出气体的流速增加，以提高发动机推力。尾喷管中装有整流锥，使气流由燃烧室出来时的环形气体平顺地变为柱形。大型飞机的尾喷管内常装有反推装置，在降落时反推板打开，气流冲在反推板上，产生向后的拉力，使飞机减速，缩短滑跑距离。

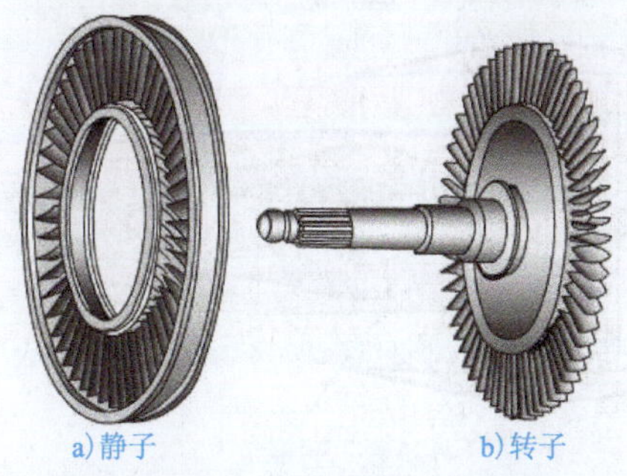

a）静子　b）转子

图2-97 涡轮

图2-98 尾喷管

涡轮喷气发动机重量轻、推力大，适于高速飞行，但它的油耗大、经济性差，目前在民航飞机上已经使用得不多了，主要用于军用飞机。目前民航飞机主要使用的是在涡轮喷气发动机的基础上发展起来的涡轮螺旋桨发动机、涡轮风扇式发动机和涡轮轴发动机。

3. 涡轮螺旋桨发动机

由于涡轮喷气发动机在亚声速飞行时经济性差，人们自然想到用涡轮输出轴功率来带动螺旋桨，这样就产生了涡轮螺旋桨发动机。它的基本构造与涡轮喷气发动机相同，如图 2-99 所示，但它的涡轮要带动前面的螺旋桨，这就提出了两个要求：一是涡轮提供一部分的功率，以带动螺旋桨，为此涡轮的级数要相应增加来吸取更多的能量；另一个要求是在涡轮后的转速很高，在 20000r/min 以上，但螺旋桨要求的转速很低，为 1000r/min 左右，因而只有加装减速机构两者才能连接。很多涡轮螺旋桨发动机为了减少减速器的减速比，采用两套涡轮，一套工作涡轮与压气机相连，以高转速工作，另一套独立涡轮在工作涡轮之后，转速较低，通过单独的轴和螺旋桨相连，称作自由涡轮。这类发动机在涡轮螺旋桨飞机上得到了广泛应用。

涡轮螺旋桨发动机产生的动力以螺旋桨的拉力为主，约占全部前进动力的 90%，喷气产生的推力只占 10%，因此它本质上是螺旋桨推进的飞机。由于受到螺旋桨叶端速度的限制，飞机的飞行速度一般在 800km/h 以下。与活塞发动机相比，涡桨发动机的马力重量比高，可达 0.23kg/ps；构造简单，维护容易；它的耗油率和活塞式发动机相近，并使用航空煤油，航空煤油比活塞式飞机使用的航空汽油价格低，因而经济性比活塞式发动机略优。此外，涡桨发动机功率可以做得很大，最大到 10000 ～ 15000ps，活塞式发动机则很难做到这么大。由于以上优点，涡轮螺旋桨发动机在中速客机和支线飞机上已经取代了活塞式发动机。

4. 涡轮风扇发动机

为了使喷气式飞机能在高亚声速中以低的油耗飞行，20 世纪 60 年代出现了涡轮风扇发动机，它已经成为目前大型民航运输飞机唯一的动力装置。

如图 2-100 所示，涡轮风扇发动机是在涡轮喷气发动机的压气机前面加了几级风扇，风扇由大的叶片组成，直径比压气机大，在涡喷发动机的后方再增加了 1 ～ 2 级低压（低速）涡轮，这些涡轮带动一定数量的风扇，继续消耗掉一部分涡喷发动机（核心机）的燃气排气动能，从而进一步降低燃气排出速度，减少气体在排出时的动能损失。涡扇发动机也产生了很大的推力，但相比涡喷发动机效率更高，同时噪声更小。

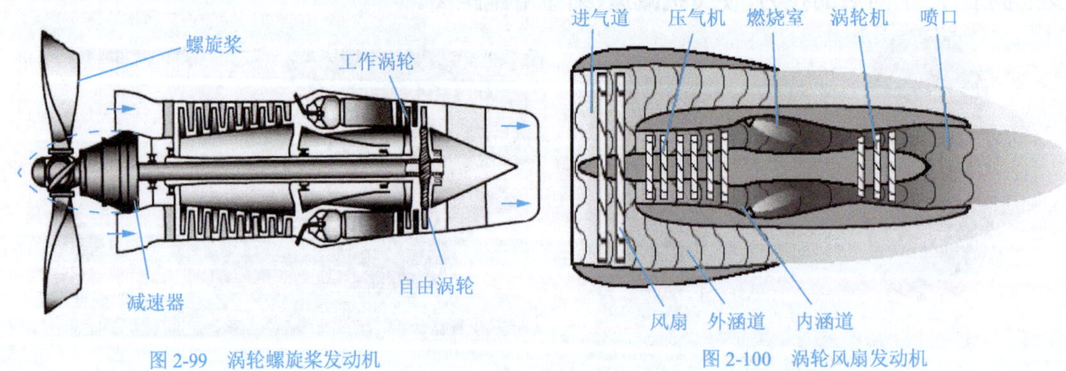

图 2-99　涡轮螺旋桨发动机

图 2-100　涡轮风扇发动机

与涡喷发动机不同的是涡扇发动机具有“双涵道”。空气经过风扇后分成两部分，一部分在核心发动机外面流过，这个气流通道我们称之为外涵道，这部分气流受到风扇的推动向后流去，产生推力，同时也把后面的发动机核心机进行冷却；另一部分气流通过发动机的核心机，其过程与涡轮喷气发动机完全相同，这条通路我们称为内涵道，内涵道流动的气流燃烧后推动涡轮，然后从尾喷管排出产生推力。不难看出内涵道的推力产生和涡轮喷气发动机完全相同，而外涵道的推力产生和螺旋桨相似，只不过风扇的叶片大大缩短，并且它被放入一个有限直径的涵道中，从而避免了螺旋桨叶尖在高速时产生激波的情况，使飞机速度得以提高。

发动机外内涵道流量比称为涵道比。涵道比对涡扇发动机性能影响较大，涵道比较小时，表明流过内涵道的流量大，发动机由喷气排出产生推力占的比例大，耗油率大；反之，涵道比大时，耗油率低。但涵道比不能太大，因为涵道比大则要求叶片长，一来增大阻力和重量，另外也会增加制造困难。目前大型涡轮风扇发动机的涵道比在 5 ～ 8 之间，一些最新的民用涡扇发动机的涵道比高达 9。

涡轮风扇发动机的另外两个主要技术参数是涡轮前温度和增压比。涡轮前温度是发动机最重要的一个参数，但是因无法准确测量，所以用涡轮排气温度（Exhaust Gas Temperature，EGT）来间接反映。EGT 是监控发动机工作状况的重要参数，如果排气温度超过规定值，就有可能损坏燃烧室、涡轮叶片和尾喷管等发动机部件，因此 EGT 作为衡量发动机工作正常与否的重要参数，直接影响飞行员对发动机工作状态的判定，如果显示异常，将会直接影响飞行安全。目前涡轮前温度可达到 1250℃。增压比（Engine Pressure Ratio，EPR）是指发动机低压涡轮出口总压与低压压气机进口总压之比。对于轴流式压气机的涡扇发动机，它表征推力，EPR 越大，发动机的推力越大。目前有的发动机增压比达到 27。有时也用低压转子转速或者风扇转速（N_1）来表示涡扇发动机推力的大小，N_1 越大，发动机推力越大。

涡轮风扇发动机由于空气流量大，因而推力大，最大的推力目前已经达到 372kN，空气流量达 1.7t/s。另外，在高亚声速的情况下使用，其耗油率已经降到 0.3kg/（ps•h），接近了涡轮螺旋桨发动机的水平。此外，由于涡轮风扇发动机大量的外涵低速气流，当内涵的高速气流和外涵气流混合排出时，噪声便大为下降。基于以上优势，涡轮风扇发动机在民航飞机上取代了涡轮喷气发动机。

但为了节油，不得不研制涵道比更大的发动机，因此进气的风扇（进气道）的大小不得不有所增加，同时，风扇的叶片不得不继续变长，转速也在不断增大，目前已经接近音速，任何一个方面的继续增加都可能导致危险的振动。减速齿轮箱就是为了解决保持风扇低转速的问题。这意味着风扇可以做得更大，从而加速更多体积的空气，同时，这种设计又将允许其他部件如压气机和涡轮都运行在最佳转速下。因此出现了齿轮传动涡扇发动机（Geared Turbofan，GTF），如图 2-101 所示。GTF 发动机的涵道比可达到 10 ～ 12，为目前用于空客公司 A320 和波音公司 B737 飞机的 CFM56 与 V2500 发动机的 2 倍左右。涵道比的增大使其油耗比目前的涡扇发动机降低 12% 左右。另外，风扇由减速器驱动，从而使风扇与低压涡轮及低压压气机均可在适合的转速下工作，发动机的风扇采用了低的叶尖切线速度，降低了风扇噪声。GTF 发动机因为具有大涵道比、低油耗、低噪声、低排放和低维护费用等优点被市场认可，成为下一代民用航空发动机的主要发展方向之一。

5. 涡轮轴发动机

在直升机和其他工业应用上需要一种只输出轴功率而不需要喷气动力的涡轮发动机，20 世纪 40 年代末出现了涡轮轴发动机，如图 2-102 所示。

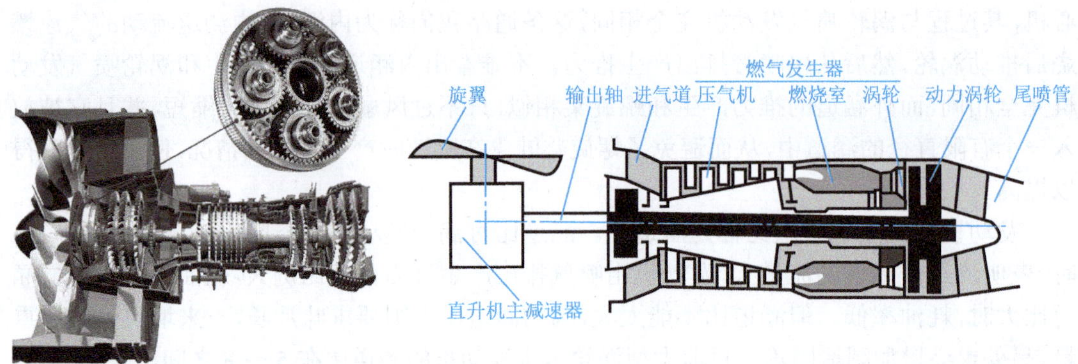

图 2-101　齿轮传动涡扇发动机　　图 2-102　涡轮轴发动机

涡轮螺旋桨发动机的功率输出的 90% 以上是轴动力输出，由喷气产生的动力只占动力输出的一小部分，因而将涡轮螺旋桨发动机做一定的改动，就发展成为涡轮轴发动机。涡轮轴发动机都采用两套涡轮，一套带动压气机，而另一套则是专门输出功率的自由涡轮。自由涡轮也称动力涡轮，一般在两级以上，它专门用来输出功率。喷气通过自由涡轮后剩余能量很小，基本上不能再生产功率了。由自由涡轮带动减速器，再带动旋翼，这样涡轮轴发动机就成为直升机的动力。

和活塞式发动机相比，涡轮轴发动机的结构重量轻，功率大，同时耗油率也在逐步下降，它燃烧的是低价的航空煤油，因而经济性能也和活塞式发动机不相上下。目前涡轮发动机已成为直升机的主要动力形式。

6. 辅助动力装置

在大中型飞机上和大型直升机上，为了减少对地面（机场）供电设备的依赖，都装有独立的动力装置，称为辅助动力装置（Auxiliary Power Unit，APU）。APU 的作用是向飞机独立地提供电力和压缩空气。飞机在地面上起飞前，由 APU 来启动主发动机，从而不需依靠地面电、气源车来发动飞机；飞机在地面时，APU 提供电力和压缩空气，保证客舱和驾驶舱内的照明和空调；飞机起飞时，使发动机功率全部用于地面加速和爬升，改善了起飞性能；降落后，仍由 APU 供应电力照明和空调，使主发动机提早关闭，从而节省了燃油，降低机场噪声。通常在飞机爬升到一定高度（5000m 以下）辅助动力装置关闭。但在飞行中当主发动机空中停车时，APU 可在一定高度（一般为 10000m）以下的高空中及时启动，为发动机重新启动提供动力。

辅助动力装置的核心部分是一个小型涡轮发动机，如图 2-103 所示，大部分是专门设计的，也有一部分由涡桨发动机改装而成，一般装在机身最后段的尾椎之内，在机身上方垂尾附近开有进气口，排气直接由尾椎后端的排气口排出。发动机前端除正常压气机外，装有一个负载压气机，它向机身前部的空调组件输送高温的压缩空气，以保证机舱的空调系统工作，同时还带动一个发电机，可以向飞机电网送出 115V、400Hz 的三相电流。APU 有单独的启动电动机，由单独的电池供电，有独立的附加齿轮箱、润滑系统、冷却系统和防火装置。它的燃油来自飞机上总的燃油系统。

现代化的大中型客机上，APU 是保证发动机空中停车后再启动的主要装备，它直接影响飞行安全。APU 又是保证飞机停在地面时客舱舒适的必要条件，这会影响旅客对乘机机型的选择。因此 APU 成为飞机上一个重要的、不可或缺的系统。

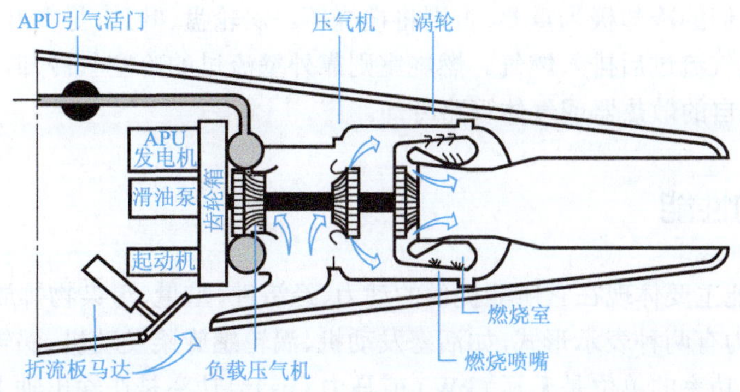

图 2-103 辅助动力装置

7. 喷气式发动机的附属系统

发动机是产生动力的核心部件，但如果没有其他系统的配合，发动机就不能工作。和发动机配套的其他系统有：燃油系统、启动点火系统、附件传动系统和润滑系统、控制仪表系统、冷却系统等。

燃油系统的功能是把储油装置（油箱）和发动机连接起来，并按照预定的油量和程序向发动机供油。在涡轮喷气发动机中，燃油都是经高压喷入燃烧室，它的燃油系统分低压部分和高压部分。在低压部分，燃油从油箱通过油滤由低压泵送至高压部分的燃油泵。高压部分则由燃油泵把油送到控制装置，控制阀送至喷油嘴，控制装置感受飞行高度和飞行速度的变化，来控制燃油的流量和压力，使发动机达到最佳工作状态。现代的发动机驾驶员只通过手动控制油门杆来控制发动机的开、停和功率选择，其他控制都是自动的。

民航发动机对启动系统的首要要求是安全、可靠。因而在各种启动方法中主要使用电动机启动和空气启动。电启动是用直流电动机来启动发动机，它的电源是电池或地面电源；空气启动是由地面或飞机上装的辅助动力装置向空气启动机供气，使气压马达旋转，带动发动机使之启动。

由于涡轮的转速一般在 20000 ～ 30000r/min。不能为其他机构直接提供动力。所有涡轮发动机都需要有一套减速齿轮装置，为飞机的液压、气压和电气装置提供动力，这套装置称为附件传动装置。它由内旋转轴驱动，带动发动机内部齿轮箱，通过径向的转动轴把转动传至外部齿轮箱。由外部齿轮箱带动各种附加动力，如发电机组、液压马达等。附件传动装置是发动机的重要部件，它一旦出现故障，发动机会立即停止工作，因而是维护中的重点部位。对涡轮发动机的所有齿轮、轴承要用滑油润滑和冷却，这是润滑系统的功能。

发动机的控制和仪表系统的功能是使驾驶员能控制和选择发动机的状态，通过仪表监视发动机的工作情况，有故障时采取适当措施。从 20 世纪 60 年代以来，由于电子技术的进步，现代飞机把这些数据都通过一个电子指示系统综合显示到一个或几个显像管上，并有报警系统。如果某一项数据超限，就用声音、灯光向驾驶员报警。发动机的仪表安装在仪表板的中央部位，用以测量发动机的各种参数。这些仪表按类型分有压力表、温度表、转速表、油量表、振动指示器等。

由于有大量空气流过发动机，大部分由空气冷却。齿轮箱和轴承由滑油冷却。滑油的热量经过交换器由气流带走，在发动机内设计了冷却空气的流通通道，其中涡轮和燃烧室由于工作温度高，它们的冷却极为重要，否则将被烧坏。涡轮盘、叶片、导向叶片都从内部通入冷却空气，这些空气流过后排入燃气。燃烧室则靠外壁流过的冷空气冷却，其他附件如齿轮箱、电机等都有独自的散热器或气体管路冷却。

四、发动机的性能

发动机的性能主要体现在它所能提供的动力、经济性、重量、污染物排放等方面。

发动机的动力有两种表示形式，如活塞发动机、涡轮螺旋桨发动机、涡轮轴发动机，它们输出的是轴功率，功率的单位是千瓦（kW）或马力（ps）。功率是在输出轴上得到的，因此通常使用轴马力来表示，它的做功体现到螺旋桨或旋翼上；另一种如涡轮喷气发动机和涡轮风扇发动机是以推力来表示它的动力大小的，推力的单位是千牛(kN)或磅(IP)。

涡轮喷气发动机作为热机和推进器的组合体，用总效率来衡量它的经济性。发动机的效率包括发动机热效率、推进效率和总效率。热效率指的是发动机产生的机械功与发动机燃油完全燃烧放出热量之比，表示在热循环中加入的热量有多少转变为机械功，也称内效率。推进效率指的是推进功与可用功之比，也等于推力乘以飞行速度，用来表示发动机产生的可用功有多少变成推进功，即发动机产生的动能有多少用于推动飞机，这个比值称为推进效率，也称外效率。总效率指的是推进功与燃料完全燃烧放出热量之比，也等于热效率（内效率）与推进效率(外效率)的乘积，用来表示燃油燃烧的热能有多少转化为飞机的动能。

空速和推进效率的关系如图 2-104 所示。

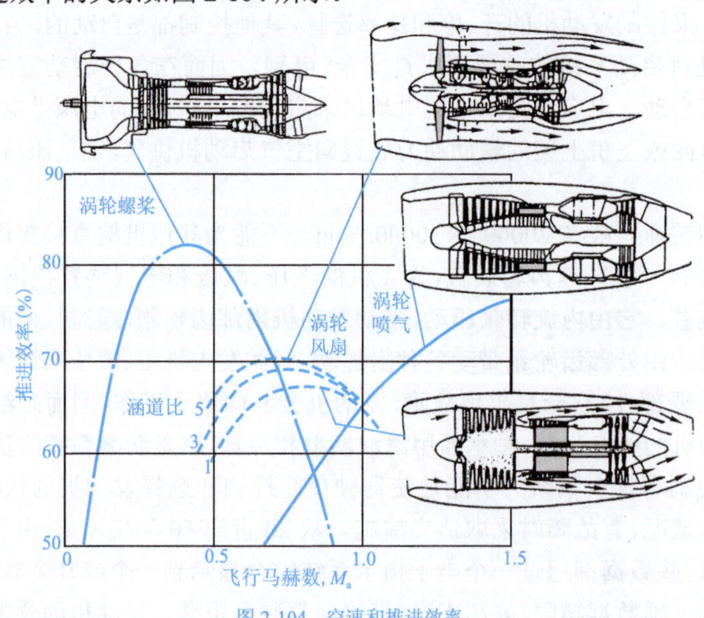

图 2-104　空速和推进效率

发动机的推进效率在很大程度上取决于飞机的飞行速度。在亚声速（M_a<1.0）条件下，涡轮喷气发动机的推进效率最低；在马赫数 M_a<0.6 的速度下，涡轮螺旋桨发动机效率最高；而当马赫数提高到 0.6 ～ 0.9 时，涡桨发动机的优越性在一定程度上被涡扇发动机所取代。涡扇发动机的排气比涡喷发动机的排气流量大而喷气速度低，因而，其推进效率与涡轮螺旋

桨发动机相当，超过了涡喷发动机的推进效率。当飞行速度超过音速后（M_a>1.0），涡扇发动机由于迎风面积过大从而推进效率开始降低，而涡轮喷气发动机的推进效率则迅速提升。即使是在马赫数 2.5 ～ 3.0 范围内，涡喷发动机的推进效率仍然可以达到 90%。

通常用一个更为具体的量来代替总效率，那就是耗油率。耗油率是消耗的燃料与产生的推力之比，单位是千克（油量）/ 马力小时［kg/（ps·h）］（螺旋桨类发动机）和千克（油量）/ 千牛小时［kg/（kN·h）］（喷气推进的发动机）。这个指标越低，说明飞机产生同样的功率消耗的油量越少，也就是说用同样的燃料可以飞行更远的距离，这是飞机经济性的主要指标，因而在民航飞机的选择上，这是一项重要的性能指标。

发动机性能中另一项要求是发动机的重量要轻。通常使用推重比（喷气推进的飞机）或功率重量比（螺旋桨类发动机）来进行比较。推重比表示发动机单位重量（力）所产生的推力，单位是千克力 / 千克，这个比值越高，说明同等重量的发动机产生的推力越大。现代涡轮喷气发动机的推重比约为 3.5 ～ 4.5，加力涡轮喷气发动机约为 5 ～ 7，加力涡轮风扇发动机可达 8 以上。对于螺旋桨推进的飞机，这个指标用功率重量比，也叫马力重量比。目前涡轮桨发动机这个比值已达到 6.69，而活塞式飞机为 1.56。随着发动机和飞机制造技术的进步，这两个值还在进一步的改进中。

环境污染问题严重，对飞机排放提出了更高的要求。由此，对飞机制造提出了新的要求：更低的直接运营成本，更加绿色环保。为了实现燃油消耗和维护成本降低，优化整个飞机能源系统，民航提出了多电技术。作为多电飞机的核心技术，航空发动机采用多电发动机。多电航空发动机采用电力作为航空发动机和飞机上的次级功率系统原动力，即使用电力驱动系统部分代替原有的由液压、气压、电和机械能驱动的混合次级功率系统。例如，使用电力作动器来取代液压作动器和气动作动器等执行部件；用电动泵取代机械传动的滑油泵和燃油泵。多电发动机的使用可以大大降低系统重量和成本，提高发动机的维护性和可靠性。

第七节　民用航空器适航和维修

适航管理是以保障民用航空器的安全性为目标的技术管理，是政府适航部门在制定了各种最低安全标准的基础上，对民用航空器的设计、制造、使用和维修等环节进行科学统一的审查、鉴定、监督和管理。航空维修是指对飞机及其技术装备进行的维护和修理，以确保飞行安全，航空维修是飞机使用的前提和必要条件，也是航空业的重要组成部分。对于民用航空器来说，必须对适航和维修控制加以重视，充分认识民用航空器的适航与维修特点，采取有效的策略进行控制，确保民用航空器保持良好的运行状态，进而保证民航运输有序进行。

一、民用航空器的适航管理

1. 适航管理的定义和内容

1）适航管理的定义

按照字面意思，适航性是航空器适宜在空中飞行的性质或性能。由于航空器从开始发展

就在政府部门的直接参与和管辖下，也因为早期的航空业中事故频繁，造成巨大的生命和财产损失，政府主管部门提出了适航性的概念，并提出具体的要求和管理措施。只有具备适航性的航空器才被允许在空中飞行，达不到适航性要求的航空器禁止飞行，从而保证了飞行安全。

随着航空技术的进步，适航性的重要性更加显现，要求越来越广泛。适航性包括三方面的内容：

(1)航空器的整体和其中任一部分或系统涉及运行安全的因素都是适航性要包含的内容。

(2)航空器运行的外界环境和内在性质决定了适航性的适用范围，因而适航性要给出航空器在什么样的界限之内是有效可运行的，超出这个范围运行是禁止的。这些限制包括在什么样的天气、机场、航管条件下运行以及在操纵上对高度、速度、重量等各方面的限制。

(3)适航性从航空器的制造时开始一直持续到航空器的整个使用寿命期，涉及航空器的设计、制造、使用及维修等方面。总的来说，适航性是指航空器在全寿命中其整体及各部件和系统在预定的运行环境和使用条件下保证安全运行的品质。

针对民用航空器的制造、使用和维修的安全问题，政府设置了适航部门。适航管理是政府行为，带有强制性和法规性，因而所有和民用航空器有关的机构、企业、个人都要遵守适航部门的规定，要了解和掌握适航标准以保证航空器的安全运行，违反者要承担相应的法律责任。适航管理是保证航空安全的重要因素之一，是保证航空器能够安全运行的基本条件。适航管理从航空器的设计制造开始一直持续到航空器的使用全过程，因而涉及航空器活动的各个环节，适航性每时每刻影响着航空安全。

2)适航管理的内容

作为政府的一个管理部门，适航部门的任务主要包括以下内容：

(1)制定和修改适航标准和审定监督规则。

(2)对民用航空器的设计进行型号的合格审定。

(3)对航空器制造商的生产进行审定，颁发生产许可证。

(4)对注册的民用航空器进行适航检查，颁发航空器适航证。

(5)对航空器的使用者提出要求和使用限制，监督他们保证航空器在适航条件下使用。

(6)对民用航空器的维修单位进行审查，颁发维修许可证，监督检查维修的质量。

(7)对维修民用航空器的人员进行考核，颁发执照，保证维修人员的技术水平。

2. 适航管理机构和适航标准

1)适航管理机构

《国际民航公约》中对航空器国际适航性，及各国建立适航机构及其职责、国际合作都有相应规定，并在随后制定的附件 7 和附件 8 中对航空器的国籍和适航性做了详细、明确的规定和建议。我国是国际民航组织的成员国，我国的适航机构也是按国际民航组织的有关规定进行工作。我国自 1987 年，在民航局内建立适航司统管全国的适航工作，经过三十余年的改革、充实和完善，已建立起和世界上大部分国家大体相当的民航适航机构，完成了适航各项规章、条例的制订，有了一支高水平的技术业务队伍，肩负起保障航空安全和对外维护国家主权的任务。

我国的适航组织体系分三级：

（1）民航局设立适航司，适航司作为统管全国民航适航的领导机构，负责适航的审定、监督、检查、管理和对外联络。适航司目前下设适航检查处、航空动力审定处和航空器审定处。

（2）各地区管理局设有适航审定处（审定中心），负责对该地区贯彻适航法规，检查执行情况，进行合格审定并及时对违法者实施查处。这一层的航空器审定中心的任务是对本地区航空器制造单位的产品（包括国外进口本地区企业使用的）进行审定，对维修大纲的审定、批准或修改，监督、检查航空器设计制造单位实行适航指令的情况。

（3）部分地区管理局审定处还下设生产监督处 / 办公室（天津、山东、江西、黑龙江）。

2）适航标准

适航标准是由国家适航部门为保证民用航空器的适航性而制定的最低安全标准，因而也是一种国家的技术标准。我国的适航标准是《中国民用航空规章》（CCAR）的一个重要组成部分。适航标准是依据大量的科学分析和多年的经验教训，以及运行中出现的实际问题和各种情况而制定的。因此适航标准是一个实践性和科学性相结合的文件，它随着科学技术的发展和实践经验的积累不断完善和改进。

适航标准首先要考虑安全需要，但是过分的安全要求会使达到这些要求的成本和代价急剧增长。民用航空是国民经济的一部分，过高的成本和花费将会阻碍民航业自身的发展，对国民经济的发展也会产生不利影响。民航的主管单位是为发展国家经济服务的，因而在考虑安全的前提下，必须考虑适航标准的经济影响，要把保证安全的经济负担降至最低，从而达到最大的利益。

3. 适航管理的法律和法规

适航文件分为由国家主管机构颁发的法律、法规和由适航司为执行这些法律法规制定的细则和解释。《中华人民共和国航空法》中对适航的任务、范围等做出了规定；民航局发布的《中国民用航空规章》（CCAR）中有关适航的各个部分，是有关适航的基本法规。CCAR中有关适航的主要部分有：

（1）关于各类航空器的适航技术标准，如关于运输飞机的 CCAR-25 部，关于发动机的 CCAR-33 部，关于航材、零部件和机载设备技术标准的 CCAR-37 部和关于适航指令的 CCAR-39 部等。其中，CCAR-37 部由于项目繁多，由民航局特别制定了民用航空的技术标准规定，即 CTSO。

（2）关于民用航空器国籍的 CCAR-45 部。

（3）关于维修人员合格审定的 CCAR-66 部。

（4）关于航空器维修许可审定的 CCAR-145 部。

由政府一级制定了法律和法规后，在具体实行中还需要由下一级机构制定出具体的细则和管理程序。这一类文件由适航司制定发布，构成了适航文件的第二级部分。它分为适航管理程序（AP）、咨询通告（AC）和适航管理文件（AMD）三种。适航管理程序是 CCAR 的实施细则和管理程序，是各级适航、设计、制造、维修等人员的工作守则。咨询通告是对适航工作和政策进行解释说明或推荐性的文件。适航管理文件则是针对某一具体问题或某一具体单位的工作文件或暂行的规定。

4. 初始适航管理与持续适航管理

民用航空器的适航管理按制造和使用阶段分为初始适航管理和持续适航管理。从航空

器的设计、生产到投入使用这一阶段是初始适航管理，在投入使用之后，进行持续适航管理。初始适航管理和持续适航管理是相互关联和相互影响的，航空器初始的设计、制造质量和性能会决定持续适航的基本运行和维修的状态和程序；反过来，在使用中由持续适航所发现的设计和制造问题会要求重新设计和制造，在初始适航管理中提出新的标准和要求。

1）初始适航管理

初始适航管理分为设计、制造和适航性三方面的审核和发证。

设计方面的适航管理是对设计的审定，涉及航空器的各个方面，由各方面的专家组成审查组进行全面的审查，申请方要提供图纸、检验报告和标准，有关的使用数据，使用限制、手册等，并要提供检查用的原型机。审查组按专业分工进行审查，主要分为结构强度、机械及环境系统、电子/电气系统、动力装置系统、试飞性能和制造等专业。在通过了审定和核查后，适航部门颁发型号合格证，取得型号合格证的航空产品才能投入批量生产。

生产制造方面的适航管理是对生产制造厂或制造人承担制造这种航空产品能力的审核。这种审核包含制造厂的生产能力、质量保证系统及技术管理系统三个方面，生产能力和技术管理系统是一个制造厂所必备的条件，易于考核。适航性管理的目的是要得到保证安全的高质量的产品，因而生产方面适航管理的重点是对质量保证系统的要求。要求质量保证系统，保证产品的每一项目均能达到设计要求。对入厂的原材料及外购零件要有适用的规范标准和检验，对各项产品的图纸和工艺都有检查和质量控制及对器材的存储和运输的控制等。审查通过后，适航部门颁发生产许可证，生产者就可以从事这种产品的生产了。在生产过程中适航部门仍将进行监督和检查。同样对于航空材料、零部件和机载设备的生产制造者也要进行类似的适航管理。

适航性审查是在航空器使用前要进行的，审查通过后颁发适航证，获得适航证的航空器才能在规定范围中进行合法的飞行。适航审查包括国内制造的航空器及从国外进口的航空器。审查的内容主要是航空器的型号合格证、制造厂家执行适航指令的保证、注册状态以及直接涉及航空安全的部件的检查记录等。如有必要，适航部门要进行试飞检查，验证飞行性能、操纵性能、电子设备的功能是否达到标准。

2）持续适航管理

航空器投入运行之后，要始终保持它在运行中的适航性。由于航空器是高成本、长时间运行的产品，在运行中要不断进行维护、修理才能保证它每次飞行的安全。因而要求航空器的使用者和维修企业要有合格的管理机制、高质量的维修手段，才能及时、有效地解决飞行中出现的问题，以保证适航的各项要求，具体落实到每架飞机、每次飞行之上。

持续适航管理要求适航部门与使用维修部门、设计制造部门互相配合共同完成。主要工作包括下面四方面的内容。

（1）对维修单位的审核和监督。要成为民用航空器的维修单位，必须通过适航部门的审核，这些单位在硬件上必须具有合格的厂房、工具、人员、技术文件和器材，在管理上要有严格的质量保证、工程技术和生产管理体系。对这些方面审查合格后，发给维修许可证，这个维修单位就取得了维修民用航空器的资格。

（2）对航空器持续适航性的鉴定与检查。航空器的适航性由营运人负责，因此适航性的检查包括了对航空器和对营运人两方面的检查。航空器要进行年度检查，在单位自查的基础上，适航部门派出检查组对维修记录、重要故障的分析、航空器状态进行检查，检查通过后签署适航证，如不合格则可以限制使用或收回适航证，对于营运人要审查维修单位、技术文件、航材供应、管理系统等是否适合适航要求。

（3）对维修人员的要求。维修人员是决定维修质量的关键，因此持续适航管理中对维修人员的资格和考查都有专门的规定。维修人员必须持有执照才能上岗从事维修工作。民用航空器维修人员要取得执照需经过基础和机型两部分的培训和考试，基础部分按专业分为航空机械（ME）和航空电子（AV）。航空机械专业又分为涡轮式飞机（ME-TA）、活塞式飞机（ME-PA）、涡轮式直升机（ME-TH）和活塞式直升机（ME-PH）四个类别。民用航空器部件修理人员执照包括基础部分和项目部分。部件修理人员执照基础部分按专业分为航空器结构（STR）、航空器动力装置（PWT）、航空器起落架（LGR）、航空器机械附件（MEC）、航空器电气附件（ELC）和航空器电子附件（AVC）六个类别。

（4）信息的搜集和管理工作。适航工作的科学性是依靠对大量信息的分析和传播作基础的。中国民航局建立起三级信息网来收集、分析信息，以此作为制定政策的依据。三级信息网的工作程序是由航空器使用维修单位（三级信息站）把本单位的使用、维修信息和可靠性分析的结果收集、上报到第二级信息站及地区管理局的信息站。二级站把这些信息汇总和整理，对有关问题提出处理并上报一级信息站（民航局信息站）。一级站对全国的适航信息进行分析，把分析的结果或制定的技术文件发送到各地区站和制造厂家，由它们再发送到使用单位和维修单位的手中。

二、民用航空器的维修管理

1. 维修管理的目的和意义

航空器是高技术、高成本的产品，也涉及民航安全问题，因而航空器的维修成为航空器运行中的一个重要环节，任何一次航空器的飞行都是以必要的维修工作来保证的。维修工作的重要性体现在以下三个方面。

（1）保证安全飞行。安全始终是航空业中第一位的要求，尽管影响飞行安全的因素有很多因素，但是航空器的适航性是保证飞行安全的基本条件。如果航空器本身是不适航的，其他因素无论如何改善也改变不了飞行不安全的状况。因此完善维修管理，减少维修差错，保证航空器的适航性，是维修管理的首要任务。

（2）保证航班的正点率。航空运输是以速度和时间为特征的，一个航空公司的航班正点率不仅关系到公司的信誉，有时会直接造成巨大的经济损失。因此，一个好的航空公司必须有一个完善的维修体系作为后援，才能保证它的航班正常。

（3）影响经营成本。航空运输企业的直接运营成本中，维修费用一般要占到 18% ~ 25%，改善维修管理和维修技术对降低成本有极大的作用。

航空器的维修是持续适航管理的重要内容，因此从技术角度来说适航当局是维修部门的直接领导。维修单位的运行要通过适航部门的审核，取得许可证后才有维修资格，专业人员要有适航当局的执照才能上岗。各型飞机的维护大纲、维修计划文件、工作文件都须经适航部门批准，适航部门下发的适航文件和适航指令都具有法律或法规的性质，必须遵照执

行。在另一方面，维修单位在维修中遇到的情况和问题，也是适航部门了解情况和制定修改政策的依据，适航部门和维修单位共同协作才能保证适航工作的顺利进行。

此外，维修部门的任务是保证维修的零部件和航空器达到或保持原设计的固有功能，因而维修的基本技术标准是从制造厂来的。通常一个使用单位反映出来的问题，会对这一机型的所有飞机有普遍的意义，这就要通过制造厂发布服务通告（SB）或服务信函（SL），使所有航空器使用者采取预防措施。

现代的大型客机由上百万个零部件组成，供应零部件的厂商一般都要有几十家，航材的供应要求保证质量和及时。任何一个劣质的航材都是对飞行安全的威胁。航材的及时供应是保证维修工作按期完成的必要条件，因此维修单位必须有稳定可靠的航材供应渠道。对使用的航材要有严格的检验、存放和管理程序，对供应厂商要慎重地选择，这样才能保障维修的质量。

2. 航空器的维修理论

1）早期的维修实践和理论

早期的飞机在出现多起事故之后，为了保证安全，在设计上加大了零部件的安全系数，使得飞机结构“过分”安全。这样做，一方面使得飞机的性能不容易提高，另一方面材料的性能得不到充分利用，在使用上也极不经济。但这并不能解决在长期使用中出现的故障，有时故障是突然出现的，还可能造成极为严重的后果。通过一段时间的经验积累及研究，人们得出的结论是，航空器的可靠性和使用时间有一定的关系，开始使用期故障率较低，并保持不变，到一定时期后故障率会陡然上升。于是本着安全第一、预防为主的思想，建立起早期的或者称为传统的维修理论，即飞机的定期维修思想。这种想法认为航空器的可靠性由各个零部件使用时间的长短来决定，而每种零部件都有一定的“寿命”，到了这个寿命就必须更新或修理，同时为了防止突然事故的发生还要定期进行检查。由于当时无损检验技术还没发展起来，这种检查只能把整机拆开，或分解零部件进行直观检查，这样就建立了一套定期检查、定期维修和定期大修（翻修）的制度。这套制度一度是有效的，它在航空维修界已实行了60多年。

2）现代的航空维修思想

按传统的维修理论来保证安全，只能是增加检查的次数和缩短翻修时间，这样做的结果使维修费用大幅增加，有时把翻修周期缩得过短，反而会出现事故率不降反升的怪现象。这个问题成了阻碍航空运输降低成本、进一步发展的拦路石。因此从1961年开始，首先在美国开始了新维修理论的研究。通过对大量使用经验和故障的分析，对各类零部件的分析，得到了以下结论：

（1）航空器的整体可靠性是由各个系统的综合功能决定的，不是和每个零件的可靠性必然联系在一起的，有些零件的损坏，并不直接影响到飞行安全，或者只是影响经济效益，或是可由其他零件或其他系统的功能来补偿，对于这样的零部件，定期维修是不必要的。因此对每个系统或每个零部件都要从航空器的整体可靠性去分析，分出哪些是有严重影响的，哪些不是，从而区别对待。

（2）对零部件失效的分析发现，零部件的失效曲线，不是只有原来所设想的随时间增长到一定时期突然上升这一种情形，而是有多种情形，其中主要有如图2-105所示的三种情形。第一类称之为浴盆曲线，这类零部件在使用初期由于在磨合阶段故障率很高，随着时期延长，故障率趋于稳定，在一定时期后，故障率突然上升。这个曲线和传统的分析曲线是一致的。第二类故障曲线有初期的磨合段，但当故障率稳定后，故障的出现一直是随机的，因而故障率保持不变。第三类故障曲线则是在磨合期后，故障率随着时间而不断增长。对三类故障的统计结果是出人意料的，统计结果显示，飞机上68%的零部件属于第二类故障曲线，而第一类只占12%，剩下的属于其他类型。这说明有68%的零部件并不适用于定期维修理论。因而使用定期维修的办法对这类零部件没有必要，有时还会带来副作用。如果把翻修期缩短到磨合期附近，只能使故障率上升。

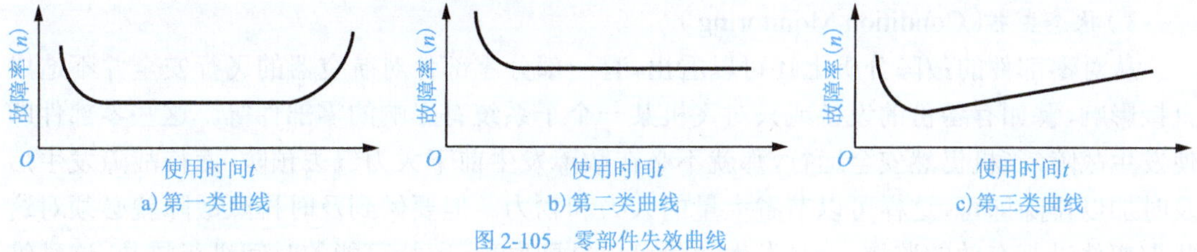

图2-105 零部件失效曲线

(3)从飞机的整体可靠性来考查，真正影响飞行安全的零部件故障只占整个故障的一小部分，而且这种联系和影响可以通过设计来减少或消除，从而产生了裕度设计、破损安全设计等方法。据统计，在采用了这些设计方法之后的飞机，影响安全的零部件故障降低到20%以下。

(4)维修和设计是连在一起的，维修只能保证设计所要求的固有性能，如果维修达到了这一水平，而问题仍然出现，就必须从设计上来解决问题。

(5)针对不同的零部件要采取不同的维修方式。维修工作不够，零部件可靠性降低；维修工作过量，同样会使可靠性下降。

这些思想的确立就形成了一套以可靠性为中心的维修理论。这个理论的核心是从航空器的整体可靠性出发，对每个零部件的可靠性进行分析，针对具体的情况，制订具体的维修方案，这种维修思想不是抛弃了传统的定时维修理论，而是把定时维修的概念具体到某一部分零件，融入新理论中。

3. 航空器的维修方式

在新的维修理论指导下，航空器的维修方式有了相应的改变，现有以下三种：

1)定时维修方式(Hard Time，HT)

这是传统的维修方式，对某些重要的有第一类故障曲线的零部件，给予一定的使用期限，到时候予以更换、报废，这类部件称为定寿件，这类零部件往往决定着检修的间隔。从表面看这种方式和以前的维修没有什么不同，但实质上有了很大区别。一是这种定寿零件数从原来的占总零件的90%以上，减少到10%左右，有的机型只占到7%；另外，通过设计和材料的改进，这些零件的翻修间隔大大增加。

2)视情维修(On Condition)

对于具有第二类故障曲线的零部件，由于没有一个明显的故障增长时限，按照定期维修，不能充分发挥这个零部件的效能，同时也不能减少故障的发生。通过对这些零部件使用情况的监督和观察，根据零件的具体情况来决定维修和更换，这种维修方式叫作视情维修。要进行视情维修，需要先对零部件的技术状况作出合理的判断，这就要对视情维修的零部件

制定具体的检查手段、检测标准，并有相应的检测间隔。在设计方面也要考虑这些零部件如何在原位检查，以便能快速地更换。随着无损检测技术的发展，可以进行视情维修的零部件范围不断扩大。视情维修尽管和定时维修一样是定期检测的，但和定时维修有根本的不同。视情维修通过检测来决定零部件是否继续使用，而不是把到期的零件一刀切地报废更换；另外，视情维修检测使用多种监控手段、多种参数来判明零部件的技术状况，而不像定时维修中绝大部分零部件是拆下来分解检查的。因此视情维修带来的好处是减少了工作量，缩短了工作时间，充分利用了零部件。

3）状态监控（Condition Monitoring）

从对零部件的故障分析上还可以看出，有一部分零部件对航空器的飞行安全并不造成直接影响，譬如有备份的设备或只对飞机某一个子系统有影响的零部件等。这些零部件即使发生故障，飞机仍然安全运行，那就不必在故障发生前下大力气去预防，而待故障发生后及时加以排除即可，这样可以节省大量的人力和物力。但要做到及时排除故障就必须对这些零部件进行有效的监控，一旦发生故障可以立即发现，留待可能的时间进行排故，这种维修方式称为状态监控。这种方式不是放任不管，而是建立起一套对零部件监控的体系来预防故障的后果，使它不致发展成严重故障或使故障率超限。

4. 航空器维修的文件体系

在新的理论出现的同时，有关适航当局、制造厂和航空公司按照这种理论制定了一整套文件。维修文件的体系分为以下三个部分。

1）维修的指导性文件

这类文件是由适航当局主持，召集制造厂和航空公司共同制定的关于维修指导思想、逻辑决断方法、维修基本原则的文件。维修部门根据这些文件的原则和精神来制定自己的维修方案。其中包括：

（1）维修指导小组（MSG）报告。以可靠性为中心的新的维修理论要求，对不同的零部件采取不同的维修方式。MSG 报告的主要任务是提供一种统一的维修概念和逻辑决断方法，以此为指导决定各系统、各部件的维修方式和维修原则。MSG 提供制定维修方案的科学、统一的思维方式和判别标准，现已在全球范围内被接受。在实行 MSG 的近 50 年里，飞机的使用寿命提高了 1 倍以上，发动机的使用寿命平均提高了 5 倍多。

（2）维修评审委员会（MBR）报告。维修评审委员会是由适航当局组织的，由制造厂和使用者参加，对维修工作的各种因素进行研究和审定的常设机构。维修评审委员会的报告包括了航空器的维修技术要求、生产要求和对经济性的要求，其中包括了对技术标准、维修的时限、零部件供应、成本控制等项目。这个报告批准后，作为指导性文件推荐给维修单位，维修单位以此为基础，制定出自己的维修方案。

（3）适航当局发布的各种适航指令、咨询通告和适航管理文件。这些文件是根据航空器运行、维修中发生的问题不定期发布的。维修部门要根据这些文件的规定，不断地完善和更新自己的维修文件和维修工作。

2）制造厂提供的文件

航空器制造厂为了保证航空器的运行安全，要向使用者提供大量的适航文件和各类手册，这些文件和手册都要根据这类航空器的使用情况不断地更新，以保证维修单位能得到足够的信息和采取最合适的技术手段。

(1)维修计划数据(MPD)。维修计划数据是制造厂向使用者提供全面的有关维修的安排和计划方面的文件,它是MBR的补充。MBR是经适航当局批准的重点在保证航空器飞行安全和适航性的文件,而MPD则包括了与适航无关的维修项目(如客舱的内装饰等)及各种推荐和参考的项目和数据(如建议的工时数据等)。航空公司在对新机种没有使用经验的情况下,制定维修方案和计划时,MPD是最主要的依据。

(2)各类手册。制造厂向使用者提供的手册种类依机型不同而不同,少的18种,多的达到20多种,对于维修部门来说主要是下面几种:

①维修手册。规定各系统的结构、参数、维修方法、检查方法,是维修时的主要依据。

②主最低设备清单。规定在有些设备和系统失效时,航空器仍可以从事商业飞行的最低的必要的设备,在这张清单内的设备如果出现失效,航空器禁止运行。

③重量平衡手册。对航空器上的燃油、乘员、货物及部件重量的控制和平衡的手册。

④发动机手册。发动机作为机上一个独立部分,对它的维护、检修的各种规定和说明,这个手册是由发动机制造厂负责编写的。

此外,飞行手册、操作手册、设备大修的翻修手册、布线手册、无损探测手册等都是维修部门需要用到的。

(3)服务通告和服务信函。这些文件是航空器制造厂为保证航空器运行的后续性支援文件,它针对使用中发现的问题不定期发布。内容包括对设计的改进、标准的修订、使用性和经济性的改进等。这些通告属于建议性质,使用者可以选择采用。但紧急服务通告通常涉及安全问题,一般具有强制性质。

3)维修方案和维修计划

维修方案和维修计划是维修单位根据自己的情况和经验制定的具体执行的技术文件。

(1)维修方案。维修方案是控制飞机维修的技术立法文件,它根据上面所述的指导性文件(维修大纲)及制造厂提供的文件,结合本单位的实际情况和工作经验编制而成,上报适航部门批准后,成为这个单位的维修技术法规。中国民航局要求航空公司按照适航当局颁发的维修大纲编写维修方案。维修方案把航空器各项维修任务的工作方式、内容、时间间隔、针对的零部件和问题都分类规定出来,也规定具体的标准和措施。

由于整个维修是一个不断改进的过程,因而维修方案要吸收上面提到的适航当局不断发出的适航指令、咨询通告以及制造厂发布的服务通告和服务信函的内容,通过结合本部门情况的改动之后都成为维修方案的一部分。维修单位内部也通过工程部门发出工程指令来改变维修方案,改进维修工作。在航空公司经验不足或使用新机型时,通常把制造厂提供的MPD文件和各类手册作为维修方案。

维修方案是维修工作实际执行时的法定文件。在新的维修体制中,它是制造厂、适航当局及维修单位紧密结合的产物,是一个不断吸收新内容、改变过时方法的有生命的文件。只有这样,这个文件才能指导维修工作不断发展。

(2)维修计划。在工程部门确定了维修方案之后,生产计划部门按照生产任务的数量和质量的要求,确定一段时间内生产任务的安排。维修计划可按时间的长短分为长期计划、年度计划、月计划。在航空器维修计划中把维修工作分为航线维护、初级维修、高级维修三类,

每一类都有相应的维修设施。

航线维护，包括航前/过站检查和航后检查。航前/过站检查主要是绕机一周的目视检查和例行的勤务工作等；航后检查一般是在夜间进行，24h内执行一次，除了航前检查的工作外还要排除出现的故障。航线维护是在航站完成，一般只需要简单的检测仪器对部件进行维护或拆换。现代飞机在设计中使很多零部件设计成航线可拆换件（LRU），就是为了在这些部件有故障时可在航站上迅速拆换，排除故障。

初级维护，是指低级的定期维护。波音系列飞机规定为A检和C检，如对B737-600，A检的间隔时间为200飞行小时，C检为3200飞行小时，每次定检都有规定的维护和检查项目。这种检查要在维修基地进行，飞机都要进入机库，因此机库是初级维修的必要设施。机库首先要有足够的面积停放飞机，还需要相应的工作平台、机械设备和检修设备。

高级维修。属于高级维修的是中检和D检。中检的间隔时间以年来计算，内容包括结构检查、客舱更新，停场时间在10天以上。D检是飞机最高级别的检修，间隔时间在20000飞行小时以上。D检除包括前面级别的各种维修项目之外，还要对发动机进行大修、系统结构的深入检查及改装等。进行高级维修除需要机库外，还要有相应的各种车间，如发动机车间、无线电仪表车间、必要的航材库、发动机试车台等。机库内还应有一定的总装区，以保证维修后的零部件的放置和安装。D检后的飞机都要进行试飞，为此还应有试飞的部门和设施。

5. 维修技术和发展趋势

1）新维修技术的出现

20世纪60年代后，随着以可靠性为中心的维修理论的出现，维修技术的范围已经由原来的拆卸检查、零部件翻修，扩展到对整个航空器的性能和系统进行监控和检查。在防止影响飞行安全的事故的前提下，尽量减少零部件的拆装检查，维修技术的重点也转移到检查和监控技术上来。

（1）无损检验技术（NDT）。无损检验是指利用声、光、热、电磁等物理效应，在不影响工作性能的情况下检查工件的表面和内部缺陷，方法有：

①目视——光学检查。这是通用的检查方法。为了弥补人眼视力的不足，利用了多种光学辅助设备。为了加强照明，使用了反光镜、照明灯等。为了增强分辨率，使用放大镜、显微镜。为了在不拆卸分解的情况下观察视力达不到的地方，使用了从医学仪器发展起来的内窥镜（也称为孔探仪），内窥镜在检查一些筒状零件中发挥着重要作用。

②磁力探伤。将磁粉和磁粉液涂在零件表面，在磁场的作用下，磁粉会在缺陷旁聚集，从而发现肉眼不能看见的表面裂缝。

③射线探伤。主要使用X射线对零件内部进行透视或照相，在一些特殊情况下也使用一些穿透力更强的射线（如γ射线）来探伤。

④超声探伤。利用超声波的反射，探测零件内部缺陷。

⑤涡流探伤。利用物体在电场中产生涡流的情况，探测表面缺陷。

无损检验的方法还在不断发展，在维修中应用得越来越广，制造厂针对不同机型专门制定了无损检验手册，作为维修文件的一个部分。

（2）机载维护监测系统。在20世纪70年代之后，随着电子技术的发展，在新型飞机上安装了机载维修系统，它可以在飞机运行中发现、检测、记录故障，并可以对一些故障进行分析，使维修的水平大为提高。

①各子系统的故障探测和报警系统。这些系统能监控和记录某一个子系统，其技术性能和数据在出现故障时报警。初期这类系统独立向驾驶舱发出信号，随着计算机的发展，这类系统可以统一向管理计算机输出信号，在综合显示仪表上（如 EICAS、EFIS）显示。

②中央维护计算机。它的功能是接受来自各子系统的监控和故障信息，把这些信息经过处理后显示在驾驶舱中并判断失效原因，并向记录系统输送。有了中央维护计算机后，机组成员可以在飞行中了解故障情况，及时采取对策，减少了机组工作负荷，也使地面的工程技术人员能得到故障的初始记录，保证信息的准确性。

③机载设备自测试系统（Build-in Test Equipment，BITE）。机上的飞行管理系统（包括导航、自动油门、飞行控制、惯性基础、EFIS）内装有大量的电子设备，这些设备自身的可靠性对飞机安全性有极大的影响。拆卸检查这些设备既不经济又不能降低故障率。在这些设备中都装有 BITE 系统，该系统能使驾驶员和地面人员在空中或地面快速检查设备性能，记录设备故障，为维修和分析设备故障提供依据。

（3）发动机监测。发动机是飞机的心脏，它高速运转，没有间歇。发动机的故障多数导致飞行事故发生，对发动机运行和故障的监测能有效预防发动机故障的发生。发动机监测是近年来维修技术中取得最大进展的领域之一。

①发动机状态监测系统——这种机载系统最先在通用电气公司的 CF6 发动机上开发出来。它能记录和监控发动机的各种参数，然后通过数据处理系统对影响发动机零件的热力学和力学物理性能的因素进行分析和趋势预测，在必要时发出维修警报。

②发动机油料监测系统——对发动机的滑油进行分析。一是对滑油质量和润滑情况的监测，由于涡轮转速很高，这种监测对喷气发动机的重要性要高于活塞式发动机。二是对油料杂质的监测。对发动机油料杂质的监控分析在地面进行，通过对油中杂质特别是微小颗粒的分析，能发现发动机轴承磨损失效的重要前兆。目前多数大维修部门都装备专门的油料分析设备，以保证发动机的性能和预防事故的发生。

2）发展趋势

随着航空计算机技术、通信技术、现代化管理的发展，整个生产活动进入了信息时代。航空维修业必然随之有很大的变化，维修业随着新技术、新材料、新工艺的应用和新系统、新设计、新产品的出现，将会不可避免地出现革命性的变化。

（1）设计、制造和维修的一体化，使维修工作向快速化、集中化发展。新的维修思想已经要求在设计中充分考虑维修的需要。为了保证维修的质量和成本，保证航班的正点率，新的设计中将把外场可拆换零件的范围加大，多个零件形成外场可拆换的组件，减少拆装次数，使飞机停场时间减少，提高效率。同时组件的维修任务增加，技术设备投资增加，小型的维修基地承担不了这种任务，使维护工作向集中化发展。

（2）信息和通信科学的发展使得信息收集和分析可以不间断地进行，对信息的处理也能及时得出结论。因此维修的信息化使飞机上任何影响安全的故障被及时地提供给机组。由于空地数据通信的发展，这些信息也可随时输送到地面。20 世纪 90 年代出现的飞机通信寻址与报告系统（ACARS）已经能把大量的维修数据在飞行中传送到地面基站，这样就把维

修和航行运营连成一体。故障的处理方法、维修场所和需要时间等都能在飞行时作出决定，使维修的准确性和及时性大幅度提高。

(3)维修向综合化、智能化发展。新的飞机在整个系统内实行了计算机的监控和管理，对于维修工作来说，由于电子设备高度综合，面对的不再是过去的单个系统，而是需要从航空器的整体系统来考虑、处理问题。因此维修的故障诊断、隔离以及排除都要从全局考虑。维修专家系统的发展将帮助维修人员诊断故障，采取最优方案，这会使维修工作效率更高，同时也会带来维修机构组织的巨大变化。

思考题

1. 概述航空器的分类。
2. 通用航空所用的航空器都有哪些？请举例说明。
3. 说明飞机升力产生的原理。
4. 影响飞机升力大小的因素有哪些？
5. 飞机为什么会失速？
6. 飞机机翼为何设计成后掠翼、下单翼上反角形式？
7. 后缘襟翼和前缘缝翼有何作用？在什么飞行阶段使用？
8. 飞机在飞行过程中会受到哪些阻力？都是由于什么原因造成的？如何减小这些阻力？
9. 飞机的飞行过程中包含几个阶段？请描述飞机的飞行阶段。
10. 飞机机翼上的四个操纵面分别是什么？
11. 请列举出传统飞行仪表有哪些，并画出其布局。
12. 概述飞行记录器的特点和功能。
13. 近地警告系统和机载防撞系统的功能？
14. 飞机空中的运动姿态有哪些？分别是如何操纵的？
15. 简述涡轮喷气式发动机的工作原理。
16. 衡量发动机推力的参数有哪些？
17. 辅助动力装置的作用是什么？
18. 适航性包括哪三方面的内容？
19. 航空器的维修方式主要有哪三种？

INTRODUCTION TO

CIVIL AVIATION

第三章 运输航空

运输航空又称商业航空，是指使用民用航空器进行经营性的客货运输活动。运输航空由于面向公众，属于公共运输服务范畴，对安全的敏感性使其具有高于通用航空的运行标准。运输航空企业扮演着承运人的角色，为了提升效益，形成了不同的运输航空企业组织形式和运营特色。本章主要介绍运输航空企业的发展历程、组织架构、发展规划、经营管理、运行机制，并对其发展趋势进行展望。

第一节　概　　述

伴随着航空器的改进与成熟，航空运输市场不断繁荣，航空运输企业从无到有、从小到大发展起来，在长途运输中发挥了重要的作用。伴随着物流的快速发展，航空运输在货运方面也扮演着重要角色。

一、国际运输航空企业的发展历程

1. 美国

美国最早的班机商业航线于1914年1月设立。19世纪20年代初，大多数航空公司主要从事邮件运输业务，乘客服务很少。到1929年，参与美国航空邮件运输的私营航空公司达到了45家，如环球航空（后被美国航空兼并）、联合航空、东方航空（后被大陆航空兼并）、美国航空、泛美航空（1992年倒闭）等。1938年，美国颁布的《国内航空法》确定了航空公司建立、进入、退出民航市场的制度以及票价制定制度等航空运输市场监管制度，成为此后40年各国政府管理航空运输业的主要参照模式。1978年，美国颁布了《放松管制法》，开启了航空运输业放松管制的时代。在这个阶段，航空技术得到了发展，为了鼓励航空公司之间的非价格竞争，政府指定2～3家有经营权的航空公司经营一条航线，从航班的频率和服务等其他未受管制的方面进行竞争。在放松管制的最初几年，产生了巨大效果，每一航线中实际竞争者的数量平均增加了1/4，与此同时航空票价平均下降了18%，对航空运输吸引客源、扩大市场发挥了重要作用，迫使航空公司迅速提升管理水平。

放松管制后，为适应新的需求、技术与制度形成的环境，美国运输航空企业呈现了多姿多彩的发展，形成了大型中枢辐射型网络航空公司、低成本航空公司以及支线小公司等定位清晰、市场覆盖充分的市场格局。航空公司间竞争加强，旅客的选择日益多样化，航空服务的价格不断下降。政府取消了针对航空公司的航线审批，使航空公司可以自由地选择运营航线。出于中枢辐射式航线网络的网络经济性（规模经济性和范围经济性），航空公司纷纷调整原有的航线网络，原来的点对点航线网络演变为中枢辐射式航线网。在此过程中，部分航空公司过度关注长航程、大运量的航线，忽略干线、支线的结合和中转的衔接，导致公司收益下降，走向破产。另一方面，低成本公司迅速发展，在航空运输市场成为一种新的运营模式。成立于1971年的美国西南航空公司，在运营的初始阶段，由于美国的严格管制政策，只能在得克萨斯州内航线上进行运营。但随着管制放松，其在20世纪80年代获得了飞速发展，客运量每年增长300%。到1995年，美国西南航空公司已拥有224架B737飞机，服务45个城市对。其坚持单一机型、高频率的点对点航线运营，以及全环节成本控制模式所带来的成功，被新航空公司模仿。特别是20世纪90年代初，全球经济危机、海湾战争带来的油价波动，使得航空公司经营困难。于是在1993年后，很多航空公司出于成本压力和萎缩的需求，开始践行低成本模式。按照旅客周转量计算，美国低成本航空公司的市场份额从1995年的7.1%增加到2006年的28.1%，而美国西南航空公司也从最初的一个美国州内小公司成为全美第二大航空公司。

2. 欧洲

欧洲最早从事航空运输的国家有德国、英国、法国、荷兰和芬兰。

世界上第一家民用航空公司是德国飞艇股份公司，成立于1909年11月，它是一家政府参与的公司，使用齐柏林飞艇，总部位于法兰克福。1926年，德国汉莎航空公司成立，与当时其他大多数航空公司不同的是，汉莎航空公司还是一个大投资者，它向巴西航空和哥伦比亚航空投资。德国的航空公司使用的荣克、多尼尔和福克飞机是当时世界上最先进的机型。德国空运的顶峰是1930年，开启了齐柏林飞艇商业项目，这些巨大的飞艇成为工业能力的象征。但是它们使用易燃的氢气存在安全问题，最后导致1937年兴登堡号飞艇的空难。

1919年8月，英国飞机运输和旅行公司开始运行伦敦至巴黎之间的航线，这是世界上第一条国际性班机航线。英国航空公司是全球最大的国际航空客运航空公司之一，全球七大货运航空公司之一，也是“寰宇一家”航空联盟的创始成员之一。1924年成立的帝国航空公司，是英国历史最悠久的客运航空公司。英国海外航空公司由帝国航空公司和前英国航空有限公司合并而成。在1939年至1946年间，英国海外航空公司是英国的国营航空公司，经营国内及国际航线服务。1946年起，英国海外航空公司变成只负责远程航线的国营航空公司。根据1971年通过的英国国会法，英国海外航空公司在1974年与英国欧洲航空公司正式合并成为现在的英国航空公司。

1919年，法国开始与摩洛哥开展空邮服务。1927年，这个服务被私有化，公司命名为空邮公司（Aéropostale），成为一个重要的国际航空公司。1933年，该公司破产，被国有化，与数个其他航空公司合并为法国航空。

保持独立品牌运营至今的是荷兰皇家航空公司（2004年被法国航空公司兼并，但仍以独立品牌运营），其创立于1919年10月，是世界上拥有定期航班历史最悠久的航空公司。1920年5月，荷兰航空首趟航班由伦敦飞往阿姆斯特丹；1924年10月，荷兰航空开辟通往印度尼西亚的第一条洲际航线；1929年，荷兰航空开通到亚洲的定期航班；1946年5月，荷兰航空首航美国，开辟了跨越大西洋的洲际航线。

1923年9月，芬兰赫尔辛基包机公司（Aero O/Y）成立，它是芬兰航空的前身，是世界上至今为止依然运行的最老的航空公司之一，其最早的飞行是1924年3月20日从赫尔辛基赴塔林（爱沙尼亚首都）。

欧洲民航政策的放松过程是按照既定计划完成的，比美国的放松管制更稳妥、有序。1987年、1990年和1993年，欧盟分别颁布实施了三次“一揽子”自由化规定，分阶段逐步完成了欧盟航空运输市场的一体化和自由化改革，欧洲航空运输业的主控权逐步从政府手里移交到航空公司手中。1997年欧洲放松管制彻底完成，欧洲航空公司在欧盟国家范围内取得了完全的航线准入权。

欧洲航空企业在不断发展和竞争中逐步形成了以英国航空公司、法国航空公司、汉莎航空公司为主导的航空企业。1999年，法国航空公司和美国达美航空公司成立了一个双边的跨大西洋伙伴关系。在2004年5月收购荷兰皇家航空公司，并因此组成了法国航空-荷兰皇家航空集团（Air France-KLM）。法国航空-荷兰皇家航空集团是欧洲最大的航空公司，也是世界上最大的航空公司之一。Air France-KLM是“天合联盟”的成员，法国航空公司是“天合联盟”

的创始成员之一。汉莎航空公司的历史可追溯至1926年，第二次世界大战后，汉莎航空公司停运，1955年4月1日恢复使用“德国汉莎航空股份公司”的名称。此后，汉莎航空公司的客运、货运业务得到迅速发展。德国汉莎航空公司已经成为世界上著名的国际航空公司之一。

二、中国运输航空企业的发展历程

中国商业航空公司的发展，最早可追溯至1921年，当时曾有位英籍飞行教官在南苑机场驾驶亨利•佩吉公司生产的客机，执行从南苑至北戴河的飞行，但因无法熬过旅游淡季而宣布停飞。1929年，国民政府与美国柯蒂斯 - 赖特飞机公司根据中国法律合资成立的中国航空公司，获得了从上海到汉口、北平和广州三条航线的经营权以及为期10年的独占航邮权。继中国航空公司后，由国民政府交通部与德国汉莎航空公司合办的欧亚航空公司于1931年2月成立，经营北京、广州、兰州、四川、香港及越南河内等航线。1941年，国民政府与德国的外交关系破裂，于是欧亚航空公司股权归中方所有，而后于1943年改组为中央航空公司。飞行两广（广东和广西）及云南航线的西南航空公司，于1934年成立。

1949年11月9日，在中国共产党的直接领导下，中国航空公司总经理刘敬宜、中央航空公司总经理陈卓林率两公司员工在香港光荣起义，并率领12架飞机回到北京、天津，为新中国民航建设提供了一定的物资和技术力量。

1950—1980年，民航实行准军事化的管理体制和完全的计划经济体制。新中国民航初创时，仅有30多架小型飞机，年旅客运输量仅1万人，运输总周转量仅157万t•km。中国民航“政企合一”的体制直接形成了“统收统支”的价格制度和管理方式，适应了当时还比较弱小的中国民航的实际情况，也符合当时国家高度计划经济的大背景。这一时期，民航由于领导体制几经改变，航空运输发展受政治、经济影响较大，1978年，航空旅客运输量仅为231万人，运输总周转量3亿t•km。

1978年，邓小平同志指示民航要用经济观点管理。1980年2月，邓小平同志指出:“民航一定要企业化”。同年3月，中国政府决定民航脱离军队建制，把中国民航局从隶属于空军改为国务院直属机构，实行企业化管理。这期间，中国民航局政企合一，既是主管民航事务的政府部门，又是以“中国民航（CAAC）”名义直接经营航空运输、通用航空业务的全国性企业，下设北京、上海、广州、成都、兰州（后迁至西安）、沈阳6个地区管理局。1980年，中国民航只有140架运输飞机，且多数是20世纪50年代或40年代生产制造的苏式伊尔14、里二型飞机，载客量仅20多人或40人，载客量100人以上的中大型飞机只有17架，机场只有79个。

1987年，中国政府决定对民航业进行以航空公司与机场分设为特征的政企分开体制改革，将北京、上海、广州、西安、成都、沈阳6个地区管理局的民航相关业务、资产和人员剥离出来，组建了中国国际航空公司、中国东方航空公司、中国南方航空公司、中国西南航空公司、中国西北航空公司和中国北方航空公司6个国家骨干航空公司。1989年7月，以经营通用航空业务为主并兼营航空运输业务的中国通用航空公司成立。

从1990年开始，按照航空公司与机场分设的原则，对原承担航空运输业务的民航部分省（自治区、直辖市）管理局和航站进行了改革。将原民航省（自治区、直辖市）局、机场（航站）从事的航空运输和通用航空业务分离出来，并以此为基础组建六大航空公司的分（子）公司。这些新成立的航空公司分（子）公司是：中国国际航空公司内蒙古分公司、天津分公司，中国东方航空公司山东分公司、安徽分公司、江西分公司，中国南方航空公司河南分公司、湖北分公司、湖南分公司、海南分公司、广西分公司，中国西南航空重庆公司，中国北方航空公司黑龙江分公司、吉林分公司、大连分公司，中国西北航空公司甘肃分公司等。

2002 年 3 月，中国民航再次进行重组，形成六大集团公司，分别是：中国航空集团公司、东方航空集团公司、南方航空集团公司、中国民航信息集团公司、中国航空油料集团公司、中国航空器材进出口集团公司。成立后的集团公司与民航总局脱钩，交由中央管理。至此中国航空集团、东方航空集团、南方航空集团三大公司（简称“三大航”）的民航垄断地位确立。

与航空公司政企分离、政资分离两次改革同步进行的是航空公司现代企业制度的建设和完善，原来的国有独资航空公司逐步走向产权多元化，中国航空集团、东方航空集团、南方航空集团、海南航空股份有限公司、上海航空股份有限公司、山东航空股份有限公司在 20 世纪后期开始分别上市。2006 年 6 月，通过复杂的股权重组，国泰航空有限公司收编了竞争对手港龙航空公司，且与中国航空集团达成交叉持股 17.32%。

2008 年初，民航改革开放后第四次改革，取消中国民用航空总局，成立中国民用航空局，归属于交通运输部。此时，世界金融危机导致民用航空市场萎缩，为了应对困局，2008 年至 2010 年 1 月底，财政部为支持三大国有航空集团，先后划拨了 150 亿国有资本经营预算，东方航空集团、南方航空集团和中国航空集团分别获得 90 亿元、45 亿元和 15 亿元资金。

三、运输航空企业的组织结构

航空公司组织管理模式的基本框架要结合未来 5 ～ 10 年的企业发展规划，围绕“航班生产和运营”来进行组织设计，以现行组织管理体制为基点，运用现代组织管理的理论与方法，满足航空运输市场竞争的需要。任何一个公司的组织结构都和公司的规模以及采用的商业模式有关，尽管各个航空公司设置机构的名称和业务组合不尽相同，但主要的业务部门大体一致，分为决策层、职能层和执行层三个层次。

1. 决策层

目前，多数大型航空公司采用的都是股份制，由股东大会、董事会等方式对企业发展进行战略性决策，负责制定公司战略、经营策略、对外战略等方面的工作。

2. 职能层

我国大部分航空公司采用部门制的管理方式对公司内部职能进行管理，如图 3-1 所示，主要包括以下部门。

（1）总裁办公室：主要负责日常事务、文秘、档案管理、专包机任务管理、护照与签证管理；协调政府、企业间和海关、边防、机场当局、空管、航油、安检等有关单位的关系。

（2）规划发展部：负责经营战略、经营决策研究管理，负责中长期规划、计划管理，机队规划与引进管理，经济活动分析与计划统计管理，负责运输服务质量管理，企业形象与标志的设计、策划、监制、督导；负责经济指标考核管理，负责整个系统的信息反馈、监督控制管理，

负责业务流程规章管理与标准化、规范化、程序化管理。

(3)人力资源部：主要负责劳动工资、劳动保险的管理；负责定员定编、技术职称的管理；负责组织人事、组织机构管理；负责人才资源、人才开发管理；负责工资总额、奖励基金、福利基金的管理。

(4)财务部：负责国际国内票务收入与结算管理负责财务政策、法规管理与投资管理负责财务计划、预决算、经济活动分析管理；负责融资租赁与外汇管理。

(5)航空安全管理部：负责制定公司航空安全管理的各项标准及规章制度，并督促检查落实；负责事故征候、飞行、客舱、航空地面严重差错等安全事故的调查和处理工作，参与重大飞行事故的调查；负责公司航空安全教育工作；制定公司航空安全奖惩办法。

(6)飞行技术管理部：制定公司飞行技术管理的各项标准及规章制度，并督促检查落实；负责制定公司各机型的飞行程序、技术标准和训练大纲，检查、监督训练工作和技术把关落实情况。

(7)资产管理部：负责拟定资产经营方式及管理办法，参与公司产权转让、对外投资、资产重组、资产租赁或承包等资产经营的研究和策划。

(8)运行标准部：负责公司体系文件管理，公司体系文件培训管理及危险品内部培训管理，包括培训计划制订、组织实施及效果验证；负责组织公司管理评审、管理体系认证审核、SEMS（安保管理体系）审计等工作；组织实施各类补充运行合格审定。

(9)审计部：负责对公司所辖范围内各项目部、分公司进行管理审计（包括内控制度的完善、评价及提供适当的管理诊断)，专项经济效益、清算审计。负责各项目部项目经理、分公司总经理的离任审计，定期组织有关部门修订、完善、改进公司管理制度。

(10)保卫部：负责制定保卫制度、航空器地面运行和空中安保措施等。

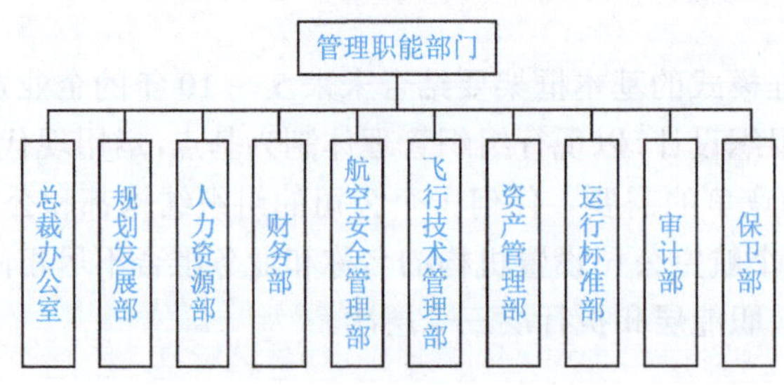

图 3-1　我国航空公司组织管理架构图

3. 执行层

执行层包括运营系统和商务系统，具体负责日常航班生产的指挥活动。

1)运营系统

将日常航班生产经营体系中几乎所有涉及航班生产的各个部门全部纳入，以便切实提高运营效率和效果。

(1)运行控制中心：负责进出港航班飞机的调度签派管理；负责进出港飞机的机坪地面指挥与航班正常率管理；负责进出港航班飞机的综合服务质量监督管理；负责事故调查与旅客投诉的处理；负责国内外航空公司航务代理管理；负责航班信息、通信业务、航空情报、飞机性能、导航数据库的管理；负责外国政府、航空公司和企业商务飞行的航务代理；负责国际国内航班航线的申请与航班时刻协调管理；负责驻场单位的协调管理。

（2）飞行总队：负责组织、实施航班生产、飞行训练以及专包机任务等工作，保证航空运输安全，提高运行服务质量，并对安全生产等绩效指标进行协调、落实和考核。

（3）地面服务部：负责运输系统内航班生产的调度、协调、指挥，提供地面服务；负责办理出港旅客的乘机手续，引导旅客登机；新飞机投产前商务资料的准备工作，以及有关业务资料订购、分发和保管工作；为进出港飞机提供各种车辆服务及客舱清洁服务。

（4）培训部：负责培训制度的建立，组织专业人员的培训。

（5）客舱服务部：负责制定公司客舱服务标准、管理规章，并组织监督、检查、考核工作；公司正常、加班、专包机航班空中服务的组织与实施以及客舱服务工作；制定乘务员、客舱服务人员的培训计划，检查、督促培训计划的落实；公司乘务检查员的管理；制订客舱空防预案。

（6）信息管理部：负责公司计算机和通信系统的软件、硬件、网络的统一管理工作和技术标准、管理规章制度的制定工作；安装、运行、维护、维修，以及开发、扩充、升档和报废工作；入网及与国际组织及其他航空企业的业务联系工作。

（7）综合保障部：制定保障管理规章制度，并负责组织实施，以确保实现对公司生产、后勤的有力支持与保障；负责公司基础建设项目及动力设施设备的修建、技改更新等具体组织实施工作；公司动力设施运行管理和物业维护工作；提供专车、行政用车、生活用车服务保障工作。

（8）集中采购部：负责各种航材的订购、供应、仓储管理。

2）商务系统

（1）市场部：负责航空运输市场的营销管理，负责广告管理，负责货运管理；负责国际国内航空运输市场的开发、拓展；负责销售网络的规划、实施和航班计划管理，负责国际国内客货运输业务、机票运价管理；负责客、货运代理人的管理；负责国际国内货物运输和邮件运输管理业务、货邮运价管理。

（2）销售部：主要负责国际国内航班机票销售控制管理；负责国内外地区销售管理。

（3）网络收益部：制定航线网络规划和枢纽规划，统一调配管理公司运力资源；编制、落实中长期航班计划，调整并实施中短期航班计划，对外发布航班信息；申请、协调航班时刻，申请国际航班落地许可和国际加班、包机的国内航路；分析收益管理系统各项数据，评估系统的使用情况，预测航线经营效益；根据公司统一的信息管理规划，具体负责商务系统各计算机系统及网络的运行维护，以及信息平台、应用软件的开发及推广使用；负责与运价有关协议的谈判、签署、发布，评估运价和协议使用效果。

（4）结算部：负责公司与国际、国内航空运输组织间的相关业务联系；负责公司国内、国际航线的客、货、邮运输收入结算及对外开账和接受联运开账的审核、清算工作；参与信用卡结算协议，运价及特殊比例分摊协议的谈判及制定。

（5）对外合作部：研究、制定、实施联盟及商务合作发展规划，统筹协调和管理联盟、双边和多边商务合作（含代码共享）；主持或协调落实与其他运输航空企业双边商务合作会谈，根据授权，代表公司签署相关协议、协定等会谈文件，并督查执行情况；主持和协调落实国际新航线定期航班经营权的申请、批复；公司新开国际航线的地面保障业务综合考察、各类商

务和保障协议的签署。

(6)区域销售中心:统一负责所辖地区的客货运输业务。

(7)地区总部:对区域内数个国家的总公司各项活动(生产、销售、物流、研究与开发活动、人才培养、融资)进行统筹管理和协调,并负责制定公司区域性经营战略的组织形式。

高效的组织机构主要是为了使管理信息化、规范化、系统化,使信息的传递更快、更准,使分析更快、更彻底。利用规范后的有效数据进行统计分析,便于预先作出安排,根据市场变化动态调整各种方案,提高决策效益和控制优化能力。

四、运输航空飞行的一般要求

运输航空飞行指利用民用航空器提供旅客、行李、邮件或者货物运送有偿服务的飞行,分为国际和国内运输飞行。国际航空运输飞行指根据当事人订立的航空运输合同,无论运输有无间断或者有无转运,运输的出发地点、目的地点或者约定的经停地点之一不在国境内的飞行。国内运输航空飞行指根据当事人订立的航空运输合同,运输的出发地点、约定的经停地点和目的地均在国境内的飞行。

运输航空企业是指以营利为目的,使用民用航空器运送旅客、行李、邮件或者货物的企业法人,是飞行活动的组织主体。运输航空企业应当向民用航空主管部门申请领取经营许可证,并依法办理工商登记。运输航空企业组织飞行时又分为定期航班飞行和不定期航班飞行,定期航班飞行(指班期飞行),按照规定的航路(线)和班期时刻表进行的商业性运输飞行。不定期航班飞行,除定期航班飞行之外的商业性运输飞行,包括加班、包机等飞行。根据临时性需要,在正班运输机以外增加的运输飞行,称为加班飞行。包机飞行是指包机单位提出申请,经承运人同意并签订包机合同,包用航空公司的飞机,在固定和非固定的航线上,按约定的起飞时间、航程、载运旅客及货物等的飞行。包机类型有普通包机飞行、专机飞行、急救包机飞行、支农包机飞行、旅游包机飞行等。

运输航空企业经营定期航班计划需要根据市场需求、企业生产供给能力来制定预先飞行计划,并报民用航空运行管理部门审核,并按照批复的季节性班期时刻表严格执行飞行计划。当运输航空企业暂停、终止经营航线时,需要得到民用航空主管部门的批准。在制定航空运输的运价时,国内运输的价格需要向民用航空主管部门申请,由民用航空主管部门会同物价主管部门制定,报国务院批准后执行。国际航空运输运价的制定按照中华人民共和国政府与外国政府签订的协定、协议的规定执行;没有协定、协议的,参照国际航空运输市场价格制定运价,报民用航空主管部门批准后执行。运输航空企业从事不定期运输,应当经国务院民用航空主管部门批准,并不得影响航班运输的正常经营。

运输航空企业应当依照国务院制定的公共航空运输安全保卫规定,制订安全保卫方案,并报国务院民用航空主管部门备案。运输航空企业不得运输法律、行政法规规定的禁运物品。禁止旅客随身携带法律、行政法规规定的禁运物品乘坐民用航空器。运输航空企业运输危险品,应当遵守国家有关规定。禁止以非危险品品名托运危险品。禁止旅客随身携带危险品乘坐民用航空器。除因执行公务并按照国家规定经过批准外,禁止旅客携带枪支、管制刀具乘坐民用航空器。禁止将危险品作为行李托运,危险品品名由民用航空主管部门规定并公布。

运输航空企业不得运输拒绝接受安全检查的旅客，不得违反国家规定运输未经安全检查的行李。运输航空企业必须按照民用航空主管部门的规定，对承运的货物进行安全检查或者采取其他保证安全的措施。运输航空企业从事国际航空运输的民用航空器及其所载人员、行李、货物应当接受边防、海关、检疫等主管部门的检查；但是，检查时应当避免不必要的延误。运输航空企业应当依照有关法律、行政法规的规定优先运输邮件。

运输航空企业的飞行活动应当严格遵守飞行基本规则，听从空中交通指令，接受空中交通管制服务。未经许可擅自改变飞行计划将违反《中华人民共和国民用航空法》的相关规定，并承担相应的法律责任。

第二节　运输航空企业战略规划

运输航空企业战略规划包括航线网络、机队规划、基础设施建设和资源配置等内容。航线网络规划决定公司发展形成的航线布局方式、辐射能力和开拓的市场领域。机队规划用于确定与航线网络相匹配的机型种类、数量。这两个规划对每个航空公司来说都是非常重要的决策，不仅因为航空公司的最大投资是飞机，而且因为基础设施和资源配置需要以此为根据。航空公司战略规划的基础是民航客运市场分析，通过对于市场的认识和预测，能够有效地完成战略规划的各项内容。

一、民航客货运市场分析

科学的战略规划必须建立在充分的数据基础上，运输航空企业只有充分了解市场、认识市场，才能做出符合市场运行需求的决策，才能发挥出战略规划应对市场变化的能力。对市场的分析主要包括国家宏观经济环境、国家政策、居民收入、运输能力等。

1. 影响民航客货运市场的主要因素

1）国民经济的发展速度

从统计规律来看，经济发展速度和航空运输的发展速度是直接关联的，一般来说，航空运输发展速度是经济发展速度的 1.5 ～ 2 倍。2010—2018 年，中国民航客运量年平均复合增长率约为 14.5%。中国民航客运量从 2004 年的 12097 万人次增加到 2018 年的 61250 人次，增长幅度达到 510%。从中长期趋势分析，中国民航客运市场潜力是巨大的。对民航客运市场的分析必须从对该地区经济发展做深入、客观的研究开始。

中国航空货运市场随着中国经济的增长，2014—2018 年的中国民航货邮运输量同比分别增长 5.9%、5.9%、6.2%、5.7%、4.6%，货运市场的增幅与经济发展也产生了密切联系。

2）居民收入和结构

人均生产总值从宏观上反映了居民收入的状态。从统计资料上看，当人均生产总值超过 1000 美元时，居民开始在自费旅行中更多地选择空中交通。随着我国居民收入的增加，我国人民乘坐飞机出行将成为一种正常的选择而不是一种奢侈或享受，这将极大地促进自

费空运市场的发展。居民结构指居民的就业情况、从事的行业分布情况、年龄构成等，这些因素往往和居民收入直接相关，对一个地区的空运自费市场有着很大的影响。同时，居民可支配收入水平的提高，也促进了航空快递的发展，高端快递货源增长明显。

3）国家政策

在计划经济年代中，国家对空运市场的政策具有决定性的影响，如票价规定、政策倾斜、税收减免等。随着市场机制的健全，国家的作用集中体现在宏观调控上，对空运市场的影响相对减小，但在关系到行业发展、地区平衡、航线布局、合理竞争等方面，国家政策仍然对市场有着重要影响。

针对客货运市场，随着国家加强对外开放，加速全球融合，实施“一带一路”发展战略，积极推动自贸区建设，鼓励跨境电商等新型外贸模式发展，未来中国对外贸易往来更为频繁，中国国际航空客货运市场潜力巨大。

4）旅游业发展

运输是旅游业的上游产业，对于国外游客来说，航空是他们的首选旅行方式，在国内旅游市场航空运输也占有很大的比例，因此航空旅游市场是客运市场的重要组成部分。特别是对我国这样一个旅游资源大国和旅游资源丰富的地区，更要把旅游市场作为民航空运市场的重要部分进行调查和分析。

5）技术发展

民用航空系统的组织与技术的进步对航空运输的发展有着重要影响，其中空中交通管制的改善，机场和航路拥挤情况的缓解，都会促使运力增大，使航空运输加快发展，而航空制造技术的进步及我国航空工业的发展会使航空公司成本降低，将会是航空运输在整个运输业中占据更大份额的主要推动因素。

6）与其他运输业的竞争态势

航空运输与其他运输相互配合组成完整的国民经济运输体系，它们各自具有优势，既有相互配合的一面，也存在着竞争的一面。例如，2009 年 4 月开通的合武客运专线，导致武汉至南京航线停运；2009 年 12 月正式运行的武广客运专线，使该航段客源大量流失，各航空公司停飞或减少了武汉—长沙—广州的航班。高铁具有便捷性和网络效应，如果航空延误过多或票价过高，则航空运输的部分客货市场份额会转移至铁路。

2. 客货运市场的调查

对市场的调查是航空公司、空港及民航主管当局的重要日常工作，根据调查的结果才能正确地分析情况，作出结论，为航班的计划和安排运价的变动及飞机选型提供依据，它对航空公司的经营状况有直接的影响。

1）市场调查的内容

（1）宏观环境的调查。内容包括经济发展水平，经济结构的状况和变动，企、事业单位的办公经费水平，居民收入水平，人口变化情况，国家政策和法律的限制和动向，国际关系的影响，其他运输方式的改变。

（2）市场需求调查。对已有航线的空运量按周、月、日的运输量，航班、载运率及票价的各种历史数据进行调查，有时还需按小时分舱位对运输量进行统计。对于要开辟新航线的地区，要详细调查其他运输形式的运量、班次利用率，以及经济、文化、政治上的发展。

（3）市场占有率调查。对市场的分割情况、形成的原因进行调查，更要了解竞争企业的生产成本、能力，采取哪些措施和新的动向。

（4）客货调查。客货是运输市场的主要对象，客货认可是市场占有率发展的决定因素，调查的内容包括客货的构成，运输目的，费用来源，航空公司品牌、时刻、机型、价格、长期合作计划及满意程度等方面。

（5）销售方式的调查。包括对销售方式的效果、销售量的大小、促销方式的效果等方面的调查。

2）市场调查的方式和要求

市场调查的方式分为间接调查和直接调查。间接调查是充分搜集、研究已发表的各种资料、信息；直接调查是直接通过询问或问卷向单位或个人收集原始资料。间接调查花费的成本低、效率高，但时间性差，对很多具体情况没有现成的资料，因而直接调查就成为调查中的重点。直接调查分为普查、典型调查和抽样调查。普查可以获得全面的原始数据，但费时费力，只能在小范围进行。典型调查则可以抽取典型单位或个人调查后，推广到一般情况。随机抽样调查可以节省大量人力、物力，通过数学计算可以得出相当准确的结论，是目前最常用的方法。

市场调查要求资料准确、可靠，还要有适用性。市场调查是任何一个航空企业作出运营决策的依据，在市场调查的基础上要进行市场预测，市场预测主要是为整个公司战略决策提供依据。

3）分析客运与货运市场差异，侧重区别对待

（1）货运市场顾客数少，且议价能力强。航空货物运输过程中的货物种类以及运输要求相对繁多，而且小规模的货主占大部分比例，这使得航空公司的货源比较分散，所以航空公司一般很难与这些散户直接进行接洽，而且航空公司也无法直接满足这些客户的零星订舱。相对于客运，货运代理人所购买的不是机票而是舱位需求，所以在和航空运输企业谈判时，货代企业相比于客运旅客往往在议价能力方面较强。

（2）货运需求变动大，需求模式不规律。虽然航空客运的需求变动幅度大，但是客户需求模式相对比较固定，季节性特征也比较明显。相反，社会对货运产品的需求不仅受到季节等因素的影响，同时还会被诸多无法控制的外界因素影响，很难呈现规律性变化。客运旅客提前周期范围较大，而货运市场提前订购范围较小，由于订舱时间短，控制难度较大。

（3）货运供给能力不定，且具有多维性。为提高盈利能力，我国的国内航空公司大多采用客机的腹部空间来完成货物的运输。导致航空货运舱位的销售不但要受飞机腹部空间的限制，也要受其最大业载的限制，造成供给能力根据客运情况而发生变动。

（4）货运运输路径可选。在航空客运业，在价格相同的情况下，顾客通常是选择直达航班而非在中转站中转的航班。但是在航空货运业，货物才是服务的直接对象，所以客户一般在意的只是货物是否能够被保质、保量并且按时运送到指定地点，而对运输路径的选择通常是不做任何要求的。所以，在货物的运输中，航空公司可以充分发挥其强大的网络规模与协同效应，采取中转式的运输，需要航空公司控制好由于中转所带来的装卸费用和风险。随着我国电子商务的极速增长和普及，成长并服务于电子商务的物流企业开始利用其超级中枢辐射式空地协同运输网络效应，形成当今世界最为令人瞩目的运输规模和效率。

二、运输航空企业定位

航空企业的战略规划是以企业定位为前提的，合理的、具有前瞻性的企业定位，会给企业发展带来强大动力。而企业定位会受到市场环境、竞争能力、企业自身财务状况和发展规划等因素影响，企业应根据上述因素有效确定自身定位。

1. 运输航空企业的经营特点

运输航空企业是一种资本集中、技术集中的企业，进入市场的要求高。运输航空企业的主要生产工具——飞机是高技术、高价值的产品，没有足够的资本是无法进入航空运输市场的。由于安全的要求，政府对运载工具和人员的技术水平都有着严格的要求，使得运输航空企业的资本集中程度和技术要求要远高于其他运输企业。

运输航空企业要求一定的规模经济。由于运输航空企业的高投资，就需要达到一定的产量才能降低成本，取得高回报，同时高技术的专业人员需要一定的生产规模才能充分发挥作用。再加上航空运输严格的时间要求，必须有一定量的运载能力才能保证运输的持续、顺利周转。通常只有在具备3架以上的同一级别的运输飞机时，运输航空企业才能在市场竞争中生存。

运输航空企业之间有较紧密的依存关系。运输航空企业之间开展联运或者相互代理，会使双方的市场拓展并且减少经营的成本。在市场竞争中，如果航空市场份额达到了一定的平衡状态，通常是依靠服务或广告竞争，而不依靠价格竞争，因为价格竞争的最终结果只会是降低总体利润。

运输航空企业通过合并来扩大规模。由于运输航空企业的高投资、高成本和高技术，以及它的规模效益，只靠扩大投资来扩大规模往往是不成功的。从航空运输业的发展上看，大多数的小公司是通过合并形成了大的集团才能在航空运输业中生存，或是大的企业吞并小企业使自身规模迅速扩大。

2. 运输航空企业的战略发展

运输航空企业要进入市场，必须要有明确的战略目标和发展规划。只有在正确的战略目标和合理的规划指导下，运输航空企业才能顺利地发展壮大。航空公司根据市场的分析和自身的条件，要对自身在市场中所处的位置有明确的了解，制定出发展的方向和目标。这就是航空公司的定位问题，企业的领导层对此要作出判断，决定在什么范围内进行经营，在这个市场上所能占到的份额，有什么风险，竞争的策略和方式等，由此提出近期和远期的目标。这些目标包括安全指标、盈利指标、服务指标、机队的建设和发展目标、社会形象等。

1）战略定位

航空公司战略定位包含了航空公司对自身发展的愿景，结合现有的竞争环境和运营特点，可以将公司战略根据发展规模，经营重点，按照国内、国际市场，市场占比情况从以下几个角度定位：低成本航空公司、全方位服务的网络航空公司和针对某些特定市场的地区航空公司（支线航空公司、骨干航空公司等）。在战略定位上要体现出航空公司对企业发展规模、竞争优势的思考；在发展规模上可以选择依靠内部积累，也可以选择依靠外部扩展方式。可以将上述经营战略分为三类，即成本领先战略、差异化战略和缝隙战略，每种战略都有其特点和适用的环境。

2）市场定位

航空公司市场定位具有重大的战略意义，它既是航空公司产出有效性的重要因素，又是航空公司发展的逻辑起点及终极目标。清晰的市场定位有利于航空公司塑造自身的核心竞争力，同时有效避免与现有市场份额发生同质化的竞争。如采用低运营成本定位，高服务品质；以差异化产品刺激新的市场需求，提升科技含量，规避与现有航空公司正面竞争等市场定位方式。

3）产品定位

根据运输行业的性质，航空公司可以选择的产品包括客运、货运或者其他类特殊产品（租赁、包机等）。由于航空运输在综合交通运输体中的作用不同，客运仍是航空运输市场中的重要产品，货运相对较弱。根据市场环境和政策环境，结合自身的情况，在产品定位中可以包括以下几种方式，客运为主，货运为辅的方式；以货运为主的产品；以客运为主的，多元化模式（旅游、地产、期货等）；以货运为主，物流产业链模式（仓储、转运、外贸等）。

三、运输航空企业长期规划

航空运输企业长期规划是在经营策略和发展的目标确定之后，在市场分析和预测的基础上制定的，主要包括发展的指标和策略、营运规划和机队规划三部分。规划的出发点是承担的运量和想要达到的市场占有份额。第二步提出这个企业的经营方向、存在的问题和解决问题的方法。最后在此基础上要制定营运规划和机队规划。营运规划的核心是按照经营的方向找出航空公司资源的最佳配置和发展的方案，其中包括航线或航线网的选择，飞机的型号、数量和在航线上的有效使用、飞机利用率、客座率和载运率的目标等。为了保证营运规划的实现必须有相应的机队规划，机队是实现和赢得利润的基本手段，而且对企业的信誉、安全、利润都有重大影响。根据航空公司定位，要充分、有效规划航空公司内部资源，使得各种资源既能支持战略定位，又能合理配比。航空公司核心资源包括航线网络资源、机队资源和人力资源，三者紧密联系，相互制约，直接影响航空公司的成本、效益和发展愿景。

1. 航线网络规划

航线网络规划是根据航空公司战略发展（市场定位、目标顾客、产品组合和联盟策略），优化运力资源，形成网络效应，满足市场需求基础，实现效益最大化。航线网络规划是基于现有航线网络运行数据分析，结合市场发展趋势预测，恰当选择和利用战略工具进行严格逻辑推理，并与经验判断相结合，进行创造性工作的过程。在航线网络结构明确的基础上，航空公司才能进一步制定机队、市场营销、人力资源、财务管理等方面的战略规划。

航线网络规划的本质是航空公司对未来航线网络结构、布局和规模的战略性思考。它是航空公司制定未来航线航班决策、明确经营方向的不可或缺的一种规划方式，其目的就是要寻求如何进行市场机会与企业资源的有效匹配。高效的航线网络，可以发挥出网络效应而实现市场增量，全面地考虑网络旅客中转的可能性，可增强企业的盈利能力。

1）航线网络规划环节

（1）分析内外环境因素

航线网络的形成与市场需求环境、航空公司内部资源具有明显关系，了解市场需求变

化，结合航空公司战略，对全行业的发展趋势和发展规律有全面、深刻的认识，才能做出正确的规划。

（2）确定航线网络结构模式

基于统计数据、历史经验和网络理论分析现有的网络结构的特点、适用的市场环境、未来网络的可拓展性和发展空间。在充分总结现有网络结构模式、优缺点和适用的基础上，结合航空公司未来的战略定位来确定航线网络的结构模式。

（3）构建航线网络模式

构建航线网络是以抓住有吸引力的市场为目标，它包括拟订新的目标市场、明确网络构建的约束条件、拟订网络拓展的方向和重点城市、根据拟订的增长目标确定资源配置的优先顺序、枢纽基地的选择和定位、航线的选择和航班的设计。这其中的重点和难点是如何对枢纽基地进行选择和定位，继而才能确定出整个航线网络的核心框架。而航线航班的设计包括目前城市对的收益分析、市场规模和增长率状况分析以及航线竞争状况的分析等。

（4）注重整体与阶段的结合

航线网络规划是一项系统性的工作，在进行航线选择时，需要从全局出发，兼顾各条航线的互补性和增益性，使得整个航线网络的效益最大化。当航空公司的航线网络形成一定规模时，通过各条航线的中转联程等服务的提供，可以有效地发挥航线网络的规模经济和范围经济。

2）典型的航线网络模式

根据航线网络模式演变的过程和形成的特征，目前主要的网络模式包括中枢辐射型网络（图 3-2）和点对点式航线网络（图 3-3）。

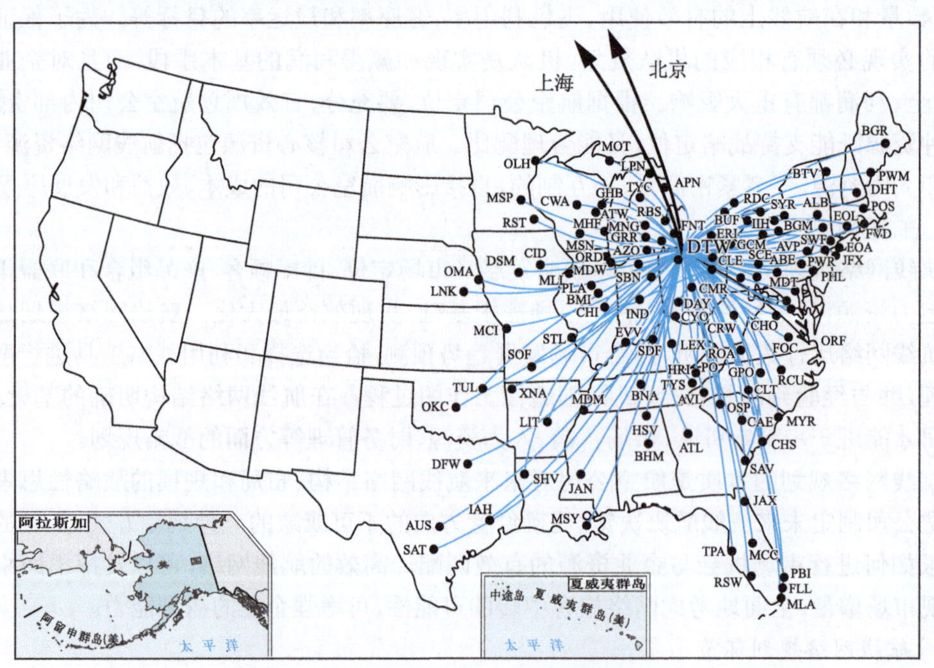

图 3-2 美国西南航空公司中心辐射式航线网络

资料来源：Official Airline Guide，2007.

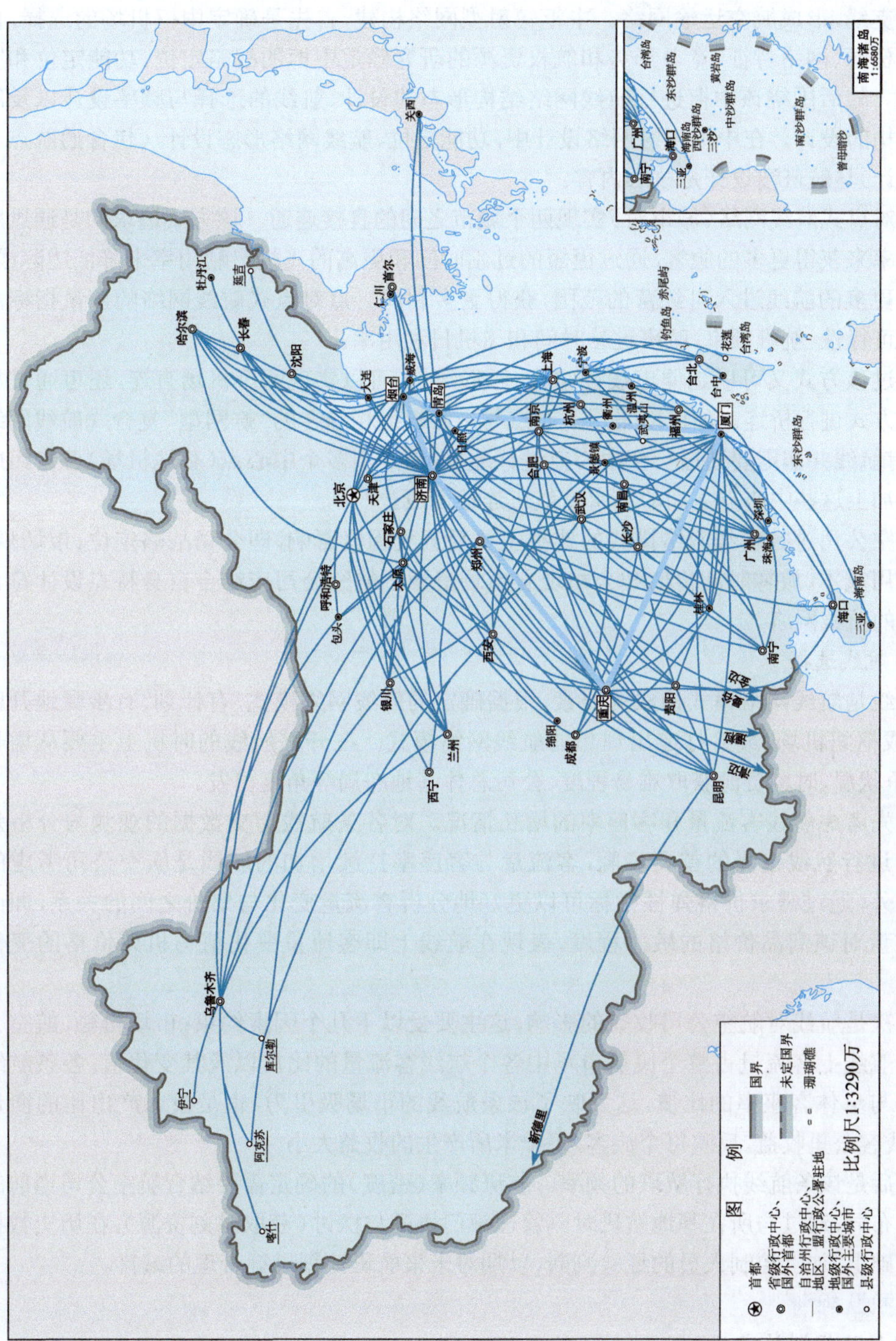

图 3-3 山东航空有限公司的点对点航线网络（城市对）

中枢辐射航线是指以人口多、交通发达、经济繁荣、客货流量大的城市(机场)为中心,通过与其他大中城市(机场)之间建立航行干线,大中城市(机场)与附近的中心城市(机场)建立航行支线,形成航空运输网络。中枢辐射型网络构建,首先是确定中枢机场的选择,再通过市场资源、网络特征、竞争形势和航权资源的研究确定中枢的战略定位、功能定位和客户群定位。随后围绕该中枢进行航线网络结构形态的设计、航线的选择与频率设计以及航班集群结构的设计。在中枢辐射网络设计中,功能定位、航线网络形态设计(包含通航点与航线的设计)与航班波设计是核心内容。

点对点式航线网络(城市对)实现两个城市之间的直接连通。该方式追求的是通过航班的高频率来获得更多的旅客,通过更短的过站时间和更高的飞机日利用率来降低边际成本,从而使更多的航线进入可经营的范围,获得更多利润。点对点式航线网络的衡量指标主要有航线可行性、航班频率、航班过站时间和飞机日利用率。

通过该方式又可以延伸出线性结构、环形结构,可以实现两个机场直连,还可通过加入中间点方式进行桥连。如可以采用点对点与中心辐射相结合的"蛛网型"复合式航线网络结构,所有航线并非需要通过一个中心点进行连接,而是由多个中心点(基地机场)各自组成的小网络加上这些中心点之间的高密度航班连接而成。

航空公司进行航线网络模式的选择主要受五大因素影响,即公司战略定位、市场规模、飞机利用成本、旅客时间价值和公司现有市场资源。航空公司应结合自身特点设计符合自身需要的航线网络。

3)航线选择

航线是航线网络模式构成的要素,根据确定的航线网络模式,有计划、有步骤地开辟航线,形成枢纽机场,最终打造出理想的航线网络模式。在开辟航线的时机上主要从增长预期、竞争状况、时刻资源获取难易程度、公司总体基地布局等角度出发。

首先考虑航线客流量和客座率的增长情况。对各条航线历史数据的观测与分析是航空公司进行航线选择的首要步骤,客流量与客座率持续增加的航线是航空公司考虑的对象。此外,通过需求价格弹性指标可以更好地分析客流量变化与票价之间的关系,即商品的需求量对该商品价格的敏感程度,表现在航线上即客流量变化值与机票价格的变化值之比。

其次是航线对航空公司收益的影响,这主要受以下几个因素约束:市场份额,航空公司在各个航线上客流量占整个民航市场中各个航线客流量的比重以及其变化值;各条航线上客座率与总体客座率的比值,这反映了该条航线的市场吸引力,也是投入产出比的衡量标准;航线客公里收益,反映每个旅客,每千米所产生的收益大小。

最后是该条航线执行航班的频率。航班频率(密度)的确定需要结合航空公司当前的航线网络布局,通过与所在基地航班时刻管理部门协商与探讨(获取时刻资源),在历史数据分析的基础上,加上控制人员的经验判断,以期对未来航班计划进行合理的编排。

2. 机队规划

1)机队规划的定义

航空器是航空公司的生产工具,是其经营战略和市场定位最根本的反映,只有制定正确的机队规划才有利于航空公司实现其市场和经营战略,进而实现盈利。机队规划是航空公司在运输市场分析和航线网络规划的基础上，依据一定的原则和方法，对规划期内机队的规模和结构做出系统的动态安排，为了实现企业资产最大化而购置和管理适当飞机运力的过程。

根据2016年统计数据，我国航空公司的机队结构呈现典型的中间大、两头小的特点，单通道干线客机占到了机队总数的77%，而远程宽体和支线客机却分别只占9%，这是造成我国民航业客货不平衡、干支不平衡和国内国际不平衡三大矛盾的一个主要原因。由于机型相似、服务相似，不可避免地造成产品同质化严重的问题。

2）机队规划任务

航空公司机队规划的任务有四个方面，第一是从长期发展的角度预测分析航空公司的机队规模；第二是在机队规模确定的前提下确定机队结构；第三是从航班生产运作和航线安排的角度完成飞机选型决策；第四是坚持成本最低和利益最大化的原则确定引进和退出的时间。机队规模过大，飞机利用率降低，势必造成航空公司巨额资本的浪费及运营成本的提高，从而导致经济效益的下降；机队规模过小，使航空公司的运力无法满足市场需求，这不仅意味着航空公司潜在收入的损失，而且使航空公司丧失扩大竞争力的机会，丢失市场份额，对公司长期发展不利；机队结构中飞机的座位级别和航程与公司的航线网络结构不匹配，将影响客座率和市场份额，致使航空公司无法实现预期的收益目标；飞机选型中不具备高原机场起降性能的飞机，将无法投入到譬如拉萨、昆明等高原机场的航线运营；在飞机引进和退出的时机选择上，如果是在飞机的购买和租赁价格处于高位时引进飞机或者是在待处置的机型市场饱和的情况下出售飞机，势必会增加引进和处置飞机的成本。

3）机队规划内容

航空公司机队战略规划的主要内容包括：

（1）机队规模。即航空公司规划期内的飞机数量，它应与航空公司的航线网络规划和市场布局相适应。

（2）机队结构。即航空公司规划期内飞机的构成情况，主要包括客货机比例、不同飞机制造商飞机的比例、不同座级飞机的比例、不同航程飞机的比例等。

（3）飞机选型。即选择飞机制造商、确定机型、发动机型号、客船布局和机载设备等。

（4）飞机引进和退出时间。即考虑航空运输市场行情和飞机引进及退出的综合成本，确定最佳的新飞机订购和交付时间以及老旧飞机退租和处置的时间。

4）机队规划的影响因素

影响机队战略规划的因素多而且复杂，机队战略规划是航空公司战略规划的一项重要内容，是制订航线网络规划、人力资源规划、财务规划、营销规划的前提，同时机队规划也受到航空公司内部战略定位和资源匹配、外部宏观环境和市场环境的影响和制约，而且这些内部和外部的条件都处在不断的变化中，因此机队战略规划是一个极其繁杂的决策过程。影响因素总结起来主要有以下几个方面：

（1）航空公司的运营环境。主要包括政治法律、经济技术、社会文化、自然地理等宏观环境和航空法规、适航规章、飞机引进政策、飞机进口税费、机场设施、空中交通管制措施以及航空公司之间的竞争因素等行业环境，这些对航空公司来说都是不可控因素，但是都直接影响航空公司机队规划的制订和实施。

(2)航空公司战略定位和内部资源。航空公司将自己定位为传统型航空公司还是低成本航空公司,发展干线还是拓展支线,注重国际航线还是更关注国内航线网络,目标客户定位在商务旅客还是旅游团队,航线网络规划和市场占有率目标等,这些都直接影响航空公司对机型的选择;另外航空公司现有的资源,譬如人力资源、基础设施、财务资金、管理水平等都直接影响到机队规划的决策和实施,进而影响飞机的引进数量、方式和时机。

(3)航空运输市场需求。市场需求是影响机队规划最重要的因素,机队的规模和结构必须和市场需求相适应,市场需求不仅从总量上影响机队的规模,而且从机队结构上影响各机型的数量和结构比例,机队规划的可信度很大程度上取决于对市场需求预测的准确性,市场预测应包括市场总量大小、结构、性质以及潜在的变化等。

(4)飞机供应商市场。在进行机队规划和飞机选型的过程中,应充分考虑飞机的市场供求关系,以降低引进成本。同时供应商的营销和价格策略、售后服务、培训支援等都直接影响未来机队的运营成本,都是飞机选型过程中应重点关注的问题。

(5)飞机技术指标。航空公司不同的航线网络结构对飞机的技术性能有不同的要求,飞机的座位级别、巡航速度、发动机型号、航程、机载设备、最大起飞全重、航材通用性等都直接影响飞机的运营效率和成本,在进行机队规划时都需要加以考虑。特别是随着油价的持续上涨和环保要求的不断提高,飞机和发动机的技术也在不断更新,新的机型和改进机型不断推出,这对航空公司的机队规划提出了更高的要求,是等待新机型的推出还是继续引进老机型,如何规避新机型延迟交付和签派可靠性低以及老机型的残值风险,都是需要面临的问题。

(6)飞机引进、运营和处置成本。飞机引进成本主要是购买或者租赁飞机的价格、税费、航材备件的成本、人员培训费用和融资成本;飞机运营成本主要包括维修成本、航油成本、起降费、租金和税费、人员复训、航材成本等;完善的机队规划应该在飞机引进时就对飞机的处置进行相关评估,考虑更新需求和残值风险之间的关系。

5)机队战略规划的研究方法

机队战略规划的核心在于确定航空公司未来一段时期内引进、运营和处置飞机的机型、数量、时间和方式。从机队规划所采用的分析方法,可分为宏观机队规划和微观机队规划。

(1)宏观机队规划法

宏观机队规划采用宏观分析方法,根据对总供给和总需求的预测分析,在综合考虑和预测客流量增长、收入客公里、可用客公里、客座率和飞机利用率的基础上,结合航线需求、飞机性能、经济性和座位级别等因素,计算出所需要的飞机座位级别和数量。此方法按照自上而下、由总到分的顺序进行预测,优点是考虑了外部环境、简单易行、决策迅速、节约时间;依据是几项宏观运输生产指标,预测结果相对稳定可靠;缺点是一种较粗略的判断,对引起需求和供给变化的因素缺乏深入分析;未考虑具体航线网络和竞争因素,很难准确地反映拟运营的生产运营环境对机队规划的影响,如高原机场等特殊航线运行对机型的适航要求、支线市场及相关政策对支线机型的特殊要求等。

(2)微观机队规划法

微观机队规划是从分析一条具体的航线、一个城市对或某个航班入手,在对规划期内航空公司生产运营环境航班计划、航班票价、航班预期订座需求、溢出率等进行预测的基础上，通过建立分析数据模型对航班机型分配进行仿真分析，确定最优机队配置方案的分析方法。它采用自下而上、由分到总的方法，优点是对需求的分析深入，数据模型可以用历史数据来进行校准，能够对规划期内航班生产组织的细节进行精确、量化的仿真分析。不足之处是没有充分考虑外部宏观环境；市场情况瞬息万变，历史数据仅能做参考，只适合短期预测；微观分析模型依赖大量的精准数据，需要购买专业统计数据，对航班的订座数据、票价水平、溢出率等微观经营状况数据的收集和处理上费时费力；另外还需要对模型涉及的基本要素譬如未来市场预测、公司财务状况等进行分析，增加了难度。鉴于此，微观机队规划一般适用于进行三年以内的短期预测和不同机型在具体航线网络中的分配和编排。

3. 人力资源规划

人力资源规划的实质就是解决人力资源需求问题和供给问题，使供给与需求达到平衡。想要做好人力资源规划，首先必须了解企业的发展目标、企业为适应发展目标应做的调整、对适应企业发展目标人员的数量以及质量水平要求、怎样填补人力资源供给与需求的差值。在此基础上，合理地制订人力资源规划。

在完成航线网络规划和机队规划之后，要制订与之匹配的人力资源，以保证航空企业的运行安全，尤其是匹配好飞行人员、签派人员和机务人员，保证人员质量和数量。

在进行人力资源规划时要充分考虑人才质量和数量。企业在壮大期或者在机队规模扩大时，不能有效匹配高质量的运行人员，会严重阻碍企业战略的实施。根据行业发展的特征和运行效率，目前在人机比（一架航空器需要保障的人员数量）数据方面，普遍配备的标准为低成本航空公司 80 : 1，传统网络航空公司 120 : 1（中国的大型网络航空公司为 150 : 1，比例较高）。

要充分考虑人员流动性带来的影响。很多企业内部的员工流动性非常大，当老员工离开时，又要再次投入经费到新员工的培训上，这样恶性循环，对企业造成很大的损失，而且由于新员工的原因，也会对企业的运行状态产生影响。

4. 长期航班计划编制

航班计划可以分为广义航班计划和狭义航班计划。广义航班计划是指和航空生产活动相关的一系列生产计划，包括狭义航班计划、飞机维护计划、飞机排班、机组排班等；狭义航班计划指航班频率、班期、航班时刻以及为定期航班机型指派等的决策问题。航班计划是航空公司一切生产活动的基础和核心，其他任何生产计划都是围绕并建立在航班计划的基础上并为其顺利实施提供保障的。在编制航班计划时，要与航线网络紧密配合，可以与机场战略相匹配形成航班波。完整的航班计划包括以下基本要素：

（1）航线。即航空公司开展运营的路线，包括起点、终点、经停等要素，航线资源是航空公司的宝贵财富，航空公司要想在某条航线上开展运营，首先必须取得航线的运营权。

（2）航班。航班包括航线、航班号、航班的出发时刻和到达时刻等要素，同航线一样，航班资源也是航空公司的宝贵资源。

（3）班次。即航班频率，指航空公司一天中在同一条航线上有多少个航班。

（4）班期。指某一航班在一周中的哪几天执行，同时与机组排班相配合。

（5）机型。指执行该航班所使用的飞机型号，不同机型有不同的飞行性能（如航程、升

限、最大起飞全重、爬升能力等），因此不是所有的机型都能用来执行某一航线。此外，不同机型对应不同的座位布局，当然运营成本也不相同。

在制订航班计划的过程中，确定所飞的航线、航班时刻、班次、班期等工作被称为市场计划部分，其目标在于最大限度地扩大公司在航空运输市场中所占的份额，增加销售收入，其依据主要是对客货销售额的统计分析以及对市场供需情况发展的预测。

航班计划的制订过程可以分为两个阶段来完成：一是航班频率和时刻优化；二是机型指派问题。航班频率和时刻优化是指在运输需求预测结果的基础上，根据航空公司各航线市场上的需求在一个周期内的分布、机场时刻资源以及机队资源，确定合理的航班频率（班次）、班期、航班时刻等，其目的是最大限度地扩大公司在航空运输市场中所占的份额，增加销售收入。机型指派问题是指根据飞机舱位容量、运营成本、潜在收益及飞机可用性，将具有不同舱位容量的机型指派给各定期航班的问题。因此对某一航线来说，并不是所有机型的飞机都适合执行该航线上的航班。此外，不同机型对应不同的座舱布局和容量，运营成本也有很大的差别，如 B737-300 型飞机的座位数一般为 144 ～ 148 座，直接运营成本在 3 ～ 5 万元 /h 之间，而 A340-200 型飞机的座位数达到 380 座，直接运营成本在 8 万元 /h 左右。机型指派的目的是确定航班所使用的最佳机型，即为每一个定期航班指派一种且只有一种飞机机型（并未指定具体的某一架飞机），从而使得收益最大或运营成本最小。

第三节　运输航空企业经营管理

运输航空企业围绕企业的发展战略和利润目标，用科学思想和信息化手段最大限度地发掘企业各种资源价值。针对航空运输企业的运行特点制定企业的经济性评估指标，围绕指标进行成本控制、收益管理、市场营销和财务管理，确保企业在激烈竞争中拥有核心竞争力。

一、航空运输经营指标分析

作为企业，运输航空企业要追求的首要目的是高效率和高收益。为了衡量运输航空企业产出的数量、质量和效益，有如下共性的技术经济指标供使用。

1. 运输周转量

周转量指航空器承运的旅客人数或货物重量与运输距离乘积的总和，它的单位是客公里（客•km）或吨公里（t•km）。这个指标反映了运输航空企业产出的数量。按照统计范围不同，又可分为旅客周转量，货物、行李、邮件周转量和总周转量。

旅客周转量是旅客数量与运输距离乘积的总和，单位是人公里（人•km）或客公里（客•km）。

货物、行李、邮件的周转量是它们的数量和距离的乘积的总和，单位是吨公里（t•km）。通常行李不单独计算，习惯上把这个周转量称为货邮周转量。

为了得到航空企业总的运输量，就要把旅客周转量折算成 t•km，与货邮周转量相加，我国一般按每人 75kg 计算，1 客•km 就折算为 0.075t•km。国际民航组织的换算标准与我国不同，每位旅客按 90kg 计算（包括手提和托运行李），1 客•km 等于 0.09t•km，而不再计算行李周转量。

运输总周转量是一个国家或一个企业的航空运输生产量的总指标。按照国际民航组织的换算标准，则：

$$运输总周转量（t·km）= 货邮周转量 + 0.09 \times 旅客周转量$$

2. 载运率

载运率指航空器在执行飞行任务时的实际载运量和最大载运能力的比值。它反映了飞机载运能力利用的程度和整个运输系统营运组织、管理的水平，是营运效益的重要指标，也是企业制订航空计划的重要依据。载运率指标是航空公司的安全管理水平、市场营销能力、品牌影响力、经营管理等多方面因素共同作用的结果。

单独考虑旅客的载运率称为客座利用率，对于一个航班：

$$客座利用率=\frac{实际旅客数}{本次航班可提供座位数}$$

可提供座位数指全部座位数去掉机组使用的座位数和减载而不能利用的座位数。

如果要计算一条航线或一个企业的客座利用率，公式如下：

$$客座利用率=\frac{旅客周转量}{最大可提供周转量}$$

载运率是考虑了旅客和货物的总载荷来计算的：

$$载运率=\frac{实际周转量}{最大周转量}$$

最大周转量是由最大业载乘以距离得出的，而最大业载受到温度、场地条件、航线情况的限制，因而在计算时要根据不同情况而确定，针对货邮运输可以提供货邮载运率。

3. 成本效益指标

企业运营的成本是衡量企业经济效益和管理的指标。各型飞机的成本指标是对飞机经济效益评价的依据，机型小时成本计算如下：

$$机型小时成本=\frac{机型成本总额}{生产飞行小时}$$

平衡载运率是在该型飞机达到这种载运率时才能收支平衡，低于它则运营亏损，高于它方可盈利。

$$机型平衡载运率=\frac{机型小时成本}{最大生产率 \times 吨公里收入}$$

作为企业总体计算的指标，在不同的指标意义下，运输航空企业选取的指标也会有所区别，主要包括：

$$客公里收入=\frac{运输收入}{运输总周转量}$$

$$客公里成本=\frac{运输成本总额}{运输总周转量}$$

航空运输经济性指标见表 3-1。

航空运输经济性指标　　表 3-1

指　标	使用频率	客　运	货　运	客货综合	指标意义
运输量指标	常用	旅客运输量	货物(邮)运输量	—	反映实际完成的运输情况
	常用	收入客公里	收入货运(邮)吨公里	收入吨公里	
	不常用	旅客周转量	货物(邮)周转量	运输总周转量	
运输能力指标	常用	可用座公里	可用货运吨公里	可用吨公里	反映运输的供给能力
载运率指标	常用	客座(利用)率	货邮载运率	(综合)载运率	反映运输资源的利用效率和能力
收入评价指标	常用	客公里收入	货运吨公里收入	吨公里收入	反映收入水平和客货运价水平
	不常用	可用座公里收入	可用货运吨公里收入	可用吨公里收入	反映收入水平
成本评价指标	常用	可用座公里成本	—	可用吨公里成本	反映成本控制水平
	不常用	客公里成本	—	吨公里成本	

二、运价与收益管理

收益管理的核心理念是将适合的座位在合适的时机以合适的价格卖给合适的顾客。同样一个座位，每个乘客愿意花多少钱是不一样的。以旅客出行时间紧迫性、价格敏感程度等作为指标，依据旅客不同动态调整票价设置不同的子舱位等级（如 Y、M、Q 等），通过各种条件限制商务客户购买低价票。收益管理系统通过预测和优化，算出每张票的最低售价。最低售价是根据需求预测和票价数据算出来的，可以最大限度地避免发生机票滞销和贱卖的情况。

航空公司之所以能实施收益管理，取决于下列前提条件：

（1）旅客对于时间和票价的敏感程度是不一样的，可以进行市场细分。

（2）低价购买票的旅客无法在市场上再以较高的价格卖出去。

（3）航空公司不会因价格歧视受到指控。

（4）运力在一定的时间内相对固定。

（5）运力具有绝对的时限性，过期没卖出就作废。

（6）多级票价和多舱位管理，即相同的座位卖不同价格，并且采取措施把这些层次的需求限制在一定的舱位内。

（7）提前购票的记录，并有计算机系统获取提前购票的数据。

目前，各航空公司普遍采用的收益管理系统（Revenue Management System，RMS），该系统通过航空公司的销售、运营数据对自身收益进行评估，明确收益水平，并在此基础上对收益状况进行有效监控管理，使资金合理运用在航空公司不同部门，并在资金的循环流动中继续创造收益，再对收益进行分析处理。收益管理系统的概念源于经济学的优化模型，在整合和积累航空公司订座、离港、运价等多方面数据信息的基础上，为航空公司的销售管理行为提供决策支持。

1. 收益管理要解决的问题

由于收益管理对象比较复杂，受制约的因素比较多，因此收益管理主要围绕以下问题进行开展。

（1）应对航空市场客源随经济、政治、季节变化等不确定因素的波动性。

（2）航空公司的航线和机型在一定时间内是相对固定的，按照计划的运输能力相对固定，而需要提升利润率。

（3）航空产品具有价格的差异性，存在多种票价座位设置。

（4）同一种座位根据市场需要可以改变出售价格。

（5）航空产品具有时限性，满足航空公司的上座率才能实现即时价值。

（6）人的出行具有季节特征，在相对固定的运量上需要满足不同的需求，各个公司也存在相互竞争，引发同一种航空产品的不同价格。

（7）旅客类型的多样性，按出行目的划分，有休闲旅客和商务旅客；休闲旅客对票价比较敏感，订座计划较早；商务旅客则不太在乎票价，而在乎时刻、正点率、舒适度等因素，旅客比较晚订票。

2. 收益管理环节

收益管理主要包括预测和优化两个环节，其中预测属于微观预测的范畴，因为它主要涉及航线旅客需求量、舱位需求等方面。预测在航空公司收益管理中显得举足轻重。必须根据预测进行座位优化与动态定价，最后进行调整，从而使收益最大化。预测的好坏将严重影响优化的结果。有统计表明，预测误差降低 20% 将为使用收益管理系统的航空公司带来 1% 的收入增长。

通过统计数值确定对不同票价或不同旅客类型的经验分析，以及对常旅客行为的跟踪，提高对不同类型旅客取消订座或 NO-SHOW（订票后未到机场登机）预测的准确率。通过预测分析需求与时间相关、需求取消的概率、需求与促销变化进行销售策略的优化。优化主要用于预期边际座位值（EMSR），多用在航段 / 航段基础上实施的收益管理和最低可售价（bid price），多用在 O&D（始发地目的地）基础上实施的收益管理。

由于运输航空企业的产品销售具有明显的季节性、前置性和不稳定性，因此，为满足航空公司的利益最大化，需要对企业产品进行收益管理，以提升潜在的竞争能力。

价格和座位是可直接进行收入管理的两个重要手段。航空公司收益管理其实就是将合适的座位以合适的价格卖给合适的旅客。航空公司在进行收益管理时运用预测和优化等科学手段，通过对价格和座位的管理，使每一航班每一航段每一个座位以最好的价格出售，从而获得最大的收益。

价格和座位的管理成为航空公司盈亏的主要决定因素之一，收益管理、常旅客计划（FFP）和全球分销系统（GDS）被称为现代航空运输业的三个主要竞争手段，是决定航空公司盈亏的关键技术手段之一。

3. 收益管理的核心

收益管理主要从三个角度进行设计：①超售管理；②多等级票价、座位优化控制、团队管

理;③市场需求分析与预测及数据处理。

超售管理解决了航班有多少座位可以出售的问题,可以应对旅客变更座位的影响。多等级票价、座位优化控制、团队管理,解决了如何使这些座位带来更多收入的问题。市场需求分析与预测及数据处理,可以深度挖掘顾客的属性,针对客户的细分和约束条件制定策略。

航空收益管理的发展进程大致经历了三个阶段:①“剩余座位”增加航班收益阶段;②利用多等级票价结构增加航班收益阶段;③利用流量控制实施航线网络收益优化阶段,通过对某一航段历史数据的统计和分析,推测和估计这一航段中不同舱位历史实际对应的旅客需求量,然后再根据旅客的需求特性和市场的竞争状况,确定价格策略,进行座位分配,力求使收益最大化。

4. 收益管理涉及的主要问题

1)运价制定及超售

航空公司的运价由三部分组成:价格、规则、限制条件。航空公司的“科学定价”非常难。一方面,价格不能只看成本,还要看竞争情况和顾客对产品的预期价值,预期价值又涉及旅客的感受和对品牌的认同。另一方面,制定价格需要考虑季节、时段、客人的购买行为等,定出的价格还要有相应的限制条件,否则很难区分客源。没有限制条件,客人不会买高价票。价格规定和限制条件要有透明性、可执行性、可控制性、可分析性,因为只有这样才适用于收益优化。

超售是指某一航班飞机起飞前实际销售的旅客数超过飞机所能提供的座位数。航空公司之所以要进行超售,是因为航空公司允许旅客取消订座,而不用交纳任何罚金,甚至在购买机票后,退票或误机也只交纳少量的赔偿金。航空公司在超售时主要考虑两个因素:空位损失和持票旅客被拒绝登机后对其补偿所造成的损失。

2)多级票价与座位优化控制

实施多级票价的前提是对旅客充分的认知和市场划分,旅客在选择出行活动时存在两个关键性要素,一个是时间,另一个是价格。通过对两者之间的灵敏度分析可以对旅客的不同属性进行区分(如商务型或者闲暇型),从而制定“个性化的票价”。

舱位座位分配就是将航班上同等级物理舱位的座位按一定的比例进行分配,制定相应的多等级舱位价格进行销售。舱位座位分配的目的之一是确保有座位留给后订座的高票价需求旅客,限制和控制低票价座位的数量,最大可能地保证航班座位的利用,达到防止座位虚耗的目的。这种做法主要基于以下考虑:旅客对低价格座位的需求量十分庞大,远远超过航班的实际运力,如不加限制,就会挤占高收益需求旅客的座位;低收益需求旅客的订座时间往往比高收益旅客早,有一定的订座时间差;如果完全不考虑低票价旅客的需求,最终可能会因为高票价旅客需求的不足,导致座位的实际虚耗。差别定价是座位分配和控制的前提,差别定价的关键是制定有效的票价保护措施。

3)团队管理

团队管理是根据航班的情况,有选择地接受或拒绝团队订座的过程,它是收益管理的又一重要部分。团队旅客不同于散客,他们通常在预订之后会取消部分或全部订座,有时还会在离起飞时间比较近时取消订座,使航空公司无法及时将空出的座位再销售出去,因而蒙受经济损失。

4）季节性管理

季节性管理是指除了对淡季和旺季进行价格调节之外，最主要的是对节假日等旅游高峰季节的管理。目前国家的法定节假日越来越多，使航空公司的节假日旅游高峰季节管理成为常态。

5）航段优化

航段优化就是要科学地确定，当多航段航班的某一航段需求旺盛时，如何把票卖给收益品质最高的旅客；在不产生座位虚耗的前提下，使航班座位利用率达到最佳；整个航班收益最大化。

6）网络化全航程收益管理

收益管理的最终目标是要实现网络化全航程收益管理（也称始点—终点管理）。全航程管理仅仅适用于具有大规模放射性网络航线的航空公司，它要求航空公司自身的订座系统和世界上各主要分销系统之间完全匹配，具备无缝隙连接。

收益管理本质上就是一种权衡管理，超售是“空座位”和“拒绝登机”的权衡；舱位座位分配是晚订票、高收益和早订票、低收益的权衡；团队管理是大量低收益旅客和少量不确定、高收益旅客的权衡。

三、产品营销与电子商务

电子商务实质是一种无线网络电子贸易服务，作为一种商业交易，它是以电子信息技术、网络技术为基础进行数字传递的。

1. 传统产品营销

航空公司传统营销渠道主要包含直销渠道和分销渠道两大类型，其中起着主要作用的是分销渠道。与电子商务背景下的营销渠道相比，传统渠道缺乏灵活性及适应性。从广义上讲，第一，信息传递效率低下。传统营销渠道层次较多，企业无法在第一时间掌握客户需求，信息收集和信息传递方式也会受限，难以满足消费者的个性化需求。第二，渠道开发成本较高。伴随着分销商、中间商的参与，利润会受到稀释，客户承担的成本也将提高。第三，渠道控制力较弱。渠道层次众多、中间商繁多，这就意味着企业对中间商的控制力是逐层递减的，从而影响企业市场销售。

2. 电子化营销

电商背景下，客票销售呈现出电子化、网络化的线上特点。首先，出现了分销代理，如携程、艺龙等。其次，航空公司强化了自身的电子商务销售，航空公司手机客户端、B2C（商对客）官方网站、三方在线交易平台得以快速建立并实现进一步优化。目前淘宝、京东、去哪儿、百度等互联网平台也逐渐得到更多客户的认可，其大范围、大规模的客户流量，成为航空公司异常青睐的新型营销平台，航空公司借助这些平台实现主题系列产品的打包销售。

电子商务营销模式体现的特点主要是：第一，无区域化，国内、国际机票销售实现无区域化，无论是在境外还是在境内，同样可以购买到折扣机票。第二，机票销售透明化，主要体现在代理人销售体系过程中。第三，价格敏感化，航空公司官网的优化，OTA（在线旅行社）、OTC（场外交易市场）等平台的壮大，使所有航空公司航班价格透明化。旅客在购买机票时，

会自然而然地进行价格对比，这就形成了价格敏感性。

3. 电子商务营销发展路径

1）打造电子商务的服务营销

航空公司电商平台除了像 OTA 一样为旅客提供出行所需的单款产品外，还应凭借营业网点遍及各地、人力资源丰富的优势整合航班运行、机场运行以及大巴发车时刻、间隔等大数据，并结合机场布局等地方性常识，向旅客提供不同期间（如旺季或淡季）、不同时点（时刻好坏）情况下的航班用时参考以及机票、铁路、公交、酒店等产品的衔接建议。

2）构建关系营销

建立顾客数据库，整合旅客出行所需资源，完善电子商务产品结构；制定服务接触计划，凭借能够灵活调整航点和时刻的优势向追求舒适、便宜或便捷的旅客提供相应的一站式（已科学衔接的）套餐；服务延伸化，发挥航线网络丰富以及分子公司、营业部员工熟悉当地市场的优势，向旅客提供最优出行方案，比如对不同出行时段可能出现的不确定性进行预测分析，提供考虑地面交通延误和航班延误可能性、转场不确定性的无忧出行服务，或者为没时间和精力做出行规划的高端商旅人士提供管家式服务等，这些是 OTA 乃至低成本航空很难做到的，从而可以形成航空公司电商的竞争优势。

四、成本管理

1. 成本构成

航空成本构成主要包括主营业务成本、销售成本、财务成本、管理成本和营业税金及附加。其中最主要的成本管理对象是主营业务成本管理。

（1）主营业务成本：主要包括航油、航材、维修费用、直接人工费用、起降服务费及民航建设基金和其他相关费用。

（2）航油成本：是航空公司运行过程中比较重要的成本，波动性比较大，直接影响航空公司的盈利能力，对于多数公司而言，燃油成本可以占到总成本的 1/3 左右。

（3）航材成本：主要包括航空器上的机载设备、高价周转件、消耗件、动力装置（比如 APU 和发动机等）、标准件和其他航空材料等，主要用于维护和修理飞机。它是为保证飞机正常飞行，进行日常维护和修理所用的零备件，是保证飞行安全和飞机安全的关键器材。

（4）维修费用：是指直接与飞机维修相关的人工、材料费用，包括航空公司的飞机修理费、发动机修理费、定期检查维修费、机队管理费及其他维修费用。

（5）直接人工费用：是指直接与飞行相关人员的费用，包括飞行训练费、飞行小时费、机组食宿费等。

（6）起降服务费：是指机场为保障飞机等航空器安全起飞降落，为航空器提供跑道、滑行道、助航灯光、飞机区安全保卫、驱鸟、跑道机坪道路保障等设施及服务对航空公司收取的费用。

（7）其他相关费用：主要指其他与飞行直接相关的费用，包括服务费、配餐费、机供品、清洗费、导航数据库、通信费等。

通过采用合适的手段和方法，可以在满足既定目标的基础上降低成本，达到成本控制的目的。

2. 成本控制关键点

为防止成本控制中的随意性因素和人为因素，要充分发挥战略成本的管控，制定中长期规划，而且政策和决策的延展性要强。

成本管控要有创新性手段。学习先进的管理理念，与管理水平较好的公司接轨，并向先进的航空公司对标。利用好信息化和网络化工具，提高成本控制的准确性和实用性。

3. 成本控制流程

1）制定成本预算

根据企业发展战略需要制定成本预算，提升财务部门的预算职能，与业务部门协同，根据历史数据和实际业务情况共同制定成本预算和成本控制目标。

2）强化过程控制

强化成本管理室的工作内容，将其职能细化，对比实际成本与预算，查找差额，形成成本分析报告，有效利用财务人员的专业知识，做到有的放矢。

针对波动性比较大、预测不准确的成本，如燃油成本，可以采用回归分析来进行不同飞行过程中燃油成本的控制；还可以采用金融控制手段进行燃油成本控制，如利用燃油期货锁定燃油价格，将动态成本控制在一定的、可接受的范围内。

3）成本事后评价

针对一定时期内成本控制情况进行综合的经济效益评价，对成本控制实际效果进行阶段性综合对比考核，对成本控制产生的财务、经济、社会和环境等方面的效益与影响进行全面评估。然后对发现的问题进行修正和调整，与业务部门协同进行优化调整方案的制定。例如利用线性规划理论对航空公司的运力优化、航材采购、资源分配等方面进行优化和完善，有效降低成本。

4. 成本优化实施技巧

航空公司越来越强调运用高科技和先进管理手段来控制成本。航空公司通过引进先进技术，提高管理水平，不仅可以减少不必要的成本支出，还有利于提高服务质量。有些小的航空公司，把一些自己无力管理的部门（比如 IT 部门）资源外包给专门做 IT 的公司，从而节省成本。

在机上服务方面，可以把机上的饮料和食品放在登机口，需要的旅客自取。一些短航线航班，比如香港—广州航线的航班，已经这样做了。过去，在该航线上，尽管乘务员动作飞快，但却无法及时给每个旅客发放饮料，同时发放饮料还会妨碍旅客休息和上洗手间。让旅客登机时自取饮料，不但可以降低成本，还可以减少乘务员工作量，使机上秩序更好；或者让每位旅客登机前自取饮料，飞行途中只供应瓶装水，这样可以大大减少机上配载的各种饮料，既便于装载，又节省航油。

成本控制最有效的一个领域是引进电子商务。电子商务通过因特网（Internet）直接与客户或旅客打交道，增加了交易的速度和便捷性。而电子票（E-ticket）直接给航空公司节省了纸票成本，旅客也不需要出票。如果是从航空公司官网上售票，航空公司还可省去全球分销系统（GDS）费用和佣金。电子商务不仅节省了费用，而且方便了旅客，没有携带行李的旅客，可以直接凭证件到登机口登机。

五、核心资产管理

航空公司作为一种企业，它的资金筹集和使用原则与其他企业没有不同，但是由于飞机的科技含量高，资本容量大，同时经营风险也高，资金量大，使用年限长，因而航空公司在筹集和使用资金时有它的特殊性和复杂性。资金筹集的主要部分将用于购买飞机。

1. 资金筹集的方法

1）自有资金的筹集

自有资金的筹集指企业本身能获得的资金，来源有：

（1）国家投资。我国的大多数航空企业都是以国家的投资作为资金的主要来源。不少发展中国家的航空企业也是以国家投资为主的国有企业，但在发达国家，这种投资形式已越来越少。

（2）发行股票。发达国家的航空公司以发行股票集资成立有限公司作为主要的集资渠道。

（3）联合经营。为满足巨大资金需求，由国内几家股东集中资金联合组建公司或者由国内股东与国外股东合资组建公司，都属于联合经营。

2）中长期借款

由于航空运输业的启动成本高，回收成本一般在 4 年以上，因而短期借款无法解决资金问题，需要中长期借款。中期借款是指 1 ～ 5 年期的借款，长期借款是指 5 年以上的借款。这些借款可以是国内的也可以是国际的，但都需要一定的担保条件。

3）发行债券

这是集资的又一种方式。债券是公司向公众发行的、在一定时间内还本付息的借债方式。为了保证债券的可偿付性和流通性，发行债券必须经由发行的所在国政府批准，并符合相应的规定。

4）租赁经营

由租赁公司把飞机租给航空公司，航空公司“租”到使用权，按期付给租金。租赁公司以“融物”代替“融资”，实际上是为航空公司提供经营业务所需要的资金。20 世纪 80 年代之后，随着国家对航空公司投资的减少，租赁飞机成为我国航空公司融资的一种主要形式。

2. 飞机的租赁

由于运输航空企业的设备（飞机）投资巨大，更新周期较短，使得对资金的需求大量增加，租赁就成为航空运输业通过融物进行融资的重要手段。

1）租赁的种类和特点

飞机租赁基本分为两种：一种是经营性租赁，一种是融资性租赁。

（1）经营性租赁

经营性租赁和我们通常遇到的租赁形式相同，出租人拥有飞机，租用人在一定的财务或保证金保证下，按期交付租金，以换取对飞机的使用权。这种租赁的租金比较高，租期比较短，通常不超过几年，租金一般按月或按季交付。此外还要支付飞机的维修费和保险费，到期退还飞机。这种租赁主要用于临时满足运输需要，或是航空公司在经验不足时来获得对某型飞机或设备的使用经验，这种方式并不是航空公司租赁飞机的主要方式。租赁分为湿租和干租，湿租指出租人除了出租飞机外还为飞机配备机组人员，提供维修和油料服务，使租用人可以节省大量生产准备投资；干租则是仅仅租赁飞机。

（2）融资性租赁

融资性租赁是航空公司使用的基本租机方式。它的特点是承租人和供货方（一般是飞机制造厂）共同向出租人融通资金，签订长期租赁合同，以长期的融物方式代替融资。承租人选定机型和供应厂商，谈判确定使用的飞机，由出租人出资来购买飞机，出租人具有所有权，飞机由承租人使用，出租人收取租金，对飞机的检验、交付及以后的维护、使用以及经营中的风险不负责任。飞机的租赁期一般为10～15年，接近飞机的使用寿命。到期后，承租人可以以飞机的残值购买飞机或把飞机退给出租人。融资租赁的交易至少涉及三方，需签订两个以上的合同。两个基本合同是出租方与供货方签订的购机合同，另一个是出租方和承租方的租赁合同，此外承租人要和供货商有相应的交货协议和供货协议。

2）租赁经营的优缺点

租赁经营对于承租人的好处是不必筹集大笔资金就可以取得设备的长期使用权，由此可以采用先进的机型，提高市场竞争力。在整个租赁期内，租金按签约的规定交付，避免了金融波动的风险，而且租赁期限比贷款购机的融资期限长。此外，也避免保留过时的设备。

对于承租者来说，融资租赁也承担着一定的风险。第一，存在当事人违约的风险，由于融资租赁的参与者多，租赁环节多，某一方违约和有漏洞就会造成一定的纠纷和问题；第二，出租人的资金有部分来源于贷款或国家的免减税政策，如果在这些方面有所变动，承租人就会受到牵连；第三，出租人和承租人若处于不同的国家，政治和外交事件都会使承租人承担风险。从金融上说，一个航空公司租赁的飞机多，就会使资产负债率增多，使企业信誉下降。

权衡以上优缺点，一个航空公司应该根据自己的资本状况、经营条件来决定采用多大的租机比率。过高的租机比率反映了企业自有资金少，偿债能力低，抗风险能力弱，将会降低企业信誉；而过高的自有飞机比率则反映企业把大量资金投入设备，资金周转的周期长，不利于企业的经营。

第四节 运输航空企业运行管理

运行管理是运输航空企业的生产环节，是完成客货运输的过程，为企业直接创造价值。本节围绕运输航空企业在组织一次运输过程中需要的环节和所需保障的内容进行分析，主要包括航班的运行组织、旅客组织保障和货物组织保障。

一、航班运行组织

1. 航班时刻表

航班时刻表是运输航空企业生产活动整个流程的安排次序。对于企业内部，航班时刻

表是运输企业每日生产活动安排和组织的依据，企业围绕着它来调配运力，安排人员，进行协调和管理；对于社会，航班时刻表则是向用户（单位和个人）提供服务信息和销售竞争的手段。旅客根据航班时刻表提供的航班时刻、机型、服务内容来选择要乘坐的航空公司、飞机和航班。航班时刻表要根据季节和市场需求来进行调整或修正，在我国每年制订两次，每年4至10月使用夏秋季航班时刻表，11月至第二年3月使用冬春季时刻表。

时刻表的内容包括始发站名称、航班号、终点站名称、起飞时刻、到达时刻、机型、座舱等级、服务内容等。它是按始发站的第一个拼音字母的先后顺序编排的，同时应注意使用的时间是一天24h的全时制，在有时差的地区，表上所列的都是当地时间。

航班时刻表的制订牵涉到很多因素，其中最主要的有下列几项：

（1）航班时刻表制订的依据是市场调查，在市场调查的基础上对航班运行期内的市场做出预测，根据预测和以往实践的经验，制定出切合实际情况的时刻表来。

（2）航班时刻表是一个航空公司整体的行动计划，必须从整个航线网来考虑航班安排，如航线之间的衔接、国际航线的衔接以及和地面、水路交通的衔接，这样才能发挥整个航线的效益。

（3）航空运输对时间极为敏感，因而在班期和时刻的安排上要尽力做到与旅客的需求相适应。季节、假日对旅客人数都有影响，航班起飞时刻和到达时刻是国内旅客选择航班的重要考虑因素。由于航线上有其他公司的竞争和机场容量的限制，在安排时不可能把所有的航班都安排在最佳时间，因此必须综合考虑，有时还要做出妥协或让步。

（4）组织航班要牵涉飞行、维修、供应等各个部门，因而制订航班时刻表要有这些部门的参与，以保证各个部门之间工作周期和能力的协调。

（5）在实际运行时不可避免地要出现一些和原来设想不同的情况，在制订时刻表时要尽可能考虑：航线的性能分析对于实际运行的机型（包括备份运力机型）要有较大余量；满足机场长期的气象条件，即所编排航线时刻要符合运行机场长期的气象特点；满足机场的保障条件限制，尤其是联检单位限制；满足运行余度，即航班计划在运力、航班时刻或其他方面留有余度。

航班正点率是衡量一个运输航空企业服务质量的主要标准之一，因而在遇到特殊原因如航班延误或取消时，能尽快地予以补救。

航班时刻表对外交流的方式是通过航班号来完成。航空公司按照一定的方法给每一个航班一个编号，便于旅客和工作人员区别和管理，这个编号叫作航班号。

航空公司两字IATA代码加4位或3位阿拉伯数字为航班号资源分配总量，结合航空公司现行航班号的实际数量来分配、调整航班号。两字代码代表航空公司；国内航班号使用4位数字编排，国际（含地区）航班号使用3位数字编排。4位数字，第一位代表航空公司的基地所在地区（在第一位数字分配代表地区主要有如下规律：1-华北占37%，2-华东占24%，3-中南占50%，4-华东占38%，5-华东占33%，6-中南占22%，7-中南占26%，8-华东占36%，9-华东32%），最后一位单双数表示该航班与基地关系，单数表示去程航班，双数表示回程航班。

航班号第一位数字与基地所在地区有关，随着航班号的演变过程，规律发生了变化，规则执行也没有那么严格，不同航空公司所在基地和第一个数据对应关系的统计信息见表3-2。

航空公司代码和航班号 表 3-2

航空公司	二字代码	航班号第一位	航空公司	二字代码	航班号第一位	航空公司	二字代码	航班号第一位
四川航空	3U	8	上海航空	FM	9	昆明航空	KY	8
祥鹏航空	8L	9	华夏航空	G5	2	厦门航空	MF	8
春秋航空	9C	8	天津航空	GS	6、7	东方航空	MU	2、5、7、9
奥凯航空	BK	2	吉祥航空	HO	1	河北航空	NS	3
中国国际航空	CA	1、4、8、9	海南航空	HU	7	重庆航空	OQ	2
大新华航空	CN	7	首都航空	JD	5	西部航空	PN	6
南方航空	CZ	2、3、4、6	幸福航空	JR	1	山东航空	SC	4、1
成都航空	EU	2、6	中国联合航空	KN	2、5	西藏航空	TV	9
深圳航空	ZH	9、3						

例如，CA1301，北京—广州航班，CA 是中国国际航空公司，第一位数字 1 表示中国国际航空公司华北基地；当该航班执行从广州飞回北京任务时，航班号就变成 CA1302。

2. 运行规范配置

该项工作根据航空公司的运行计划，合理地组织航空器的飞行并进行运行管理，对航空器适航性、运行标准等各种规章要求进行符合性配置，争取航班正常，提高服务质量和经济效益，该项工作主要由飞行签派员完成。主要工作内容是：

（1）在飞行前研究航班运行限制信息，包括飞机适航状态、机组值勤限制、载重与性能、危险天气、航线导航能力、空域限制、地面保障等诸多因素，与机长共同决定放行航空器。

（2）在复杂天气下，与气象人员协商。

（3）飞行中，飞行签派员要掌握飞机飞行状态、机上特殊需求、机组决策等信息，协助机组决策。

（4）航空器遇到特殊情况，不能按预定时间或预定计划飞行时，还要采取一切措施，在保证安全的前提下，恢复正常飞行。

（5）飞行结束后要听取机组汇报。

3. 机组资源配置

机组运行可分成三部分：机组排班、机组跟踪与机组重新排班。

机组（飞行员与乘务人员）排班主要包括机组配对与机组登记两个步骤。机组配对，即配建合适的机组集合。如果所有航班都飞统一机型，则机组配对更容易，也会更优化。机组排班通常以月度为工作单位，安排每个机组成员的休息周期，同时还要考虑组员的培训、假期和病事假等因素。

机组跟踪的任务是跟踪在岗的和预备的机组（位置和状态）。

如果发生不正常情况，必须考虑新的班期并重新安排取消航班的机组，生成新的班次组合，要充分考虑机组从不同飞机之间的摆渡保障时间、航班机组资质影响、月底空勤时间等客观因素。

民航机组值勤时间有严格限制，任何 7 个连续的日历日内不得超过 40h，任一日历月内不得超过 100h，任何连续 3 个日历月内不得超过 270h，任一日历年内不得超过 1000h。

4. 航空器资源配置

航空器资源是航空公司生产的核心资产，若要充分利用好该资源就需要提升航空器的使用效率，进行资源优化配置，主要包括设置合理维修计划、高效运行调配等。

高质量维修计划可以合理利用维修资源，缩短投入的周转周期，并从中获取到最大的利润。全面了解企业的维修资源及维修任务，合理配置所需外协维修项目，达到降低航材的库存积压、人力资源成本，提升航空器利用效率的目的。

高效调配航空器分布，根据市场需要、运行环境、航线数量和航空器性能合理调配航空器资源，使得在满足航班时刻的基础上能够最经济地配置所有航空器。

5. 航班运行组织

组织一个航班并保证它的正点飞行，需要航空公司多个部门相互配合。

维修部门要对飞机进行维修和检查决定飞机是否能飞行；航务部门收集气象情报，安排机组和制订飞行计划，并把这个计划通知空管部门；销售部门销售机票，办理货物托运；供应部门供应机上用水、配餐、加油；运输部门为旅客办理手续，旅客通过安检、登机；货运部门把货物和行李装入机舱，计算载重和平衡，将货舱单、旅客名单和平衡图组成随机文件交付机长。经放行后，飞机才可以起飞，飞机到站后，又重复这一过程，飞往下一站，工作流程如图3-4所示。从图中可以看出整个流程一环紧扣一环，形成一个工作链，任何一环脱节都会影响到航班的正常运行，如果有任何的改动，都会牵涉到各个部门的工作。各个部门协同配合得好，就会缩短时间，提高飞机的利用率，使整个公司的效益增加。

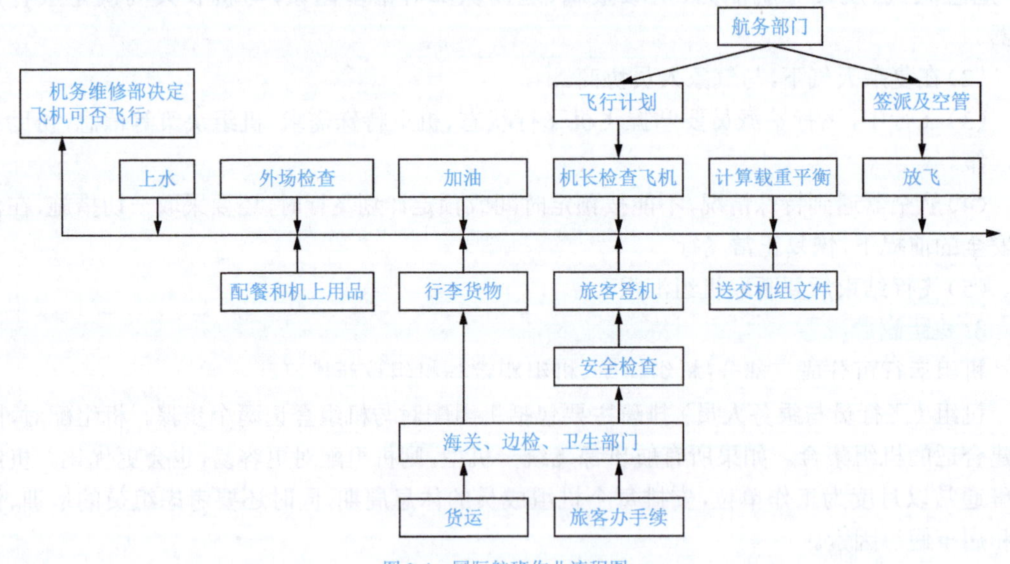

图3-4 国际航班作业流程图

6. 运行数据统计分析

对航班运行过程中产生的数据进行统计分析，包括航班正常性统计（正常率、执行率、延误率、延误程度）、航班供给能力以及稳定性统计、销售数据统计、旅客出行规律统计、常旅客数据统计、飞行品质统计、燃油经济统计（针对航线、机型、航程分类别统计分析）、成本指数（航空器成本、燃油成本、人员成本等）、收益数据统计等多项原始数据的搜集，通过上述数据的采集，为后续各项工作存在的问题进行分析，并进行针对性改进，为整个航空公司运输提供一个闭环控制。

二、旅客运输组织保障

1. 旅客离港工作的内容

旅客离港工作包括三部分：旅客办理登机手续、载重平衡的计算和航班的控制。目的是为了组织好旅客登机秩序，确保航班尽早关舱门，减少航班延误。

1）办理登机手续

办理登机手续的顺序如下：

订座→购票→行李交付安全检查→办理值机手续→人与手提行李的安全检查→候机→办理登机手续→起飞。

值机手续：指旅客持本人的身份证件和客票交付检验，同时交运行李，在验明无误后，发给登机牌。登机牌是旅客交验客票之后，得到登机许可的证明。登机牌上应有航班号、飞机号、座位号、始发站和到达站。旅客出示登机牌才能登机。工作人员根据登机牌来核对和计算登机人数，登机手续按规定应在起飞前 30min 办完。

2）安全检查

安全检查是为了防止飞机在空中飞行时出现非法行为而采取的防范措施。按照国家有关法规实施，对旅客及其携带物品要进行安全检查，防止将武器，凶器，易燃、易爆、剧毒、放射性物品带上飞机。除经特殊许可外，所有的旅客、进入安全隔离区的人员和物品都要进行安全检查。

（1）安全检查的方法

①人工检查：国际上的安全检查开始于 1970 年，我国开始于 1981 年。最初均为人工检查，由安检人员触摸检查，必要时进行搜身，对行李和包裹进行触摸或开箱查验。人工检查费时费力，同时对旅客的尊严也是一种侵犯，因而现在大部分已经被仪器检查所代替，但是必要时仍要使用。

②仪器检查：对于旅客要通过安全门来检查是否随身藏有金属凶器等，对于行李则要用 X 光检查仪器进行透视。

（2）安全检查的程序

旅客交运的行李在交运前由 X 光检查仪器检查后，交给值机人员。旅客和随身携带的自理行李（手提物品）则在安全检查口进行安全检查，在核对旅客的身份证件、机票和登机牌之后，旅客通过安全门，手提物品经过 X 光检查仪，经过安检后的旅客进入隔离区候机。

3）行李的运输

行李是指旅客在旅行中为了穿着、使用、舒适或者便利而携带的必要或者适量的物品和其他个人财物，包括旅客的托运行李和非托运行李。

（1）有关行李的规定

国家规定的禁运物品，如易燃、剧毒、腐蚀性、放射性物品和武器、凶器等不能作为行李托运。旅客携带的物品可以作为行李运输。贵重物品如证券、货币或重要文件不要夹入行

李中托运，如果遗失或损坏，承运人只能按一般物品来赔偿，这些物品旅客应作为自理行李随身携带。为了装卸、运输的安全，航空公司对托运行李的包装、尺寸、重量都有相应的规定。随身行李必须同时满足以下要求：件数不得超过 1 件；重量不得超过 5kg；体积不得超过 20cm×40cm×55cm；同时可以携带类似腰包的小包一个、笔记本电脑包 1 个。旅客带入客舱的非托运行李应当能置于前排座位下或者能放置于客舱的密闭存放部位。超过承运人规定的重量或者尺寸的行李不得置于客舱内。

（2）行李的收运

旅客应当将托运行李交承运人计重或者计件，承运人应当将托运行李的重量、件数填入“客票及行李票”，拴挂行李牌，并在运输期间负责照管。收运行李时要检查旅客机票（行李运送地和客票上的到达地应相符）；将行李过磅，并将托运行李的重量、件数填入客票及行李票，拴挂行李牌，并在运输期间负责照管。行李牌是托运行李的凭证，有上、下两联，上联贴在行李上，下联由旅客保存，到站后旅客凭下联提取行李。为了检找行李方便，行李上还应拴挂行李标贴，其中主要是行李名牌。

（3）行李的收费

免费行李额：国内航班规定头等舱为 40kg，公务舱 30kg，经济舱 20kg，免费行李额可以合并计算。

行李超重收费：行李重量超过免费额度就要按超过重量收费，每千克运价按经济舱票价的 1.5% 计算。

（4）行李破损、遗失处理

行李破损：行李在运输中包装破损，或内部物品由于运输原因而被损坏的，旅客在提取时填写破损行李事故记录，按规定索赔。

行李遗失：如果旅客到站没有找到行李，值班人员在核实旅客的客票和行李牌后问清行李特征，要立即查找。首先在行李停放区和货舱查证寻找，如果找不到就要填写“行李事故调查记录”，一式两份，一份留存，一份交旅客。旅客还要填写“丢失行李调查表”。根据“行李事故调查记录”，运输值班人员向旅客航程的始发站、中途站和后续站拍发少收行李电报进行查询，查询电报可以按情况发出多次，如果没有找到，则按规定进行赔偿。

（5）行李赔偿

旅客临时生活用品补偿：旅客的行李若没有和旅客同机到达，航空公司应对旅客在等候行李过程中购买的生活日用品给予补偿费，补偿的金额由航空公司按所在地的价格确定标准，从而能为旅客解决由于查找行李而在到达地点等候所带来的不便。

如果确认是承运人导致行李丢失、损坏或短少，承运人应予以赔偿。但对由于自然原因或无法控制的原因或因包装容器质量造成的损失，承运人不予赔偿。赔偿的金额按国家有关规定处理，在规定中限定了每千克重量的最高赔偿限额。办理赔偿手续要在规定的时限内凭“行李运输事故记录”或“破损行李记录”提出要求，由旅客填写“旅客行李索赔单”，写明受损行李的实际价值，在受理航站查明责任确系承运人方面后，给予赔偿。

2. 载重平衡计算

载重平衡计算的目的是为了确保在飞行时，飞机的重心位置处于安全区间，以使飞机保持必要的俯仰平衡。2004 年 10 月 14 日，英国 MK 航空公司一架 B747-200F 货机在加拿大哈利法克斯起飞时，由于载重平衡问题导致坠毁。2009 年 11 月 28 日，一架津巴布韦籍 MD-11 货机在上海浦东国际机场附近坠毁，坠毁原因为载重平衡出现偏差。

载重平衡计算包括飞机最大业载重量计算、实际业载重量配算和载重平衡三个方面。

（1）最大业载重量指飞机从本站出发时的最大允许业载重量。

（2）实际业载重量的配算是根据飞机在本站出发时的最大允许载重量来配算运到各航站的旅客人数、行李、货物及邮件的重量，一般简称为配载。

（3）载重平衡是把旅客和货物按照飞机重心的位置妥善地安排（图 3-5），使飞机不论是满载还是缺载，其重心位置都在平衡范围内，使飞机能安全、顺利、经济地飞行。

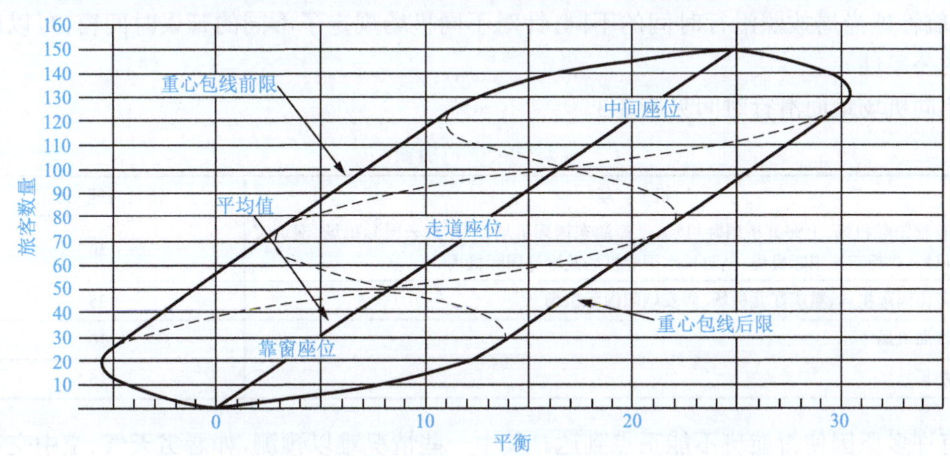

图 3-5 载重平衡重心位置限制

在按载重平衡的计算结果安置了旅客和货物后，就要编制舱单、载重表和载重平衡图，这些称为随机文件，它的作用一方面是使机长了解机上的配载情况，更主要的是使经停站和终点各站的值机人员迅速了解机上货物的位置，能迅速卸下到达的货物和邮件，再装上新的货物。

3. 航班控制

航班控制指安排航班的登机口或更改航班时间、航程、机型等，分配航班上的座位、旅客的限额等工作，并把这些信息提供给有关方面，特别是在航班改动或取消航班时要及时通报。

4. 特殊情况的处理

1）特殊旅客的服务

按照民航局《行李国内运输规则》的相关规定，对一些特殊旅客要给予重点照顾。特殊旅客是指需要采取措施给予特殊礼遇或照顾，或由于其身体和精神状况需要给予特殊照料，或在一定条件下才能运输的旅客。凡是接受需要与其他承运人联程运输的特殊旅客，必须事先取得该承运人的同意，并按照各承运人提出的要求办理。旅客的行为、年龄、身体和精神状况不适合航空旅行，或使其他旅客感到不舒适或反感，或对其自身或其他人员或财产可能造成的任何危险或伤害，承运人可以根据自己合理的判断，有权拒绝承运。病残旅客、婴儿及有成人陪伴儿童、无成人陪伴儿童、孕妇、盲人、犯罪嫌疑人 / 遣返人员等特殊旅客，必须在订座时提出申请，只有在符合承运人规定的条件下，经承运人预先同意并在必要时做出

安排后，方可购票乘机。由于特殊旅客需要特殊的照顾和服务，可能会影响对同一航班其他旅客的服务，因此每一航班对接收的各类特殊旅客（除重要旅客外）应有数量限制。对特殊旅客接收人数的控制由航班控制部门负责。

2）航班不正常的处理

不正常航班是指由于航路、天气、飞机调配、空中交通管制、飞机机械故障或旅客原因等造成的不能按公布时间正常飞行的航班。

航班正常是指在计划关舱门时间后规定的机场地面滑行时间之内起飞，而且不发生返航、备降等不正常情况或者不晚于计划开舱门时间后 10min 落地。由于各机场繁忙程度不同，民航管理当局按照滑行时间的不同，针对不同机场规定了不同的延误时间窗口，以确保管理的公平性。

不同机场地面滑行时间见表 3-3。

机场地面滑行时间　　表 3-3

机　场	滑行时间（min）
北京首都国际机场、上海虹桥国际机场、上海浦东国际机场、广州白云国际机场、深圳宝安国际机场、成都双流国际机场、昆明长水国际机场及境外国际机场	30
杭州萧山国际机场、重庆江北机场、西安咸阳国际机场	25
天津滨海机场	20
其他机场	15

有许多原因使得航班不能正点到达。其中一些情况难以预测，如恶劣天气、空中交通管制、军事演习、机场或跑道关闭，并且不在航空公司控制范围之内。这时运输航空企业有关的各级领导、各个部门要相互配合，尽快做好工作，解决问题。

运行控制中心是掌控飞机的核心机构，遇到不正常的情况，首先由他们掌握情况后，做出处理决定并通知运输部门和有关航站。各航站和运输服务部门根据改变的情况，一方面积极进行准备，配合空勤部门缩短延误时间，一方面要通告航行部门，让他们掌握准确情况。气象部门则要把航路气象情况和天气预报提供给航务和运输部门，如果是维修机务方面出现的问题，机务部门应该全力排除故障，解决问题。

3）延误或取消航班旅客服务工作

关于如何安置在机场等候的延误旅客，每个航空公司都有自己的政策。由于机务维护、航班调配、商务和机组的原因造成航班延误或取消，航空公司一般都会负责为旅客提供餐食或住宿。一些航空公司，尤其是低票价航空公司，对延误旅客不提供任何免费服务。其他航空公司对由于天气原因或不在其控制范围之内的原因造成的延误也不提供服务。

2010 年出台的《航空运输服务质量不正常航班承运人服务和补偿规范（试行）》针对旅客赔偿问题给出了明确标准，适用于在国内运输过程中的不正常航班补偿，补偿类型分为非承运人原因和承运人原因。

该规范提出，非承运人原因造成航班不正常，航空公司不承担补偿责任，机场或航空公司协助旅客联系餐饮服务和休息场所，相关费用由旅客自理。不过也有例外，任何原因造成航班在经停站延误，航空公司应根据需要向经停旅客提供免费的餐饮服务和住宿场所，如航班备降。

航空公司在客票列明的离站时间24h前已通知旅客航班取消，旅客接受变更航班或者选择退票，将无须补偿。如向旅客提供其他航班或其他运输方式，使旅客在原预计到达时间之后4h内到达最终目的站，但旅客放弃该服务，也无须补偿。

由于旅客拒绝上、下机造成的航班延误时间，不计入承运人原因造成的累计延误时间。

在承运人赔偿责任内的标准有3种赔偿标准：①延误预计在1～4h以内（含4h）的航班，及时向旅客提供餐饮；②在原预定航班离站时间后4～8h（含8h）内成行，向旅客提供价值300元的购票折扣、里程或其他方式的等值补偿，或是人民币200元；③在8h以后成行的，向旅客提供价值450元购票折扣、里程或其他方式的等值补偿，或是人民币300元。

4）不正常航班的恢复

由于恶劣天气、突发事故等导致航班大面积延误后，为了确保所有航班运行秩序的顺利所采取的缓解性措施。不正常航班的恢复方法主要有3种：航班顺延、航班取消、航班合并。在航班恢复过程中可能涉及机组的调换、飞机调配等。如航班计划中断，运行控制中心可能考虑取消一些航班，重新编排一个时刻表，或者延误某些航班，以便减少对旅客的影响，但要考虑资源（飞机与机组）能否被调用，地面设备能否处理重新编排的航班时刻。例如，一架飞机需要先飞两个航班（CAN—HAK，HAK—SHA），然后再飞往其他城市，但该航班计划已经延误，运行控制中心可能决定把CAN—HAK、HAK—SHA的旅客安排到其他航班上，然后安排一个无旅客的摆渡航班直飞SHA，以保证其后的航班不被延误。

由于交通流本身的连续性，在时空资源有限条件下，航班恢复是比较棘手的，也是全世界航空界所面临的难题之一。

三、货物运输组织保障

1. 航空货运的特点

自从飞机诞生后，航空货运以其自身特有优势，发展速度极为迅速，航空货运同其他的交通方式相比，有以下鲜明特点。

1）运送速度快

由于航空货运所采用的运送工具是飞机，飞机的飞行时速为600～800km，比其他的交通工具要快得多，火车货运时速为100～140km，汽车在高速公路上行驶时速是80～120km，轮船就更慢了。航空货运的这个特点适应了一些特种货物的需求，例如海鲜、活动物等鲜活易腐的货物，由于货物本身的性质导致这一类货物对时间的要求特别高，只有采用航空运输；另外，在现代社会，需要企业及时对市场的变化做出非常灵敏的反应，这个社会发展趋势所引发的一些货物的运输时间约束性很强，企业考虑的不仅仅是生产成本，时间成本也是一项很重要的因素，例如产品的订单生产、服装及时上市而获取更高的利润等情况，这都需要航空运输的有力支持才可以实现。

2）破损率低、安全性好

在地面，由于航空货物本身的价格比较高，操作环节比其他运输方式要严格得多，破损的情况大大减少，货物装上飞机之后，在空中损坏的概率很低，因此在整个货物运输环节中，货物的破损率低、安全性好。这种特点使得有些货物，例如体积比较大、重量比较重

的机械设备、仪器等货物，虽然从物理特性来说，不适合采用航空运输，但为避免被碰撞损坏，只能选择航空运输，以减少损坏的概率。

3）空间跨度大

在有限的时间内，飞机的空间跨度是最大的。现有的宽体飞机一次可以飞 7000km 左右，进行跨洋飞行完全没问题，从中国飞到美国西海岸，通常只需 13h 左右，这对于某些货物的运输是非常大的优点，例如活动物，如果跨洋运输，采用海运通常需要半个月左右，而采用航空运输，可以在很短时间内保证动物的存活。

4）可节省生产企业的相关费用

航空运输的快捷性，可加快生产企业商品的流通速度，从而节省产品的仓储费、保险费和利息支出等。另一方面，产品的流通速度加快，也提升了资金的周转速度，可大大地增加资金的利用率。

5）运价比较高

由于航空货运存在以上的优点，使得它的运价相对来说比较高，例如从中国到美国西海岸，空运价格至少是海运价格的 10 倍以上，因此对于货物价值比较低、时间要求不严格的货物，通常考虑运输成本问题，会采用非航空货运的运输方式。

6）载量有限

由于飞机航空器本身的载重容积的限制，通常航空货运的量相对于海运来说少得多，例如载重最大的 B747 全货机，货物最大载重 119t，相对于海运几万吨、十几万吨的载重，两者相差甚大。

7）易受天气影响

飞机本身受到天气的影响非常大，如遇到大雨、大风、雾等恶劣天气，航班就不能得到有效保证，这对航空货物造成的影响比较大。例如，有一票货从沈阳飞往温州，运的是螃蟹苗，到了温州上空，由于天气原因无法降落，只好备降到福州的长乐机场，由于螃蟹苗的运输有一定的时间限制，超过有效时间螃蟹苗可能就要死亡，若再采用汽运，时间已来不及，最后只能销售给福州当地的水产批发市场。

随着世界经济的国际化和全球化的程度不断加深，部分货物选择空运的原因主要有：

（1）世界经济的全球化，使资本的流动更加容易，资本的价值提高和产品的价值下降，经营者为了取得最大利润，开始进行生产的国际分工。例如为了取得最大利润，制造一件时装，它的面料可以在韩国生产（因为有制造能力），再运到中国缝制（因为劳动成本低），再运到巴西包装（那里的包装材料便宜），再回到美国销售，这样虽然增加了运费，但是比起集中在其中任何一个地方生产的费用还是要低很多。

（2）由于资本价值的升高、管理技术的进步和运输的通畅，经营者通过减少存货和后勤系统成本，使成本降低，他们不再将大量产品积压在仓库，而是做到"即时生产"，就是生产的数量比销售数量略多，随时订货，随时生产。同时又考虑到"总分配成本"，这个概念不仅考虑生产成本，而且考虑运输成本，批发商、零售商的经手和储存成本构成总成本。国际经济的这种发展趋势是推动航空货运发展的重要动力。

2. 航空货运与客运的不同

航空货运采取的运输方式主要有三种：①利用客机剩余吨位载运行李和货物；②客货混合，

将机身分两段，一半是客舱，另一半是货舱；③纯货机运输，针对快递、物流公司改装机型。

客货混运的优点是可以充分利用飞机的多余空间，少浪费运力；缺点是货运受限于旅客和行李重量，装了旅客和行李之后，多出来的运力才能用来运货。体积太大的货物也无法塞进旅客航班的机舱。而且，民用航空安全法规禁止许多类型的危险品和旅客混运。有些转机航班上，货运可能还受飞机起降时间的影响，如果起降时间太短，装卸完行李之后，可能没时间装货。

航空货运处理的货物类型多样，尺寸、价格、重量变化很大，因而运价复杂。

货物运送需要装箱、装卸、储存等，需要较多的设施、场地和服务；而旅客运输时，旅客都是主动的，场地和服务人员相对较少。

货物的运输一般要牵涉发货人、收货人、运输公司、航空承运人、仓库、海关等多个参与方，而旅客运输通常只有旅客和航空公司双方参与。

货运只要求按时间到达，对运输路线没有什么要求，这样航空公司可以在时限之内灵活安排航班和路线，以提高航班的载运率；而旅客运输原则上不能改变航班和运送路线。

航空货运的单向性很强，例如运输原材料只能是单向地由产地送往加工地，回程货源不能保证，而旅客运输总的来说是双向的。

货物运输主要解决货物的及时性和安全可靠性两个问题。航空公司不仅要保证货物及时送达，而且要让货主觉得安全可靠。安全的主要保障是航空公司的服务规范，特别是需要特殊装卸的货物，必须执行操作手册。这不仅涉及员工的培训，更涉及规章制度的执行。

3. 航空货物运价的基础知识

目前国际货物运价按制定的途径划分，主要分为协议运价和国际航协运价。

1）协议运价

协议运价是指航空公司与托运人签订协议，托运人保证每年向航空公司交运一定数量的货物，航空公司则向托运人提供一定数量的运价折扣。

目前航空公司使用的运价大多是协议运价，但在协议运价中又根据不同的协议方式进行细分，见表3-4。

航空国际货物运价构成表　　　　表3-4

协议定价		包板(舱)	死包板(舱)
			软包板(舱)
长期协议	短期协议	返还	销售量返还
			销售额返还
自由销售		—	—

名词解释：

（1）长期协议：通常航空公司同代理人签订的协议是一年的期限。

（2）短期协议：通常航空公司同代理人签订的协议是半年或半年以下的期限。

（3）包板（舱）：指托运人在一定航线上包用承运人的全部或部分的舱位或集装器来运送货物。

（4）死包板（舱）：托运人在承运人的航线上通过包板（舱）的方式运输时，托运人无论是否向承运人交付货物，都必须支付协议上规定的运费。

(5)软包板(舱):托运人在承运人的航线上通过包板(舱)的方式运输时,托运人在航班起飞前72小时如果没有确定舱位,承运人则可以自由销售舱位,但承运人对代理人的包板(舱)的总量有一个控制。

(6)销售量返还:如果代理人在规定期限内完成了一定的货量,航空公司则可以按一定的比例返还运费。

(7)销售额返还:如果代理人在规定期限内完成了一定的销售额,航空公司则可以按一定的比例返还运费。

(8)自由销售:也称议价货物或是一票一价,除按协议约定的货物,都是一票货物一个定价。

2)国际航协运价

国际航协运价是指国际航空运输协会(IATA)在空运货物运价表(TACT)上公布的运价。国际货物运价使用IATA的运价手册(TACT RATES BOOK),结合并遵守国际货物运输规则(TACT RULES)共同使用。按照IATA货物运价公布的形式划分(表3-5),国际货物运价可分为公布直达运价和非公布直达运价。

IATA运价体系　　表3-5

<table>
<tr><td rowspan="6">IATA运价</td><td rowspan="4">公布直达运价
(Published through rates)</td><td>普通货物运价(General Cargo Rate)</td></tr>
<tr><td>指定商品运价(Specific Commodity Rate)</td></tr>
<tr><td>等级货物运价(Commodity Classification Rate)</td></tr>
<tr><td>集装货物运价(Unit Load Device Rate)</td></tr>
<tr><td rowspan="2">非公布直达运价
(UN-Published through rates)</td><td>比例运价(Construction Rate)</td></tr>
<tr><td>分段相加运价(Combination of Rates and Charges)</td></tr>
</table>

国际航协运价是IATA通过运价手册向全世界公布的,主要目的是协调各国的货物运价,但从实际操作来看,各国从竞争角度考虑,很少有航空公司完全遵照国际航协运价,多进行了一定的折扣,但不能说明这种运价没有实际价值。首先,它把世界上各个城市之间的运价通过手册公布出来,每个航空公司都能找到一种参照运价,所以每个航空公司在制定本公司运价时,都是按照国际航协这个标准运价进行的;其次,国际航协能对特种货物运价进行分类,航空公司在运输这种货物时一般都用国际航协标准运价;最后,这种国际航协运价在全世界制定了一种标准运价,使得国际航空货物的运输的价格有了统一的基准,使得这个市场得到了规范。

4. 我国国内航空货物运价体系简介

1971年以前,航空货物运价的计价方法,是以客票价为基础,按客货运价之间的一定比率,求得货物实际运价。因此,每次调整旅客运价时,货物运价也随之相应调整。1971年3月民航大幅度调整运价时,国内货物、邮件、行李运价均以1967年运价为准进行了调整。这样一来,货物、邮件、行李运价与旅客运价完全脱钩,改为以货物运价作为邮件、行李运价的基础运价。货物每吨公里运价沿铁路线为0.65元;不沿铁路线为0.80元。货物与邮件运价的比率为1:1.69;货物与行李运价比为1:1.25。1974年国内旅客运价实行两种票价时,货物运价也分为两种:第一种货物运价按原规定不变,只适用于我国境内居住的公民;第二种货物运价,45kg以下货物按客票价的0.8%计算,45kg以上货物每千克按客票价的0.6%计算,适用于港澳台同胞及外国公民。国内两种货物运价与客票价同时于1984年9月起取消，第二种运价改为公布运价，第一种运价改为折扣运价。

1998 年 9 月 1 日起，国内航线货物运价按新运价结构执行，具体介绍如下。

1）最低运费（代号 M）

每票国内航空货物最低运费为 30 元。

2）普通货物运价（代号 N）

普通货物运价包括基础运价和重量分界点运价。

基础运价：45kg 以下普通货物运价，费率按照民航局规定的统一费率执行。同时，为适应航空货物的流向差异，统一航线不同方向保留差价。

重量分界点运价（代号 Q）：45kg 以上货物运价，由民航局统一规定，按标准运价的 80% 执行。此外，航空公司可根据运营航线的特点，建立其他重量分界点运价，共飞航线由运营航空公司协商协定，报民航局批准执行。

3）等级货物运价（代号 S）

急件、生物制品、植物和植物制品、活动物、骨灰、灵柩、鲜活易腐物品、贵重物品、机械、弹药、押运货物等特种货物的国际航空运费按普通货物标准运价的 150% 计收。

4）指定商品运价（代号 C）

对于一些批量大、季节性强、单位价值小的货物航空公司，可建立指定商品运价，运价优惠幅度不限，报民航局批准后执行。

5. 航空货物运输的分类

1）按运输的性质划分

按运输的性质，航空货物运输分为国内航空货物运输和国际航空货物运输。

（1）国内航空货物运输：是指通过航空运输货物时，其始发地、目的地和经停地都在一国境内的运输。表 3-6 为国内航空货物指定商品种类及代号。

中国国内航空货物指定商品种类及代号　表 3-6

代　号	种　类
0007	水果
0300	鱼（可食用的）、海鲜、海味
0600	肉、肉制品包括家禽、野味和猎物
1201	皮革和皮制品
1401	花木、幼苗、根茎、种子、植物和鲜花
2195	皮包、成卷、成块为进行进一步加工或制造的纱、线、纤维、布、服装和纺织品
6001	化学制品、药品、药材

（2）国际航空货物运输：是指通过航空运输货物时，其始发地、目的地和经停地至少有一点不在一国境内的运输。

2）按运输的物品特征来划分

按运输的物品特征，航空货物运输分为普货运输、快件运输、特种货物运输等。

（1）普货运输：是指不具有特殊性质的一般货物的运输。

（2）快件运输：是指航空快递企业收取快件并按照向发货人承诺的时间将其送到指定地点或收件人的一种运输形式。

(3)特种货物运输:是指除按一般航空运输规定外,还应严格按自身货物的特殊规定进行航空运输的货物。航空运输中的特种货物包括贵重货物、活体动物、尸体/骨灰、作为货物运输的行李、鲜活易腐货物、超大超重货物、外交信袋、危险物品等。

3)按运输的方式划分

按运输的方式,航空货物运输分为班机运输、包机运输、集中托运、联合运输以及货到付款、货主押运等。

(1)班机运输:是指通过在固定航线上定期航行的航班上所进行的货物运输。

(2)包机运输:是指托运人包用承运人飞机运输货物或邮件的一种运输方式,又分为整包机和包舱、包集装箱(板)运输。

包舱、包集装箱(板)通常分为固定包舱和非固定包舱。

①固定包舱是指托运人在承运人的航线上通过包板(舱)的方式运输时,托运人无论向承运人是否交付货物,都必须支付协议上规定的运费。

②非固定包舱是指托运人在承运人的航线上通过包板(舱)的方式运输时,托运人在航班起飞前72h如果没有确定舱位,承运人则可以自由销售舱位,但承运人对代理人的包板(舱)的总量有一个控制。

(3)集中托运:是指由集中托运者将若干票单独发运、发往同一个方向的货物集中起来作为一票货物,一同发往同一站点的运输方式。

(4)联合运输:又称陆空联运,是指使用飞机、火车、卡车等运输工具的联合运输方式。

(5)货到付款:是指货物先予运输,运输费用在目的地支付的一种运输方式。

(6)货主押运:是指由托运人派遣专人随机押运的一种运输方式。

6. 国际航空货物业务流程

国际航空货物运输的业务流程指的是为了满足消费者的需求而进行的,从托运人发货到收件人收货的整个全过程的物流、信息流的实现和控制管理的过程。

国际航空货物运输的业务流程主要包括两大环节:出口业务流程和进口业务流程。以下简要地介绍一下国际航空货物的进出口流程。

1)空运出口业务流程

(1)发货人

提供货物资料:品名,件数,重量,箱规尺寸,目的港及目的港收货人名称、地址、电话、出货时间,发货人名称、电话、地址。

①应具备的报关资料:清单(箱单)、合同(复印件即可)、发票(复印件即可)、手册、核销单(根据贸易方式而定)等。

填写好的报关委托书(并盖章)、盖章空白信纸1份(以备报关过程中备份需要),交由委托报关的货代或报关行进行处理。(必须加盖公章)

确认是否具有进出口权以及产品是否需要配额。

根据贸易方式将上述文件或其他必备文件交由委托报关的货代或报关行进行处理。

②寻找货运代理:发货人可自由选择货运代理,但应从运价、服务以及货代实力和售后服务等方面选择适合的代理公司。

③询价:向所选择的货运代理公司进行运价协商。

（2）货运代理公司

①委托书：发货人与货运代理确定运输价格以及服务条件后，货运代理将给发货人一份空白"货物托运委托书"，发货人将如实填写此份托运书，并传真或交回货运代理。

②商检：货运代理将检查委托书内容是否齐全（不全或不规范的要补充），了解货物是否要做商检，并对需要做商检的货物进行协助办理。

③订舱：货运代理根据发货人的"委托书"，向航空公司订舱（也可由发货人指定航空公司），订舱一般要提前一周进行，用来确认价格，避免下周发生太大的波动而引起纠纷，同时向客户确认航班以及相关信息。

④接货：若发货人自己送货，货运代理应传真货物进仓图给发货人，注明联系人、电话、送货地址、时间等，以便货物及时准确入仓。若由货运代理接货物，发货人需向货运代理提供具体接货地址、联系人、电话、时间等相关信息，以确保货物及时入仓。

⑤运输费用结算：双方在未接货物时应该确定是预付（本地付费用），还是到付（目的港客人付费用）。

（3）机场/航空公司货站

①理货：当货物送至相关的货站后，货运代理会根据航空公司的运单号码，制作主标签和分标签（根据客户提供的信息制作），贴在货物上，以便于起运港及目的港的货主、货代、货站、海关、航空公司、商检及收货人识别。

②过磅：将贴好标签的货物交由货站进行安全检查，过磅以及丈量货物尺寸计算体积重量；之后货站将整单货物的实际重量以及体积重量写入"可收运书"，加盖"安检章""可收运章"以及签名确认。

③打单：货运代理根据货站的"可收运书"将全部货物数据，打入航空公司的运单上。

④特殊处理：可能因货物的重要性、危险性以及装运限制（如超大、超重等），货站将要求承运的航空公司代表进行审核，并签字说明，才可入仓。

（4）航空公司

①排舱：航空公司将已经被海关放行的货物根据货物尺寸、轻重编排装载表，交由货站进行货物装箱或预配。

②装机：货物经过装箱或预配后，进行装机工作，并按照装载舱单，通知转运港以及目的港，以便货物的顺利中转及到达。

③相关知识：

货物体积＝货物的长（cm）×宽（cm）×高（cm）÷1000000×货物总件数

体积重量＝货物体积（m^3）×167（kg）×货物总件数

实际重量＝过磅后货物得到的物理重量

计费重量为体积重量与实际重量相比较，大者为计算运输费用的重量。

重货是指货物的实际重量大于体积重量。

抛货是指货物的实际重量小于体积重量。

航空公司将按照计费重量向货运代理收取运费，货运代理也按照计费重量向客户收取运费，货站也向货代按计费重量收取地面处理费。

④拉货情况：

a. 由于旅客行李过多，造成货运舱位不够，导致已经排载的货物被临时拉下。

b. 由于海关调查部门对某票货物有质疑，而造成货物不能运输。

c. 由于气候原因，飞机需要临时增加油料的载量，而导致飞机起飞以及落地重量超载，而导致拉下货物，控制载量。

d. 由于商业原因或者其他原因造成的航空公司或者货代以及货主要求停运而造成拉货。

（5）目的港

①直达目的港：由航空（主）运单上所打出的收货人进行清关，并收取货物。

②非直达目的港：由航空公司负责转运，将货物送至最终目的港，然后由运单上所显示的收货人进行清关，领取货物。

2）空运进口流程

（1）机场 / 航空公司货站

①理货：货物到达后，货站将根据航空运单上的数据，整理并核对货物的完整性，对有破损、短缺的货物，将协助收货人向航空公司进行追查或索赔，对于分批到达的货物将进行跟踪，直到货物全部收集完毕。

②通知：货站将通知航空运单上所显示的收货人领取提单报关（收货人可委托报关行进行清关）。

③查验：海关将对进口货物进行审核，并对审核通过的货物给予放行；需要做商检的货物需向商检局申报，查验合格后商检局将出具证明文件，由报关行或者货主 / 货代交入海关，再进行进口报关海关程序；放行的货物将按国家法律征收相关的海关关税。

④取货：收货人将已通过海关的单证交给货站处理，并领取货物。

⑤结算：收货人将根据收费标准交付报关费用。根据货物的不同情况，会有不同的通关时间，货站一般情况下在收到货物三天内免费保管，超过此期限将产生地面处理费用。

（2）转关

转关运输是指海关为加速口岸进出口货物的疏运，方便收、发货人办理海关手续，依照有关法律规定，允许海关监管货物由关境内一设关地点转运到另一设关地点办理进出口海关手续的行为。如中国国际航空公司在天津有货运基地，有部分货物运单上标明目的地是天津，但实际是在北京进行的转关操作。

（3）通关

机场海关接受进口申报的时间和出口申报时间相同，通关时间一般为两个工作日，但部分企业有“应急本”的除外，可在节假日进行进口申报，如果货物没有问题，通关时间也相应缩短为一个工作日。北京进口的空运货物，都要接受查验，相应的费用实报实销，进口报关费也要根据不同的货物收取不同的费用。

第五节　运输航空企业发展趋势

伴随着航空市场需求的不断变化、航空科技水平的提升、运输航空企业竞争的加剧，为了在将来的市场中能够更好地生存，各个航空运输企业都在不断创新和改变，在生存模式、精细化管理、资源优化配置上都展现了新的趋势。

一、“增值”化的商业组织及运行模式

1.“三化”的组织模式

航空运输业拥有一个空间分布的航线网络，航空公司提供的是网络服务。为了完成运输经济的特征，航空公司通过“规模化、网络化、全球化”可以发挥出规模经济效应、密度经济效应和范围经济效应。航空运输朝经营区域集团化和自由化的方向发展。公司间进行并购、重组可以实现资源优势和资金优势，应对航空业的高风险特点。通过加入联盟可以在不增加运行成本的基础上扩大经营网络，实现多种资源共享。组建大型航空公司可以靠提高航班频率吸引更多的旅客。

航空业的竞争不断加剧，挤压了各个航空公司的生存空间，为了应对这种局面，“三化”已成为航空业的主要发展趋势。“三化”可以降低国际市场的风险，有效拓展国际市场，实现更加自由、灵活的联合经营方式和有效的资产合作，为航空公司抵御风险、分享规模效益提供了空间。

2.“增值”的运行模式

由于市场竞争的不断沉淀，形成了具有不同盈利模式的航空公司，如大型网络型航空公司、地区性航空公司、低成本航空公司和包机航空公司等。不同的航空公司模式适应不同的市场环境和营销模式，在未来发展中要塑造核心竞争力就必须不断构建自身的“增值”要点。

（1）大型网络型航空公司的增值要点体现在：以枢纽或者基地为中心的高中转服务；针对特定顾客制定完整的服务方案；有效利用网络规模效应（枢纽战略、航班波、航线网络、机队规划等）；运行数据的深度挖掘与优化能力。

（2）地区性航空公司的增值要点体现在：深度挖掘缝隙市场、与网络型公司配合；运行生产过程低复杂度；具备独特运行环境的保障能力（如高高原机场运行、复杂地形进近、短跑道着陆等）。

（3）低成本航空公司的增值要点体现在：精细化的生产运行组织（过站时间、机上保障、有效销售方式）；开辟运行成本低的航线（机场收费低、航班时刻成本低、低复杂度的网络结构）；低航空器和人力资源成本（租赁、高利用率、低人机比等）。

（4）包机航空公司的增值要点体现在：灵活的运行网络和时刻；具有良好声誉的服务品质和品牌效应；与旅游产业整合的特定服务模式。

信息的分享和技术的推广、相互学习和相互弥补也使得不同商业模式的航空公司出现了趋同效果。

二、基于定位和需要的差异化产品设计

对于航空公司而言，所谓“差异化战略”是指将其提供的产品或服务差异化，形成一些在全行业范围内具有独特性的东西。实现差异化战略的方法有多种，如品牌形象、客户服务、营销网络、产品组合以及其他一些方面的独特性。差异化战略可以使新成立的航空公司区

别于竞争对手，另辟蹊径，寻求新的客户群体和新的市场，扩大市场需求，并最终实现盈利。

非航收入：如美国精神航空公司实行完全透明的收费服务项目和标准，确保客户购买机票之前看到所有精神航空提供的标准化产品功能和服务选项，包括：大前座——配置额外的腿部空间；随身行李和托运行李；指定座位；旅游保险；机上饮料和零食；酒店、租车、度假、游轮。精神航空的超低票价远远低于竞争对手西南航空和捷蓝航空，同时精神航空的非机票收入比例又大大高于竞争对手，这成为其盈利的主要手段。非机票收入的贡献远远高于其他美国航空公司，这个贡献率也超过欧洲超低成本航空公司——瑞安航空。还有航空公司通过提供维修服务增强盈利能力，如法国航空依靠强大的飞机维修能力，创造了占据法国航空 85% 的收益。

让顾客在价格—服务中具有自身的选择权，为顾客提供价值，特别是附加价值。如达美公司服务旅客、符合机场定位的“达美衔接”，与多种运输方式的有效衔接，采用“多式联运，多式捷运”策略；注重数据分析和统计，对航后数据进行挖掘，寻找规律和优化对象，实现航空公司资源最优配置和使用。

三、以资源高效配置为基础的精细化成本控制

有效型航空公司是指在运营上更具有效率，在成本上更具有优势。在现有的价值链中寻求增值改善或许会在短期内出现收益下降，然而通过不断创新寻求重新配置价值链，可以使企业实现全新的、更低的成本水平。企业若想要寻求长期的成本领先优势，必须不断在管理、技术、组织等方面进行创新。今后的航空公司想要继续生存乃至拓展扩张，首要的前提是降低成本，成本控制是每一家航空公司必备的竞争条件。

高效分销系统也会在成本控制中发挥重要作用，同时要注重适应政策和市场需要的变化，适时推出战术性的改变，保证企业的优质资源有效利用。其他方面的成本控制包括电子客票，在机场设立自助式值机柜台，推行无纸化货运业务等，使用现代信息技术削减业务成本，使用自动化技术取代人工成本。航空公司都必须做好成本控制，这样才具有竞争资本。

四、塑造企业价值要素

成功的航空公司具有以下明确的潜质：

（1）清晰的市场定位。按照清晰市场定位建立盈利模式，完成企业战略规划。

（2）良好的企业文化。发掘人员潜力，让员工有认同感，协同创造价值。

（3）有合理的组织结构，保证决策的快速执行（实施）。

（4）合理的网络结构和运力安排。根据内外部运行环境，构造航空企业的网络结构和与之匹配的运行时刻，提升中转能力和盈利范围。

（5）高效的收益管理队伍。良好的收益管理可以为航空公司开源，在同样的运行成本下提升收益，强化航空公司产品价值。

（6）良好的品牌形象和顾客关系。顾客的选择性与品牌形象有密切的关系，良好的顾客

关系可以提升市场占有率。

（7）安全管理。安全是航空公司生存的基本前提之一。没有安全纪录的公司，不可能立足于现在的航空市场。航空公司的主要领导不需要花大力气来保证安全。如果一家公司大部分精力用于抓安全，那一定是管理方面出了问题，影响了飞行队伍和机务人员的心理和工作。

（8）良好的成本控制。在合适时机、合适地方节约，进行高效节流。

（9）关注可能影响民航业的新趋势。宏观的有政治、经济、科技、能源、环境和气候、人口流动；中等的有航空公司的并购、联盟等；微观的有市场竞争变化、价格指数变化、新出现业务模式等。比如，随着电子商务的发展，现在的大趋势是旅客越来越多地需要自我服务（自己寻找和购买机票，自己值机），航空公司必须为旅客提供便利的自我服务措施，使他们尽可能省时、方便地享用产品和服务。

思 考 题

1. 运输航空企业战略规划的主要内容是什么？有什么意义？
2. 航线网络有哪些类型？各有哪些特点？
3. 机队规划的主要内容是什么？
4. 成本控制的主要内容是什么？
5. 收益管理的主要内容是什么？提高收益管理可采取哪些措施？
6. 面对高速铁路的竞争，怎样才能更有效地发挥民航的优势？
7. 影响民航客运市场发展的因素有哪些？
8. 航空客运和货运有哪些不同？
9. 如果旅客的货物在运输途中出现损坏，可以通过哪些途径获得赔偿？
10. 运输航空企业如何塑造自身的核心竞争力？

INTRODUCTION TO

CIVIL AVIATION

第四章 通用航空

通用航空作为民用航空重要的组成部分，是比商业航空应用更为广泛的航空活动，其发展水平和规模与国民经济发展水平息息相关。目前，随着我国通航市场准入和空域管理体制改革的不断推进，通用航空潜在的市场份额在不断释放，在未来航空活动中将发挥重要作用。本章重点介绍通用航空的产业发展历程、管理体制、运行保障和发展趋势。

第一节　概　　述

通用航空伴随着民用航空的产生与发展而诞生和成长起来，在其发展历程中，呈现出了一定的时间序列特征。本节针对通用航空在世界范围和我国的发展情况进行介绍，阐述通用航空的概念和特点，并对通用航空的地位和作用进行介绍。

一、发展简史

1. 世界通用航空的发展情况

早期的航空活动没有军事和商业用途，航空活动家们主要热衷于展示飞机的性能和创造新的飞行纪录。如 1909 年悬赏飞越英吉利海峡的活动，吸引了全世界最好的飞机和最好的驾驶员，同时也吸引了全世界公众的注意力，激励着很多航空爱好者从事航空业，促进了航空的发展，按照目前的分类标准，这可以算作通用航空的开始。1914 年，第一次世界大战的爆发，航空展现了在军事上的用途。军事航空迅速发展，打断了通用航空的进展。1918 年战争结束，剩余了大量的军用飞机和退役的驾驶员，他们不愿放弃飞行，就探索着把飞机用到各种民用领域中去。从此，航空运输和通用航空出现了明显界限。1927 年，美国人林德伯格驾驶单座单发飞机用 33h 完成了从纽约到巴黎的跨大西洋飞行，这些飞行展示了飞机的性能，引起了世界的轰动，对和平时期促进航空发展起到巨大的作用。

伴随着技术改进，飞机开始为农业服务，为交通不便的地区，如澳大利亚内陆、阿拉斯加、太平洋上的岛屿，提供医疗、邮递、救援等服务，开始出现了飞行训练学校和特技飞行队。1920 年之后，欧洲和美国出现了大量的私人飞机，有的企业开始有了自己的飞机或机队，为高级员工提供交通服务，这就是早期的公务航空。为了向私人飞机和企业飞机提供维修、燃油供应、二手飞机买卖、飞机出租等业务，在美国出现了以机场为基地的固定运营基地（Fixed Base Operator，FBO），这样就形成了一个完整的通用航空供需市场。

然而，第二次世界大战（1939—1945 年）的爆发再次中断了通用航空的发展进程。战后，通用航空又出现了发展高潮，应用到了更多的领域，如在农业中发挥了更大的作用，出现了空中游览服务等。1950 年，直升机进入了通用航空，大大拓展了民航服务的范围，开始出现海上石油平台服务，山区和无机场地区的救援、联络、空中吊装服务等。20 世纪 60 年代，跨国公司出现，公务航空得到了巨大的发展。跨国公司需要飞机和自己的机队，使用着通用航空中起飞重量最大、装备最先进的公务飞机，还有供荒野地区职工通勤使用的、能载 20 人左右的通勤飞机，供公司高级经理人员远距离出行、使用航程在 5000km 以上的豪华公务机等。

1985 年，全世界通用航空飞机数量有 32 万多架，占民用飞机总数的 98%，到 1999 年这个数字并没有太大变化，这反映出通用航空器的发展受到了限制，原因是：

（1）飞机的价格和其他使用成本的增加限制了私人飞机的发展。

（2）航路的拥挤和各国民航当局对飞行安全的要求使通用航空飞机的数量饱和，不能像以前那样任意飞行。

（3）环境保护对通用航空的一些作业提出了要求，如对噪声的限制，对喷洒农药、施肥污染环境的限制。

今后，通用航空在一些发达国家主要是服务内容和质量上的提高；而在发展中国家，通用航空不论在数量上还是在质量上，都还有很大的发展潜力。

2. 我国通用航空发展

我国航空界的先驱——冯如，1911 年在广东进行飞行表演，并于 1913 年在北京创立了我国第一所飞行学校，这是我国早期通用航空的开始。真正把航空用于非运输目的的民航事业是从 1930 年国民政府创立了航空摄影队，承担水利、铁路、地质测绘任务开始的。1951 年，民航局组建了航空护林队，开展农田灭虫和森林防护作业。随着我国建设事业的发展，通用航空开展了为农业进行飞机播种、除草、施肥及为工矿业勘测物探、石油开发等多项工作。当时没有通用航空这一概念，为工农业服务的航空统称为专业航空。1956 年，民航局成立了专业航空处，负责统管全国的通用航空事务。1957 年，中国成功制造运 -5 运输机，可以用于通用航空飞行。1980 年，民航局下设专业航空局（后改为专业航空司），使通用航空的管理提升到更高的层次，这表明了国家对通用航空的重视和扶持。与此同时，1981—1986 年，通用航空公司和直升机公司组建。1986 年，国务院正式使用通用航空这一名词来取代专业航空，标志着我国通用航空事业开始与国际接轨。在 1987 年的体制改革中，民航局撤销了专业航空司，通用航空以各大航空公司的一个部门或独立的通用航空公司，按市场经济的规律运行。通用航空面向市场后，缺少了国家的经济补贴，面临着经济效益不高、市场需求不旺的新问题，在今后的发展上要进一步适应市场经济形式、深化改革，才能取得更大的发展。

我国的滑翔运动始于 1953 年，到 20 世纪 80 年代初开始出现了动力滑翔机、伞翼机、超轻型飞机等各类新的航空器，用于进行体育、生产或休闲活动。随着生产力和人民生活水平的提高，近年来这个领域的航空活动正在迅速发展，它将成为我国未来通用航空事业的一个重要组成部分。

我国的飞机飞行运动和热气球运动开始得比较晚，到 1985 年才试飞了热气球，民用航空的飞行运动也仅限于新机的试飞和性能演示，这些方面都是通用航空未来发展的新领域。

到 2006 年底，中国通用航空的作业项目已由两三种增加到 7 大类 100 多种，服务领域遍及国民经济建设、科学研究和社会发展的十多个部门和行业，作业范围遍及全国所有省、自治区和直辖市。从作业项目的发展看，20 世纪 50 年代中期至 70 年代中期，通用航空作业多集中在工农业生产建设中一些靠常规手段难以达到时间和工作技术要求的项目，如农林化飞行、航空护林、航空摄影和航空磁法测量等；70 年代后期至 80 年代中期，通用航空作业的重点是适应国民经济建设中能源勘探和开发的需求，其最有代表性的项目为海上石油服务和陆上石油服务；80 年代末至 90 年代中期，占通用航空作业较大比重的仍是农林化飞行及能源勘探和开发的直升机服务，但通用航空已出现向社会和公众提供服务的倾向，其最有代表性的项目为空中游览、短途运输和公务飞行。不同时期通用航空作业量如图 4-1 所示。

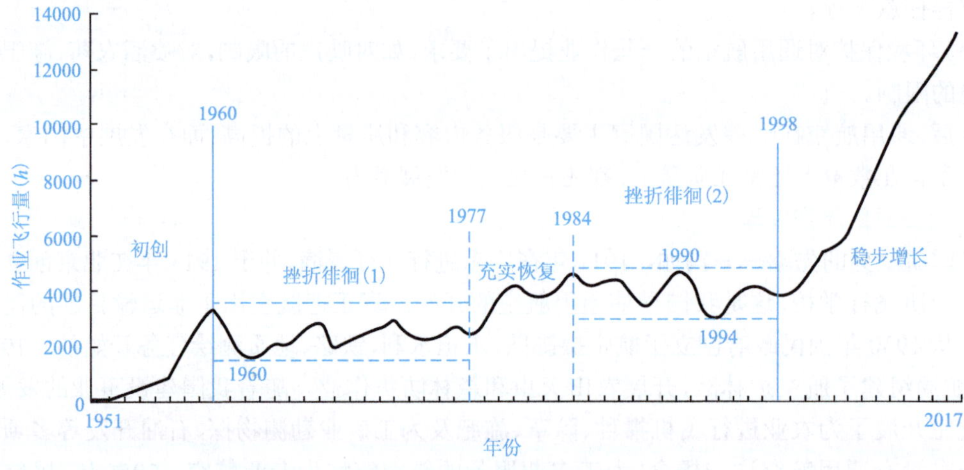

图 4-1　我国通用航空作业量

进入 21 世纪后，随着我国经济建设的发展，人民生活水平大幅提高，我国的公务航空和个体航空开始起步，不少大公司拥有了自己的公务机或直升机，很多富有的个人购买了私人飞机，公务航空和个体航空从无到有，方兴未艾，成为我国通用航空中发展最快的部分，但也遇到了空中交通管制限制、管理规章尚待完善等问题。放眼未来，我国有着巨大的潜在通用航空市场，要成为一个航空强国，做到两翼齐飞，就必须大力发展通用航空。截至 2017 年年底，通航机队在册总数为 2984 架（其中固定翼 1865 架，旋翼机 1017 架），新增 300 多架，比上年增长 15.0%；在民航局取得使用许可证的通航机场共 81 个；141 部飞行学校共 22 家，91 部和 135 部通航公司驾驶员合格证总数为 2820 个。近年来，无人机在我国物流、旅游、工农业生产、公共安全等领域得到快速发展和应用，截至 2017 年年底，民用无人机驾驶员合格证总数为 24407 个，无人机培训认证体系（UTC）无人驾驶航空器系统操作手合格证总数为 10672 个。但无人机发展也带来一系列安全隐患，目前，其管理体制、运行机制正在不断完善之中。截至 2018 年 6 月底，已在民航局取得使用许可证的通航机场共 167 个，获得通用航空经营许可证的企业共 386 家。

二、通用航空业的概念与特点

1. 通用航空的概念

航空活动主要分为民用航空和军用航空两大部分。民用航空活动又可分为公共航空运输和通用航空两大类。

《中华人民共和国民用航空法》对通用航空的内涵进行了界定，即“使用民用航空器从事公共航空运输以外的民用航空活动，包括从事工业、农业、林业、渔业和建筑业的作业飞行以及医疗卫生、抢险救灾、气象探测、海洋监测、科学实验、教育训练、文化体育等方面的飞行活动”。

国际民用航空组织（ICAO）对通用航空的定义为：“定期航班和用于取酬的或租用合同下进行的不定期航空运输以外的任何民用航空活动。”国际民用航空组织把民用航空活动分为运输航空、通用航空和作业航空三类，通用航空并不包含作业航空，但中国则把后两类合并称为通用航空。

因此，从广义的角度看，通用航空指除了军事飞行、公共航空以外的航空活动。狭义通用航空的定义，是站在民用航空部门应用角度的定义，包括工农业生产服务，体育部门利用航空器所进行的强身健体、竞技比赛活动，科学研究部门利用航空器所进行的科学研究活动等。

通用航空活动可以理解为“通用航空器+”的概念，即利用通用航空器进行各种作业的飞行活动。通用航空涵盖了公共航空运输之外的多种民用航空活动，是重要的现代化交通方式、生产作业方式以及政府服务方式，应用领域极为广阔。通用航空活动种类繁多，随着社会经济的不断发展，其内容不断丰富，如在军民融合发展的背景下，很多通用航空作业在使用民用航空器的同时，也有租用军用航空器的情况；通用航空也有提供旅客及行李服务的活动（如公务飞行）。通用航空所使用的航空器一般有固定翼飞机、直升机和无人驾驶飞行器等。

通用航空的外延既包括航空器维修、机场、空管与航行情报服务、航油等与飞行活动相关的通用航空运营及运营综合保障；也包括上游的航空器研发、制造、销售等领域，以及航材、生活服务设施等下游产业；还包括外围为行业发展提供相应支持的金融、保险等行业。

2. 通用航空产业

通用航空业是以通用航空飞行活动为核心，涵盖通用航空器研发制造、市场运营、综合保障以及延伸服务等全产业链的战略性新兴产业体系。产业是社会分工形式的表现，与一定社会生产力发展水平相适应，是一个多层次的经济系统。产业作为经济系统一个宏观层次的集合概念，居于微观经济的细胞（企业）与宏观经济的单位（国民经济）之间。从供给的角度来看，产业是指具有类似生产技术、生产过程、生产工艺等特征的物质生产活动或者类似经济性质的服务活动的总和；从需求的角度来看，产业是指同类或者具有替代和竞争关系的产品或服务的集合。

通用航空产业供给体系指以通用航空运营企业为核心，包括通用航空器研发与制造、通用航空机场建设与运营、通用航空人才培养与培训、通用航空服务与综合保障等庞大的产业体系，如图4-2所示。

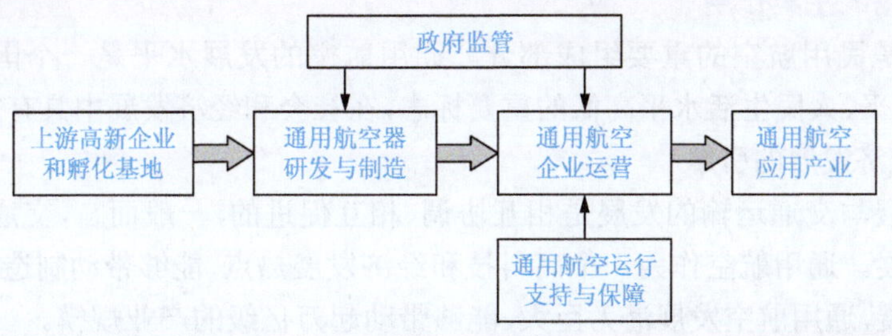

图4-2 通用航空产业链

通用航空产业需求体系是指民用航空活动中除公共运输之外的所有对航空活动的需求，包括工业作业、农林作业、公益航空、教育培训、文化体育、公务飞行、私人飞行等范围广泛的市场体系。

3. 通用航空活动的特点

通用航空活动作为一种交通及作业方式，与传统方式相比具有如下特点：

（1）种类繁多。从公务航空、短途运输到海洋监测、农林飞行，多达几十种。

（2）以作业飞行和个人娱乐体验为主。

（3）不少项目以目视飞行为主，对天气及地形条件依赖度高。

（4）机型普遍较小。不载客或载客人数较少，发生事故对社会公众影响较小。

（5）专业技术性强。通用航空不同的作业项目有不同的技术要求和质量标准，专业性非常强。通用航空多数情况下利用小型固定翼飞机、直升机或者无人驾驶的航空器，在低空空域或超低空空域执行飞行任务。

除此之外，通用航空还具有直达性、行业依附性、经营活动不稳定性和地区差异性等特点。直达性，是指通用航空飞行不受任何地理条件的束缚，可以飞行到任何区域进行通用航空作业。行业依附性，是指通用航空是和工业、农业及其他活动紧密联系并依附在一起的，这也是通用航空的特色所在。没有工业、农业及其他活动相支撑，通用航空也就失去了存在的价值。经营活动不稳定性，是指通用航空活动受气候、自然灾害等不稳定因素的影响。例如，天气干旱，需要人工降水；蝗虫泛滥，需要飞机灭蝗；出现险情，需要抢险救灾等。这些专业飞行活动都是不定期的，带有不稳定性。地区差异性，是指我国区域辽阔，地形复杂，资源分布不平均，这给通用航空作业带来很大的不同。例如在东北、西北地区支持林业航空，在西北、西南地区发展航空遥感，在华东、华南地区发展海上石油等。同时，由于各地经济发展不均匀，经济基础存在很大差异，应该因地制宜地采取各种不同的经济政策来搞活当地的经济，支持通用航空事业的发展。

通用航空大多数情况下的作业环境异常恶劣，这就需要经验丰富、接受过专业技能训练的通用航空作业人员，才能确保飞行安全和作业质量。

三、通用航空活动的作用与制约因素

通用航空的功能体现在广泛的应用领域，其核心是利用航空器实现各种作业及满足各种需求方式的转变，随着社会经济的发展，其范围也将不断扩大。

1. 通用航空的主要作用

通用航空是民用航空的重要组成部分。通用航空的发展水平是一个国家科学技术水平、经济发展水平、人民生活水平高低的重要标志，在社会和经济发展中具有重要的地位。

（1）推动经济发展的引擎

经济的发展与交通运输的发展是相互协调、相互促进的，一般而言，交通运输的发展要快于经济的发展。通用航空作为一个高科技和经济发展热点，能够带动制造业、消费产业和服务产业的发展，通用航空发展潜力巨大，能够带动起万亿级的产业规模。

（2）体现科技水平

在现代交通运输体系中，航空运输占有十分重要的地位。一个国家的科学技术水平越高，航空运输的水平就越高，能力就越强。为确保航空运行安全，新的技术手段和设备不断应用到通用航空器制造中，在监督管理方面，为了保障安全，各种监视设备不断完善，新监视技术不断得到应用，体现了科技价值和效果。

（3）提高生产效益

运用航空摄影、遥感手段，获取航空图像及其他遥感信息，为国民经济各有关部门进行勘探、设计、调查、科研等活动提供可靠、精确的原始数据和基础资料。通用航空所获取的航摄、遥感图像资料还能广泛应用于航测制图、国土资源调查、环境检测及宣传教育和军事侦察等方面。

运用航空物探方法获取的图像资料，广泛应用于地质找矿领域。如用于大地结构研究，以探索石油、天然气的分布规律，直接为油气资源普查提供服务；用于大地深部构造研究，以期发现新的矿藏资源；用于区域地质、工程地质和水文地质研究，为国家经济建设与发展服务。

在工业方面进行空中电力巡线、管道巡护、空中吊装及航空测绘等工业特色化服务。

在农、林等方面进行播种及病虫害防治药剂航空喷洒。

在偏远及其他交通设施未覆盖地区、海上石油钻井平台、核电站等区域因特殊运输需要而进行通勤航空。

为满足影视制作、新闻报道、广告及比赛转播等需要，从空中拍摄影像资料。

（4）提供高效公共服务保障

由于通用航空飞行的快速性、灵活性和直达性，通用航空应用的领域非常广泛。特别是在危险和突发事件处理上，通用航空发挥了其他交通运输方式无法替代的作用。将中国的抢险救援工作发展成为科技产业，已经成为社会发展的必然趋势。今后将进一步加强通用航空在国家防灾、减灾、灾后处置等应急方面的应用，如航空医疗救护、救灾物资投送、航空护林、城市航空消防、交通救助等。

（5）满足个人消费需要

随着我国居民收入水平的不断提升，更多具备物质基础的人开始针对航空服务产品进行消费，主要应用有：①为满足快速到达需要而进行的私人公务飞行；②为取得飞行驾驶执照而进行的飞行教育培训，或为提高飞行技能而进行的飞行活动；③有飞行驾驶执照的个人为体验飞行乐趣而进行的私人飞行活动；④跳伞、滑翔伞、滑翔机、热气球以及航空模型等飞行运动；⑤为满足特定层次人群从不同视角观赏、游乐的需要而进行的旅游活动。

2. 通用航空发展制约因素

通用航空在发展中还面临一些问题，制约了通用航空快速发展，主要包括：

（1）规制成本高。长期以来，由于没有建立独立的通用航空法规标准体系，没有脱离运输法规体系框架，在一定时期内参照或者套用运输航空法规标准管理通用航空，导致管理成本过高，降低了市场活力。

（2）产业扶持较弱。在政策导向、规划制定和决策上对通用航空都没有给予应有的重视，使得对通用航空投入少，造成通用航空飞机老旧，简单再生产都难以维持。

（3）空域没有实质开放。由于民航空管保障运输航空的压力大，通用航空运行一直被视为工作负担，而不是主业，很难得到保障，同时没有统一的通用航空飞行计划审批和运行保障机制，审批决策流程和放行信息不透明，随意性较大。

（4）地面保障受限。通用机场和起降点少，造成通用飞行降落困难，突出表现在机场使

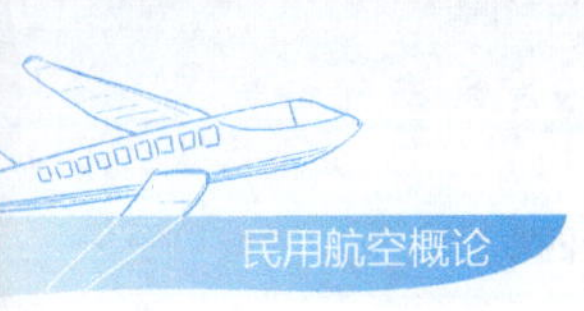

用难，乱收费现象比较严重。

（5）通航产业内部存在结构性不平衡，“少、单、难”（飞的偏少、运营单一、盈利困难）现象依然突出，我国通用航空在运营环节的业务结构有待调整。我国全年通用航空飞行总量中，训练飞行占70%、生产作业飞行占26%、商务飞行占3%、私人和娱乐飞行只占1%，这同全球通用航空60%服务于交通出行、运动娱乐、医疗救援等存在明显差距。

四、通用航空业务种类与性质

1. 通用航空市场

通用航空市场可划分为经济建设服务类市场、航空消费类市场和社会公益服务类市场。

1）经济建设服务类市场

经济建设服务类市场主要有以下类型：

（1）工业类，主要包括航空石油服务、电力作业、空中巡查、航空探矿、航空监测、空中吊装、直升机外载荷飞行、航空摄影、空中拍照。

（2）农林牧渔业类，主要包括航空喷洒、航空播种、航空护林、渔业飞行、人工降水、气象监测。

2）航空消费类市场

航空消费类市场主要有以下类型：

（1）公务航空，主要包括商业公务飞行、公司公务飞行。

（2）通勤航空。

（3）培训教育。

（4）文化娱乐。主要包括航空表演飞行、航空竞技飞行、个人娱乐飞行、航空运动、航空旅游。

3）社会公益服务类市场

社会公益服务类市场主要包括国家重大救援、航空医疗救护、航空消防、交通救助。

2. 通用航空的种类与性质

按照上面的业务种类不同，通用航空企业根据经营项目和经营状况又可以分为以下类别。

1）按照经营项目划分

按照经营项目，通用航空可以分为甲类企业、乙类企业、丙类企业和丁类企业。

（1）甲类企业指通用航空包机飞行、石油服务、直升机引航、医疗救护、商用驾驶员执照培训。

（2）乙类企业指空中游览、直升机机外载荷飞行、人工降水、航空探矿、航空摄影、海洋监测、渔业飞行、城市消防、空中巡查、电力作业、航空器代管，跳伞飞行服务。

（3）丙类企业指私用飞机驾驶员执照培训、航空护林、航空喷洒（撒）、空中拍照、空中广告、科学实验、气象探测。

（4）丁类企业指使用具有标准适航证的载人自由气球、飞艇开展空中游览；使用具有特殊适航证的航空器开展航空表演飞行、个人娱乐飞行、运动驾驶员执照培训、航空喷洒（撒）、电力作业等经营项目。

其他需经许可的经营项目，由民航局确定，抢险救灾不受上述项目的划分限制，按照民航局的有关规定执行。

随着通用航空项目的不断演变，通用航空审批权限将得到简化，上述种类将按照“载客类”“作业类”和“执照培训类”等分类方法进一步完善，按照影响程度和风险等级依照不同的运行标准进行审定。

2）按照经营状况划分

按照经营状况，通用航空可以分为经营性企业与非经营性企业。

经营性企业，又称为商业性企业，它是指通用航空经营的项目和目的主要是执行生产服务性任务，以取得经济效益为主要管理目标。如从事海上及陆地石油服务的通用航空企业等。

非经营性企业，又称为社会性企业，它是指通用航空经营项目和目的主要是执行社会性任务，以取得社会效益、担负社会职责为主要管理目标的企业。如从事航空抢险救灾、医疗救护、城市消防等活动的通用航空企业。此类航空企业所从事的活动需要政府部门来扶植，属于社会公益性活动。

第二节 通用航空管理

公共运输航空与通用航空是民用航空的两翼，虽然通用航空起步较早，但是由于市场需要和市场运作问题，通用航空整体发展较慢，落后于公共运输航空，尤其在管理体制、运行机制和法规环境方面还不尽完善。本节针对通用航空管理体制、运行机制和运行保障方面进行介绍。

一、通用航空企业的管理体制

1. 管理主体

中国民航局及其下属的地区管理局是通用航空活动的主管部门。通用航空作业对安全要求高，涉及范围广，联系部门多。在实际工作中，要求有关行业主管部门协调和统一调度各项工作，处理各项事务，担当起行业主管部门行政管理的职能。根据中国的实际，中国通用航空采取民航局和各地区管理局二级管理的形式。

1958—1964 年，民航各地区管理局先后成立了专业航空科，负责地区性通用航空工作。1964—1980 年，民航各地区管理局通用航空组织机构基本上按民航局机构变化进行相应调整。1980 年，中国民航系统进行了重大调整，中国民航脱离空军领导，划归国务院管辖。在1985—1987 年民航系统管理体制改革中，民航局不直接经营和管理航空业务，主要行使政府管理职能，进行宏观管理调控，民航各地区管理局专业航空处先后取消或划给新成立的航空公司，地区性通用航空管理工作中断，民航局行政管理机关分设若干专业业务部门，负责相关业务的管理工作。1994 年，民航总局的企业管理司改为运输司，通用航空的管理工作由运

输司下属的通用航空处负责。1996年以后，根据民航总局党委《关于发展通用航空若干问题的决定》，民航华北、中南、西南、新疆等地区管理局单独设立了通用航空处，其他地区管理局也在有关处室内设立了通用航空的管理机构，行业管理工作得以全面实施。

民航行政管理部门在通用航空方面主要职能有以下几个方面。

(1)制定通用航空的各项法规、制度和条例，并监督这些法规、制度和条例的执行。

(2)对通用航空企业进行规划、审批和管理。

(3)对航路进行规划和管理，并对空中交通实行管理，保证空中安全。

(4)对通用航空器及相关技术设备的制造、使用制定技术标准并进行审核、发证，监督安全，调查处理通用航空的飞行事故。

(5)代表国家管理国际民用航空的交往、谈判，参加国际组织，监督外国航空企业在国内的活动，维护国家的利益。

(6)对民航通用航空机场进行统一的规划和业务指导。

(7)对通用航空的各类专业人员制定工作标准，颁发执照，并进行考核、培训工作等。

针对从事通用航空活动管理，采取的主要基本原则：

(1)有与所从事的通用航空活动相适应，符合保证飞行安全要求的民用航空器。

(2)有必需的依法取得执照的航空人员。

(3)符合法律、行政法规规定的其他条件。从事经营性通用航空，限于企业法人。

从事非经营性通用航空的，应当向中国民航局办理登记。从事经营性通用航空的，应当向中国民航局申请领取通用航空经营许可证，并依法办理工商登记；未取得经营许可证的，工商行政管理部门不得办理工商登记。通用航空企业从事经营性通用航空活动，应当与用户订立书面合同，但是紧急情况下的救护或者救灾飞行除外。组织实施作业飞行时，应当采取有效措施，保证飞行安全，保护环境和生态平衡，防止对环境、居民、作物或者牲畜等造成损害。

2. 资产管理体制

通用航空作为企业的一种存在形式，其管理体制与资产所有方式直接相关，按照资产管理体制，分为独资、合资和股份制。

1)独资企业

独资企业是指由一个法人或个体自然人独立投资并经营的企业，企业的所有权和经营权归法人或个体所有。独资企业的形式有国有独资企业、外商独资企业和个体私营独资企业。目前，我国通用航空独资企业主要是国有独资企业和个体私营独资企业。国有独资企业是由国务院国有资产监督委员会（简称：国资委）或地方政府投资组建的企业，其所有权和经营权归全民所有，典型代表是东方通用航空公司和新疆通用航空公司。随着民用航空体制改革和开放政策放宽，外商独资企业也会介入到通用航空领域。个体私营独资企业又称个人企业，指通用航空由国内个人独立投资，企业的所有权和经营权归个人所有的企业。

2)合资企业

合资企业是指由两个以上股东（含外资企业）投资设立的通用航空企业，其所有权和经营权由投资股东掌握。这类企业包括国内合资企业和中外合资企业。目前，中国大多数通用航空企业属于这种产权模式。

中外合资企业(含外资企业),是指通用航空由中外两个以上国家(外国独资或合资)投资,企业的所有权和经营权归中外所有的企业。中国和澳大利亚合办的农业航空实验站就属于这种类型。

3)股份制企业

股份制企业是指以股份制的形式组成的通用航空企业。它可以由国内外若干个法人或自然人以股份的形式投资和分配利益,通过上市来募集资金,企业的所有权和经营权归股东大会或董事会所有。

3. 业务运行体制

我国的通用航空企业主要有两种形式,一种是专门从事专业服务的通用航空公司,另一种是航空运输公司下属的一个通用航空部门或机队。在通用航空发达的国家,通用航空组成一个很大的市场,这个市场由航空器使用者、制造厂和经营服务部门组成。使用者中包括通用航空公司、非航空企业的机队和私人飞机拥有者;服务经营者的主要企业形式是通用航空服务站,这些通用航空服务站把通用航空器制造厂和使用者联系起来,它们在经营多项通用航空活动以外,又为使用者提供买卖飞机、维修等一系列服务,成为通用航空业中的一个关键环节。

1)专业通用航空公司

这是我国通用航空企业的主要形式。它们的资金来源主要是中央政府的各部门或地方政府补贴,在全国范围内开展业务外,公司的组织形式和航空运输公司基本相同,公司内航行、维修、商务等部门齐全。由于通用航空的很多业务带有强烈的季节特性(农、林业航空)和不固定性(救援),这些公司的业务通常不是全年饱满的。另外,有的业务还带有一定的社会工业性质,因而利润很低甚至不能盈利,经常性亏损阻碍了这类型企业的发展。目前这类企业有的已经和其他公司合并(如中国通用航空公司并入东方航空公司),有的也在经营航空运输或其他业务,以适应市场经济的发展。

2)航空运输公司兼营运通用公司

这类公司以航空运输为主业,下属一个通用航空分部或飞行队,完成一定的通用航空作业任务。这种形式的好处是不必设立整套的行政机构、维修和后勤保障系统,因而效益得到提升。同时也需要在公司内部协调好航空运输和通用航空两种类型的任务。

3)固定基地经营站

这是国外通用航空服务企业的主要形式。它以一个机场为依托,主要为通用航空的飞行服务,也为一定的通用航空飞机提供其他类型的服务。如为通用航空提供加油、维修、机库等航线服务,经营飞机备件或整个飞机的交易,进行飞行训练,出租飞机和从事专业航空的飞行任务。由于通航服务站业务的多样化,它们作为通用航空的一个部分,得到了稳定的发展,20 世纪 80 年代后,在新的经济条件下为了取得规模效益,一些小的航空服务站正向着连锁经营模式发展。随着我国私人飞机的增加,这类站点也开始在我国出现。

4)非航空企业的公务机队(社团航空)

从 20 世纪 70 年代开始,航空企业出现大型化和国际化的趋势,一些大公司和大型组织都考虑拥有自己的机队,为其高级经理人员和客户服务(运送职员或货物)。前一种情况

如一些大公司的经理人员要到相距上百千米的几个子公司去处理业务，或是把重要的客户接到生产现场进行参观或谈判；后一种情况如在澳大利亚北部的一些矿区，要使用飞机从几百千米外运送职工来上班，这样做会给公司增加效益，改善形象。这类公司都设有一个航空部或飞行部来管理飞行事务，小的航行部只有一个主任驾驶员和其他工作人员，管理一架飞机。大的航行部则管理一个机队，有一个完整的飞机和维修队伍，并要制订相应的发展和培训计划。

5）飞行训练机构

飞行训练机构是通用航空的一个重要部分。20世纪我国仅有一所民用航空飞行学院培养商业运输的驾驶员。进入21世纪，国家政策放宽，民营的和合资的初级飞行学员培训学校不断出现，初级飞行学员的需求迅速扩大，飞行训练作为一个部门将会高速发展。

6）个体经营者

私人拥有、自驾航空器者，除了一部分人是专门用于个人出行或娱乐外，有相当一部分是为了经营和获取报酬，它相当于地面上的出租车业务。这部分个体公司为零散的航空需求提供灵活的服务，如旅游观光、运送紧急人员和货物等，使航空服务深入到偏远地区和更广泛的领域。

4. 通航企业的审批

通用航空企业是指从事经营性通用航空活动的企业，以及使用限制类适航证的航空器和轻于空气的航空器从事私用飞行驾驶执照培训、航空运动训练飞行、航空运动表演飞行、个人娱乐飞行的具有企业法人资格的经营性航空俱乐部（以下简称"航空俱乐部"）。

通航企业从事通用航空飞行，应当依次取得企业营业许可、航空企业经营许可和运行合格审定等三种行政许可的资质。

1）公司注册登记

企业面对的部门是所属地区的工商管理部门和税务部门，取得的是工商和税务登记证。

2）经营许可审核登记

企业面对的部门是中国民用航空局运输司通航处或地区管理局市场处，取得经营许可证。

3）运行合格审定

按照通用航空相关法规的要求，从事通用航空的活动，必须由一定的公司来完成。该公司或经运人应根据本单位所拥有的机型、设备和人员情况严格界定自己的经营范围，向工商管理部门申请营业执照，并向民用航空主管部门申请办理通用航空企业经营许可证。申请材料要体现对于通航企业专业资质、资产资质、技术资质和设备资质的审批要求。申请人应按照申请材料清单（附录3）逐项准备申请材料，且各项申请材料应符合经营许可申请审核单、通用航空经营许可现场审核单的相关要求，将材料提交给已获授权的监管局。监管局按照经营许可申请审核单对通用航空经营许可进行审核，在规定时间内向管理局上报正式审核意见，并随附相关材料。受理单位应负责在系统中录入审核意见。管理局可组织开展现场审核，也可委托监管局完成现场审核。审核通过后，提交管理局运输通用航空委员会审议或会签审议，审议决定同意批准的，向申请人颁发经营许可证；审议决定不予批准的，向申请人出具不予批准通知书。

二、通用航空运行机制

通用航空运行机制是指为了保障通用航空能够安全、高效地完成飞行任务，需要形成一套对参与主体进行引导和制约的准则和制度，使得通用航空活动的参与主体能够高效协调、灵活配合和有效监督。

1. 空域使用机制

通用航空飞行活动主要集中在低空空域，我国目前按照提供管制服务的等级，将低空空域划分为管制空域、监视空域和报告空域三种类型。

管制空域划设在飞行密集地区、繁忙的终端区或机场起降地带、地面重要军事目标、空中禁区、空中危险区、国边境地带的区域。地面重要军事目标、空中禁区、空中危险区、国边境地带的低空空域列为特殊管制空域，其管理规定按现行有关规定执行。

监视空域一般划设在空中禁区、空中危险区、国边境地带、地面重要军事目标、射击靶场以及飞行密集地区、机场起降地带等区域以外，且保持一定安全间隔。

报告空域则一般划设在远离空中禁区、空中危险区、国边境地带、地面重要军事目标、射击靶场以及飞行密集地区、机场起降地带等区域，且对其他飞行活动没有影响的区域。

由于业务的特殊性和任务的不确定性，通用航空在空域的使用上与定期航班有明显的区别。通用航空主要使用的是低空空域，同时使用的时间具有一定的灵活性，需要协调的内容比较多。目前采用较为严格的空域使用运行批复机制，需要申请、审批后实施。

随着我国低空空域管理体制和运行机制改革的推进，除了在管制空域内实施的通用航空飞行活动仍需履行严格的飞行审批程序外，报告空域和监视空域内将无须再申请临时空域，飞行计划只需要报低空飞行服务机构备案并通报飞行动态。

2. 日常监管机制

我国通用航空的管理机构为中国民航局、7 个民航地区管理局、33 个省（区、市）航空安全监督管理局。管理机构分为民航局和民航地区管理局两级，航空安全监督管理局为民航地区管理局的派出机构。民航局的主要职责定位于民航的安全管理、市场管理、宏观调控、空中交通管理和对外关系五个方面，而每个职能中都包含通用航空的管理内容。

1）中国民航局

中国民航局负责通用航空市场监管，规范通用航空市场秩序；指导监督通用航空经营许可工作；承办以下四类特殊通航飞行活动任务审批：

（1）航空器进出我国陆地国界线、边境争议地区我方实际控制线或者外籍航空器飞入我国领空的（不含民用航空器沿国际航路飞行）。

（2）航空器越过台湾海峡两岸飞行情报区分界线（不含民用航空器沿国际航路飞行），以及飞入香港、澳门地区的。

（3）航空器进入空中禁区执行通用航空飞行任务的。

（4）外籍航空器或者由外籍人员驾驶的我国通用航空器使用未对外开放的机场、空域、航线从事通用航空飞行。

2)民航地区管理局

民航地区管理局负责组织指导本地区通用航空市场监管,规范通用航空市场秩序;负责本地区通用航空经营许可工作;根据通用航空特点,把通用航空经营许可项目由按注册资本额度分类,改为按作业特点和性质分类,有利于将载客类飞行和其他类飞行区别管理。主要承办以下三类任务的审批工作:

(1)航空器进入陆地国界线、边境争议地区实际控制线我方一侧 10km 的;越过我国海上飞行情报区的。

(2)航空器进入空中危险区、空中限制区执行通用航空飞行任务的。

(3)凡在我国从事涉及军事设施的航空摄影或者遥感物探飞行的;从事涉及重要政治、经济目标和地理信息资源的航空摄影或者遥感物探飞行的。

3)省(区、市)航空安全监督管理局

省(区、市)航空安全监督管理局负责本辖区内通用航空市场监管,规范通用航空市场秩序;根据授权,对辖区内的通用航空企业经营许可申请提出审核意见。

3. 运行监管机制

通用航空公司有了经营通用航空的资质以后,就可以承揽通用航空飞行任务,但专业航空飞行种类繁多,每次任务的内容与难度也不相同,特别是对完成任务的技术要求也不相同。每次专业飞行任务的承揽,还要根据通用航空公司的技术力量来决定,称为技术资质。主要包括公司的飞机机型是否符合本次飞行的要求,机载设备是否符合完成本次任务的要求,飞行技术人员是否具有完成任务的登记标准和水平等。

民航局、民航地区管理局和航空安全监督管理局按照职责分工,负责通用航空企业运行的市场监督检查和管理工作,主要包括企业信息核查、年度检查和专项检查等方式。

1)企业信息核查

民航各级监管部门应按照《通用航空管理系统信息报送要求及考核办法》,随机抽查核实企业报送的各类信息,对不实信息予以扣分,并对相关企业进行纠正。

2)年度检查

中国民航地区管理局通航处统一负责本地区内通用航空企业经营许可年度检查工作,各航空安全监督管理局运输处负责本辖区内通用航空企业的经营许可年度检查任务。按照《通用航空经营许可管理规定》的要求,参照经营许可年度检查单,每年对辖区内通用航空企业组织不少于一次的年度检查,并出具年度检查意见。

3)专项检查

落实民航局或民航地区管理局制定的各类年度或特定时期的专项检查任务,民航地区管理局通航处统一组织对本地区内特定范围或随机抽查的通航企业进行专项检查工作,并出具检查意见。可以按照不同飞行任务、跨地区公司、通航作业种类等方面进行专项检查。根据业务类别进行安全监管定级,对通用航空企业、监管人员等开展定期或动态跟踪检查和绩效评估。

伴随着通用航空出现的多样性和复杂性,针对载客类企业实施监察员监管,其余飞行作业采取企业自律为主、诚信体系评价为辅的方式,重在加强事中、事后监管,严厉查处违章失信行为。

4. 运行保障机制

鉴于通用航空用户多样性、空域使用用户多元化需要，构建分级管理、分类服务和自我补充的运行保障机制。按照功能定位和服务范围的不同，结合不同地区通用航空发展的差异化需求，建立由国家级、区域级和服务站构成的低空飞行服务保障体系。以提供便捷高效服务为出发点，按照飞行服务站服务范围和服务功能的差异，实施分类管理，建立全覆盖飞行服务站服务体系。充分认识通用航空的社会属性，发挥社会管理的作用，充分运用和发挥市场机制作用，鼓励地方政府和社会力量参与飞行服务保障体系建设。鼓励飞行服务运行单位根据不同通用航空用户需求，扩展服务功能，发展定制化服务和产品。

三、通用航空的法制环境

民用航空相关法律设定了通用航空的定义以及从事通用航空活动的条件，明确提出保障飞行安全，保护用户、地面第三人以及从事通用航空活动的单位和个人的合法权益。

1. 行政法规

《国务院关于通用航空管理的暂行规定》（国发〔1986〕2号）于1986年1月8日由国务院发布。该规定首次将"专业航空"更名为"通用航空"，明确了通用航空行业管理机构，从事通用航空活动需履行的报批手续，从事通用航空经营活动的审批管理程序、要求等。在《中华人民共和国民用航空法》出台之前，该规定为通用航空行业管理提供了法规依据。到目前为止，该规定仍作为实施通用航空企业赴境外开展经营活动的行政许可的法律依据。

《通用航空飞行管制条例》（国务院、中央军委第371号令）于2003年1月10日由国务院、中央军委发布，2003年5月1日起施行。该条例是管理大陆通用航空飞行活动的基本依据，规范了从事通用航空飞行活动的单位或个人向当地飞行管制部门提出飞行计划申请的程序、时限要求；明确了在大陆范围内进行的一些特殊飞行活动，所需履行的报批手续和文件要求；并对升放和系留气球做出了具体要求。

2. 民航规章

目前涉及通用航空的民航规章共有30多部，主要包括经济管理和安全运行管理的内容。

1）经济管理的规章

（1）《通用航空经营许可管理规定》。该规章规范了行业管理部门的通用航空经营许可行为，规定了设立通用航空企业的条件、经营项目、申报文件要求、审批程序、时限等。该项行政许可由民航地区管理局负责实施。

（2）《非经营性通用航空登记管理规定》（原民航总局令第130号）。该规定规范了行政管理部门对非经营性通用航空活动的行政许可行为，规定了申请登记的条件、内容、文件要求、登记程序、时限等。该项行政许可由民航地区管理局负责实施。

（3）《外商投资民用航空业规定》（原民航总局令第110号）以及《外商投资民用航空业规定的补充规定》（原民航总局令第139号）、《外商投资民用航空业规定的补充规定（二）》（原民航总局令第174号）等民航规章。规定了境外资本投资民用航空包括通用航空的具体

条件、要求及审批程序等。

(4)《通用航空飞行任务审批与管理规定》是2013年民航局与原总参谋部印发的关于通航飞行任务审批的规章;《低空空域使用管理规定》于2014年由民航局与原总参谋部印发。

2)安全运行规章

(1)通用航空运行审定类规章有:

《一般运行和飞行规则》(CCAR-91);《小型航空器商业运输运营人运行合格审定规则》(CCAR-135)。上述规章对通用航空所涉及的一般运行、小型航空器商业运行的合格审定标准进行了规范。

(2)专业机构审定类规章有:

《民用航空器驾驶员学校合格审定规则》(CCAR-141);《飞行训练中心合格审定规则》(CCAR-142);《民用航空器维修单位合格审定规定》(CCAR-145)。上述规章明确了对飞行训练机构、飞行驾驶执照培训机构以及维修单位的审定标准。

(3)专业人员执照、资质审定类规章有:

《民用航空器驾驶员、飞行教员和地面教员合格审定规则》(CCAR-61-R1);《民用航空器领航员、飞行机械员、飞行通信员合格审定规则》(CCAR-63-FS);《民用航空器维修人员执照管理规则》(CCAR-66-R1);《民用航空飞行签派员执照管理规则》(CCAR-65FS-R2);《民用航空航行情报人员岗位培训管理规定》(CCAR-65TM-TV);《民用航空航行情报员执照管理规则》(CCAR-65TM-III-R3)。上述规章明确了对申请专业人员执照、资质的具体条件和要求。

3. 通用航空作业标准

为保证通用航空作业质量,引导和规范通用航空企业开展作业项目,自1986年以来,我国先后发布了下列通用航空的标准。

1)国家标准

《飞播造林技术规程》(GB/T 15162—2018)、《航空摄影技术设计规范》(GB/T 19294—2003)、《1:5000 1:10000 1:25000 1:50000 1:100000 地形图航空摄影规范》(GB/T 15661—2008)、《通用航空机场设备设施》(GB/T 17836—1999)、《航空摄影技术设计规范》(GB/T 19294—2003)等。

2)民航行业标准

《农业航空技术术语》(MH/T 0017—1998)、《农业航空作业质量技术指标》(MH/T 1002.1—2016)、《农业航空作业事故等级》(MH/T 1003—1996)、《水产品航空运输包装标准》(MH 1007—1997)、《民用航空摄影测量用航空摄影仪的技术要求》(MH/T 1005—1996)、《航空摄影仪的检测技术规范》(MH/T 1006—1996)、《飞机喷施设备性能技术指标》(MH/T 1008—1997)、《航空物探飞行技术规范》(MH/T 1010—2000)、《民用航空器事故征候》(MH/T2001—2018)等。

针对通用航空业发展趋势和特点,要不断地、系统地修订与通用航空相关的法律规章,建设与通用航空发展相适应的法规体系,包括降低经营性通航企业许可、通用航空器引进门槛,通航企业设立实现网上申请、网上受理、网上审批,对通用航空安全、通用航空运营和通用机场实施分类管理,简化非经营性通用航空登记管理等,从而促进通用航空业的健康、快速发展。

第三节 通用航空运行及保障

通用航空飞行任务具有灵活性、飞行任务环境具有较强不确定性，导致了通用航空在运行流程上与运输航空存在一定的差异。本节主要针对在管制空域内执行通用航空飞行任务时的运行流程、运行保障和运行监视等内容进行介绍。

一、运行流程

1. 确定飞行任务

在确定通用航空的飞行任务之前，通航企业的生产管理部门会召集有关部门共同研究任务的性质，与历次飞行的差异，需要注意的事项，与飞行任务相关的管辖单位，飞行区域地形地貌特点，作业区着陆点分布情况，是否满足飞行条件，气象条件、飞机状态和装备技术是否满足实际要求以及各种保障措施是否齐全，统筹安排，全盘考虑。

飞行部门要根据生产任务安排好机组和飞行人员；机务维修部门要准备好飞机；航务部门要联系好机场和有关空域；财务部门要做好飞行的预决算。在安排通用航空任务时要留有余地，如对此次任务的地形、机场或其他条件没有把握时，必须与飞行部门共同研究，确定飞行方案，必要时还要派出有经验的飞行人员、技术人员进行现场勘察和空中视察，确定可以保证飞行安全时，方可承担任务，签订合同。

通用航空如果承担的是国境线附近或其他特殊地区的飞行任务，在进行作业之前，必须上报民航管理局和中央军委有关部门，由民航管理局和有关部门经过协商批准后，方可实施。

对于作业飞行时使用新药剂、剧毒药剂及新作业项目的试验，必须按照有关规定和程序，报民航局或民航地区管理局。

2. 提交飞行计划

从事通用航空飞行活动的单位、个人实施飞行前，应当向当地飞行管制部门提出飞行计划申请，按照批准权限，经批准后方可实施。飞行计划申请应当在拟飞行前一天15:00前提出；飞行管制部门应当在拟飞行前一天21:00前作出批准或者不予批准的决定，并通知申请人。执行紧急救护、抢险救灾、人工影响天气或者其他紧急任务的，可以提出临时飞行计划申请。临时飞行计划申请最迟应当在拟飞行1h前提出；飞行管制部门应当在预计起飞时刻15min前作出批准或者不予批准的决定，并通知申请人。

1）正常飞行计划申请

飞行计划申请应当包括下列内容：

（1）飞行单位。

（2）飞行任务性质。

（3）机长（飞行员）姓名、代号（呼号）和空勤组人数。

（4）航空器型别和架数。

(5)通信联络方法和二次雷达应答机代码。

(6)起飞、降落机场和备降场。

(7)预计飞行开始、结束时间。

(8)飞行气象条件。

(9)航线、飞行高度和飞行范围。

(10)其他特殊保障需求。

从事通用航空飞行活动的单位、个人有下列情形之一的,必须在提出飞行计划申请时,提交有效的任务批准文件:

(1)飞出或者飞入我国领空的(公务飞行除外)。

(2)进入空中禁区或者国(边)界线至我方一侧 10km 之间地带上空飞行的。

(3)在我国境内进行航空物探或者航空摄影活动的。

(4)超出领海(海岸)线飞行的。

(5)外国航空器或者外国人使用我国航空器在我国境内进行通用航空飞行活动的。

飞行计划的时效性,在划设的临时飞行空域内实施通用航空飞行活动的申请计划可以一并提出 15 天以内的有效期,不用逐日申请;及时通报飞行管制部门每日飞行开始和结束时间;飞行管制部门对违反飞行管制规定的飞行活动,可以根据情况责令改正或者停止其飞行活动。

2)临时飞行空域的飞行计划申请

使用机场飞行空域、航路、航线进行通用航空飞行活动,其飞行计划申请由当地飞行管制部门批准或者由当地飞行管制部门报经上级飞行管制部门批准。

临时飞行空域的申请应当包括下列内容:

(1)临时飞行空域的水平范围、高度。

(2)飞入和飞出临时飞行空域的方法。

(3)使用临时飞行空域的时间。

(4)飞行活动性质。

(5)使用临时飞行空域、临时航线进行通用航空飞行活动,其飞行计划申请按照下列规定的权限批准:

①在机场区域内的,由负责该机场飞行管制的部门批准;

②超出机场区域在飞行管制分区内的,由负责该分区飞行管制的部门批准;

③超出飞行管制分区在飞行管制区内,由负责该区域飞行管制的部门批准;

④超出飞行管制区的,由中国人民解放军空军批准。

在划设的临时飞行空域内实施通用航空飞行活动的,可以在申请划设临时飞行空域时一并提出 15 天以内的短期飞行计划申请,不再逐日申请;但是每日飞行开始前和结束后,应当及时报告飞行管制部门。

使用临时航线转场飞行的,其飞行计划申请应当在拟飞行两天前向当地飞行管制部门提出;飞行管制部门应当在拟飞行前一天 18:00 前作出批准或者不予批准的决定,并通知申请人,同时按照规定通报有关单位。

临时飞行空域的使用期限应当根据通用航空飞行的性质和需要确定,通常不得超过 12 个月。因飞行任务的要求,需要延长临时飞行空域使用期限的,应当报经批准该临时飞行空域的飞行管制部门同意。通用航空飞行任务完成后，从事通用航空飞行活动的单位、个人应当及时报告有关飞行管制部门，其申请划设的临时飞行空域即行撤销。

随着通用航空保障体系的完善，飞行计划未来提交的部门是飞行服务站。飞行服务站建立与服务范围内有关空域管理部门、民用航空管制部门、地方政府有关部门的工作联系，明确服务范围内各类低空空域的准入要求、飞行计划的报批报备要求，优化飞行计划管理流程。飞行计划可以通过电报、传真、网络以及专用系统等渠道提出，由民航空域管理部门提供管制服务空域的飞行活动，由民航管制单位按现行规定进行批复，其他飞行活动不进行审批。仅涉及监视空域和报告空域的飞行计划，通过飞行服务站向有关飞行计划管理部门报备后即可飞行。

3. 作业任务组织

1）调机飞行

通用航空的作业飞行多数在临时机场和作业区进行，航空器通常需要从基地机场调机到临时机场。由于临时机场的场道、设备条件比较差且周围的环境条件比较复杂，不为机组所熟悉。因此，由基地调往临时机场前，必须进行认真准备。

执行通用航空任务的航空器，在具备下列条件后方准调机：

（1）机组的飞行准备工作已经完成，有关的航行资料和其他文件及备用物品携带齐全。

（2）航空器及专业设备情况良好，并且准备好必要的工具设备和备份器材。

（3）临时机场已经修建完工，机场标志已经画好，并且取得可靠资料。

（4）油料已经运到临时机场。

（5）临时机场电台已经开放。

（6）使用单位准备工作就绪。

2）作业前的检查

机组到达临时机场后，应进行下列工作：

（1）机长亲自检查机场的修建质量和场面布置是否符合规定的要求；了解航路、作业区有无靶场、射击和爆炸作业场所；使用航空器单位的作业准备工作是否就绪等。

（2）在熟悉场地飞行时，了解机场附近的地形和障碍物；根据机场附近及跑道延长线上的明显地标，确定低能见度进场方法，修订机场使用细则；检查无线电高度表是否准确。

（3）视察飞行时，校对作业区地形图和障碍物的位置、高度，选择低能见度条件下进场可以利用的明显地标和可供迫降的场地。

（4）视察飞行后，拟订作业飞行方案；对不符合安全规定的地区，应放弃飞行。如果机长认为需进一步摸清某些地段的情况时，还应进行地面视察。根据视察结果，制订保证飞行安全的措施。

3）作业飞行

通用航空作业飞行不确定因素多，飞行困难，保障不完善。因此，在作业飞行过程中需要做到以下几个方面：

（1）在安排作业飞行时，应尽量做到有两套计划；天气稳定时，在复杂地区或较远地区作业；天气不够稳定时，在简单地区或近距离地区作业。根据作业区距离、地形和天气特点，研究确定飞行计划和作业飞行方法。

（2）作业飞行的开始和结束飞行的时间应根据任务性质、作业地区地形确定。只有在能够清楚看到地标和能够目视判断作业飞行高度的情况下，方可起飞，但不得早于日出前30min（山区日出前20min）；着陆时间不得晚于日落时间（山区日落前15min）。

（3）作业飞行中，密切注意天气变化，当出现危险天气或在超低空飞行有下降气流时，应立即停止作业。清晨在沿海、湖滨多雾地区作业时，应保持有足够去备降机场的油量。如果作业区距离机场较远，必须与机场电台保持联络。

（4）两架以上航空器在同一地区作业飞行时，如果作业区邻近，必须制定安全措施，及时通报情况，正确调配间隔；在飞行中，航空器之间必须保持通信联络。

（5）在国境地带作业飞行时，必须严格按照飞行计划实施；准确报告进入、飞离国境地带的时间和方位；未经批准，禁止飞越国境线。

二、运行保障

通用航空的运行保障主要由空中交通服务保障、地面保障和运行保障体系构成，如图4-3所示。空中交通服务保障主要包括管制服务、航空情报服务、导航服务等方面；地面保障系统主要包括起降服务、维修服务、加油服务及后勤保障服务等；运行保障服务指通用航空企业飞行任务的确定、飞行组织与实施、现场作业保障和质量评估等。

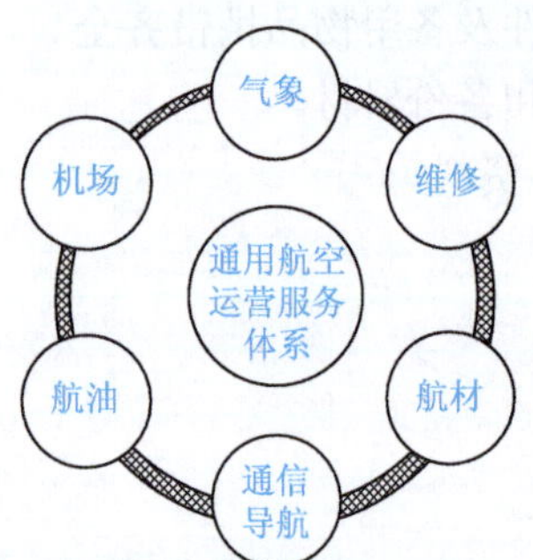

图4-3　通用航空保障体系

1. 运行环境保障

通用航空飞行的顺利实施，离不开通信、导航、雷达、气象、航空情报和其他飞行保障部门的密切协同、统筹兼顾和合理安排。构建由全国低空飞行服务国家信息管理系统、区域低空飞行服务区域信息处理系统和飞行服务站组成的低空飞行服务保障体系，覆盖低空报告、监视空域和通用机场，为低空飞行活动提供有效的飞行计划、航空情报、航空气象、飞行情报、告警和协助救援等服务。可根据通用航空用户需求，飞行服务体系各组成单位和其他飞行服务相关机构，依据基础服务和产品，发展多样化、个性化服务。通过保障部门互相配合与合作，管制部门按照职责分工或者协议，为通用航空飞行活动提供保障服务。

从事通用航空飞行活动的单位、个人组织各类飞行活动，应当制定安全保障措施，严格按照批准的飞行计划组织实施，应当与有关飞行管制部门建立可靠的通信联络，并按照要求报告飞行动态。在划设的临时飞行空域内从事通用航空飞行活动时，应当保持空地联络畅通。

在执行需要审批的飞行任务时，其航空器应当配有二次雷达应答机，或者备有能够保证操作人员与军民航空管部门沟通联络、及时掌握航空器位置的设备。这样可使空管部门随时能够看到飞机所处的位置。特别是在飞机飞到国境线附近时，一定要通过二次雷达看到飞机是否飞越了国境线，以免飞机非法进入别国境内，产生外交事件。《通用航空飞行任务审批与管理规定》中虽然没有强调不需要审批的飞行任务是否需要配备二次雷达应答机，但是因为我国没有设立非管制空域，根据目前的管理要求，所有通用航空器依然需要配备二次雷达应答机等设备，以便能够随时沟通联络。

2. 信息保障

在航空运输业中，信息处理对航空运行的安全性起着举足轻重的作用，保障通用航空运行中最重要的就是信息的高效、准确、实时，为通用航空的运行提供安全保障。针对通用航空运行构建完善的通用航空信息服务体系，对通信设备进行有效的维护和通航服务机构保障系统化都是通用航空信息保障不可或缺的。

充分利用行业和社会现有的数据信息资源，拓展低空飞行服务保障的内容。充分利用国家和地方地理信息、气象信息、数据网络等资源，确立适合低空飞行需要的数据种类，完善数据交换途径，充分发挥互联网、大数据等信息化手段，实现资源共享、数据共享、信息互联。

通用航空飞行所需航空情报资料，由飞行活动主体向民航局航空情报服务机构申请订购。通用航空企业需使用军用机场、军用航图等信息资料时，由民航局航空情报服务机构统一向军队主管部门申领，经军队主管部门审核同意后提供。涉密资料按照保密要求提供、管理和使用。根据通用航空飞行需要，航空情报服务部门应搜集、编辑、制订和发布《目视航图》《通用机场航空情报资料汇编》《电子地形及障碍物数据规范和产品规范》等通用航空飞行所必需的资料。

为体现信息的价值，上述信息获取可以充分利用互联网技术，将通用航空的航行情报、航图、气象信息在公共网站上发布并提供免费下载，使通用航空信息服务成为国家公共社会服务的组成部分。

飞行服务站（FSS）作为第三方信息化、网络化的基础设施，将实现飞行服务站一站式受理、审核、报备飞行计划，提供航行情报、气象信息等产品服务，简化通用航空空域使用、飞行计划申请的程序，减少企业、飞行人员的时间、成本投入。在偏远和缺少机场的地区建立航空服务站，通航飞行业务经营者或者驾驶员可以通过互联网向飞行服务站申报备案飞行计划，也可以到飞行服务站当面申报备案，或以电话、电报和空地对讲等方式申请飞行计划。通航运行过程中可根据需要在就近机场或航空站获得保障服务，为通用航空飞行提供涉及通航运行的情报服务和告警服务，既可减轻空中交通管制压力，又可拉动地方经济飞速发展。

通过飞行服务站（FSS）获取高质量的气象信息。通航的航空器以飞行高度低、速度慢、体积小居多，起飞降落场的装备设施建设落后，航空器的设备性能和抵御危险灾害性天气的能力远低于大型运输航空器，同时多数可供通航飞机起飞和降落的机场或站点缺乏天气观测设施、气象资料、可用的天气预报和气象保障能力。因此，通过飞行服务站的功能将运输航空的气象信息提供给通用航空，保障其安全运行。

针对通信的要求如下：

（1）机场或作业基地必须与有关的区域管制室保持顺畅的通信联络。

（2）区域管制室负责管制的航空器，在作业飞行时，必须与区域管制室保持陆空通信联络。

（3）由航空公司负责管制的某些地区内的飞行，经有关区域管制室的同意，作业飞行的航空器可不与区域管制室保持陆空联络，但必须与临时机场保持航空联络，并按时报告飞行的开始和结束时间。发生飞行事故、事故征候或危及飞行安全的情况，应及时报告区域管制室。

高质量的信息保障还体现在信息沟通上，为增进军、民航之间的信息互通与保障，可以成立单一机构专门统筹协调。如在 2014 年 11 月，山东航空产业协会率先发起创建军、民航融合的青岛、济南通航空管信息服务站。军、民航联席会议议定，这两个空管信息服务站为

山东区域低空飞行运营服务的唯一窗口，青岛、济南飞行管制区内的固定翼、旋转翼、三角翼、无人机、动力伞、飞艇、热气球和航模等低空飞行计划申报等相关业务均由服务站进行统一受理，军、民航空管部门不再直接受理辖区内的飞行计划申报，而是进行监督指导。服务站实行市场化运作、企业化管理，为通用航空活动提供飞行计划、航空情报、气象信息、告警服务等。

3. 机场保障

1）临时机场的选定和布置

临时机场是指为某一特定目的、任务，需要在短期内使用符合有关修建规范的机场。临时机场的选址应本着安全、方便且不影响其他机场和航线飞行的原则，并应不影响附近公众的生产和生活，同时对环境无害。临时机场宜选在开阔、无障碍物（或少障碍物）的平坦地带，同时还要避开道路、泄洪道及架空的线路等。跑道方向、进离场方向的确定要考虑气象因素和机场与日出日落的关系。尽可能利用现有的基础条件，如废弃的机场、废弃的公路或农村的场院。临时机场布置的主要工作是场道的整备和标志的设置。场道的整备质量应根据作业的机型要求进行，同时考虑季节等因素。设置的标志主要是跑道方向、进离场方向和滑行路线的标志。机场的通信导航设备安装调试也属于机场布置的一项重要工作。

临时机场经验收后方可正式使用，验收工作应在调机前三天完成。临时机场在使用前应制定机场使用细则，其主要内容包括：

（1）机场的地理坐标，与附近城镇及其他显著地标的位置关系。

（2）机场标高和距跑道中心半径 7km 以内高大障碍物的位置。

（3）跑道方向、长度、硬度及安全道的资料。

（4）最低天气标准、气象特点和盛行风方向。

（5）通信导航设备情况。

（6）机场的位置和管理规定。

（7）特殊情况的处置方法和备降机场资料。

（8）标画的起降地带和跑道、场界标志的规格、间距、颜色。

（9）特殊要求和规定的说明。

2）借助军用机场的保障

由于通用航空运行特点和起降点问题，通用航空飞行活动往往需要使用军用机场。在使用军用机场时应当将使用军用机场的申请和飞行计划申请一并向有关部队司令机关提出，由有关部队司令机关作出批准或者不予批准的决定，并通知申请人。从事通用航空飞行的民用航空器临时使用军用机场时间不超过一年的，由管理该机场的军级单位审批。

具体批准过程与管辖区域确定，从事通用航空飞行活动的航空器转场飞行，需要使用军用或者民用机场的，由该机场管理机构按照规定或者协议提供保障；使用军民合用机场的，由从事通用航空飞行活动的单位、个人与机场有关部门协商确定保障事宜。在临时机场或者起降点飞行的组织指挥，通常由从事通用航空飞行活动的单位、个人负责。从事通用航空飞行活动的民用航空器能否起飞、着陆和飞行，由机长（驾驶员）根据适航标准和气象条件等最终确定，并对此决定负责。

4. 运行后保障

运行结束后保障，公司应对运行飞机做全面的维护，保障人员开会总结，负责飞行监控的运行控制人员，把监控飞行中获悉的紧急情况信息，按规定程序及时进行报告和处理；运行控制人员应当编写飞行情况简报，报运行部门负责人，抄送有关部门。该次运行的飞行计划、飞行任务书、飞行放行单以及相关的航行通告等运行记录应及时整理归档并把相应的通航运行数据记录成册入档，为下一次的运行做好数据基础和经验基础。机场或其他运行保障机构要认真分析运行过程中的不足之处，进行相应的保障过失补充。

同时，对通用航空作业的质量检查，主要包括两个方面的内容：一是看作业区域是否达到了作业要求，二是看对其他不需要作业的区域是否产生了危害。对没有达到质量要求的作业还要进行重新飞行，对产生危害的作业还要进行赔偿。通用航空任务完成后，还要与生产单位的人员办好交接手续，清理好所带的物资和设备，最后返回通用航空的基地。

三、运行监视

通用航空的运行监视主要根据空域属性、飞行任务性质等不同，监视主体不同，主要采用自主监视和管制监视相结合的方式。

通用机场应当根据运行需要，设置固定塔台或塔台指挥车、空管用房和设施，配备相应专业技术人员。根据运行需要，可以从民航地区空中交通管理局、空中交通管理分局（站）及其他机场空管运行单位获取必要的飞行计划、监视、气象、情报等信息。民航地区空管局、空管分局（站）应当为通用机场管制、通信导航监视、气象、情报等服务提供必要的技术支持和业务指导。

1. 作业区内自主监视

临时机场和作业区的飞行与其他飞行没有冲突，区域管制室可将管制责任授权执行任务的航空公司负责。航空公司可以指定驾驶员、签派员或聘请的管制员担任管制工作。担任管制工作的驾驶员必须熟悉航空器的性能和管制规定。担任管制工作的签派员必须经民航地区管理局主管部门认可，必要时可进行理论考试和实践考核。通用航空企业利用多种语音、视频、监视系统掌控作业点的动态，强化对外出作业机组和相关人员的管理，外出作业机组要坚持飞行讲评，每日飞行后对飞行安全等情况做出正确评价，及时发现问题，提出改进措施。

2. 管制区内监视

当在临时机场从事通用航空飞行需要保障时，其空中交通管制责任由所在地的区域管制室确定。两个（含）以上航空公司在同一临时机场飞行或不在同一临时机场而在同一作业区或在相邻的作业区飞行时，由所在地区的区域管制室协调或指定其中某个航空公司负责统一协调。如果作业区跨两个（含）以上管制区，管制室之间应当相互主动进行协调，共同商定管制方法。

3. 监视程序

临时机场和作业区管制工作程序如下：

（1）飞行前 1 日 15:00 前，向有关的空中交通管制室发出飞行预报；如在数日内执行同一任务时，可发长期预报。

（2）不迟于航空器预计起飞前 1h（调机飞行 1.5h），按照相应管制室的工作程序进行工作，取得飞行区域、着陆机场（调机飞行时）的天气预报和天气实况。

（3）制定航空器往返作业区的飞行航线和高度。

（4）两架（含）以上航空器在同一机场飞行时，必须使用同一起飞线，规定好航空器的起飞次序和通信联络方法。

（5）将飞行的开始时间和结束时间报告有关的管制部门。

（6）航空器的作业范围和飞行高度与其他飞行有冲突时，由有关的区域管制室统一管制。

自主监视与管制监视相互补充、相互配合，保障通用航空与公共运输航空之间的安全，降低彼此间的相互干扰。

第四节　通用航空发展趋势

政策环境的不断放宽、市场需求的不断提升、空域改革的不断推进以及通用航空制造技术的提高，都将极大促进通用航空的转变和发展。本节针对通用航空在宏观环境、制造产业、企业经营、热点领域和运行环境等方面的发展趋势进行介绍。

一、通用航空市场的发展趋势

未来中国通用航空市场的发展将受市场和政策两大因素的影响，总体来看，通用航空市场发展面临着较为有利的环境，将继续保持增长的势头。主要表现为以下几个方面：一是从总量上，长期来看，中国通用航空业将继续保持快速发展趋势；二是通用航空业酝酿结构性变革，市场竞争日趋激烈；三是中国通用航空机场数量将逐渐扩大，运输机场建设规划要兼顾通用航空服务需要，鼓励通用航空企业和社会力量参与通用航空机场以及运行保障设施建设；四是建设和完善通用航空空管、维修、航油配送等保障设施，形成一批航空服务站。

“一带一路”、长江经济带、京津冀协同发展等重大战略加快实施，有利于我国通用航空充分利用国内国外两种资源和两个市场进程，夯实发展基础，拓展内外需求，催生系列新兴业态，提升发展规模和水平。“十三五”时期我国经济将保持 6.5% 左右的中高速增长，为通用航空发展带来持续增量。“大众创业、万众创新”将极大释放通用航空企业的发展潜能；个性化、多层次、大众化等消费趋势，促进通用航空文化、旅游、休闲娱乐等消费业态蓬勃发展；加强保障和改善民生，通用航空应急救援、短途运输迎来重要发展机遇；“互联网 + 通用航空”发展，将深刻改变通用航空发展模式和路径。

二、通用航空器制造业的发展趋势

通用航空器的发展也必然促进通航市场的发展，具有优良性能、满足多样化功能的航空器会刺激通用航空消费。随着制造技术的不断发展和完善，通用航空器在利用新材料、新技术上会着重从制造航空器的成本、安全和节能上下功夫。未来的通用航空器会向轻便的体型、高安全、清洁能源和多功能性方面发展。增强自主创新能力，突破关键技术，提升制造水平，推广应用新技术。建设综合或专业示范区，促进产业集聚，优化产业布局，提升国际竞争力。在创新过程中，为提升企业的积极性和抗风险能力，在政策方面将会针对通用航空重大部件生产研发给予保险补偿机制和税收优惠政策。

要实现我国通用航空与公共运输航空两翼齐飞，在现有情况下，必须依靠科技解决航空器制造与维修问题。目前通用航空企业所使用的航空器超过 70% 需要进口，但相对于公共运输航空，通用航空器购置规模小，机型种类繁杂，导致后期航材购买和运行维护成本高、周期长，极大地影响了我国通用航空的发展潜力。为此，必须提升我国的通用航空器制造水平，短期内至少要提升维修水平。可以通过建设通航产业集群，以示范区形式聚集通航制造企业，挑选培育一批具有核心竞争力的骨干企业开展通用飞机制造、发动机制造、机载系统和设备制造等产业。如以中航工业集团为核心，吸引国外著名通用航空制造企业，整合各地航空资源优势，坚持"以我为主，自主创新"原则，以能生产某一型号通用飞机为目标建设通用航空产业园，通过加强核心环节竞争力，逐步实现功能升级，完成从贴牌生产（OEM）向自行设计生产（ODM）、再向自有品牌生产（OBM）的转变，从飞机零部件转包生产升级为合作生产，进而占据核心部件生产、产品设计、整机总装、品牌营销等高附加值环节。

目前，市场潜力较好的通用航空制造主要针对大型水陆两栖飞机、新能源飞机、轻型公务机、民用直升机、多用途固定翼飞机、专业级无人机以及配套发动机、机载系统等的研制应用。完善通用航空器生产制造行业标准，制定民用无人机生产技术指标。结合国家"一带一路""国际产能和装备制造合作"等战略，利用骨干企业平台积极对接国际通用航空产业优质资源和先进技术，引进消化吸收，利用我国在互联网、大数据、云计算等方面的技术优势进行再创新，制造出适用于我国通用航空特殊需求的通用航空整机与关键产品。

三、通用航空地面保障的发展趋势

航空固定运营基地（FBO）的服务对象主要是针对通用航空器，为其提供停场、检修、加油等服务，还可以延伸到航空器的维护、维修，甚至包括飞机销售、租赁和飞行培训等综合服务，给私人飞机客户提供全方位的立体服务。目前，中国的 FBO 产业处于起步阶段。FBO 的建立地点上海、北京、深圳、珠海四地均为中国经济最为活跃的地区，反映了通用航空发展需求在这些地区的率先增长。然而相比美国，无论从运营上还是服务上，中国的这些通航 FBO 都尚属低端，能提供的服务内容和运营规模与国外相差甚远，服务能力远远不能满足国内通航市场和企业的需求。

未来，FBO 的运营模式呈现出两大发展趋势，一是连锁经营，二是业务全面。连锁经营使得通用航空企业能够更加方便、快捷地获取服务，并且能够保障服务的标准化和流程化，提升服务的效率。在业务方面，FBO 的功能将越来越全面，除了供油和停场之外，还将实现飞行服务站的所有功能，甚至包括买卖二手公务机、提供投融资解决方案，维修、餐食、租车等业务将成为 FBO 基本的功能。

制定飞行服务站布局建设规划，在通用航空飞行活动相对集中区域推进飞行服务站和自动飞行服务站建设。依托民航现有空管系统，按照安全优先、点面结合、分步实施、控制成本、提升效益原则，推进全国通用航空飞行服务管理中心、区域通用航空飞行服务单位、省级

行政区通用航空飞行服务单位以及作业区(临时)飞行服务单位等四级通用航空飞行服务保障体系建设。

提升油料保障能力,建立存储与供应体系。依据生产作业集中状况、交通运输网络体系分布,分地区建立通用航空油料储备配送系统,建设若干个航空油料配送中心,实现航空油料规范化、制度化管理。

四、通用航空企业的发展趋势

通用航空企业在未来要不断开辟市场,提升市场竞争力,要在巨大的市场中占有足够的市场份额。在未来发展过程中需要关注以下几个方面:

(1)践行"大通航"产业理念,实现多元化经营。通用航空产业横跨第二和第三产业,涉及面非常广,主流的发展模式有"通航制造""通航运营+服务"和"全产业链"的模式。理解、运用好全产业链中各个环节的关系,创造不同环节的共赢模式,刺激局部效应和全局效应的发展,从研发制造、市场营销、运营及保障和衍生服务等角度出发,基于自身的优势开展多元化经营,包括接受航空器托管、维修、培训等经营领域,未来有实力的企业会开展航空俱乐部、航空乐园、资产证券化产品等经营项目。

(2)注重市场细分,打造专业化、规模化的竞争优势。以"大通航"的产业思维模式,做精细化、专业化的通航领域。精准定位自身的主业,并持续稳定、经营形成差异化的竞争优势,确保盈利增长点进行规模化建设。积极探索多种合作方式,进行改革、合资和融资建设,进而走向集团化发展道路。通用航空企业与地方既有产业建立结合点,以通用航空促进关联行业发展,实现自身产业升级与发展方式转变。

五、通用航空作业领域的发展趋势

目前,我国通用航空市场需求特点为:

(1)工业航空是通用航空中最主要的作业形式,需求程度较高,农林业航空次之。

(2)传统工业航空及农林业航空作业在市场中仍占相当大的比例。

(3)石油开采和勘探是运营较成功的业务领域,主要得益于国家对近海石油及内陆石油的开发;而农林化飞行是我国通用航空中第二大作业项目,空中作业是目前防治大面积虫害最有效的办法;航空摄影占据第三大市场份额,得益于近年来高铁及其他基础设施建设的需要,航空摄影业务得以蓬勃发展。

另外,由于市场需求和政策支持等原因,以下通用航空领域在一定时间内属于热点发展领域。

1. 短途运输

中国人口众多,运输市场是有刚性需求的。短途客运是大型运输公司干线和支线的补充,尤其是在那些交通条件不是很便利的地方。关键是做到与运输航空的无缝连接,在选择航线、选择基地机场的时候要对航线的设计、客流量和消费能力、消费习惯做深入的分析,选择合适机型,降低成本,提高短途运输效率。

2. 空中游览

空中游览是未来通用航空发展的热点，截至2017年年底，全国开展空中游览项目88个，拟开展的空中游览项目132个，合计220个，空中游览全年飞行作业突破5000h，低空旅游开始展现出勃勃生机。只有成熟的旅游景点，游客数量众多的景区，才有可能开展空中游览业务。空中游览的成败重点是要关注起降点位置选择和机型选择，两者相互匹配、促进协同效益的出现，促进空中旅游的良性循环和发展。

如山东航空公司引进4架美国产赛斯纳208型飞机(图4-4)，开展渤海海峡低空飞行观光旅游和通用航空服务，从烟台蓬莱飞大连，成为跨越渤海湾、连接鲁辽两半岛的桥梁与纽带，也是我国首次以水上飞机进行旅游观光航线的飞行(长期以来，烟台至大连无铁路，无航空，更无路桥，往返只能乘船渡海)。

图4-4 赛斯纳208型水陆两栖飞机

这种航班属通用航空业务，没有时刻表，游客来了就能乘机游览，方便、可靠，类似出租车，固取名为"空中的士"。

3. 航空救援

中国人口众多，但医疗资源相对稀缺。近几年随着私家车数量的快速增长，高速公路救援的需求增多。在二、三线城市甚至乡镇等医疗条件相对差的地区，把受伤人员转运到医疗资源丰富的地方，这个市场是非常巨大的。需要注意的是，医疗资源和保险是航空救援的关键因素，飞机只是一个运输工具。

设计好商业模式，把医疗资源、航空保险，甚至一些高科技产品有机结合，让普通民众都能享受到救援的帮助，这是航空救援的关键。航空救援的发展方向是要形成体系，机队要有规模做成连锁模式，甚至未来和国际接轨。

4. 通航小镇

通航小镇就是"拥有飞机跑道的住宅小区"。就像普通的住宅区一样，这里的房屋大都是业主们平日居住生活的家，并不做商业用途。但又不同于传统的住宅区，航空小镇除了要提供日常生活所需的设施外，还必须建有飞行所需的设施设备，如机场、跑道、滑行道、停机库、停机坪，甚至飞行俱乐部、餐厅等。让飞行成为人们生活不可或缺的一部分，这正是住宅型通航小镇的核心价值。因此通航小镇也被称为"飞行社区"。

通航小镇可以围绕航空培训、飞机制造、飞机维修、通航发展、通用航空运营等方面，突出某个主题建造航空城。通航小镇可以举办通用航空产业盛会，搭建通用航空产业国际化交流平台，加强国际间的技术合作与交流，引进国外的先进技术，扩大国际通用航空在中国更广泛地应用，推动中国通用航空产业向国际纵深发展。通航小镇可以带动经济产业链的

发展，促进通用航空发展的同时带动地方经济发展。

5. 执照类培训

截至 2017 年，我国国内的民航驾驶员培训能力每年只能达到不足 2000 人，这个供应量不能满足我国现阶段市场需求，存在 1000 多人的缺口。目前，国内通用航空每年培训飞行员约 1000 人，预计未来 3 年，市场需求量会超过 6000 人，而未来 10 年将需要 15000 名通用航空驾驶员。由于航空企业自身具有特殊性，民航相关法规规定，民航从业人员必须达到一定的经验积累才能符合行业的要求，而对于处于安全最前沿的驾驶员，这一点尤为严格。这大大增加了飞行人才培养所需要的时间。因此，通用航空的飞行培训市场潜力巨大。

图 4-5 为民用航空飞行训练现场。

图 4-5　飞行训练

6. 无人机相关业务

无人机应用的灵活性、低成本等特征，使其发展迅猛，给通用航空发展带来新动力和新活力。我国民用无人机产业在技术先进性、市场占有率、行业应用性等方面均处于世界领先地位，深圳市大疆创新科技有限公司的无人机占全球消费类无人机市场 70% 份额。截至 2017 年年底，全国注册无人机数量已达 20 万架，实际保有量数值更为巨大，且增长势头强劲，各类无人机公司更如雨后春笋，日新月异。无人机在工农林牧渔等诸多通用航空作业领域代替有人机进行生产作业的趋势正变得越来越明显、越来越强劲。新兴业态的无人机物流，正彰显其特有优势，中国邮政、顺丰快递、京东物流等国内各大物流企业都在快速布局无人机物流网络，无人机物流前景广阔。

六、通用航空运行环境的发展趋势

1. 培育通用航空市场政策

通用航空市场政策会以“放管结合，以放为主，分类管理”的政策导向培育通用航空市场。针对通用航空市场的完善有两个切入点，一个是针对繁忙地区，以加快通用航空全产业链发展、深化低空空域管理和改革、培育市场需求为重点；另一个是交通不便地区，以推广通用航空短途运输为重点，满足偏远地区、地面交通不便地区人民群众的基本出行需求，强化通用航空交通服务功能；扩大通用航空在抢险救灾、医疗救护等公益服务领域应用，以及工农林生产应用。促进通用航空与旅游、体育（建设跳伞、滑翔机、滑翔伞等）以及互联网、创意经济的融合发展，引领新兴大众消费。

同时，建立良好商业模式。通用航空的商业模式也依托于能够有效覆盖客户的基础设施，例如距离居民 100km 的机场只能适用于乘坐航班，10km 量级距离的机场可以被居民应用于学习飞行、体验与偶尔的短途飞行，如果机场的距离在 1km 量级，通用航空就适合于日常使用甚至通勤使用，国外比较成熟的“航空小镇”就是“通用机场 + 住宅”的综合体，提供居住、交通（或爱好）的高端需求一体解决方案。

2. 通用机场建设

加快机场保障体系建设，到“十三五”末全国各地规划建设通用机场 647 个，如图 4-6 所示。随着下放通用机场审批层级，飞行小镇、产业园区的快速发展客观上推动了各地通用机场建设。通过统筹协调通用航空与公共运输航空，优化规划布局，合理确定标准，规范、简化审核程序，分类推进通用机场建设，解决“落地难”问题。制定通用机场管理规定，划设分类方法，实施分类管理，在《通用机场分类管理办法》，按照对公众开放与否分别采用申报审核制和告知承诺制，在总体规划、初步设计和验收等环节实现差异化管理。

1）通用航空机场分类

有针对性地对通用航空机场按规模和等级建设进行定位，对于非商业载客飞行的项目，则可以大大节约投资，提高建设效率。

通用航空机场根据其是否对公众开放分为 A、B 两类。A 类通用航空机场，即对公众开放的通用航空机场，指允许公众进入以获取飞行服务或自行开展飞行活动的通用机场；B 类通用航空机场，即不对公众开放的通用航空机场，指除 A 类通用机场以外的通用航空机场。

A 类通用航空机场分为以下三级：

A1 级通用航空机场，含有使用乘客座位数在 10 座以上的航空器开展商业载客飞行活动的 A 类通用航空机场。

A2 级通用航空机场，含有使用乘客座位数在 5 ～ 9 之间的航空器开展商业载客飞行活动的 A 类通用航空机场。

A3 级通用机场，除 A1、A2 级外的 A 类通用航空机场。

2）科学规划通用航空机场

科学合理规划机场布局、以技术手段实现公共运输机场与通用航空机场相互转化，有效解决通用航空器落地难问题。科学谋划，以立体化交通为视角，按照需求层次完善通用航空机场规划，分类建设满足具有市场需求、交通功能需求、特种作业需求等通用航空器起降网络。针对交通不完善区域，按照通用航空服务范围距离，确定通用航空机场位置；对于旅游景区、特种作业区按照业务需求设置位置和数量；对于公务需求按照数量与公共运输机场关系设置位置和数量。评估公共运输机场合理发挥通用航空机场功能条件，利用管理流程、飞行程序等差异化的设置增强公共运输机场服务通用航空器的能力，增加起降点数量同时降低重复建设。另外，要简化通用航空机场建设的审批手续，加强民用航空机构、当地政府机构与军方协调，缩减审批部门和程序；可以采用 PPP（私营企业、民营资本与政府）融资模式，解决机场建设融资和后期运行问题。

针对不同的功能用途、不同的环境条件、不同的发展需求，按照“灵活、简化、安全”原则，对三类以下通用航空机场以备案管理方式代替审批制，对水上机场、直升机起降场等迫切需求，要优先制定相应建设标准。支持支线运输机场建设通用航空设施，开展通用航空业务。鼓励企业和个人投资建立通用机场。在通用航空飞行保障收费标准上，要制定合理收费标准。

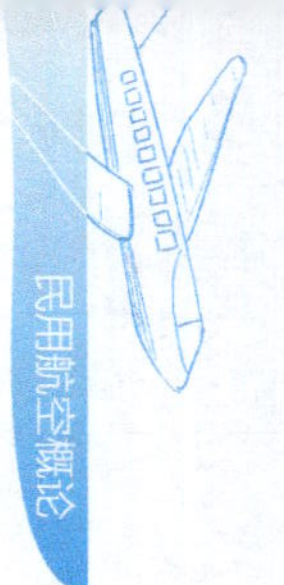

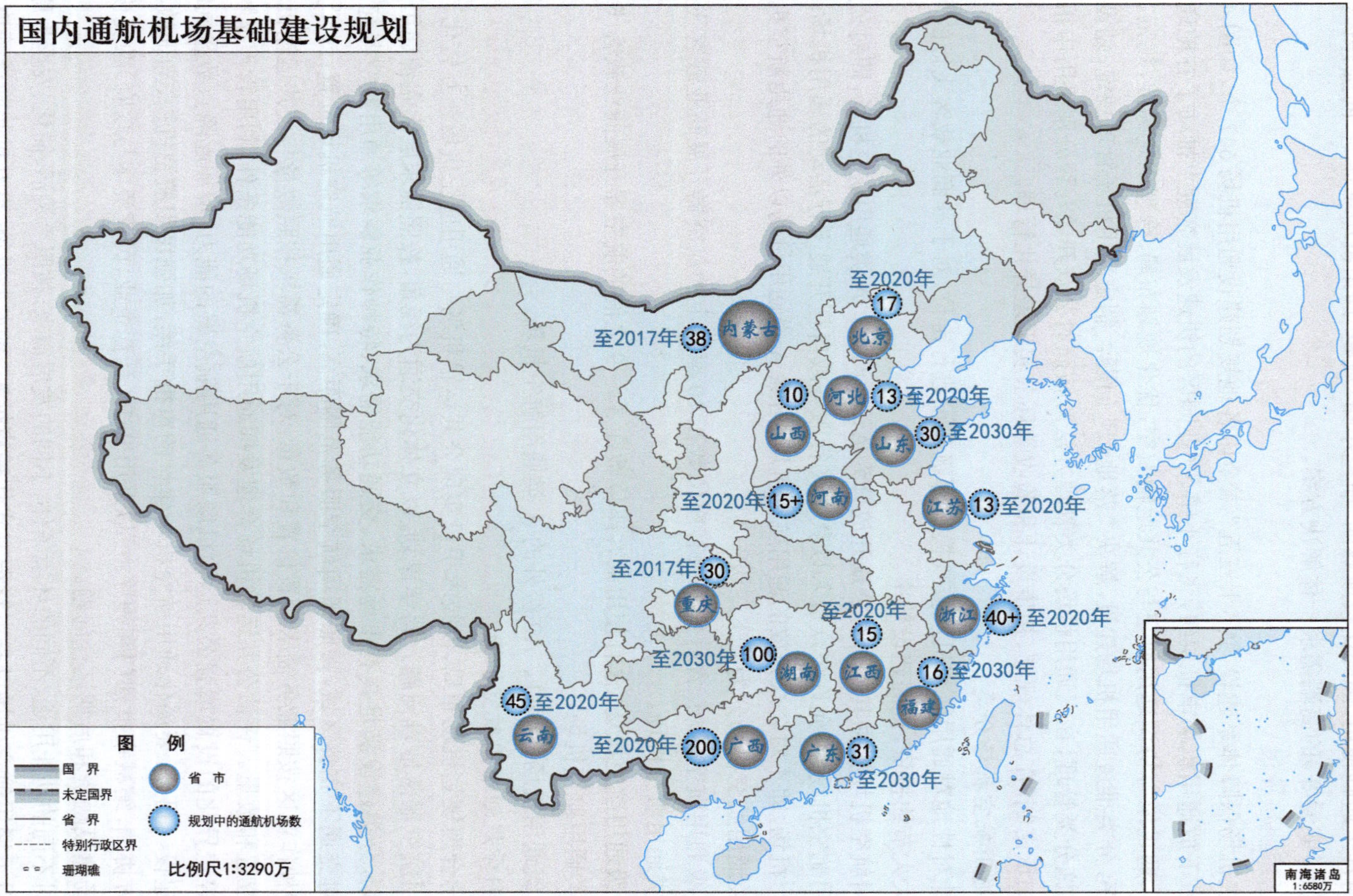

国内通航机场基础建设规划

至2017年 38 内蒙古

至2020年 17 北京

10 山西

河北 13 至2020年

山东 30 至2030年

至2020年 15+ 河南

江苏 13 至2020年

至2017年 30 重庆

至2020年 15 江西

浙江 40+ 至2020年

至2030年 100 湖南

16 至2030年 福建

45 至2020年 云南

至2020年 200 广西

广东 31 至2030年

图 例

国 界

未定国界

省 界

特别行政区界

珊瑚礁

省 市

规划中的通航机场数

比例尺1:3290万

南海诸岛 1:6580万

图 4-6 “十三五”通用航空机场建设规划

机场除了为通用航空提供起降服务外，还可以为通用航空器提供燃油保障，未来航空汽油供给渠道将趋于多元化、品质逐步与国际接轨，储运中心、配送中心将逐步建立，储存、运输及加注等环节技术标准也将逐步完善。

3）通用航空机场经营模式

通用航空机场的建设运营模式主要有三种，一是以国有资本为主的“国有外包”模式，即国有部门负责投资建设机场，将其中的部分工程委托外部单位，机场建成后委托国有企业运营；二是以民营企业为主的“自建自用”模式，即民营企业自己投资建设机场，并运营机场，从而形成通航运营的核心竞争优势；三是委托经营模式，即国有资本建设后，通过租赁、出售等方式委托非公企业运营机场，并通过一定的制度安排确保机场的公益性。

4）通用航空机场建设路径

盘活存量通用航空机场，发掘运输机场的辅助功能（图4-7）。规模化、网络化的通用航空机场体系是通用航空蓬勃发展的基本前提，是实现通用航空通达性、便捷性的前置条件。通过军方、地方政府、通航企业的合作盘活现有的通用机场和临时起降点。同时根据目前形成的运输机场网络，对于能够发挥通用航空职能机场进行完善，减少重复建设基础上，增强通用航空机场保障数量。

图4-7 舟山机场通用航空专用停机位

增加通用航空机场补贴，因地制宜地选择有效的运营模式。通用航空机场建设耗资较大，机场的公益定位决定了其盈利性差，这决定了政府必须介入通用航空机场建设运营。通过制定详细的补贴申请、审核、方法、监管等标准和流程，确保通用机场的公益性定位，让更多的人以低廉的成本享受到通用航空的便利性。从目前我国已有和规划的通用机场来看，其投资主体、发展定位、经营环境、空域情况等都存在较大差异，因此，要因地制宜地推进通用机场的运营模式创新。

3. 低空空域开放

空域作为军用、民用航空、通用航空与公共运输航空必须要用到的介质资源，其有限性阻碍了通用航空与公共运输航空共同发展。利用科技破解空域使用难题、提升空域使用效率，扩大低空空域资源供给。空域具有安全属性，如何通过空域分类技术、空域使用技术满足多元化的需求，做到简化流程、提高运行安全，在现有体制下最大化释放空域资源。利用科技手段评估低空空域释放范围，对公共运输航空和国土安全影响；利用空域使用技术规范运行流程，让大多数通用航空器可飞，能飞，安全飞；利用空域监视技术，确定通用航空位置、飞行意图，降低通用航空对公共运输的影响，提升国土安全能力。同时，深化军民航空联合运行，推动国务院、中央军委空中交通管制委员会（简称“国家空管委”）加快推进低空空域开放进程，建立空管运行领域军民融合发展机制，建立统一的通用航空飞行计划审批和运行保障机制，形成清晰的保障界限。实现真高3km以下监视空域和报告空域无缝衔接，简化飞行审批（备案）程序，明确报批时限要求，方便通用航空器的快捷机动飞行。

4. 安全监管

通用航空具有灵活多样的特点，但是安全管理各项制度又抑制了通用航空的活性，因

此，要构建与通用航空发展阶段相适应的、区别于运输航空的安全监管和市场监管体系，初步建成功能齐全、服务规范、类型广泛的通用航空服务体系。理性看待通航整体安全形势，避免因为发生了事故，而改变通用航空的发展的基调。

利用技术手段不断完善监管能力和效率。运行监控是保证通用航空器在飞行安全的重要手段，通过构建功能齐全、服务规范、类型广泛的通用航空服务体系，建立区别于运输航空的安全监管和市场监管体系，充分利用移动互联网、大数据等现代信息技术，提升对通用航空器地面和空中活动的监控与追踪能力，实现飞行动态实时监控，促使通航安全发展。

提升“事中、事后”监管能力。依托通用航空行业管理信息系统，通航企业设立实现网上申请、网上受理、网上审批，提升管理效能，加强通用航空器地面和空中活动监控与追踪能力，实现飞行动态实时监控。在事后监管上，可以取消通航事故征候考核，并委托企业自行开展轻微事故的调查，建立通用航空企业诚信记录档案和运营评价体系。

通用航空运营安全问题主要源于航空中地面障碍物不清、空域中其他航空器飞行动态不明形成的威胁。因此，要完善针对通用航空的情报保障体系建设，包括地面障碍物信息（出版针对通航的目视航图）、空中的导航监视保障信息、气象信息服务。采用政府扶持与社会资本相结合，利用北斗 RDSS（卫星无线电测定业务）定位及通信服务技术搭建飞行服务与监视平台，解决通航复杂地形低高度飞行带来的地形遮挡、通信监视盲区等问题。

飞行服务与监视平台可以实现飞行计划审批与报备，批准后可以提供与该次飞行相关的飞行情报信息，利用北斗 RDSS 数据互通管制要求与飞行意图，飞行中利用卫星导航手段进行导航，应用 RDSS 链路获取定位信息监视与其他航空器间隔，在发生紧急情况下平台进行预警，为通航飞行提供全时域、全空域、全地域的连续可靠的通信、导航和监视能力。以北斗数据为基础，融合北斗 RDSS 短报文、广播式自动相关监视（ADS-B）数据的低空监视信息平台建设，实现对通用航空器低空飞行的实时监视，通过该平台对通航企业进行监控考评，以提升通航企业自律能力。

思考题

1. 简述通用航空企业的组织形式和分类方式。
2. 通用航空作业种类有哪些？
3. 通用航空活动飞行需要经过哪些部门审批？
4. 通用航空企业的设立需要经过哪些环节？
5. 在执行通用航空任务之前需要获取哪些航空情报服务内容？
6. 针对通用航空运行安全监视的设备主要包括什么？
7. 通用航空未来发展的热点领域包括什么？
8. 对我国通用航空发展面临的问题，有什么解决建议？
9. 简述通用航空机场的分类，以及在使用中面临的问题和解决建议。

第五章 机 场

机场是航空器飞行活动的起点和终点，是空地交通网络的衔接点。机场运行管理的质量和水平对空中交通网络的运行效率起着决定性作用。近年来，随着多跑道机场的出现，机场地面交通网络日益复杂，对其管理也越发困难。同时，不断增加的占地规模、噪声污染和对区域经济的带动作用使得机场规划、管理和运行问题日益突出。本章重点介绍民航运输机场（即航空港）的运行、经营管理、规划与发展。

第一节　概　　述

一、机场及其发展简史

根据国际民航组织附件 14 的定义，机场（Aerodrome）是在陆地上或水上的一块划定区域（包括建筑物、设施和设备），其全部或部分是供航空器到达、起飞或地面活动之用。根据使用用途的不同，机场划分为航空港（Airport）、通航机场 / 起降点（Airfield）和军用机场（Airbase）三类。其中航空港是指为商业航空提供运输服务的民用机场，具有严格的选址、建设和开放标准，包括飞行区、客货运输服务区和机务维修区三个部分。

当飞机在 1903 年出现的时候，还没有机场的概念，当时只要找到一块平坦的土地或草地，其能承受较轻的飞机重量，飞机就可以在上面起降了。真正意义上的机场最早出现于 1910 年，在德国出现了第一个机场，用于起降“齐柏林飞艇”。这个机场只是一片划定的草地，安排几个人来管理飞艇的起飞、降落，设有简易的帐篷来存放飞艇。很快，帐篷变成了木质机库，但仍然没有硬地跑道，被划定的草地并不像一个机场，反而更像当时的公园或者高尔夫球场，当然，就更没有用于与飞行员通话的无线电设备，也没有导航系统帮助飞行员在恶劣的天气情况下起降。空中交通管制也仅仅是由一个人挥动红旗来作为起飞的信号，在这种条件下，飞机只能在白天飞行。由于这个时候的飞机在安全性和技术方面尚不稳定，而且作为新生事物，也没有被社会所广泛接受，所以，使用十分有限。直到 1920 年，飞机还多是用于航空爱好者的试验飞行或军事目的的飞行，并不搭载乘客，所以机场也只是为飞机和飞行人员服务，基本上不为当地社会服务。这是机场发展的幼年期，只是飞行人员的机场。

1919 年后，随着第一次世界大战的结束，飞行技术得到迅速应用，欧洲一些国家率先开始对机场设计进行初步的改进，当年修建完成的巴黎机场和伦敦机场保证了巴黎至伦敦的定期旅客航班的开通，欧洲开始建立起最初的民用航线，1919 年 2 月 5 日，德国的德意志航空公司开辟的柏林至魏玛之间的每日定期民用航空客运是欧洲第一条民航飞机定期航线。1919 年 3 月 22 日，法国的法尔芒航空公司使用法尔芒 - 戈立德飞机在巴黎和比利时的布鲁塞尔之间开辟每周一次的定期航班飞行，是世界上第一条国际民用航空客运航线。1919 年 8 月 25 日，英国第一家民用航空公司“空运和旅游有限公司”使用德 • 哈维兰公司生产的可载客 4 人的 DH-6 型双翼飞机，开通了伦敦至巴黎的每日定期航线，这是世界上第一个每日定期航班。随着航空运输的发展，机场大量建设起来，特别是在 1920—1939 年间，欧美国家的航线大量开通。同时，为了和殖民地联系，各殖民国家和殖民地之间开通了跨洲的国际航线。如英国开通了到印度和南非的航线，荷兰开通了由阿姆斯特丹到雅加达的航线，美国开通了到南美和亚洲的航线，机场在全世界各地大量出现。随着航空技术的进步，飞机对机场的要求也提高了，机场建设中出现了各种问题，如空管和通信的要求、跑道强度的要求、一定数量旅客进出机场的要求。为满足这些要求出现了塔台、混凝土跑道和候机楼，现代机场的雏形已经基本出现，这时的机场主要是为飞机服务，是飞机的机场。第二次世界大战中飞机发挥的重要作用使航空业得到快速发展，也在全世界范围内进一步刺激了机场的发展。美国联邦政府以更好地保卫美国国防和美国利益为由，拨巨资作专项资金，建设和改进了数百个机场。其中最大的和装备最好的机场由政府接管，确保机场设施最为先进，既保证适应大型军用飞机的使用，同时继续鼓励私人开发建设机场。美国政府对机场建设的支持一直延续到第二次世界大战之后，这使美国成为世界上机场数量最多的国家。在第二次世界大战以后，出现了更成熟的航空技术及飞行技术，加上全世界经济复苏发展的推动，国际交往增加，航空客货运输量快速增长，开始出现了大型中心机场，也叫航空港。1944 年，国际民航组织的成立，出现了一个对世界航空运输进行统一管理的机构。在国际民航组织的倡议下，52 个国家在美国芝加哥签署的《关于国际航空运输的芝加哥公约》成为现行国际航空法的基础。国际民航组织在机场设计方面和空中交通规程标准化方面起到了十分重要的作用，ICAO 国际标准和建议措施包括了跑道特性、机场灯光和大量有关安全的其他标准。在 20 世纪 50 年代，国际民用航空组织为全世界的机场和空港制定了统一标准和推荐要求，使全世界的机场建设有了大体统一的标准，新的机场建设已经有章可循。

20 世纪 50 年代末，大型喷气运输飞机投入使用，使飞机变成真正的大众交通运输工具，航空运输成为地方经济的一个重要的、不可缺少的组成部分。而这种发展也给机场带来了巨大的压力，它要求全世界范围内的机场设施提高等级。首先，先进的飞机性能要求各个机场的飞行区必须有很大改进，不仅是跑道、滑行道、停机坪的硬度和宽度、长度，还涉及飞机起降设施水平的提高、空管系统的改进等。其次，载重量更大、航程更远的喷气式飞机的使用，也造成乘机旅行、客流量和货运量的增加，原有的候机厅已经不能满足需要，亟需进行重新设计或改扩建，以满足新增加的要求。在这种情况下，大量的机场需要改进，而改进大量的机场需要数量极为巨大的资金。以美国政府执行的方针为代表，他们在确保机场基金的情况下采取向用户征收（包括旅客）机场使用费的办法扩充机场扩建所需资金，确保了机场设施等级和水平的提高，从而使机场得到了有效改进。20 世纪 60 年代以后，自美国开始面向世界各国延伸的机场改扩建行为就一直没有停止，并逐步出现了固定式旅客登机桥、候机楼与飞机间的可伸缩式走廊；出现了因候机楼面积扩大而供旅客使用的活动人行道（电梯）和轻轨车辆；出现了自动运送行李和提取系统；出现了在候机楼与远处停放飞机之间的运送旅客的摆渡车；也出现了许多新建或扩建的先进货物处理设施。通过技术改进、提升的机场，不仅保证了航空运输行业日益发展的需求，而且还带动了机场所在地的商业、交通、旅游、就业等，它为所在地区的经济发展提供了巨大的动力。但是机场的发展也为城市带来了许多矛盾和问题，如随着飞机起降速度的增加，跑道、滑行道和停机坪都要加固和延长；候机楼、停车场、进出机场的道路都要改建或扩建；航班数量的增加使噪声对居民区的干扰成了突出问题等。但无论如何，机场成了整个社会的一个部分，因而这个时期的机场是“社会的机场”，这种情况要求机场的建设和管理要和城市的发展有协调的、统一的、长期的规划。

二、国内外机场现状

1. 国内机场概况

从新中国成立至今，我国民航业取得了长足的进展，特别是改革开放 40 年来，我国民

用航空事业进入了高速发展的新时期，机场建设也得到了持续快速的发展。国际机场协会（Airport Council International，ACI）公布的2018年世界十大最繁忙的客运机场中，我国的北京首都国际机场和上海浦东国际机场入围。

截至2018年底，我国境内民用航空机场共有235个，其中定期航班通航机场233个，定期航班通航城市230个。全年旅客吞吐量首次突破12亿人次，完成126468.9万人次。完成飞机起降1108.8万架次（其中运输架次为937.3万架次）。所有境内机场中，年旅客吞吐量1000万人次以上的机场有37个，完成旅客吞吐量占全部境内机场旅客吞吐量的83.6%，其中北京首都国际机场突破1亿人次，上海两场（虹桥国际机场与国际浦东机场）合计突破1亿人次，北京、上海和广州三大城市机场旅客吞吐量占全部境内机场旅客吞吐量的23.3%。年旅客吞吐量200万～1000万人次的机场有29个，完成旅客吞吐量占全部境内机场旅客吞吐量的9.6%。年旅客吞吐量200万人次以下的机场有169个，完成旅客吞吐量占全部境内机场旅客吞吐量的8.1%。年货邮吞吐量10000t以上的机场有53个，完成货邮吞吐量占全部境内机场货邮吞吐量的98.4%，其中北京、上海和广州三大城市机场货邮吞吐量占全部境内机场货邮吞吐量的48.8%。年货邮吞吐量10000t以下的机场有182个，完成货邮吞吐量占全部境内机场货邮吞吐量的1.6%。

目前，我国机场总量初具规模，机场密度逐渐加大，机场服务能力逐步提高，现代化程度不断提高，初步形成了以北京、上海、广州等枢纽机场为中心，以成都、昆明、重庆、西安、乌鲁木齐、深圳、杭州、武汉、沈阳、大连等省会或重点城市机场为骨干以及其他城市支线机场相配合的基本格局，我国民用运输机场体系初步建立。伴随而来的是密集的机场群之间在规划和运行层面的协调问题，如终端区统一规划、航路网规划、多机场协同空域资源分配等问题，这些问题在理论、技术层面取得突破将有力推动民航科学技术的进步和运行模式的变革。

2. 国际机场概况

国际机场协会（Airport Council International，ACI）公布了2018年世界各地机场交通初步数据，并列出了地球上最繁忙的客运机场。以下是最繁忙国际机场具体排名和相应的2018年运输的旅客量。

（1）亚特兰大哈兹菲尔德-杰克逊国际机场：1.07亿人次。

（2）北京首都国际机场：1.01亿人次。

（3）迪拜国际机场：8914万人次。

（4）洛杉矶国际机场：8753万人次。

（5）东京羽田国际机场：8709万人次

（6）芝加哥奥黑尔国际机场：8340万人次。

（7）伦敦希思罗机场：8010万人次。

（8）香港赤鱲角国际机场：7468万人次。

（9）上海浦东国际机场：7400万人次。

（10）巴黎戴高乐机场：7222万人次。

旅客吞吐量反映机场的航空客运水平和能力。在前10排名中，美国占有3名，中国占3名，日本、英国、法国和阿联酋各占1名，美国和中国在航空运输方面表现出了明显优势。

而在旅客吞吐量排名前30家机场中，美国拥有11家，占有绝对优势，中国拥有5家，欧美中占有绝对优势，其他亚太的主要经济体国家都有进入，非洲没有一家机场进入。航空旅客量主要推动因素来源于开放经济下的商务活动、旅游、贸易等。航空旅客量与地区人均生产总值高度相关，欧美发达国家较高的国民收入水平决定欧美较高的航空渗透率。按照旅客吞吐量，欧美航空客运占有优势基本反映当前的全球经济活动现状。亚太机场发展与新经济体的发展密切关联，东南亚地区旅游因素是增长主因。韩国首尔仁川机场、新加坡樟宜机场和香港机场、阿联酋迪拜机场、土耳其伊斯坦布尔机场则与国家和地区的国际航空枢纽战略定位紧密关联。

机场的货邮吞吐量反映机场的航空货运水平和能力。2016年全球货邮吞吐量排名前30家机场中，亚太地区机场占有较大优势。排名前5的分别是中国香港机场，美国孟菲斯机场，中国上海浦东机场，韩国首尔仁川机场以及阿联酋迪拜国际机场。在全球最繁忙的航空货运机场中，亚太地区的机场不仅排名靠前，而且入围机场数目居多。其中中国有6家机场入围，包括上海浦东机场、北京首都机场、广州白云机场、深圳宝安机场、香港机场和台北桃园机场。美国有8家机场入围，是三个排名榜单中入围最少的。而且美国排名第一、全球排名第二的孟菲斯机场是以航空货运为主，其作为联邦快递的物流基地，航空货运功能突出，在美国国内也只属于中型枢纽机场。欧洲有6家机场入围，德国的法兰克福机场、莱比锡机场、科隆机场，法国巴黎的戴高乐机场，荷兰的阿姆斯特丹机场和英国伦敦的希思罗机场，这六大机场依托欧洲四大主要经济体，具有稳定的市场地位。

三、我国机场运营管理模式

1. 从机场运营管理架构角度划分

1)(市、区)机场集团模式

这是一种以省会机场为核心机场，以省内其他机场为成员机场的机场集团组织架构。即进行机场属地化管理，其中分为两种情况，第一种是成立了省（区、市）机场管理集团公司或管理公司，并由机场公司统一管理区域内的所有机场，如上海、天津、海南；第二种是成立了省(区、市)机场管理集团公司或机场管理公司，但机场公司只管理区域内部分而不是全部机场，如重庆、广东、四川。

以省为单位将全省的机场统一管理，存在很多优点：一是省政府可以把全省的资源调动起来扶持省内各机场的建设和发展；二是可以从全省的角度统一规划机场布局，统一考虑全省机场的建设，避免各地市各自为政；三是把全省的航空运输和机场的建设统筹考虑，一体化发展，更好地服务于全省的社会经济发展需要；四是能够发挥省机场集团公司的优势，在管理、人员、资金等方面形成规模优势，以大带小，有利于省内小型机场的生存和发展。省(市、区)机场管理集团最大的优势就在于省内资源的统一。当然，这种模式也会在一定程度上造成机场所在地的地市政府缺乏扶持机场建设和发展的主动性和积极性。

2)跨省机场集团模式

这是一种超越省机场管理集团的运营管理架构，是由几个省的机场管理集团通过资产重组，组建为一个跨省的机场集团。首都机场集团目前已经成为全球最大的机场管理集团

之一，管理着北京、天津、河北、江西、吉林、内蒙古、黑龙江 7 个省（自治区、直辖市）的 52 个干支线机场；西部机场集团管理了 4 个省（自治区）的 19 个干支线机场。

跨省收购的主要目的是要在资源配置、航线网络、人力资源等方面发挥跨省机场集团的更大规模效应。这种模式体现出的优势表现在以下几个方面：一是集团公司将成员机场的地面服务、商贸、广告等非航空性质业务实行了一体化经营和管理，发挥了专业化公司的规模优势；二是在人员使用和资金运作方面，统一调配，统一运作，提高了运营效率；三是利用机场集团公司的管理优势，一定程度提高了小型机场的管理水平。但跨省机场集团的模式存在以下不足：一是降低了成员机场所在省、市政府投资机场建设和扶持机场发展的积极性；二是机场集团公司归当地国资委管理，当地的国资委没有动力和义务把机场集团公司的资金投入到其他省份的机场去；三是集团公司将成员机场的非航空性业务采用专业化公司的模式实行条条管理，航空性业务则由各成员机场分块管理，不利于机场的安全运行和服务水平的提高；四是当地政府把机场交给省外的跨省机场集团公司管理后，没有了机场建设投资的压力，往往要求机场建设的标准要高、规模要大，超出了适度、合理的范围，同时也给跨省机场集团公司造成资金等方面很大的压力。

3）省会机场公司模式

这是一种在没有以省为单位成立机场管理集团的情况下，省政府只负责管理省会机场，其他机场由所在地市政府管理的模式，如江苏、山东、浙江。目前，有 3 个省会机场由省政府管理，省内其他机场则由所在地市政府管理。

省会机场由省政府管理，优势在于能够调动全省的资源和力量来扶持省会机场的建设和发展。但这种模式的不利之处是：我国各省会机场一般都是本省业务量最大的机场，省会机场资源优势明显，管理水平也较高，而省内其他机场大部分是小型机场，资源匮乏，经营困难，管理水平也不高，如果不利用省会机场的优势来带动这些小型机场，势必造成这些机场难以很好地发展。而且，省政府直接管理省会机场，也不利于充分发挥省会城市建设发展机场的积极性。

4）市属机场公司模式

市属机场公司模式，即机场由所在地市政府管理，如深圳、厦门、无锡、南通、绵阳、南充、攀枝花、宜宾、泸州、万州。目前，共有 31 家机场由所在地市政府管理。

市属机场公司这种模式，在不同的城市，情况也不相同。如果机场所在城市的经济实力强，当地政府又重视和大力扶持机场，机场就发展得好，例如深圳、大连、青岛、厦门、宁波机场。但是，除了上述 5 个机场外，其他 26 个机场业务量普遍较小，机场所在地经济欠发达，地方政府的财力也有限，往往是“心有余而力不足”，客观上欠缺足够的资源支持机场。

5）航空公司管理模式

目前，有 14 家机场分别由 4 家航空公司直接或间接管理，海航集团公司管理了甘肃机场集团（兰州、敦煌、嘉峪关、庆阳机场，不包括天水机场）和海口、三亚、东营、宜昌、安庆、满洲里、潍坊共 11 个机场，深圳航空公司管理常州机场，南方航空公司管理南阳机场，厦门航空公司管理武夷山机场。这 14 个机场中，除海口、三亚和兰州机场外，其他 11 个都是小型机场。

这种模式的代表为海航集团公司管理的机场。

从这 4 家航空公司管理机场的情况看，航空公司管理机场，有利于小型机场利用航空公司的优势来增加航线航班，培育市场，提高机场的业务量，促进小型机场发展。对于大中型机场，这种优势就不太明显。相对而言，把机场交给航空公司管理，不利的方面较多，主要有：一是机场交给航空公司，机场所在地政府容易产生“但求所在，不求所有”的思想，投资建设机场的积极性受到削弱；二是对于航空公司投资管理机场，法规规定航空公司的股权不得超过25%，这是法律形式的限制。

6）委托管理模式

委托管理模式有两种情况，一是内地机场委托内地机场进行管理，如黑龙江机场集团和内蒙古机场集团委托首都机场管理；二是内地机场委托港资管理，仅有珠海机场一家。

机场被委托有利于委托机场利用受托机场的经营机制和管理优势来提高经营管理水平（包括安全、服务、效率等）。但委托管理也因受托方往往缺乏主人翁意识，探索、规划所管理机场长远发展战略的积极性不高，容易产生短期行为。

2. 从所有者和管理机构角度划分

1）中央政府直接管理

属地化改革时，国家保留了北京首都机场、西藏自治区机场的所有权，由中国民用航空局、中国民用航空西藏自治区管理局管理。这种管理模式体现了机场对于国家政治稳定的重要意义，经营管理过程更多反映了国家政府的意志。

2）地方政府直接管理

大多为中小城市机场，规模较小，但在服务地区经济发展和居民出行中发挥着不可或缺的作用，地方政府就承担起机场管理的责任，并成立专门的管理部门。

3）地方政府委托管理

不同地方政府对于机场的管理采取不同的方式，其中委托代理是普遍的方式。这种方式下政府将经营管理权交由三种委托对象：机场集团公司（首都机场集团、省机场集团、西部机场集团等）、机场管理公司和航空运输企业（海南航空、深圳航空等）。

4）混合所有委托管理

混合所有是伴随市场经济发展我国机场呈现的新特征，尤其是放宽了民营资本进入机场业之后，通过上市、引进民资、引进外资等方式，我国机场实现了投资主体和股权多元化，拓展了机场的资金来源，拓宽了机场的发展空间。

3. 从股权角度划分

从股权角度看，机场划分为中外合资机场和上市机场。如西安咸阳国际机场与法兰克福机场和中航（集团）有限公司实现了战略合作；南京禄口国际机场与新加坡樟宜机场签订合资框架协议，接受国外机场注资成为中外合资机场；厦门高崎国际机场1996年5月在上海证券交易所上市，成为上市公司。

4. 机场分级

国家发展和改革委员会、中国民航局于2017年3月联合下发的《全国民用机场布局规划》中提出，经过几十年的建设和发展，我国机场总量初具规模，机场密度逐渐加大，机场服务能力逐步提高，现代化程度不断增强，初步形成了以北京、上海、广州等枢纽机场为中心，以成都、昆明、重庆、西安、乌鲁木齐、深圳、杭州、武汉、沈阳、大连等省会或重点城市机场为骨干以及其他城市支线机场相配合的基本格局，我国民用运输机场体系初步建立。

在发展过程中形成重要的机场群，构筑规模适当、结构合理、功能完善的北方（华北、东

北）、华东、中南、西南、西北五大区域机场群。北方机场群由北京、天津、河北、山西、内蒙古、辽宁、吉林、黑龙江 8 个省（自治区、直辖市）内各机场构成。华东机场群由上海、江苏、浙江、安徽、福建、江西、山东 7 个省（直辖市）内各机场构成。中南机场群由广东、广西、海南、河南、湖北、湖南 6 个省（自治区）内各机场构成。西南机场群由重庆、四川、云南、贵州、西藏 5 个省（自治区、直辖市）内各机场构成。西北机场群由陕西、甘肃、青海、宁夏和新疆 5 个省（自治区）内各机场构成。

根据《国务院关于促进民航业发展的若干意见》和《民航局关于进一步深化民航改革工作的意见》，结合各机场现状、发展趋势和中国国情，参照国外机场等级划分方法，近期提出以下与功能定位相一致的机场等级。

（1）一级枢纽机场（3 个）：北京首都国际机场、上海浦东国际机场、广州白云国际机场。

（2）二级枢纽机场（8 个）：昆明长水国际机场、乌鲁木齐地窝堡国际机场、哈尔滨太平国际机场、上海虹桥国际机场、深圳宝安国际机场、成都双流国际机场、西安咸阳国际机场、重庆江北国际机场。

（3）三级枢纽机场（29 个）：杭州萧山国际机场、长沙黄花国际机场、郑州新郑国际机场、沈阳桃仙国际机场、武汉天河国际机场、天津滨海国际机场、太原武宿国际机场、石家庄正定国际机场、呼和浩特白塔国际机场、长春龙嘉国际机场、大连周水子国际机场、青岛流亭国际机场、济南遥墙国际机场、厦门高崎国际机场、南京禄口国际机场、南昌昌北国际机场、福州长乐国际机场、合肥新桥国际机场、宁波栎社国际机场、温州龙湾国际机场、海口美兰国际机场、三亚凤凰国际机场、南宁吴圩国际机场、桂林两江国际机场、贵阳龙洞堡国际机场、拉萨贡嘎国际机场、兰州中川国际机场、西宁曹家堡国际机场、银川河东国际机场。

（4）吞吐量较大、地位比较重要的地市级机场：烟台蓬莱国际机场、苏南硕放国际机场、西双版纳嘎洒国际机场、泉州晋江国际机场、丽江三义国际机场、珠海金湾机场、揭阳潮汕国际机场、宜昌三峡机场、新疆喀什机场、新疆库尔勒机场、新疆伊宁机场等。

（5）非枢纽机场：除上述外的其他中小运输机场。

第二节　机场战略规划

机场战略规划主要解决机场空间布局、功能结构与公共资源协同发展等问题，通过统筹兼顾、科学布局。完备结构、合理定位指导机场的建设和发展，实现资源的优化配置和高效利用。

一、机场的战略规划

早期的机场建设都是根据当地航空运输需要，选定一块可用的土地就进行建设，一般不太强调要战略规划。由于早期的航空运输量不大，发展也很缓慢，因此这样修建的机场可以使用很长一段时间。如我国在 20 世纪 40 年代末修建的大多数机场一直沿用到 80 年代初，40 年来没有发生很大变化。但随着国家经济和航空运输的发展以及飞机制造技术的进步，对于一个机场的要求越来越多，机场不仅要作为航空网的一部分，也要作为城市规划的一部分来考虑，因此现代机场的建设在可行性论证的基础上，首先要做出战略规划。过去已建的机场由于没有战略规划或战略规划做得不完善，常常在很短的使用时间之后就会遇到很多不易解决甚至无法解决的矛盾，最后造成巨大的经济损失，甚至把整个机场弃置重建。

1. 战略规划的定义和规定

战略规划是机场建设者对机场的兴建、扩展、改建所提出的长期设想的纲领性规划文件，它必须同时考虑费用效益比、使用需求、环境影响和对当地的社会经济影响。国际民用航空组织在它制定的《机场规划手册》中专门为机场战略规划制定了推荐标准，各国民航当局都有相似的文件。

以国家战略为依据，以市场需求为基础，通过优化机场布局结构和建设适应需要的机场数量规模，加强资源整合，完善功能定位，扩大服务范围和提高服务水平，适应经济社会和民航事业的发展，在一定时期内形成规模适当、布局合理、层次分明、功能完整的规划。

城市群的发展也带来了机场群的出现，在战略规划中还需要综合考虑机场在机场群中的功能和作用，恰当合理规划。机场群中的机场，应该按照总体目标和各自定位，兼顾本地市场和特定市场，提供差异化、个性化、多元化的航空运输服务。从空域资源看，必须打破军民航各自运行、民用航空机场相互影响的局面，不断深化军民融合发展，建设完善统筹规划的"大终端区"。从地面资源看，要加快完善核心机场的基础设施和服务功能，同时化解其他机场的剩余产能。从综合交通资源看，抓紧完善以机场为核心的综合交通体系，构建机场群之间、机场群与城市群之间的集疏运网络。

2. 战略规划制定的步骤

(1)协调要求，制定目标。不同的社会团体和人群对机场有不同的要求，在制定战略规划之初要征求各方面的意见来进行综合考虑，如要听取当地居民、企业环境保护机构、城市规划机构、航空公司、空军等各方面的意见后再确定机场的短期和长期目标；搜集可靠和有意义的数据；对费用和效益做初步估算；确定投资来源，组建规划队伍。

(2)预测报告。要对未来若干年的航空活动进行逐年预测，其中包括飞机的起降架次和客货的吞吐量，也要估计高峰时间的小时流量，从而决定对空侧、航站楼和对陆侧的设施的规模和数量。预测报告要进行分类，如客运量和货运量、班机和包机的架次、国内的和国际的航班数量等，只有在严格论证和预测下，才能决定机场的规模。

(3)规模(容量)分析。由于预测通常只考虑当地经济发展因素和航空运输的发展条件，而对其他方面的限制考虑较少，因而对容量的分析要考虑到现有的设施（扩建机场）和现有机场的影响，机场各方面设施的配套和平衡，以及有无其他方案来进行比较。

(4)选址。如果扩展现有机场已经无法满足空运的需要就要新建机场。选址问题是新建机场首先遇到的问题，选址要符合三个方面的要求，运行、社会、投资。运行方面主要考虑跑道的数量、长度、方向，空管对空域的要求，周围障碍物、气象要求和地质水文特征。社会方面的考虑包括旅客的需求、环境的要求特别是噪声的影响、对周围经济发展的影响和原有地区居民的态度和土地的使用。投资方面要考虑地形、土质、地价建筑材料和各种交通和服务的情况。

(5)制定出战略规划的各个细节。综合各种信息，制定出相应的实施内容，实施控制和

实施机构，以保障战略规划内容能够有效执行。

3. 战略规划的内容

在地址选定后战略规划要包括四个方面的内容：机场布局规划、土地使用规划、航站楼区规划、机场进出通路规划。

1）机场布局规划

机场布局规划的主要文件是布局规划图，在图中要标出机场的各种设施的大小、位置；要标出自然和人工的地形特征，如树木、水面、管道、输电线路等；要标出预留地区图，其中要分别为飞行区和非飞行区预留土地。在布局规划图上还要附上进近和净空的边界区域，范围大一些的机场附近区域图及机场位置图。图的说明部分要有一个基本数据表，包括机场高程、跑道的等级、道面、最高气温、仪表着陆系统的数据，此外还要有关于风的全面信息，一般用风图来表示。风图是把机场地区的全年的风向和强度用 360° 方位标示出来的图形，也称为风玫瑰，图上要画上跑道的方向，标出侧风的周期和覆盖情况的数据。

2）土地使用规划

土地使用规划内容包括两部分，一部分是机场边界内的土地使用，这部分土地为机场所有，但在使用时要充分考虑到航空的需要，在非飞行使用地区的建筑、通道、设施要考虑到障碍物高度，是否招引鸟类、有电子干扰、排放烟雾等。第二部分为机场边界外周围土地的使用规划，这一部分必须由当地政府批准并和周围的土地使用者协商才能很好地解决。这部分在区域分两种，一种是难以到达区域，周围是水面、山地等，这样的区域周围土地使用规划容易解决；另一种是可利用土地区域，这种区域的原有居民和新建的单位或企业有着各种不同的要求，因而土地使用规划的制定就比较困难，例如有的地区为了商业利益在机场附近发展商业区和工业区。随着人口增长，机场周围出现了大量居民区，同时还兴建了医院和学校，这就使噪声的矛盾更加突出。因而土地使用规划不是机场单一能解决的，但是不重视土地使用规划，其后果是很严重的，后果包括限制通航时间或飞行架次，甚至使机场关闭等。

3）航站楼区规划

航站楼区主要是航站楼的建筑和设施以及其周围的道面（机坪和车辆通过的道路），包括行李处理所需要的场地和设施。

航站楼区的规划也要预留足够的发展土地和空间。通常在机场建设的初期，由于资金投入的不足和客货流量在开始时较低，航站楼区的第一期工程规模偏小，在使用过程中按发展情况逐步扩建，因而在航站楼区应有足够的发展余地和整体构想，这样会为以后的发展带来巨大利益。

4）机场进出通路规划

道路规划分为两部分，一部分是市区繁华地区到机场的通路，另一部分是机场内部的道路系统。

（1）市区进出机场通路。通常对大城市应该有高速公路和快速铁路（地铁或高架路）把机场和市区连接起来，并且把机场和其他运输枢纽（区域高速公路枢纽、铁路运输枢纽、港口）连接在一起，这样才能充分发挥机场的运输效率，这是机场对地区经济服务的前提。这个规划主要应由地区行政当局负责，机场当局作为主要受益者应提出规划，促其完成和完善。

（2）机场内部道路规划。应包括航站楼下客区，停车场，旅客离开航站楼的通道（公共车辆、出租车、其他车辆的载客区和出入道路）。

机场内部道路特别是通往航站楼的道路应按高峰时间的流量设计，但是道路不能无限扩张，如果道路从早到晚一直拥挤，就需要建设从航站楼直达市区的快速公共运输系统，如东京的成田机场、亚特兰大机场等都有由航站楼直达市内的地铁专线。

二、机场的建设和发展

1. 机场发展面临的问题

1）经营问题

机场是一个大型的公众服务设施，雇佣大量工作人员，又是一个人员众多，流动性很高的生活社区，因此在管理上存在着一定的难度，经营上不易获得利润。据一项研究表明，年旅客吞吐量低于300万人次的机场都不能盈利，而需要其他方面的财政支援，这就是至今为止世界上大多数的机场都由政府（中央或地方）主管，带有非企业经营性质的主要原因。但同样是航空运输业一个组成部分的航空公司是作为企业来经营的，因而在市场经济的条件下，机场就不能充分发挥企业经营的优势，在和航空公司的关系中仍存在着很多限制和不合理干预。但是机场作为公共事业的一部分和国家整体航路网上的一点，必须由政府来统一规划和管理，放任自流或自由竞争会带来整个空运市场的混乱。机场在空运量大规模增长和全球化的浪潮中如何适应，还应该进一步探索。

2）机场拥挤问题

机场拥挤是在20世纪70年代以后世界性的景气和空运量高速增长所带来的普遍问题，很多主要城市的机场已经饱和。由于土地的急剧升值和周围居民的反对，新建机场的造价越来越高，在经济上是不合算的。目前看来主要的解决办法是改进机场的管理和设施，提高机场的容量，不能单纯依靠建设新的大型机场来解决。对现有机场的扩展和合理的分配航班，充分利用较空闲的机场和机场的空闲时刻是较为适当的解决办法。

为了提高机场的使用效率，改善拥挤状况，人们提出了航班波的理念。它是将中枢机场的进港航班和出港航班分开，一个时段安排进港航班，紧接着在另一个时段安排出港航班，从而在时间上将进港航班和出港航班有效地衔接起来。在一个“航班波”中，所有航班在一定时间内到达，谓之“到达波”；经过一定的中转停留时间后，所有航班又在一段时间内离港，谓之“离港波”。例如，美国达拉斯国际机场每天有12个航班波。在一个航班波中，所有航班在25min之内到达，地面停留时间大约30～45min，然后所有航班在20min内离港。

从功效来看，航班波构建之后，由于有了清晰的起降规划，机场内的中转航班衔接将更加紧凑，在机场的中转时间也能大大缩短，枢纽机场的中转功能得以良好发挥。从以往的经验来看，国际上的大型机场在迈向中转枢纽时，都经历过一个构建航班波的过程。

3）土地使用问题

机场所处的位置要能很容易地与地面和空中的交通网连接，可达性极为重要。机场又不能离城市太远，地形和障碍物要符合要求，周围没有噪声敏感区，这样的地点非常难找，即使能找到，地价也会很高，因此机场及其周围的土地利用是一个需要严格规划和管理的问

题。由于与周围居民的要求难以协调，新建的很多大机场都选择在海边荒滩，或填海造地，或炸平山地开辟机场，这都大大提高了航空运输的总成本。即使机场内部的土地利用也存在着不同的使用矛盾，保证航空运输通畅是机场土地使用的首要目标，这是不容动摇的，否则会导致其他性质的用地严重干扰飞机的运行。

4）噪声问题

自从喷气客机进入空运以来，噪声就成为对居民和环境影响的重要因素，飞机发动机排出的废气和机场的各种垃圾对环境也造成了污染，各个国家环境保护的主管单位对噪声污染及其他污染都制定了各种规定。这对机场的建设提出了各种要求，使机场的建设成本提高，并对已建的机场也提出了改造要求。

2. 机场的发展趋势和技术进步

1）机场的技术进步

机场的技术进步很大程度上依赖于飞机和空管技术的进步。

（1）在飞机制造方面，大型低噪声飞机的出现使机场的起降架次减少，噪声减少，使机场的利用率提高。目前在研制的有高效增升装置的飞机和有倾斜机翼的飞机可以使起降距离缩短，使机场的用地扩大的趋势停止。

（2）在空管方面，精密的定位和雷达监视系统的应用和管制程序的改进，将使飞机的纵向间隔和横向间隔缩小，提升机场的容量。卫星导航和卫星着陆系统的使用，会从多方面改善机场的效能，例如能减少延误，缩小噪声影响区，增加机场容量等。

（3）在气象方面，风切变的探测装置和涡漩探测装置的使用，会使机场的飞行安全性增加。

（4）机场地面设施方面，首先是机场服务系统的计算机化管理使机场的服务效率成倍提高，如机票的电子化，大大减少了机票的出票、进港等手续，行李和货物的电子化分拣，提高了效率，减少了差错。目前最先进的全机场管理系统包括19个计算机子系统，把机场的各个方面统一由计算机管理起来，它管理着从旅客进入航站楼的移动步行道，登机桥和机门的对接，行李、货物的分拣，直到机场旅馆的登记和接待各个方面，这样的系统减少了工作人员数量，提高了服务效率。但是在运行的初期必须加强维修力量和人员培训，否则会像吉隆坡新机场在1998年7月开业后，由于计算机系统匹配问题，出现半个月以上的全面混乱局面。

（5）其他方面的进步，如地面交通监控系统的设置，改进了机坪、滑行道地面交通状况，使安全性提高，减少了延误。航站楼停靠机坪停靠设施的改进使飞机的停靠时间缩短，维修和勤务工作易于进行。航站楼内的售票系统、安检系统、自动步行道等设施都在计算机控制和增加效能方面有新的改进，使旅客的舒适、方便程度增加，占用时间减少。

2）机场的未来发展趋势

飞机发展的大型化和高速化不能再以延长跑道和增加噪声为代价，而是受到机场规模的限制，机场的规模不会继续扩大，因而飞机的大型化和高速化的技术要适应机场规模，结果是提高机场的效率。

大型飞机、国际航班的机场和中小型机场分开，大型国际机场在一个国家或一个区域内只能在整体规划下合理布局，航空网的发展促使中小城市发展中型或小型机场，这些机场和大机场的航班衔接，形成以大型机场为枢纽的航空网。

由于选址征地的困难，机场将在不易使用的土地或海面上建立，日本大阪的关西国际机场是世界上第一个完全用填海造地建造的大型机场，香港新机场是在荒岛上部分填海、部分平山建成的，机场的造价将越来越高。

三、机场的容量

1. 容量的定义

机场受跑道规模、滑行道结构、停机位数量、地面和空管保障能力、天气和突发事件和航空法规标准等限制，在给定的时间内允许运行的航空器起降架次具有一定的上限，称为机场运行的容量限制。机场的容量是指机场在给定的时间内能处理的交通量（飞机的起降架次或旅客的流量）。当交通量增加到一定程度时，容易造成航班的延误，导致飞机排队等候起飞或在等待区等候降落。由于机场并非全天任何时间都很繁忙，如果延误时间可以任意延长的话，几乎可以把需要的任何数量的飞机都安排下来。因而必须对延误的时间做一个规定，机场的容量才有实际的意义。

(1)跑道容量：在连续服务请求且不违反空中交通管制规则的情况下，机场跑道在单位时间内能够服务的最大架次数。

(2)机场时刻容量：根据航空器性能、机场和空管运行规则、限制因素和可接受的延误水平，确定的机场单位时间计划起降架次。可接受延误水平是在一定的服务标准和运行规则下，单位时间内某一航班量水平上航班的可接受平均延误时长。

允许延误的时间越长，机场的时刻容量越高。允许延误时间的确定取决于好几个因素：首先要考虑到机场的一些基本的非可控因素，例如风的大小和方向的变化，天气的变化及飞机的性能限制；其次要考虑减少延误的措施在经济上的效益，技术上是否可行，因而允许延误时间的规定是一个综合考虑后的政策选择。一般的大机场允许延误时间为4～5min，以此为根据决定机场的时刻容量。机场容量评估的工作分为机场设施设备保障容量、跑道容量、终端区容量等，一般按着这几类容量的最小值计算该机场的时刻容量。

2. 影响机场容量主要因素

影响容量和延误的因素是变化的，而且在一天的不同时间中的情况也不一样，有物质方面的因素(硬件)，也有操作方面的因素。可以分为下面五种类型：

(1)飞行场地的性能。飞行场地的布局，跑道、滑行道、机坪的停放和通过飞机的能力，这个因素除非出现损坏或维修对容量的影响是固定的。

(2)机场空域的情况。一方面指空域的几何尺寸和形状及障碍物的情况，另一方面是邻近机场有没有相互干涉，前一个方面是固定的，后一个方面则要随时进行协调。如我国珠江三角洲地区云集了六个中等以上的机场，飞机的进港和离港都会受到其他机场飞行活动的制约。

(3)空中交通管制的因素。空中交通管制的条例和规定，在保证飞行安全的前提下对飞行间隔，跑道的占用、起飞，降落的间隔时间都有规定，这就决定了整个运行操作的时间。另外为避开噪音敏感区或一些特定区域的航路规定也会使离场和进近时间增加，或使使用时间受到限制，从而减少机场的实际容量。

（4）气象因素。在良好天气时机场的容量最高，雾、降水、强风、积雪会严重影响机场的容量，甚至使机场关闭，较大的风向变化会使起降的飞行线路或飞机的姿态改变，从而也会降低机场的容量。目视飞行气象条件和仪表飞行气象条件对机场的使用机型和使用的条件有很大区别，从而使机场的容量差别很大。

（5）使用量的影响。机场的使用量越大，越接近生产容量，延误就会急剧变长，同时大小机型的变动越多，延误也随之增长，因为大型飞机和中小飞机交替使用跑道会增加跑道占用时间。如果能够把大型飞机和中小型飞机使用飞行场地的时间分别集中在某个时间段中进行，会增大机场的容量。

3. 减少机场延误和增加容量的方法

减少延误和增加容量是联系在一起的，但不完全相同，方法分为两部分：一部分是增加硬件，即扩大机场的设施，如修建新的跑道、航站楼，直至修建新的机场，这会同时增加容量和减少延误，这部分内容在下一段中讲述。另一部分方法是改进管理，提高利用率。在这些方法中，有些方法是在积极减少延误的同时提高了机场的流量，有些方法则是消极的，即需要对机场的使用加以限制，以保证飞行的安全和效益，这样避免了机场的拥挤，但没有增加机场的流量。

1）机场的分流

航班的拥挤主要出现在一些枢纽机场。而在枢纽机场周边的中小型机场往往利用率不高。把国内支线飞行航班安排到中小机场会大大减轻枢纽机场的运输压力。但是这种安排必须要同时改善中小机场的地面交通网络和提供服务便利或价格上的优势，否则会导致航空公司从市场条件考虑减少飞行次数，从而抑制航空运输的发展。我国在珠江口上有四个大机场，其中珠海机场的利用率严重不足，而其他机场如深圳和香港常有拥挤现象。如果这些空闲机场能充分发挥作用，会节约大量投资，这要由政府、机场和航空公司共同协调和努力。

2）限制进港飞机类型

限制小型飞机进入大型枢纽机场，只允许一定尺寸、速度和性能标准的飞机进港，会使机场的使用频度降低，增加旅客和货物的吞吐量，减少航班延误，同时也有一些机场通过限制大型、远程飞机的使用来提高机场的效率。

3）分配限额

为了保证繁忙机场的安全和对噪声的要求，国外有些机场，实行高峰时间限额分配，把这段时间通过一个委员会分配给各个航空公司，这样就会使飞行有序地进行，不会出现过长的延误或不必要的拥挤。但这种方法的缺点是在条件变化时，如航空公司航线改变，有新航空公司使用这一机场时，不能灵活反应，同时也会使机场不能得到有效的利用。

4）用经济杠杆控制需求

前面的几种方法都是使用行政手段来控制机场的容量和延误，在市场经济条件下，机场也可以用经济手段控制。

（1）价格调整。现在的起降费是按飞机重量计费的，和使用机场的时间无关，而且只占航空公司运行费用的一小部分（2%～3%）。有些远程航班，或运送大量旅客的航班飞机的起降时间和延误对于航班的效益影响十分严重，因而航空公司宁愿多支付一定的附加费用来保证航班在高峰时间出发或到达。作为机场一方，不同时间的使用费用不同，一方面会减轻高峰时间的拥挤,另一方面使资源利用更为合理。例如伦敦希思罗机场从1972年开始实行高峰时间附加费,在夏季从上午8:00到下午1:00,其他季节从上午9:00到11:00对起降的飞机加收附加费,从而使它的高峰拥挤状况得到缓解。

(2)拍卖时间段。这是价格调整法的进一步发展,把高峰时间分割成不同的时间段,按照各个使用者的需要进行拍卖,把这段时间的使用权给予出价最高者。

使用经济手段来调节高峰时的流量能合理地分配资源,对机场来说,在保持流量的情况下还增加了一定的收入,但是它同时会带来一定的问题。首先会带来不合理收费问题,由于有些航班(尤其是国际航班)有特定的时间要求,这就有可能使航空公司被迫接受不合理的收费。其次这种方法某种程度上有利于大型或历史悠久的航空公司,因为它们的财力雄厚而且在一定的区域内有较广泛的关系和运作经验,可以在这种竞争中占据有利位置。此外,拍卖时间段的方法如果不加控制,这一段时间的起降权就可能被买到的公司垄断或倒卖。因而经济手段控制的办法要有政府的管理和控制,同时要求对高峰时间的需求和延误进行深入的研究,从而制定出合理的使用价格体系。

第三节 机场经营管理

一、机场经营管理的内容和组织

机场是一个大系统,既要做到提高机场航空业务收入又要兼顾战略发展,压缩日常运营支出,提高服务质量。它的管理组成大致可以分为行政和财务部门,规划和工程部门,运营,后勤和维修四个部分。

1. 行政和财务部门

这个部门包括人事部门、财务部门、公共关系部门、办公室、采购部门等。主管这个部门的负责人除了要关心行政、人事关系外,对财务和公共关系也必须投入很大精力。因为机场是一个企业性质的单位,如果财务运转出了问题,机场的运作就会产生困难。机场在社会上的重要性逐步增加,机场本身是敏感地区,所以机场的宣传和接待工作直接影响一个机场的信誉。

2. 规划和工程部门

机场在投入使用后会不断遇到开发和新的建设扩展问题,特别是我国近几年来经济高速发展时段,几乎每一个机场在投产的同时就遇到了进一步的扩展问题。如何统一规划,保证发展的整体性和建筑工程的质量是一个机场长期良好运行的必要条件。

3. 运营

机场的运营分为空侧、航站楼、安全保卫和应急救援四个部分。

(1)空侧:要保证飞机的运行严格按照规定进行,对飞行区内的车辆运行严格管理防止出现任何危险事故,为计划外特殊安排的飞机安排机位和登机门。

(2)航站楼区:要保证航站楼建筑和进出入道路的安全和通畅,要防止机场内的从业人

员和旅客的任何妨碍安全规定的行动，引导他们有秩序地按照规定行动。管理驻港的各种企业和协调各种政府机构的行动。

（3）安全保卫：保护机场禁止公众进入的区域和危险的地区，在各登机门和安检区执行任务，保护机场财物和人身的安全，在紧急情况下组织和疏散人群。

（4）应急救援：在飞机发生坠落、失火等事故时要组织紧急的救援行动。日常的工作包括训练、演习以及检查各项设备和设施的完好情况，一旦出现险情能随时到达现场，熟练地执行救援任务。

4. 后勤和维修

机场有大量的建筑和设备，它的维修和后勤工作量十分庞大，涉及建筑物及设施的维修、场地的维修、车辆维修、净空管理、鸟害控制等。

二、机场的财务管理运行方式

机场具有公共服务性质，同时机场建设的初始投资很大，因此在机场的财务运行上一般都需要政府的参与和补贴。根据补贴的来源不同，财务的管理方法分为四种。

1. 政府管理补贴

在计划经济的国家和一些发展中国家大多采用这种形式，我国在体制改革以前也采用这种形式，机场从建设投资起到随后的运行都由政府负责，财务上的亏空都由政府补足，盈余则上缴政府。这种做法的好处是机场不承担任何财务风险，在机场运量不足和经济基础薄弱时，这种方法是必要的，但它的经营效益不高，不能对市场迅速反应，造成资源配置不合理。

2. 航空公司补贴

这种方法也叫净成本法，国外一些大型机机场采用这种方法。机场和使用它的主要航空公司签订长期协议，在每年的结算中如果出现赤字，由签约的航空公司予以补平；如果出现盈余，则在下一年对航空公司的收费中给予回报。这种方法把机场的财务风险转移到由航空公司共同承担，但与此同时航空公司也增加了对机场发展的控制权，航空公司可以审核机场的财务计划，按照多数原则同意和否决。

这种方法的优越性是把机场的经营和发展与航空运输紧密连在一起，而且有利于机场的稳定运行，不必担心财务上的风险。它的缺点是机场的独立发展常常受到制约，影响机场经营的灵活性。

我国在体制改革后，新疆和云南的机场与航空公司仍然统一领导，没有分家，它们的运行机制类似于这种方式。

3. 独立核算补贴

这种方式也称为补给法。使用这种方式的机场自己承担财务风险，独立核算，对航空公司的收费可以在政府规定的一定范围内浮动，如果机场亏损，就可以调整各项对航空公司的收费来补足，如果盈余就可以积累资金，扩大规模，参与竞争。这种方式的好处是机场可以独立决定参与竞争和发展，但经营的风险较大，一旦破产，将会退回到由政府接管的方式。

在西方国家，过去只有中小机场采用这种方式，近年来由于空运市场的强劲发展，越来越多的大型机场也采用这种方式，有些原来采用航空公司补贴方式的机场也把原来签署的长期协议改为一年以内的短期协议来向这种方式过渡，我国的大部分机场都采用与此类似的运行方式。

4. 纯企业运行方式

这种方式目前只在英国的私有化机场中实行。这种机场除受到国家民航当局的条例约束外，一般运作和其他企业没有什么不同，它完全按市场经济的规则运行，无论从集资还是经营方向上自由度都增加了，同时也使得竞争变得激烈起来。由于纯企业的运行往往会忽视公众服务和利益，这种方式的运作还有待进一步的实践来检验。

三、机场建设资金的筹集

机场的建设是一个投资巨大的综合性工程项目，因而筹集资金是机场建设和发展的基本保障。资金的来源有三个方面：政府投资、机场发行股票或债券和第三方投资（私人或国外公司投资）。

1. 政府投资

这是目前世界上在建机场的主要资金来源，一般来说大型或特大型机场都需要中央政府的投资。在我国，大型机场建设的中央投资超过 50%，其他部分由地方政府投资或发行政府债券，征收机场建设费或建设税来解决。国外机场的中央投资要低一些，大部分由地方政府来筹集，如美国的特大型机场，联邦政府的投资在 20% 左右，中小型机场的投资一般由地方政府筹集。

2. 机场发行债券或股票

机场发行债券有两种类型，一种是作为公益事业由地方政府担保发行低利率的债券；另一种是以机场的收入作为保证的债券，这种债券多半是由独立核算补贴类型的机场发行，如果债务过重，它可以调整起降费等费用，以保证债券的收益。

机场发行的债券或股票可以上市，这种方法筹集资金需要机场加强自身的经营能力和具备良好的发展前景。

3. 第三方投资

这是指私营开发商或国外资本（政府或私人）对机场建设进行投资。目前国际上的游资很多，如果能吸引这部分资金来进行机场建设，将对航空业的发展起到促进作用，国内对私营开发商投资机场建设还有一定限制，但对国外政府投资合资建设机场已经实践了多年。

四、机场的公共关系

机场作为城市和社区的一个部分，有着公用的性质，但它又是一个企业，又有商业经营的性质。机场拥有土地，又有众多的经济活动，因而大的机场有如一个小型的城镇，这带来机场和社会联系的特殊性。

1. 机场和航空公司的关系

在航空公司眼中，机场是其整个航线网上的一点，航空公司需要机场为其提供一定的设

施和服务。由于各航空公司的规模不同、机型不同以及航线不同，要求机场在设施和服务上能提供适应它们的要求。

对于机场来说航空公司是它的主要用户，是它收入的主要来源，因而经营机场就要有必要的设备和灵活性来尽量满足航空公司的要求。

在航空公司不多的情况下，航空公司航线变动不大，航空公司与机场通常会建立长期的稳定关系以利于共同的发展。机场的地位通常是由所在地区的经济发展实力所决定的，当航空运输大量发展，航空公司增多，空运市场争夺激烈的时候，这些地区的机场在与航空公司的关系中处于有利的一方。但是机场在这种形势下必须牢记航空公司是机场收入的中心，随着地面交通网的发达，如果机场不注重提高自己的服务质量，它将会在和周围机场的竞争中让出市场。

2. 机场和租用机场土地的服务行业的关系

机场区域内有大批的服务性企业，如饭店、旅店、商店、出租车、停车场等，机场要向这些企业收取租金，同时也要进行管理。这些企业的服务对机场的声誉有很大影响，有的机场实行出让经营权的方法来管理这些企业，即这些企业的收入都上缴机场，机场付给这些经营者经营费和一定的提成，这样有利于机场对这些企业进行经营上的管理。在机场的收入中，有时候这部分收入与从航空公司得到的收入相等或者会更多，所以机场的管理者必须处理好与这部分企业的关系。

3. 机场和使用公众的关系

机场的使用公众包括机场区的居民、工作人员以及来往的公众。机场除了要维护好秩序、保持环境外，还要处理好在机场区发生的各种事故和财产损害问题。事故主要是指由飞机操作造成的事故、车辆造成的事故以及使用商品（食物、燃油等）和服务时造成的事故，其中特别是机场附近的空难事故，机场要花费很大的力量去处理，而且影响也会是长期的。对财产的损害是指公众对机场设施或航空器造成的损害，在处理这些问题时，机场应该有明确的规定和办法，并且要有相应的保险和赔偿的规定。

4. 机场和邻近地区的关系

机场和邻近地区之间主要的问题是噪声问题和土地使用问题。

1）噪声问题

繁忙的机场对周围区域有很强的噪声污染，特别是处在飞机起飞和下滑航道下的区域，受到噪声的影响更为严重。强烈的噪声对人的生理和心理都有影响，在很多国家，居民害怕受到噪声的影响，反对建造机场，造成机场发展和建设的难题。

为解决噪声问题，有的国家对飞机制定了明确的噪声标准作为解决问题的一部分，但对于机场来说，也可以采取一定的措施降低噪声。采用的降噪措施有：

（1）对起飞和降落程序实行一定的限制，如使航道避开特定的噪声敏感区，或加速爬升、缩小噪声影响区。

（2）建设噪声防护墙或防护林，建造防噪声的建筑物。

（3）实行宵禁，在夜间关闭跑道，防止扰民。

（4）对噪声大的飞机加收起降费。

（5）征用噪声敏感区的土地，由机场安排使用。

不难看出由机场解决噪声的办法都是一些被动的办法，根本的问题是降低飞机本身的噪声，这个问题的解决将会是一个长期的问题。

2）土地使用问题

机场在投入使用后会逐渐形成一个繁荣的居民区，而随着城市的发展，原来处于城市郊区的机场又会被城市包围起来，这样机场内部和周围的土地就会增值，从而进一步吸引更多的投资者进入这个地区开发和投资。随之就出现了障碍物（建筑）进入机场空域，噪声敏感区的居民增多，机场交通拥挤等一系列问题。由于城市用地的紧张和利益的驱动，地方政府有时很难下决心来确保机场的用地，这也是一个两难的选择。经常是在矛盾非常突出时，机场被迫搬迁。

五、典型机场的经营管理案例——新加坡樟宜国际机场

1. 概述

新加坡樟宜国际机场（以下简称“樟宜机场”）位于新加坡樟宜，占地 13km²，距离市区 17.2km。樟宜机场始建于 1975 年，1981 年投入运营。樟宜机场是新加坡主要的民用机场，也是亚洲重要的航空枢纽。2009 年，樟宜机场脱离新加坡民航局政府部门，实行企业化运营，成立的樟宜机场集团专注机场运营管理、空运中心开发、商务活动以及机场应急服务等，旅客吞吐量超过 6000 万人次。新加坡樟宜机场凭借国际贸易、商务旅游国际优势，引领区域经济连接全球，走向世界，并以国际贸易自由港而著称。樟宜机场周边部署有许多与航空相关的产业，包括飞机检修和维护产业，服务于区域市场的航空产业，以及物流和供应链管理产业。新加坡是亚洲首屈一指的飞机维护、维修和大修中心，2018 年大约有 200 家航空企业入驻，雇员超过 5 万人，零售总额超过 130 亿人民币。樟宜机场的旅客吞吐量已经超过 6560 万人次，这大约是新加坡人口的 10 倍。按照全球通用的年度人均乘机次数，新加坡人均乘机次数约为 5.5，美国人均乘机次数约为 2.8，中国人均乘机次数只有 0.5 左右。

2. 服务

樟宜机场早期提出“樟宜机场是世界最顶尖的机场，以高效率和卓越服务素质著称”的服务品牌认知，以“成为世界最佳且最友善机场”为目标构建服务价值观，机场营造全员服务氛围搭建联动考核服务机制，以求满足旅客的需要与期望。同时机场服务价值链围绕人员、产品、流程 3P 要素开展全面质量绩效持续改进的闭环监控。

通过高效创新的流程设计满足旅客便捷舒适的航空运输超值享受。办理登记手续时，每个旅客等待时间不超过 10min；边检时每个旅客等候时间不超过 8min；飞机到达后，最后一件行李应在 29min 内送到行李输送带；入境旅客从下飞机到乘坐上出租车，时间不能超过 35min，而国际标准是 45min。

通过多样化多层次服务产品，提供旅客轻松愉悦超乎预期的机场体验。从樟宜机场航站楼的空间设计、广播系统细语扬声器、航站楼的绿意主题化布置、免费手机充电站、免费高速上网、商务中心、新闻资信等服务，大大提升了旅客的便利性。还借助数字化手段增强与乘客互动，利用各国明星在新加坡转机时间举办歌友会、在跑道上开展飞机与跑车的竞速比

赛、在候机楼里开办跳蚤市场等增添机场候机的趣味性。

樟宜机场将免费项目与收费项目兼容，使每个旅客都能在其中找到适合自己的最佳体验。

3. 旅游

樟宜机场还是花园机场、购物天堂和娱乐天地的统一体。其自然景观在全球范围内赫赫有名。樟宜机场拥有全球第一个机场蝴蝶园、仙人掌花园、向日葵花园。在樟宜机场，零售业务发挥了整体性、战略性的作用。机场内有400多家商铺及140多家餐饮店，总商业面积超过7万m^2。

如果距离登机还有至少5h的时间，旅客可以选择参加一个持续2.5h的新加坡之旅，领略这个国度的迷人魅力。旅客只需携带护照和登机牌到免费新加坡之旅柜台报名即可。

离境转机大厅3楼设有I-Connect贵宾室，可供商务旅客休息。长时间的飞行如果让旅客感到疲劳，则旅客无须申请入关，即可享受舒适的酒店房间。

樟宜机场也是儿童娱乐的天堂。儿童巨型滑梯位于T3航站楼，于2010年启用，它不仅是新加坡最高的滑梯，还是世界上最高的室内滑梯。

4. 运营

樟宜机场的航空收费标准处于全球较低水平，大约只有东京羽田机场的1/4，香港机场的1/2左右，其对于新进入机场的客户还有减免、折扣、促销基金方面的支持。同时，优异零售选项也有助于增强机场的体验价值。

樟宜机场集团在保持航空业务量稳健成长的基础之上，通过持续的结构调整和产业优化，不断提高公司盈利水平和能力，公司整体资本回报率处于远高于行业的平均水平，大约是行业平均水平的2倍。樟宜机场尝试与合作方结成“利益共同体”，并把这一模式应用于租户管理，成为其取得成功的独特“法宝”之一。机场租户缴纳的租金分为两部分，一部分是店面基本租金，另一部分是与店铺销售挂钩的租金。这一方面使租户收回租金成本的压力较小，不必想尽办法销售以求生存；另一方面，樟宜机场集团会与客户一起推广市场，如出资推广某些旅游线路，以增加客源。正因为商铺租金和销售分成丰厚，樟宜机场得到更大的利润空间，有能力降低对航空公司的服务收费，保持竞争力。收入增长的良性循环也让樟宜机场吸引更多旅客，尤其是转机旅客。

樟宜机场集团在主营航空业务增长缓慢的情况下，其经营能力、盈利水平和资本回报大幅提升，经营业绩卓越，这与其结构调整优化密切关联。从樟宜机场近年的航空业务量看，航空货运量基本保持平稳，几乎没有增长；旅客运输量也只有小幅度增长。但是樟宜机场的收入和利润却保持平均10%的高速增长速度，这与樟宜机场不断调整优化客户结构以及收入结构直接关联。樟宜机场通过优化结构，不断提高了企业价值。

樟宜机场集团自2009年成立以来，重点专注高端服务，关注利润增长。新加坡机场近五年来更是聚焦高端旅客服务，以收入结构调整优化，不断提高盈利能力，其低成本航空运输量保持在30%以内，2012年关闭低成本航站楼。2018年，樟宜机场国际旅客占到98.3%以上，国际旅客中直达与中转比例接近6:4，国际旅客以公商务、旅游为主，呈现年轻化、高层次的特点。以樟宜机场为主基地的新加坡航空，与阿联酋航空一样拥有全宽体豪华飞机机队，都是全球高端旅客服务的典范。

新加坡实行离境退税政策，外国旅客可以在离境时享受到在新加坡所购商品价格7%的退税，对于旅客而言，樟宜机场是个购物天堂。除了来来往往的旅客之外，新加坡居民也将樟宜机场作为平日购物休闲的场所。周末闲暇时光，没有地方可以消遣的人们，往往会选择到机场来吃饭、购物。

除了税费低的吸引力之外，樟宜机场对商品质量的控制也是赢得消费者的策略。

第四节　机场运行管理

民航机场分为空侧和陆侧两部分，机场的运行主要针对这两个区域的业务内容。空侧（又称对空面或向空面）是受机场当局控制的区域，包括跑道、滑行道、停机坪等及相邻地区和建筑物（或其中的一部分），进入该区域是受管制的。陆侧则是为航空运输提供客运、货运及邮运服务的区域，非旅行的公众也能自由进出这部分区域的场所和建筑物。

一、空侧

空侧包括跑道、滑行道、停机坪和登机门，以及一些为维修和空中交通管制服务的设施，如机库、救援中心等。

1. 跑道

跑道是陆地机场上划定的长方形地区，供航空器着陆和起飞之用，如图5-1所示。

图5-1　跑道

1）跑道的分类

跑道根据飞行程序的类别分为非仪表跑道和仪表跑道。非仪表跑道供航空器用目视进近、起飞的跑道；仪表跑道供航空器用于仪表进近、起飞的跑道，分为精密进近跑道和非精密进近跑道。仪表跑道分为：

（1）非精密进近跑道。仪表跑道，用相应的目视助航设备和一种非目视助航设备，至少能对直接进近提供方向性指导。

（2）一类精密进近跑道。装有仪表着陆系统和目视助航设备的仪表跑道，能提供航空器在决断高度低至60m（200ft）和能见度不小于800m（或跑道视程不小于550m）时着陆。

（3）二类精密进近跑道。装有仪表着陆系统和目视助航设备的仪表跑道，能提供航空器在决断高度低至30m（100ft）但不低于30m（100ft）和能见度低至400m（或跑道视程不小于350m）时着陆。

（4）三类精密进近跑道。装有能引导航空器至跑道着陆，并沿其表面滑行的仪表着陆系统的仪表跑道。它又根据对目视助航设备的需要程度分为以下三种。

①三类A：能在决断高低于30m（100ft）（或无决断高）和跑道视程低至200m时着陆，仅用目视助航设备着陆的最终阶段和在跑道上滑行。

②三类 B：能在决断高低于 30m（100ft）（或无决断高）和跑道视程低至 50m 时着陆，在滑行中使用目视助航设备。

③三类 C：能不依靠目视助航设备完成着陆和在跑道上滑行。

2）飞行区技术标准

为了使该机场飞行区的各种设施的技术要求与在机场上运行的航空器性能相适应，与《国际民航公约》附件 14 相一致，我国采用飞行区等级代码和飞行区等级代字来表征和描述民用航空运输机场飞行区对航空器的接纳能力。飞行区等级代码：根据机场飞行区使用的最大航空器的基准飞行场地长度，分为 1、2、3、4 四个等级，见表 5-1。

机场飞行区等级代码　　表 5-1

飞行区等级代码	航空器基准飞行场地长（m）	飞行区等级代码	航空器基准飞行场地长（m）
1	<800	3	1200 ～ 1800
2	800 ～ 1200	4	≥1800

飞行区等级代字：根据该机场飞行区使用的最大航空器的翼展和主起落架外轮外侧间的距离，从小到大分为 A、B、C、D、E 五个等级，见表 5-2。

飞行区等级代字　　表 5-2

飞行区等级代字	翼展（m）	主起落架外轮外侧间距（m）
A	<15	<4.5
B	15 ～ 24	4.5 ～ 6
C	24 ～ 36	6 ～ 9
D	36 ～ 52	9 ～ 14
E	52 ～ 65	9 ～ 14
F	65 ～ 80	14 ～ 16

通常，4E 机场可以起降 B747 等机型，4D 机场可以起降 B757、B767 等机型，4C 机场可以起降 B737 等机型。基准飞行场地长度指飞机在最大起飞重量、海平面高度、跑道纵坡为零、标准大气条件和无风情况下起飞时所需要的最小场地（跑道）长度。

3）跑道的基本参数

（1）方向和跑道号。主跑道的方向一般与当地的主风向一致，跑道号按照跑道中心线的磁方向以 10° 为单位，五舍六入用两位数表示。如磁方向为 267° 的跑道为 27，跑道号以大号字母标在跑道的进近端，而这条跑道的另一端的方向是 87°，跑道号为 09，因此一条跑道的两个方向有两个编号，二者相差 180°，跑道号相差 18。

当机场同时拥有 2 条平行跑道时，为了区分不同的跑道入口编号，要加上 L 和 R 两个字母，用以区分左右；如果机场的平行跑道数量到达 3 条，可以用 L、C 和 R 三个字母区别左、中、右，或者采用毗邻数字替代的方法进行编号，并遵从跑道号顺时针旋转的规则。例如，北京机场的 01/19 号跑道与 18L/36R 及 18R/36L 跑道其实为平行跑道。

（2）基本尺寸：指跑道的长度、宽度和坡度。跑道的长度取决于所能允许使用的最大飞机的起降距离、海拔高度及温度。海拔高度高，空气稀薄，地面温度高，发动机功率下降，因而需要修正跑道长度。跑道的宽度取决于飞机的翼展和主起落架的轮距，一般不超过 60m。跑道纵坡最好为零，实际中，为节省机场飞行区土方工程造价，机场跑道都有一定的纵坡，但对坡度值和变坡率有严格规定。在使用有坡度的跑道时，要考虑对性能的影响。跑道的公布距离如图5-2所示。

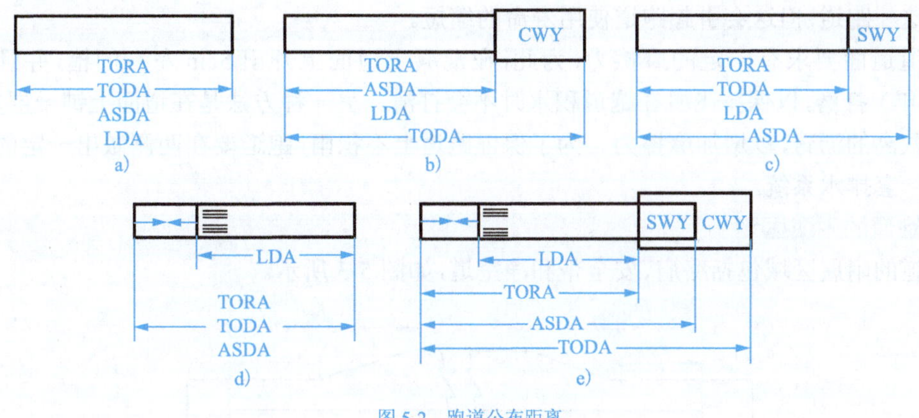

图5-2 跑道公布距离

注：所示的全部公布距离均为从左至右运行

通常跑道入口位于跑道端头，但如果障碍物突出于进近净空面，为保证着陆安全，则需要将跑道入口内移，甚至永久内移。

当跑道设置了停止道（Stopway，SWY）和（或）净空道（Clearway，CWY）以后，或由于各种原因跑道入口内移时，必须在跑道的每个方向公布适用于飞机起降的各种可用距离，即跑道的“公布距离”，以便使用该机场的飞机据此正确地进行起飞和着陆。

公布距离包括以下四个：

①可用起飞滑跑距离（Take off Run Available，TORA），即适用于飞机起飞时作地面滑跑使用的跑道长度。

②可用起飞距离（Take off Distance Available，TODA），即可用起飞滑跑距离TORA加上所设置的净空道长度。

③可用加速-停止距离（Accelerate Stop Distance Available，ASDA），即可用起飞滑跑距离TORA加上所设置的停止道长度。

④可用着陆距离（Landing Distance Available，LDA），即适用于飞机着陆时作地面滑跑使用的跑道长度。

（3）跑道的道面和强度：跑道道面分为刚性和非刚性道面。刚性道面由混凝土筑成，能把飞机的载荷承担在较大面积上，承载能力强，一般中型以上机场都使用刚性道面；非刚性道面有草坪、碎石、沥青等各类道面，这类道面只能抗压不能抗弯，因而承载能力小，只能用于中小型飞机起降的机场。对于起飞重量超过5700kg的飞机，为了准确表示飞机压强和跑道强度之间的关系，国际民航组织规定使用飞机等级序号（Aircraft Classification Number，ACN）和道面等级序号（Pavement Classification Number，PCN）方法来决定。

PCN值是根据道面的性质、道面基础的承载强度，经技术评估而得出的，每条跑道都有一个PCN值。ACN数则是由飞机制造厂根据起落架轮胎的内压力、轮胎与地面接触的面积以及主起落架机轮间距等参数计算得出的。ACN数与飞机的总重只有间接的关系，如B 747飞机由于主起落架有16个机轮承重，它的ACN数为55，而总重只有它2/5的B707飞

机的 ACN 数为 49,两者相差不大。使用这个方法计算时，ACN 值小于 PCN 值的飞机可以无限制地使用这条跑道,在一些特殊情况下，ACN 值可以在大于 PCN 值 5% ～ 10% 以下时使用这一跑道,但这会引起跑道使用寿命的缩短。

跑道道面要求有一定的摩擦力,为此,在混凝土道面上开出 5cm 左右的槽，并且定期（6 ～ 8 年）打磨,以保持飞机在跑道积水时不会打滑。另一种方法是在道面上铺一层多孔、摩擦系数高的沥青,以增加摩擦力。为了保证跑道上不积雨,跑道要在两侧做出一定的坡度和设置一套排水系统。

2. 跑道的附属区域

跑道的附属区域包括路肩、安全带和净空道,如图 5-3 所示。

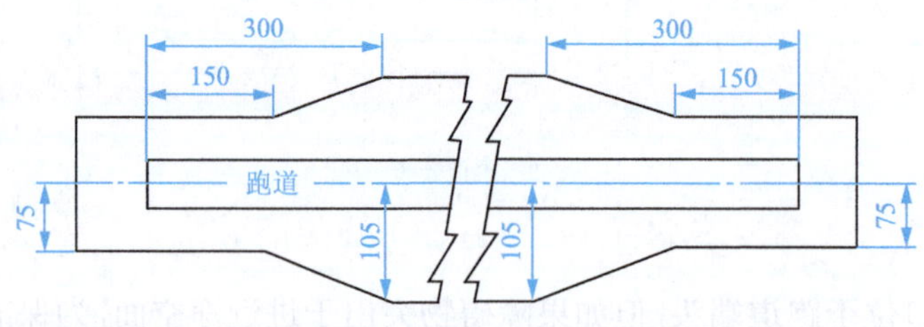

图 5-3　跑道安全带(尺寸单位:m)

1)跑道道肩

道肩是在跑道纵向侧边和相接的土地之间的一段隔离地段,道肩保证飞机因侧风偏离跑道中心线时,不致引起损害。此外,很多大型飞机采用翼吊布局的发动机,外侧的发动机在飞机运动时有可能伸出跑道,这时发动机的喷气会吹起地面的泥土或砂石,使发动机受损,有了道肩会减少这类事故。有的机场在道肩之外还要放置水泥制的防灼块,防止发动机的喷气流冲击土壤。跑道道肩一般每侧宽度为 1.5m,道肩的路面要有足够强度,以备在出现事故时,飞机不致遭受结构性损坏。

2)跑道安全带

安全带的作用是在跑道的四周划出一定的区域来保障飞机在意外情况下冲出跑道时的安全,分为侧安全带和道端安全带。

(1)侧安全地带是由跑道中心线向外延伸一定距离的区域,在这个区域内要求地面平坦,不允许有任何障碍物。

(2)道端安全地带是由跑道端至少向外延伸 60m 的区域,道端安全地带的目的是为了减少由于起飞和降落时冲出跑道的危险。

在道端安全地带中有的跑道还有停止道,停止道的宽度不小于跑道,一般和跑道等宽,它由跑道端延伸,它的长度视机场的需要而定,它的强度要足以支持飞机中止起飞时的重量。

3)净空道

净空道是指跑道端之外的地面和向上延伸的空域,它的宽度为 150m,在跑道中心延长线两侧对称分布。在这个区域内除了有跑道灯之外,不能有任何障碍物,但对地面没有要求,可以是地面,也可以是水面。

3. 滑行道

滑行道的作用是连接对空面各个部分的飞机运行通路,它从机坪开始连接跑道两端,在交通繁忙的跑道中段设有一个或几个跑道出口滑行道（快速脱离道，一般与跑道夹角为15°～45°），以便降落的飞机迅速离开跑道，减少占用跑道的时间。滑行道的宽度由使用机场的最大飞机的轮距宽度决定，要保证飞机在滑行道中心线上滑行时，它的主起落轮的外侧距滑行道边线不少于1.5～4.5m。在滑行道转弯处，它的宽度要根据飞机的性能适当加宽。滑行道的强度要和配套使用的跑道强度相等或更高，因为滑行道上飞机运行通常要高于跑道，飞机的质量和低速运动的压强也会比跑道所承受的略高。在滑行道和跑道端的接口附近有等待区，地面有标志线标出，这个区域是为了飞机在进入跑道前等待许可指令。等待区与跑道中心线保持一定的距离，以防止等待飞机的任何部分进入跑道，成为运行的障碍物或产生无线电干扰。

4. 停机坪

停机坪是飞机停放和旅客登机的地方、飞机在这里还进行装卸货物、加油、维修和长时间停放，如图5-4所示。停机坪的面积要足够大以保证进行上述活动的车辆和人员的行动空间，机坪上用不同颜色的漆绘制出飞机、地面保障车辆的活动区域和引导路线。如用黄色漆标出飞机滑行路线和停机位，用白色线绘制出地面车辆等候区域，用红色线绘制出廊桥活动区域等。

图5-4 停机坪

5. 跑道的标志

跑道的类别不同，它的道面标志也不同，目视跑道有3类基本标志：中心线、跑道号和等待位置标志。

对于非精密进近跑道，要加上跑道端标志和定距离标志；对于精密进近跑道还要增加着陆区标志和跑道边线标志。各类跑道的标志如图5-5所示。

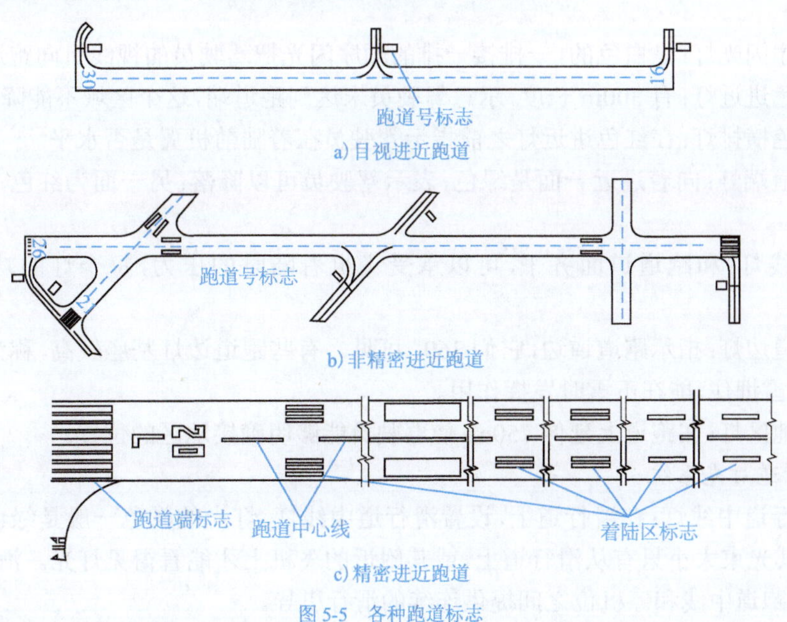

图5-5 各种跑道标志

跑道端标志表示跑道可用部分的开始，通常是由铺设道面的起点作为跑道端，但在有安全道时或起降不能全部使用跑道时，跑道端就会移入跑道一定距离。

繁忙机场通常有多条跑道，跑道的布局形式包括平行跑道、V字形跑道、交叉跑道、混合跑道四种。V字形两条跑道的一端相距很近，另一端分别向两个方向，这样的跑道有利于在一条跑道侧风很大时使用另一条跑道。交叉跑道是为了应对风向变化很频繁的情况。在风力不大、同时使用两条跑道时，交叉跑道的使用率低于前面两种布局，随着对常年风向的准确掌握和飞机侧风降落能力的加强，新的大型多跑道机场都采用平行跑道布局。

6. 机场灯光系统

机场灯光系统包括进近灯光系统、跑道灯光系统、滑行道灯光系统、机坪灯光系统等。

1）进近灯光系统和跑道灯光系统

进近灯光系统和跑道灯光系统对于驾驶员在夜间和低能见度着陆是非常重要的。有些灯光的亮度很高，照明的供电不能出现故障，因此要求机场在电源有故障时，其跑道照明备用电源在15s内接通。跑道灯光系统如图5-6所示。

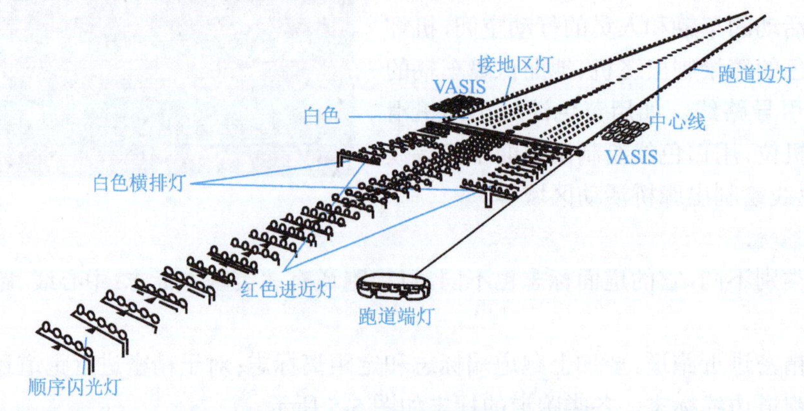

图5-6 跑道灯光系统

（1）顺序闪光灯：是白色的，一排接一排的顺序闪光把驾驶员的视线引向跑道中心线。

（2）红色进近灯：有300m长度，示意驾驶员未达到跑道端，这个区域不能降落。

（3）白色横排灯：在红色进近灯之前指示驾驶员在着陆前机翼是否水平。

（4）跑道端灯：向着进近一面是绿色，表示驾驶员可以降落；另一面为红色，表示起飞的方向。

（5）中线灯：和跑道道面齐平，可以承受飞机着陆时的压力，每个灯的功率在200W以上。

（6）跑道边灯：指示跑道道边，它们360°可见。有些跑道边灯基座较高，称为防雪灯，它们可以不被雪埋住，能在下雪时发挥作用。

（7）接地区灯：在跑道上延伸750m，使驾驶员能够明确接地区的位置。

2）滑行道灯光系统

（1）滑行道中线灯：在滑行道上，设置滑行道中线灯，灯光的颜色一般是绿色，间距一般小于60m，其光束大小只有从滑行道上，或其附近的飞机上才能看得见灯光。滑行道中线灯为驾驶员在跑道中线和停机位之间提供连续的滑行引导。

（2）滑行道边线灯：安装于滑行道两侧的边缘或距边缘不大于3m处。滑行道边线灯颜色为蓝色，均匀分布。

3）机坪灯光系统

机坪灯光系统是为照亮整个机坪工作区（包括飞机机位、机务维修坪、试车坪等区域）所提供的一般照明。

7. 机场净空

为了航空器的起降安全和机场的使用正常，根据航空器的特性和助航设备的性能，对机场及其附近区域，规定了几种称为净空障碍物限制面的平面、斜面，用以限制机场周围及其附近的山、高地、铁塔、架空线、建筑物等的高度。

根据跑道运行的类型，机场的净空障碍物限制面（图5-7）包括锥形面、内水平面、端净空面和过渡面；精密进近跑道还包括内进近面、内过渡面和复飞面。

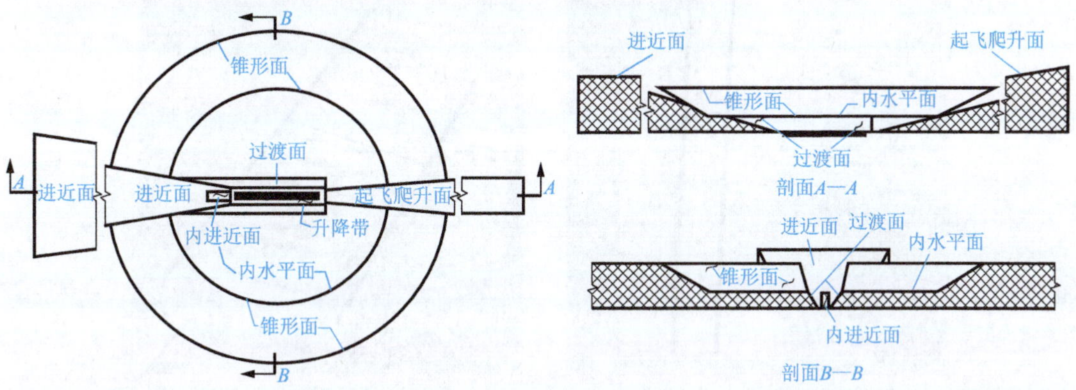

图5-7 机场净空障碍物限制面

新的建筑物或扩建现有建筑物的高度，均按有关规定加以严格控制，并适当考虑将来扩建机场对障碍物限制更严格的要求。因此，对超过规定限制高度的物体应予拆除或搬迁；经有关部门批准不予拆除或搬迁的物体，应按规定设置障碍灯和障碍标志。

8. 跑道构形与多跑道运行

一般来说，一个机场拥有两条以上跑道可称之为多跑道机场。截至2018年，跑道数量最多的机场有8条跑道，如芝加哥奥黑尔机场。全球范围内，多跑道机场很多，按照跑道构形大致可分为四类，即：平行跑道、交叉跑道、V形跑道和混合构形跑道。

1）平行跑道

平行跑道具有容量大、效率高、风险低、易于管理等优点，是目前新建或改扩建机场最为常用的一种构型。目前，平行跑道数量最多是美国亚特兰大机场，共有五条平行跑道，迪拜世界中心机场战略规划是六条完全平行的跑道，目前已建成一条投入使用。从跑道数量和构型来看，2～5条平行跑道有多种构形。

两条平行跑道有宽距（两条跑道中心线距离超过760m）和窄距（两条跑道中心线距离小于760m）两种构形，如上海虹桥机场两条跑道中心线距离365m，属于窄距平行跑道，如图5-8所示；伦敦希斯罗机场两条跑道中心线距离1415m，属于宽距平行跑道，如图5-9所示。

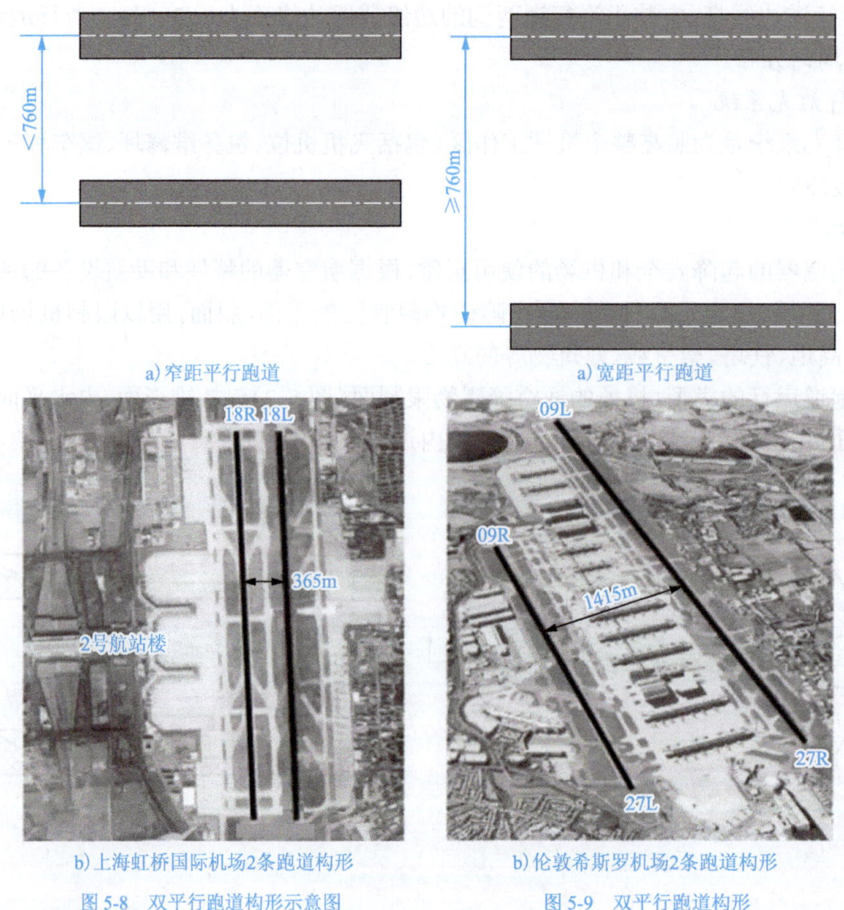

a) 窄距平行跑道　　a) 宽距平行跑道

b) 上海虹桥国际机场2条跑道构形　　b) 伦敦希斯罗机场2条跑道构形

图 5-8　双平行跑道构形示意图　　图 5-9　双平行跑道构形

三条平行跑道有三条窄距、两窄一宽以及三条宽距三种构形，其构形方式如图 5-10 所示。

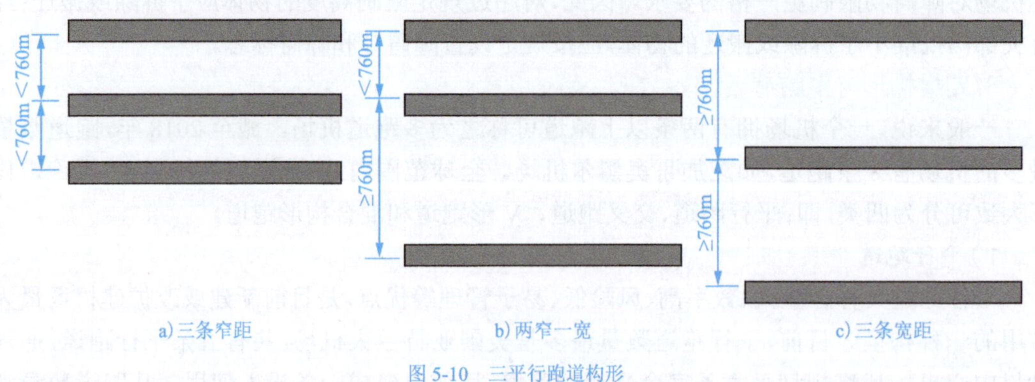

a) 三条窄距　　b) 两窄一宽　　c) 三条宽距

图 5-10　三平行跑道构形

代表机场有广州白云国际机场和北京首都国际机场，如图 5-11 所示。

四条平行跑道最常见的是两组窄距的构形方式，如洛杉矶机场（LAX）和巴黎戴高乐机场（CDG），如图 5-12 所示。

五条平行跑道最常见的是两组窄距加一条宽距构形方式，如亚特兰大机场（ATL）、上海浦东机场（远期）和广州白云机场（远期），如图 5-13 所示。

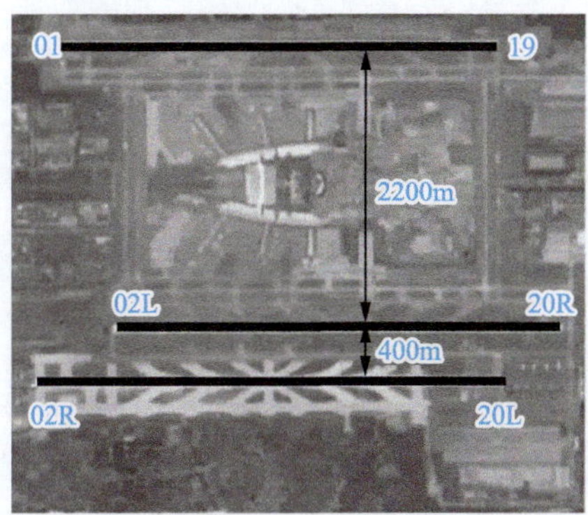

a)广州白云机场3条跑道构形

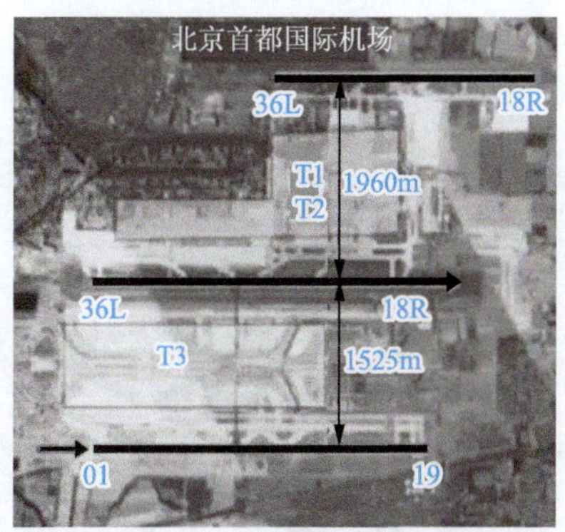

b)北京首都机场3条跑道构形

图 5-11 三平行跑道构形

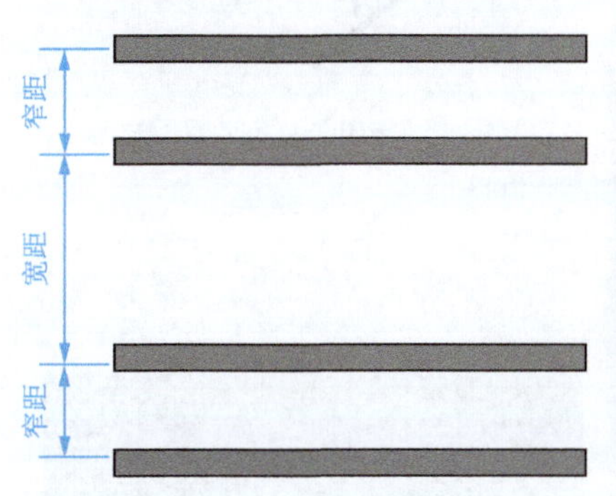

a)典型的4条平行跑道构形方式

b)巴黎戴高乐机场4条平行跑道构形

图 5-12 四平行跑道构形

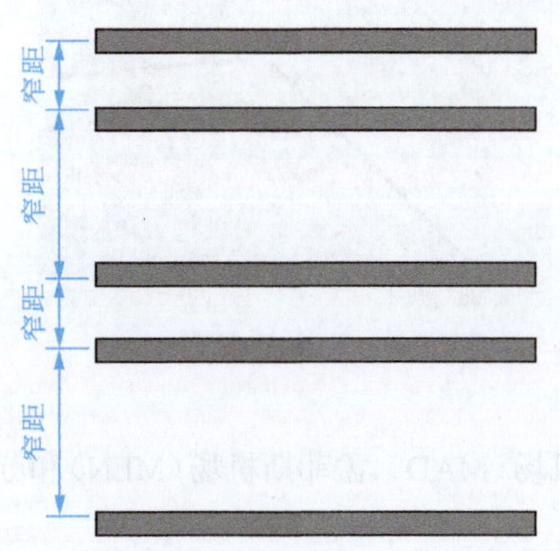

a)典型的5条平行跑道构形方式

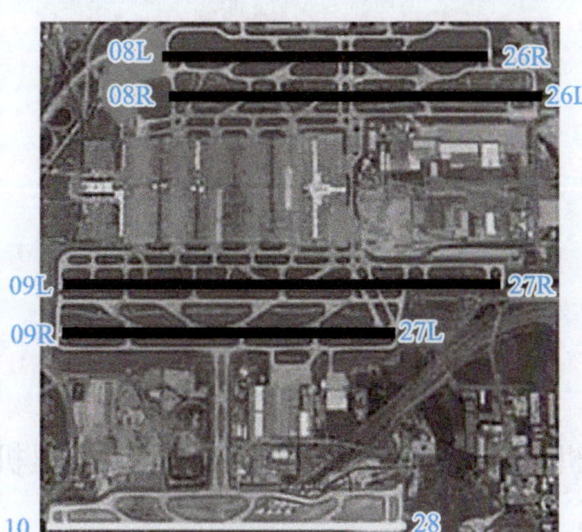

b)亚特兰大机场5条平行跑道构形

图 5-13 五平行跑道构形

2)交叉跑道

交叉跑道构形如图 5-14 所示，代表机场有旧金山机场，波士顿机场等。

由于以前的运输飞机重量轻，起飞和着陆期间对于侧风要求较高，为提高机场运行保障能力，机场一般都会根据风向统计数据建设交叉跑道，但随着民用客机机型和重量的不断加大以及科技的不断进步，民用客机对于侧风要求逐步降低，因此，目前较少机场采用交叉跑道构型，除非是受场地或者其他因素限制。

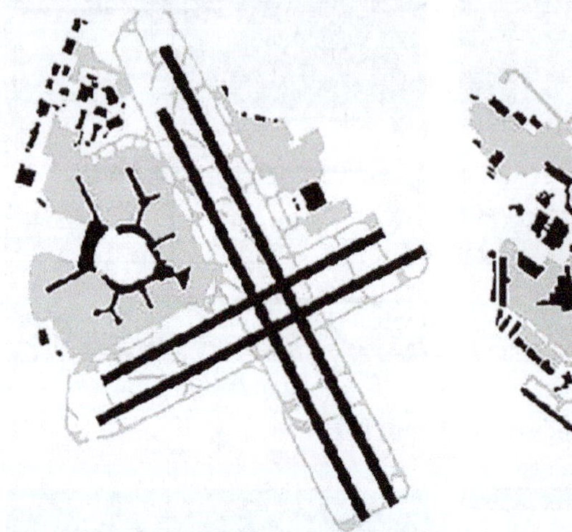

a）旧金山机场（SFO）4条交叉跑道构形　　b）波士顿机场（BOS）5条交叉跑道构形

图 5-14 交叉跑道构形

3）V 形跑道

V 形跑道构形如图 5-15 所示。

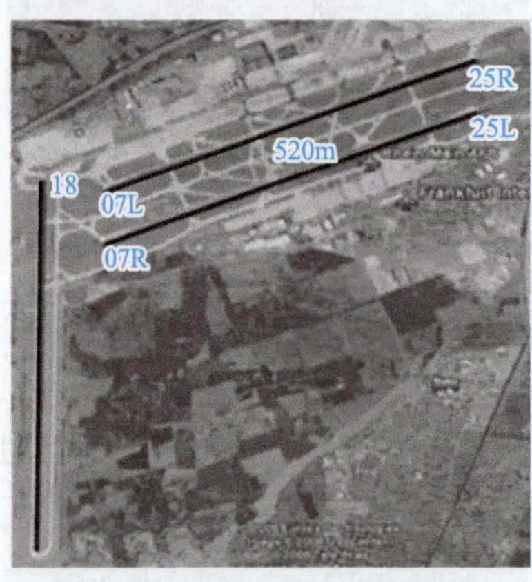

a）法兰克福机场（FRA）3条跑道构形

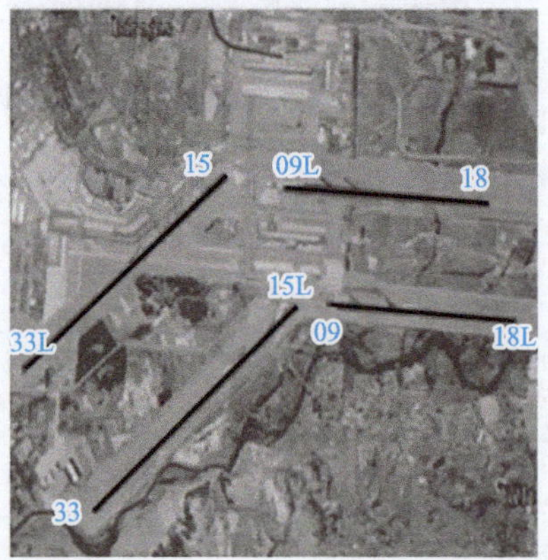

b）马德里机场（MAD）4条跑道构形

图 5-15　V 形跑道构形

代表机场有法兰克福机场（FRA）、马德里机场（MAD）、孟菲斯机场（MEN）和苏黎世机场（ZRH）等。

4）混合跑道

混合跑道构形如图 5-16 所示。

跑道数量较多的机场多采用混合构形方式，跑道分为几组，组内平行、组与组之间相互交叉或者呈相应角度，如芝加哥奥黑尔（ORD）、丹佛（DEN）、达拉斯（DFW）等机场。

5）多跑道运行的技术特点

两条以上的跑道在运行时相互间会受到一定程度影响，跑道之间的距离越近，影响越大，跑道数量越多，运行越复杂。

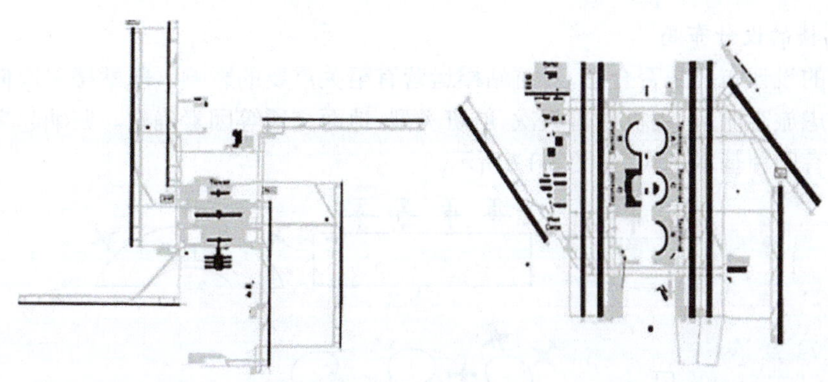

a) 丹佛机场(DEN)6条交叉跑道构形　　b) 达拉斯机场(DFW)7条交叉跑道构形

图 5-16 混合跑道构形

从运行角度来看,多条跑道特别是窄距平行跑道或者交叉跑道,存在不同跑道起飞和着陆飞机冲突、着陆飞机跑道选择错误、地面滑行飞机穿越跑道、滑行飞机误入跑道等风险,运行管理规则也比较复杂。

从投资和运营角度上来看,大中型机场采取宽距平行跑道构型较为合适。首先,宽距平行跑道容量大,效率高,能够满足大多数机场飞机起降运行要求;其次,机场的旅客航站楼、地面交通、货运区、工作区以及其他配套设施可以布置在两条跑道之间,两条跑道之间土地可以得到充分利用;再次,跑道之间相互影响小,距离超过 1035m 可以实现独立运行,运行规则和程序简单,易于实施和管理。

我国机场多跑道运行在硬件配置、运行经验、人才培养、飞行员驾驶水平等方面与欧美等航空运输更为成熟的国家相比还存在较大差距,此外,我国空域开放也比较有限,因此,我国机场多跑道系统的容量还有很大提升空间。我国机场单跑道小时容量一般在 40 架次左右,两条宽距平行跑道小时容量接近 80 架次,按照美国管制规则和跑道容量测算方法,计算出的单跑道小时容量接近 60 架次,两条宽距平行跑道小时容量最大可达到 126 架次,容量是我国机场的 1.5 倍。

二、陆侧

陆侧是相对于空侧而言的,是机场区域划分的一种。一般机场按照安全检查和隔离管制为界限,划分为陆侧和空侧。机场陆侧一般包括停车场、办票岛、行李托运以及必要的服务设施等。由于陆侧是在安全检查前,所以这一区域的安全管制措施级别较空侧区域要低。另外,对于有边防检查的国际机场来说,陆侧也属于国境内。

由于空侧更接近实际飞行,为保障飞行安全,这一区域的安全管理更为严格,所有旅客都要经过安全检查,工作人员都要根据其工作证记载的范围进行活动。同时对于有边防检查的国际机场来说,空侧也相当于国境外,旅客进入空侧就等于出国了。

1. 航站楼

航站楼为旅客上、下飞机提供各种服务,是地面交通和空中交通的结合部,是机场对旅客服务的中心地区,又称候机楼。

1)航站楼的设计布局

航站楼的设计布局是否合理,对航站楼运营有至关重要的影响。航站楼采取何种布局,需要综合考虑旅客流量、飞机起落架次、航班类型、地面交通等因素确定。归纳起来,航站楼的水平布局有四种基本形式,如图 5-17 所示。

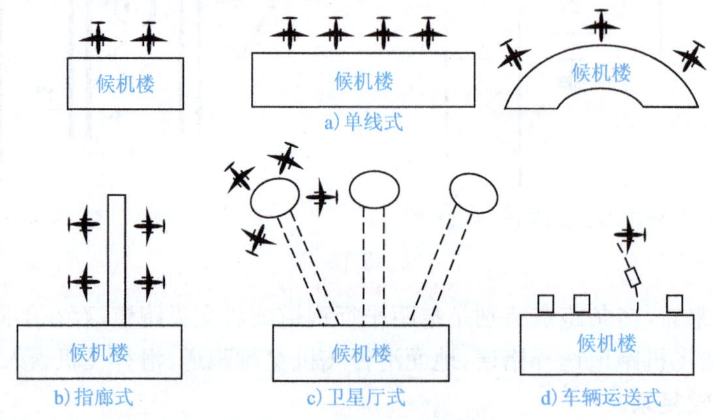

图 5-17 航站楼平面布局

(1)单线式。这种形式是最简单的,即从飞机停靠在航站楼墙外,沿航站楼一线排开,旅客出了登机门直接上机。它的好处是简单、方便,但只能适宜少量飞机,一旦交通流量很大,有些飞机就无法停靠到位,造成延误。

(2)指廊式。由航站楼伸出走廊,飞机停靠在走廊两旁,这样可停放多架飞机,是目前机场中使用比较多的一种。走廊上通常铺设活动人行道,使旅客的步行距离减少。指廊式的登机坪,旅客到最末端的登机门用的时间比到起始端的要长。它的缺点是建成后不容易进一步扩展。

(3)卫星厅式。在航站楼外一定距离设立一个或几个卫星厅,飞机沿卫星厅停入,卫星厅和航站楼之间有活动人行通道或定期来往车辆沟通,它比指廊式优越的地方是卫星厅内可以有很多航班旅客,各航班旅客登机时的路程和用去的时间大体一致,旅客在卫星厅内可以得到较多的航班信息。

(4)车辆运送式。也叫作远机坪,飞机停放在离航站楼较远的地方,登机旅客被特制的摆渡车送到飞机旁。这种方式的好处是可以大大减少建筑费用,并有着不受限制的扩展余地,但它的问题是机坪上的运行车辆增加,机场工作人员增加,旅客登机的时间增加,而且增加了旅客上、下车的不便,还易受下雨和刮风等恶劣天气的影响。为了解决后面两个问题,美国有些机场使用了移动登机桥,在汽车底盘上装上大型的可升降的车厢,旅客登车后,运至飞机旁边,车厢可升至机门相同高度,旅客直接进入飞机内。

以上各种形式并不是单一固定的,可以采用各种混合形式。例如首都机场 T1 航站楼是卫星厅式的,但当客流量增大时,超过的部分就采用远机坪来解决。

2)停机位置的设施

除远机坪外,在登机的停机位置都需要一定的设施帮助驾驶员把飞机停放在准确的位置,让登机桥能和机门连接。廊桥是一个活动的走廊,它是可以伸缩的,并且有液压机构调整高度,以适应不同的机型。当飞机停稳后,登机桥和机门相连,旅客就可以通过登机桥直接由航站楼进出飞机。

在停机位置处,侧面有侧标志板,画有各种机型的停机指示线。当驾驶员左肩对准所驾驶机型的指示线时,飞机机门的位置就对准了登机桥。此外还有停机对准系统,驾驶员由前方的灯光显示,判断机头是否对正了滑入停机位的方向。在停机位的前方滑行道上还铺有压力传感垫,飞机前轮压上传感垫之后,在机头前方的显示板上会显示出前轮停放位置的偏差。在远处机坪停放的飞机,有专门的停机坪调度员引导飞机进入正确的停机位置。

3)航站楼的组成

航站楼服务区的组成及服务流程如图 5-18 所示。

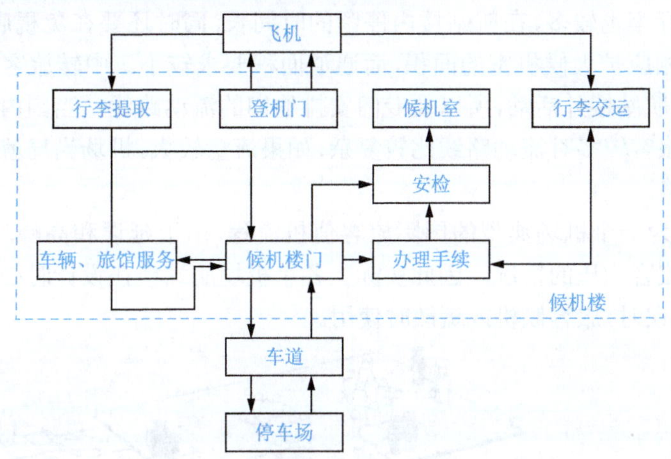

图 5-18　航站楼服务区组成及服务流程图(国内航班)

航站楼由旅客服务区和管理服务区组成。

(1)旅客服务区域

①办理机票行李手续的柜台。

②安检、海关、检疫的通道和入口。

③登机前的候机厅。

④行李提取处。

⑤迎送旅客活动大厅。

⑥旅客信息服务设施:包括问询处、显示牌、广播通知系统、电视系统等。

⑦旅客饮食区域:包括供水处、饭店、厨房等。

⑧公共服务区:包括邮电局、行李寄存处、失物招领处、卫生间、医疗设施。

⑨商业服务区:包括各种商店、银行、免税店、旅游服务处、租车柜台等。

(2)管理服务区

①机场管理区:包括机场行政办公室,后勤的办公和工作场所:如水电、暖气、空调等。

②紧急救援设施:消防、救援的工作人员和设备的场地。

③航空公司运营区:有运营办公室、签派室和贵宾接待室等。

④政府机构办公区:包括民航主管当局、卫生部门、海关、环保、边防检查部门的办公区域。

4)航站楼的旅客流程

航站楼的旅客都是按照到达和离港有目的地流动的。在设计航站楼时必须很好地安排

旅客流通的方向和空间，这样才能充分利用空间，使旅客顺利到达要去的地方，不致造成拥挤和混乱。目前通用的安排方式是把出港（离去）和入港（到达）分别安置在上、下两层，上层为出港，下层为入港，这样既互不干扰又可以互相联系。由于国内旅客和国际旅客所要办理的手续不同，通常把这两部分旅客分别安排在同一航站楼的两个区域，或者分别安排在两个航站楼内。

机场航站楼旅客流程分为国际出发、国际到达、国内出发、国内到达和中转（国际转国际、国际转国内、国内转国内和国内转国际）等流程。国内旅客手续简单，占用航站楼的时间少，但流量较大，因而国内旅客候机区的候机面积较小而通道比较宽。国际旅客要办理护照、检疫等手续，行李也较多，在航站楼内停留的时间长，同时还要在免税店购物，因而国际旅客的候机区要相应扩大候机室的面积，而通道面积要求较小。中转旅客是等候衔接航班的旅客，一般不到航站楼外活动，所以要专门安排他们的流动路线。当国内转国际航班或国际转国内航班的旅客较多时流动路线比较复杂，如果流量较大，机场当局就应该适当考虑安排专门的流动线路。

图 5-19 所示为一个机场典型的国际旅客值机流程，由于延误和高峰时段及其他原因，经常会发生大量旅客积压的情况。因此实际上各个机场航站楼在设计时必须留出较大的空间，以备高峰或延误时，旅客候机或疏散时使用。

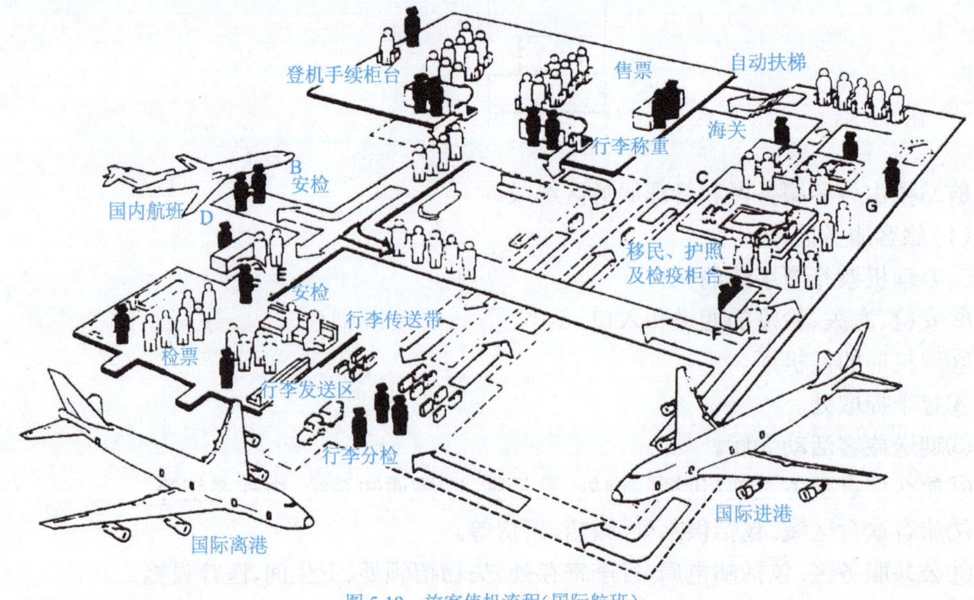

图 5-19 旅客值机流程(国际航班)

2. 地面运输区

地面运输区包括机场进入通道、机场停车场和内部道路。规模较大空港需有双道路系统，整合高速铁路、城市轨道交通和机场大巴等构建综合交通运输体系。

1）进入通道

机场是城市的交通中心之一，而且有严格的时间要求，因而从城市进出机场的通道是城市规划的一个重要部分。大型城市为了保证机场交通的通畅，修建了市区到机场的专用公路或高速公路。为了解决旅客往来于机场和市区的问题，机场要建立足够的公共交通系统。

有的机场还开通了到市区的城市轨道交通线路，大部分机场都有足够的公共交通来方便旅客出行。在考虑航空货运时，要把机场到火车站和港口的交通路线同时考虑在内。

2）机场停车场

除考虑乘机的旅客外还要考虑接送旅客的车辆、机场各部门的工作人员的车辆、观光者及出租车的需求，因此机场的停车场必须有足够大的面积。停车场面积太大也会带来不便。繁忙的机场按车辆使用的急需程度把停车场分为不同的区域：离航站楼最近的是出租车辆和接送旅客车辆的停车区，以减少旅客步行的距离；机场职工或航空公司使用的车辆则安排到较远位置或安排专用停车场。

3）机场内道路系统

在航站楼外的道路区要很好地进行安排和管理，这里各种车辆和行人混行，而且要装卸行李，特别是在高峰时期，容易出现混乱和事故。港内道路的另一个主要部分是安排货运的通路，使货物能通畅地进入货运中心。

4）综合交通运输体系

随着高速铁路网络规划的逐步实现，国家综合交通运输体系格局将发生新的变化。应重视高速铁路以及其他地面运输方式与民航之间存在的分工协作关系，改善民航与其他运输方式衔接能力，实现优势互补，推进航空枢纽建设。

三、机场的运行管理

机场运行管理主要包括现场指挥、航班保障、后勤维护和应急救援。

1. 现场指挥

民航体制改革后，根据民航局的要求，机场均成立了机场运行指挥中心、运行管理中心或现场指挥中心等类似的机场现场指挥机构，从业人员称为机场运行指挥员，简称“指挥员”。

现场运行指挥机构一般称为现场运行指挥中心或运行管理中心，以下简称“指挥中心”。指挥中心是一个指挥机场运行全局的管理机构，是机场管理机构现场运行的最高一级调度指挥部门，主要职责是停机位分配、调度指挥和应急救援指挥等职责。随着机场管制的部分职责由塔台移交指挥中心，指挥中心还承担了发放推出、开车指令和地面滑行引导等管制职能。

1）机位分配

指挥中心设置计划席，协调空管部门，采集需要保障的航班计划，制作次日保障计划。设置信息席，监控航班计划的实施动态、机位使用情况，并按照优化原则对航班需求和机位资源进行动态匹配；监控气象实况、预报和机场建设、施工、保障能力变更等情况，及时对外发布机场开放、关闭以及其他应急信息。

2）调度指挥

指挥中心设置指挥席，用于调度和指挥地面保障车辆保障航班，指挥场务部门对跑道进行巡检，指挥灯光部门控制机场灯光等级。

3）应急救援指挥

指挥中心设置应急救援席，发生紧急情况时，组织、协调消防、公安、医疗等部门开展应

急救援。

2. 航班保障

机场航班保障服务可分为旅客服务、货物（或货邮）服务以及航空器服务，其中旅客服务比较复杂，可分为进港、离港或出港以及中转服务，同时又要区分国际和国内旅客。本节主要介绍航空器服务。

航空器地面保障分为出港、进港、经停服务，涉及的保障项目繁多，且有严格的时间限制，视机型的不同，最小过站时间规定见表 5-3。

不同机型最小过站时间　　表 5-3

座位数（座）	过站时间（min）	适用机型
＜60	≥30	DHC-8、AN-24、YN-7、SHORTS-360 和 SAAB-340 等
61～200	≥40	B737、MD82、B707、BAE146、YK42、FK100、TU154 和 B757-200 等
201～250	≥50	B767 和 A310 等
251～300	≥60	A300、B747-SP、B747-200 和 B747-400 等
＞301	≥70	B747-400P、MD11 和 IL86 等

图 5-20 为客机在机坪上的保障服务状况，环绕飞机周围，有十多辆服务车辆在进行服务，这些服务包括上、下旅客，装卸货物，供应食品及其他用品，供水、加燃油及清除垃圾等。这些服务都有一定的时限，这样既可提高飞机的利用率，也能增加机场的效益。

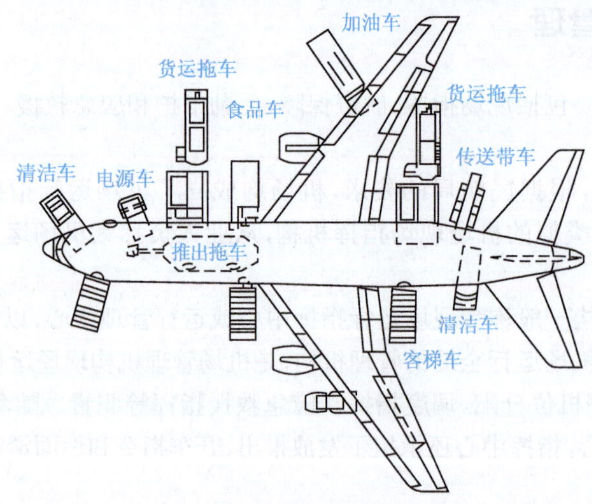

图 5-20　机坪保障服务

勤务车辆有很多种，如图 5-21 所示。

（1）拖车：对指廊式或卫星式布局，飞机是机头向里停在停机位上的，因而飞机必须倒退出机位，这时要借助于推出车把飞机推出机位。重型拖车可以把大型飞机推出，它可以变化高度以适应不同机体的高度，如图 5-21a）所示。

（2）清水车：为飞机供应饮水，可以携带数吨水，如图 5-21b）所示。

（3）加油车，分为两种：一种是油罐车，装有 10t 以上燃油，上面有加油臂，每分钟可泵油 4000L，如图 5-21c）所示；另一种是油栓车，它把机场供油系统在机坪上的供油栓和飞机的加油孔连在一起，在 10min 内可以为 B747 这样的大飞机装满油，如图 5-21d）所示。

（4）电源车（Ground Power Unit，GPU）：在飞机停放地面，发动机未开启前由这种车辆供电，用于启动发动机、照明和空调，如图5-21e）所示。随着现代大型客机上都装有的辅助动力装置（APU）取代了它的功能，这种车辆的使用在逐步减少。

（5）客梯车：在没有登机桥的机坪上供旅客上下飞机，如图5-21f）所示。

（6）货运拖车：由牵引车拖动，运送行李和小件货物，如图5-21g）所示。

（7）货运平台车：用于放集装箱或集装货板，它的车体平面离地不足0.5m，易于和传送带联合作业，如图5-21h）所示。

（8）传送带车：在飞机装卸行李时，它可以大大提高工作效率，如图5-21i）所示。

（9）食品车：食品供应人员以及补充的各种物品送上飞机，如图5-21j）所示。

（10）清洁车：清除机上厕所污水和其他杂物。

a）拖车

b）清水车

c）加油车

d）油栓车

e）电源车

f）客梯车

g）行李车

h）平台车

i）传送带车

j）食品车

k）气源车

l）摆渡车

图5-21 各种勤务车辆

3. 后勤维护

要确保安全运行，机场需要进行大量的维护检查工作，任何疏忽都可能导致事故的发生。

1）道面的维护

道面包括跑道、滑行道和停机坪，其中最重要的是跑道道面，因为飞机在跑道上运动，任何小的裂缝或隆起都有可能造成爆胎或对起落架造成损害，从而引发事故。

（1）道面的裂缝和强度

我国机场跑道大都使用水泥混凝土道面，它是刚性的，承载能力高，但在温度变化时，它的膨胀和收缩会引起很大内应力。因而混凝土道面在一定距离上都留有伸缩缝。冬天混凝土收缩，伸缩缝变宽，这时水和沙就会进入缝中。当水冻结时就会产生很大的压力，使伸缩缝边缘开裂，随后雨水就可以渗入混凝土底层，使整块道面出现裂缝、隆起或伸缩缝变宽。跑道维护人员要定期目视检查跑道的表面，在春季要增加检查次数，及时修补。中型机场也可以采用沥青混凝土道面。这种道面是柔性的，不需要伸缩缝，但这种道面不耐水汽侵蚀，如果道面积水时间较长，就会造成小孔裂缝等。由于道面强度低，飞机的重着陆和暴雨都会将道面上的软材料带走，造成空洞。沥青道面虽然造价比混凝土低，但它的维修次数和费用都要高于混凝土道面。每隔一定时期要对跑道的强度和性能进行检测，目前常用弯沉仪进行跑道的无损强度检测。

（2）道面的摩擦力

道面的摩擦力会由于道面的磨损、积水和污染而变化。道面的磨损可以由及时的修补来解决，跑道上的薄层积水会使机轮打滑，甚至全部丧失摩擦力，解决的方法是在跑道表面刻槽。根据我国民航道面施工标准，通常刻槽的宽度和深度都为6mm，间距32mm。它可以使道面上的水排干净，也可以排出由于轮胎摩擦造成的水蒸气和热量。

跑道污染主要是由于油漆、废物和轮胎上的橡胶颗粒黏附造成的，其中最主要是橡胶黏附。飞机在降落制动时会与道面摩擦产生的大量热量，使轮胎的橡胶颗粒黏附在道面上，这将大大减低道面的摩擦系数。清除这种污染比较费力，目前采用的方法有以下四种：

①高压水冲洗：水压在30MPa以上，而且只能在5℃以上的气温中进行。

②化学溶剂溶解：这种方法很有效，但容易引起环境污染。

③高速机械刷除：这种方法的设备比较昂贵。

④超声波清洗：这是一种新的方法，成本不高，效果较好。

2）除雪和除冰

在中高纬度地区的机场，除雪和除冰是保证运行的重要工作，在每年的费用支出中也占有一定比例。由于要尽可能地减少跑道被雪封住的时间，因而除雪要根据气象预报及早准备，一旦雪情妨碍飞行就立刻开始行动。除雪的方法分机械的和化学的两种。由于化学方法的成本高且见效较慢，大多数机场使用机械方法除雪。除雪机械有铲雪车、吹雪车和扫雪车，如图5-22所示。

铲雪车前方有一个巨大的雪铲，铲的下缘由硬橡胶制成，以防损坏道面和与道面齐平的灯罩，它可以清除很厚的雪层。吹雪车有一个强力的吹风机，它可以吹掉雪堆和积雪。扫雪车用来清除不厚的积雪，也可以用来扫除地面的砂石。在积雪很厚的机场往往是三种车辆连续作业，铲雪车在前除去厚雪，吹雪车在后，把铲雪车堆在旁边的雪堆吹到远离跑道的地方，最后由扫雪车把道面打扫干净。

a) 铲雪车

b) 吹雪车

c) 扫雪车

图 5-22　铲雪车、吹雪车和扫雪车

跑道结冰对飞机来说比积雪更危险，但除冰有时比除雪还难。如果扫雪车不能将冰扫走，一般用洒沙子的方法，一方面增加跑道的摩擦力，同时也加快了冰融化的速度，更先进的办法是洒加热的沙子，使沙粒嵌入冰层。有些地区还会用喷洒酒精或乙二醇的方法除冰。在应急情况用喷气发动机喷出的热气流除冰也极为有效，但是噪声太大，成本很高。

3）防止鸟撞

飞机在起飞或降落时，如果把鸟吸入发动机或与鸟相撞都会造成一定的危险，对有些机场驱散鸟类是一大任务，国际民航组织每年收到的鸟撞报告在 2000 次以上。解决鸟撞的办法有很多种。首先是把跑道和机场周围的垃圾封盖起来，控制一些昆虫和小动物的生长，清除杂草、水塘，使鸟类在这个地区没有食物来源；其次还可以使用声音驱赶鸟类，投放化学药物及猎杀等方法，但有些方法遭到环境保护组织和动物保护组织的反对。防止鸟撞迄今仍是个没能完全解决的问题，因此只能通过机场加强对环境的清理，研究这一地区鸟类活动的规律，使驾驶员提高警惕，以防止事故发生。

4）建筑物及设施的维修

主要是按计划对航站楼和其他建筑以及其中的设施定期维护和修理。航站楼的建筑和设施使用最频繁，因而也是维修的重点。

5）车辆维修

机场使用着大批的特种车辆和普通车辆，特种车辆的维护、修理是机场特有的问题。除了特殊的大修需要外包外，日常保养和护理由机场自行解决。这个部门的任务除了车辆维护、修理外，还应包括制订采购计划、更新车辆，并和生产商或经销商取得联系，以便得到他们的支援和服务。

4. 应急救援

应急救援是指突发事件发生后，通过事先计划和应急措施，充分利用一切可能的力量，迅速控制事态的发展，保护现场人员和场外人员的安全，将突发事件对人员、财产和环境造成的损失降低至最低程度。根据统计，航空事故的 70% 发生在起飞和降落的时候，这种事故发生的地点都在机场附近，因而机场要有一支训练有素、装备精良的救援队伍时刻待命。

根据 2000 年 4 月 3 日中国民用航空总局第 90 号令公布的《民用运输机场应急救援规则》，民用运输机场应急救援适用于机场及其邻近区域内发生的各种紧急事件。机场及其邻近区域内系指机场围界以内及距机场基准位置点 8km 范围内的区域。在其他区域发生的民用航空器紧急事件，按照《中华人民共和国搜寻救援民用航空器规定》执行。

为了保证出现突发事件时，能够迅速、有效地实施救援，必须事先制定应急救援预案，用预案指导应急救援行动。应急救援预案的内容一般包括：

1）突发事件的类型和应急救援的等级

航空器紧急事件的应急救援等级分为以下三级：

（1）紧急出动。已发生航空器坠毁、爆炸、起火、严重损坏等紧急事件，各援救单位应当按指令立即行动，以最快速度赶赴事故现场。

（2）集结待命。航空器在空中发生故障，随时有可能发生航空器坠毁、爆炸、起火、严重损坏，或者航空器受到非法干扰等紧急事件，各援救单位应当按指令在指定地点集结。

（3）原地待命。航空器在空中发生故障等紧急事件，并且其故障对航空器安全着陆可能造成困难，各援救单位应当做好紧急出动的准备。

2）应急救援组织体系

一般机场应急救援组织体系如图 5-23。

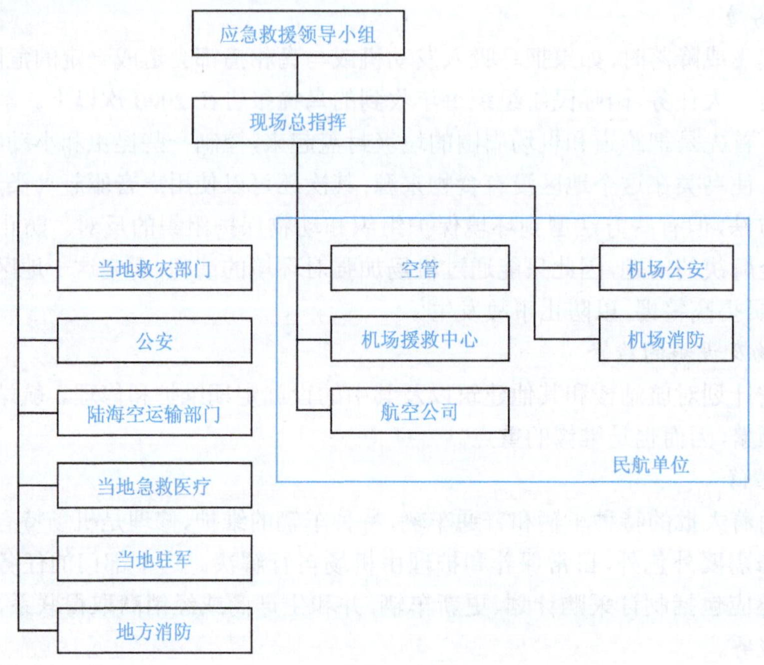

图 5-23　机场应急救援组织体系

应急救援应当坚持“先避险、后抢救，先救人、再救物，先救灾、再恢复”的原则开展工作。当突发事件发生时，应急救援领导机构应当根据有关法律、法规、规章和应急救援预案的规定，启动相应级别的应急处置程序，调动人力、物力和技术等资源，有效控制、减轻或消除突发事件的负面影响。

救援的反应时间，如从发出救援和消防的最初呼救起，到第一辆应急车（或几辆车）到位的时间，对于救援的效果有着决定性的影响。

对于大型机场的消防，国际民航组织制定了推荐性标准。如果达不到这个标准，就不能取得机场使用许可。机场消防队使用的车辆有快速救援救火车、轻型救火车和重型消防车，如图 5-24 所示。

a）快速救援救火车　b）轻型救火车　c）重型消防车

图 5-24　应急救援用车

快速救援救火车：它的时速很高，发生事故时能第一个到达现场，它装有 1000L 浓缩泡沫灭火溶液和急救药物等，它的任务是把指挥人员和第一批急救 / 救火人员带到现场，控制火势，保持撤离道路畅通，对要紧急转移和处理的伤员进行处理和安排，然后等待救火主力队伍到达。

轻型救火车：装有数百千克二氧化碳和灭火干粉，对于发动机和电器着火最为有效。

重型消防车：装有成吨的泡沫灭火剂和水，对控制大面积火势和灭火有效。

第五节　机场发展策略与趋势

随着机场竞争环境和技术的完善，机场在功能定位和发展策略方面需要不断进行革新，创新管理模式、调整服务功能和提升自身管理水平。同时，伴随着区域经济的发展、需要打造机场群间的协同发展，寻找适应未来发展的策略。

1. 枢纽机场发展策略

打造航空枢纽已成为当前国内民航加快发展的热门话题，无论是航空公司还是机场，都致力于枢纽的选择和建设，特别在地方机场的发展规划中，也都纷纷提出打造枢纽机场的概念。那么，在航空枢纽建设中，航空公司、机场究竟谁是主导？枢纽打造中，机场能做什么？

枢纽是美国 20 世纪 70 年代航空管制放松后出现并新兴发展的一种航空发展模式。航空公司通过采用中轴辐射航线运行模式，进一步集中客源、优化结构、互补资源，从而形成了航空公司业务量的快速增长以及运输市场蓬勃发展的良好局面。在航空公司发展的同时，由航空公司枢纽战略布局而选择的枢纽机场也应运而生。同时，由于处于枢纽所在的关键位置，机场也获得了吸引更多航空公司飞行中转的机会，在增加机场客货流量的同时，机场的主营航空业务和非航营业收入也呈现出了快速增长的趋势。枢纽建设的先驱——达美航空公司，20 世纪 80 年代曾借助枢纽运行模式，不仅为达美航空公司的运输量增加做出了巨大的贡献，使其被评为“世界最受尊敬的航空公司”，也使其核心枢纽——亚特兰大机场一举成为世界年旅客吞吐量位居第一的机场。同时，亚特兰大这座仅在全美人口排名 36，经济并不特别发达的城市，也因世界最大航空枢纽的建立而呈现出了跨越式的发展。

因此，可以理解航空枢纽的建设，主导是航空公司，而机场既是枢纽网络建设中的重要节点和支撑平台，也是航空枢纽建设中另一个重要的“获利方”。所谓的枢纽机场的选择，与其说是机场自身定位选择以及硬件、软件投入和建设的过程，更不如说是一个搭建平台、筑巢引凤，吸引航空公司选择并共同打造的过程。机场要发挥优势、主动配合，共同打造好航

空枢纽，主要从以下几方面展开：

(1)树立正确的自身定位。航空枢纽建设中，航空公司是主导，如果抛弃或脱离航空公司去规划自身的枢纽机场建设，将会导致机场建设的盲目重复投资以及航空市场的无序混乱。因此，机场首先应该转变观念，确立以航空公司为核心的战略地位，以最大限度满足航空公司运营需求为出发点，从战略规划层面加强与航空公司协作关系。要积极主动寻求航空公司对枢纽机场建设的要求和意见，从机场平面规划、功能布局、运行流程、基础设施等方面，以最大限度地满足航空公司运营需求为出发点，谋篇布局，从而调动起航空公司运营管理的能动性、市场拓展的主动性以及枢纽建设的积极性。

(2)做好中转设备设施建设工作。枢纽的核心是中转，机场的中转能力也是评判其枢纽功能的关键。要实现快速、便捷、准确的中转目标，机场就必须具备完善的中转设施，包括足够数量且设计合理的候机楼、跑道、登机桥、中转通道，以及先进的航班信息系统和相关配套服务等。硬件设备设施的建设，除了机场自身的投入外，世界上一些成熟枢纽机场的经验也值得借鉴。比如，一些机场采用将航站楼、停机坪交给航空公司自主经营和管理的模式，航空公司可以根据自身枢纽建设的实际需求来进行流程设计、投资设备设施，这样不仅可以减少机场的硬件投入，也使航空公司设备设施的使用效率大大提高。同时，机场也从与航空公司竞争的关系中脱离，转为业主身份，实现从直接经营者向管理者身份的转变，可以为航空公司搭建更为公平、优质的公共平台。

(3)提高机场运营管理水平。由点对点的运输保障转变为枢纽保障，除了设备设施的升级改造外，更重要的是机场运行管理水平的提高。这包括中转流程的设计、中转服务的对接、中转保障过程中各类情况的处置等，这些都需要在流程设计、保障能力、人员素质等方面下功夫。为此，一方面，机场可以借鉴国际成熟枢纽机场成功的运行经验，并结合自身实际情况，优化完善，制订适合本场实际情况的枢纽保障运行的各类方案；另一方面，机场要进一步加强与航空公司的协作，始终围绕、满足航空公司枢纽建设的需求，从运行流程、管理方法、人员培训等方面做好对接和管理工作。

(4)吸引更多的航空公司入驻。机场的客货流量需要航空公司来聚集，而吸引足够多的航空公司驻场或者吸引更多的基地航空也是构建枢纽的最佳方式。特别是当基地航空业务量达到 50% 以上时，会呈现航空运力充足、航班波结构合理的良好态势，也更有利于枢纽机场的打造和快速发展。因此，机场应该充分利用自身资源，给予更佳的优惠政策，吸引更多的航空公司入驻。比如，机场可以主动配合航空公司共同去向行业主管部门申请配套政策，协助航空公司航班波的打造；可以根据本场实际情况建立富有竞争力的分时段差异化收费体系，采用非高峰时段折扣收费的方式挖掘更大的运输市场潜力；可以利用机场管理主体的身份，协调包括航空公司、联检单位、空管等各家提高协作关系，通过稳定的协调机制，增加航班的稳定性和准点率。

2. 机场群发展策略

随着全球经济发展和工业化、城市化进程的逐步深入，逐渐形成了若干自然条件和社会条件优越、发达程度也明显高于其他地区的经济区域，其最突出的表现形式就是大、中、小不同规模的城市在这些区域集中发展，出现“城市集聚”现象，形成具有强大经济实力和辐射力的城市群，如美国东北部大西洋沿岸以纽约为中心的城市群、北美五大湖以芝加哥为中心的城市群、日本太平洋沿岸以东京为中心的城市群、英国以伦敦为核心的城市群、欧洲西北部以巴黎为中心的城市群。作为城市重要的公共基础设施，与城市群相伴而生了这些地区的机场群。

由纽约新泽西港务局管理的纽约机场群，是全球最繁忙的空域，包括肯尼迪、纽瓦克、拉瓜迪亚三个大型机场和斯图尔特、大西洋城、体特保罗三个小型机场，如图 5-25 所示。港务局管理的 6 家机场每年为社会创造超过 57 万个就业岗位、287 亿美元的工资报酬和 793 亿美元的营业收入。2014 年纽约机场群旅客吞吐量 1.17 亿人次，预计到 2024 年，将达到 1.46 亿人次。

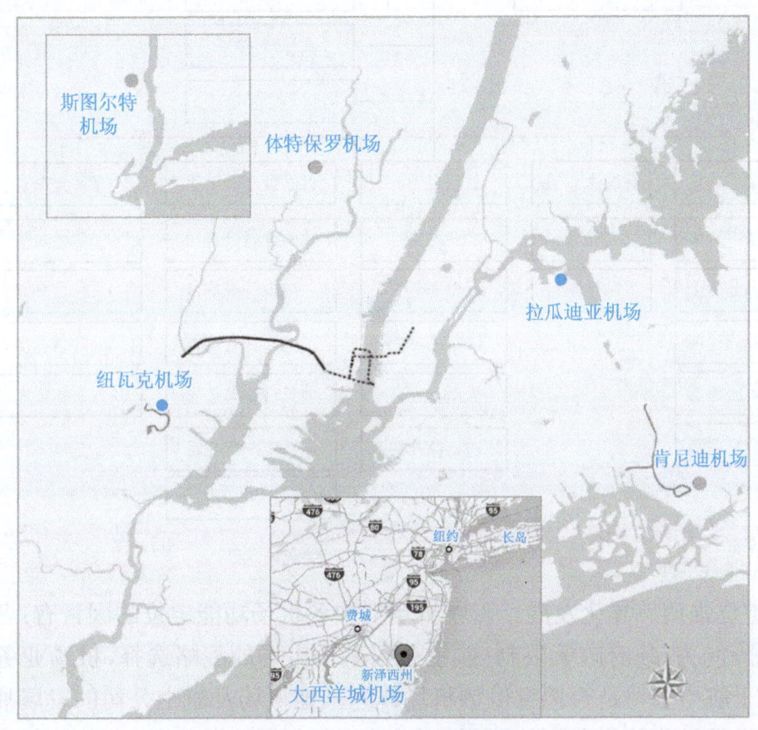

图 5-25 纽约地区的民用机场

纽约地区机场群 6 家机场均由纽约新泽西港务局统一管理，管理机构如图 5-26 所示。港务局于 1921 年成立，管理着纽约和新泽西地区最重要的交通设施。根据美国相关法律规定，港务局是具有法人资格的公共机构，有权在"纽约港区"（Port of New York District）购买、建造、出租或经营任何站点和交通设施。目前，港务局已经发展成了纽约大都市区内兼海陆空交通为一体，集设计规划、发展建设、运营管理于一身的著名公共机构，为纽约大都市区的繁荣发展做出了巨大贡献。

纽约地区机场群的发展，提供了以下有益借鉴。

（1）整体协调避免恶性竞争。纽约三大机场形成互为补充，而不是恶性竞争的格局，关键是纽约州和新泽西州联合设立纽约新泽西港务局，并赋予其广泛的综合规划职能、相当规模的基础设施资源控制能力和跨区域协调能力。在人口密集、行政区划众多的地区，建立一个具有强有力跨区域协调能力的组织机构是保证系统正常运营的基本前提。因为在这种经济发展水平较高的区域，借助于高度发达的地面运输系统，通常机场群的市场辐射范围都超出了行政区划范围。

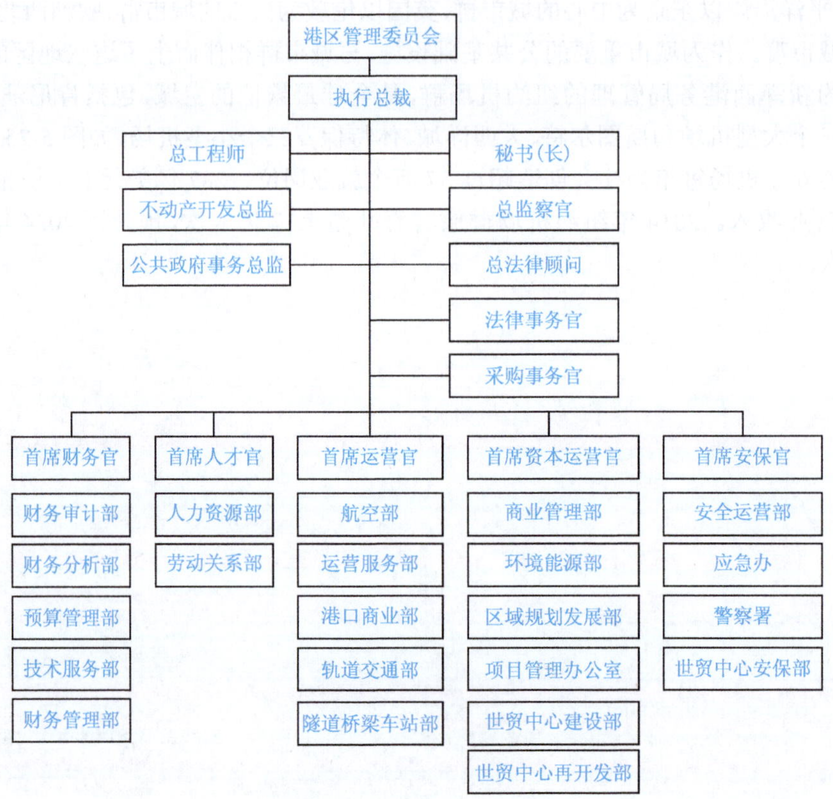

图 5-26 纽约地区机场群管理机构

(2)功能定位强调差异化发展。影响机场群中各机场功能定位的因素有:各机场的基础设施和综合保障能力;政府政策限制;航空公司基于市场的战略选择,机场业务量增长在很大程度上取决于航空公司是否愿意以该机场作为基地机场及航空公司的发展战略。港务局通过制定各机场差异化的收费标准、限制拉瓜迪亚机场最大航程、限制体特保罗最大起飞全重等措施,实现纽约三大机场较为均衡的"抱团"发展。

(3)集中管控提升资源效能。港务局是一家具有足够管辖权和跨边界协调能力的组织机构。根据现场调研的 4 个机场所反映的情况来看,各个机场在经营、运行、安全管理等方面几乎所有的工作都要向港务局请示报告。港务局通过对所管辖机场的集中统一管理,来实现纽约机场群互为补充、协调发展的良性格局。

(4)经济政策积极引导分流。港务局通过管制、投资和价格等多种手段,在各机场之间动态地调整运量,积极引导航线航班分流。比如限制拉瓜迪亚机场的航班只能飞行 2400km(1500mile),来支持肯尼迪机场国际枢纽建设;美联航在纽瓦克机场的航班通过降低 100 美元票价以吸引旅客前往纽瓦克机场出行。

(5)资金来源建立多种渠道。港务局通过建立四个"资金池"来解决各个机场巨额建设投入不足的问题:一是各个机场每年的收入大约 25 亿美元;二是民间资本资金池;三是旅客设施使用费,每位出发旅客 4.5 美元;四是机场发展计划资金项目,该资金来源于联邦政府。其中民间资本资金池是最大的资金池。

(6)想方设法提高机场容量。美国联邦航空局(FAA)负责调控纽约三大机场容量,高峰小时架次肯尼迪机场 81 架次、纽瓦克机场 81 架次、拉瓜迪亚机场 78 架次。纽约三大机场已经很拥挤,需要发展新的机场,分流特定航班。这其中有两种方式,一种是购买容量没有用尽的机场,一种是新建机场。港务局选择的是前者,而且充分考虑了高速公路和铁路等便捷的地面交通问题。收购斯图尔特机场用于分流低成本航班,从而提升三大机场容量,就是一个典型案例。

(7)综合交通系统四通八达。纽约三大机场都拥有轨道交通,机场捷运联结机场各航站楼、停车场、长岛铁路和纽约、新泽西地铁。三大机场都开通机场巴士通往市区主要站点。各种交通方式在港务局的统筹管理下,与航空服务密切合作,为旅客提供优质便捷的服务,有效减少了各机场的阻塞现象,促进机场设施容量得到充分利用。

3. 中小机场发展策略

近年来,虽然我国中小机场(图 5-27)取得了快速发展,但由于一些内外部的因素制约,中小机场发展还存在着一些较突出的问题。

(1)中小机场客货吞吐量小,布局不合理。充足的客货吞吐量是机场运营的关键因素。虽然我国中小机场占据我国机场数量的绝大部分,但是其客货吞吐量却与之不成正比。据统计,到 2013 年占据机场总数 75% 的中小机场客货吞吐量仅占总量的 20% 多。在西北、华北、东北、西南等经济欠发达地区,中小机场的客货吞吐量严重不足,机场处于亏损状态,发展缓慢。

图 5-27 中小机场

(2)中小机场经营困难,亏损过大。国内很多中小机场地处偏远的经济欠发达地区,这些地区交通不便、客源较少,造成了这些中小机场航班数量少、客货吞吐量严重不足。航空公司作为经营性企业,不愿承担亏损,在其在与机场的谈判中处于明显的主导地位,而这些中小机场为了稳定航线、增加客流量不得不独自承担巨大的成本。据统计,截至 2018 年底,我国中小机场经营亏损率高达 70%。

(3)中小机场管理方式落后,基础管理工作薄弱。中小机场管理方式落后,主要表现在:一是机构臃肿,人事管理缺乏。尤其是欠发达地区的机场,航班少、职工人数却多,使得职工做事浮于表面,劳动效率较低。二是规章制度不健全。一些机场由于缺乏健全的规章制度,对资金、财务、项目等的管理还不完善。三是缺乏激励机制,激发不了职工的积极性,职工"等、靠、要"思想严重。四是中小机场普遍人员待遇较低,无法招聘到合适人员,且流失严重,尤其是空管、气象、机务等专业人才。由于运营资金缺口较大,人员培训投入不足,导致中小机场人员能力提升有限,不能满足发展需求。

(4)中小机场基础设施不健全,服务功能难以发挥。由于航线投入过大,自身财力不足,很多中小机场的基础设施不健全,设备老化严重,但又无法投入过多的资金进行完善,存在一定的安全隐患。另外,这些中小机场受场地限制,不能充分开展必要的服务项目,使得机场服务功能难以充分发挥。

(5)地面交通配套不健全。中小机场其收益水平有限,其主要的资金基本投入在航空市

场拓展、航线航班补贴等方面，大多数中小机场在空地衔接、空地配套等方面投入远远不够，空地无缝对接的运输体系无法建立。

(6)航线发展成本高。随着民航在地方社会经济发展中的作用越来越大，各地对民航的支持力度加大，对航空公司运力的争夺日益激烈，航空公司作为经营性企业，对航线开通初期的亏损不会独自承担，不仅要求所开航线对航班收益进行保底，而且还要达到一定的盈利水平，因此对航线保底的开价已从过去的保本增加到现在的不低于平均盈利水平，使航线培育成本大幅增加。加之目前不仅是北京、上海、广州、深圳等骨干机场时刻紧张，增班困难，国内大部分中等城市，如杭州、长沙、武汉、南京、三亚、乌鲁木齐等地的机场都将进入繁忙机场的行列，时刻申请都极为困难，基本是一刻难求。

(7)以干线机型经营支线带来了经营的恶性循环。一些地区盲目建设与本地需求不匹配的“高规格”机场，造成过度建设，增加了机场的负债率，使机场开航以后即出现亏损；中小机场上座率低，航空公司不得不减少班次，那些每周只有二、三班的航线，客流量更小了，许多需要当天出行的旅客，宁愿选择铁路和公路出行。据了解，在我国绝大多数航线，航班频率起码要达到每天一班，才能在时效上胜过铁路运输，充分发挥优势。

(8)与铁路、公路竞争压力大。目前，我国加快推进公路、铁路建设，其运输网络日益完善。从运输特点来看，铁路、公路运输量大，价格相对低廉；而航空舒适、快捷、点对点之间通过空中网络实现快速互联互通。但若中小机场不能实现网络内的高频次飞行或航线网络的完善，那么航空的独特优势将无法发挥，将会在与铁路、公路运输的竞争中处于下风。

中小机场属于国家航空运输网络的节点，对于完善国家航空运输网络发挥着重要的作用。中小机场发展策略如下：

(1)统筹整体规划，合理控制投资规模。中小机场建设中暴露出地方政府将机场视为形象工程，盲目追求高标准、超规模建设，给中小机场带来了沉重负担等问题。在新建或改扩建机场时应坚持统筹规划、合理布局、规模适宜、简捷实用为原则。按照“一次长远规划、分步实施建设”的方针，在保证飞行安全和空防安全的前提下，提高旅客快速通过能力，降低机场开航、建设和涉及服务的标准，以减少机场建设资金和运营成本。

(2)加强航空市场营销，完善航线网络体系。加大发展航空运输是中小机场发展的基础和必备条件，应进一步加强航空市场营销，大力引进航空运力。一是进一步加强航线营销。二是开展包机经营。三是引进、建立支线航空公司。通过引进或建立一支为中小机场所用的支线航空公司，以期获得稳定运力和构建支线网络体系。同时构建枢纽直飞，干支结合，支线联程三种模式的航线网络体系。

(3)激励地方政府，积极参与机场建设。要加强引导地方政府充分考虑中小机场的航运主业和非航主业的盈利能力，增加划拨给中小机场的土地、优惠税收等，通过将机场周围的土地甚至市中心地区土地划拨于机场，增强中小机场的非航业务盈利能力，并通过税收优惠或其他连带优惠政策，吸引商家进驻机场进行商业经营，减少机场对政府补贴的依赖。

4. 典型航空港发展模式

自 1959 年爱尔兰香农国际航空港自由贸易区成立以来，国际上对航空港经济的产业布局开始了持续的实践和探索，经过几十年的发展，形成了七大各具特色的发展模式。

（1）复合型工业区模式

复合型工业区模式以爱尔兰香农国际航空港自由贸易区、北京顺义临空经济区为典型代表。

1959年成立的香农国际航空港自由贸易区，作为连接美国、欧洲和中东地区的重要交通枢纽，早期利用自身地处跨越大西洋航线必经之路的特殊地理优势，主要为途经飞机提供中转、加油、维修保养等航空配套服务，同时利用外资和原料发展出口加工业。随着航空制造技术的不断进步，飞机续航能力大幅度提升，来往航线飞机不再需要停靠加油、保养，香农自由贸易区逐渐向航空产业升级，引入通信信息、电子产品制造、软件开发等高技术产业，政府还在附近设立了爱尔兰国家航空研究中心。目前，贸易区产业涵盖了医疗设备、软件开发等高技术产业，众多通信世界巨头均在香农国际自由贸易区设有基地。

北京顺义临空经济区也属于典型的临空复合型工业区模式，其依托于北京首都国际机场，设立天竺综合保税区、空港经济开发区、林河开发区、空港物流基地、北京汽车生产基地以及国门商务区6大功能区，重点发展高新技术、现代制造业、现代物流、国际商贸、国际会展和文体休闲等6种产业。截至2018年初，顺义临空经济区聚集航空类企业超过340家、世界500强企业30余家以及中国民航6大集团，初步形成以航空业的相关企业总部为主体、现代制造业及高端服务业为主的临空产业体系。

（2）航空物流基地模式

航空物流基地模式以美国的孟菲斯空港经济区为典型代表。

20世纪80年代，美国的孟菲斯是一个以棉花种植为主的农业小镇，后来得益于孟菲斯国际机场的建立和发展，自1992年连续18年货运吞吐量雄踞全球第一，成为全球最重要的航空货运中心和全球著名的“航空大都市”，联邦快递、UPS、DHL、KLM、Cathay Pacific等都在其设有航空物流机构。聚焦孟菲斯空港经济区的发展历程，从水运中心、铁路中心发展为航空城，联邦快递发挥了至关重要的作用——联邦快递运营着全球最大的货运航空编队，每天在孟菲斯处理3万个包裹，装运货物的运输带长达3km。追溯至20世纪60年代，美国经济结构开始以高新技术和服务业为核心实现调整，诸多“质轻价高”产品的生产摆脱了对原材料产地的依赖，逐渐向人才、技术、资本的集聚地转移，在此背景下联邦快递的“隔夜快递”迅速兴起。后来，在联邦快递总部选址中，孟菲斯机场管理局通过精心运作，并在资金、土地、税收等方面采取优惠支持政策，将联邦快递总部引入孟菲斯，使其成为孟菲斯机场时至今日仍然位居第一的客户，孟菲斯国际机场依托联邦快递超级中心，也一跃成为全球最大货运空港。

在航空物流产业的辐射下，与之相关的计算机维修、制造业、医疗服务业和旅游业得到迅速发展。世界最大的家庭娱乐配送中心——Thomson彩色技术公司每天在孟菲斯包装运出120万件DVD产品，这相当于美国每天DVD购买量的一半；世界最大的便携式计算机维修点——Solectron公司每个晚上在孟菲斯维修5000台计算机。美国最大的通宵麻醉药品检测站——Advanced Toxicology每晚通过联邦快递公司运来孟菲斯的全美5000多份样品进行实验。目前，孟菲斯机场业务的95%以上为航空货运，产生的经济效益达271亿美元，还有7.6亿美元来自机场乘客带来的收入，创造了22万个就业机会，占孟菲斯就业总量的1/3。

（3）商务物流区模式

商务物流区模式以德国的法兰克福临空物流城为典型代表。法兰克福位于德国中部，拥有德国最大的航空站和铁路枢纽，莱茵-美茵机场是欧洲大陆第二大航空港，也是欧洲重要的中转中心。法兰克福临空物流城位于机场附近，数百家物流运输以及高效的配送系统将世界各地的产品运进德国，也将德国产品送往世界各地。正是依托于以机场为中心遍及全球的空中运输网络，法兰克福充分发挥贸易中心这一传统优势，大力发展金融业和会展业。目前200多家德国和国际知名银行落户法兰克福，高盛、摩根士丹利、美林证券等诸多国际知名金融机构纷纷设立分支机构；法兰克福会展中心每年举办30 多场国际性会展，吸引参观人数多达220万，为德国创造3.25万个就业岗位，贡献5.67亿欧元税收，创造了31亿欧元的购买力。与此同时，得益于法兰克福多式联运的综合交通物流体系，在机场附近，有数百家物流运输公司进驻，德国制造的大型机械设备及关键零部件、汽车及汽车零部件在世界各地都能得到及时的供应，这使得法兰克福成为德国重要的工商业、国际展览、金融和交通中心，被誉为“莱茵河畔的曼哈顿”。

（4）总部基地模式

总部基地模式以荷兰的史基浦临空经济区、我国的上海虹桥临空经济区为典型代表。

荷兰阿姆斯特丹的史基浦机场，在欧洲机场持续保持客运量第四、货运量第三的名次，是法荷航空、汉莎航空的基地。从最初简单的航空港到后来多元化综合性的航空都市城的发展演进，史基浦机场为利益相关者创建了可持续发展价值，其优越的交通条件吸引了 200 余家国际物流商在此运营，40 多个世界 500 强企业欧洲总部入驻，紧邻史基浦机场的世界贸易中心成为众多跨国贸易公司的总部所在地。目前，阿姆斯特丹临空经济区涉及的产业包括花卉蔬菜、IT、航空航天、汽车、医药、电子、金融、娱乐购物等。

上海虹桥临空经济区位于长宁区西侧，毗邻世界最大的虹桥综合交通枢纽，坚持高起点的“园林式、高科技、总部型”的发展目标，历时 20 多年的发展，已初步形成信息通信技术、电子商务、无线通信、现代物流、服装服饰、食品和生活用品制造等具有临空服务型特征的产业集群，集聚了联合利华、德国博世、美国伊顿等一批国际知名企业总部，集聚了爱立信、史泰博、携程网等知名信息服务业企业，集聚了联邦快递、扬子江快运、劲达国际等知名现代物流企业。园区已入驻企业达 1800 多家，其中总部型企业 300 多家，世界 500 强企业 10 家。

（5）高新技术产业园模式

美国达拉斯-沃斯堡空港经济区、日本成田机场临空经济区及印度班加罗尔电子城是高新技术产业园模式的典型代表。

达拉斯-沃斯堡机场于2001年，在自身和其他多个相接的高速公路系统附近开发了占地1.73km^{2}的工业仓储园区——国际商业园，该区的项目开发以“临空指向”为原则，大力发展电子信息等高科技产业，将地产租售给大型航空部件供应商（如Aviall）和电子商务零售商，形成产业聚集效应。

成田机场临空经济区的筑波科学城，设有 36 家国立科学研究院和 200 多家私营科学研究机构，强大的科研力量以及技术溢出效应为当地知识技术型产业的发展提供了知识网络支撑，推动了空港区内的经济持续增长。

班加罗尔依托优质的高校资源和英语优势，在机场周边建立了电子城和国际计算机软件技术园，吸引了诸多世界级优秀的技术人才和科学家，积极发展软件设计外包业务，国际知名公司如英特尔、微软、IBM、西门子、通用电器公司、惠普、康柏、奥瑞克、宏碁等都在班加罗尔设立开发中心和生产基地，现已成为美国硅谷在海外的第一大软件开发外包基地。

（6）多功能航空城模式

韩国仁川机场航空城、新加坡樟宜国际机场自由贸易区是多功能航空城模式的典型代表。在韩国政府2011年正式推出的仁川机场航空城的发展规划中，仁川机场经济区包括机场区、国际商务区、自由贸易及旅游开发区三大部分，准备把航空港发展成为集航运、物流、金融、高新技术于一体的具有多种产业职能的经济区域。在产业支撑上，韩国政府规划到2020年引入以物流、IT为主的64个绿色成长产业，产品涉及半导体及相关部件、网络及通讯器械、电脑软件、医药和医疗产品。在配套设施上，仁川机场周围预留大量土地，用于建设商务会展中心、综合娱乐设施、博彩酒店、购物休闲区等文化体验和休闲娱乐设施。此外，仁川机场还将建设磁悬浮列车连接航站楼和航空城区域。

樟宜机场以一流水准的服务享誉航空界，自从1988年获得第一个奖项以来，到2011年5月，总共已经拿到包括“全球最佳机场”在内的368个奖项。樟宜机场附近共有3个大型的集商务、休闲、饮食、购物于一体的综合休闲俱乐部，周边还建了3家高尔夫球俱乐部来减少机场噪音。樟宜机场自由贸易区主要包括了樟宜国际机场、樟宜商业园、樟宜国际物流园、新加坡机场物流园、新加坡白沙芯片园和淡滨尼芯片园等专业产业园区，以及展览中心、社区服务中心等配套服务设施，涵盖了总部经济、会展、物流、国际商务、高科技制造、康体休闲等相关产业。

（7）旅游购物区模式

阿联酋迪拜的航空港是旅游购物区模式的典型代表。迪拜机场是中东地区最大的航空港，迪拜航空城的产业标签无疑是独具特色的旅游购物休闲和自由贸易区。免税购物中心是吸引大量空港旅客最为有效的载体，也是体现商业价值最直接的平台。迪拜国际机场免税店是中东和北非地区最大的免税商品零售店，该店的过境旅客人均消费额居世界第一。迪拜的免税购物区面积达9000m^2，设施华丽，环境幽雅，而世界知名品牌林立以及与欧美保持同步的流行风尚使其成为名副其实的世界一流购物机场。

思　考　题

1. 机场和航空港的区别是什么？
2. 简述我国航空港的现行管理体制。
3. 航空港的空侧和陆侧是如何划分的？它们各自包括哪些功能区域？
4. 跑道灯光包括哪些组成部分？各自有什么作用？
5. 机场的除冰雪工作是如何开展的？
6. 机场净空是如何保障的？
7. 航空器着陆时是如何选择跑道的？跑道号是如何确定的？
8. 机场现场运行指挥机构的日常工作有哪些？

9. 机场航班延误的因素有哪些？如何提高机场的容量？

10. 航空港分为哪几种类型？从区域统筹规划的角度出发，枢纽航空港如何实现良性发展？中小机场应该如何经营？

11. 简述地面保障涉及的勤务车辆种类及其作用。

12. 简述机场应急救援涉及的单位和职责。

13. 简述航空港对区域经济发展的影响。

14. 如何理解机场群协同发展？

15. 如何看待北京大兴国际机场与北京首都机场的关系？北京大兴国际机场的功能定位是什么？

INTRODUCTION TO CIVIL AVIATION

第六章　空中交通管理与航空情报管理

空中交通是国家重要的交通命脉，空中交通管理承担着保障飞行安全、维护空中秩序、有效利用空域资源和加速空中交通有效流动的重要使命。航空情报管理与空中交通管理协同配合，承担了信息搜集、整理、分发和应用的主要职责，是空中交通安全和高效运行重要基础保障。本章主要介绍空中交通管理和航空情报管理的组织架构、运行流程、管理方法和手段，并对未来发展趋势进行阐述。

第一节　概　　述

一、空中交通管理的发展历程

在航空活动开始的初期，由于飞机数量很少，并没有空中交通管理的概念。但随着商业飞行的开始，航空运输涉及的范围和人员越来越多，为保证飞行活动的安全和有序，就要求制定规则来管理和控制飞行活动。

空中交通管理主要经历了以下几个阶段。

第一阶段是20世纪30年代以前，飞机的飞行距离最多只有几百千米，而且只能在昼间和好天气情况下飞行，因而按照看见和可以被看见的原则制定了目视飞行规则（Visual Flight Rules，VFR）。在20世纪30年代后期，随着飞机飞行性能的提高，无线电通信设备在飞机上的使用，以及地基导航设备的安装，驾驶员可以在看不到地标和看到其他飞机的情况下进行飞行。在繁忙的机场，飞行活动量很大，这就需要有一个管理人员（后称为空中交通管制员，简称管制员）确保空中交通的安全有序运行。当时的管制员只是用红旗和绿旗来控制飞机的起飞和降落，但受天气和夜间的影响，很快由信号灯取代了旗子，处于机场最高位置的塔台也相继建立。在1934年前后，机场装备了无线电收发机，一些大型飞机也装备了通信设备，管制员通过无线电和驾驶员相互通话，确保安全飞行。

第二阶段是在1934—1945年期间。在1934年前后，诞生了载客量在20人以上、飞行速度达到300km/h的飞机，机上装备了无线电通信和导航设备，可使驾驶员在不用看到地面的情况下确定飞行的姿态。目视飞行规则已经很难满足需要，因而各航空发达国家纷纷成立了空中交通主管机构，建立了使用仪表进行安全飞行的规则——仪表飞行规则（Instrument Flight Rules，IFR），并沿航路建立了航路交通管制中心。这些管制单位的任务就是接收各航站发来的飞行计划（含后来更新的内容），再根据驾驶员的位置报告将其填写在飞行进程单上，然后确定飞机间的相互位置关系，发布指令、实施管理，这种管制方法通常称为程序管制。与此同时，各国的航空当局建立了相应的规定，并建立起全国规模的航路网和相对应的航站、管制塔台、管制中心或航路管制中心。以程序管制为基本特征的空中交通管制（Air Traffic Control，ATC）在这一时期形成。

第三阶段出现在1945年至20世纪80年代，第二次世界大战带来了航空技术的飞跃发展，飞机的航程延伸、载量和速度都大幅增长，尤其是雷达技术不断完善和发展。在20世纪50年代中期开始把战时发展起来的雷达技术应用于空中交通管制领域，随后出现了二次雷达系统，可以在管制员屏幕上显示出飞机的编号、高度、速度等参数，再加上陆空通话系统的完善，促使重要的地区用雷达管制取代传统的程序管制。随着雷达覆盖区域的不断扩大，雷达管制已经成为空管的另一个重要手段，但雷达的成本和维护费用较高，因此在一些偏远地区和不发达国家，程序管制仍是空中交通管制的主要手段。

第四阶段是从20世纪80年代后期开始。这一时期的主要进展是电子技术的飞速发展和计算机在机载设备和空管地面设施上的广泛应用。卫星通信和定位技术的成熟,使得驾驶员、管制员和各种保障单位、决策机构可以实时地掌握飞机的准确位置并进行通信,为实现大范围空中交通管理创造了条件。在20世纪80年代提出了空中交通管理(Air Traffic Management, ATM)的综合概念,以取代空中交通管制,这一字之差表现了对空中交通管理上的范围和深度的不同。空中交通管制的目的只是保证一次航班从起飞机场经航路到达目的地机场的间隔和安全,而空中交通管理则是着眼于整个航线网上空中交通的通畅、安全和有效运行。这样,空中交通管制就成为空中交通管理的一个重要组成部分。卫星和计算机网络技术在空管系统的应用,使整个空管系统和正在飞行的飞机组成一个可以实时处理的自动信息交换系统,因而可以在大范围内使空中交通按照总体的调度和安排顺利进行。国际民航组织于1983年提出"未来航行系统"(Future Air Navigation System, FANS)的概念,而美国联邦航空局则于1995年提出"自由飞行的概念"。

进入21世纪,各国相继对本国的民航业未来发展进行长期规划,尤其以欧洲和美国为主倡导新一代空中交通管理系统的建设。2000年欧洲启动了欧洲单一天空(Single European Sky, SES)的计划,初衷是减少欧洲空管系统的分割状况。2004年11月,欧洲正式在欧盟范围内实施了统一空中交通管制的"欧洲单一天空计划",其重要目标就是改善安全,减少空中交通管制的分割现象。2008年,美国联邦航空局公布了新一代航空运输系统(Next Generation Air Transportation System,简称Next Gen)执行计划。Next Gen提出了8个能体现主要特征的关键性能,实现以用户为中心的分散式决策机制,充分利用人机效能在安全上实现集成化。同时,Next Gen还具有稳定性与适应性、安保层级适应性、环境保护管理和国际和谐化的特征。这些都是建立在ICAO现行国际标准基础上,因此也将与全球和地区的ATM政策和运行概念的发展保持一致。

为了推进我国建设民航强国的进程,我国空中交通管理树立了新的战略目标,未来要建成一个安全、高效、顺畅的新一代空管系统,满足以下指标:

(1)建成满足民航发展需要的区域、终端(进近)、塔台管制运行体系,建成全国流量管理系统,空管保障达到民航发达国家水平。

(2)推行高空区域大管制区运行,实现空域资源集约高效运行,降低全国航路航线非直线系数,降低航班运行成本。

(3)广泛采用先进的通信、导航、监视、气象技术和装备,全面建成高适应性的设备保障体系和航空气象服务体系,减少天气对飞行活动的影响。

(4)完成民航航行情报服务体系向航行情报管理体系过渡,奠定在泛亚太地区航行数据管理中的核心地位。

二、空中交通管理的任务和组成

空中交通管理是利用通信、导航、监视以及航空情报、气象服务等运行保障系统对空中交通和航路、航线地带和民用机场区域进行动态和一体化管理的总称。基本任务是保证空中交通安全,提高经济效益,保障空中交通高效畅通。

空中交通管理由三部分组成:空中交通服务(Air Traffic Service, ATS)、空域管理(Airspace

Management，ASM)和空中交通流量管理(Air Traffic Flow Management，ATFM)，其中空中交通服务是核心。

空中交通服务包括空中交通管制服务、飞行情报服务、告警服务，目的是保证和提高空中交通活动的安全性和经济性。空中交通管制服务是对航空器进行控制，其任务是通过间隔配备、排序等手段，防止航空器之间及在机动区内的航空器与障碍物相撞，维护空中交通秩序，加速空中交通流动。飞行情报服务是空中交通管制单位（管制空域内）或飞行服务单位（非管制空域内）通过对掌握的影响飞行安全和效率的动态信息进行分析和综合，向飞行中的航空器提供有益于安全和有效实施飞行的建议和情报。告警服务是当航空器处于紧急状态时，由空中交通管制单位(管制空域内)或飞行服务单位(非管制空域内)通过对航空器的紧急状态的判断，向有关搜寻与救援组织通告航空器相关信息，协助开展搜救工作。

随着空中交通流量的快速增加，空域拥塞导致的航班延误问题日益突出。延误的本质是交通需求超过了空域运行容量限制，解决方法的核心是空域扩容和流量控制，即空域管理和空中交通流量管理。

空域管理是为保障领空安全和空域利用而进行的决策、规划、建设、控制等活动的统称，属于领空管理的组成部分，目的是维护领空主权，合理利用空域资源，保证航空活动安全顺利进行。空域管理包括空域规划和空域动态管理两个方面：前者基于空中交通需求的战略预测，对机场、航线、导航设施等空中交通网络进行科学规划和建设，以适应空中交通需求；空域动态管理是基于实际空中交通需求，动态调整空域的几何边界和拓扑特征，实现对空域容量的灵活管理。

空中交通流量管理是指预计当空中交通流量接近或达到空中交通服务系统可用能力时，通过航班时刻优化、地面延误、改航、限制交通流密度等方式，保证航空器安全、有序、快捷流入或通过相应区域的工作，减少航班延误带来的安全风险和经济损失。

三、各国的空中交通管理体制

空中交通管理系统作为国土防空体系的重要组成部分，是国家实施空域管理、保障飞行安全、实现航空高效运输的有序运行、捍卫国家空域权益的核心系统。全球各国根据其自身特点，逐渐演变出不同的空中交通管理体制。

1. 美国的空中交通管理体制

美国作为国际航空运输业最发达的国家，其空管系统的建设、运行和管理等方面有许多值得借鉴和参考的地方。美国在空中交通管理体制方面的改革大体分为两个阶段。

第一个阶段是1958年以前，全国分为军航和民航两个系统，分别实行管制，并设立了航空协调委员会，负责协调军民航中交通管制方面的关系。第二个阶段是1958年以后，经美国国会通过并经总统批准，设立了联邦航空管理局（Federal Aviation Administration，FAA)，国会指令该局经营和维持空中交通管理系统，制定各种规章制度和法律，并管理国家空域。美国的空中交通由FAA实施统一管制，FAA平时隶属于交通运输部，战时划归国防部。

FAA负责管理国家空域，但无所有权，作为国家空域资源管理者，必须与国防部（DOD）密切联系与合作，时刻保持良好的协调关系。美国空管系统和国土防空系统虽然是两个独立的系统，但关系密切。为了国土防空的需要，FAA 航管中心必须按规定程序将所有国际飞行计划传送给北美防空司令部。另外，美国总统规定，FAA 要保持适当的应变能力，在战时由国防部接管，成为国防部的一个职能部门，利用现有的空管手段，全力支持国防部和指定军事部门。

2. 俄罗斯的空中交通管理体制

苏联解体以后，俄罗斯在空中交通管制方面进行了不断的改革，逐步与世界接轨。但由于受其传统空管体制、经济发展的影响，俄罗斯的空中交通管制具有自己的一些特性。1962 年以前，空中交通管制工作由军方负责，民航只负责民用飞机和军用运输机在航路上的飞行指挥。1962 年以后，苏联颁布了航空法，空中交通管制工作由军、民两家分别负责。1974 年，苏联政府批准成立“空中交通管制统一系统”，1990 年又成立了“空域使用及空中交通管制委员会”。苏联解体后，独联体各国同意成立“独联体各国区域协调委员会”。1997—1998 年，俄罗斯的空中交通管制机构又进行改革，成立了俄联邦空域使用跨部门委员会，负责空管体制改革与空管现代化建设。

俄罗斯空管系统军民航协调主要体现在“空中交通管制系统”的各级管制中心。总中心、大区管制中心、小区管制中心都是军、民航合署办公。在具体负责对空指挥的小区管制中心，军、民双方管制人员使用同样的管制设备，共同值班，可以及时协调空域使用中出现的矛盾。

3. 我国的空中交通管理体制

1949—1979 年，我国民航空中交通的管理工作总体上在空军的领导下，执行以军事斗争为主的工作性质。在政策和运行标准上，一方面执行国家对军队的管理政策，一方面按照苏联的技术管理体系和技术标准实施管理。在管理体系方面，设立了总调度室、管理局调度室、区域调度室、航空站调度室等四级调度室，形成了以组织和实施民航运输飞行为主要任务的生产组织调度系统。在空域管理方面形成了以军队为主体、民航为辅助的空域和飞行指挥体系。

1975 年，我国恢复了在国际民航组织成员国的地位，我国民航开始全面学习国际民航组织有关航空运输和空中交通服务方面的标准和建议措施。1979 年后，民航又全面归属国务院管理。至此，我国民航空中交通服务工作步入了双轨运行管理的新阶段，即一方面在空域管理和技术政策管理方面接受军队（总参、空军）的领导和指导，一方面在运行概念、规范和标准及实施服务方面开始全面引入国际民航组织的要求。

自 1995 年开始，我国民航开始步入空中交通管理的新阶段。在国家空管委的组织领导下，确立了我国空管体制第二步改革的方案。在管制体制方面，我国民用航空的航路和航线全面移交民航管制指挥（2000 年 6 月完成）；在组织管理方面，设立了民航总局和地区管理局两级的空中交通管理部门；在设施建设方面，全面建立和完善空管基础设施，空管自动化水平得到根本性的提高，标志性的设施包括京、沪、穗三大区域管制中心、各地的雷达和自动化系统、机场导航设施、陆空通信设施等。

2007 年 9 月，随着民航新疆空管局的揭牌，民航空管系统第三次改革完成。这次空管改革的基本思路是 “政事分开、运行一体化”，即中国民航局空中交通管理局、民航地区空中交通管理局的空中交通管理行业管理职能与运行职能实行分离，行业管理职能交由中国民航局、民航地区管理局行使；民航局空中交通管理局、民航地区空中交通管理局及所属空管单位主要行使业务管理与运行职能，实行垂直管理，并相应理顺管理关系，实现一体化运行，

实现政事分开，建立分级管理的民航政府空管管理体制；建立集中统一的民航空管运行系统全面提升空管系统的保障能力。

四、我国空中交通管理的机构

经过 2007 年改革之后，中国民航空管运行系统现行管理体制为中国民航局空中交通管理局、地区空中交通管理局、空管分局（站）三横管理；运行保障体系基本是以管制运行、通信导航监视气象设备保障和情报服务为主的三纵保障。运行组织形式基本是以区域管制、进近管制、机场管制为主线的三级空中交通服务体系。

中国民航局空中交通管理局领导管理 7 个民航地区空中交通管理局及其下属的民航各空管单位。7 个民航地区空中交通管理局分别是：华北地区空中交通管理局、东北地区空中交通管理局、华东地区空中交通管理局、中南地区空中交通管理局、西南地区空中交通管理局、西北地区空中交通管理局、新疆空中交通管理局。

各地区空中交通管理局又下设多个空管分局（站），如华北地区空中交通管理局下设河北、山西、天津、内蒙古空管分局和呼伦贝尔空管站等；东北地区空中交通管理局下设黑龙江、吉林空管分局和大连空管站等；华东地区空中交通管理局下设山东、安徽、江苏、浙江、江西、福建空管分局和厦门、青岛、宁波、温州空管站等；中南地区空中交通管理局下设海南、河南、湖北、湖南、广西空管分局，桂林、湛江、深圳、三亚、汕头、珠海空中交通管理站和珠海进近管制中心等。西南地区空中交通管理局下设云南、贵州和重庆空管分局等；西北地区空管局下设甘肃、青海、宁夏空管分局等。此外，各中小机场的管制单位也为我国的空管事业做出了巨大贡献。我国空中交通管理的机构如图 6-1 所示。

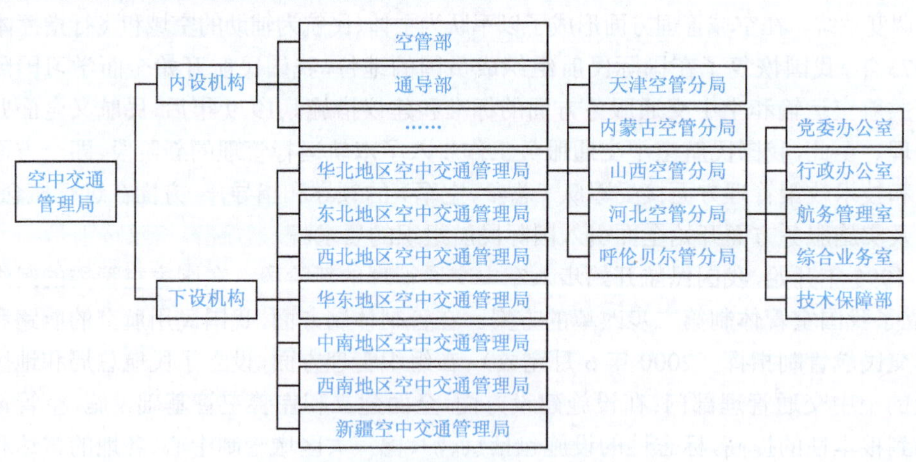

图 6-1 我国空中交通管理的机构

五、空中交通管理的地位和作用

空中交通管理（简称“空管”）是我国航空事业发展的重要基础，是我国对外开放和经济社会发展的一个关键要素。随着我国经济的快速发展，空管在国民经济社会中的战略地位和作用正在日益凸显。特别是近年来，党中央提出加快经济发展方式转变和经济结构调整，空管作为国家战略性先导性的领域，具有服务国家和区域经济社会发展大局与总体战略的重要作用与潜力。主要体现在以下方面：

1. 支持国家国防建设

空域是国家主权的象征、国土安全的屏障。军航空管部门负责空中各种军事活动的组织和保障，是军队建设的重要组成部分，也是国家空防体系的重要补充。民航空管部门具有准军事性质，国家一旦进入战备状态或紧急状态，将成为军事后勤的重要支持。

2. 维护国家和平稳定

和平稳定是国家经济建设和人民安居乐业的保证。空管在国家应对重大事件的应急救援体系中具有独特的作用。当发生自然灾害、恐怖袭击和社会骚乱等影响和平稳定的事件时，空管可在最短时间内发挥空中优势，组织运输人员和物资设备，维护社会生活的和平与稳定，降低突发事件带来的危害。

3. 支持机场选址决策

科学合理的机场选址方案则是机场建设的重要前提和关键步骤，对整个机场工程具有提纲挈领的作用。作为民航业三大支柱之一，空管系统是航空运输业有效运转的核心，也是机场健康高速发展的保证。机场选址方案在战略方面需要空管部门从保证运行安全、提高运行效率方面提供有效决策。

4. 航线网络规划

航线网络规划问题是民航发展和空管战略规划的首要决策问题，空管部门的航班计划审批、空管指挥、运行安全保障等都与航线网络紧密相关。合理的航路航线网络规划，可以有效地提高空域利用率，保障航空运输安全，提高航空器运行效率。

第二节 空中交通服务

与其他的交通运输方式一样，空中交通也要求管理和服务安全、有秩序地运行。由于空中交通本身所固有的一些特点，在向航空器提供服务时，有两个特殊要求：一是一旦空中交通开始实施或运行，就不可能无限期地在航路上等待或延误，中止的方式就是使航空器降落，否则将面临燃油耗尽，导致效益急剧下降、成本增加甚至发生事故；二是空中交通与其他交通方式相比越来越被赋予国际性的特点，它标志着一个地方的社会经济发展水平和文明程度，而且它不仅仅代表着当地，甚至会波及很远的地区和其他的广阔领域，因而要求空中交通服务需要一个国家范围的机构大体按国际共用的准则提供服务。这两个特点之间具有强烈的关联性。基于空中交通所呈现的上述特点，客观上需要提供高质量的服务，为空中交通安全、有序地运行创造良好的环境。

一、空中交通服务目标

围绕安全和效率两个核心主题，空中交通服务目标需要从以下几个方面进行细化：

(1)考虑到空域使用现状,采用一切可用的间隔,发布指令,防止空中的航空器相撞,防止出现各种事件(差错、严重差错、危险接近等)是工作的第一职责。

(2)利用一切手段,包括使用地面活动雷达等,切实采取措施,防止航空器和障碍物(也可是地面的航空器等)在起飞、降落及其相关区域出现相撞等事故或事件。

(3)对空域内飞行的航空器进行切实有效的管理,准确地掌握飞行动态,确定航空器之间的相互关系,找出事关飞行冲突调配的主要航空器,利用合理的间隔标准,及时发布指令,实现加速空中交通流量,维持良好运行秩序的目的。

(4)为了航空器安全、有序地运行,为其提供各种建议、情报、信息来避开危险天气及各种限制性空域。

(5)在航空器遇险或需要提供搜寻、救援服务时,通知各保障单位及时开展工作。

空中交通服务强调"服务",以取代过去的"管制",这表示空中交通服务应该尽可能在分配航线和采取行动时为大多数的空中交通使用者提供更好的服务。而"管制"本身就带有强制、命令的意味,因而这个改动标志着空中交通管理机构在管理观念上的深刻变化。

二、空中交通服务组成

空中交通服务是由空中交通管制服务、飞行情报服务和告警服务三部分组成。

1. 空中交通管制服务(Air Traffic Control,ATC)

这是空中交通服务的核心部分,又分为三部分。

(1)区域管制服务:对航路飞行阶段航空器的管制。

(2)进近管制服务:对离场、进场和进近阶段航空器的管制。

(3)机场管制服务:对机场区域航空器的活动实施的管制。

2. 飞行情报服务(Flight Information Service,FIS)

飞行情报服务属于空中交通服务的一个部分,必须向可能受飞行情报影响的辖区内所有航空器提供飞行情报服务。空中交通服务单位同时提供飞行情报服务和空中交通管制服务时,提供空中交通管制服务一般优先于提供飞行情报服务。飞行情报服务的任务是向飞行中的航空器提供有益于安全、能有效地实施飞行的建议和情报的服务。其范围通常包括:

(1)重要气象情报和航空气象情报。

(2)关于火山爆发前活动、火山爆发的情报和关于火山灰云的情报。

(3)关于向大气层释放放射性物质和有毒化学品的情报。

(4)关于导航设备可用性变动的情报。

(5)关于机场和有关设施变动的情报,包括机场活动区受雪、冰或重要积水深度等情况的情报。

(6)关于无人驾驶自由气球的情报。

(7)可能影响安全的任何其他情报。

对于为飞行提供的飞行情报服务,除了以上涉及的7项情报外,尚须提供下列有关情报:

（1）起飞、到达和备降机场的天气预报和天气实况。

（2）与在空域中运行的其他航空器的相撞危险。

（3）对于水域上空的飞行，如可行并经驾驶员要求提供任何有用的情报，例如该区内水面船只的无线电呼号、位置、真航迹、速度等。

3. 告警服务（Alerting Service，AS）

告警服务的任务是向有关组织发出需要搜寻、救援航空器的通知，并根据需要协助该组织或协调搜救工作的进行。对空中发生特殊情况的航空器提供告警服务是管制员的职责之一。

告警服务须提供给：

（1）向其提供空中交通管制服务的所有航空器。

（2）如实际可行，对已申报航行计划的或空中交通服务得知的所有其他航空器。

（3）已知或相信已受到非法干扰的任何航空器。

一般情况下，航行情报中心或区域管制中心作为收集在该飞行情报区或管制区内航行的航空器紧急情况信息搜集中心，并将这种情报转给有关救援协调中心。因此，当航空器在机场管制塔台或进近管制单位的管制下发生紧急情况时，该管制单位必须立即通知负责的航行情报中心或区域管制中心，然后该中心再转告援救协调中心。在提供告警服务的时候，首先必须明确航空器处于哪一个告警服务阶段；其次，向救援协调中心按顺序提供所得到的重要信息，如告警服务的阶段，报警的机构及人员，紧急性质，航行计划中的重要数据，进行最后一次联络的单位、时间和所用方式，最后的位置报告及其测定方法，航空器的颜色和显著标志，报告单位对作为货物运输的危险品所采取的任何措施和其他有关事项。

针对非管制类空域划设的监视和报告空域内的告警服务由通用航空服务站提供。

三、空中交通管制服务

1. 空中交通管制的任务和组织

空中交通管制的目的是防止航空器与航空器及障碍物相撞，并且要使空中交通有序、高效运行。由此确定了它的任务：

（1）为每个航空器提供其他航空器的即时信息和动态。

（2）由这些信息确定各个航空器之间的相对位置。

（3）发出管制许可，使用许可和信息防止航空器相撞，保障空中交通通畅。

（4）用管制许可来保证在控制空域内各航班的间隔，从而保证运行安全。

（5）从航空器的运动和发出许可的记录来分析空中交通状况，从而对管制的方法和间隔的使用进行改进，使空中交通的流量提高。

为在机场范围或起落航线上（半径不超过10n mile）飞行的活动提供的管制服务称为机场管制服务，由机场管制塔台（Aerodrome Control Tower，TWR）实施。这个区域中主要使用目视飞行规则，管制的对象多半是目视可见的飞机。对按仪表飞行规则在仪表气象条件起飞或降落的飞行所提供的服务称为进近管制服务，这种服务由进近管制室

(Approach Control Office，ACO)或终端管制中心(Terminal Control Center，TMC)来提供。航空器进入航路，对航路（线）的空中交通管制服务由区域管制中心（室）(Area Control Center，ACC)提供，目前我国已建成北京、上海、广州、成都、西安、沈阳和新疆七大区域管制中心。

航空器整个的飞行过程由这三种单位来分别管制，这些管制单位之间的控制范围划分不是硬性的，在有利于空中交通的情况下，可以做一些灵活的调整。此外在航班稠密的地方和稀疏的地方，这些机构的组成也不同。在繁忙的空域，由于任务繁重，一个管制中心内又可分为许多扇区，每个扇区都有专人控制，而在交通稀少的机场，一般不设进近管制室，进近管制服务可以由机场管制塔台或区域管制中心来提供。

2. 飞行间隔

空中交通服务的主要目的之一是防止航空器在空中相撞。当空中同一区域航空器很多时，要防止航空器相互危险接近和相撞，就必须保证任何两个航空器之间有足够的距离。这是空中交通管制的基础，也是空中交通管制人员的基本任务。由于航空器的航向不同，速度不同，高度不同，因此必须制定一整套国际通用的航空器在空中相互距离的规定，这些规定的距离(时间)称为间隔标准，是在空中交通管制过程中将航空器在纵向、侧向和垂直方向隔开的最小距离。

空中交通管制单位至少必须配备下述一种间隔：垂直间隔、水平间隔或复合间隔。其中垂直间隔根据高度层分配表进行配备；水平间隔可使用前后纵向间隔或侧向间隔；纵向间隔使同一航迹、交叉航迹或逆向航迹上飞行的航空器之间保持一个间隔，以时间或距离表示横向间隔使航空器保持在不同的航路上或在不同地理区域内飞行；混合间隔，由垂直间隔和水平间隔中的某一间隔混合组成。每种混合间隔的最低标准可以低于单独的最低标准，但不得低于它的一半，混合间隔只能在地区航行协议的基础上采用。因此，管制单位常用的间隔为垂直间隔、纵向间隔和侧向间隔。限于篇幅，本节仅介绍垂直间隔标准。

2007 年 11 月 22 日零时（北京时间）起，我国施行新的飞行高度层垂直间隔配备方法。在现行 8400m 以下飞行高度层实行 300m 垂直间隔、8400m 以上飞行高度层实行 600m 垂直间隔的基础上，缩小 8400 ～ 12500 m 高度范围内飞行高度层垂直间隔。即 8400 ～ 8900m 实行 500m 垂直间隔、8900 ～ 12500 m 实行 300m 垂直间隔和 12500 m 以上仍维持 600m 垂直间隔不变，如图 6-2 所示。

3. 机场管制服务

机场管制服务主要针对机场及周围飞行中的飞机，以及在地面上的滑行道和跑道上移动的飞机、车辆等，提供管制服务。无论在世界各地的任何机场，这项工作都在塔台最顶楼的指挥塔内进行。指挥塔是机场内最高，且视野最佳的地方。这是因为该场所是进行目视管理业务，以人眼直接确认的最佳地点。塔台管制主要是为起降航空器、地面滑行航空器、起落航线上实施目视飞行的航空器提供配备起降尾流间隔、地面滑行间隔，防止航空器之间、航空器与地面障碍物和车辆之间相撞，确保机场交通通畅。另外，地理位置上相距较近的机场之间交通流相互耦合严重，多机场协同放行是解决航班延误的主要方式。虽然每个管制单位会略有差异，但塔台里会有放行席（Clearance Delivery)、地面管制席（Ground Control)、机场管制席(Aerodrome Control)等管制席位。

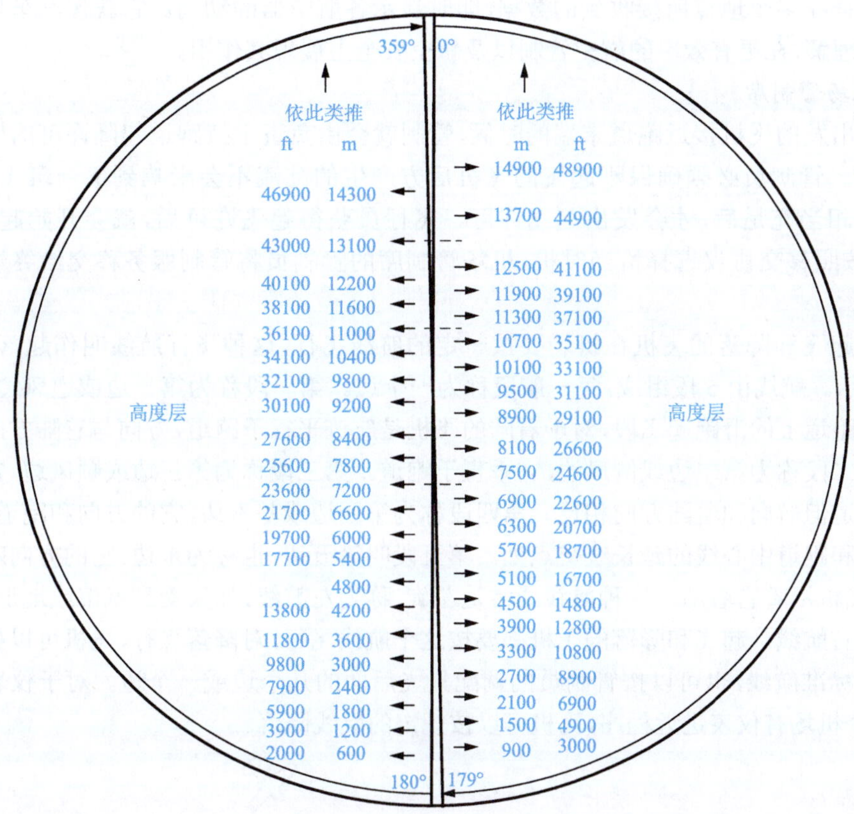

图 6-2　飞行高度层配备示意图

1）放行席

这是针对飞机的飞行计划提出飞行管制许可的席位。飞机会按照飞行规则在管制空域内飞行，因此在飞行前，必须先对飞行计划（Flight Plan）颁予许可。要起飞的飞机在航行前，必须先与放行席沟通，并通报目的地机场以及预定巡航高度等信息，请求许可飞行计划。

收到飞行计划后，管制员会针对计划做确认，并发出管制许可。到此才算是确认飞行已受到允许。

管制许可会传达目的地机场、出发路径、飞行路径、起飞后维持高度、巡航高度、应答机识别码等信息，由飞行员复诵。收到复诵内容的管制员，会交接给地面管制席并给予指示。

2）地面管制席

要起飞的飞机接着会与地面管制席沟通，并获得移动许可。同时，地面管制席会指示飞机到达跑道前的滑行路径。

起飞飞机到目前为止，针对出发的准备已经全部完成，进入可出发的状态。飞机被牵引车推出停机坪后，便离开牵引车，此后便依靠自身发动机推力滑行（在滑行道上移动）至目标跑道。

滑行路径会以机场场面监测设备（ASDE）或最新的多点定位（Multilateration，MLAT）系统标示。低能见度时，飞行员会依照雷达标示滑行，管制员会一面监控，一面留意不要和其他飞机或车辆发生碰撞。在地面管制席的监控画面上，会由 MLAT 系统操作运行。这套

系统会根据在多个地点所接收到的数据，即时显示各航空器的动向。它就像汽车导航系统一样易于理解，在更有效率的航空管制以及航空安全上展现其作用。

3）机场管制席

起飞出发的飞机接近跑道末端的时候，管制就会由负责主持跑道起降许可的机场管制席来接管。管制员必须确保刚起飞的飞机后方产生的乱流不会影响到下一班飞机，确认时间隔离相当充足后，才会发出起飞许可。飞行员获得起飞许可后，就会开始起飞工作。起飞后，按照移交协议选择恰当时机，机场管制席的管制员将管制服务移交给终端雷达管制员。

对于起飞和降落的飞机在机场要按一定的航线飞行，这种飞行航线叫作起落航线，如图 6-3 所示。航线由 5 段组成，每一航段称为一个边。第一段称为第一边或逆风边，对起飞的飞机是跑道上的滑跑起飞段，对于着陆的飞机是航迹平行于跑道，方向与着陆方向相同的一段。第二段称为第二边或侧风边，它垂直于跑道。第三段称为第三边或顺风边，它的航迹平行于跑道但航向和着陆方向相反。第四段称为第四边或基本边，它的方向和跑道垂直，它的终端在和跑道中心线的延长线交点处。第五段叫第五边，也称为末边，它的方向对准跑道中心线，飞机沿着它着陆。这种航线通常是左旋，称为左航线，如果受到城市或地形限制，也可以采用右航线。起飞和降落的飞机都要按这个航线飞行，对降落飞行，飞机可以按顺序飞完全部的标准航线，也可以按管制员的调配只飞后面的几个边或一个边。对于仪表飞行的飞机，各个机场有仪表进近程序，飞机可以按规定的航线降落。

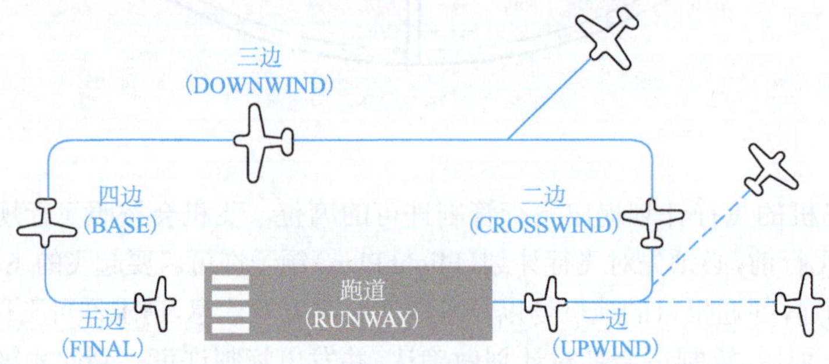

图 6-3　起落航线（左航线）

4. 进近管制服务

进近管制是针对仪表飞行规则（IFR）飞行的航空器起飞后进入航路和着陆前由航路到机场管制区的管制。进近管制员通常在一个封闭的、黑暗的空间工作，不像塔台能看见真实的飞机，他们通过无线电通信设备和监视设备来监控飞行，管辖的范围上接航路区下接机场管制区。当飞机准备从航路上下降时，管制员把飞机接引到 ILS 的作用范围内，当飞机飞临机场上空 600m 高度左右，将该飞机降落的任务交给塔台空中交通管制员，由塔台管制员继续引导飞机降落；当飞机起飞时，进近管制员从塔台管制员手中接过管制权，继续引导飞机上升，直至进入航线。

在进近管制空域内，IFR 飞行的航空器主要分为三类：

（1）起飞后进入航路的上升状态的航空器。

（2）由航路下降到机场着陆的下降状态的航空器。

（3）少部分飞越的航空器。

目前我国进近管制区航路结构下，进离场飞机之间穿越高度层冲突较为普遍，管制员常常通过雷达引导方式将这种冲突提前化解掉，空域利用效率和空中交通流通效率较高，但管制工作负荷却很大。采用进离场分离的方式可以将减少这种冲突，但由于空域利用效率低，因而空中交通效率相对不高。

5. 区域（航路）管制服务

航空器在航线上的飞行由区域管制中心提供空中交通管制服务，每一个区域管制中心负责一定航路、航线网空中交通的管理。区域管制所提供的服务对象主要是6000m以上高度运行的航空器，这些航空器绝大多数是喷气式飞机。

区域管制员的任务是根据飞行计划，批准飞机在其管辖区内的飞行，保证飞行的间隔，然后把飞机移交到相邻空域，或把到达目的地的飞机移交给进近管制。在繁忙的空域，区域管制中心把空域分成几个扇区，每个扇区只负责特定部分空域或特定航路上的管制。区域管制员依靠空地通信、地面通信和远程雷达设备来确定飞机的位置，按照规定的程序调度飞机，保持飞行的间隔和顺序。区域管制中心都设在大城市附近，便于保障繁忙的通信网络和复杂设备的使用。

四、空中交通管制服务发展趋势

1. 基于航迹运行管理

基于航迹的运行模式（TBO）以对空域中所有飞行器的四维航迹的掌握为基础，特别是未来航迹的掌握，从而保证飞行器的间隔和航空运输系统的效率，实现航空器全程“可见，可控，可达”。该运行模式能够有效地减小进港飞机到达汇聚点的间隔，从而增加空域容量；能为管制员和飞行员提供更有效率的航迹建议，从而减小进港飞机到达汇聚点的时间间隔，优化进离港飞行剖面，在保证安全间隔的同时大大提高空域利用率。

2. 智能化决策支持平台

利用计算机技术和大数据处理能力，建立基于数据的优化决策支持工具，包括不同飞行环境下，飞行冲突探测与解脱；自主间隔保持系统，具有在飞行员管理下航空器间隔自主保持能力，在复杂条件下飞行时，自主提出告警判断和解脱建议，做出优化与选择；航班进离场排序系统，针对复杂的终端系统，如多跑道、多机场实现智能、动态的优化排序，给出排序结果。通过自动化、智能化系统的完善，促进管制工作由主动管理向辅助监控进行转变。

第三节　空域管理

空中交通服务的着眼点是对现有的飞行活动的引导和管理，并不考虑整体空域的利用和如何使空中交通更为通畅和有效的运行。由于空域是国家资源，应当得到合理、充分和有效的利用。因此，要把空中交通作为一个整体，对空域进行管理以提高空域利用效率，对流量实施管理以保障空中交通顺畅。

一、空域概念

空域是指在一定时间内，处于一定空间位置，属于某一所有者，具有一定大小、形状和结构，以空气为介质，用于航空活动的特定空间。空域是空中交通的载体，伴随空中交通的产生而产生并随之发展。空中交通的发展促进了空域的发展。科学完善的空域管理能为空域的发展提供正确的指导。

随着空中交通的发展，空域和航空器的矛盾也在发生变化，空域的有限性和稀缺性日益突出，逐渐发展成为限制空中交通发展的主要矛盾，空中交通的发展越来越强调有效利用空域，研究空域成为航空业界的共识。空域的特点突出，对于国土防空和航空运输具有重要价值，日益为世界各国所重视。国际民航组织提出的新航行系统计划中强调了对空域进行战略规划；美国实施国家空域系统计划已有多年；欧洲民航会议着意在欧洲建立统一的空域；俄罗斯正在建立的空域管理系统将国防和空管统一为一个整体。当前世界空域管理的发展趋势呈现出统一化、资源化管理，自动优化，一体化和全球化的趋势。

二、空域分类

空域分类是为了满足公共运输航空、通用航空和军事航空三类主要空域用户对空域的不同使用需求，确保空域得到安全、合理、充分、有效的利用。空域分类是复杂的系统性标准，包括对空域内运行的人员、设备、服务、管理的综合要求。空域分类的作用：一是可以增加空域的安全水平，通过对飞行规则、飞行人员资格、地空通信、导航、监视设备能力的分类要求，将空域的安全水平控制在可以接受的范围内；二是能够实现空域资源的优化配置，在确保公共运输航空、军事航空使用空域的同时，尽可能多地将空域资源释放给通用航空使用；三是能够实现空管资源的最优配置，为不同的空域用户提供适当的空中交通服务，在运输飞行繁忙的空域内提供管制间隔服务，确保飞行的安全和有序；四是在通用飞行需求旺盛的空域内提供飞行情报服务和告警服务，创造宽松和灵活的运行空间。限于篇幅，本书仅介绍国际民用航空组织（ICAO）、美国和我国的空域分类标准。

1. ICAO 空域分类

国际民航组织于 1990 年 3 月 12 日通过并实施了目前的空域分类计划，将空域划分为 A、B、C、D、E、F、G 七大类。不同类型的空域对空中交通服务和飞行的要求不同，其限制程度按照字母顺序递减。A、B、C、D 四类空域是管制空域，以运输航空仪表飞行为主要服务对象，为所有飞行提供空中交通管制服务；E、F 两类空域是相对管制空域，以通用航空目视飞行为主要服务对象，为仪表飞行配备间隔或者提供空中交通咨询服务，为目视飞行提供飞行情报服务；G 类空域是非管制空域，需要时向航空器提供飞行情报服务，航空器按照飞行规则自主飞行、责任自负。不同类型的空域垂直相邻时，在共同飞行高度层的飞行应当遵守运行限制较少的空域类型的要求，并提供适合该类空域要求的服务。

每个国家的民航当局都有权决定国际民航组织空域分类方法在其空域设计中的使用。在一些国家，规则会被略微地修改，以适应其空域规则和空中交通服务，但并不会违反国际民航组织的标准。

2. 美国空域分类

1993 年 9 月 16 日之前，美国国家空域系统分为 7 类：主动管制空域、终端管制空域、机场雷达服务空域、机场交通空域、通用管制空域、非管制空域和特殊使用空域。

为了建立一个更为简单、有效的国家空域系统，使空域用户更加容易理解不同类型空域对飞行执照、航空器机载设备、空中交通管制服务的要求，从而使之更为接近国际标准，美国联邦航空管理局（FAA）根据美国的实际情况有选择地引入了 ICAO 空域分类标准，修改了部分空域类型的上下限并降低了终端管制空域对 VFR 的运行要求。1996 年 9 月 16 日起，美国国家空域系统开始实施为期两年的过渡，以便每一个空域用户，包括飞行员、管制员、飞行 / 管制教员和其他有关人员充分理解和适应空域系统的新变化。

进行分类后的美国国家空域系统包含 A、B、C、D、E、G 6 类空域和特殊使用空域，其范围为美国大陆（包括阿拉斯加和夏威夷）及海岸线向外延伸 12n mile 之上的空间，60000ft 以上的空间作为国家空域系统的一部分被划分为 E 类空域，但不属于空中交通管制系统。

对 IFR 飞行而言，A ~ E 类为管制空域，G 类为非管制空域；对 VFR 飞行而言，A 类空域禁止目视飞行，B 类空域为管制空域，C、D 类空域为有限管制空域，E、G 类空域为非管制空域。具体分类情况如图 6-4 所示。

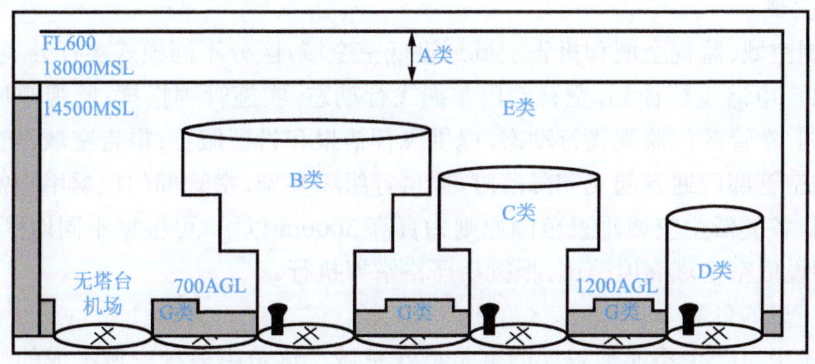

图 6-4 美国空域分类示意图

AGL- 离地高度；MSL- 平均海平面高度；FL- 飞行高度层

3. 我国空域分类

我国的空域体制尚未和国际接轨，原则上民航管制空域，只包括机场区、主要航路的航路区，在这些区域之外全部是军事管制区域，而且是绝对管制区。但是这种体制不能充分利用空域为交通运输服务，是对空域资源的浪费。随着改革的深入，我国空域管理体制的改革已提上议事日程。目前我国的空域分为 A、B、C、D 四类空域和低空空域。

1）A 类空域（高空管制空域）

在我国境内 6300m（含）以上的空间，划分为若干个高空管制空域，在此空域内飞行的民用航空器必须按照仪表飞行规则飞行，接受空中交通管制部门的管制，取得飞行许可及航空器之间和航空器与障碍物之间的间隔配备。

2）B 类空域（中低空管制空域）

在我国境内 6000m（含）以下至最低高度层以上的空间，划分为若干个中低空管制空域。在此空域内飞行的航空器，可以按照仪表飞行规则飞行，如果符合目视飞行规则的条件，由

机长申请，经过中低空管制室批准，也可以按照目视规则飞行。但所有飞行必须接受空中交通管制单位的管制，获得放行许可及航空器之间和航空器与障碍物之间的间隔配备。

3）C 类空域（进近管制空域）

通常在一个或几个机场附近的航路汇合处划设管制空域，便于进场和离场的航空器的飞行。它是中低空管制空域与塔台管制空域之间的连接部分。垂直范围通常是 6000m（含）以下、最低高度层以上；水平范围通常是半径 50km 或走廊进出口以内、机场塔台管制范围以外的空间。在此空域内飞行的航空器，可以按照仪表飞行规则飞行，如符合目视飞行规则的条件，由机长申请，经过进近管制室批准，也可以按照目视规则飞行。但所有飞行必须接受进近管制室的管制，取得放行许可及航空器之间和航空器与障碍物之间的间隔配备。

4）D 类空域（机场管制塔台管制空域）

通常包括起落航线和最后进近定位点以后以及第一等待高度层以下、地球表面以上的空间和机场活动区，即管制地带。在此空域内运行的民用航空器，可以按照仪表飞行规则飞行，如符合目视飞行规则的条件，由机长申请，经过塔台管制室批准，也可以按照目视规则飞行。但所有飞行必须接受塔台管制室的管制，取得放行许可及航空器之间和航空器与障碍物之间的间隔配备。

5）低空空域

按照管制空域、监视空域和报告空域划设低空空域，区分不同模式实行分类管理。管制空域，航空用户申请飞行计划，空管部门掌握飞行动态，实施管制指挥；监视空域，航空用户报备飞行计划，空管部门监视飞行动态，提供飞行情报和告警服务；报告空域，航空用户报备飞行计划，向空管部门通告起飞和降落时刻，自行组织实施，空管部门根据用户需要，提供航行情报服务。各类低空空域垂直范围原则为真高 3000m 以下，可根据不同地区特点和实际需要，具体划设低空空域高度范围，报批后严格掌握执行。

4. 特殊空域的分类

空域系统中另一个不能被忽视的就是特殊空域。这是由多种空域组成的，其中除了大量的军事活动外，还可能制止或限制那些不属于军方的飞行活动。通常，特殊空域设置的目的就是为了国际安全、社会安宁、环境保护、军事演习、科学研发、测试和评估。特殊空域大多数都会在航图上标明。

在中国，特殊空域分为禁区、限制区、危险区、空中放油区、试飞区域、训练区域和临时飞行空域。

危险区（Danger Area，DA）可以由每个主权国家根据需要在主权地区的陆地或领海上空建立，也可以在无明确主权的地区建立，它在所有限制性空域中，约束、限制最少。被允许在其内运行的飞机受到保护，其他航空器的运行会受到可能的影响。基于此，有关国家应在其正式的文件、通告中发布该区建立的时间、原因、持续的长短，以便于其他飞行员作决策——能否有足够的把握、充足的信心应对此危险。ICAO 规定，在公海区域，只能建立危险区，因为谁也无权对公海飞行施加更多的限制，我国在航图上以字母 D 表示。

限制区（Restricted Area，RA）是限制、约束等级较危险区高但又比禁区低的一种空域。在该空域内飞行并非是绝对禁区，而是否有危险，已不能仅仅取决于飞行员自身的判别和推测。此种类型空域的建立一般不是长期的，所以最重要的是要让有关各方知道，该区何时开始生效，何时将停止存在，建立的条件、原因是否依然。与该空域相关的活动包括空中靶场、高能激光试验、导弹试验，有些限制区的生效时间持续 24h，有些仅仅作用于某些时段，其他时段对飞行无任何影响，航图上用字母 R 加以标注。

禁区（Prohibited Area，PA）被划分为永久性禁区和临时性禁区两种，是在各种类型的空域中，限制、约束等级最高的，一旦建立任何飞行活动都会被禁止，除非有特别紧急的情况，否则将遭受致命的灾难。这些区域主要用来保护关系到国家利益的重要设施，如核设施、化学武器生产基地、某些敏感区域，不仅本身很重要，而且当发生工作事故，波及上述目标后，又将产生极大的危害。所以对于该区的建立各国都比较慎重，常以字母 P 在航图上加以标注。

放油区（Fuel Dumping Area）是围绕大型机场建立的供飞机在起飞后由于种种原因不能继续飞行，返回原起飞机场又不能以起飞全重着陆时而划定的一片区域。设计该区域的主要目的是放掉多余燃油，使飞机着陆时不超过最大允许着陆重量，对飞机不造成结构性损伤，大大减少其他可能事件的发生。这样的区域一般规划在远离城市的地带。

训练区域应当根据训练航空器的性能和训练科目的要求确定。

试飞区域应当根据试飞航空器的性能和试飞项目的要求确定。

临时飞行空域应当尽量减少对其他空域或者飞行的限制，使用完毕后及时撤销。

三、空域划设

根据国际民航组织附件 11 中的相关内容“将要提供空中交通服务的部分空域和管制机场必须按照所提供的空中交通服务对那部分空域或那些机场予以划设”，通常将 ATS 空域划设为飞行情报区、管制区、管制地带、管制机场和航路 / 航线。

1. 飞行情报区（Flight Information Region，FIR）

经过确定将要提供飞行情报服务和告警服务的空域，指定为飞行情报区。飞行情报区没有具体的尺寸而言，大气中的任何一部分都会属于某飞行情报区。小国家的领空是一个单一的飞行情报区，较大国家的领空细分成若干区域飞行情报区。有些飞行情报区可以包括几个国家的领空。海洋空域分为海洋情报区，并授予若干机构来负责该地区的飞行情报服务和告警服务，机构之间的分工是通过国际民航组织的国际协议来约定的。

目前我国共有 11 个飞行情报区，分别为北京、沈阳、上海、广州、昆明、武汉、兰州、乌鲁木齐、三亚、香港和台北。

2. 管制区和管制地带

确定将对仪表飞行规则飞行提供空中交通管制服务的那部分空域必须指定为管制区或管制地带。管制区（Control Area，CTA）指的是从地球表面上某一规定界限向上延伸的管制空域。按照向航空器提供管制服务的阶段不一样，管制区一般又可分为进近管制区、中低空管制区和高空管制区。管制地带（Control Zone，CTR）指的是从地球表面向上延伸到规定上限的管制空域。通常，管制地带以圆柱形倒置在机场上空，最小半径为 5mile，其上限与管制区下限相接，而且离地高不能小于 200m。

3. 终端区

终端区是管制区的一种，通常设在一个或几个繁忙机场附近的空中交通航路汇合处，上

接航路管制区，下接机场管制地带。建立终端区的目的主要是为繁忙机场上空的仪表飞行规则运行的航空器提供空中交通服务，保证其安全、有序、经济地飞行。

终端区的水平形状与为仪表飞行规则（IFR）航空器设计的标准进场和标准离场航线的方向相关，一般如果没有其他特殊空域和障碍物的限制，理想状态下，单个机场上空建设的终端区通常为圆柱形，允许航空器从四面八方飞至机场。终端区的下限最低离地（水面）200m，上限是高空管制空域的下限。多个彼此距离较近的受管制机场造成多个机场管制地带距离较近，从运行的角度上为了避免管制移交过为频繁，没有必要单独为每个机场建立单独的终端区，这时就会考虑建一个大终端来为多个机场服务，即多个机场上空共建一个终端区。

4. 管制机场（Controlled Aerodrome）

确定对机场交通提供空中交通服务的那些机场必须指定为管制机场。我国目前所有的民用机场都是管制机场。

5. 航路、航线

航线（Airway）是天上的空中走廊，一般由无线电导航设施或自主导航系统引导、定义和飞行的管制空域，指示飞行员遵循指定的特殊航路飞行，并由管制员提供 ATS 管制服务和预测航路空中交通流量。

不同国家使用“航线”（Airway）或“航路”（En-route）这两个不同的名词术语，ICAO 则使用“空中交通服务航路”（ATS Route）这个称呼。从实际意义上讲，上述三个名词术语的含义基本相同。

航路是指根据地面导航设施建立的供飞机作航线飞行之用的具有一定宽度的空域。该空域以连接各导航设施的直线为中心线，规定有上限和下限高度与宽度，是管制空域的一部分。航路通常分为国际（地区）航路和国内航路。空中交通管制航路的宽度为 20km，其中心线两侧各 10km 航路的某一段受到条件限制的，可以减少宽度，但不得小于 8km。

航路的高度下限为最低高度层，上限与巡航高度层上限一致。沿航路飞行的民航班机通过航路下方军航固定使用区域时，应与军航固定使用区域上限保持规定的安全间隔。

航线是指根据空域的使用要求，在机场与机场之间或机场与航路之间及航路与航路之间建立的航迹线。管制航线分为固定航线和临时航线。航线中心线与航线附近空域之间的侧向安全间隔一般不得小于 10km。

航路和航线的最低飞行高度，应当是航路和航线中心线两侧各 25km 以内的最高障碍物的高度，加上最低超障余度后向上以米取整。在高原和山区，最低超障余度为 600m，在其他地区，最低超障余度为 400m。

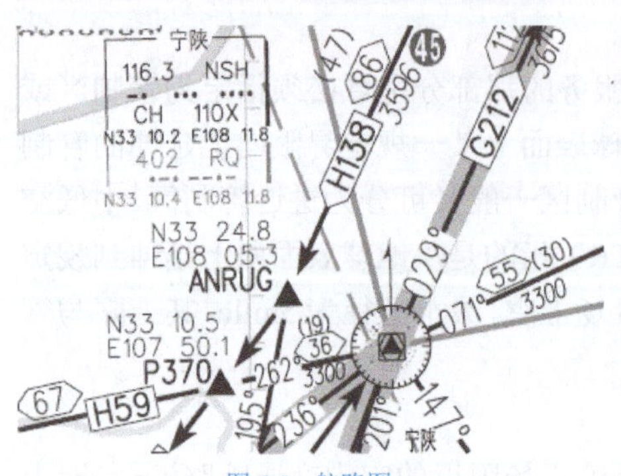

图 6-5　航路图

航路与航线的区别在于航路是有宽度且比较繁忙的航线。比较繁忙的空中路线就会设立航路，因为飞机较多，需要采用侧向偏置，所以会有宽度。在更繁忙的路段还会设立空中走廊。而航线就是一条径向线，所以在航路执行偏置不需要报告，而航线上必须报告偏置，在航图上的反映就是航路带阴影，航线不带。如图 6-5 所示的 G212 是航路，H138 是航线。

我国航路航线分为国际（地区）航路航线、国际（地区）区域导航航路、不涉及周边国家或地区的对外开放航路航线（含进、离场航线）、不涉及周边国家或地区的对外开放区域导航航路、对外开放临时航线、国内航路航线、国内区域导航航路、国内进离场航线、国内临时航线9类。

四、空域管理方法

1. 航路网络规划

航路网络规划是科学分配和使用空域资源、提高空中交通运输效能的有效手段，能够降低航空公司运营成本，指导合理布局地面通信、导航和监视设施，并为机场改扩建提供参考。

航路网络规划旨在剖析现行航路、航线在航空运输需求多元化和飞行流量快速发展中所暴露出的结构性缺陷，并根据交通流分布特征、发展趋势，结合空管保障条件，运用交通网络设计与优化技术，研究提出合理、高效的航路网络方案建议。

航路网络规划是一个复杂的系统工程，其规划与实施涉及空管系统的方方面面。因此在对航路网络的规划中需要在总体上把握以下原则：

（1）需求先导。应深入研究当前航空运输现状及未来发展，分析交通流量增长及分布变化情况，确保航路网规划、实施与之协同发展。

（2）分层布设。首先考虑交通流量密集区域建立干线网络，再考虑外围支线航线，包括过渡航线等，实现统一规划、分步实施、滚动更新航路网。

（3）距离优先。航路规划总体上应尽可能保证航路航线沿着出发地和目的地间的最短路径划设，以不减少空域容量为标准。

（4）结构灵活。航路网结构应充分考虑军民航用户特点，平衡不同空域用户的需求；

（5）符合规范。航路规划应符合我国空域使用规范和国际民航组织相关的标准和建议措施。

（6）技术应用。应充分考虑应用空域管理和航行新技术，为灵活使用航路、提高航路使用效能创造条件。

2. 扇区划分

划设管制扇区的目的是充分合理地利用空域资源，有效地减轻管制人员的工作负荷，降低地空无线电通话密度，提高空中交通服务能力。

管制扇区的划设应当考虑以下因素：

（1）本地区的空域结构。

（2）空中交通服务航路网，包括航路和航线数量、交叉点数量及位置、航空器飞行状态的分布情况（如平飞、上升、下降的百分比）。

（3）空中交通流量的分布情况。

（4）管制员工作能力。

（5）空中交通管制设备的保障能力。

（6）机场及跑道情况。

(7)飞行剖面。

(8)空域需求。

(9)空中交通服务方式。

(10)与相关单位之间的协调。

(11)管制扇区之间的移交条件。

(12)航空器转换扇区飞行的航路及高度。

3. 终端区动态管理

当飞行需求增加时，受影响空域内任一关键点处、任一区域内的空中交通管制系统容量能够与所处理的空中交通总量相匹配是空中交通系统有序、高效运行的基本要求；同时缓解由于飞行冲突矛盾而产生的多架航空器同时汇聚、航空器危险接近等状况，更是提高飞行安全的有力措施。因此，通过空域动态管理，增加空域容量、消除飞行冲突是飞行需求增加期间民用航空安全、高效运行的保障。

天气、空管保障设备故障、飞行流量超过扇区或航路/航线段容量、流量超过管制员负荷是启动动态空域的主要因素。管制员工作负荷、复杂度以及航路流量与航路容量的匹配程度是决定是否实施动态化扇区和航路的关键的决策支持工具。流量较大时，可以采取动态空域方案。

影响终端区动态管理的主要因素包括：

(1)终端区范围。包括机场的分布、进离场航线和飞行程序、飞越与起降的航空器的高度界定等。

(2)空中交通流量及其分布。包括在本地区航路、航线和机场活动航空器的类型、数量及活动性质、本场起降、飞越的航空器的架次以及日高峰和小时高峰架次。

(3)航路/航线的复杂度。包括航路/航线的数量，交叉点的数量及位置，强制报告点的数量等。

(4)管制方式。本区域的管制指挥方式及具体的管制间隔标准。

(5)军用空域的分布及使用情况。包括军用训练空域及军用机场与民航矛盾突出的穿云航线等，以及军用空域的活动性质。

4. 空域灵活使用

空域灵活使用是指，空域不应再仅仅被指定为民用或军用空域，而应看作是一个连续的整体，并且在逐日分配的基础上灵活使用，任何必要的空域限制和隔离都只是临时性的。要想实现空域灵活使用的概念，首先要建立新的组织管理结构，构建一个合理的管理框架和管理模式。其次，通过空域的三级管理，制定出相应的空域管理政策、分配方法和决议，协调好军民航之间的关系，采用三类条件航路、临时隔离区、跨国界区域和减少协调空域等灵活的空域结构和程序，使空域变得更为灵活，从而提高空中交通容量，提高空域利用率。

由于欧洲地区分布多个国家，且各国家所属的民航组织也多种多样，有至少 53 个属于 ICAO 的成员国或地区，因此要想在该区域有效地实施空中交通管制，是十分不容易的，这些国家和地区需要一个统一的协议和一种灵活的空域使用方法。

在空域灵活方案使用前(1990 年)，欧洲有 42 个国家属于欧洲民用航空委员会(ECAC)成员，其中 37% 的空域是因某些原因相互隔离的，而在这片区域，每天的航班量超过 33000

架次，即每年有超过900万的航班飞经此区域，如何才能协调好这37%的空域和900万架次间的关系是所有欧洲国家面临的问题。根据该趋势，到2020年，欧洲空域的日均航班量将会增长到5万架次。

与此同时，由于航空业的高速发展、空域的战术性需求、空中交通管制员工作压力的提升、空域合理利用理论的提出等，都促使欧洲的空域进行一次新的革命，来实现增加航班容量、减少延误和提升飞行效率的目标。空域灵活使用的概念就是在这个时候被提出的。

五、空域管理未来发展趋势

2016年5月25日，民航局发布的《关于进一步深化民航改革工作的意见》指出：按照建设民航强国"两步走"的推进方案，至2020年我国将初步建成民航强国。针对空域管理方面，提出推动国家空管调整改革，深化军民航联合运行，扩大民航可用空域资源，提高民航空域使用效率的改革目标。具体改革任务为：

（1）全面推进国家空管调整改革民航相关工作。遵循"扩大共识、搁置论争、着力融合、务实推进"的工作原则，按照国家空管委《空管调整改革工作总体方案》要求，扎实推进改革总体方案、法律法规、空域规划、解决繁忙地区空域紧张问题、"低慢小"飞行管理、空管委办公室实体化论证、中南地区空域精细化改革试点等七个方面的具体工作。推动空管委加快推进低空空域开放进程。

（2）建立空管运行领域军民融合发展机制。明确未来一段时期军民航深度融合发展方向，进一步健全协调机制，完善工作程序，形成军民航职责明确、运行高效、监管有力、共赢发展的良好格局。

（3）通过建立基准空域模型，明确评价指标体系，建立空域规划评估和监控制度，对空域规划方案和运行效率进行评估。建立民航运行效率考核激励机制，切实提高民航现有可用空域使用效率。

美国下一代航空运输系统（Next Gen）对于未来空域管理提出的策略主要有：

（1）空域的边界动态划分，这也包括无人驾驶飞行所使用的空域。

（2）实行灵活可变的空中交通服务交接点，以平衡管制员之间的负荷。

（3）在非管制空域实行目视飞行程序。

（4）在一些流量空中走廊内实行自行分配间隔。

（5）拥有工作人员的虚拟塔台。

（6）空域的分配在不同的时间和地理界限条件下是灵活可变的，对航空器的限制只在需要（例如，因为容量、安全等因素）时才会实行。

（7）为了达到空域使用的最大灵活度，空域结构改变的信息将会动态地提供给机组人员。

（8）空中交通服务的移交将是灵活多变的，将不会受到人员地理位置和基础设施的限制。

（9）Next Gen将保证拥有持续满足军方需求的能力。

（10）空域管理系统包含有航空情报管理系统（Aeronautical Information Management，AIM）和广域信息管理（System Wide Information Management，SWIM）。

欧洲单一天空(SESAR)对于未来空域管理提出的策略主要有:

(1)空域的管理要根据空域的复杂程度来进行设计(高/低/中),同时也会基于NOP(Network Operation Plan,网络运行计划)的原始需求数据来定。

(2)航空航路网(Aeronautical Route Network,ARN)、条件航路(Conditional Route,CDRs)的设计将会基于区域导航技术来完成,而地基导航设施将被用作备份系统;用于提供原始的空域结构,空域结构设计的二级系统将提供NOP中的空域数据,而空域管理过程将会对数据进行进一步的处理。

(3)在特定的条件下,常规航路结构和空域的组成将继续区分管制交通和非管制交通;通过民航和军航当局的紧密沟通与合作,空域的使用将会更加具有动态性。

(4)根据军队的飞行资料,军用训练空域(Military Training Airspace,MTA)将进行实时动态的分配。

(5)对军用空域的管理给予很高的重视。

第四节　空中交通流量管理

随着国际民航运输业的快速发展,空中交通流量增长较快,出现了世界范围内机场、空域和航线网的拥挤,这种拥挤不仅导致飞行冲突的频繁发生,而且还形成了空中交通网络的"瓶颈"。为此,各国利用先进、科学的流量管理方法,陆续建立了各自的流量管理中心,这不仅对空中流量的协调、控制和管理起到了重要的作用,而且还大大提高了空域利用率,减轻了管制员的负担,增加了空中交通流量,提高了飞行安全水平。

一、空中交通流量管理概念和分类

1. 概念

空中交通流量管理是指有助于空中交通安全、有序和快捷地流通,以确保最大限度地利用空中交通管制服务的容量并符合有关空中交通服务当局公布的标准和容量,而设置的服务。

空中交通流量管理的目的主要是在需要或预期需要超过空中交通管制系统可用容量期间,为空中交通安全、有序和流量的加速提供服务,确保最大限度地利用ATC容量,保证空中交通最佳地流向或通过这些区域,为飞机运营者提供及时、精确的信息以规划和实施一种经济的空中运输,以尽可能准确的预报飞行情报而减少延误。

空中交通流量管理(ATFM)包括组织与处理空中交通流量的各种方法,以此方法进行的任何工作,使得在保证各架航空器安全、有序和迅速过程中,任一给定的点上或任一给定的区域内所处理的交通总量与空中交通管制系统的容量相适应。

2. 分类

空中交通流量管理的一个重要手段就是实施流量控制。当某一机场或某一空域内流量已经饱和时,就必须进行流量控制。所谓流量控制,简单地说就是在空中交通流量密度极高的情况下采取的保障飞机安全间隔的一种管制方法。

空中交通流量管理根据划分方式的不同，有如下几种分类：

1）按时间划分

（1）长期法（一般要 15 年左右）。主要包括建造更多的机场，增加机场的跑道数量，改善硬件设备环境，提高空中交通管理技术。

（2）中期法（一般 6 个月到几年）。主要包括增加空中航线，修改空域结构等。这些方法使得空中交通网络的飞行流量从宏观上更加合理，能够更有效地利用空域。

（3）短期法。主要通过地面等待、空中等待、修改飞行计划等策略直接对空中交通流量进行控制，使得空中交通流量与空域、机场的容量相匹配，从而减少拥挤。

2）按空间划分

（1）航路流量管理。航路流量管理主要针对航路中、管制区之间、各个航路汇集节点（导航点）以及地区航路网的整体流量问题。相对于终端区流量管理而言，航路流量管理涉及的范围更广，制约流量问题的因素更多。不但要采集本管制区的基础数据，而且还要建立与相邻管区之间的接口，并且还要采集相关的基础数据，建立航路、各个节点的数学模型以及地区航路网的流量运算法则、数学处理方法和初级决策方法，从而统一预测整个管制区的飞行流量。

（2）终端区流量管理。终端区流量管理主要是处理机场及其走廊口区域，飞机的到达和出发流量的排序规划问题。终端区交通流量管理主要是指在本终端区的范围内进行空中流量的管理。在确保安全前提下使到场飞机充分发挥各自的飞行性能，尽量减少飞机之间的相互影响和飞机延误，提高飞机的正点到达率。终端区域流量管理的主要措施是对该区域内的飞机进行排序，这样可以高效地为到达的飞机合理安排着陆的次序。

3）按级别划分

（1）战略级流量管理。是指针对过去的实施情况并结合未来一定时间范围内的综合信息（飞机、机场、航空公司、旅客、管制员、旅客服务部门，气象部门及其他）对未来流量管理做出战略性计划。

（2）预战术级流量管理。是指根据战略性计划结合信息网络所提供的预测信息，预先调配流量。

（3）战术级流量管理。是指根据战略性计划结合信息网络所提供的实时信息，实时调度流量。

二、空中交通流量管理方法

空中交通流量管理的主要方法包括地面等待、终端区排序、改航、航班时刻优化，以及协同流量管理等。其中，地面等待、终端区排序、改航和航班时刻优化是传统流量管理的主要方法；协同流量管理是一种安全、高效和公平的流量管理机制，旨在利用协同决策技术与方法改进流量管理策略，以提高流量管理的有效性和公平性。

1. 地面等待策略

地面等待策略是空中交通流量管理的主要方法，是针对由于天气等原因造成机场突然供需不平衡时采取的一种空中交通流量管理方法，旨在将昂贵的空中等待转化为相对低廉

的地面等待，以达到最小化延误成本和最大化安全性的目的。因为，无论从燃油消耗、飞机维修和折旧费用，还是从飞行安全方面来看，地面等待都要比空中等待更为合算。一般来讲，按照涉及机场分类，地面等待问题可分为单机场地面等待问题和多机场地面等待问题；按照受约束限制元素分类，地面等待问题可分为单元受限地面等待问题和多元受限地面等待问题；按照所研究问题的特性分类，又可分为确定性地面等待问题和随机性地面等待问题。

2. 终端区排序

终端区排序是空中交通流量管理的重要内容，其主要目的是针对终端空域的进、离港航班，依起飞、下降和终端进离场等阶段，提供最佳的航班间隔排序及交通流量管理，以供空中交通管制部门（ATC）参考。在确保安全前提下，使进离场飞机充分发挥各自的飞行性能，尽量减少飞机之间的相互影响和延误，提高飞机的正点率。对终端内的飞机进行排序，可以高效地为飞机安排合理、科学的起降次序和时间，并降低管制人员的工作负荷。改航问题是空中交通流量管理的重要组成部分。在空中交通管理系统的运行中，空域单元（机场、航路、区域等）往往受到各种实际因素的影响（恶劣天气、军航活动、重大事件等）造成其可用时间、空间资源与服务能力的下降，从而对航空运输造成不可估量的损失。改航策略就是针对上述情况应运而生，旨在空域资源受限或管制服务能力下降时，实施改航策略以避让受限单元，从而保持空中交通安全、有序和畅通。

3. 航班时刻优化

制定科学合理的航班时刻表有利于提高机场及空域资源的利用率，减少空中交通冲突和拥挤，增加飞行流量和社会效益。目前，我国民航航班时刻的编排是由航空公司申报、民航管理部门审批而成的，随着航空运输需求的持续快速增长，航班时刻的安排工作日益繁重，科学合理性难以保证。通过综合考虑机场、航路/航线、扇区、终端区容量限制，以及飞机的飞行性能、管制规则及管制员等因素，研究航班时刻优化理论与方法是实现空中交通流量科学管理的基础和前提。

4. 协同流量管理

协同流量管理即基于协同决策（Collaborative Decision Making，CDM）的流量管理，是一种新的流量管理模式，旨在利用协同决策技术和程序改善空中交通流量管理，为所有空中交通参与方提供最大利益。CDM 是一种协同合作的理念，即通过整合空域管理者和使用者提供的数据得出更准确的信息，并且使管理者和使用者共享同样的信息。CDM 能够协助空管、机场及航空公司进行信息交流和态势共享，有助于做出更合理的决策。近年来，CDM 已在空中交通流量管理方面得到了深入研究和广泛应用，内容涉及航路流量管理、进离场流量管理以及机场场面管理等诸多方面。

三、空中交通流量管理发展现状

1. 美国

空中交通流量管理在美国经历了由简到繁、由窄到宽的发展历程。20 世纪 60 年代末期，为解决纽约大都会地区的空中交通拥堵问题，联邦航空局开始采取人工排序的方法规范飞往该区域的空中交通流量；20世纪70年代，当美国最初建立流量管理概念的时候，主要考虑因素是由于燃料紧缺而减少航班的空中等待，以及管制部门的工作超载问题；到了20世纪80年代，联邦航空局开始在华盛顿总部建立中央流量管制室（Central Flow Control Facility），通过对飞行活动的动态监视为管制部门提供预警服务，初步实施了地面等待和流量预测计划；进入20世纪90年代，联邦航空局流量管制机构逐步完善，基于中央流量管制室在流量管理方面表现出的积极作用，联邦航空局受到了极大的鼓舞，并于1994年建成今天的流量管理中心，进一步整合中央流量管制室、机场预留室（Airport Reservation Office）、空中交通服务应急指挥部（The Air Traffic Service Contingency Command Post）、中央高度预留室（CARF）的功能和职责，逐步形成了流量管理中心、区域管制中心和终端及繁忙机场塔台的三级流量管理系统，开始与航空公司合作，相互交换、共享航班动态信息，通过空中交通流量显示系统数控飞行动态并开始为空管部门以外的空域用户提供预警服务，与所有空域用户共同建立协同决策机制，共同协调制定地面延误方案。

目前，美国联邦航空局流量管理系统已经拥有了以流量管制中心为核心，宏观上分为两个方面，即国家级的空中交通流量规划与管理和地区级的空中交通流量规划与管理，以设置在区域管制中心、终端管制中心和一些繁忙机场塔台以及海外的总共87个流量管制单元为支持和执行机构的三层组织结构流量管理体系。

2. 欧洲

20世纪70年代，为解决日益突出的空中交通拥挤问题，德国、法国等12个国家先后建立了自己的空中交通流量管理单元（FMU）。1988年，在空中交通流量管理单元的基础上，欧洲建立了分别负责东欧和西欧空中交通流量管理的中央执行机构，并在欧洲各区域管制中心设立流量管理席位配合运行。由于西欧的空中交通流量管理系统快速发展，最终流量管理席位取代了空中交通流量管理单元，空中交通流量管理系统结构得到了优化。1989年，欧洲在布鲁塞尔建立了统一的中央流量管理中心（CFMU），负责欧洲空中交通流量管理任务。系统主要由中央流量管理中心（CFMU）、区域管制中心（ACC）流量管理席位（FMP）构成二级管理模式。

欧洲中央流量管理中心的主要职能是在保证空中交通安全的前提下，最大限度地利用空域资源，使交通流量在时间和空间上合理分布，避免空中交通系统超负荷运行，尽量减少由空中交通拥挤造成的航班延误。实施方法按战略、预战术和战术三个阶段进行：战略阶段主要是在对空中交通流量分析预测的基础上，制定欧洲航路和空域使用计划；预战术管理阶段主要是在战略阶段实施的基础上，对第二天的流量做出更精确预测，将出现的空中交通流量管理限制因素，以通告形式对外发布，指导航空公司制定飞行计划和空中交通管制准备管制方案；战术管理阶段主要是根据当天最新情况，为准备起飞的航班分配离场时刻和飞行航路。

中央流量管理机构（CFMU）能够为欧洲民用航空委员会（ECAC）所有成员国提供以下技术设备：综合初始飞行计划的处理系统、包含飞行计划的战术数据库、利用战术数据的工具，特别是间隔自动分配功能、连接中央流量管理机构与流量管制席位和航空器运营人的数据网络、流量管理信息的在线对话、进行空中交通流量管理规划和质量控制统计的档案数据库。

欧洲流量管理体系的实施过程可分为三个阶段：

(1)航班运行7日前的战略阶段。在这一阶段，中央流量管理机构主要是收集各航空器运营人递交的飞行计划，通过综合初始飞行计划的处理系统预测未来的航班量并统计存档，将这些数据与各机场、航线（航段）、区域的飞行容量进行比较，形成逐步的航线分配和流量调整方案，并通知到航空器运营人和各空中交通管制单位。

(2)航班运行前6日内的战术前的流量管理阶段。中央流量管理机构根据具体的飞行计划信息、特殊事件、容量计划，参照飞行计划处理系统提供的航班调整建议，形成具体的容量优化和航线再分配方案并统计存档，生成包含飞行计划的战术数据库，战术数据库同步提供给航空器运营人和各空中交通管制单位，增加流量管理的透明度。

(3)航班运行当日的战术阶段。在航班运行当日，中央流量管理机构主要收集来自航空器运营人的飞行计划、飞行动态信息和来自空中交通管制单位的空中交通流量、其他特殊事件、特殊情况的信息，对飞行计划和航班流量进行实时调整，对飞行航路进行重新分配。当然，流量管理的具体实施由各流量管理席位完成。中央流量管理机构负责监控各流量管理席位的工作质量以及航空器运营人对流量管理指令的执行情况。

虽然欧洲已经建立了一套比较成熟和完善的流量管理体系，但也有不足之处：如流量管理的战略阶段和战术前的流量管理以及部分战术阶段的工作过分集中在中央流量管理机构，流量管理席位的作用没得到较好的发挥。这主要是由于欧洲的具体特点构成的：欧洲由许多国家组成，众多的不同国家的流量管理席位之间的协调显得非常困难和复杂，所以必须有一个机构去负责流量管理工作，中央流量管理机构就扮演了这样的角色。

3. 中国

随着我国经济建设、国防建设和航空事业的快速发展，军、民航和社会公众对空域的需求日益旺盛，持续增长的飞行量和空域有限的矛盾日益凸显，航班延误已成为“热点”问题，这迫切要求我们加快空中交通流量管理体系建设，促进空域规划、管理机制和保障手段的改革创新，提高空域资源的科学管理水平，保证空中交通安全、高效、顺畅。

我国空中交通流量管理研究始于20世纪90年代，先后在上海、广州地区民航空管部门进行了实验建设，建立了民航空管运行控制系统，地区空管部门增设了流量管理席位，对空中交通流量管理进行了探索尝试。“十五”期间，为适应发展需要，国家空管委做出筹划建设国家空中交通流量监控中心的决策部署，空中交通流量体系建设迈出新的步伐。在当前和今后一定时期内，我国空管进入了发展的关键期、矛盾的凸显期、改革的攻坚期，机遇与挑战并存。

民航局空中交通管理局空中交通流量管理机构分为三个级别：全国级、地区级和终端级。民航局空中交通管理局全国级流量管理工作应按照民航局空中交通管理局授权和要求进行管理，地区内流量管理工作应按照民航局空中交通管理局和地区空中交通管理局的授权和要求进行。

全国级流量管理单位负责监督地区级流量管理单位的日常流量管理工作；地区级流量管理单位负责监督终端级流量管理席位的日常流量管理工作。各相关流量管理单位（席位）应当及时维护和更新相关单位的通信信息，以便各单位按照规定的协调关系开展运行协调。

全国级主要负责全国范围内流量和容量的监控，按照管理权限负责相关的、必要的流量管理工作，包括但不限于流量管理方法的选择，流量管理预案以及流量管理措施的制订和发布，并按照管理权限负责相关流量管理措施影响的航班的调配和管理等全国流量管理相关的工作和协调。

地区级主要负责地区空中交通管理局所辖范围内流量和容量的监控，按照管理权限负责地区范围内相关的、必要的流量管理工作，包括但不限于流量管理方法的选择，流量管理预案以及流量管理措施的制订、发布和执行，应按照管理权限负责区域内或对外区影响较小的流量管理措施影响的航班的调配和管理等地区流量管理相关的工作和协调。

终端级主要负责本管制单位范围内流量和容量的监控和管理，按照管理权限负责本区域内相关的、必要的流量管理工作，包括流量管理方法的选择，流量管理预案以及流量管理措施制定、发布和执行，应按照管理权限负责区域内或对外区影响较小的流量管理措施影响的航班的调配和管理等管制区域范围内流量管理相关的工作和协调。

我国空中交通流量管理的执行由战略、预战术和战术三个阶段组成。

战略阶段通常发生在运行前一天之前，一般在 2 ～ 6 个月之前。这个阶段应充分利用空中交通管理规划的成果，加强空域用户与空中交通服务单位、机场等的对话，共同分析空域、机场和空中交通服务限制，季节性气象条件改变以及重要的天气现象。同样，应当尽可能地寻找确定容量和需求之间的不平衡，以对交通流影响最小的原则来寻找可能的解决途径。这些解决方案并不是最终方案，应当根据这个阶段预期的需求进行调整。

预战术阶段包括运行前一天采取的所有方法。这个阶段应该研究该日的运行需求，将之与预计的可用容量对比，并对战略阶段形成的计划进行必要的调整。预战术阶段的主要目标是通过对资源的有效组织优化容量，比如扇区配置管理等。这个过程应该通过利益相关方协同决策过程来实现，比如流量管理单位、空域管理单位以及空域用户。

战术阶段包括在行动生效之日采取的行动。在空中交通流量管理战术阶段，需根据当日的运行来采取措施。交通流量和容量战术管理需要考虑实时的事件影响并做出必要的修改。这个阶段旨在减少容量和流量不平衡并充分利用各种可能提升容量的手段。由于人员问题、重要天气现象、险情和特情、突发的基础设施故障和限制、更精确的飞行计划数据、扇区容量值的修正等等因素影响，并需要根据这些因素去调整原来的计划措施。

四、空中交通流量管理的发展趋势

流量管理的研究是建立在实际之上，而又必须服务于实际，这就要求空中交通流量管理研究必须切合实际，引入随机性因素可以更真实地反映实际情况，如空域的容量、航空器的到达时间、跑道的服务请求等。但是在流量管理应用系统中，及时更新模型中的各种数据往往更为有效。

空中交通流量管理几乎涉及了飞机的整个飞行过程，流量管理的决策除了要考虑机场和空域的容量限制，还要考虑航空公司的航班运行管理等方面的因素，而协同决策（Collaborative Decision Making，CDM）技术恰恰可以解决这些问题，它既可以让管制单位、流量管理单位和航空公司一起参与流量管理决策，又可以配合决策的实施；同时，通过相互协商，充分保证决策的公平、合理。

美国新一代航空运输系统(Next Gen)对于未来空中交通流量管理提出的策略：

为了降低管制员发布战术性机动指令的必要，Next Gen 将流量管理的重点放在了战略性的流量调控上来。同时也会将整个地面、机场以及货物流作为整个空中运输系统的一部分来实行"终点到终点"的全面流量管理。在流量管理上，Next Gen 利用以下拥有决策能力的流量管理评估工具来完成：

(1)使用综合影响评估工具。

(2)空域构型和流量之间实行协同式的优化。

(3)顺应无人系统运营和跨大气层运行以及国内超音速运行的需要，将会有更强大的决策支撑、集成战略、流量管理(Traffic Flow Management，TFM)；

(4)飞行计划人员在容量和流量管理策略上同 ANSPs（Air Navigation Service Providers，空中航行服务提供者）的协商角色将会更加突出；在 ANSPs 的工作能力范围内，Next Gen 的重点是进行战略性的流量管理和同空域使用者之间的协同合作。流控人员监视并评估空域交通流量的需求；他们不仅通过与容量管理人员之间的合作，还通过与航班运行人员以及其他的利益相关方之间的合作来决定流量和空域构型的优化工作。间隔管理人员同轨迹管理人员进行互动，从而决定优化系统方案，实施战略性的决策。

欧洲单一天空(SESAR)对于未来空中交通流量管理提出的策略：

(1)为了达到所需的跑道吞吐量，可能会实施基于时间的间隔，为了达到这一目的将会利用一些 ATC 或者是航空器的辅助间隔功能。

(2)利用综合计划工具来实施空中交通管理(ATM)的次序优化工作；

(3)SESAR 就以下方面来探讨飞行的流量：飞行剖面、排队、空港网络、空域和航路、下降剖面、扇区划分、最佳发动机燃烧量、跑道结构利用、场面交通流、起飞时间、无冲突航路、避免尾流影响、离场次序、进离场航班的平衡、终端区和航路交通。

第五节　空中交通管理的未来发展

一、全球空管一体化

ICAO 发布的《全球空中交通管理运行概念》是为更好地实施 CNS/ATM 技术而提出的一种可运行的概念构想。运行概念从全球的角度描述了各组成部分的构成，并概述了它们之间的相互关系。它的提出能更好地促使全球空中交通管理系统一体化的协调发展，符合空管运行自身规律，也符合航空业长远发展的要求。

全球空中交通管理（ATM）运行概念，体现了 ICAO 对建立一个协调、全球一体化、可互用的 ATM 系统规划设想，规划日期至 2025 年及更远的未来。运行概念阐述了到 2025 年 ATM 系统将以何种方式向空域用户提供服务和效益，同时还详细论述了 ATM 如何直接影响到各飞行阶段内有人驾驶或无人驾驶飞行器的飞行航迹，以及该飞行航迹与任何危险物的相互作用。

《全球空中交通管理运行概念》确定了7个相互依存不可分割的概念组成部分，这些部分整合构成了未来ATM系统。它们包括空域组织与管理（AOM）、机场运行（AO）、需求与容量平衡（DCB）、交通同步（TS）、冲突管理（CM）、空域用户运作（AUO）以及空管服务提供管理（ATM SDM）。上述部分的排列无主次先后之分。数据和信息的管理、使用及传输对这些组成部分正常发挥作用至关重要。

1）空域组织与管理（AOM）

空域组织确定空域结构，以满足各类空中活动、交通容量和不同等级的服务。空域管理是一个过程，即通过这一过程来选择和应用空域选择方案以满足空中交通管理界的需要。达到的主要效果：

（1）所有空域都将是ATM所关心的一种可用的资源。

（2）空域管理将是动态和灵活的。

（3）任何特定空域的使用限制将被认为是暂时的。

（4）所有空域将灵活管理。空域边界将进行调整以适应具体交通流量，且不应受国家或设施边界的限制。

2）机场运行（AO）

机场作为空管系统的有机组成部分，必须提供必要的地面基础设施，包括灯光、滑行道、跑道，出口以及精确的场面引导设备，以保障在全天候条件下机场的安全性和最大程度提高机场容量。空管系统将充分发挥机场隔离区内基础设施容量的有效作用。达到的主要效果：

（1）减少跑道占用时间。

（2）在保持容量的同时，具有在全天候条件下安全机动的能力。

（3）在各种条件下，必须为进出跑道提供精确的场面引导。

（4）有关空中交通管理成员要了解和获得在活动区内所有车辆和航空器的位置（达到适当的精确度）及意图。

3）需求与容量平衡（DCB）

需求与容量平衡是从战略高度对整个系统的交通流量及机场容量进行评估，使空域用户得以确定何时、何地、怎样进行运作，同时缓解对空域与机场容量产生的相互冲突的需求。在协调过程中，可以通过使用系统范围内有关空中交通流量、天气及空域的信息，来确保对空中交通流量进行高效管理。达到的主要效果：

（1）通过战略阶段的协作决策，将对空域进行优化以最大限度地加大吞吐量，从而为可预测的分配及排定时刻表奠定基础。

（2）在可能的情况下，通过在预战术阶段的协作决策，对空域资源分配、计划航线、空域组织、进出机场和空域时间分配进行调整，以减轻失衡状况。

（3）在战术阶段采取的行动包括动态调整空域组织以便平衡容量、动态改变进出机场和空域的时间以及由用户调整时刻表。

4）交通同步（TS）

交通同步是指策略性地建立和保持一个安全、有序、高效的空中交通流量。达到的主要效果：

（1）具有四维动态航迹管制能力和商定的无冲突航迹。

（2）消除交通阻塞点。

（3）交通排序的优化，实现最大跑道吞吐量。

5）冲突管理（CM）

冲突管理包括三个层次，通过空域组织与管理、需求与容量平衡以及交通同步来实现战略冲突管理、间隔保障和避让。冲突管理将把航空器与危险物之间相撞的风险限制到一个可接受的程度。这里提到的危险物包括：其他航空器、地形、天气、尾流和不相容的空域活动；航空器在地面时的危险物包括停机坪与机动区内的场面车辆及其他障碍物。达到的主要效果：

（1）战略冲突管理将把间隔保障的需要降低到某个指定水平。

（2）ATM 系统要最大可能地降低对用户运行的限制；因此，除非安全或 ATM 系统设计要求间隔保障服务，否则预定间隔保障提供者将是空域用户。

（3）间隔保障提供者的职责可以委托他人，但这种委托将是暂时的。

（4）当制定间隔模式时，必须考虑间隔保障的干预能力。

（5）冲突管理范围可以延伸到程序和信息允许的程度。

（6）避撞系统是 ATM 安全管理组成部分，但在确定所计算的间隔保障所需的安全等级时将不予考虑。

6）空域用户运行（AUO）

空域用户运行是指飞行中与 ATM 有关的方面。达到的主要效果：

（1）处理如何照顾混合性能和全球实施需求的问题，以提高安全和效率。

（2）相关 ATM 数据将被融合，以使空城用户了解一般、策略和战略情况以及冲突管理。

（3）为 ATM 系统提供相关的空域用户运行信息。

（4）单架航空器性能、飞行条件及可用的 ATM 资源将允许动态优化四维航班计划的制定。

（5）协作决策要保证及时考虑航空器和空域用户系统设计对 ATM 的影响。

（6）航空器的设计应将 ATM 系统作为关键因素来考虑。

7）空管服务提供管理（ATM SDM）

ATM 服务提供管理在门到门的所有飞行阶段和在所有服务提供者之间无缝隙地进行。ATM 服务提供管理组成部分涉及对各种其他程序服务决策的平衡和统一，以及做出这些决策的时间范围和条件。飞行航迹、意图和协议将是进行决策平衡的重要组成部分。达到的主要效果：

（1）ATM 服务提供管理的组成部分，所提供的服务根据 ATM 系统设计并根据需要予以确立。

（2）ATM 系统设计根据协作决策和系统范围的安全及商业实例来确定。

（3）由 ATM 服务提供管理的组成部分所提供的服务，通过协作决策，平衡并优化用户申请的航迹，以达到空中交通管理的期望。

（4）航迹管理包括制定一项适用于所有飞行阶段的协议。

《全球空中交通管理运行概念》列数了在规划期内逐步实现的一系列概念上的变化。运行概念中采用的基本原则的关键是全球的信息利用、管理和交换观念，在此基础上，ATM系统中所有参与者的作用将会逐渐发生重大变化，从而促使整个系统的安全性、经济性和效率得到加强。该原理在很大程度上得到逐步形成的、完整的、合作的、协作的决策环境的支持，在这一环境中，空中交通管理所有成员的不同期望和利益将得到平衡，以实现平等权和使用权。

运行概念从全球的角度描述了各组成部分并概述了它们之间的相互依存关系。然而，这一概念认识到，“最终状态”不可能通过剧变实现，它将是一个循序渐进的过程，其最终目标是在不迟于2025年的概念规划期内实现全球的协调一致。这可以使各国、各地区和同类区能够在协作决策的环境中，在安全和商业实例的框架内，规划需要进行的重大投资和这些投资的时间表。ATM运行概念还提供了实现ATM运行需求、目标和效益的基础，由此也为地区和国家ATM实施计划的制定奠定了基础。

目前，许多国家已经开始投入大量的人力和物力对本国空管系统的现状进行分析和研究，为制定未来空管系统规划，确定未来空管性能指标、战术和战略目标奠定了基础。在亚太地区，日本、新加坡和泰国等国家参与运行概念确定工作的热情最高。由此可以确定，在不久的将来，整个亚太地区将会形成新的空中交通管理格局。而中国作为亚太地区的大国，应从地区战略高度深层次地思考问题，积极研究，未雨绸缪，制定出有效的应对措施，积极推动我国空管体制改革；进一步加强空管运行机构建设、基础设施建设和新技术的开发应用，顺应国际空管一体化发展趋势，加快空管现代化进程；为我国航空运输事业保持经济活力，乃至对全世界空管技术的进步做出重要贡献。

二、航空系统组块升级

1. 空中航行系统升级

在全球经济活动过程中，航空运输业一直是世界经济增长最快的行业之一，它对世界经济活动的发展发挥着重要的推动作用。据国际民航组织统计，全球的空中交通量大约每15年翻一番，但是，现有空中航行系统的运行能力已经接近饱和。为了满足交通量进一步增长的需求，需要通过新程序、新技术、新方法对现有系统需要进行全面升级，在不降低安全水平的前提下，提升系统容量、提高运行效率。

空中航行系统升级是一项系统工程，需要科学的统筹规划和实施过程中各方的紧密协作。国际民航组织的新一代全球空中航行系统规划实施工作分为四个层面，运行概念、战略规划、战术方法、具体实现。运行概念是未来空中航行系统的愿景，由《全球空中交通管理运行概念》（DOC9854文件）以及相关的手册描述；战略规划主要关注实现运行概念的战略层面规划和方法，通过《全球空中航行计划》（DOC9750文件）体现；战术方法重点关注在战术层面上的运行改进，是《全球空中航行计划》中航空系统组块升级（ASBU）的主要内容；具体实现由各成员国从实施的角度规划如何执行运行改进，主要指国家或区域层面的航行实施计划。

国际民航组织同时开展了航行安全计划相关工作。空中航行计划和航行安全计划共同构成了国际民航组织全球航空系统发展的框架体系。

2. 全球空中航行计划

《全球空中航行计划》是国际民航组织全球空中航行系统战略规划文件，从创立至今已经经过了十多年的发展，经历了四个版本的更替。2012 年 11 月，第十二届航行会议通过了第四版《全球空中航行计划》草案。2013 年 5 月发布第四版《全球空中航行计划》，并于 2016 年进行了修订，该计划是一份规划指导空中航行系统升级的战略层文件，用于制定近期、中期和远期的活动计划，指导各地区和成员国实施航空系统的升级活动。

该计划主要从加强升级策略的普适性，提高各地区和成员国之间航空系统的互用性，确保效率与安全之间的平衡性，以及利用国际民航组织现有制度和框架确保航空系统升级在全球范围内的顺利实施等方面问题进行了设计与规划。

该计划最显著的特点，就是纳入酝酿已久的航空系统组块升级方案（ASBU），以促进全世界航空运输系统的统一、互用性和现代化。航空系统组块升级方案着眼于预期的运行效益改进，阐明了技术和运行改进之间的关系，促进实施部署进程，构成了全球空中航行系统升级的工作框架。从战术的角度来看，航空系统组块升级根据当前系统运行情况和技术发展趋势，采用系统工程方法论制定出的一套规划实施办法，以循序渐进、具体可行的运行改进为阶段性目标，通过新程序、新技术的支持，推进现有系统逐步过渡到运行概念所描述的未来空中航行系统。为了发挥航空系统组块升级的作用，《全球空中航行计划》中还包括了相关的技术路线图，为规划实施工作提供技术支持。

3. 国际民航组织航空系统组块升级

“航空系统组块升级”是第四版《全球航行计划》的重要组成部分，是国际民用航空组织经过多年的研究与实践推出的改进全球空中航行系统的一套工程化的方法。按此方法制定了提高全球空中航行系统效绩的运行改进，并将这些改进按照其影响的运行领域加以组织，制定了其初步具备运行能力的时间表。

航空系统组块升级包括以下的四个基本概念。

（1）模块——这是基于性能或能力的、可部署的一项具体的运行改进，可明确改善的系统的性能，一般由程序、技术、规章标准、业务案例等方面的具体措施作为支持。重要的是，每个模块具有足够的灵活性，可以在不同地区应用，并可视该地区的具体需求加以调整，实现预定的效益。这样做的好处是可以替代强制的一刀切做法。

（2）引线——这是一系列相互密切关联的模块，代表了模块能力的跨时间的演变—从基本能力到更先进的能力和更高的性能。被引线连接在一起的各个模块，就是某项能力在不同时间段的状态，是实现该项能力最终目标的不断演进。

（3）组块——由模块组成，模块结合时能促成明显的效益。根据各个模块的实施目标时间，共有 4 个组块：组块 0、组块 1、组块 2 和组块 3。组块的概念以 5 年间隔为基础，每个组块都有一个相应的时间，标志着该组块可以开始部署的时间。

（4）效能改进领域——将每一组块中的模块加以归纳，以便在其应用环境中提供较高层面的运行和性能目标。

四个效能改进领域如下：

（1）机场运行。

（2）全球互用的系统和数据——通过全球互用的全系统信息管理而实现。

（3）最佳容量和灵活飞行——通过全球协同的空中交通管理而实现。

（4）高效的飞行轨迹——通过基于航迹的运行而实现。

每个组块有一个目标年，这里的目标年是指该组块中的模块已经准备就绪，可以开始部署的时间。组块所包含的每一模块都需要通过就绪审查，检视其标准是否就绪（包括性能标准、批准、咨询和指导文件等），以及相关航空电子设备、基础设施、地面自动化系统和其他能力是否就绪。在这一时间点，每个模块应已有实地部署的案例，包括相关的运行批准和程序，为希望采用该组块的国家提供借鉴经验。图 6-6 显示了每个组块从发展、就绪到实施部署的时间。ASBU 中的每个组块都涵盖了四个效能改进领域，涉及空中航行系统的各个方面。

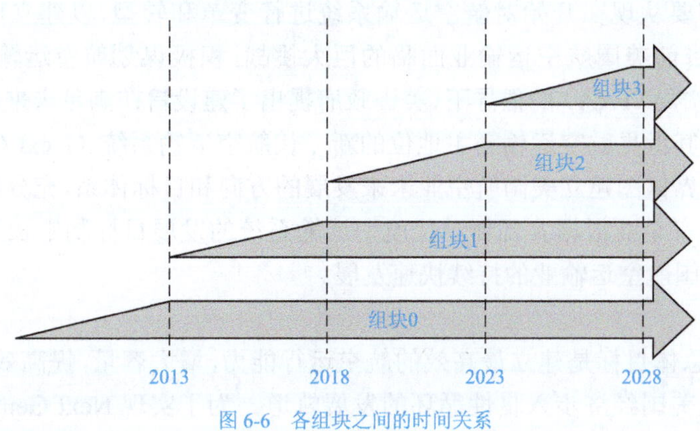

图 6-6 各组块之间的时间关系

以组块 0 为例，图 6-7 显示了为不同飞行阶段的改进，以及整体网络、信息管理等基础设施。

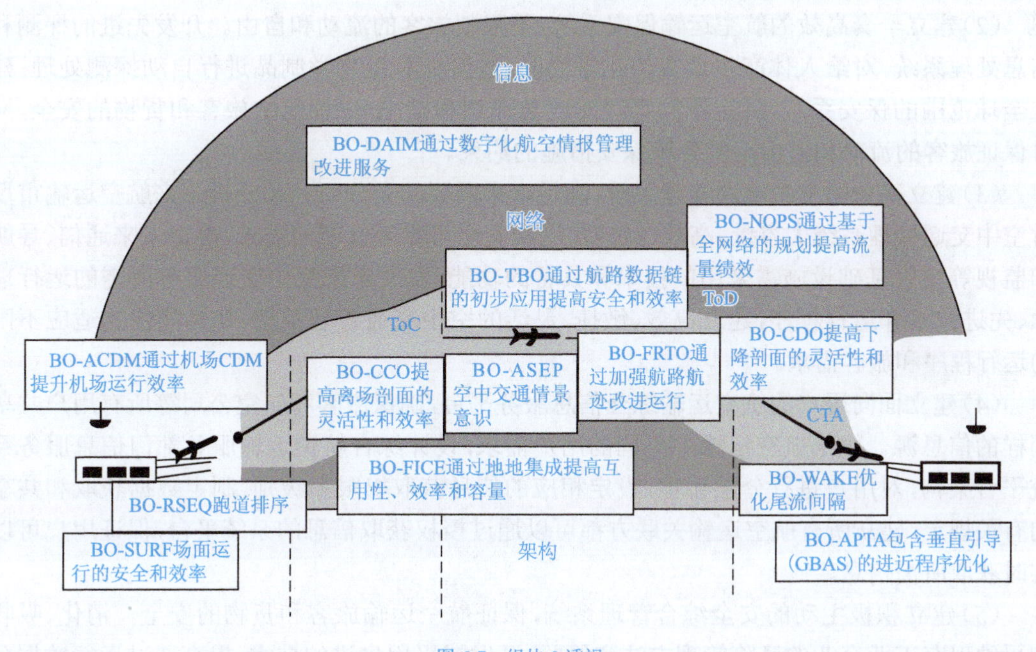

图 6-7 组块 0 透视

三、美国新一代航空运输系统

1. 发展背景

自 20 世纪末期到 21 世纪初，世界民用航空运输业得到巨大的发展，其中美国更是以世界唯一超级大国的身份位居世界航空运输量第一的位置。虽然其发展受到诸如海湾战争、“9•11”事件、伊拉克战争以及油价上涨等多种不利因素的影响，但其民航运输业的发展势头仍然非常迅猛。“9•11”事件后，美国的航空业认识到美国的空中运输遇到了空域管理、安保、环境、效率等多方面的发展瓶颈，正如美国交通部长 Norman Y Mineta 所指出的，（美国）未来航空运输的变化将是巨大的和基础性的，无法通过对基础设施的渐进式调整来实现。因此，美国需要从现在开始对航空运输系统进行变革和转型，以建立现代化的航空运输系统。为应对目前美国航空运输业面临的巨大挑战，积极谋划航空运输业未来的变革，2003 年在联邦航空局（FAA）的倡导下，美国政府提出了建设旨在满足未来航空运输需求的安全、高效并确保其世界航空运输霸主地位的新一代航空运输系统（Next Gen）。通过该计划，美国航空运输界试图建立美国航空业未来发展的方向和目标体系，充分发挥市场主体作用，指导政府和私有企业根据实现新一代航空运输系统的发展目标制定长期投资与研发计划，进一步促进美国航空运输业的持续快速发展。

2. 发展战略

Next Gen 的总体目标是建立最高效的航空运行能力，增大容量，提高效率，提高环境兼容能力，从而促进美国经济步入良性循环的发展轨道。为了实现 Next Gen 的总体目标，完成美国航空运输系统的根本变革，美国制定了 Next Gen 的 8 项战略：

（1）改进机场基础设施，满足未来需要。通过整合机场、空域和空中交通管理的设计、开发和部署，提供一套高效的机场运输系统，满足旅客未来的不同需求。

（2）建立一套高效的航空运输保安系统，不限制旅客的流动和自由。开发先进的探测和信息处理系统，对给人体产生危害的化学物品、放射性和生物学制品进行自动探测处理；建立全球范围的保安系统，制定不同等级的应急计划和措施，保证航空旅客和货物的安全，同时保证旅客的流动和自由不受各种保安措施的约束。

（3）建立高效的空中交通管理系统，满足未来需要。充分研究和分析未来航空运输市场对空中交通管理系统大容量、高效、经济实用和安全可靠等性能的需求，确定未来通信、导航和监视等空管基础设施需采用的技术和具备的功能，发展未来空中交通服务所需的运行理念、先进技术和运行程序，建立高效、敏捷、灵活的空中交通管理系统，使其能快速适应不同的运行程序和旅客需求。

（4）建立面向用户的航空运输综合信息服务平台，确保旅客和航空公司等所有用户共享同样的信息源。根据航空运输中不同的用户需求，设计综合航空运输服务部门信息服务系统平台架构，对用户进行分层管理，设定相应的信息获取权限和级别，制定数据获取和共享的有关规定，建立所有航空运输关联方都可以通过授权获取信息的系统平台，保证用户可以实时获取所需信息。

（5）建立积极主动的安全综合管理系统，保证航空运输旅客和货物的安全。消化、吸收和采纳现有工业企业的风险管理方法和经验，开发或采用先进的技术，提高通过运行数据分析航空运输安全因素的能力，建立适用于航空运输的国家级公共综合风险管理系统，满足本国和全球对美国航空运输安全的需求，保证旅客和货物的安全。

（6）提高环境保护能力，保持航空运输业的协调可持续发展。开发和使用新的机场运行模式，制定新的运行政策和策略，采用新技术制造新型的航空器和发动机，设计新的飞行程序，大幅度降低噪声、排放物等对环境的影响，使航空运输业得以良性循环发展。

（7）提高气象观测和预报能力，减少气候对飞行的影响。采用先进技术进行气象观测和预报，并采用决策支持工具提高气象数据的容量和有效性，降低或消除恶劣天气对飞行的影响，大幅度提高全国航空运输的安全和效率。

（8）推进全球航空运输业和谐发展。分析美国航空运输业发展与其他国家的相似处和存在的冲突，参与制定全球航空运输业统一的政策、标准和程序，带头执行全球化的标注，并敦促各国执行，从而提高航空运输的安全性和灵活性，同时改善环境，促进经济发展。

从以上 Next Gen 的 8 项发展战略可以看到，Next Gen 的建设不是脱离现有航空运输系统，另起炉灶重新开发、研制和建设一套全新的航空运输系统，而是对现有的航空运行信息系统从运行理念、系统架构和运行方式上进行总体改造和整合，使这些系统能满足 2025 年及未来美国航空运输发展的需要，适应新的运行概念和容量的需求。比如，联邦航空局（FAA）投资 12 亿美元对现有航路管制中心自动化系统（En-route Automation Modernization，ERAM）进行改造的项目就属于 Next Gen 的建设内容之一，可以说，当前 FAA 所有的新技术研究、新工程项目的建设和发展都围绕着 Next Gen 的框架进行，都是为实现 Next Gen 的总体目标奠定基础。

3. 工作规划

为了成功实施 Next Gen 这样的大规模集成项目，FAA 制作了跟踪、规划、报告和执行所需的整套框架，其中包括 ADS-B 这样的变革计划所需的购置和实施计划，推进和演示概念以及制定系统技术要求的开发活动，以及人为因素等领域的应用研究。

为了便于管理，FAA 将全套工作计划分为七个部分，每个部分着重于一系列相关运行能力，形成中期系统。

1）启动基于轨迹的运行

基于轨迹的运行（TBO）部分主要应用于航路高高度巡航阶段。TBO 将提供决策工具和通过轨迹自动管理航空器。这种从基于许可的空中交通管理向基于轨迹的空中交通管理的转换将允许航空器在考虑 PBN 客户需求和空域系统效能的情况下，按照协商的航迹飞行。

2）增加高密度机场的进离场航班量

高密度机场部分旨在提升多个机场和多条跑道的进出港容量。精密程序、决策支持工具、增强地面管理和提升协调与信息共享的结合将会最大化利用相邻机场的跑道和空域。该充分运用了 PBN、协同空中交通管理部分中的交通流量管理能力，并以终端和机场灵活性部分的能力为基础。

3）提高终端区环境的灵活性

终端区灵活性和机场部分提供了在所有机场的终端区环境管理航空器间隔的能力。终

端区环境的灵活性（FIEX）致力于初始地面管理能力、提高低能见度跑道使用的程序和支持最大化使用可用数据的新的自动化来加强地面基于轨迹的运行。这些能力将会提高安全、效率和低能见度下的整体能力。

4）改进协同空中交通管理

协同空中交通管理（CATM）部分提供在战术和基于地理位置层面改进全系统范围内交通流量管理的能力。该部分在最大限度内满足飞行运行者的需求。CATM 支持一个更灵活的空中交通系统，以便在飞行中调整备降机场、选择最佳航路或高度，以及转换交通运行以适应匹配空域和机场容量。CATM 将把多种自动化系统，如天气、跑道和空域可用性的限制等信息以一种通用电子格式输出，以便改进飞行规划。先进的自动化将会考虑运行者偏好和识别航路策略，以便有效地使用空域和机场容量。CATM 活动开始为飞行所有阶段数据进行收集和分配设置参数，为增强自动决策能力提供工具。开发一个通用的结构将确保例如特殊活动空域可用性等数据被准确、及时并以正确的格式分享。通过国内或国际自动系统识别飞行阶段每架航空器独特的特点或飞行目的，将有助于我们发展考虑空间和时间的 4D 轨迹规划。先进的方法将用于最佳航路选择、动态扇区边界和构型确定，以便更灵活地管理交通。

5）减少天气影响

减少天气影响部分支持将一体化的天气信息应用于空中交通决策。在中期，新的运行改进和技术将会缓解天气在安全和效率的影响。

6）提高安全、安保和环境效能

提高安全、安保和环境是 FAA 整体任务的核心部分，具体方案活动涵括在整个项目中。这个部分既包括确保 Next Gen 系统有助于稳定地减少风险和信息安全的项目，同时也包括减轻对环境的不利影响，促进航空业健康持续增长。

7）变革设施

变革设施（FAC）部分侧重于一体化的设施设计能力，以便其能够在系统层面安全和高效地运行。这些基础设施不仅满足 Next Gen 当前系统的需求，随着时间的推移，也将变得更加成熟。FAC 设置多个实验室和试验台以支持 Next Gen 需求发展和减轻风险的努力。

四、欧洲单一天空 ATM 研究计划

1. 发展背景

自 20 世纪 80 年代以来，欧洲的航空运输业持续增长，但是欧洲各国的管制空域处于分散的状态，各国的管制工作各自为政。在欧洲狭小的空域条件下，空域的分裂对欧洲各国航空业的发展都极为不利。有统计显示，由此造成的航班延误每年都给欧洲航空业带来数十亿美元的损失，仅瑞士航空每年航班延误的直接成本就高达 4080 万瑞士法郎。在未来的十几年时间里，欧洲的空中交通量将以每年 4% 的年增长率增长，预计 2020 年的流量将会是目前的两倍。目前的空域已经很难满足未来欧洲民航发展的需要，因此欧洲迫切需要对空域进行改革。

2000 年欧洲启动了 SES（Single European Sky，欧洲单一天空）计划。减少欧洲空管系统的这种分割状况是 2000 年启动欧洲单一天空倡议行动的初衷。就在同一年，欧洲成立了一个由民用和军事空中交通管制当局组成的高级工作小组，为欧洲空中交通管理（European ATM）的规范、体制和技术方面设计新的方案。2001 年 10 月，欧洲委员会提出了一套全面的立法与合作行动来实行欧洲单一天空计划。这些都是建立在 ICAO 和 Eurocontrol 现行国际标准基础上的，因此也将与全球和地区的 ATM 政策和运行概念的发展保持一致。

2. 发展目标

欧洲议会和欧洲理事会就立法所达成的一揽子协议，为实施管理欧洲单一天空的规则和规章开辟新道路。这一事件是欧洲航空运输系统整合过程中迈出的重要一步，并为合理调配空中交通量的增长开辟了道路。

欧洲单一天空的一个重要目标就是改善安全。欧洲的空中交通管制是世界上最安全的系统之一，但仍有必要在各国进行协调统一。为了满足交通增长的需要，必须要制定一个更加系统化和更具约束力的方案。

另一个重要目标是减少空中交通管制的分割现象。目前，各国自行安排其领土上空的空中交通管理活动。规则以及机构安排上的差别所造成的不一致，已经在交通流量和航班正常性方面产生了连锁反应。与此同时，在空中交通管制机构和制定规则方面，还要确保与军方保持更密切的合作与参与。

将通过自下而上的方法来建立职能空域区块。这些区块将以运行要求为基础，对空域实行更加一体化的管理，而不考虑现行的边界问题。

考虑到欧洲单一天空所采取的许多行动都涉及空域的组织结构和使用问题，因此有必要获得国际民用航空组织的支持，要与国际民用航空组织的框架保持一致，特别是：

（1）建立 EUIR（European Upper Flight Information Region，欧洲高空飞行情报区）。

（2）建立 FABs（Functional Airspace Blocks，职能空域区块）以及有关的共同的原则。

（3）建立关于 FUA（Flexible Use of Airspace，灵活使用空域）的规则。

（4）建立关于空域分类的规则。

（5）建立关于空域设计（航路和扇区设计）的规则。

（6）建立空中交通流量管理规则。

Euro Control 将根据欧洲联盟委员会分派的任务，承担起草这些管理规则以及标准等相关的大部分工作。成员国及其空中航行服务提供者（Air Navigation Service Providers，ANSPS）将在各自的空域启动这一进程。如果成员国之间对职能空域区块有争端，它们可以在努力寻求解决方案的同时，向单一天空委员会咨询。

2004 年 11 月，欧洲正式在欧盟范围内实施了统一空中交通管制的“欧洲单一天空计划”。这个项目是欧洲继伽利略项目之后最重要的高科技项目。整个项目的总投资高达 500 亿欧元。这个计划的实施能够将每一个航班班次的温室气体排放量降低最高达 10%。此外，还能够将欧洲整个空管的运行率提高 3 倍。同时，还将使欧洲拥有全球效率最高的空管基础设施。

按照 SESAR 的设计目标，到 2020 年，整个计划将完成第三个阶段工作的最后阶段，即

实现下列目标：

（1）空域容量提高3倍，降低延误，保证95%的航班到达延误少于3min。

（2）安全性提高10倍，在交通量增长3倍的情况下，整体安全性不下降。

（3）通过空管系统的改进，使每架航空器对环境影响减少10%。

（4）将空域用户用于空管的成本降至当前的一半。

SESAR将现在到未来的空管能力分为0～5六个等级。到2013年实现等级1；到2020年SESAR计划结束时，实现等级2和等级3；2020年至2025年及以后，随着技术的进一步发展，将实现等级4和等级5。

3. 空管目标概念

2007年9月，SESAR还提出了空管目标理念（ATM Target concept）。这个理念是基于利益相关方的伙伴关系而出现的，它以服务为导向。所有的利益相关方一致同意，为了强化航空运输业的价值链条，应该要更有效地满足空域使用者的诉求，每一个航班将要能够最大限度地同航空器运营人的意图相吻合，这是空管目标理念的导向性原则。空管目标理念以商务轨迹（对军方而言，是任务轨迹）的特点来进行，这个轨迹代表了相关航班的空域使用人的意图。空管服务应当尽量遵守这个轨迹，从而能够确保在基础设施以及环境限制范围内保证执行过程的安全与经济。

轨迹的变更最好是通过协同决策机制来实施，而不是通过干预飞行员和管制员提供间隔、保证安全或优化空中交通流的战术决策过程来实施。商务轨迹将用四维（位置和时间）数据来表述，而且保持轨迹的精度将比现在更高。分享精确预测和独特的四维轨迹信息，将降低不确定性，并给所有利益相关者提供共同的参考，让各机构之间能够协作。整个空管目标理念的基础是以网络为中心的运行，它基于以下要素：

（1）一个数据分享的强大信息处理网络。

（2）新的空对空、地对地和地对空数据通信系统。

（3）空中和地基自动化支持工具依赖性的增强。

（4）轨迹管理正在引入一种新的空域设计和管理方式。

基于轨迹的运行是一种避免空域约束的新的空域设计与管理模式。在一些终端区和规定高度以下的某些区域外，任何空域都可应用无须预先设定的结构化航线有利于空域用户减少空中和地面排队，这种结构化航线仅仅会在需要时启用。综合考虑军航（运营人和服务提供人）和民航利益相关者的需求将能确保空管网络的总体效率。Next Gen运行概念确保军方能够进入并灵活使用空域，并且提供足够的空域以满足运行和训练要求。SESAR空管目标概念将只定义和划分两类空域——管制空域和非管制空域。空管将负责管理空域的间隔服务，但有时会将间隔责任委派给飞行员；非管制空域的间隔责任完全由飞行员承担，不要求与其他的空域进行隔离。

具体而言：

（1）网络运行计划（Network Operational plan，NOP）反映出持续的协同策划。在局部、地区和欧洲层次上进行的协同分层决策，将可以考虑约束条件和各种事件的影响，以在容量与需求之间保持平衡。有效的排队管理能够优化某些受限资源（主要指机场）的使用。这些过程的结果将在持续更新的网络运行计划中永久性地体现，在减少等待和地面排队时，确保一定程度的战略性冲突调节。万一容量不足时,受到航班延误影响的空域用户可以在航班之间决定优先顺序,以实现其商业目标。

(2)优化机场运行,促进容量的增加。由于轨迹管理的延伸,机场将会变成空管系统不可分割的一部分。过站管理、低能见度运行的改进,将增加机场的吞吐量,减弱对环境的影响。机场资源的规划改进,相关者之间的协同合作,可用资源的利用率,满足需求增长。

(3)间隔模式可以增大容量。逐步实施采用轨迹控制和机载间隔系统,通过管制员和机载工具相融合的新间隔模式,以减少潜在冲突和管制员的干预。

(4)系统信息管理将集成所有与空管业务相关的数据形成一个全系统信息,管理(System Wide Information Management, SWIM)环境,用于支撑整个空管系统,并提高其运行效率。SWIM 包括航空器和所有地面设施,将使用有效终端应用软件做支撑,支持协同决策过程,以充分发挥信息共享的作用。

(5)人将作为管理者和决策者在未来的欧洲空管系统中扮演重要的角色。SESAR 空管目标概念认为,具备相应的技能、素质并获得正式授权的人,将会构成未来欧洲空管系统运行的核心。然而,为了适应交通的预期增长,一种高水平的自动化辅助设备是必要的。在 SESAR 定义阶段的活动当中就确立并明确了自动化战略的基本原则。在未来系统中,人的职能和任务的性质将发生必要的改变。这将影响到系统设计、人员选拔、培训(尤其对于非常规情况和降级运行模式)、素质要求和相关的规章。

SESAR 空管目标概念的容量目标将依靠一组功能来支撑,其中包括:

(1)4D 轨迹管理。

(2)新的间隔模式。

(3)多项管制员支持工具。

(4)交通需求与容量的协同策划与平衡。

(5)减少轨迹的不确定性。

(6)改善的机场运行过程。

4. 核心转变

SESAR 将给欧洲空管系统和航空运输系统的运行带来概念性转变,主要包括:

1)广域信息系统(SWIM)

SWIM 利用中间件等技术,将当前的点对点通信融合为一体化的信息共享环境,大大提供了空管、气象、空域用户、机场、军方等空中交通参与者之间的信息共享与协同决策。必须强调的是,SWIM 的实现不仅需要技术上的保障,更重要的是形成信息共享制度,制定规范和衡量标准,否则即使系统建成也难以发挥作用。

2)基于航迹运行(TBO)

基于航迹运行将改变目前欧洲基于空域运行的模式。空域用户的需求和空管单位的限制都将体现在一个名为“商业航迹”的数据集合中,通过对商业航迹的共享与修正,实现对空中交通活动的掌握和管理。商业航迹类似于飞行计划,但是在精度(位置和时间)和更新频率上大大提高,管制单位完全可以基于商业航迹,预测并管理空中交通活动。

3）网络运行计划（NOP）

此处的网络是指空中交通网络。该计划通过协同决策和分布式处理，将各地区的决策和规划整合为一个一体化的空中交通计划，这个不断更新的计划中融合了空域用户需求（来自商业航迹）、各地区空管单位的空域使用计划以及欧洲交通流量中心等其他空管机构的交通管理措施，保证所有空中交通活动参与者拥有一个统一的情境意识。

4）飞行间隔辅助系统（ASAS）

这一改进的核心在于充分利用航空器系统的强大能力，将一部分保持间隔的责任从管制员那里移交给飞行员，以提高飞行效率并减小管制员压力。

第六节　航空情报管理与发展趋势

一、航空情报服务的机构和内容

航空情报服务是在划定区域内负责提供航行安全、正常和效率所必需的航空资料和数据的服务。航空情报部门是一个完整的系统，和空中交通管制部门协同工作，为航空器的正常、高效和安全运行提供服务。航空情报服务机构包括全国民用航空情报中心、地区民用航空情报中心和机场民用航空情报单位。航空情报服务系统不对空中交通进行控制，它只是一个提供信息的网络，它把各级航空情报单位联系在一起，可以把整个航路上的各种信息提供给管制员和驾驶员。航空情报工作的职能是收集编辑、设计制作和发布提供为保证飞行安全、正常、高效所需的航空情报资料。

航空情报服务主要包括航空情报出版物、航行通告、飞行前和飞行后服务。

（1）航空情报出版物分为基本出版物和非基本出版物。基本出版物有《中华人民共和国航空资料汇编》《中国民航国内航空资料汇编》《军用备降机场手册》和航空资料通报；非基本出版物是指根据民航发展需要、用户需要的单性出版物。

（2）收集、校核和发布航行通告。航行通告用于发布短期或临时性且对运行有重要意义的变动信息。

（3）机场航空情报室应当为机组提供飞行前和飞行后航空情报服务。飞行前航空情报服务主要包括飞行前资料公告、提供资料查询和讲解服务；飞行后航空情报服务主要提供并受理机组提交的《空中交通服务设施服务状况报告单》。

二、航图

航图是把各种和航行有关的地形、导航设施、机场的标准、限制以及有关数据全部标示出来的信息图。航图分为两大类，一类是标出重要地形和航行情况的航空地图，另一类是以无线电导航标志和局部的细致地形为专门目的使用的特种航图。

1. 航空地图

根据《民用航空情报工作规则》，航空地图包括世界航图、航空图和小比例尺航空领航图。

1）世界航空地图

世界航空地图采用 1∶1000000 的比例，它主要用于高速飞机作远距离飞行使用，每年修订出版 1 次。

2）航空图

航空地图主要用于各种飞行的目视空中领航，为专用航图补充目视资料，进行各种训练以及制定飞行计划。比例尺一般为 1∶500000，其内容着重表示地形各要素的高度、形状和分布以及各要素间的关系，特别是地面高低起伏和较高建筑物。要求地理特征突出，地标外貌逼真，主要供目视地标领航、检查修正航迹和寻找地面目标使用航图等。

航空地图应当清楚地表示地球表面主要人文和自然地理特征，标绘有机场、导航设施、空中交通服务系统、禁区、危险区、限制区、重要障碍物和其他航空资料。

3）小比例尺航空领航图

这类航图比例尺在 1∶2000000 到 1∶5000000 之间。目前大部分这类地图采用 1∶2333232 的比例，使图上的 1 in 等于 32n mile。它一般印成两部分，一部分为 VFR 使用，是航空地图，上面标明各种地面情况；另一部分为 IFR 使用，上面只标出无线电导航台的位置和标志。

2. 特种航图

在我国特种航图分为 13 种，在 AIP 和 NAIP 中一般会公布机场障碍物 A 型图、精密进近地形图、航路图、区域图、标准仪表进场图、标准仪表离场图、仪表进近图、机场图、停机位置图、空中走廊图和放油区图等特种航图。在一个航班任务的执行过程中，飞行员使用航图的一般顺序为机场图和停机位置图、标准仪表离场图、航路图和区域图、标准仪表进场图、仪表进近图。主要介绍以下几种特种航图：

1）机场图和停机位置图

机场图向飞行员及管制人员提供航空器在停机位置与跑道之间往返地面活动时所需的资料。但是当航站设施复杂，机场图无法把资料标绘的十分清楚时，会提供航空器停机位置图，以便向飞行员提供便于航空器在滑行道和停机位置之间进行地面运行的详细资料，如图 6-8 所示。

2）标准仪表离场图（SID）

标准仪表离场图向机组提供资料，使其能够从起飞阶段到航路阶段遵守规定的标准仪表离场航路飞行，如图 6-9 所示。

3）航路图和区域图

向机组提供了有关空中交通服务航路的航行资料，图上包括了航路上的所有无线电导航信息，但除了标有水系外，省略了其他所有地面和地形的情况。它的比例尺按不同需要有大有小，它要求每 28 天就修订一次，因而能及时地给出无线电通信和导航的频率改变等信息。航路图中的方位、航迹、径向方位以磁北为基准，并标出了航路上的所有报告点的位置。当一个机场或几个机场周围需要描述的航行要素过多，按照航路图的比例尺很难描绘清楚，此时会提供区域图，区域图可以当作航路图的局部放大，如图 6-10 所示。

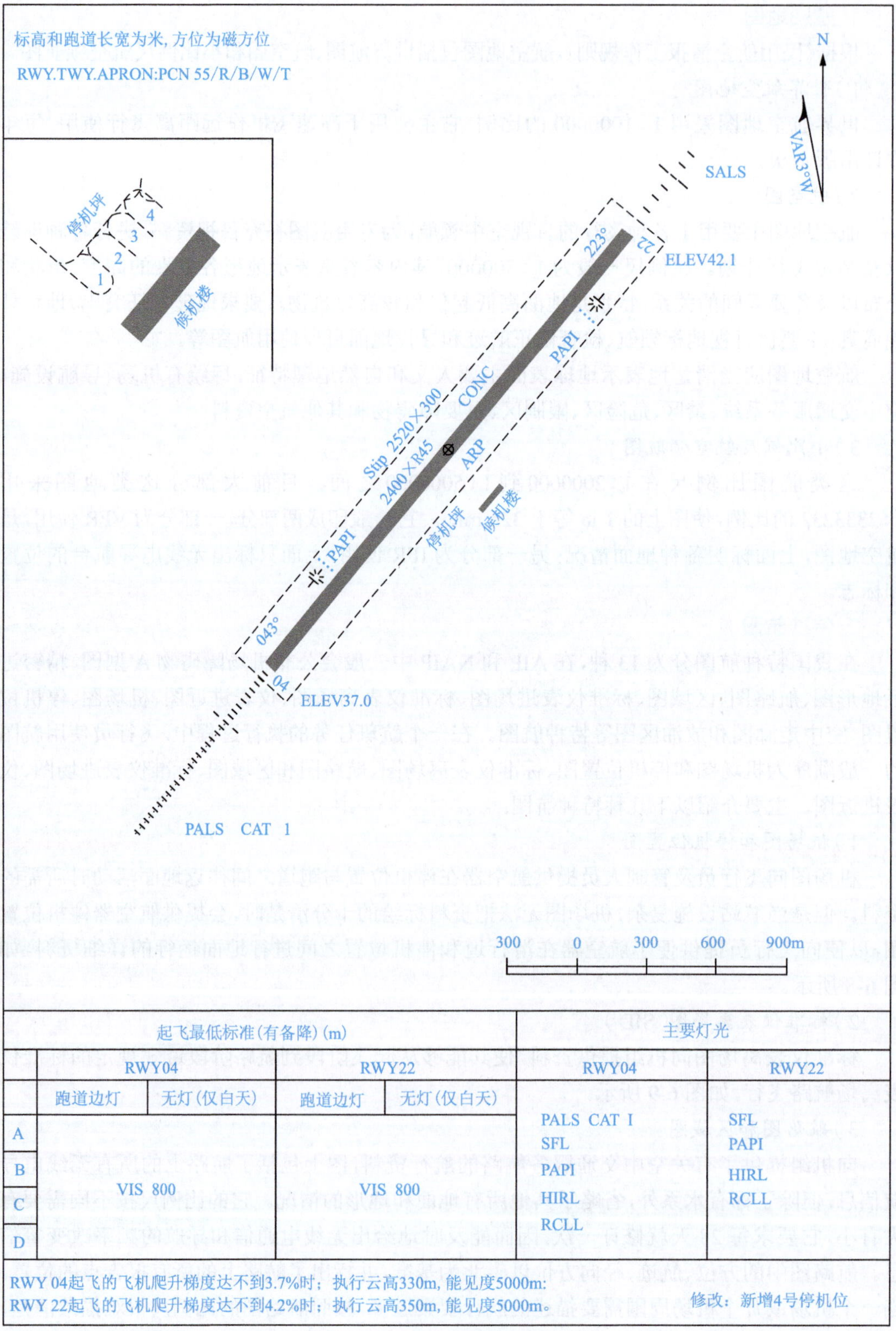

标高和跑道长宽为米，方位为磁方位

RWY.TWY.APRON:PCN 55/R/B/W/T

N

VAR3°W

SALS

停机坪

1 2 3 4

候机楼

223°

22

ELEV42.1

PAPI

Stip 2520×300

2400×R45

CONC

ARP

候机楼

停机坪

PAPI

043°

04

ELEV37.0

PALS CAT 1

300 0 300 600 900m

	起飞最低标准(有备降)(m)				主要灯光	
	RWY04		RWY22		RWY04	RWY22
	跑道边灯	无灯(仅白天)	跑道边灯	无灯(仅白天)	PALS CAT I SFL PAPI HIRL RCLL	SFL PAPI HIRL RCLL
A						
B	VIS 800		VIS 800			
C						
D						

RWY 04起飞的飞机爬升梯度达不到3.7%时；执行云高330m，能见度5000m；

RWY 22起飞的飞机爬升梯度达不到4.2%时；执行云高350m，能见度5000m。

修改：新增4号停机位

图 6-8 机场图

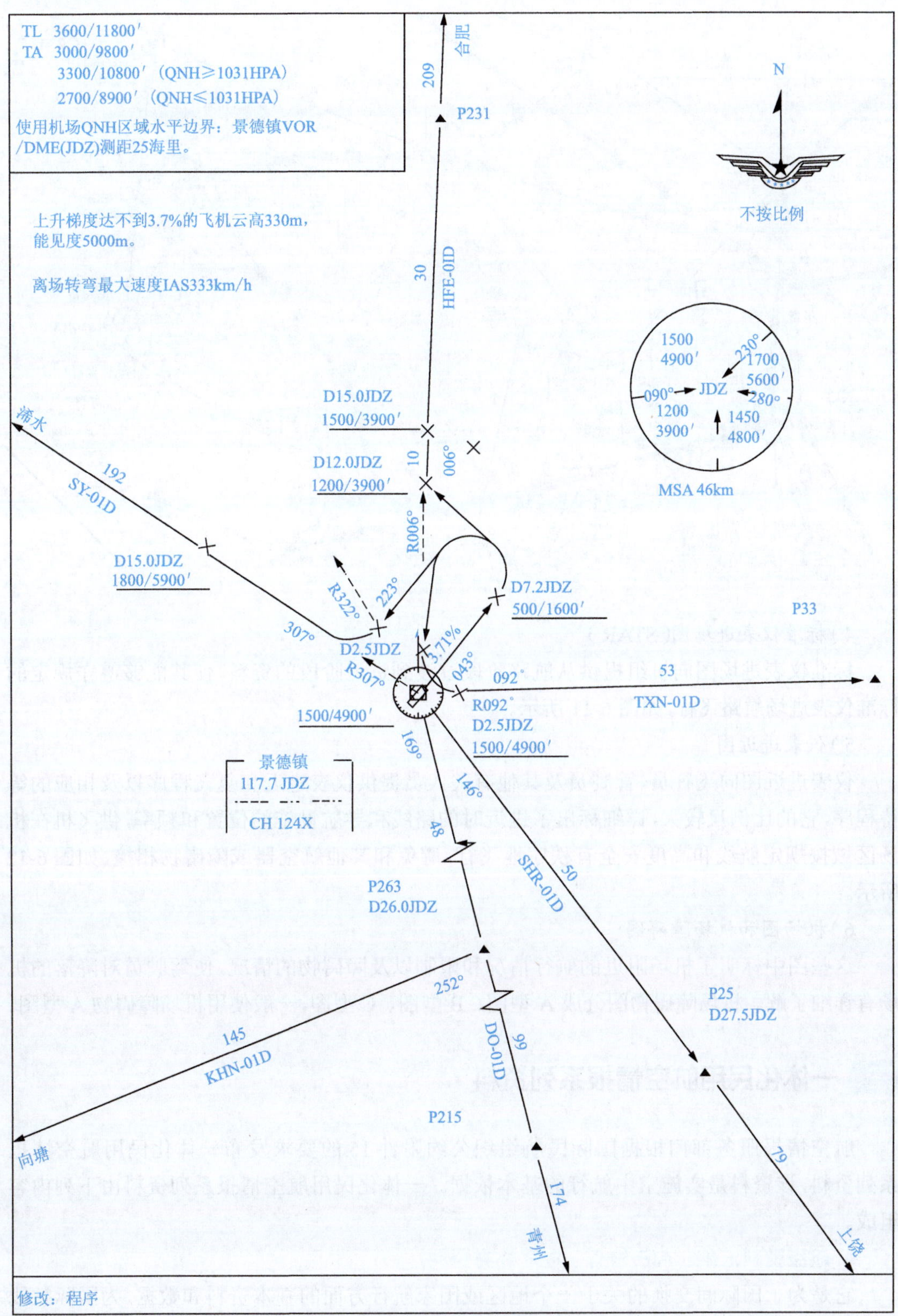

TL 3600/11800′
TA 3000/9800′
3300/10800′（QNH≥1031HPA）
2700/8900′（QNH≤1031HPA）
使用机场QNH区域水平边界：景德镇VOR/DME(JDZ)测距25海里。
上升梯度达不到3.7%的飞机云高330m，能见度5000m。
离场转弯最大速度IAS333km/h
合肥
209
P231
HFE-01D
30
N
不按比例
1500
4900′
230°
1700
5600′
JDZ
090°
280°
1200
3900′
1450
4800′
MSA 46km
D15.0JDZ
1500/3900′
D12.0JDZ
1200/3900′
10
006°
浠水
192
SY-01D
D15.0JDZ
1800/5900′
R006°
R322°
223°
307°
D2.5JDZ
R307°
3.71%
043°
D7.2JDZ
500/1600′
P33
092°
53
TXN-01D
R092°
D2.5JDZ
1500/4900′
1500/4900′
169°
景德镇
117.7 JDZ
CH 124X
146°
48
SHR-01D
50
P263
D26.0JDZ
252°
P25
D27.5JDZ
145
KHN-01D
DO-01D
99
P215
向塘
79
174
青州
上饶
修改：程序

图 6-9　标准仪表离场图

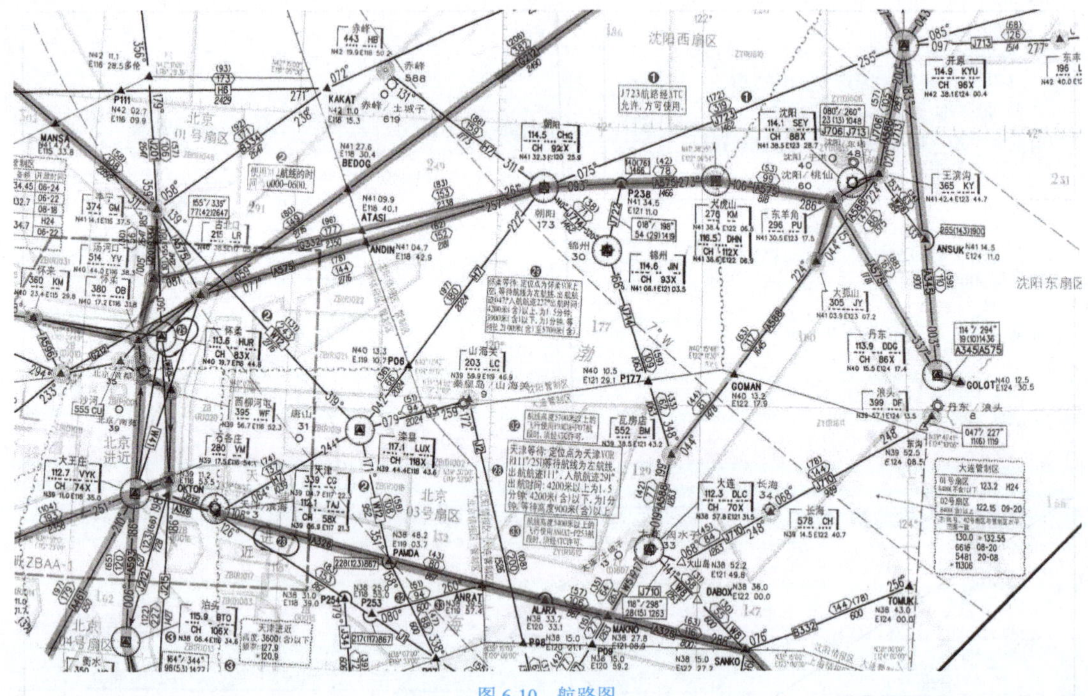

图 6-10　航路图

4）标准仪表进场图（STAR）

标准仪表进场图向机组提供从航路阶段过渡到进近阶段的资料，使其能够遵守规定的标准仪表进场航路飞行，如图 6-11 所示。

5）仪表进近图

仪表进近图向飞行员、管制员及其他有关人员提供仪表进近和复飞程序以及相应的等待程序，它的比例尺较大，详细标出了进近时的路线和导航设施的位置和频率，供飞机在机场区域按规定航线和高度安全有秩序地飞行，避免和其他航空器或障碍物相撞，如图 6-12 所示。

6）机场图和机场障碍图

这些图中标明了机场附近的航行情况和限制以及障碍物的情况，使驾驶员对降落的机场有详细了解。机场障碍物图分成 A 型图、B 型图、C 型图，一般使用机场障碍物 A 型图。

三、一体化民用航空情报系列资料

航空情报服务部门根据国际民航组织公约附件 15 的要求发布一体化民用航空情报系列资料，该资料是实施空中航行的基本依据。一体化民用航空情报系列资料由下列内容组成。

1. 航空资料汇编、AIP 修订、AIP 补充资料

它是为了国际间交换的关于一个地区或国家航行方面的基本资料和数据，为国际航线使用。按 ICAO 的要求 AIP（Aeronautical Information Publication，AIP）提供民航当局认可

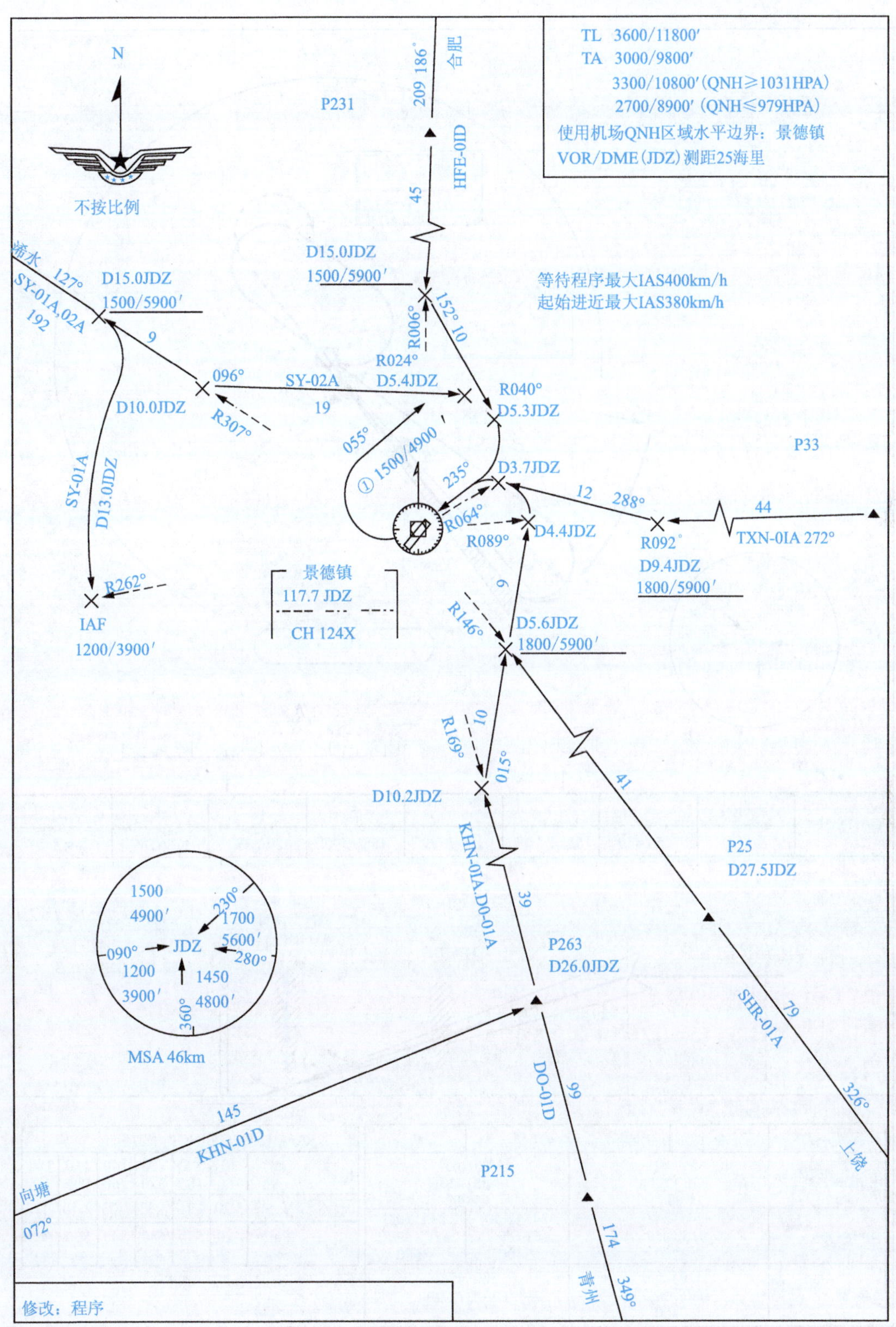

图 6-11　标准仪表进场图

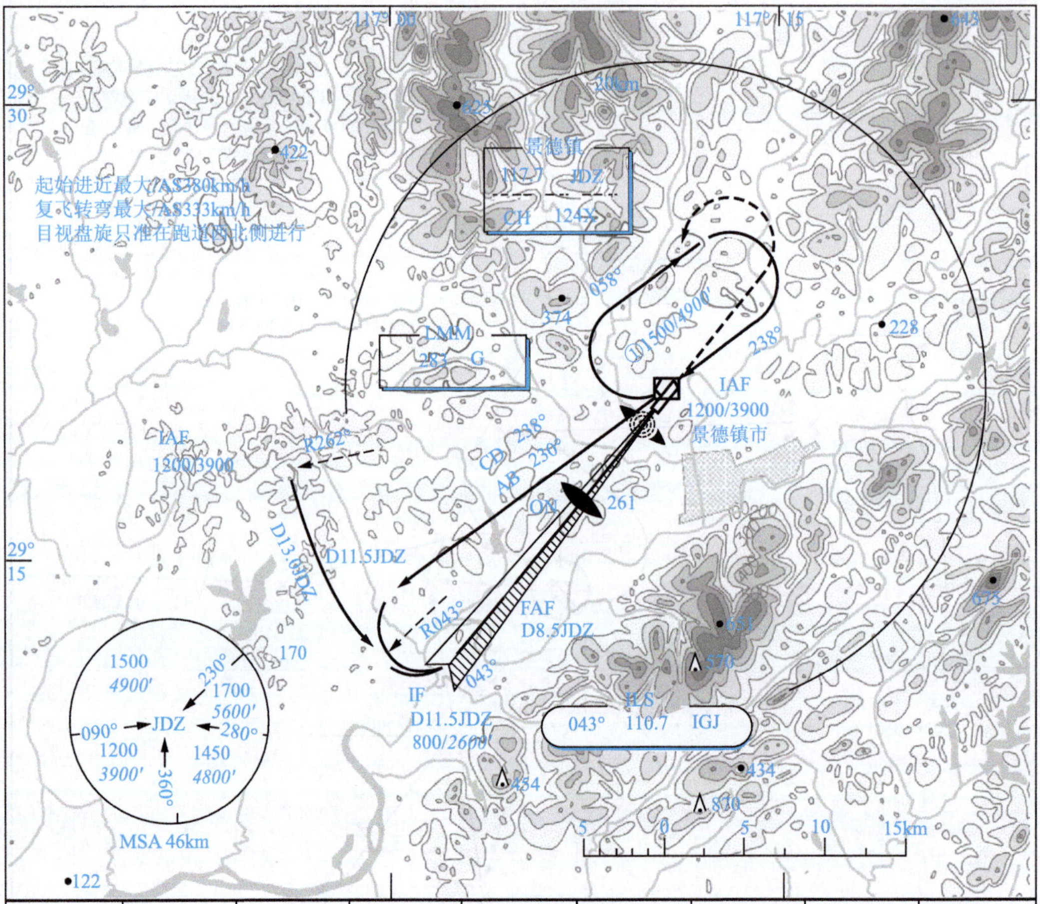

117°00′ 117°15′
29° 30′
29° 15′

起始进近最大IAS380km/h
复飞转弯最大IAS333km/h
目视盘旋只准在跑道西北侧进行

景德镇 117.7 JDZ CH 124X

LMM 283 G

IAF 1200/3900

R262°

D13.0JDZ

D11.5JDZ

058° 238° 10 1500/4900′

IAF 1200/3900 景德镇市

CD 238° AB 230° ON 261

FAF D8.5JDZ

R043° 043°

IF D11.5JDZ 800/2600′

ILS 043° 110.7 IGJ

1500 4900′ 230° 1700 5600′ 090° JDZ 280° 1200 3900′ 1450 4800′ 360° MSA 46km

20km 823 422 374 228 843 170 651 570 675 434 454 870 122

5 0 5 10 15km

GP INOP	测距(JDZ)	8	7	6	5	4.6	4	3
	高度	746/*2450′*	652/*2140′*	555/*1820′*	458/*1500′*	420/*1380′*	361/*1180′*	264/*870′*

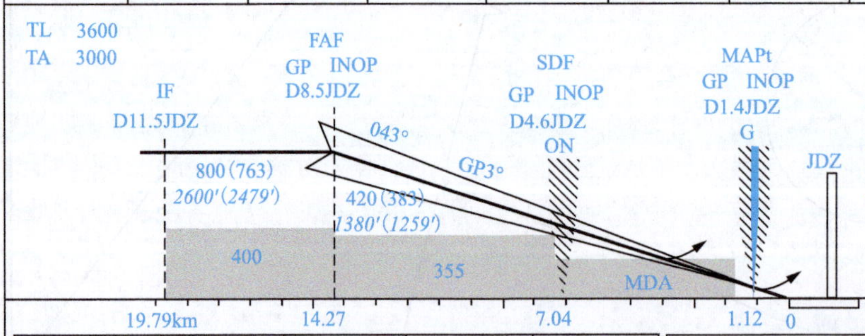

TL 3600
TA 3000

IF D11.5JDZ

FAF GP INOP D8.5JDZ

043°

GP3°

SDF GP INOP D4.6JDZ ON

MAPt GP INOP D1.4JDZ G

JDZ

800(763) *2600′(2479′)*

420(383) *1380′(1259′)*

400 355 MDA

RDH=15/*50′*

19.79km 14.27 7.04 1.12 0

复飞程序

以≥3.0%的复飞梯度直线爬升至D5.0JDZ，高度700/*2300′*，以上，左转飞向JDZ台，高度1200/*3900′*过台，按ATC指令。

		A	B	C	D
ILS/DME	DA(H) VIS	97(60) 320′(200)′ 800		120(65) 340′(220)′ 800	
GP INOP	MDA(H) VIS	245(208) *810′(690′)* 3200		245(208) *810′(690′)* 3400	245(208) *810′(690′)* 3600
盘旋	MDA(H) VIS	310(268) *1020′(880′)* 4400		520(478) *1710′(1570′)* 5000	

FAF-MAPt(GP INOP)13.15km							
地速	kt	80	100	120	140	160	180
	km/h	150	185	220	260	295	335
时间	min:sec	5:20	4:16	3:33	3:03	2:40	2:22
下降率	ft/min	420	530	640	740	850	960
	m/s	2.2	2.7	3.2	3.8	4.3	4.9

修改：航图编号

图 6-12　仪表进近图

的机场、气象、空中规则、导航设施、服务程序，在飞行中可以得到的服务和设施的基本情况，发布国的民航程序和ICAO的各种建议及规定的判别。各种按ICAO标准绘制的航图也是AIP的一个组成部分。AIP的大小和规格都有规定，AIP以活页形式装订，每页上都要有发布日期，如有修改采用换页的方法进行。更新一般有两种方式，AIP修订和AIP补充资料。AIP资料中如果出现永久性的改变，会以AIP修订的形式发布，当出现周期较长的临时变动，或者虽然是临时变动但包含大量文字或者图表不能以航行通告的形式发布时，会以AIP补充资料的形式发布，AIP的更新间隔是28天。

2. 航行通告

1）航行通告（Notice to Airmen，NOTAM）

航行通告是航空情报服务的最重要航行资料之一。它及时向飞行有关人员通知航行设施、服务和程序的建立及状况变化，以及航路上出现的危险情况，是飞行人员及有关人员必须及时了解的资料。它由电信网发布，通常在生效前7天发出，紧急情况随时发布。

2）雪情通告（Snow Notice to Airmen，SNOWTAM）

雪情通告是航行通告的一个专门系列，是以特定格式拍发的，针对机场活动区内有雪、冰、雪浆及其相关的积水导致危险的出现和排除情况的通告。

3）火山通告 ASHTAM

火山通告是航行通告的一个专门系列，是以特定格式拍发的，针对可能影响航空器运行的火山活动变化、火山爆发和火山烟云的通告。

3. 飞行前资料公告（PIB）

根据用户的不同需求，通过一系列标准和筛选条件在航行通告数据库中检索，针对每一次航班任务为用户提供定制的航行通告集合，把这个航行通告集合以文件形式提供给用户，这个文件称为飞行前资料公告。

4. 航空资料通报

涉及法律法规、空中航行、技术与管理、飞行安全等方面内容，但不适宜以航空资料汇编或者航行通告形式公布的，会以航空资料通报方式公布。航空资料通报采用不定期印发，每一份航空资料通报都会有一个按日历年排序的编号。

5. 校核单和名语摘要

为了确保航行通告数据库的完整性和一致性，各级航空情报服务机构应当在每个日历月拍发一次规定格式的航行通告校核单，在校核单中列出现行有效的航行通告清单，航行通告的接收者根据校核单校对有效的航行通告，确保数据库中存在完整的有效航行通告。

四、航空情报服务向航空情报管理战略转变

航空情报管理（AIM）通过与所有各方协作提供和交换保质的航空数据，以安全、经济和高效的方式对航空情报服务进行动态和综合管理。

1. 航空情报服务向航空情报管理转变的必要性

空中交通管理依赖于所提供的及时、相关、准确和有质量保证的情报，以便使空中交通

管理部门做出知情的决定。需要在协作决策(CDM)而不是在孤立的基础上做出这些决定。以整个系统为基础和使用相关技术进步分享情报,这种类型的情报将使空中交通管理的成员能以高成本效益的方式来开展业务和运行。

传统的以产品为中心提供航空情报必须由以数据为中心和侧重系统的解决方案取而代之,以便长期和动态地提供及时、可靠的数据,用于执行所需任务的实施(飞行计划、飞行管理、导航、间隔保证、协作决策或任何其他战略或策略的空中交通管理活动)。

空中交通管理系统的一个关键特点是可互用性。它是航空数据按照共用格式新定义(或成套格式)的,它在虚拟的情报管理系统中独立于系统和平台,目标是确保数据的连续性、真实性和良好覆盖,并保证地面和空中交通管理网络的所有用户都能够获取数据。航空情报管理(AIM)扩大的范围涵盖所有用来支持新的空中交通管理系统所需要的各种类型情报。

因此,传统的航空情报服务(AIS)必须向航空情报管理过渡,它是空中交通管理向以网络为中心的情报环境演变的首要和重要步骤,其特点是提高运用"包容"整个系统情报管理的原则。

2. 航空情报管理概念和目标

航空信息管理就是在全球范围内提供可彼此交换的所需质量的航空数据。航空信息管理以数据为切入点、着眼于全球对航空数据进行管理,可满足现在以及未来 ATM 系统和飞行全过程对航空数据的需要。

2002 年,ICAO 采纳了欧洲空中航行安全组织提出的全系统信息管理概念(System Wide Information Management,SWIM),AIS 向 AIM 过渡以及 AIM 本身为这一概念提供了验证土壤,同时也是 SWIM 这一法则在航空环境中现实、有效的例证。

AIM 的终极目标是实现信息管理(Information Management,IM),前提则是彻底实现全系统信息管理(SWIM),建立一个通过通信网络相互连接的由人、装置、情报和服务组成的群体,以实现资源的最佳效益和更好地使事情及其结果协同一致。目标是建立一个环境,所有参与者在其中通过分享共同的地面和空域实况,对情况保持同样的了解。

因此,航空情报管理的整体战略目标是实现统一和有效的以整个系统的情报管理为基础的航空情报管理结构,用以支持飞行的所有阶段。

3. 航空情报管理的发展路线图

为在世界范围内管理和促进从航空情报服务向航空情报管理过渡提供基础,以便完成向航空情报管理的过渡,各国和国际民航组织设想了航空情报管理路线图,其制定方式具有充分的灵活性,以兼顾未来研究中出现的新理念。

从航空情报服务向航空情报管理过渡的路线图,分为三个阶段的行动。

1)调整阶段

在向航空情报管理过渡的第一阶段,将通过提高现有产品的质量,采取步骤来巩固坚实的基础。需要对现行标准进行润色和强化,并确保其在所有国家都得到执行。这主要涉及质量要求、遵守 AIRAC(定期制航行通告)、实施所采用的坐标标准参照系统(世界大地测量系统,WGS-84)和提供地形及障碍物数据。将继续按照惯常方式对涉及现有产品的标准和建议措施做出调整和改进，以回应用户的近期需求。

鉴于电子版航行资料汇编将与纸版航行资料汇编具有完全相同的结构，因此各国必须尽一切努力按照附件 15（航空情报服务）的规定发布其航空情报。需要对现有的航行通告（NOTAM）系统不断进行升级，以应对新的信息类型（例如全球导航卫星系统的导航），并回应用户所报告的困难。必须着重强调要求各国遵守定期制航行通告的进程。今后按照信息管理提供的服务质量取决于信息分配与同步化的适当机制。

2）数字化阶段

在第二阶段，推行数据驱动的程序将提高现有产品的价值，提高其质量并使当前用户更易获得这些产品。这将主要涉及建立一个国家数据库或地区数据库，以便制作现有产品和服务，但其质量及其可获得性优于以往产品和服务。还将启动在全球范围部署新的已经确定的产品（例如电子版航行资料汇编）。

在向航空情报管理过渡的第二阶段期间，主要重点将放在建立数据启动的程序，以在所有国家制作现有产品。将鼓励那些尚未这样做的国家转向“数字化”，方法是使用计算机技术或数字通信，并将数据库中结构完整的数字数据纳入其制作进程。因此，这里的工作重点不是推出新的产品或服务，而是推行结构高度完整的数据库和工具，例如地理情报系统。

航空情报概念模式将为各国提供实施此类数字数据库的指导。指导材料将包括关于最小数据集的建议，以开始分阶段开发数据库，实现在中期工作方案活动中提高现有产品的质量及其可获得性。

3）信息管理阶段

在第三阶段，将会发展新的产品和服务，并把质量控制以及员工培训和规划概念应用于现有的和新的产品与服务。这将支持空中航行服务提供新的航空情报管理职能，使其能够提供未来空中交通管理组成部分所需的新数据。第三阶段的项目旨在为新用户提供服务并推动相关研究持续进行改进。在第三阶段期间，将采取步骤启动各国未来的航空情报管理职能，处理在网络中心信息环境当中实施全球空中交通管理运行概念所需的新要求。将使用第二阶段内推行的数据化的数据库，以数字数据形式传送信息。这将需要采用航空数据交换标准，以确保各个系统之间的可互用性，不仅用于交换完整的航空数据集，也用于在较短时间内对变化做出通知。

对新的航空情报管理数据产品和服务的界定将基于空中交通管理的每个组成部分所需的要求。之后将采取结构性做法，制定这些航空情报管理新要求，以确保关于航空情报管理所建议的任何标准都源于商定的信息交换模式；这些模式将明确规定所需的最少信息，用以支持已查明的空中交通管理职能业务服务，实现性能要求方面期待的成果。这一自上而下的结构化做法从高层面目标衍生出具体数据标准，将确保在向航空情报管理过渡期间向各国提出的新要求与已查明的未来空中交通管理系统的能动因素明确相关。

因此，通过国际民航组织的各种工作安排来开展协商，这一点是路线图的一个持续特点。一旦完成 AIS 向 AIM 过渡，航行情报部门将能够为飞行全过程提供无缝隙的空地一体化情报服务，扩大服务范围，保证情报的及时性、准确性和连续性。

思 考 题

1. 空中交通管理的主要任务和分类是什么？
2. 提供空中交通服务的主要机构及其管理范围和对象是什么？
3. 空中交通管理所依赖的主要技术手段及其发展趋势是什么？
4. 我国空域的分类和划设是什么？
5. 空中交通流量管理的主要阶段和手段是什么？
6. 航空情报服务产品有哪些？

INTRODUCTION TO

CIVIL AVIATION

第七章　航空运行环境

航空运行环境是航空器活动的自然和人工环境，包括大气环境，飞行时空环境和通信、导航、监视环境等。了解和掌握航空运行环境的要素、特征和对飞行运行安全和效率的影响，是从事航行管理和服务工作的基本要求。本章主要介绍影响飞行安全和效率的天气系统、天气现象、天气标准和航空气象服务产品，介绍飞行的时间系统、坐标系、高程系、地磁场和飞行航线，介绍通信、导航和监视设施，并对未来通信、导航和监视设施的技术发展趋势进行了展望。

第一节　航空运行大气环境

地球表面的外层空气受重力的作用，围绕着地球并占有一定的空间，被称为大气层。其中对流层中的气象条件对航空器活动的安全和效率有着重要影响。本节主要介绍大气层的结构、航空气象要素、影响飞行安全的天气系统、天气现象和航空天气标准，最后介绍我国航空气象服务系统。

一、大气层

大气层紧紧包围着地球，厚度大约在1000km以上，但没有明显的上界。航空活动一般发生在100km范围以下，而民用航空活动一般只发生在20km范围以下，这个范围虽然相对于大气层整体厚度而言较小，但是却集中了绝大部分的大气质量。从地面到60km高度，大气成分变化不大，主要由中性气体组成，称为中性层；60～1000km的大气层由于紫外线和X射线的影响而发生电离，产生大量的离子和自由电子，称为电离层，高频通信就是依靠电离层反射高频电磁波把信息传播到很远的距离。

1. 大气的组成

地球大气是一种混合物，它由三个部分组成：干洁空气、水汽和气溶胶质粒。干洁空气是指大气中除去水汽、气溶胶质粒以外的整个混合气体，简称干空气。它的主要成分是氮、氧、氩、二氧化碳等，其容积含量占全部干洁空气的99.99%以上；其余还有少量的氢、氖、氪、氙、臭氧等。水汽是指大气中的气态水。气溶胶质粒是指悬浮于大气中的固体微粒和水汽凝结物。固体微粒包括烟粒、盐粒、尘粒等。水汽凝结物包括大气中的水滴和冰粒。

大气中的水汽含量空间分布不均匀，一般是随高度增加而减少，其在5km高度上的含量仅为地面的1/10，而整个对流层集中了全部大气水汽总量的99%。水汽的地理分布也不均匀，按体积比计算，其在干燥的内陆沙漠地区接近于零，而在温暖的洋面或热带雨林地区可达3%～4%。一切天气现象的产生实际上是大气中水汽运动及其相变的结果。由水汽凝结而成的云、雾等，可以影响能见度，对飞行产生较大的影响。

二氧化碳具有强烈的红外辐射吸收和反射作用，是主要的温室气体。二氧化碳含量逐年增加，是全球气候变暖的主要影响因素。

臭氧含量极小，分布很不规则，随高度而改变。一般近地面层含量极少，从10km高度开始逐渐增加，在20～25km处为最大，称为臭氧层（Ozonosphere）。臭氧对太阳紫外辐射有强烈的吸收作用，加热了所在高度（平流层）的大气，对平流层温度场和流场起着决定作用；同时，臭氧层阻挡了强紫外辐射，保护了地球上的生命。此外，臭氧具有强氧化性，含量较高时会引起人体的不良反应。一定情况下的高空飞行，应注意防护臭氧危害。

气溶胶质粒在一定的天气条件下常聚集在一起，形成各种天气现象，如云、雾、霾、雨、雪、风沙等，它们使大气透明度变差，并能吸收、散射、反射地面辐射和太阳辐射，影响大气的温度。此外，固体杂质还可充当水汽的凝结核，在云、雾、降水等的形成过程中起着重要的作用。

2. 大气的结构

地球大气总质量大约为 6×10^{15} t，仅是地球总质量的百万分之一。由于受重力的作用，大气从地面到高空逐渐稀薄，其质量主要集中在下部。大气质量 50% 集中在 5km 以下，75% 集中在 10km 以下，98% 集中在 30km 以下。对大气进行直接和间接探测可知，地球大气的密度、温度、压力、化学组成等都随高度变化，但在水平方向上空气的性质却相对一致，即大气表现出一定的层状结构。这一结构可通过对大气进行分层来加以描述。

按大气温度随高度的分布特征，把大气层分为对流层、平流层、中间层、热层和外逸层，如图 7-1 所示。其中，对流层和平流层底是民用航空器的活动范围，本节会进行重点讲述。

1）对流层

对流层从地表面开始，其上界随纬度和季节的变化而变化。低纬度地区上界高度约为 17 ～ 18km，中纬度地区约为 10 ～ 12km，高纬度地区约为 8 ～ 9km；夏季上界较高，冬季较低。对流层气温随高度的升高而降低。由于受地表性质差异的影响，气象要素水平分布很不均匀，对流层集中了约 75% 的大气质量和几乎全部水汽，对流活动频繁，风、云、雨、雪、雷电等天气现象都发生在这一层内，给航空器的飞行带来了困难，这一层是航空器活动的主要区域。

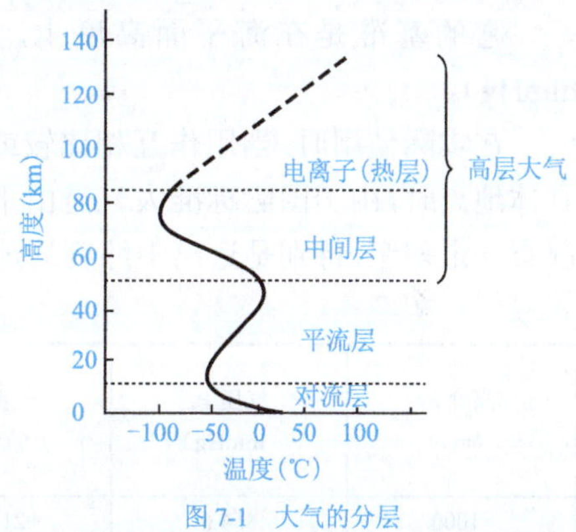

图 7-1　大气的分层

2）平流层

平流层从对流层上界开始向上一直到大约 55km 高度。该层气温随高度升高而增加，下半部气温随高度升高增加得少，上半部气温随高度升高增加得多，到平流层顶可达 0℃，主要是因为此层中臭氧含量较多，能强烈吸收紫外辐射而增温。整层空气几乎没有垂直运动，气流平稳，空气稀薄，水汽含量极少，只有极少数垂直发展相当旺盛的积雨云才能伸展到这一层来，但是空气密度小，飞机的空气动力性能受到影响，操纵时飞机反应迟缓。

航空器一般活动在对流层和平流层下部，即从地面起到 18km 高度范围之内，没有座舱增压装置的飞机和小型喷气飞机在 6km 以下的对流层中飞行；大型飞机和高速喷气客机装有增压装置，可在 7 ～ 13km 的对流层顶部和平流层中飞行，这里几乎没有垂直方向的气流运动，飞行平稳，而且空气稀薄，飞行阻力小，因而飞机能以较高的速度飞行，可以节约燃料，经济性好。现代民航运输的大部分活动都是在这一层中进行，超声速飞机和一些高速军用飞机，为了减少阻力，巡航在 13.5 ～ 18km 甚至更高的高空。

3. 国际标准大气

大气的各种物理参数随着地理位置、地形、季节的不同而不同，因此，航空器的飞行性能在不同的地点、季节和高度都有不同的表现，这使航空器的制造和使用在不同的条件下有不同的结果，给使用者带来不便。因此，必须有一个统一标准，以便于在世界范围内进行统一比较和计算。为此，国际民用航空组织（ICAO）制定了国际标准大气（ISA），以此作为航空器设计和制造的统一标准，也作为航空器使用者在使用航空器时的共用标准，见表 7-1。

国际标准大气是以北半球中纬度地区的大气物理性质的平均值作为基础建立的，是以标准海平面为起点，包含温度、压强和密度等大气物理参数在垂直方向上的变化规律，给出各种大气物理参数在标准大气状况下的变化列表，对各高度上大气的成分、密度、温度、压强、音速、黏滞系数、热传导率等参数值进行界定；并假设空气是理想气体，满足理想气体方程。

$$R = \frac{P_0}{\rho T} \tag{7-1}$$

式中：R——气体常数；

P_0——压强；

ρ——密度；

T——温度（用绝对温度）。

它的基准是在海平面高度上，大气温度为15℃，大气压强为1013.25 hPa（或760 mmHg）。

在实际使用时：当用作互相比较或换算时，要按国际标准大气的数值（表7-1）；当用于具体地点时，由于国际标准大气是由平均值加上一些假设情况来制定的，它和各地的实际情况有一定差距，特别是远离中纬度的地区差距更大，因此在具体地点使用时要加以修正。

标准大气表　　表7-1

高度 h (m)	气压 P_a (mmHg)	气温 t (℃)	空气相对密度 Δh $\Delta h=\left(\frac{\rho_h}{\rho_0}\right)$	空气密度 ρ ($kg \cdot s^2/m^4$)	声速 v (m/s)
-1000	854.6	+21.50	1.0996	0.01374	345
0	760.0	+15.00	1.000	0.1250	341
1000	674.1	+8.50	0.9073	0.1134	337
2000	596.1	+2.00	0.8215	0.1027	333
3000	525.7	-4.50	0.7420	0.0928	329
4000	462.2	-11.00	0.6685	0.0835	325
5000	405.0	-17.50	0.6007	0.0751	321
6000	353.8	-24.00	0.5383	0.0672	317
7000	307.8	-30.50	0.4810	0.0601	313
8000	266.9	-37.00	0.4284	0.0535	309
9000	230.5	-43.50	0.3804	0.0475	304
10000	198.3	-50.00	0.3366	0.0421	300
11000	169.6	-56.50	0.2968	0.0371	296
12000	144.8	-56.50	0.2535	0.0318	296
13000	123.7	-56.50	0.2165	0.0271	296
14000	105.6	-56.50	0.1849	0.0231	296
15000	90.4	-56.50	0.1579	0.0198	296
16000	77.1	-56.50	0.1349	0.0169	296
17000	65.8	-56.50	0.1153	0.0144	296
18000	56.2	-56.50	0.0984	0.0123	296

续上表

高度 h （m）	气压 P_a （mmHg）	气温 t （℃）	空气相对密度 Δh $\Delta h=\left(\frac{\rho_h}{\rho_0}\right)$	空气密度 ρ （$kg \cdot s^2/m^4$）	声速 v （m/s）
19000	48.0	-56.50	0.0841	0.0105	296
20000	41.0	-56.50	0.0720	0.0090	296
21000	35.02	-56.50	0.0614	0.00768	296
22000	29.90	-56.50	0.0523	0.00654	296
23000	25.54	-56.50	0.0447	0.00559	296
24000	21.81	-56.50	0.0382	0.00478	296
25000	18.63	-56.50	0.0326	0.00408	296
26000	15.94	-53.50	0.0275	0.00344	297
27000	13.69	-50.60	0.0233	0.00291	299
28000	11.79	-47.60	0.0198	0.00248	301
29000	10.16	-44.60	0.0168	0.00210	303
30000	8.77	-41.60	0.0144	0.00180	305

二、航空气象要素

表示大气状态的物理量和物理现象通称为气象要素。气温、气压、湿度等物理量是气象要素，风、云、降水等天气现象也是气象要素，它们都能在一定程度上反映当时的大气状况。气温、气压和湿度是最基本的气象要素，也称为三大气象要素。此外，大气密度与三大气象要素关系密切，和飞行活动密切相关。

1. 大气压强

大气压强是指空气在单位面积上所产生的压力，这个力是由空气分子对接触面的碰撞而引起的，也是空气分子运动所产生的压力。常用的量度气压的单位有百帕（hPa）、毫米汞柱（mmHg）和英寸汞柱（inHg）。

$$1013.25\ \text{hPa} = 760\ \text{mmHg} = 29.92\ \text{inHg} \tag{7-2}$$

此外在航空气象上还经常使用英制单位 lb/in^2（磅 / 平方英寸），即 psi（Poundsper Square inch），1 psi=68.94 hPa。

大气压强随着高度的增加，基本上呈指数下降，航空器一直在使用这个规律来确定飞行高度。

航空领域内常用的气压值为场面气压、修正海平面气压以及标准海平面气压。场面气压是机场着陆区域内最高点的气压值。修正海平面气压是由场面气压按照标准大气状况推算到平均海平面的气压值。标准海平面气压是标准大气状况下海平面的气压值，为 1013.25 hPa、760 mmHg 或 29.92 inHg。

2. 大气温度

大气温度指表示空气冷热程度的物理量。温度高，空气分子热运动的动能大；温度低，

空气分子的动能小。一般使用摄氏温度（℃）、华氏温度（℉）和绝对温度（K）来表示大气温度，三者关系为：

$$°C=\frac{5}{9}(°F-32) \tag{7-3}$$

$$K=273.15+°C \tag{7-4}$$

在对流层，大气的温度随着高度的增加而线性下降，大约每升高 100m 温度下降 0.65℃。到达同温层后温度基本保持不变，在标准大气条件下，在 11 ～ 20km 的高度，空气温度均保持在 −56.5℃。

3. 大气湿度

大气湿度是指空气中水汽含量的多少或空气的干燥潮湿程度，一般用相对湿度和露点温度来表示。

相对湿度是指空气中的实际水汽压与同温度下的饱和水汽压的百分比。相对湿度的大小直接反映了空气距离饱和状态的程度（空气的潮湿程度）。相对湿度越大，说明空气愈接近饱和，饱和空气的相对湿度为 100%。通常情况下，一个地方晚上和清晨相对湿度大，中午、下午相对湿度减小。

露点温度简称露点，是指当空气中水汽含量不变且气压一定时，气温降低到使空气达到饱和时的温度。气压一定时，露点的高低只与空气中水汽含量的多少有关，水汽含量越多，露点温度越高。温度露点差是温度与露点的差值，温度露点差越小说明空气距离饱和越近，越容易形成雾等低能见度天气现象。

高空中因水汽凝结常产生一些特殊天气现象，如喷气式飞机在高空飞行时，机身后边会出现一条或数条长长的"云带"。该云带一般是因飞机排出来的废气与周围环境空气混合后，水汽凝结而成的特殊云系，航空飞行界和航空气象学上称之为飞机尾迹，也叫"尾迹云""机尾云"，也就是人们俗称的"飞机拉烟"。

4. 大气密度

大气密度是指单位体积内空气的质量。空气密度和温度、气压之间的关系由气体状态方程所决定。气压和温度都随高度而下降，因而空气密度也随高度而下降，而且下降的速度比气压和温度要快。我们常用某一高度上的空气密度与海平面的空气密度之比来表示空气密度的大小，这个比值称为相对空气密度。例如 11km 高度的相对空气密度为 0.3，我们就很容易知道这个高度的空气密度只有地面密度的 30%。此外，湿度也影响大气密度，湿度越大，大气密度越小。

由于空气密度直接影响飞行的升力和阻力，因此设计、制造和操纵航空器都需要掌握空气密度随高度变化的关系。

5. 气象要素对飞行活动的影响

1）气温、气压、湿度

气温是主要气象要素之一，与天气的变化密切相关，气温升高，空气密度变小，对飞机性能有负面影响，如：载重量减小，小时燃料消耗量增加，发动机功率减小，起降滑跑距离增长等。

气压与航空活动密切相关，按不同的气压值调整高度表，可显示飞机距基准面的高度。当气压低于标准大气压时，高度表示值会大于实际高度；反之，高度表示值会小于实际高度。此外，高海拔机场气压低，空气密度小，发动机功率小，起降滑跑距离长，故跑道比一般机场跑道长。

湿度是随时间、地点、高度、天气条件不断变化的，当大气湿度达到并略微超过饱和值时，即相对湿度较大和温度露点差较小时，即可出现云、雾、露、霜等凝结或凝华现象。空气湿度的变化会对航空器性能和仪表指示造成影响，空气湿度越大，空气密度越小，航空器起飞和着陆的滑跑距离增长，起飞爬升率下降，航空器载重量减小。

2）风

由于地球运动，大气层中温度和大气压力不同，使空气在不同方向上运动，从而形成风。由于风直接影响到飞机的空速，而空速又是飞机产生升力的基本条件，因而驾驶员随时都要考虑风的影响。由于风速在高速飞行中对速度影响相对较小，因而在起飞和着陆等低速飞行阶段，要更多地考虑风的影响：起飞和着陆是逆风进行的，可提高飞机的空速，缩短飞机在跑道上滑跑的距离，增加安全系数；侧风时的起落，由于侧风会使飞机的航迹偏离跑道中心线，因而必须使飞机的航向迎向侧风一定的角度，才能使飞机不偏离跑道；当侧风的风速过大时不能起降。在巡航时，顺风会使地速增加，减少飞行时间和节约燃料，驾驶员都会力争在有利的风向高度上飞行。

全球大气的运动决定了地球上的主要的风，大气的总体运动受到三个因素的影响：一是由于太阳的辐射造成赤道和两极的温差，低空冷空气由两极流向赤道，而高空空气则由赤道流向两极；二是地球的自转产生了对运动空气的附加力，使空气运动的方向改变，这种力被称为科氏力或地转偏向力；三是由于海陆热力性差异，地面各点的空气压力不同造成的压力梯度，使空气从高压流向低压。我们在天气图上看到空气总是从高压区流向低压区，在流动中有一些空气围绕着高压区或低压区转动就形成了涡旋，这三种力量形成了地球上面的三圈环流，如图 7-2 所示。

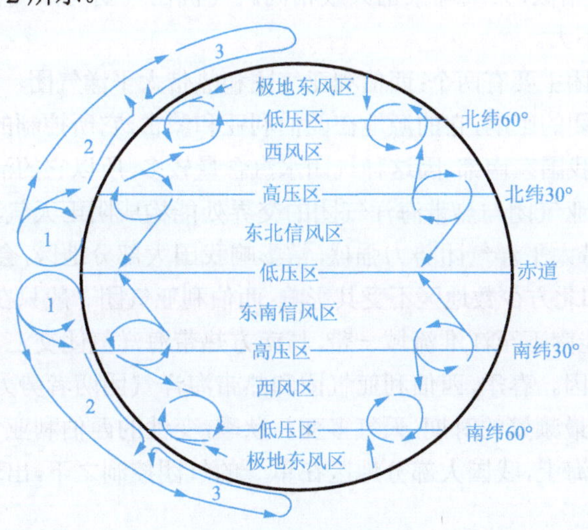

图 7-2 大气循环和盛行风

1- 第一个区域；2- 第二个区域；3- 第三个区域

第一个区域从赤道到南、北纬 30°，在 0° 至北纬 30° 盛行东北信风，0° 至南纬 30° 是东南信风。第二个区域是南、北纬的 30° ～ 60° 之间，在这两个区域中都形成一个西风主风带，并经常按季节出现台风等天气系统。在纬度 60° 以上地区，由于极地寒冷，空气气团下降，

这里形成高压区，风从极点向外吹去，这种常年的风向，决定了世界各地的主风向，主风向是选择机场跑道方向的主要因素之一。

三、影响航空运行的天气系统

天气系统是以气象要素的空间分布划分的具有典型特征的大气运动系统。通常有气压空间分布的系统，如高气压、低气压、高压脊、低压槽等；风分布的系统，如气旋、反气旋、切变线等；温度分布的系统，如锋区、高温区、低温区等；天气现象分布的系统，如雷暴、热带云团等。天气系统是这些系统的统称。

各类天气系统都是在一定的大气环流和地理环境中形成、发展和演变的，都反映着一定地区的环境特性。比如极区及其周围终年覆盖着冰雪，空气严寒、干燥，这一特有的地理环境成为极区低空冷高压和高空极涡、低槽形成、发展的背景条件；赤道和低纬度地区终年高温、潮湿，是对流性天气系统产生、发展的必要条件；中纬度是冷、暖气流经常交汇的地带，不仅冷暖气团你来我往交替频繁，更是锋面、气旋系统得以形成、发展的重要基础。天气系统的形成、结构和活动对飞行安全会产生非常深刻的影响。因而认识和掌握天气系统的形成、结构、运动变化规律，了解天气、气候的形成、特征、变化以及对天气进行预测，对保障飞行安全是十分重要的。

1. 气团

在水平方向上物理属性（主要指温度、湿度和稳定度）相对均匀的大块空气称为气团，其水平尺度可达几百至几千千米，垂直范围可达几千米到十几千米。在同一气团中，各地气象要素的垂直分布也比较相似，天气现象也大致相同。飞机在气团内部飞行时，在很长的时间里，飞行气象条件变化不大。

经常影响我国的气团主要有两个：西伯利亚气团和热带太平洋气团。冬半年，我国大部分地区通常受西伯利亚气团的影响，它的源地在西伯利亚和蒙古，它所控制的地区，天气干冷；热带太平洋气团主要影响我国东南部，因这种气团水汽含量较多，所以它的活动常能引起冬季江南地区的降水。西伯利亚气团与热带海洋气团的交界处能构成阴雨天气，冬季华南地区常有这种天气。夏半年，热带太平洋气团势力强盛，常影响我国大部分地区，会出现炎热无云的天气，只有西部高原山地和北方少数地区不受其影响；西伯利亚气团一般只在我国长城以北和西北地区活动，但有时也能南下至江淮流域一带，与南方热带海洋气团交汇，是构成我国盛夏北方大范围降水的主要原因。春季，西伯利亚气团和热带海洋气团两者势力相当，互有进退，因此春季是天气系统活动最频繁的时期，天气多变。秋季，变性的西伯利亚气团逐渐增强，热带海洋气团慢慢退居东南海上，我国大部分地区在单一的气团控制之下，出现秋高气爽的天气。

2. 锋

锋是指两个冷、暖气团之间狭窄的过渡区域。该区域气象要素和天气现象变化剧烈，有广阔的云区和降水区。锋是一种重要的天气系统，它经常带来大风、阴雨、雷暴、风沙等恶劣天气，对飞行造成很大影响。而在锋区飞行时，飞行气象条件却有明显的变化。锋是温带地区的主要天气系统。

锋的空间形态如图 7-3 所示，冷暖气团相遇后，冷气团在下方，暖气团在上方，其交界面（即

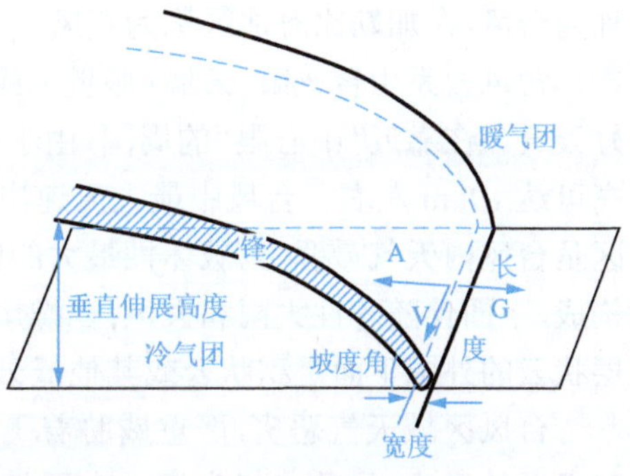

图 7-3 锋的空间

锋面）向冷气团一侧倾斜。两气团之间的过渡区即为锋区，锋区的宽度一般在近地层为几十千米，在高空为几百千米。因锋的水平范围比它的厚度要大得多，可以将锋看作一个面，即为锋面。锋面与地面的交线称为锋线，锋线的长度从几百到几千千米不等。

根据锋面的移动情况，将锋分为冷锋、暖锋、准静止锋和锢囚锋。锋面在移动过程中，如果冷气团起主导作用，推动锋面向暖气团一侧移动，锋面过后温度降低，这种锋称为冷锋；如果暖气团起主导地位，推动锋面向冷气团一侧移动，这种锋称为暖锋；当冷暖气团势力相当，锋面很少移动，呈准静止状态时，称为准静止锋；锢囚锋是由冷锋追上暖锋或由两条冷锋迎面相遇而构成的复合锋。冷锋的移动速度快，天气现象较其他类型锋面更剧烈；暖锋往往水汽含量较多，易形成持续性的降水。

3. 温带气旋和反气旋

气旋和反气旋是温带地区常见的天气系统。因受地转偏向力（也称科里奥利力）的影响，北半球气旋是风场呈逆时针方向转动的低气压系统，反气旋则是风场呈顺时针方向转动的高气压系统，而南半球反之。气旋中空气辐合较强，有利于上升运动，只要水汽充沛，就可以产生大范围的云雨天气。反气旋内由于空气下沉难以形成云，所以反气旋一般多为晴好天气。

我国温带地区气旋分为两种，即锋面气旋和非锋面气旋。锋面气旋即是锋面与气旋相结合的气旋，锋面气旋中有锋面。锋面气旋一般移动较快，常会带来恶劣的阴雨天气，它是温带地区最常见的一类气旋。例如通常活动在淮河以北地区的蒙古气旋、东北低压与黄河气旋，以及活动在淮河以南地区的西南涡、江淮气旋与东海气旋。我国非锋面气旋主要包括活动在北方的东北冷涡与活动在南方的热低压两种。

影响我国的反气旋主要是西伯利亚 - 蒙古冷高压以及太平洋副热带高压。西伯利亚 - 蒙古冷高压由西北方向移动而来，是影响我国的重要天气系统。冬半年其从西伯利亚和蒙古侵入我国，带来大股冷空气，所经之地，气温骤降。前缘风速猛增，一般可达 10 ～ 20m/s，常出现风沙和降雪。冷高压前缘移过之后，天气逐渐转晴。在中心区，早上常出现辐射雾或烟幕等现象，使能见度极差，影响航班正常飞行。

太平洋副热带高压产生于北太平洋西部，也叫副热带高压，简称副高。副高的主体在太平洋上，我国常受其西伸高压脊的影响。西伸高压脊的位置和强度，与我国的天气有很大的关系。在副高脊附近，下沉气流强，风力微弱，天气炎热，长江中下游地区 8 月份常出现的伏旱高温天气就是由副高较长时间的控制造成的。副高脊的西北侧与西风带相邻，常有气旋、锋面、低槽等天气系统活动，多阴雨天气。

4. 热带天气系统

1）热带气旋

热带气旋是形成于热带海洋上的强大而深厚的气旋性涡旋，成熟的热带气旋是一种非常壮观但又极具破坏性的风暴，它带来的是猛烈的狂风、高大的雷暴云和倾盆大雨。在夏、秋季节是我国沿海地区主要的灾害性天气。当热带气旋中心附近的风力达到 12 级，在我国

称为台风，在加勒比海地区称为飓风。

台风云系由台风眼、云墙（眼壁）、螺旋状云带组成。台风中心眼区内通常是云淡风轻的好天气。在靠近"中心眼"的周围，由于强烈上升气流而生成高大云墙，组成云墙的积雨云顶高可达 19km 左右。台风中最大风速出现在云墙的内侧，最大暴雨出现在云墙中，所以云墙区是台风内天气最恶劣、破坏性最大的区域。云墙外围则是螺旋状云带，由发展旺盛的积云构成，下面伴随阵性大雨和大风；在螺旋状云带之间的区域，是浓厚的层状云，螺旋状云带和层状云的外围下面是积状云或其他低云，上面有卷云和卷层云。

台风区域天气恶劣，严重威胁着飞行安全。雷暴和大风会使飞机失去正常的飞行姿态和必要的升力，导致飞机失事。大雨打在驾驶员座舱的玻璃上，导致能见度降低，使驾驶员不能正常驾驶，还会导致发动机熄火和突然空中停车。跑道积水、非常低的云底高度、非常低的能见距离也是在台风来临时，对飞行安全有重要影响的因素。此外，台风带来的狂风暴雨还会损坏停放在地面的飞机和各种设备，甚至使整个机场淹没。

2）*热带辐合带*

热带辐合带也称为赤道辐合带，是南北半球两个副热带高压之间气压最低、信风气流汇合的地带。它是热带地区主要的、持久的大型天气系统，呈东西向分布。在卫星云图上常可看到赤道辐合带是一条狭长的、近于连续的对流云带。

在赤道辐合带影响的地区，好坏天气并存，但在气流辐合较强的地区，雷暴云不仅范围大，而且内部气流运动特别强烈，在飞行中要特别注意。

5. 西风带的槽脊

在对流层中纬度地区，随着高度的增加，大气运动越来越趋近于西风，并常以波状流型出现。在北半球，表现为向北的波峰（高压脊）和向南的波谷（低压槽）。在低压槽中，等高线弯曲最大点的连线就是槽线。

我国一年四季各地均有低槽活动，它们大多自西向东影响我国。槽在单独出现时（地面没有锋面、气旋等与之对应），往往并不强，一般只产生一些中高云天气。比较强的低槽常常与气旋和锋面相联系，带来较严重的天气。

如果横穿槽线飞行，不仅会遇到槽线附近和槽线前的阴雨天气（夏季大气不稳定时也能形成雷暴），还会遇到明显的风向、风速的变化，即在北半球，先遇到左侧风，过槽线后转为右侧风，而且由于气流切变，槽区常有乱流，使飞机发生颠簸。

四、影响飞行安全的天气现象及运行标准

民用航空器在平流层底部以下区域活动，该区域是天气现象的多发地带，严重影响航空运行和飞行安全，据统计，大约有 80% 以上的航班延误是由于天气原因造成的，有约 1/4 到 1/3 的航空器事故都是与天气有关。不同天气现象的特点不同，对飞行安全的影响亦不同，所以了解天气现象的发生发展规律，有助于提高飞行安全。

1. 影响飞行安全的天气现象

1）*云*

云是由空气中的水汽凝聚成的可见形态。按云高（云底距地面的高度），云分为低云（小

于 2000m)、中云(2000 ~ 6000m)、高云(6000m 以上)。积状云是从底部一直向上延伸的,它的底部和周围都有强大的气流,因而在这些区域飞行是不稳定的,而积状云的上面气流平稳。层状云中飞行气流相对平稳,颠簸不剧烈。在所有云中,除了浓积云和积雨云飞机应远离外,云对飞行的影响主要是影响驾驶员的能见度,由云产生的雨、雷电、冰雹等都会给飞行安全带来一定的影响。

云中的能见度通常很差,因而机场上空云的覆盖率是航空气象条件的重要指标。根据民航部门规定,把天空分为八等份,天空中云的覆盖率可以分为 5 个等级,云在天空中的比例低于 1/8 称为晴,1/8 ~ 2/8 称为少云,3/8 ~ 4/8 称为疏云,5/8 ~ 7/8 称为多云,7/8 以上称为阴。在阴的情况下,云底高度是一个重要指标,它是指天空满布云层时云的底部与地面的距离,以此来确定飞行的天气条件。

2)降水

降水包括雨、雪、雹等形式。降水对航空的影响是多方面的。降水使能见度降低。影响最大的是毛毛雨和雪:毛毛雨通常在无风时降下,因而会伴随雾的形成,若和烟混在一起,会使能见度进一步下降;降雪过程中,雪在空中反射光线,使能见度下降。在降水过程中云层的高度低,天空昏暗,这也使得能见度降低。降水影响跑道的性能,其中以积雪和冻雨的影响最严重,必须进行清除。降水影响飞机性能,这主要是飞机通过降水云或降水区时,水滴或冰晶在飞机上附着,可能形成积冰。飞机结冰使升力下降,阻力增大,应尽量避免。此外冰雹会损害飞机的机体。

地面观测的降水是雨、雪或冰雹,取决于上空云层的垂直温度和地面温度分布情况。云层至地表整层温度较高,地面观测到的就是雨;云层至地表整层温度较低会形成雪;如果上下温差大,上升气流可把云中冰粒带向高空,再遇冷的水汽使冰粒增大再降下来就成为冰雹。

3)视程测量及影响视程天气现象

(1)视程测量参数

能见度(Visibility,VIS)是指观察者在白天辨认物体,在夜间辨认灯光的距离,其计量单位用 km 或 m 来表示。在空中能见度分为水平能见度、垂直能见度和斜视能见度。能见度也表示了在天空飞行的飞机之间的能见距离。因此对于目视飞行来说,能见度是允许飞行的重要依据之一,对于仪表飞行的飞机来说,尽管在空中可以用仪表判定方向和前方障碍,但在起飞和着陆过程中,仍然需要精确的位置、方向信息,因此也要受能见度的限制。在地面上能见度可以用地面参照物判断距离,而在空中由于没有参照坐标,因而能见度在很大程度上成为主观标准。一般说的能见度都指的是地面能见度中的主导能见度,即观测点四周一半及一半以上的视野范围内都能达到的最大水平距离。

能见度常常因视程障碍现象(如雾、烟、霾、浮尘等)的出现而变坏,从而影响飞行活动的正常进行。尽管现代化机场和大型喷气式运输机配备有先进的导航、着陆设备,但能见度仍然能够限制飞行活动,当能见度在 1500m 以下时,要进行跑道视程(Runway Visual Range,RVR)的探测。目前,我国大多数机场都有跑道视程的测算系统。在一些情况下,如果在仪表起飞离场和进近程序中规定了起飞或着陆的最低跑道视程,但在该跑道运行时没有跑道视程的报告,可按照表 7-2 将跑道视程转换成地面能见度,并使用最低能见度标准实施起飞或着陆。

跑道视程（RVR）和地面能见度对照表　　表 7-2

跑道视程	能见度	跑道视程	能见度
500 m（1600 ft）	400 m（1/4 mile）	1400 m（4500 ft）	1400 m（7/8 mile）
720 m（2400 ft）	800 m（1/2 mile）	1600 m（5000 ft）	1600 m（1.0 mile）
1000 m（3200 ft）	1000 m（5/8 mile）	2000 m（6000 ft）	2000 m（1.25 mile）
1200 m（4000 ft）	1200 m（3/4 mile）		

（2）雾

露点是指在固定气压之下，空气中所含的气态水达到饱和而凝结成液态水所需要降至的温度。在这温度时，凝结的水飘浮在空中称为雾、而沾在固体表面上时则称为露，因而得名露点。雾从原理上说是靠近地面的云，它使能见度下降，有时甚至使能见度降为0，因此是对航空危害很大的一种气象因素。雾的形成有三个条件：一是空气湿度；二是空气中有一定数量的微粒作为凝结核；三是温度下降。雾按形成过程可分为辐射雾、平流雾、上坡雾和锋面雾。辐射雾是在晴朗的夜晚由于地面辐射热量温度降低形成的晨雾，这种雾多半在太阳升起后至中午以前消失。平流雾是由于暖湿空气流向冷的地面形成的，多发在春夏季节的沿海地区。上坡雾是由于湿空气沿坡面上升，温度降低形成的，一般在迎风的上坡面和高地上形成。锋面雾是由于锋面抬升或锋下降雨使空气湿度增大后形成的雾。在我国辐射雾和平流雾出现频率高，影响范围大，是最常见的。

（3）其他

除雾以外，烟、霾、扬沙、浮尘、吹雪等固体杂质、云和降水也会影响能见度，当这些视程障碍现象严重时，对飞机起飞、着陆有很大影响，甚至危及飞行安全。

根据国际民航组织的气象事故统计，因低能见度造成的飞行事故占相当比例，主要发生在飞机着陆与地面滑行阶段。因此，在低能见度条件下应积极采取有效措施，如选好备降机场、打开助航设备、充分利用地面导航设备等。

4）雷暴

由对流旺盛的积雨云引起的，伴有闪电雷鸣的局地风暴。雷暴一般由一个或若干个雷暴云单体组成，每个雷暴云单体的生命史一般不超过2小时，也有的达数小时。典型的雷暴云是具有强烈上升气流和下沉气流的积雨云。雷暴按形成的触发机制可分为热力雷暴、地形雷暴和系统性雷暴；按强度不同分为一般雷暴和强雷暴。雷暴的地理分布是从赤道地区至极地逐渐减少。我国雷暴南方多、山地多、内陆多；一年中，夏季最多，春秋次之，冬季除华南少数地区外，极少有雷暴出现。

雷暴过境时，近地面气象要素和天气现象会发生急剧变化，对飞行活动影响极大。云中会发生强烈的飞机颠簸和积冰；闪电会干扰飞机无线电通信和电子设备；冰雹会击伤飞机。伴随雷暴的强烈降水、恶劣能见度、风切变和强阵风等都会对飞行安全造成威胁。

5）颠簸

空气中存在不稳定的气流，这种气流称为湍流。在湍流中飞行，飞机被抛上抛下，摇晃、摆头，使飞机操作困难、仪表不准的现象称为飞机颠簸。强度大的颠簸会造成飞机结构变形和机上乘员受伤。常见的颠簸是由于表面湍流，即空气受热上升或因地形而上升后温度差别较大，其中的水汽遇冷凝结后下降而造成的，因而地面的障碍物、山峰的背风面以及云层的下面在一定条件下都会出现颠簸。这种颠簸距地面较近并有一定的范围，飞机可以高飞避开颠簸。在积状云的内部和近处一般都会产生颠簸。飞机高空飞行时可能还会遇到晴空湍流，它出现在晴朗的天空，有时强度很大。对晴空湍流的研究目前还很不完善。

此外，飞机后面的尾流，也是一种湍流。它是由飞机翼尖因诱导阻力而产生的向内向下旋转的涡流，大飞机的尾流可能会延伸300m左右，因而在大飞机后面飞行的小飞机会遇到剧烈的颠簸。在飞行中，特别是起飞和着陆时，飞机间要保持一定的间隔，其中一个主要原因就是为了避开尾流。

6）低空风切变

低空风切变是在距离地面600m高以下，同一高度或不同高度的短距离的空间两点风向和（或）风速的变化。产生低空风切变的天气条件主要有强对流天气（如雷暴、积雨云、龙卷风等）、锋面天气、低空急流等。此外，当机场周围地形复杂时，也会产生低空风切变。

根据航空器相对风矢量的不同情况，把风切变分为顺风切变、逆风切变、侧风切变和垂直风切变。低空风切变对飞行安全威胁很大，是构成飞机起飞、着陆的危险因素之一。尤其是飞机在进近着陆过程中，它对飞行安全的威胁尤为严重。目前在一些机场和大型飞机上装备了能探测风切变的雷达等探测设备和机场低空风切变警报系统，由于低空风切变具有持续时间短、范围小、突发性强、预报难度大等特点，探测设备和警报系统不能保证对所有影响飞机运行的低空风切变都能及时有效地探测和预警，故低空风切变目前仍然是一个研究的难点和热点。

7）飞机积冰

飞机表面某些部位聚集冰层的现象，主要由飞机在云中或降水中飞行时，过冷却云滴或雨滴碰撞机身后产生冻结而形成，也可由水汽直接在飞机外表面上凝华形成。冬季露天停放的飞机也能形成积冰。飞机积冰多出现在机翼、尾翼、发动机进气口、雷达罩等曲率半径较小的突出部位。

飞机积冰分为明冰、毛冰、雾凇和霜四种，其中明冰和毛冰冻结较牢固，对飞行危害较大。积冰通常发生在含有过冷水滴的云、雾、冻雨或湿雪中，统计资料表明，最易发生积冰的温度范围为-20～0℃，强积冰的温度范围是-10～0℃；温度与露点差小于7℃时，易产生积冰，温度与露点差小于4℃时，多发生强积冰。

现在飞机普遍装有较完善的防冰、除冰装置，飞行员可采用热力、化学或机械等方法除冰，亦可适当改变飞行高度和速度，有效防止积冰。

8）急流

急流指一股强而窄的高空强风带，多出现在对流层上部或平流层下部、对流层顶附近。急流通常宽约300～400km，厚约2～4km，长1000～12000km，中心最大风速≥30m/s，其水平方向的风速切变为每百千米5m/s，垂直方向风速切变为每千米5～10m/s。对我国影响最大的是极锋急流、副热带急流和热带东风急流。极锋急流又称温带急流或北支西风急流，南北向移动很大，冬季平均位置在40°～60°N、夏季位于70°N左右。急流轴平均高

度夏季约 8 ～ 11km，冬季约 7 ～ 10km，急流风速冬季较强，夏季较弱，中心最大风速平均约为 45 ～ 55m/s。副热带急流也称南支西风急流，冬季，急流位于 20° ～ 30° N，夏季位置向北移动 10 ～ 15 个纬距，冬强夏弱。热带东风急流夏季出现在热带对流层中，一般位于副热带高压南缘，在 15° ～ 20° N 之间，平均高度 14 ～ 16km，最大风速为 30 ～ 40m/s。

在顺风条件下，航空器可以利用急流飞行，以缩短航时，节约燃料；在逆风条件下，应尽量避开急流飞行。此外，急流附近常伴有比较明显的风切变和湍流，应注意规避。

2. 运行标准

航空器在大气层中运行，会受到各种气象要素和天气现象的影响，其影响程度有大有小。为保障航空器的安全运行，人为规定了一些最低运行标准及应对特殊天气所应采取的措施。最低运行标准是指确定航空器（飞机）在某一种特定气象条件下是否适合飞行的标准，可以分为机场运行最低标准、驾驶员运行最低标准、飞机运行最低标准和航线运行最低标准。最低气象条件的确立，一般依据机场的条件和设备、机型、飞行员的平均驾驶技术等决定，故航空公司在不同机场所使用标准略有不同，应不低于局方批准的机场最低运行标准。

1）机场运行最低标准

机场运行最低标准是指机场可用于飞机起飞和进近着陆的运行限制。详细规则可参照民航局《民用机场飞行程序和运行最低标准管理规定》（CCAR-97-FS-R3）和《民用航空机场运行最低标准的制定与实施准则》（AC-97-FS-2011-01）。

对于起飞，用能见度或跑道视程表示，在需要时，还应当包括云底高；对于精密进近和类精密进近着陆，根据运行分类用能见度或跑道视程和决断高度 / 高表示；对于非精密进近和盘旋进近，用跑道视程或能见度和最低下降高度 / 高表示。

所谓决断高度或决断高，是指在精密进近中规定的一个高度或高。在这个高度或高，如果不能取得继续进近所需的目视参考，则必须开始复飞。同时，最低下降高度或最低下降高是指在非精密进近和盘旋进近中规定的高度或高。在这个高度或高，如果没有取得要求的目视参考，则不能下降至最低下降高度或最低下降高以下。

民航局公布的机场运行最低标准，没有考虑具体机型的机载设备、飞机性能、飞行机组的技术水平和飞行经验，这些因素应当由各航空营运人确定其所用机场的运行最低标准（公司标准）时予以考虑。同时，航空营运人在国内机场使用的机场运行最低标准一般不应低于民航局公布的最低标准，但如使用 HUD（平视显示器）或 EVS（增强目视系统），经民航局特殊批准，可以使用低于机场最低标准的标准。

（1）起飞最低标准

起飞最低标准通常只用 RVR（跑道视程）/VIS（能见度）表示。但在起飞离场过程中必须看清和避开障碍物时，起飞最低标准应当包括 RVR/VIS 和云高。如果需要云高，则起飞最低标准中的云高至少应当高出控制障碍物 60m。在只用 RVR/VIS 表示起飞最低标准的情况下，起飞机场可以使用下列基本起飞最低标准：一、二发飞机，RVR/VIS 为 1600m；三、四发飞机，RVR/VIS 为 800m。机场用于起飞的最低标准不得低于该机场可用着陆方向的着陆最低标准，除非选择了适用的起飞备降机场。

（2）进近着陆最低标准

对于进近着陆最低标准而言，因进近方式和导航设备不同，其最低标准也会有所不同。根据进近方式，大致可以把进近着陆最低标准分为4种，分别为I类精密进近、类精密进近、非精密进近的最低标准，II类精密进近的最低标准，III类精密进近的最低标准，盘旋进近的最低标准。

2）目视飞行规则的最低天气标准

目视飞行规则的基础是飞机对其他空中和地面飞机相互能看见和被看见，因此目视飞行规则就和天气情况特别是能见度紧密相连，对于最低的能进行目视飞行的天气制定了目视飞行气象条件（Visual Meteorology Condition，VMC）。一般情况下，在目视飞行条件下，最低天气标准由能见度和距离云的距离构成，具体如下：在修正海平面气压高度3km（含）以上，能见度不小于8km；修正海平面气压高度3km以下，能见度不小于5km；距云的水平距离不小于1500m，垂直距离不小于300m。

当航空器运行环境满足一些特定条件时，目视飞行规则的最低天气标准可略微下降。如在运输机场空域外，在修正海平面气压高度900m（含）以下或离地高度300m（含）以下（以高者为准），如果在云体之外，能目视地面，则允许航空器驾驶员在飞行能见度不小于1600m的条件下按目视飞行规则飞行。

此外，在一些特殊情况下，运输机场空域范围内目视飞行规则的最低天气标准也可降低。但是，必须满足航空器在云外、云下地表可见、能见度不小于1600m、空中交通管制许可等条件。

目视飞行意味着飞行员能够比管制员更清楚地掌握其他飞机和地面障碍物的情况，可以采取“看见-避让”的方法飞行，因而目视飞行条件下防撞责任由飞行员承担。

3）仪表飞行规则的最低天气标准

在气象条件低于目视飞行气象条件时，装有无线电通信和定位仪表的飞机可以依靠仪表而不依靠驾驶员的视觉来飞行，这种飞行称为仪表飞行。仪表飞行规则下，航空器运行对天气的要求要低于目视飞行规则。同时，进近设施不同，最低天气标准不同，进近设施越先进完备，对气象条件要求越低。

国际民航组织制定了相应的仪表飞行气象条件（Instrument Meteorological Conditions，IMC）。在这种条件下，通常驾驶员看不到其他飞机，管制员负责把这架飞机与其他飞机或障碍物保持间隔。为此规则要求进行仪表飞行的飞机必须装备规定的飞行仪表和无线电设备（起码要有姿态指示仪、高度指示仪、位置指示仪表和HF、VHF通信设备）。驾驶员必须在这类飞机上培训取得仪表飞行的驾驶执照后才能进行仪表飞行。

仪表飞行的整个过程处于管制员的控制之下，每次飞行都要向空中交通管制机构提交一个包括航路、速度、高度、预计飞行时间的飞行计划，管制员根据这个计划来分配航路、高度，并监控和引导飞机在空中的飞行。

仪表飞行意味着飞行员不能有效观测到地面障碍物和空中其他航空器，因而必须由空中交通管制单位指挥其飞行，在终端区内还必须按照经过严格审定的仪表进离场程序或管制员里的引导指令飞行，防撞责任由管制员承担。

4）复杂天气条件下的飞行

复杂气象条件是指雷雨、结冰、颠簸、风切变、低能见度等影响飞行安全的恶劣天气。在这种天气状况下飞行应按照相关规定及时有效的采取行动。

（1）改变航线的相关规定

在《中华人民共和国飞行基本规则》中有如下规定：

第八十八条航路、航线飞行或者转场飞行时，因航空器故障、积冰、绕飞雷雨区等原因需要改变飞行高度层的，机长应当向飞行管制部门报告原因和当时航空器的准确位置，请求另行配备飞行高度层。飞行管制部门允许航空器改变飞行高度层时，必须明确改变的高度层以及改变高度层的地段和时间。

遇有紧急情况，飞行安全受到威胁时，机长可以决定改变原配备的飞行高度层，但必须立即报告飞行管制部门，并对该决定负责。改变高度层的方法是：从航空器飞行的方向向右转 30°，并以此航向飞行 20km，再左转平行原航线上升或者下降到新的高度层，然后转回原航线。

（2）结冰条件下的运行

在民航局第 188 号令《一般运行和飞行规则》（CCAR-91-R2）中有如下规定。

①在下列情况下，驾驶员不得驾驶飞机起飞：

- 霜、雪或冰黏附在螺旋桨、风挡或动力装置上，或者黏附在空速、高度、升降率或飞行姿态仪表系统的机外部件上；
- 霜、雪或冰黏附在机翼、安定面或操纵面上。

②除了具有符合运输类飞机型号合格审定要求或其他有关规定的防冰装置的飞机外，任何驾驶员不得：

- 按照仪表飞行规则飞入已知或预报的中度结冰区域；
- 按照目视飞行规则飞入已知的轻度或中度结冰区域，除非该飞机具有工作良好的除冰或防冰设备，能够保护螺旋桨、风挡、机翼、安定面或操纵面以及空速、高度、升降率或飞行姿态仪表系统的机外部件。

③除了具有符合运输类飞机型号合格审定要求或其他有关规定的防冰装置的飞机外，任何驾驶员不得驾驶飞机进入已知或预报的严重结冰区域。

④如果机长所依靠的现行天气报告和简介资料表明，预报禁止飞行的结冰条件因天气条件的变化在飞行期间将不存在，则基于积冰预报条件的限制不再适用。

（3）机场区域内飞行的复杂气象条件

航空器在复杂气象条件下进入机场区域的飞行，必须经空中交通管制员或者飞行指挥员许可。空中交通管制员或者飞行指挥员允许航空器飞入机场区域时，应当及时向飞行员通报下列情况：

①进入的飞行高度。

②机场区域内有关的飞行情况。

③水平能见度或者跑道视程、天气现象和机场上空的云底高度，地面和穿云高度上的风向、风速，场面气压或者修正海平面气压，或者零点高度，以及地面大气温度。

④仪表进场或者穿云方法和着陆航向。

此外，昼间飞行，在航空器起飞、降落前，水平能见度小于2km的，应当打开机场全部障碍标志灯；水平能见度小于1km的，起飞时还应当打开跑道灯，着陆时还应当打开航空器着陆方向（着陆的反航向）上保障飞行的全部灯光。

5）起飞着陆风向风速标准

航空器通常应当逆风起飞和着陆，但是当跑道长度、坡度和净空条件允许，航空器也可以在风速不大于3m/s时顺风起飞和着陆。如果航空器驾驶员根据飞行手册或航空公司运行手册请求在大于3m/s的情况下顺风起飞和着陆，在空中交通情况允许的情况下，塔台管制室管制员应当予以同意。

当跑道侧风在航空器侧风标准附近时，是否起飞或着陆，由航空器驾驶员根据机型性能自行决定，管制员负责提供当时实际风向、风速。

五、航空气象服务

航空器运行是在大气中进行的，它无时无刻都要受到大气的制约，航空器能否起降，起降方向、载量、飞行时间等都与气象有关。从航空器延迟起降和发生的事故来看，气象原因占的比例最大，大约有80%以上的航班延误是由于天气原因造成的，有约1/4到1/3的航空器运行事故都与天气有关，所以飞行与气象条件有着密切的关系，航空气象信息质量对飞行安全和减少飞机延误具有至关重要的作用。研究表明，如果航空运输系统具有更及时且准确的天气信息支持和更优的管理工具支持，全球66%的飞机延误将会得到有效解决。

航空气象服务是航空气象服务机构向航空气象用户提供气象情报的过程。本部分内容，从航空气象服务机构和责任、航空气象服务产品和航空气象未来发展趋势等三个方面来进行讲解。航空气象服务手段主要采取网络服务、电话咨询、传真服务、现场服务、民航气象视频天气会商系统、对空气象广播（VOLMET）或地－空气象数据链（D-VOLMET）、航站自动情报服务（ATIS）等。

1. 机构和责任

我国的民航气象业务由中国民用航空局空中交通管理局统一组织实施，并接受中国民用航空局的行业管理和业务指导。中国民用航空局负责制定民用航空气象发展规划、规章及规范性文件，由民航局空管办航空气象处具体负责。民航各地区管理局设置航空气象处，负责监督和管理本地区的民用航空气象工作。

民航局空管局设立民航气象中心和民航地区气象中心，各民用运输机场设置机场气象台，通用机场设置机场气象台或气象站。其中，民航地区气象中心可以承担机场气象台的职责，如中南地区气象中心担任广州白云国际机场气象台的职责。民航局在每个飞行情报区内指定一个民航地区气象中心或者机场气象台，承担气象监视台的职责，从而形成由民航气象中心、民航地区气象中心、机场气象台（站）和气象监视台组成的我国航空气象服务业务体系，如图7-4所示。

中国民用航空气象情报通过亚太地区情报交换中心进入国际情报交换系统进行交换，有关火山灰的情报通过东京火山灰咨询中心（Tokyo VAAC）获得，我国的火山活动研究、监测及相关信息发布由中国地震局负责。

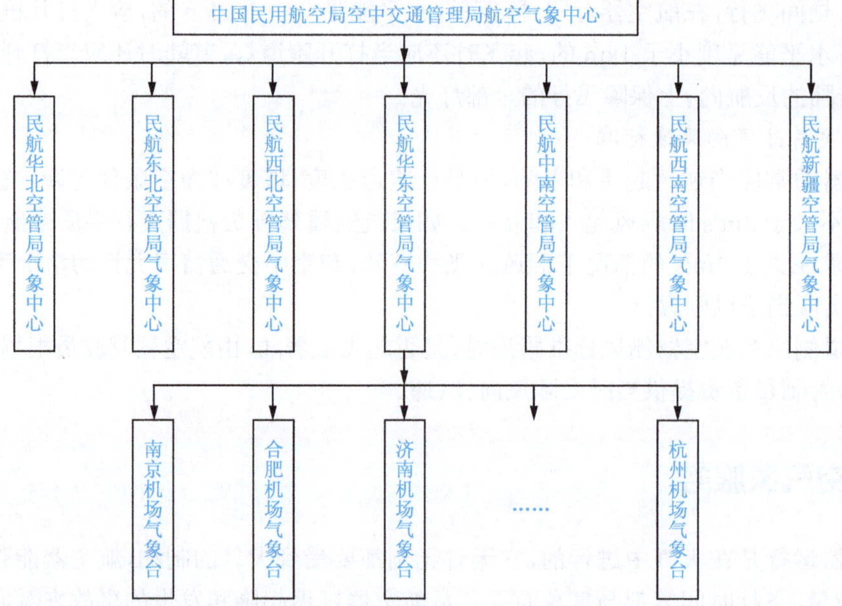

图 7-4　航空气象业务运行模式示意图

1）民航气象中心

民航气象中心主要负责收集、处理、分发和交换国内气象情报和与国际飞行有关的气象情报，并保存相关气象资料；根据国内民用航空气象用户实际运行需要，索取与国际飞行有关的气象情报；负责制作和发布全国的中、高层区域预报，并向各地区气象中心和全国机场气象台发布业务指导产品；维护全国的民用航空气象信息系统，指导有关气象设备的维护维修；开展民用航空气象技术的研究、开发、应用；以及向民航地区气象中心和民用航空气象用户提供业务运行、人员培训以及研究与开发等方面的技术支持等。

2）民航地区气象中心

各地区气象中心负责收集、处理、分发和交换本地区及与之相关的气象情报并保存相关气象资料；制作和发布本地区低层区域预报，并向本地区机场气象台、机场气象站发布业务指导产品；向本地区机场气象台（站）和民用航空气象用户提供业务运行、人员培训和研究与开发等方面的技术支持等。

3）机场气象台（站）

各机场气象台（站）主要负责本机场的天气观测与探测，制作和发布本机场的天气报告、机场预报、起飞预报、着陆预报、机场警报和风切变警报等；向民用航空气象用户提供讲解、咨询、展示和飞行气象文件等气象服务；维护本机场气象业务系统和气象设施设备等。

4）航空气象监视台

我国在每个飞行情报区设立了国际航空气象监视台。航空气象监视台主要负责监视本飞行情报区内影响飞行的天气情况；编制与本飞行情报区有关的重要气象情报、低空气象情报和其他有关情报；向有关空中交通服务部门提供重要气象情报、低空气象情报和其他有关气象情报；以及向有关民用航空气象服务机构发布重要气象情报、低空气象情报和其他有关情报等。

2. 气象服务产品

民用航空气象工作的基本内容包括观测与探测气象要素，收集与处理气象资料，制作与发布航空气象产品，提供航空气象服务。目前我国提供的航空气象产品大致可以分为三类，气象观测与探测产品、航空天气预报产品以及其他气象情报和警报产品。

1）气象观测与探测产品

气象观测与探测产品主要分为两类，一类为民航气象地面观测；一类为气象探测和航空器探测。气象观测与探测产品可以为航空器运行提供天气实况信息。

（1）民航气象地面观测

民用航空气象地面观测是由气象观测员在地面通过人工方式或利用设备对本机场及其跑道、进近着陆及起飞爬升地带的气象要素及其变化过程所进行的系统、连续的观察和测定活动。

民用航空气象地面观测的项目包括云、主导能见度、垂直能见度、跑道视程、气象光学视程、天气现象、地面风、气压、气温、湿度、最高气温、最低气温、降水量和积雪深度等气象要素或量值。根据观测结果编制、发布机场天气报告。

电报形式的机场天气报告分为两种：日常航空天气报告（METAR）和特殊天气报告（SPECI）。日常航空天气报告是24小时连续的正点或半点观测并对外发布的报告，特殊天气报告是不定时观测，是指在两次正点或半点观测之间，当某一对飞行有较大影响的天气现象出现（终止或消失）时而进行的报告。

（2）气象探测和航空器探测

气象探测是民用航空气象服务机构利用天气雷达、风廓线雷达、激光雷达、气象卫星、雷电探测、风切变探测等设备或者系统对气象要素以及天气系统所进行的观察和测量。民用航空气象服务机构应当根据天气状况、用户需求及业务工作的需要实施探测，提供探测产品，常见的探测产品为天气雷达图和卫星云图。

航空器探测是指在我国领域内飞行的航空器或具有我国国籍的航空器按照有关规定进行气象观测和报告。航空器在飞行过程中，每过一段距离和时间应对气温、湿度、风向、风速以及颠簸、积冰等进行例行观测和报告。如果遇到或者发现严重颠簸、严重积冰、严重的山地波、伴有（或者不伴有）冰雹的雷暴、强尘暴或者强沙暴、火山灰云以及火山喷发前的活动或者火山喷发时，应当进行特殊观测和报告，并尽快通知有关的空中交通服务部门。当出现其他特殊天气现象，如风切变等，并且机长认为会影响航空器安全和运行效率时，应当进行非例行观测，并尽快通知有关的空中交通服务部门。空中交通服务部门收到航空器观测报告，应当及时通报给相应的民用航空气象服务机构。机场气象台、机场气象站收到话音方式的航空器观测报告，应当通过传真或者其他有效方式立即发送给本飞行情报区气象监视台、本地区气象中心。地区气象中心收到话音方式的航空器观测报告应当通过传真或者其他有效方式发送给民航气象中心。如图7-5所示为普通雷暴单体的平显图像。

2）航空天气预报产品

航空天气预报是气象预报员对机场、飞行情报区、管制区域等飞行空域预期气象要素的发生及变化所做出的分析和说明。航空天气预报包括机场预报、着陆预报、起飞预报、区域预报。航空天气预报可以为航空器的运行提供未来预期气象条件。

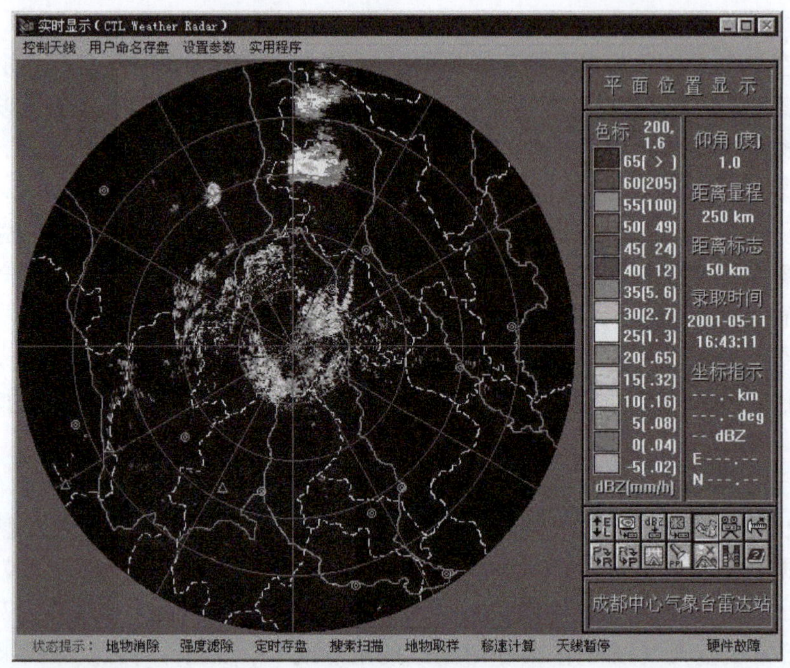

图 7-5 普通雷暴单体的平显图像

（1）机场预报

机场预报由相应的机场气象台制作，是对预计时段内机场的地面风、主导能见度、天气现象、云和气温进行的分析和说明。它是机组和航务人员用于了解某一特定机场未来天气情况的最常用资料之一。

（2）着陆预报

着陆预报指明机场地面风、主导能见度、天气现象、云和垂直能见度中的一个或几个气象要素的重大变化，用于满足本场民用航空气象用户和距离本场 1 小时以内飞行时间的航空器的需要。

（3）起飞预报

起飞预报用来描述机场跑道及爬升区域特定时段内预期的地面风向和风速及其变化、气温、修正海平面气压以及民用航空气象服务机构与航空运营人之间协定的任何其他要素的情况。

（4）区域预报

区域预报是对航空器飞行的时间和空间范围内的大气温度、风、重要天气现象及与之结合的云进行的分析和说明。区域预报一般以缩写明语或者图表的形式发布，其主要内容包括：高层、中层和低层高空风和高空温度；高层、中层和低层重要天气，如图 7-6、图 7-7 所示。

3）其他气象情报和警报产品

（1）重要气象情报

重要气象情报是对有关航路上发生或预期发生可能影响航空器飞行安全的天气现象，以及这些天气现象在时间和空间上的发展做出的简要说明。气象监视台按照气象情报制作的规定以缩写明语形式制作、发布重要气象情报。

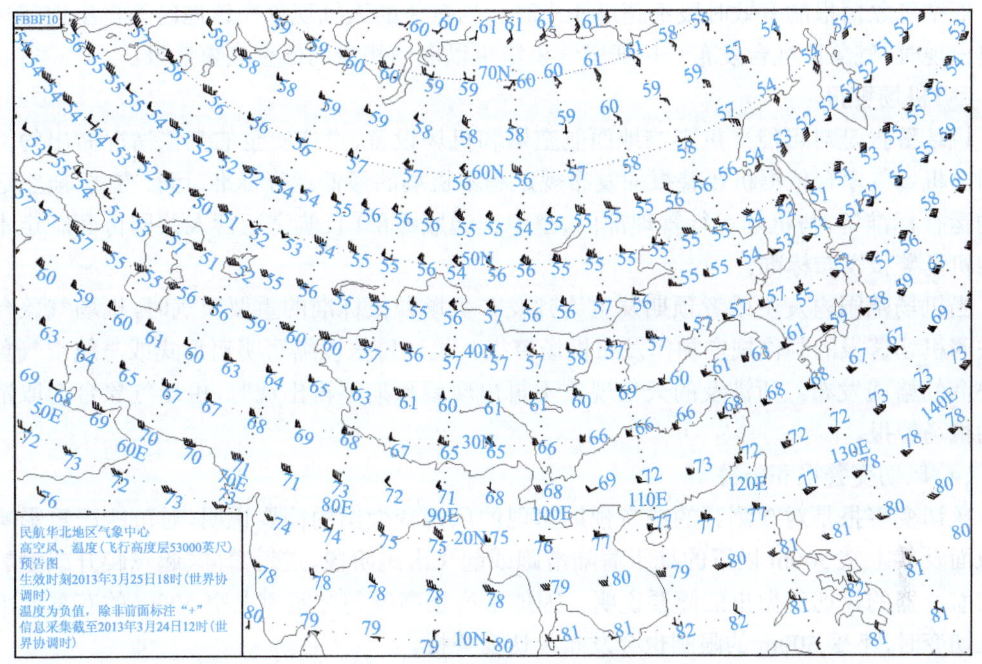

图 7-6 高空风温预报图

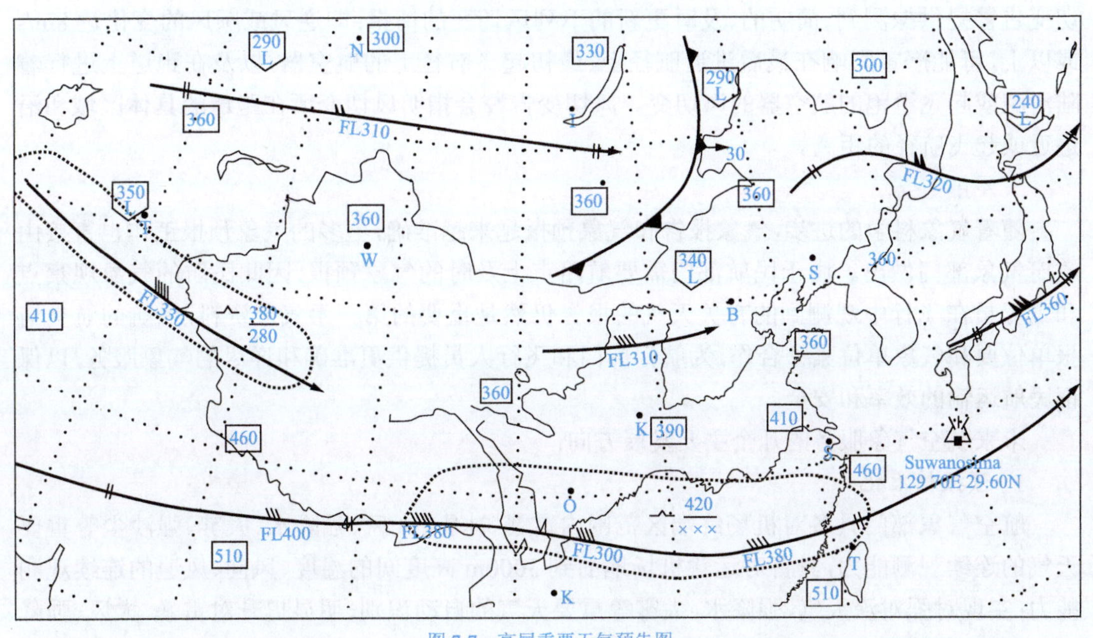

图 7-7 高层重要天气预告图

（2）低空气象情报

低空气象情报是对未包括在已发布的低空飞行区域预报中有关航路上可能影响低空飞行安全的天气现象，以及这些现象在时间和空间上的发展做出的简要说明。

气象监视台按照气象情报制作的规定以缩写明语形式制作、发布低空气象情报。低空气象情报以“AIRMET”标明。

低空气象情报的有效时段不超过 4 小时。当有关的天气现象在该地区不再出现或预期不再出现时，气象监视台发布一份低空气象情报以取消相应的低空气象情报。

（3）机场警报

机场警报是对可能严重影响地面航空器和机场设备、设施安全的气象情况做出的简要说明。机场气象台依据机场警报的发布规定和本机场的最低运行标准、运行方式、航空运营人的运行标准等，与机场运行管理部门、空中交通服务部门、航空运营人共同协商制定本机场的机场警报发布标准。

当机场范围内发生或者预期发生达到发布机场警报标准的重要天气时，机场气象台应当按照机场警报的制作规定制作发布机场警报。机场警报以缩写明语形式或与航空气象用户协商的格式发布。所涉及的天气现象不再出现或预期不再出现时，机场气象台会取消相应的机场警报。

（4）风切变警报和告警

风切变警报是对观测到的或者预期出现的风切变做出的简要说明，对可能严重影响跑道道面及其上空 500m 以下的处于着陆滑跑或起飞滑跑阶段、进近着陆、起飞爬升或盘旋进近的航空器的风切变做出的简要说明。因地形产生高度超过跑道上空 500m 的有重要影响的风切变时，不受 500m 的限制也会发布风切变警报。

风切变告警仅在使用了自动地基风切变遥感或探测设备探测风切变的机场有发布。风切变告警提供探测到、简明的、及时更新的下列风切变的情报：即逆风或顺风的变化达 8m/s 或以上，可能严重影响在最后进近航径上、最初起飞航径上的航空器，以及在跑道上进行着陆滑跑或起飞滑跑的航空器的风切变。风切变告警会指明风切变所在跑道的具体区域和沿进近或起飞航径的距离。

3. 发展趋势

随着气象科学的进步，气象报告和气象预报越来越准确，更多的气象预报工作也直接由政府气象部门做出。由于民航部门需要航路点上及时的气象预报，因此民航的气象观察点和飞行员在飞行中观测到的有关天气的报告仍然是重要的第一手气象资料，民航的航空情报单位要和气象单位紧密合作，为航行部门和飞行人员提供更准确和详尽的气象服务，以保证民航运输的效率和安全。

未来航空气象服务的几个主要发展方向：

1）预报精准化

航空气象部门具备对机场终端区范围内雷暴、冰雹、大风、强降水、大雾、强沙尘等重要天气的连续观测能力，具备对运输机场地面到 3000m 高度间的温度、风向、风速的连续观测能力；实现对强对流天气、强降水、大雾等重要天气的自动识别，明显提升对雷暴、大风、强降水、大雾的预警能力，大幅提升针对复杂天气的预报准确程度并全面实现精细化数值预报。

2）产品客户化

航空气象部门可以向航空运行全过程提供连续、无缝隙的气象服务，提高气象服务的有效性、及时性和全面性，增强气象服务对流量管理、航空公司运行管理、机场运行管理的支撑能力，提高气象服务对航班正常的影响力和贡献度，最大限度满足不同部门对专业化气象产品需求。

3）信息传递便捷化

航空气象部门全面实现自动气象观测信息、航空器下传数据等基本气象信息行业内外的共享；实现气象雷达观测数据在民航飞行航路的覆盖。航空气象部门向航空公司、机场运行单位、空管部门等用户提供连续的气象观测信息和航空器下传数据；逐年增加国内外精细化数值预报产品的获取种类和数量；大幅度增加国家区域观测资料的获取种类和数量；在民航气象服务过程中广泛使用国家通信资源、计算资源；提升利用国内外高校、科研机构、社会企业的技术和人才资源的能力。

第二节 飞行时空环境

航空器在地球表面运行，总是会涉及位置的变换、时间的变动和运动路径的选择。不同地域或国家的人类，具有不同的历史和文化，对于地球位置和时间的描述，所采用的方法或方式有所不同。航空器从地球表面一点飞到另外一点，难免会存在地域或国家间的跨越，其位置和时间的确定，在国际上应当有统一的确定标准。

一、时间系统

时间是安排航空活动秩序、度量航空活动周期的基本参数之一。日常生活中我们常忽略时刻和时间的区别，在航空活动中，时间和时刻应当严格区分。时刻指事件发生的瞬间，如飞机起飞时刻、落地时刻、预计进场时刻、日出时刻等。时间指航空事件从发生到结束的时刻间隔，如飞行时间、续航时间等。人类在长期的生产生活中通过观察星体视运动的规律形成的不同的计时方式，这就是时间系统。航空活动中常用的时间系统包括地方时、区时和协调世界时。

1. 地方时

人类最早通过观察太阳东升西落来安排作息活动，地方时就是根据太阳高度角在一天内的周期变化来确定的。一般规定，当地经线正对太阳的时刻为正午 12 时，当地经线正背太阳的时刻为 0 时，太阳连续两次上中天的时间间隔为 24 小时，这样确定的时间系统称为地方时（LT，Local Time）。如图 7-8 所示。

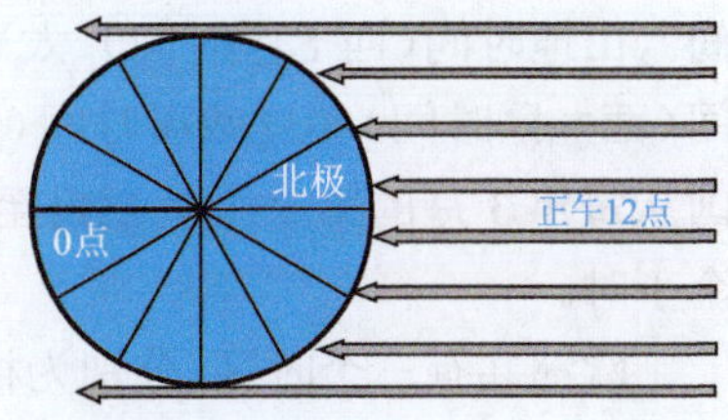

图 7-8 地方时

地球上位于不同经度的观测者，在同一瞬间测得的参考点的视角是不同的。因此，每个观测者都有自己的与他人不同的时间，称为地方时，它是观测者所在的子午线的时间。位于东边的观测者总是先看到太阳，因此东边的地方时总是比西边的地方时早，不同经线上的地方时之差等于经度差对应的时间差。根据这个规律可以由：一地的地方时推测另外一地的地方时。

2. 区时及各国法定时间

地方时适应于当地人的作息习惯，但是，随着长途铁路运输和远洋航海事业的日益发

达，国际交往频繁，各国采用的未经协调的地方时，给人们带来了很多困难。19 世纪 70 年代后期，加拿大铁路工程师弗莱明建议，在全世界按统一标准划分时区，实行分区计时。这个建议首先在美国和加拿大被采纳试行，后为多数国家所采用。1884 年华盛顿国际子午线会议决定，将这种按全世界统一的时区系统计量的时间称为区时。

世界时区的划分，是以本初子午线为标准的。从西经 7.5° 到东经 7.5°（经度间隔为 15°）为零时区；从零时区的边界分别向东和向西，每隔经度 15° 划一个时区，东、西各划出 12 个时区；东十二时区与西十二时区相重合，全球共划分成 24 个时区（图 7-9）。各时区都以中央经线的地方平时为本区共同使用的时间系统，称为区时（图 7-10）。相邻两时区的区时相差 1 小时，东边时区的区时总比西边时区的区时早。

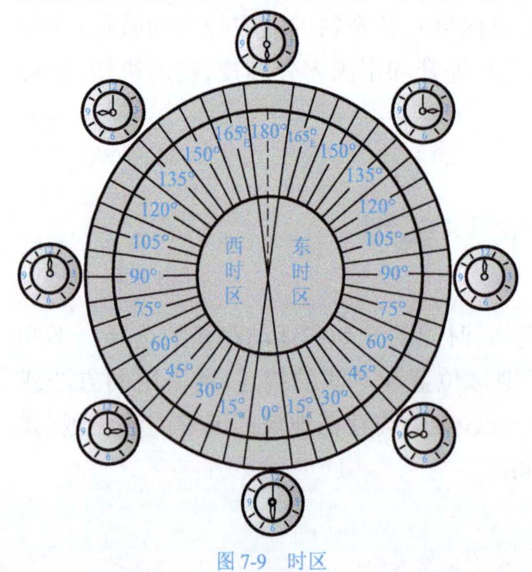

图 7-9　时区

180° 经线为东西十二时区共同的中央经线，由西向东穿越 180° 经线，区时减少 24 小时，反之，由东向西穿越 180° 经线，区时增加 24 小时，因此 180° 经线被称为国际日期变更线。国际经度会议规定以 180º 经线为日界线，又叫国际日期变更线或改日线。飞越日界线时，从东向西，日期增加一天；从西向东，日期减少一天。为照顾日界线国家的时间保持一致，日界线不是严格意义上的 180º 经线。

我国横跨东五区到东九区五个时区，为了使用方便，采用东八区的时区为全国统一时区，称作北京时（Beijing Time，BT）。北京时是通过法律形式确定下来的全国共同使用的时间系统，因此北京时是我国的法定时。

美国时间一般被认为是美国本土的时间。美国本土横跨西五区至西八区，共 4 个时区，每个时区对应一个标准时间。从东向西分别为东部时间（西五区时间）、中部时间（西六区时间）、山地时间（西七区时间）、太平洋时间（西八区时间）。除美国本土以外，还有阿拉斯加时间（西九区时间）和夏威夷时间（西十区时间）。按照“东早西晚”的规律，各递减一小时。美国从每年 3 月的第二个星期日至 11 月的第一个星期日采用夏令时，夏令时比正常时间早 1 个小时。

欧洲共有三个时区，分别为格林尼治标准时间（Greenwich Mean Time，GMT 零时区）、欧洲中部时间（东一时区）、欧洲东部时间（东二时区）。英国、爱尔兰、冰岛和葡萄牙使用格林尼治标准时间，这个时区与中国北京时间的时差是 8 个小时，也就是说比北京时间晚 8 个小时。比如，北京时间的下午 3:00，就是这个时区的上午 7:00。欧洲中部时间是比世界标准时间早 1 个小时的时区名称之一，它被大部分欧洲国家和部分北非国家采用。欧洲东部时间是比世界标准时间（UTC）早 2 个小时的时区名称之一，它被部分欧洲国家、北非国家和中东国家采用。大部分欧洲国家实行夏令时，夏令时比正常时间早 1 个小时。3 月份的最后一个周末是夏令时的开始，10 月份的最后一个周末是夏令时的结束。

澳大利亚按各州和领地的地理经度分为三大时区：西部的西澳州位于东八区，此时区被

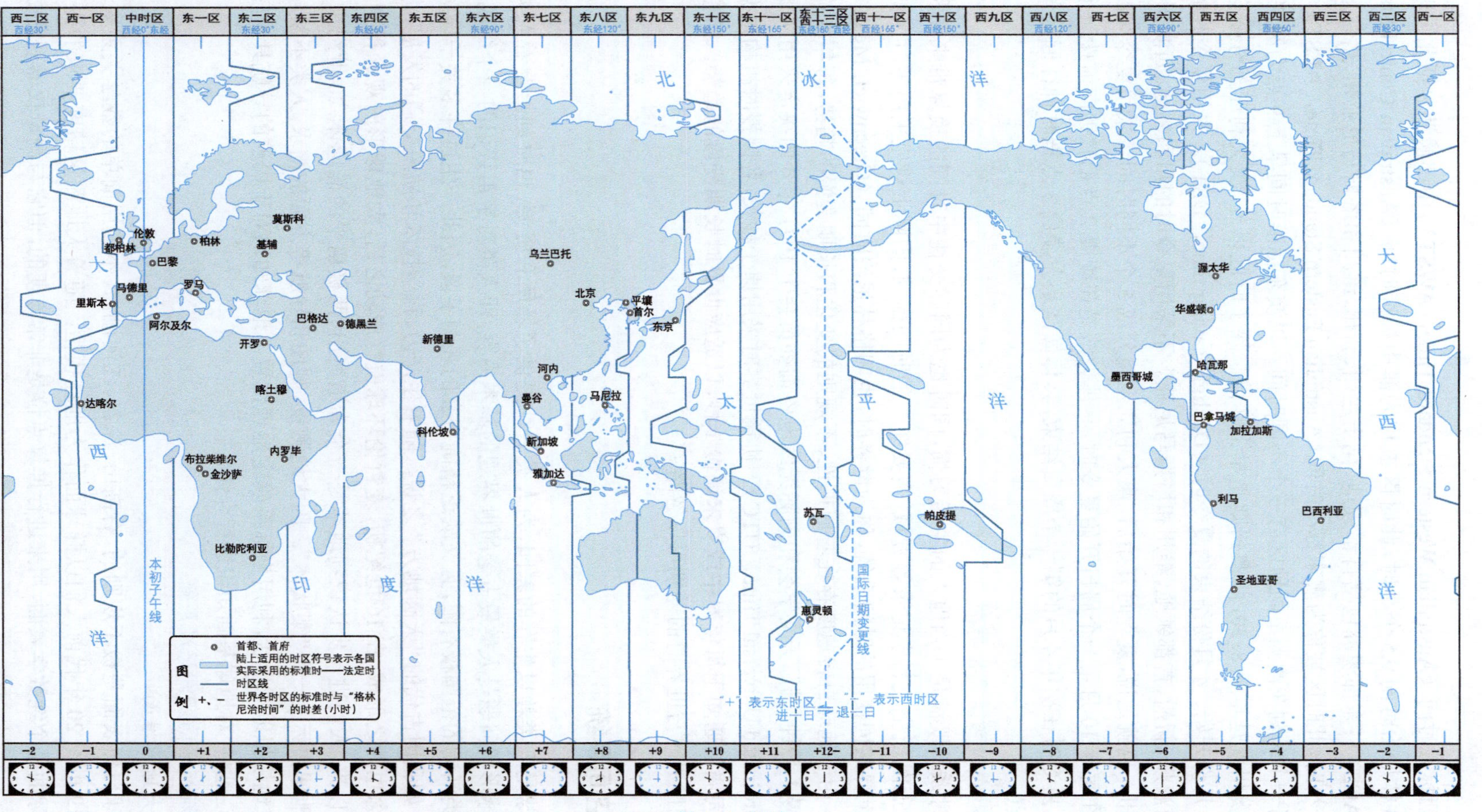

西二区 西经30°
西一区
中时区 西经0°东经
东一区
东二区 东经30°
东三区
东四区 东经60°
东五区
东六区 东经90°
东七区
东八区 东经120°
东九区
东十区 东经150°
东十一区 东经165°
东十二区 西十二区
西十一区 西经165°
西十区 西经150°
西九区
西八区 西经120°
西七区
西六区 西经90°
西五区
西四区 西经60°
西三区
西二区 西经30°
西一区
北
冰
洋
大
西
洋
太
平
洋
印
度
洋
本初子午线
国际日期变更线
“+”表示东时区 进一日
“−”表示西时区 退一日
伦敦
都柏林
巴黎
马德里
里斯本
柏林
罗马
阿尔及尔
达喀尔
莫斯科
基辅
开罗
巴格达
德黑兰
喀土穆
内罗毕
布拉柴维尔
金沙萨
比勒陀利亚
新德里
科伦坡
乌兰巴托
北京
平壤
首尔
东京
河内
曼谷
马尼拉
新加坡
雅加达
苏瓦
惠灵顿
帕皮提
渥太华
华盛顿
墨西哥城
哈瓦那
巴拿马城
加拉加斯
利马
巴西利亚
圣地亚哥
图例
首都、首府
陆上适用的时区符号表示各国实际采用的标准时——法定时
时区线
+、− 世界各时区的标准时与“格林尼治时间”的时差（小时）
−2 −1 0 +1 +2 +3 +4 +5 +6 +7 +8 +9 +10 +11 +12− −11 −10 −9 −8 −7 −6 −5 −4 −3 −2 −1

图 7-10 区时

称为澳西标准时间（Australian Western Standard Time，AWST）；中部澳洲包括北领地和南澳州，格林尼治时间9.5个小时，此时区被称为澳中标准时间（Australian Central Standard Time，ACST）；东部澳洲包括首都领地、昆士兰州、新州、维州和塔斯马尼亚州，格林尼治时间10个小时，此时区被称为澳东标准时间（Australian Eastern Standard Time，AEST）。由此可见，同一个时刻在澳洲不同地区有三个不同时间。以澳东标准时间早上9点为例，在北领地和南澳州就是早上8:30，西澳州则是早上7点。除了时区以外，澳大利亚部分州会采用每年10月份开始、4月份结束的夏令时（Daylight saving time，DST）。采用夏令时的州和领地：南澳州、新州、首都领地、维州和塔斯马尼亚。不采用夏令时的州和领地：西澳州、北领地和昆州。也就是说，夏令时开始后，澳大利亚全境分成5个不同时间。采用夏令时的各州和领地在每年10月第一个周日开始夏令时，具体做法是在凌晨2点把时钟向前拨一个小时到3点，夏令时在次年4月的第一个周日结束，具体做法是在凌晨3点把时钟往回拨一个小时到2点。

3. 世界时和协调世界时

区时系统既满足了当地人的生活习惯，同时也为国际交往中时间的换算带来便利。而在国际通讯、航空及科学记录等领域，需要统一的时间标准，国际上规定采用零时区的区时作为全世界共同使用的时间系统，称为世界时，也叫格林尼治时间（Greenwich Mean Time，GMT）。由于地球自转速度存在着周期性、不规则的变化和长期变慢的趋势，每年大约要比原子时慢1秒钟，国际天文学会和国际无线电咨询委员会于1971年开始决定采用协调世界时（Coordinated Universal Time，UTC）。协调世界时采用原子秒长，各国授时机构根据国际标准时间局的通知于每年岁中或岁末调慢1秒，以适应世界时长期变慢的趋势。航空应用中，协调世界时与世界时的差别可以忽略。

二、空间系统

地球是人类赖以生存的家园，为人类活动提供了场所和资源，也时刻影响着人类的活动。地球形状问题是人类最古老的世界观的基本内容，即人类对宇宙认识的一个组成部分。古代人类活动的范围极有限，且又缺乏精确可靠的观测手段，因此产生过许多关于地球形状的误识，如我国古代的“天圆地方”之说。随着生产力、科学技术和航海交通的发展，大地的球形观念也随之形成，在16世纪初，麦哲伦环球航行成功之后，大地球形的观念得到证明；19世纪以来，人们进一步认识到地球是一个赤道突出、两极扁平的椭球体；20世纪末，有些人认为地球实际上一个“梨状体”。因大地测量、制图和导航等方面的需求，人类不断建立模型，近似地模拟地球形状，利用坐标系确定地理位置。地球知识对于民航的导航具有较大影响，本节主要针对地球基础知识进行介绍。

1. 航空活动空间基准系统

1）大地水准面

地球自然表面是极不规则的，有高山、深谷、江河湖海，不能用简单的数学关系来表达。因此，19世纪20年代前人们以椭球面作为地球模型。随着大地测量精度要求的提高，认识到椭球面是个纯数学表面，用来进行推算点位是非常方便的，但它与测量仪器观测数据很难联系。由于地壳质量分布不均衡，用经纬仪或水准仪在实地找不到与椭球面相垂直的法线，德国的大地测量学家利斯廷于 1873 年创立了大地水准面概念，定义是：假设海水面处于静止平衡状态，将其延伸到大陆下面，构成一个遍及全球的闭合曲面，这个曲面就是大地水准面，是地球表面的第一次逼近。

大地测量中所谓的地球形状就是大地水准面，所以，通常所说的地球形状就是大地水准面的形状。在测量工作中，均以大地水准面为依据。因地球表面起伏不平和地球内部质量分布不匀，故大地水准面是一个略有起伏的不规则曲面。该面包围的形体近似于一个旋转椭球，称为“大地体”。大地水准面是由静止海水面并向大陆延伸所形成的不规则的封闭曲面，它是重力等位面，即物体沿该面运动时，重力不做功（如水在这个面上是不会流动的）。大地水准面是描述地球形状的一个重要物理参考面，也是海拔高程系统的起算面。如图 7-11 所示。大地水准面和海拔高程等参数和概念在客观世界中无处不在，在国民经济建设中起着重要的作用。

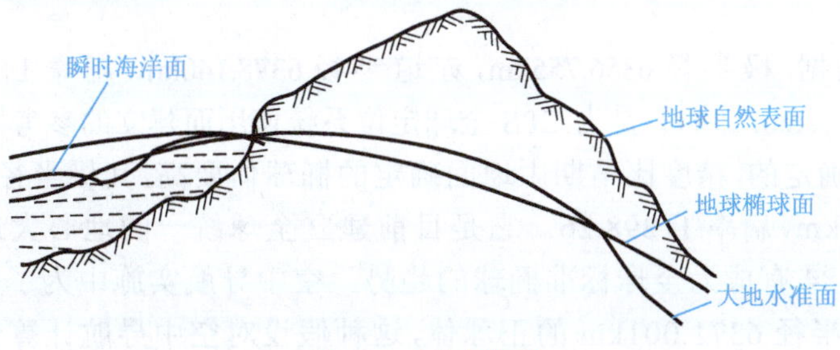

图 7-11 大地水准面

地球表面的形态总是不断变化着的，火山会喷发成长，岛屿会新老交替，山体滑坡和地震会导致大片土地的移动，洋面高度随着潮汐涨落会不断变更，正是在诸如此类的长期地表运动不断地改变着地表结构。按照地表形态的不同，地球表面分为海洋和陆地，其中陆地表面又分为平原、丘陵、山地、高原和盆地五类。不同的地标特征其飞行特点各不相同，因此又制定了相应的飞行规则。

2）参考椭球体

在大地水准面的基础上可以建立地球椭球模型。大地水准面虽然十分复杂，但从整体来看，起伏是微小的，且形状接近一个扁率极小的椭圆绕短轴旋转所形成的规则椭球体，这个椭球体称为地球椭球体。其表面是一个规则数学表面，可用数学公式表达，所以在测量和制图中用它替代地球的自然表面，对地球形体进行二级逼近。

椭球体的形状和大小由地球椭球的基本元素确定：极半径 a，赤道半径 b 和扁率 e，$e=(b-a)/a$（图 7-12）。形状、大小一定且已经与大地体做了最佳拟合的地球椭球称为参考椭球。各国为处理大地测量的成果，往往根据本国及其他国家的天文，大地，重力测量结果采用适合本国的椭球参数并将其定位。

我国在 1952 年之前采用过海福特椭球参数，1953 年开始采用克拉索夫斯基椭球参数，1970 年以后的椭球参数采用卫星大地测量方法推算，精度很高。在国际上广泛被采用的大地参考系统（Geodetic Reference Systems，GRS）椭球，是国际大地测量协会（International Association of Geodesy，IAG）推荐采用的椭球。我国从 1982 年后开始采用 IAG 1975 年推荐

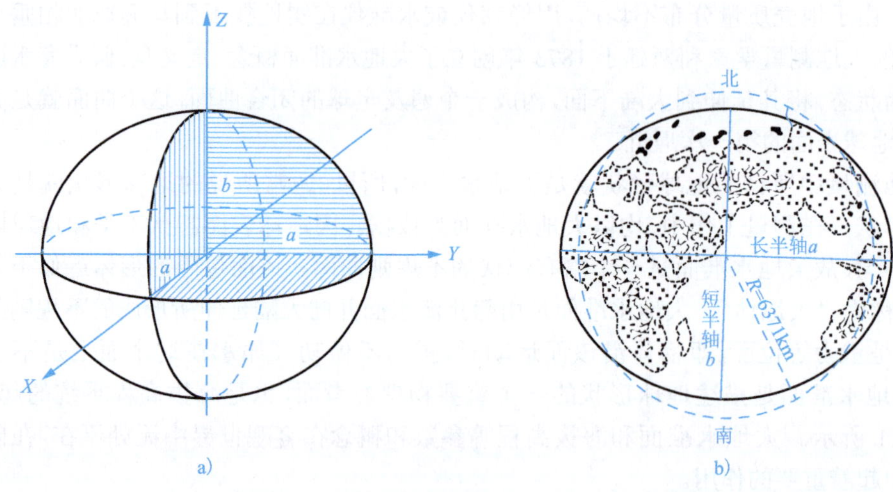

图 7-12 地球基础

的 GRS75 椭球数据，极半径 6356.755km，赤道半径 6378.140km，扁率 1:298.26。WGS-84（World Geodetic System 1984）是为 GPS 全球定位系统使用而建立的参考椭球模型，它是通过卫星轨道数据确定的，精度比早期由地面确定的椭球体要高，其极半径 6356.752km，赤道半径 6378.137km，扁率 1:298.26。它是目前建立全球统一的地心大地坐标系的主要基本参数，WGS84 有成为全球标准椭球的趋势。空中导航实施中为了便于计算通常将地球看作是一个半径 6371.001km 的正球体，这种假设对空中导航计算带来的误差微乎其微。

3）大地坐标系

大地坐标系是大地测量中以参考椭球体为基准面建立起来的坐标系。地面点的位置用大地经度、大地纬度和大地高度表示。当点在参考椭球面上时，仅用大地经度和大地纬度表示。大地经度是通过该点的大地子午面与起始大地子午面之间的夹角，大地纬度是通过该点的法线与赤道面的夹角，大地高是地面点沿法线到参考椭球面的距离。大地坐标系的确立包括选择一个椭球、对椭球进行定位和确定大地起算数据（大地原点）。一个形状、大小和定位、定向都已确定的地球椭球叫参考椭球。参考椭球一旦确定，则标志着大地坐标系已经建立。

大地坐标系是一种固定在地球上，随地球一起转动的非惯性坐标系。大地坐标系根据其原点的位置不同，分为地心坐标系和参心坐标系。地心坐标系的原点与地球质心重合，参心坐标系的原点与某一地区或国家所采用的参考椭球中心重合，通常与地球质心不重合。

（1）参心坐标系

参心坐标系是以参考椭球的几何中心为原点的大地坐标，通常分为参考空间直角坐标系（以 *XYZ* 为其坐标元素）和参心大地坐标系（以 *BLH* 为其坐标元素）。

参心坐标系是在参考椭球内建立 *OXYZ* 坐标系。原点 *O* 为参考椭球的几何中心，*X* 轴与赤道面和零子午线的交线重合，向东为正。*Z* 轴与旋转椭球的短轴重合，向北为正。*Y* 轴与 *XZ* 平面构成右手系。

参心指参考椭球的中心。在测量中，为了处理观测成果和测算控制网的坐标，通常选取以参考椭球面为基本参考面，选一个参考点作为大地测量的起算点（大地原点），利用大地原点的天文观测量来确定参考椭球在地球内部的位置和方向。参考大地坐标的应用十分广泛，它是经典大地测量的一种通用坐标系。根据地图投影理论，参心大地坐标系可以通过高斯投影机算转化为平面直角坐标系，为地形测量和工程测量提供控制基础。由于不同时期采用的地球椭球参心不同，则其定位与定向不同。

我国先后建立的 1954 年北京坐标系（BJS-54）、1980 年西安坐标系（XAS-80，也称“1980 年国家大地坐标系，GDZ-80”）和新 1954 年北京坐标系（NBJS-54），都是参心坐标系，这些坐标系为我国经济社会发展和国防建设做出了重要贡献。但是，随着现代科技的发展，特别是全球卫星定位技术的发展和应用，世界上许多发达国家和中等发达国家已在多年前就都开始使用地心坐标系。

（2）地心坐标系

地心坐标系以地球质心为原点建立的空间直角坐标系，或以球心与地球质心重合的地球椭球面为基准面所建立的大地坐标系。以地球质心（总椭球的几何中心）为原点的大地坐标系，通常分为地心直角坐标系（以 *XYZ* 为其坐标元素）和地心大地坐标系（以 *BLH* 为其坐标元素）。地心坐标系是在大地体系内建立的 *OXYZ* 坐标系，向东为正。*Z* 轴与地球旋转轴重合，向北为正，*Y* 轴与 *XZ* 平面构成右手系。GPS 采用的 WGS-84 坐标系，GLONASS 采用的 PZ90 坐标，以及我国的 2000 国家大地坐标系（CGCS-2000），都是属于地心坐标系。

我国常用的大地坐标系有 1954 年北京坐标系、1980 年西安坐标系、WGS-84 坐标系和 2000 年国家大地坐标系。对于我国民航而言，自 2007 年 7 月 1 日起使用世界大地坐标系统（WGS-84），该坐标系统作为全球民用航空领域普遍使用的测量基准，有利于促进卫星导航、区域导航、增强近地告警等空中航行新技术的全面应用和充分发挥飞机先进机载设备的作用，对于解决西部地形复杂机场的安全运行问题，提高东部地区有限空域资源的使用效率也大有裨益。

2. 高程系统及飞行高度

1）高程系统

某点沿铅垂线方向到绝对基面的距离，称为绝对高程，简称高程。某点沿铅垂线方向到某假定水准基面的距离，称为假定高程。高程基准是推算国家统一高程控制网中所有水准高程的起算依据，它包括一个水准基面和一个永久性水准原点。高程系统（Height System）是指相对于不同性质的起算面（如大地水准面、似大地水准面、椭球面等）所定义的高程体系。

采用不同的基准面表示地面点的高低所产生的几种不同的高程表示法，或者对水准测量数据采取不同的处理方法所产生的几种高程表示法。有正高、正常高、力高和大地高程等系统。高程基准面基本上有两种：一是大地水准面，它是正高和力高的基准面；二是椭球面，它是大地高程的基准面。此外，为了克服正高不能精确计算的困难还采用正常高，以似大地水准面为基准面，它非常接近大地水准面。

我国于 1956 年规定以黄海（青岛）的多年平均海平面作为统一基面，这是我国第一个国家高程系统，从而结束了过去高程系统繁杂的局面。但由于计算这个基面所依据的青岛验

潮站的资料系列（1950—1956 年）较短等原因，我国测绘主管部门决定重新计算黄海平均海面，以青岛验潮站 1952—1979 年的潮汐观测资料为计算依据，并用精密水准测量监测位于青岛的中华人民共和国水准原点，得出 1985 年国家高程基准高程和 1956 年黄海高程的关系为：1985 年国家高程基准高程 = 1956 年黄海高程 -0.029m。1985 年国家高程基准已于 1987 年 5 月开始启用，1956 年黄海高程系同时废止。

对于我国民航而言，采用的 WGS-84 坐标系统，所使用的高程系统是大地高程，以 WGS-84 参考椭球面为高程基准。

2）飞行高度

飞行高度是飞机距离某一基准面的垂直距离。因此，测量飞行高度需要两个基本元素：飞机的垂直位置点和测量高度的基准面。按照测量方式的不同，高度分为几何高度和气压高度两种。几何高度是测定点与规定基准面之间的物理距离，是不随时间、大气物理参数变化的客观存在。然而，实际飞行中由于几何高度难以测量，常常利用气压变化来反映高度的变化，这就是气压高度。气压高度主要利用气压高度表来测量，对应的基准面称为气压基准面，如图 7-13。常用的基准面为场面气压、修正海平面气压和标准海平面气压。

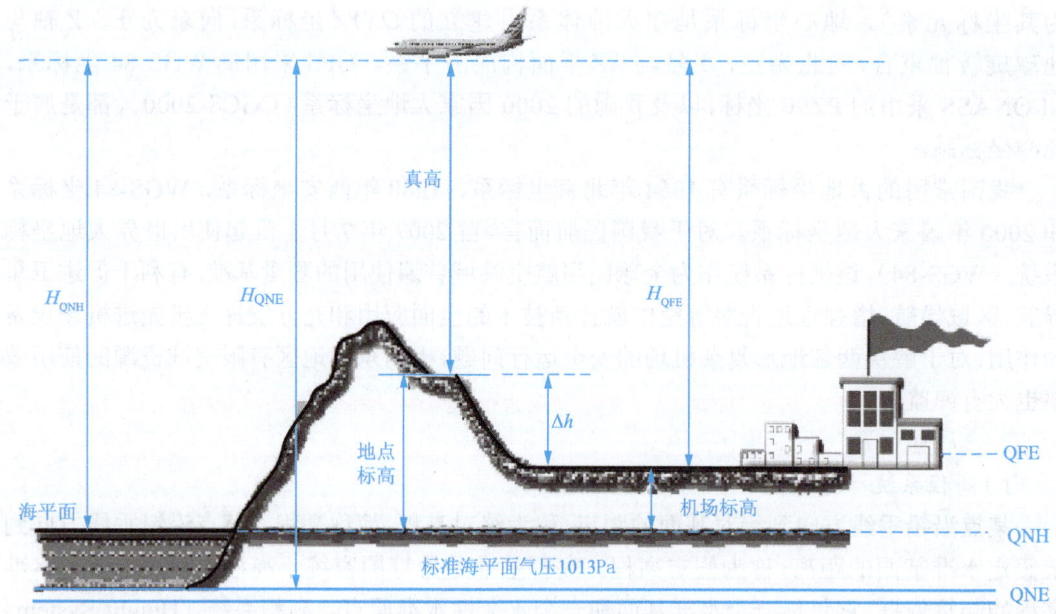

图 7-13　各种气压高度示意图

（1）场面气压（QFE）

飞机在起飞和降落时，有时需要（主要是军用飞机和目视飞行的航空器）知道它和机场之间的相对高度，以确保高度表指示的是与机场地面的垂直距离。这时以机场场面气压为气压基准面，在高度表上显示出来的就是相对于机场的气压高度。各机场都有固定的地理位置，飞机在起飞前根据当地的气压数据把高度表调到零，对于降落的飞机则在下降到一定高度时由塔台通报场面气压数值，驾驶员把高度表的气压基准面调定为场面气压。

（2）修正海平面气压（QNH）

飞机在爬升和下降阶段都需要知道它的真实海拔高度，这样才能通过航图确定和障碍物之间的间距。以海平面的气压数据作为高度的基准面，高度表上得出的是飞机的实际海拔高度，也叫绝对高度。想要得到飞机与下方地面之间的真实高度，就用海平面气压高度减去由航图上查到的这一位置的标高。由于海平面气压是气象部门根据场面气压按照标准大气条件推算到平均海平面得到的一个数值，因而称为修正海平面气压。

以场面气压和修正海平面气压为气压基准时测得飞行高度分别称为场面气压高度和修正海平面气压高度。场面气压和修正海平面气压用于为机场区域内飞行的飞机提供气压高度基准，由空中交通管理部门提供给机组。2000 年 8 月开始我国逐步推广使用修正海平面气压，而在军用机场和部分军民合用机场仍然使用场面气压。

（3）标准海平面气压（QNE）

标准气压用于为航路飞行阶段的航空器提供气压高度基准。以标准气压为气压基准测得的气压高度称为标准气压高度。这是为了使空中飞行的各航空器有统一的测量高度的气压基准面，从而避免因高度基准不同而导致的垂直间隔不够而出现事故。标准气压面是人为拟定的平面，它的优点是不受大气环境变化的影响，从而避免了因各地气压不同而带来的高度表数据的偏差，保证了飞行安全。

由航路阶段飞行转至机场区域飞行或由机场区域飞行转至航路阶段飞行时必然涉及气压基准的转换，为了保证同一区域内飞行的航空器使用同一的气压基准，在机场区域内规定了一个转换空域，其上限为过渡高度层，下限为过渡高度（详细内容见第七章），水平边界一般可认为是机场区域边界。

3. 地球磁场

地球是一个巨大的磁性体，它在周围的空间产生磁场，这个磁场称为地磁场。地磁场是地球系统的基本物理场，直接影响着该系统中一切运动的带电物体或带磁物体的运动学特性。地磁场为航空、航天、航海提供了天然的坐标系，可应用于航天器或舰船的定位、定向及姿态控制。

1）地球磁场的构成要素

地球表面上某一点的地球磁场可用磁差、磁倾和磁感应强度描述。

（1）磁差（Magnetic Variation，MV）

地球磁场可视为一个磁偶极，其中一极位在地理北极附近，另一极位在地理南极附近。通过这两个磁极的假想直线（磁轴）与地球的自转轴大约成 11.5° 的倾斜。1980 年实测的磁北极位于北纬 78.2° 、西经 102.9°（加拿大北部），磁南极位于南纬 65.5°，东经 139.4°（南极洲）。长期观测证实，地磁极围绕地理极附近进行着缓慢的迁移。

磁差（图 7-14）是磁力线在水平面上的投影与地理正北方向之间形成的夹角，即磁经线与地理经线之间的夹角。磁偏角的大小各处都不相同。在北半球，如果磁北偏在真北以东，称为正磁差（东磁差），以西则为负磁差（西磁差）。我国东部地区磁偏角为西偏，甘肃酒泉以西地区为东偏。

磁差的常见表示形式有：MV-3°，或 VAR3° W。

把地球表面上磁差相等的各点连接成线，称为等磁差线（图 7-15）。某一点的磁差可以通过航空地图或专业的磁差图查用。

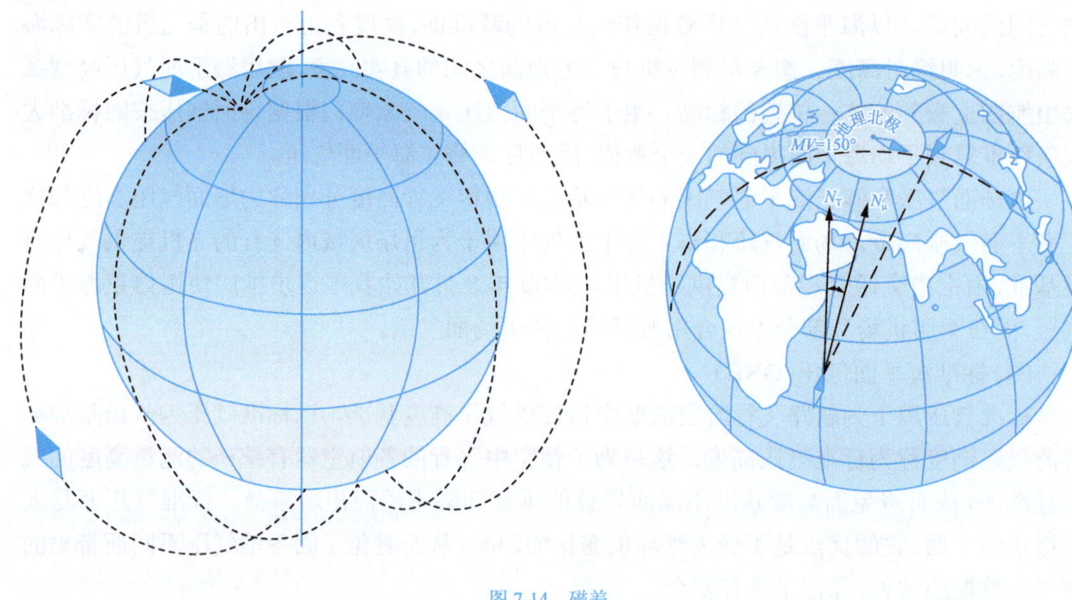

图 7-14 磁差

图 7-15 等磁差线

（2）磁倾（Magnetic Dip）

磁倾（图 7-16）是指磁针北端与水平面的交角，通常以磁针北端向下为正值，向上为负值。地球表面磁倾角为零度的各点的连线称为地磁赤道；由地磁赤道到地磁北极，磁倾角由 0° 逐渐变为 +90°；由地磁赤道到地磁南极，磁倾角由 0° 变成 -90°。纬度越高，磁倾越大，地磁水平分量越小，磁罗盘的测量误差就越大，因此高纬度地区不使用磁罗盘测定飞机航向。

（3）磁感应强度

磁感应强度为某地点的磁力大小的绝对值，是一个具有方向（磁力线方向）和大小的矢量。一般在磁两极附近磁感应强度大，在磁赤道附近最小。磁感应强度还与飞机飞行高度有关，随着高度升高，磁感应强度减弱。

2）地磁要素的变化

地球表面的磁场受到各种因素的影响而随时间发生变化。地磁要素长期有规律的变化称为世纪变化，其中磁差变化对空中导航的精确性产生较大影响。磁差世纪变化的年平均值称为磁差年变率。磁差年变率在航图或磁差图中予以标明，空中导航实施当中应当根据航图或磁差图上注明的磁差年份和磁差年变率予以修正。

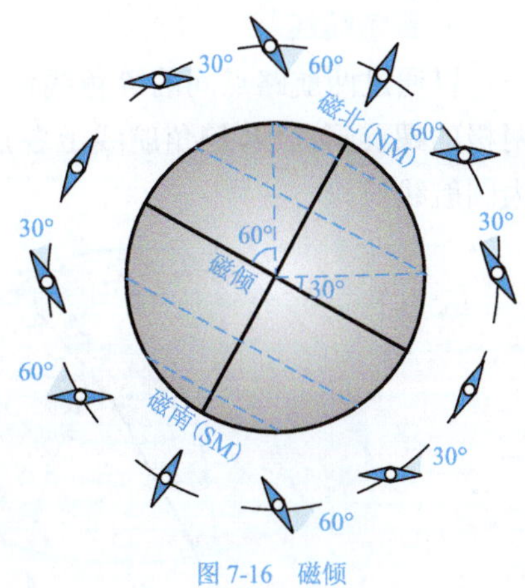

图 7-16 磁倾

三、飞行航线

飞机从地球表面一点（起点）到另一点（终点）的预定飞行路线叫航线。由于地球表面是曲面，因此航线不会是直线，导航计算时，局部范围内可以把某一航段视为直线以简化计算。航线是飞行实施的目标，飞机实际在空中飞过的轨迹在地球表面的投影叫航迹。空中导航的目的就是使航迹始终保持在航线上，以达到准确飞行的目的。

航线由起点、转弯点、终点和检查点等航路点构成。目视航线由一些明显易辨的地标组成，通常以起飞机场作为航线起点，以着陆机场作为航线终点，转弯点和检查点则是一些明显易辨的地标。仪表航线由一系列的导航台的无线电信道依次连接而构成的空间通道组成，通常以起飞机场和着陆机场的主降方向远距台或附近的归航台为航线起点和终点，而转弯点和检查点则是一些无线电导航点或定位点。

航线（航段）的方向，用航线角（Course）表示，即从航线起点的经线北端顺时针量到航线（航段）去向的角度，航线角范围 0° ～ 360°。根据基准线的不同，航线角用真航线角（TC）和磁航线角（MC）两种来表示，换算关系式：

$$MC = TC - (\pm MV) \tag{7-5}$$

航线距离（Distance）是航线起点到终点间的地面长度，它等于各航段长度之和。航线距离常用千米（km）和海里（n mile）为单位，也有以英里（mile）为单位的，规定地球上大圆弧 1′的长度为 1 海里。三者的关系为：

$$1\text{n mile} = 1.852\text{km} = 1.15\text{mile} \tag{7-6}$$

1. 大圆航线

以通过两航路点间的大圆圈线作为航线的叫大圆航线，大圆航线上各点的真航线角（α）不相等，但航线距离最短（图 7-17）。

大圆航线的航线角、距离和途中所经各点的地理坐标，是航行的基本要素，可以根据球面三角公式导出各参数的计算公式。飞行中一旦确定大圆航线的起点和终点，大圆航线便被唯一确定。通常以起点处的经线北端顺时针测量至航线去向的夹角确定大圆航线的航线角。实际飞行中，通过自动导航设备，飞行人员只需输入位置坐标，即可计算出所需的参数。

2. 等角航线

以通过两航路点间的等角线作为航线，就叫等角航线（图7-18）。等角航线是一条盘向两极的螺旋形曲线，等角航线上各点的航线角 α 相等，导航相对容易，但它的距离一般都比大圆航线长。

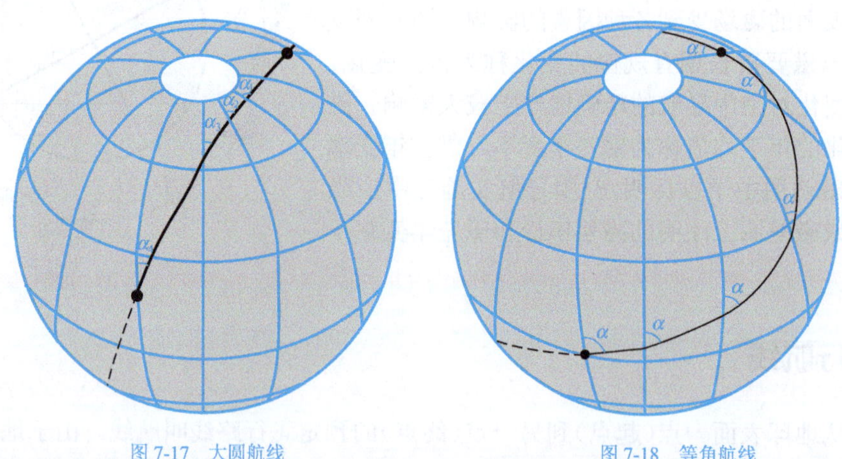

图7-17　大圆航线　　　图7-18　等角航线

等角航线的航线角、距离和途中所经各点的地理坐标，同样可根据球面三角公式导出各参数的计算公式，以便在飞行中计算出所需的各参数。

3. 大圆航线和等角航线的应用

大圆航线距离虽短，但在飞行中需要经常改变航线角，飞行员操纵负荷比较大，只有装备有飞行管理计算机的现代航空器上才会选择大圆航线飞行；等角航线虽然距离长，但飞行员一旦挑定航线角，便可以一直保持该航线角飞行直至到达目的地，飞行操纵负荷比较小。近程飞行，可选用等角航线飞行；远程飞行时，通常是全程采用大圆航线，每一航段按等角航线飞行，以兼顾运行效益和飞行操纵方便。

4. 极地航线

极地航线是指穿越极地区域的大圆航线，一般沿经线方向飞行。极地区域是指北（南）纬78°以北（南）的区域。

极地航线往来于欧洲与亚洲或者北美洲与亚洲之间，以飞越北极上空的方式节省飞行时间。由于北极地区的盛行西风一般强度较弱，再加上北极航线更接近大圆航线，航程较短，可以消除技术经停，节省燃油，减少起降费用，并增加有效负载。

现代星基通信、导航和监视技术的应用，解决了极地地区磁罗盘无法正常工作、地面导航设施稀少、通信覆盖薄弱等极地地区飞行的技术困难。

第三节　通信/导航/监视环境

通信、导航和监视系统是保障民用航空飞行安全，改善经营管理，提高经济效益的重要手段，三者必须主动配合，密切协作，迅速、准确、可靠地为民用航空提供通信、导航和监视服务。通信是指信息借由某一物质，从传送者到接收者的这一过程，其目的就是为了让接收者理解传送者的意图。导航是指地面上的管制机构根据相关设备显现出来的消息，通过通信设备给飞机指路，并且控制它的航向。监视就是地面上的管制机构对飞机的航向以及其他安全方面进行监督，并在发现飞机出现问题时及时通知，处理危机。简而言之，在航空运行中，通信主要是用以实现飞机与地面之间，飞机与飞机之间的相互通信；导航主要用于确定飞机的位置并引导飞机按预定航线飞行；监视主要用于及时了解飞机的飞行状态。

一、通信

根据 2015 年 1 月 1 日施行的民航局令第 226 号《民用航空通信导航监视工作规则》规定，民航系统通信的任务是利用通信网络或者通信终端传输、交换和处理民用航空生产信息，为民用航空活动提供语音或者数据通信，使其能够安全、高效运行。包括地一空通信和地一地通信两类。

地一空通信主要包括空中交通服务通信、航务管理通信、站坪管理通信和对空气象广播等。通信方式可以使用无线电语音和数据通信等。与此同时，地一地通信主要包括航空固定业务通信、民航专用电话通信、机场移动通信和管制中心间通信等，可以使用民航专用通信网和公用通信网方式实现语音与数据的交换与传输。

数据通信速度快、抗干扰能力强、误差率低，并且具备与自动化系统协调发展、实践可行和经济合理、节约频率资源、减轻机组人员负担的特点，因此已成为地空通信的发展方向。其中，地一空通信多采用高频通信、甚高频通信、二次雷达的 S 模式和航空移动卫星数据链，在飞行过程中根据需要进行自动选择。地—地通信主要依靠现有局域网和广域网来完成，按照国际标准化组织（ISO）的开放系统互连（OSI）标准互连，使机场、航空公司及航管部门之间实现通信连接。

1. 高频通信

高频（High Frequency，HF）通信系统（图 7-19）是一种飞机与飞机、飞机与地面之间的远距离通信系统。高频通信使用了和短波广播的频率范围相同的电磁波，受到电离层的反射。

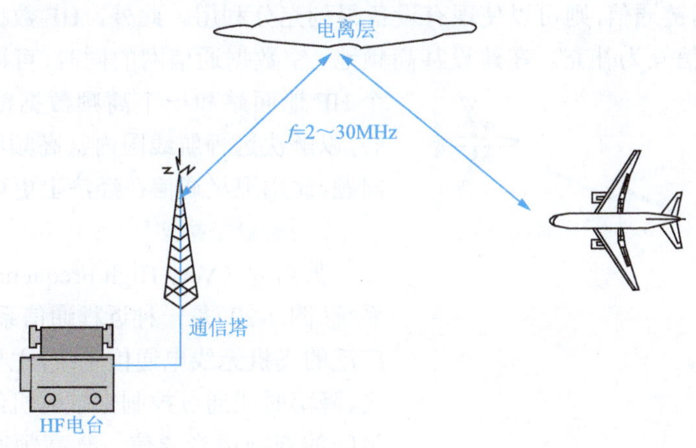

图 7-19 频通信系统

因而通信距离可达数千千米，用于飞行中保持与基地和远方航站的联络，使用的频率范围为2～30MHz，每1kHz为一个频道。大型飞机一般装有1～2套高频通信系统，使用单边带通信，这样可以大大压缩所占用的频带，节省发射功率。

机载高频通信系统包括机载高频设备，由收发机组、天线耦合器、控制盒和天线组成，它的输出功率较大，需要有通风散热装置，天线耦合器的目的是使天线和发射机之间的阻抗相匹配。现代民航机用的高频通信天线都埋入飞机蒙皮之内，一般装在飞机尾部。

20世纪90年代之前，超视距航空通信的唯一手段是HF电台。HF电波传播主要靠电离层反射，而电离层随着昼夜和季节而变，很不稳定，还会受太阳黑子活动的影响，产生扰动。由于短波信号的不稳定，电台数量的众多及电台之间的相互干扰，严重影响了HF通信系统的通信质量。为了提高信噪比，节约频谱，HF通信系统普遍采用了单边带与普通调幅兼容的通信方式。在卫星通信还没有完全普及的情况下，HF通信仍然是远距通信的主要手段，即便采用卫星通信，HF仍然是高纬度地区的主要通信手段。大型飞机一般装有两套高频通信系统，使用单边带通信，这样可以大大压缩所占用的频带，节省发射功率。

高频通信系统包括语音通信和数据链通信两种。语音通信简单易懂，但是存在易出错、多信宿的限制和业务种类等缺点。易出错是指语音通信，主要是指机组人员和管制员及航务管理人员间进行的长时间的飞行通话，易使人疲劳，加上各国、各地口音不一致，可能引起听不懂、听不清或说错、抄错的情况。多信宿的限制是指有些通信内容要先由话务员收下来，然后人工转发给多个用户，进一步增加了出错的可能，并且延长了通信时间。业务种类受限是指某些计算机数据不便由人口述，飞机上要利用地面数据库信息也不便于由话音通信来实现。高频语音通信的作用正在日趋减弱。

数据链通信可以克服语音通信中信道拥挤、误解、信号听错、信号失真和信号破坏等问题，增加信息传输的效率。高频数据链通信可以作为甚高频数据链和卫星数据链通信的补充，可以增加通信覆盖区，减少设备投资，充分利用现有HF地面通信设施。我国幅员辽阔，地形复杂，甚高频地面站覆盖面积较小，如果要扩大服务范围，则需建设大量的甚高频地面站，成本较高。利用卫星通信，需要对飞机进行改装，改装费较高，对于国内大多数航空公司用于国内航线和地区航线上的飞机是难以承受的。我国一些HF地面通信设施利用率不高，如果开展数据链通信，则可以使现有设备得到充分利用。此外，HF数据链通信可以和甚高频数据链通信互为补充。在建设甚高频地 - 空数据通信网的同时，可以考虑建设若干个HF地面站和一个高频数据链的数据处理中心，以解决远程航线国内甚高频不能完全覆盖的问题，比用卫星通信在经济上更可行。

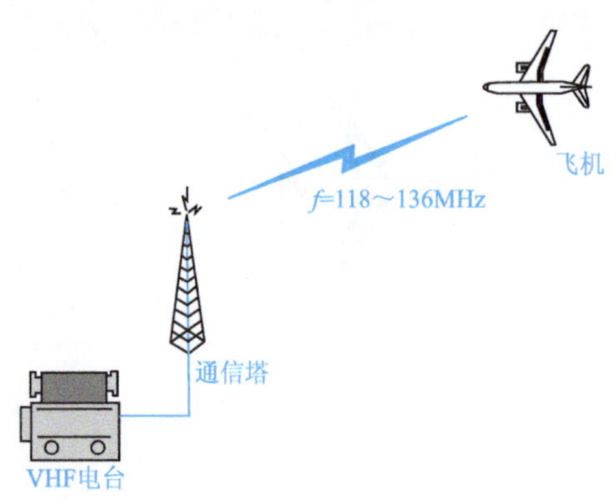

图7-20　甚高频通信系统

2. 甚高频通信

甚高频（Very High Frequency，VHF）通信系统（图7-20）是一种近程通信系统，也是应用最广泛的飞机无线电通信系统，主要用于飞机在起飞、降落时或通过控制空域时机组人员与地面人员间的双向语音通信。甚高频通信使用甚高频无线电波，以直达波的形式在视距内传播，传播距离近，根据飞机飞行高度、发射功率和天线高度而定，最远可以达到400km。大型民航飞机通常装有2～3套系统。

按照国际民航组织的统一规定，甚高频所使用的频率范围在118.000～135.975MHz，每25kHz为一个频道，共设置了720个频道由飞机和地面控制台选用，其中121.500MHz定为遇难时呼救的全世界统一的频道，通信信号是调幅的，通话双方使用同一频率，一方发放完毕，停止发射等待对方信号。

甚高频通信系统由收发机组、控制盒和天线三个部分组成，收发机组用频率合成器提供稳定的基准频率，然后和信号一起，通过天线发射出去，接收部分则从天线上收到信号经过放大、检波、静噪后变成音频信号，输入驾驶员的耳机或话筒。天线为刀形，一般装在机腹。

VHF地空通信工作方式是交替用同一频率发和收。机载电台和地面都有PTT（Push To Talk）开关，按下时处于发射状态，可以说话，松开时则为接收状态。每个地面台都有一个指配的工作频率，覆盖一定地区，在此地区内，飞机均用此频率与其通话。当某个地面台管制员正与某架飞机的飞行员通话时，覆盖区内其他飞机的飞行员亦能听到他们的通话内容。这种情况对飞行安全有利，因为每个飞行员都对邻近飞机的飞行动态有所了解，有利于避免碰撞或危险接近。

由于VHF通信主要是在视距范围内，一个地面台的覆盖范围一般只有几百千米。在高交通密度的陆地上空，通常用VHF电台接力的办法扩大范围覆盖。

由于认识到数据通信的优越性，世界上许多地区已采用了一种面向字符的VHF数据通信系统，即飞机寻址通信与报告系统。飞机寻址通信与报告系统（Aircraft Communication Address and Report System，ACARS）是把数据通过地空双向的数据链进行交换，飞机用甚高频向地面发射，地面站把这些数据再发往航空公司、管制塔台等。系统由管理组件，飞行管理计算机的控制显示组件（CDU），甚高频收发机，打印机组成，其中管理组件是系统的核心，对系统进行数据管理和控制以及数据储存。控制显示组件用以输入数据，显示数据。高频收发机用于和地面实行数据链联系。打印机则把数据打印，提供给机组阅读。

这个系统使飞机与地面各有关部门联系成为一个实时数据处理的整体。它向地面部门自动报告飞机的各种参数，同时接受地面来的各种指示和信息。使得情报及时沟通，故障及时处理，同时还提供了双向语言通信及乘客的空中电话及安排预定旅馆，租用车辆等地面服务项目。这种系统的使用使飞行安全性提高，降低机组人员的工作负荷，减少地面维修人员的工作量，扩大了服务范围。

随着雷达技术的发展，S模式的二次监视雷达数据链的重要性不断加强，在对空中交通进行非相关监视的同时，也提供地—空数据链通信，它比甚高频数据链速率高，被用于终端区与其他交通高密集区。

3. 卫星通信

航空移动卫星通信也称为航空移动卫星业务（Aeronautical Mobile Satellite Service，AMSS），包括话音和数据通信两种方式，它使空中飞机在任何地方都能与地面进行实时有效的通信，且在空管中心的实时监视之中。它与机载卫星导航接收机相结合，可提供对飞机的自动相关监视。

AMSS通信技术原理如图7-21所示。机载卫星通信系统（Satellite Communication

System，SATCOM）把经处理的数字信号发往通信卫星网中的一颗卫星，卫星再把信号转发给地面站，地面站接通航空通信寻址报告系统（ACARS）和地面公共电话网络。

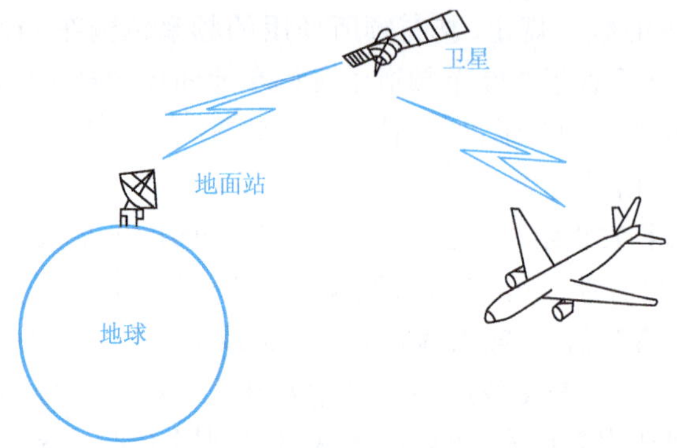

图 7-21　卫星通信原理

通信卫星承担着地面站和飞机之间的通信中继作用，它把接收到的信号放大后转发，使飞机和地面的通信联通。通信卫星要覆盖全球，就要组成一个全球的网络，对于地球静止轨道卫星，轨道高度为 36000km，需要 3 颗卫星组成，中、低轨道的通信卫星网需要更多的卫星来组成全球通信卫星系统。通信卫星都有较大的供电能力来完成中继任务。

4. 航空电信网

航空电信网（Aeronautical Telecommunication Network，ATN）是 CNS/ATM 系统的一个重要组成部分，是新航行系统中通信系统的主体，融地面与地空数据通信为一体，实现各空中交通管理计算机系统之间、数据处理系统之间以及各类航空用户之间的数据交换。其优点是使整体的航空电信网在设计、管理和控制每个子网方面十分灵活，而每个子网又很容易实现其网络环境中的各种应用，可以区分安全通信和非安全通信并按航空电信要求建立优先等级。各种地空通信的数据均能连接到地面空中交通管制计算机系统和航空通信单位的计算机系统，并可在这些计算机系统中按规定地址进行端到端的连接和高速数据交换。

管制员和飞行员数据链通信（CPDLC）是 ATN 的重要应用之一，它使用空—地双向数据链（TWDL）来为管制员和飞行员提供数据通信。CPDLC 是管制员和飞行员之间利用数据通信代替话音通信的 ATC 通信方式，可以弥补话音通信的信道拥挤、误解、听错、信号失真、破坏的缺陷。CPDLC 的应用为空中交通服务（ATS）设施提供了数据链通信服务，包括标准格式的放行、期望放行、申请、报告和有关的 ATC 信息。它作为数据通信，具有国际规范的数据格式，可以提供所有的管制命令。利用新航行系统的全球覆盖性，管制员可以通过 CPDLC 对以往甚高频数据链无法覆盖的区域内的飞机进行管制，包括越洋飞行的飞机。

二、导航

空中导航是利用导航设备接收和处理导航信息，确定飞机的位置、航向和飞行时间，引导飞机沿着预定的航线从地球表面上一点准确、准时、安全的飞往地球表面上预定点的过程。导航要解决的问题是在哪里、去哪里、向哪走，即定位、定向和确定飞行时间。

自从人类出现并有最初的政治、经济和军事活动以来，便有了对导航的要求，而导航的发展又是以人类的各种活动为基础的。当人类的经济和军事活动还比较简单时，用地形地物作为参照或者通过观察太阳、星体、灯光就可以到达目的地。这便是最初的天文导航和目视导航。到20世纪20年代，随着人类航空运输事业的兴起和发展，开始出现无方向性信标以及一些原始的推测导航仪器，人类航空开始了最初的无线电导航。第二次世界大战期间，导航已经发展成为一项专门的技术，航空无线电导航在这一阶段取得了巨大的发展。在这一时期，无线电高度表、气压高度表、精密进场雷达、多普勒导航系统、仪表着陆系统（ILS）、甚高频全向信标（VOR）、测距机（DME）、塔康（TACAN）等无线电设备相继出现并得到了广泛的应用，无线电导航逐步发展成为占支配地位的导航方式。20世纪70年代，随着惯性基准系统、卫星导航系统以及飞行管理系统的出现，现代导航系统逐渐发展成为以飞行管理系统（FMS）为核心，综合多源导航数据的区域导航，传统的以设备为中心的导航概念也被以导航规范为中心基于性能的导航概念所替代。

1. 基本导航参数

飞机在三维空间内运动，要顺利完成飞行任务，必须能够及时、准确地测量航向、高度、速度等基本导航元素，并确定飞机相对于地面导航设施的无线电方位。

1）航向

飞机纵轴前方的延长线叫航向线。飞机所在位置的经线北端顺时针测量至航向线的夹角叫作航向（Heading，HDG）。根据度量航向时基准经线的不同，航向包括真航向、磁航向和罗航向三种，如图7-22所示。

（1）真航向（True Heading，TH）：飞机所在位置的真经线北端顺时针测量至航向线的夹角。

（2）磁航向（Magnetic Heading，MH）：飞机所在位置的磁经线北端顺时针测量至航向线的夹角。

（3）罗航向（Compass Heading，CH）：飞机所在位置的罗经线北端顺时针测量至航向线的夹角。

飞机上测量航向的设备包括磁罗盘、陀螺罗盘和惯性基准系统。由于磁差的存在，磁航向与真航向之间的相差一个磁差（Magnetic Variation，MV）。此外，由于飞机本身是一个大的电磁部件，飞机本身磁场会导致飞机磁罗盘的指针偏离地磁方向，因此磁罗盘测量的航向与磁航向之间存在着偏差，称为罗差（Deviation，DEV）。使用磁罗盘测量飞机航向时，飞行人员应注意修正磁差和罗差的影响。

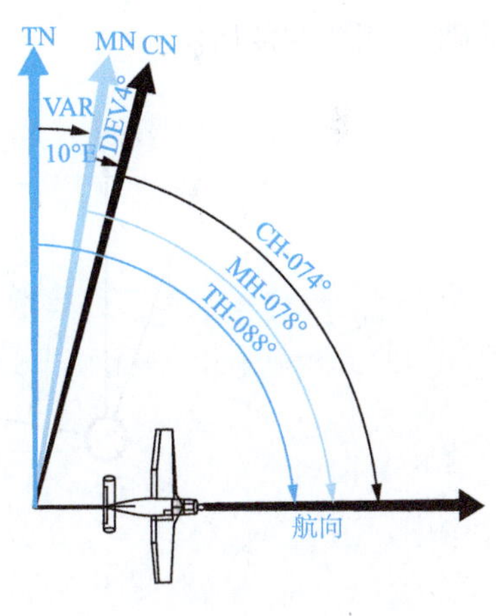

图7-22 航向

2）空速

飞机相对于空气的运动速度称为空速（True Air Speed，TAS）。空速是表征飞机空气动力特性和测定飞机位置的重要飞行性能参数和导航参数，也是空中交通管制员预测飞行冲突的重要依据。

由于空中风的存在，飞机会向下风向偏离预定航迹，飞机相对于地面的运动速度亦不等于飞机空速。我们称飞机相对于地面的运动速度为地速（Ground Speed，GS）。顺风使得地速

增大，逆风使得地速减小，侧风则会使飞机偏离预定的航线。为了保持航线方向飞行，飞行员必须校正风对飞行轨迹的影响。为了保证飞机准确到达目的地，飞行员还应修正飞机空速。真空速、风速(Wind Speed，WS)和地速矢量之间的关系成为航行速度三角形，如图 7-23 所示。

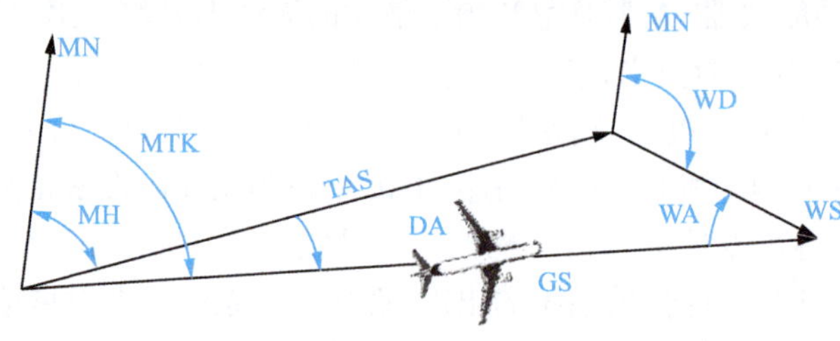

图 7-23　航行速度三角形

其中，WD（Wind Direction）为航行风的风向，是从磁经线北顺时针测量的风的去向的夹角。MTK（Magnetic Track）为磁航迹，是飞机所在位置的磁北顺时针测量的航迹去向的夹角。DA（Drift Angle）为偏流角，是地速向量偏离空速向量的角度，及航迹偏离飞机纵轴的夹角。WA（Wind Angle）为风角，是风速矢量与地速矢量的夹角。有了这些角度和矢量，我们就可以通过矢量合成法则、正弦定理等基本三角形计算规律确定飞机的地速和偏流，进而确定飞机的应飞航向，确定飞机的预达时刻和预达位置。

3）无线电方位

传统的无线电导航中，飞机通过接收地面导航台发射的电磁波，并由机载接收机解算出飞机相对于地面导航台的方位角来确定飞机在空中飞行的瞬时位置。利用无线电测角系统测量出飞机与电台之间的方位角，确定出飞机的位置线是使用无线电测角系统进行导航的基础。如图 7-24 所示。

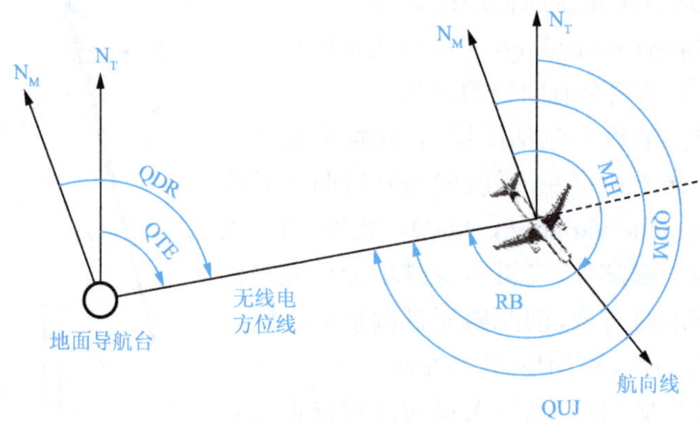

图 7-24　无线电方位

从航向线顺时针方向量到无线电方位线的角度，叫相对方位角(RB，Relative Bearing)，范围是 0°～360°，它表示电台相对于飞机纵轴的位置，即电台在飞机纵轴的哪一个方向上。

从飞机所在位置的经线北端顺时针方向量到无线电方位线的角度，叫作电台方位角。以真经线北端为基准的电台方位角叫电台真方位(True Bearing to Facility，QUJ)；以磁经线北端为基准的电台方位角叫电台磁方位角(Magnetic Bearing to Facility，QDM)。

从电台所在位置的经线北端顺时针方向量到无线电方位线的角度，叫作飞机方位角，范围是 0°～360°，它表示飞机在电台位置的哪个方位上。以真经线北端为基准的飞机方位角叫飞机真方位（True Bearing from Facility，QTE）；以磁经线北端为基准的飞机方位角叫飞机磁方位角（Magnetic Bearing from Facility，QDR），也是飞机背离电台飞行的磁方位。

在现代化的大型飞机上，借助大气数据基准系统，使用电子飞行仪表系统（Electronic Flight Instrument System，EFIS）来显示各种导航参数，如空速、地速、风速、风向高度、无线电方位等，并且与飞行管理系统耦合，实现了自动导航。飞行员可以从繁重的导航计算中解脱出来，由操纵者变为管理者，因此现代化飞机已经不再有领航这个岗位，但是和飞行有关的人员都必须具有领航的基本知识才能够正确使用这些先进的导航设备。在特定情况下，还是需要人来判断、决定处理航行中所遇到的问题。

2. 陆基导航

陆基无线电导航是利用机载无线电导航设备接收和处理来自地面无线电台的无线电波，获取导航参数，确定飞机位置及飞往预定点的航向、时间，从而引导飞机沿选定航线安全、高效地完成规定的飞行任务的领航方法。

电磁波传播具有如下基本特性：①电磁波在均匀理想介质中，沿直线传播；②电磁波在自由空间的传播速度是恒定的；③电磁波在传播路线上遇到障碍物或在不连续介质的界面上时会发生反射。无线电导航就是利用上述特性，通过无线电波的接收、发射和处理，使用地面导航设备和机载导航设备测量出所在飞机相对于导航台的方向、距离、距离差、速度等导航参量（几何参量），通过测量无线电导航台发射信号（无线电电磁波）的时间、相位、幅度、频率参量，可确定飞机相对于导航台的方位、距离和距离差等几何参量，从而确定飞机与导航台之间的相对位置关系，据此实现对飞机的定位和导航。

无线电导航不受时间、天气限制，精度高，作用距离远，定位时间短，设备简单可靠。其缺点是因必须辐射和接收无线电波而易受干扰，需要导航台支持，一旦导航台失效，与之对应的导航设备无法使用；同时易发生故障。

常见的无线电导航设备有：无方向信标（NDB）台、甚高频全向信标台（VOR）、测距机（DME）、仪表着陆系统（ILS）等。

1）无方向信标（Non-Directional Beacon，NDB）台

无方向信标（NDB）台（图 7-25）是最早投入使用的无线电导航设备。由于其设备简单，使用方便、价格低廉，自 20 世纪 20 年代投入使用以来，至今仍然广泛应用于飞机导航。

图 7-25　NDB 台

NDB 台通常是一个放置在已知地点的无线电发射装置，由中波导航机（发射机）、发射天线及一些辅助设备组成。由于其安装在每个航站和航线中，不断地向空间发射一个无方向性的无线电信号，因此称为无方向性信标。它与自动定向机（ADF）配合使用，机载定向设备一般包括自动定向接收机、控制盒、方位指示器、环形天线和垂直天线或组合式环形 / 垂直天线。环

形天线和垂直天线联合接收地面 NDB 台的无方向性信号，送入定向接收机进行处理，并将处理后的方位信息送至方位指示器显示，将分离出来的地面 NDB 台的音频识别信号送至飞机音频系统。

2）甚高频全向信标（VHF Omnidirectional Range，VOR）

甚高频全向信标（VOR）系统（图 7-26），是一种近程无线电测角导航系统。它是第二次世界大战末期由美国发展起来的，其 1946 年成为美国航空标准导航设备，1949 年被国际民航组织（ICAO）采用，正式作为国际标准的无线电导航系统。

VOR 系统属于他备式导航系统，由地面发射台和机械设备组成，工作在 108 ～ 118 MHz 频段。地面发射台通过天线发射含有方位信息的电参量，机载设备由接收到的电参量解算出方位信息，并通过有关的指示器指示相应的方位信息，引导飞机完成导航任务。机载 VOR 设备包括控制盒、天线、甚高频（VHF）接收机和指示器，尽管有多种型号的机载设备，处理方位信息方法不同，但它们的基本功能是相似的，都是通过天线接收地面 VOR 台的无线电信号，送入甚高频接收机进行处理，并将处理后的方位信息送至方位指示器显示，并可与预选的航路（道）比较，得到航道偏差信号去驱动航道偏离指示，同时将分离出来的地面 VOR 台的音频识别信号送至飞机音频系统进行识别。

3）测距机（Distance Measuring Equipment，DME）

测距机系统是一种能够测量由询问器到某个固定应答器（地面台）距离的二次雷达系统。测距机是在第二次世界大战期间由英国发明的。DME 系统由机载设备和地面信标设备组成，工作频率为 962 ～ 1213MHz，相邻波道间隔为 1MHz。DME 系统属于询问—回答式脉冲测距系统，首先由机载询问器向地面信标台发射询问脉冲对，地面信标台接收这些询问脉冲对，延迟 50μs，然后给询问发射回答脉冲对。机载询问距离计算机按照发射询问脉冲对和接收回答脉冲对之间所经过的时间计算出飞机到地面台的斜距。DME 系统工作原理如图 7-27 所示。

测距机是民用飞机普遍装备的一种无线电导航系统，它常与 VOR 台安装在一起，可用于飞机定位、测高、等待飞行、进近着陆、航路间隔、避开保护空域及计算地速等。

图 7-26　VOR 系统

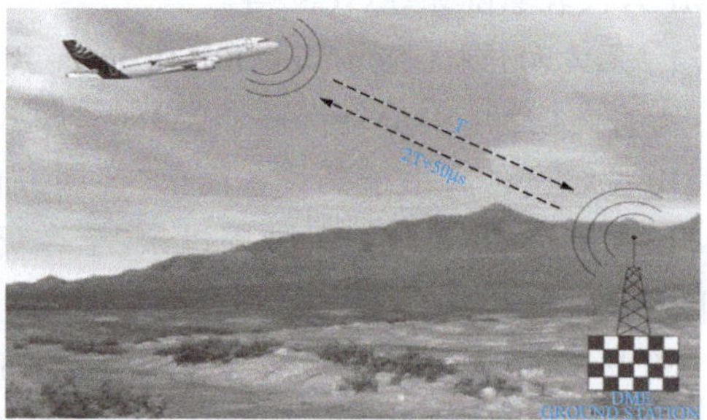

图 7-27　DME 系统工作原理

4）仪表着陆系统（Instrument Landing Systems，ILS）

仪表着陆系统又称盲降系统，1949 年 ICAO 将其确定为标准进近和着陆引导设备，也是目前应用最为广泛的飞机精密进近着陆引导系统，其能够在复杂气象条件下为航空器着陆提供航向引导和垂直引导（图 7-28）。

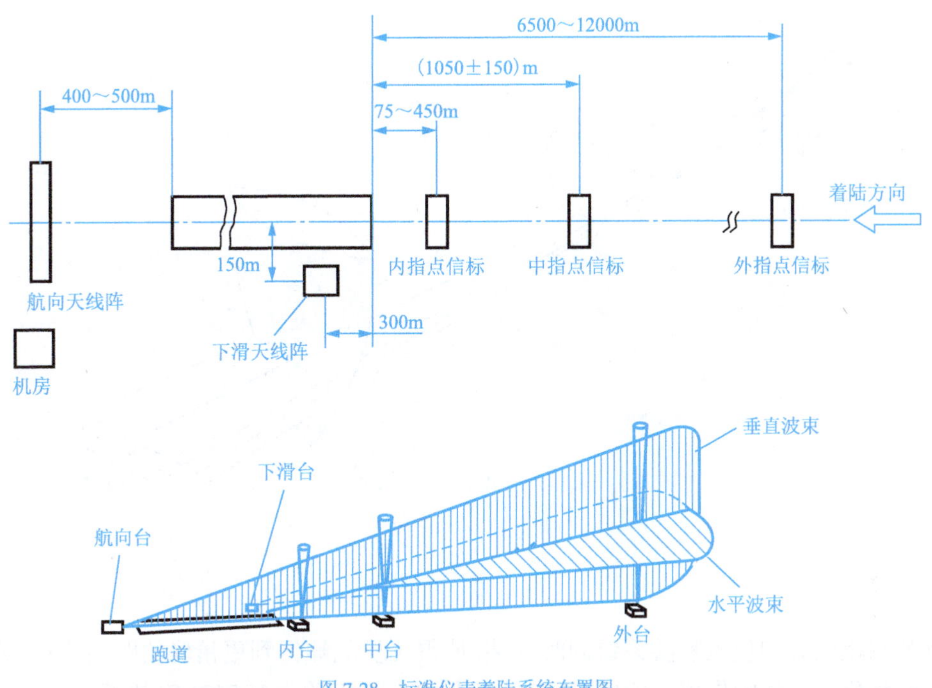

图 7-28 标准仪表着陆系统布置图

仪表着陆系统的作用是由地面发射的两束无线电信号实现航向道和下滑道指引，建立一条由跑道指向空中的虚拟路径，飞机通过机载接收设备，确定自身与该路径的相对位置，使飞机沿正确方向飞向跑道并且平稳下降高度，最终实现安全着陆。

一个完整的仪表着陆系统包括方向引导、距离参考和目视参考系统。

（1）方向引导系统

航向台（Localizer，LOC/LLZ），位于跑道进近方向的远端，波束为角度很小的扇形，提供飞机相对于跑道的航向道（水平位置）指引；航向信标的工作频率在 108.00～111.95MHz 之间，十分位为奇数位，用于引导飞机对正跑道。

下滑台（Glide Slope，GS；Glide Path，GP），位于跑道入口端一侧，通过仰角为 3° 左右的波束，提供飞机相对于跑道入口的下滑道（垂直位置）指引；下滑信标的工作频率在 329.15～335MHz 之间，与航向信标配对使用，为飞机提供垂直引导（图 7-29）。

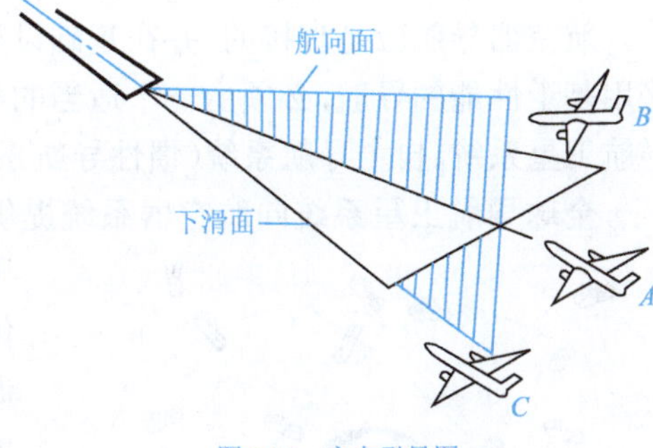

图 7-29 方向引导图

（2）距离参考系统

指点标（Marker Beacon）（图 7-30）提供飞机相对于跑道入口的粗略的距离信息。位于距跑道入口 11km 范围内，从远到近分别为外指点标（OM）、中指点标（MM）和内指点标（IM），通常表示飞机在依次飞过这些信标台时，分别到达最终进近定位点（FAF）、I 类运行的决断高度、II 类运行的决断高度。指点标的工作频率为 75MHz，用于提示飞行员飞机在五边上的位置，提醒飞行员注意检查高度和飞机姿态。

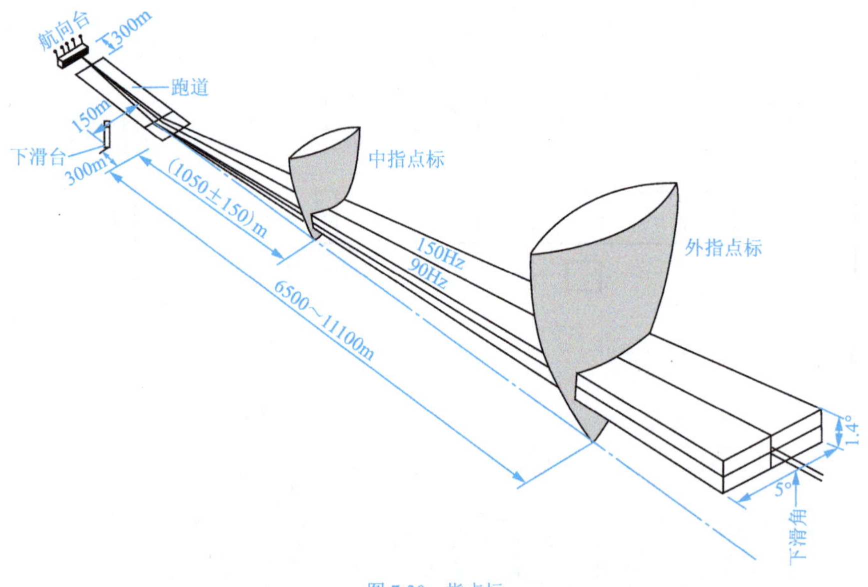

图 7-30　指点标

有时测距仪会和仪表着陆系统同时安装，使得飞机能够得到更精确的距离信息，或者在某些场合替代指点标的作用。应用 DME 进行的 ILS 进近称为 ILS/DME 进近。

（3）目视参考系统

精密进近轨迹指示器（Precision Approach Path Indicator，PAPI），提供飞行器相对正确的下滑道位置的目视参考。

进近灯光系统（Approach Light System，ALS），在夜间或者低能见度进近情况下，提供醒目的跑道入口位置和方向的目视参考。

3. 星基导航

空域用户需要一个全球互用的，能够提供安全、效率和容量等方面效益的导航基础设施。航空器导航应是直接的，并在基础设施的支持下具有最高的精确度。为满足这些需要，采用基于性能的导航，必须由一个适当的导航基础设施予以支持，该基础设施包括一个全球导航卫星系统、自主导航系统（惯性导航系统）和常规陆地导航设备的适当结合。

全球导航卫星系统向航空器系统提供标准化的定位信息，以支持全球精确导航。全球导航系统将帮助支持程序和驾驶舱显示器的标准化，并配以一套最低的航空电子设备及其维护和培训要求。由于全球导航卫星系统在成本、精度和维护上优于陆基导航系统，因此，陆基导航设备正被星基导航设备不断取代，但卫星导航系统也易受干扰，也需要在特定地区保留某些陆基设施。

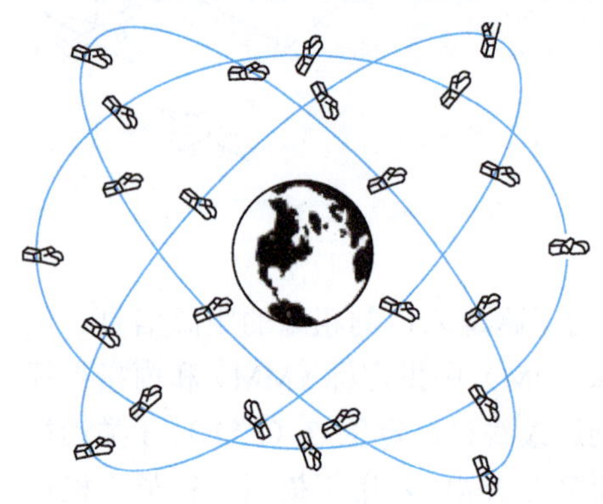

图 7-31　卫星导航系统

1）卫星定位的原理

卫星导航系统（图 7-31）是自 20 世纪 80 年代末以来迅速发展起来的。它的基本原理是利用已建立的导航卫星系统，由飞机上的接收机接收导航卫星发射的无线电信号，计算出飞机相对于卫星的位置，再根据已知的卫星相对地面的位置，计算并确定飞机在地球上的位置。

卫星导航系统由导航卫星、地面台站和用户定位设备三个部分组成。

（1）导航卫星：卫星导航系统的空间部分，由多颗导航卫星构成空间导航网。

（2）地面台站：跟踪、测量和预报卫星轨道并对卫星上的设备进行控制管理，通常包括跟踪站、遥测站、计算中心、注入站及时间统一系统等部分。跟踪站用于跟踪和测量卫星的位置坐标。遥测站接收卫星发来的遥测数据，以供地面监视和分析卫星上设备的工作情况。计算中心根据这些信息计算卫星的轨道，预报下一段时间内的轨道参数，确定需要传输给卫星的导航信息，并由注入站向卫星发送。

（3）用户定位设备：通常由接收机、定时器、数据预处理器、计算机和显示器等组成。它接收卫星发来的微弱信号，从中解调并译出卫星轨道参数和定时信息等，同时测出导航参数（距离、距离差和距离变化率等），再由计算机算出用户的位置坐标（二维坐标或三维坐标）和速度矢量分量。

2）卫星导航的性能

卫星导航性能的主要参数有 4 个，即定位时的精度、完好性、可用性和连续服务性。

（1）定位精度，是指空间实体位置信息（通常为坐标）与其真实位置之间的接近程度，目前对平面导航来说，主要指水平定位误差（总系统误差的 95% 概率值）。GPS 的水平定位误差在 100m 以内，可以符合航路、终端导航和非精密进近的要求，但不能满足精密进近的要求。

（2）完好性，是指卫星故障或引起误差的事件能及时检测出来并及时报警的能力。从航路至非精密进近，要求故障非检测概率（漏检概率）小于 10^{-5}/h，故障报警时间在 10s 以内。

（3）可用性，是指在卫星在全球覆盖、连续工作下应使所有地区的飞机在各飞行阶段一开始都能接收到 4 颗以上卫星信号，能求出定位解概率，一般要求大于 0.99999。

（4）连续服务性，是指飞机在飞行中每个飞行阶段从头至尾都能接收到 4 颗以上卫星信号进行定位和制导，不致中断的概率。例如在最后进近阶段，要求其 150s 内不致出现定位和制导中断。非精密进近时要求中断概率不得超过 1×10^{-5}。

卫星导航系统精度高，设备简单，不受气候影响，和惯性导航相比没有积累误差，因而是较理想的新型导航设备，在 21 世纪，卫星导航已成为飞机导航的主要系统。

3）全球导航卫星系统

星基空中交通管理系统的核心就是全球导航卫星系统（Global Navigation Statellite System，GNSS），它包括美国的全球定位系统（Global Positioning System，GPS）、俄罗斯的全球卫星导航系统格洛纳斯（Global Navigation Satellite System，GLONASS）、欧洲的伽利略卫星导航系统（Galileo Satellite Navigation System，GALILEO）以及中国的北斗卫星导航系统（BeiDou Satellite Navigation System，BDS）。使用 GNSS，飞机就可直线飞行，既缩短了飞机间隔，又省时省油，并提高了安全性、准点率与空间利用率，而且还能以此为基础作自动相关监视。

（1）全球定位系统（GPS）

美国的全球定位系统（GPS）分为精确码和粗码，由美国国防部控制。精确码的定位精

度为16m以内，粗码为100m以内，测速精度在0.1m/s之内。目前对民用部门只开放使用粗码，对于航路上的飞行，粗码的精度已经基本满足要求，但对于精密进近来说，这个精度是不够的。目前在美国已经有90%的机场装有GPS导航设施，和VOR/DME、NDB等无线电导航设施同时使用，民用飞机可以用GPS系统做非精密进近。

现在GPS系统在全球的各种行业中已经普遍使用，其设备的大量生产使得它的使用成本大幅下降。它的精度也在迅速提高，精确码的定位精度已经达到0.3米左右，使用粗码的GPS差分技术也已经基本满足了精密进近的要求，美国已经基本实现以GPS为主的天基导航系统，取代了以地面无线电台站为主的地基导航系统，只保留几百个VOR台和115系统做备用系统，基本上实现FANS计划中导航方法和设备更新换代的要求。

(2)俄罗斯的全球卫星导航系统格洛纳斯(GLONASS)

俄罗斯的“格洛纳斯”系统与美国全球卫星定位系统（GPS）类似，于20世纪70年代由苏联开发，1993年正式启用后主要用于军事领域。该系统卫星原计划“满员编制”为24颗，导航范围覆盖整个地球表面和近地空间。2018年6月，格洛纳斯导航卫星（Glonass-M）升空入轨，至此，格洛纳斯全球卫星导航系统的在轨卫星总数已达26颗。

(3)欧洲的伽利略系统(GALILEO)

欧洲的伽利略系统是欧盟国家在2002年提出的，开发一个纯民用的卫星导航系统，定名为伽利略系统，计划在24000km高度上布置30颗卫星，导航精度1m并和GPS兼容，我国积极参与了这一计划。全部30颗卫星（调整为24颗工作卫星，6颗备份卫星），计划于2020年发射完毕，可望它取代GPS系统成为世界民航的导航基本设施。

(4)北斗卫星导航系统(BDS)

中国的北斗卫星导航系统(BDS)，是中国正在实施的自主发展、独立运行的全球卫星导航系统。将全天候为全球用户提供高精度的三维位置、三维速度和时间信息，并使中国及周边区域的导航能力达到I类精密进近着陆的水平。据2016年6月发布的《中国北斗卫星导航系统》白皮书可知，北斗系统正进行全球系统建设。2018年12月，北斗开始提供全球服务。

北斗卫星导航系统由空间卫星系统、地面运控系统和用户应用系统三大部分组成。空间部分由5颗静止地球轨道卫星和30颗非静止轨道卫星组成，其中30颗非静止轨道卫星由27颗中轨卫星和3颗倾斜同步卫星组成，27颗中轨卫星分布在倾角为55°的三个轨道平面上，每个面上有9颗卫星。地面运控系统由监测站、主控站和注入站构成，用户端由北斗用户终端和与GPS、GLONASS、GALILEO兼容的终端组成。北斗卫星导航系统提供开放服务和授权服务。开放服务是在服务区免费提供定位、测速和授时服务，定位精度为10m，授时精度为50ns（纳秒），测速精度达到0.2m/s；授权服务是向授权用户提供更安全的定位、测速、授时和通信服务以及系统完好性信息。

4)卫星导航增强系统

为提高卫星导航的完好性、精确性、可用性和服务连续性，通过一些地面、空中或卫星设施，使用差分技术、伪卫星技术、监测手段等，使卫星导航系统总体性能得到提高，由此形成了卫星导航的增强系统。

因各种增强系统提高性能的措施不同，大体可分为：地基增强系统（Ground-Based

Augmentation Systems，GBAS）、星基增强系统（Satellite-Based Augmentation Systems，SBAS）、空基增强系统（Aircraft-Based Augmentation Systems，ABAS）和混合增强系统（Ground-Based Regional Augmentation Systems，GRAS）。其中，使用比较广泛的为地基增强系统（GBAS）和星基增强系统（SBAS），如美国的广域增强系统（Wide Area Augmentation System，WAAS）、俄罗斯的差分校正和监测系统（System of Differential Correction and Monitoring，SDCM）等属于星基增强系统；美国的局域增强系统（Local Area Augmentation System，LAAS）等属于地基增强系统。

（1）地基增强系统 GBAS

GBAS 对全球卫星导航系统（GNSS）进行差分校正和完好性监测，根据位置差分解算定位误差，然后把该定位误差通过数据链发送给机载设备，从而降低定位误差以满足民航运行需求的过程，以提供安装机场周边大约 23 海里半径范围内的导航和精密进近服务。GBAS 具有极高的精度、可用性和完好性，能够满足 I 类进近的需求，未来甚至可以满足 II/III 类精密进近的需求，其精度在水平和垂直方向均小于 1m。使用 GBAS 的目的在于替代仪表着陆系统（ILS）以支持全范围的进近和着陆运行。目前，现存标准的 GBAS 能够提供 C 类 GBAS 进近服务（GAST-C，对应于 I 类精密进近）。满足 II/III 类精密进近的 GAST-D 的技术正在研究验证过程中，尚未形成相应技术标准。

当地基增强系统能够通过增加辅助的差分修正信息，提供精确的进场信号时，可用于发展 GLS，以取代传统的 ILS。GBAS 的国际标准正在逐渐成熟，地面站的发展也接近完善，目前已可实现精密二类进场着陆的能力。GBAS 的典型应用为美国的 LASS 系统，其目的是提高 GPS 信号定位精度，以满足精密进近所需导航性能的要求。

（2）星基增强系统 SBAS

在 SBAS 中，用户接收的增强信息来自星基发射机。SBAS 由地面监测站、主控站、地面地球站及同步轨道卫星组成。系统以辅助的同步轨道通信卫星，向 GNSS 用户广播卫星的完好性和差分修正信息。

首先由大量分布广泛的差分站（位置已知）对导航卫星进行监测，获得原始定位数据（伪距、卫星播发的相位等）并送至中央处理设施（主控站），主控站通过计算得到各卫星的各种定位修正信息，通过上行注入站发给地球静止轨道卫星，最后将修正信息播发给广大用户，从而达到提高定位精度的目的。简言之，通过地球静止轨道卫星搭载卫星导航增强信号转发器，该系统向用户播发星历误差、卫星钟差、电离层延迟等多种修正信息，实现对于原有卫星导航系统定位精度的改进。

SBAS 系统能为民用航空提供花费更低、可用性更高的导航功能，并将为航空领域带来巨大的经济效益和社会效益。首先，通过减少通信和雷达导引，降低了空管人员的工作负担，并且能为带有卫星导航接收机的军用飞机提供精密进场与着陆服务；其次，减小飞行时间和距离，可以节省燃料，降低飞行阶段的运行成本；最后，可以进一步降低机场噪声的影响，通过高精度定位，飞机可以按预定的航线重复飞行，这些预定航线可尝试规避城市和社区的上空，这样就降低了飞机飞行噪声对周边社区居民的影响。

现有的 SBAS 的应用主要是美国广域增强系统（WAAS），欧洲静地重叠导航卫星系统（European Geostationary Navigation Overlay Service，EGNOS）和日本的 MSAS（Multi-

Functional Satellite Augmentation System)。WAAS 是目前优选的方法，它可以解决海洋及边远荒漠地区的导航性能。在那些地方，既不能设置导航台点，也不能设置任何本地差分台，唯有依靠卫星导航及其广域增强系统。

5）卫星着陆系统(GBAS Landing Systems)

卫星着陆系统是基于地基增强系统（GBAS）提供进近着陆服务的一种系统。从广义概念来讲，它包含全球卫星导航系统（GNSS）及 GBAS 所有的系统组成及功能，从狭义概念来讲包含 GBAS 系统设施及功能。综合来看，卫星着陆系统由三部分组成：卫星子系统、地面子系统和机载子系统。

卫星子系统是指卫星着陆系统运行所需要的定位信息来源，目前主要是全球定位系统（GPS）卫星星座或者星基增强系统（SBAS）的同步卫星。卫星子系统提供传送给机载子系统和地面 GPS 接收机的卫星星历信息、时钟信息、卫星健康状态等信息。

地面子系统是指卫星着陆系统运行所必需的地面设施设备等，包括 GPS 参考接收天线、中央处理器、VDB（VHF Data Broadcast）发送天线。主要目的是保证卫星着陆系统运行时，正在进行下降的飞机可以有效地接收到地面发送来的数据，为下降飞机建立虚拟下滑道并提供引导。

机载子系统是指，飞机上装载的可以有效行使卫星着陆系统运行能力的设备设施，包括 VDB 接收天线、数据处理单元、控制单元以及显示单元等。主要用于指引飞机按照地面发送的数据信息，精密引导下降。机载接收机接收到地面站传送的数据块，将数据块中的信息解码，利用误差修正信息修正 GPS 定位信号，利用类型 4 数据块中的相关信息定义所需的下滑道。当飞机切入下滑道后，引导飞机精密进近直到停车。

三、监视

监视的任务是对航空器及其他目标进行可靠的探测，提供准确的航空器及其他探测目标的位置、状态和告警信息。监视设备包括信息探测系统、信息处理与显示系统。

信息探测系统包括一次监视雷达、二次监视雷达、场面监视雷达、自动相关监视系统、多点相关定位系统等。探测系统的设置和布局应当根据其覆盖范围、机场运行和空中交通服务需求等确定。信息处理与显示系统包括空中交通管制自动化系统及其他自动化系统，其设置应当根据机场运行和空中交通服务的需求以及民航局的相关规定等来确定。通用航空飞行的监视服务，由从事通用航空活动的单位或者相关通信导航监视运行保障单位负责提供，并制定相应的服务保障措施。

1. 雷达监视

1）一次雷达(Primary Surveillance Radar，PSR)

一次雷达指通过自主发射电磁波并在接收端检测到目标对电磁波的反射而对目标进行空中定位的雷达系统。它是不需要被监视者配合、完全由监视者独立完成对被监视者测量定位的监视方式，也称为独立监视。

一次雷达可以分成三类：一类是机场监视雷达，它的作用距离为 100n mile，主要是塔台管制员或进近管制员使用。第二类是航路监视雷达，设置在航管控制中心或相应的航路点上。它的探测范围在250n mile以上，高度为13km。它的功率比机场监视雷达大，在航路上的各部雷达把整个航路覆盖，这样管制员就可以对航路飞行的飞机实施雷达间隔。第三类是机场地面探测设备，它的功率小，作用距离为1mile，主要用于繁忙机场的地面监控，它可以监控在机场地面上运动的飞机和各种车辆，塔台管制员用来控制地面车辆和起降飞机的地面运行，保证安全。

一次雷达只能探测出空中飞行物的方位和距离，但无法知道该飞行物的飞行高度及其性质，因此它只用于监控，只有和二次雷达配套使用才能实现空中交通的雷达管制。

2）二次雷达（Secondary Surveillance Radar，SSR）

二次雷达也叫作空管雷达信标系统（Air Traffic Control Radar Beacon System）。它最初是在空战中为了使雷达分辨出敌我双方的飞机而发展的敌我识别系统，当把这个系统的基本原理和部件经过发展并用于民航的空中交通管制后，就成了二次雷达系统。它是利用约定的询问应答模式对合作目标实现定位的雷达系统。二次雷达通过发射约定模式的询问信号，机载应答机接收并响应询问后发送应答信号，二次雷达接收处理后管制员容易获得飞机的编号、高度、方向等参数，使雷达由监视的工具变为空中管制的手段。二次雷达是一种需要被监视者协同工作，才能完成对被监视者测量定位的监视方式，通常二次雷达和一次雷达一起工作，它的主天线安装在一次雷达的上方，与一次雷达同步旋转。

二次雷达由天线、发射机、接收机、录取器和雷达显示终端等组成。二次雷达询问频率1030MHz，应答频率1090MHz，每一对脉冲之间的时间间隔是固定的，这个间隔决定了二次雷达的模式。按照国际民航组织规范，传统二次雷达有6种询问模式，分别称为1、2、3/A、B、C、D模式。其中，1、2模式专用于军用识别询问；3/A模式用于军用识别和民用识别询问；B模式只用于民用识别询问；C模式用于高度询问；D模式作为备用询问模式。实际常用A、C两种模式。

机载应答机是一个在接收到相应的信号后能发出不同形式编码信号的无线电收发机。机载应答机收到地面的询问信号，将根据询问的内容自动应答。机载应答机响应A模式识别询问时，应答码代表识别码，共有4096个识别码；机载应答机响应C模式询问时，自动应答码是飞机的高度码。应答机上A模式的识别编码是由驾驶员通过编码器输入的，而C模式的高度码则是由机上的大气数据计算机自动输入的。这两个编码信号被地面的二次雷达天线接收，经过译码，就在一次雷达屏幕出现的显示这架飞机的亮点旁边显示出飞机的识别号码和高度，管制员就会很容易地了解飞机的高度和代号。为了使管制员在询问飞机的初期就能很快地把屏幕上的光点和所对应的飞机联系起来，机上应答机还具有识别功能，驾驶员在管制员要求时可以按下“识别”键，这时应答机在A模式的回答编码后4.35μs发出一个特别位置识别脉冲（SPI），这个脉冲使地面站屏幕上的亮点变宽，以区别于屏幕上的其他亮点。

2. 自动相关监视系统

自动相关监视（Automatic Dependent Surveillance，ADS）是新航行系统新增的监视方式之一，其由机载电子设备、地空数据链、先进的地面处理和显示系统组成。ADS包括三方面含义：自动、相关、监视。自动是指无须驾驶员操作或输入就可以周期性地发送信息；相关是指位置与速度从卫星导航系统获取，因而此类监视功能的实现和监视性能精度都依赖于外

部导航源;监视是指在地面管制系统上可以以类雷达画面向管制员提供空中交通态势。

与地面主动监视的雷达监视不同,自动相关监视系统是依靠飞机报告位置的被动监视方式。机载电子设备(卫星导航或惯性导航)导出的位置数据通过数据链传送到地面,然后在自动相关监视终端(即新航行系统工作站)上形成空中交通信息,最终在管制员荧光屏上显示出来。它具有如下优点:可以减少位置报告的误差,可对非雷达空域进行监视,提供更为精确的位置数据,可以提供更便捷的航线,允许飞机剖面的临时改变从而提高灵活性,大大节约成本。

自动相关监视根据工作模式又分为合约式自动相关监视(ADS-A/C)和广播式自动相关监视(ADS-B)两种模式。

1)合约式自动相关监视系统

ADS-A(自动相关监视—寻址式)是 Automatic Dependent Surveillance-Addressed 的简称,ADS-C(自动相关监视—合同式)是 Automatic Dependent Surveillance-Contract 的简称。ADS-A/C 是飞机与空管单位之间首先建立起点对点的通信链接,在建立起链接之后,根据约定,飞机上导航设备自动地将飞机的有关信息传输给空中交通管制部门,同时地面也可以向飞行发送上行信息。通信链接的方式可以是甚高频数据链(VHF)、高频数据链(HF)、二次雷达(SSR)S 模式应答机、移动卫星(AMSS)通信等。飞机向下报告的内容有飞机识别号、经度、纬度、高度、航路点、航向、速度等;同时还可以根据需要报告风速、风向、温度等信息。飞机向下报告的信息通过地面网络传到空管中心,经过数据处理,飞机的位置等信息就可以显示在屏幕上。ADS-A 与 ADS-C 的区别是在建立起地空链接后,触发飞机向下报告的方式不同。ADS-A 模式是根据事先的约定来触发向下报告,这个约定可以是一定的时间间隔、固定航路点等自动下传;ADS-C 模式是根据地面管制单位的询问来进行应答下传。

由于 ADS-A/C 在通信方式上可以是卫星通信,所以在洋区、偏远山区等不易安装地面设备的地区,利用 ADS-A/C 就可以对飞机进行监视。

实施 ADS-A/C 监视的数据链管制比进行语音通信报告位置的程序管制大大减小了间隔,增加了空域容量;在洋区、边远地区和无雷达区域采用 ADS,可以实现有效的飞行监视,提高了安全水平。但是其同样存在许多不足,如飞行信息处理时间过长(至少 64s),这在航路飞行时能满足要求,但不能满足对时效性要求,较高区域的管制要求,如终端区;由于需要飞机与地面之间建立通信链接,因此需要向通信供应商购买服务,因此这种监视方式费用较高。由于 ADS-B 的出现,ADS-A/C 除在洋区和偏远地区目前尚有一定优势外,在其他地区,国际民航组织推荐采用 ADS-B 技术。

2)广播式自动相关监视系统

ADS-B 全称是 Automatic Dependent Surveillance-Broadcast,中文是广播式自动相关监视,顾名思义,即无须人工操作或者询问,可以自动地从相关机载设备获取参数,向其他飞机或地面站广播飞机的位置、高度、速度、航向、识别号等信息,以供管制员对飞机状态进行监控。它衍生于 ADS(自动相关监视),最初是为越洋飞行的航空器在无法进行雷达监视的情况下,希望利用卫星实施监视所提出的解决方案。

ADS-B 系统是一个集通信与监视于一体的信息系统,由信息源、信息传输通道和信息处理与显示三部分组成。ADS-B 的主要信息是飞机的四维位置信息（经度、纬度、高度和时间）和其他可能附加信息（冲突告警信息、飞行员输入信息、航迹角、航线拐点等信息）以及飞机的识别信息和类别信息。此外，还可能包括一些别的附加信息，如航向、空速、风速、风向和飞机外界温度等。这些信息可以由以下航空电子设备得到：①全球卫星导航系统（GNSS）；②惯性导航系统（INS）；③惯性参考系统（IRS）；④飞行管理器；⑤其他机载传感器。ADS-B 的信息传输通道以 ADS-B 报文形式，通过空—空、空—地数据链广播式传播。ADS-B 的信息处理与显示主要包括位置信息和其他附加信息的提取、处理及有效算法，并且形成清晰、直观的背景地图和航迹、交通态势分布、参数窗口以及报文窗口等，最后以伪雷达画面实时地提供给用户。

相对于航空器的信息传递方向，ADS-B 分为两类：发送（OUT）和接收（IN）。其中 OUT 是 ADS-B 的基本功能，它负责将信号从飞机发送方经过视距传播发送给地面接收站或者其他飞机；ADS-B IN 是指航空器接收其他航空器发送的 ADS-B OUT 信息或地面服务设备发送的信息，为机组提供运行支持和情境意识，如冲突告警信息，避碰策略，气象信息。

ADS-B 系统工作主要基于的机载设备有以下几种。

（1）ATC 应答机：它是 ADS-B 系统的核心，负责收集和处理有关参数，由 ATC 天线通过数据链向地面站和其他飞机广播。

（2）MMR 接收机：用来根据导航卫星计算精确地飞机位置和速度信息，传送给 ATC 应答机。

（3）ADIRU 计算机：向应答机提供飞机的气压高度等大气数据信息。

（4）TCAS 计算机：针对使用 ADS-B IN 功能的飞机上，TCAS 计算机用于接收 1090 MHz 扩展电文的数据链，将地面站或者其他 OUT 的信号显示在驾驶舱内。

（5）数据链系统：ADS-B 的 OUT 和 IN 功能都是基于数据链通信技术，目前应用最广泛的也是国际民航组织推荐的频段是基于 SSR 的 S 模式扩展电文功能的 1090MHz 频率。因该频段为 TCAS 工作频段，因而相对拥挤，目前正在发展其他的数据链包括 UAT、VDL Mode 4。

ADS-B 系统的工作流程：

（1）装备了 GPS 系统的飞机从导航卫星接收授时信息从而精确地确定飞机位置和速度。

（2）ADS-B 发送设备从关联机载设备（如 MMR、ADIRU）获取所需参数信息，通过数字式数据链，向地面的 ADS-B 接收机和其他飞机广播其精确的位置和速度，以及飞机识别信息、航班号、地空状态等数据。

（3）ADS-B 信号接收方，可以综合在地面 ATC 系统中，或者安装在其他飞机上，向使用者提供实时的空中交通状态。

ADS-B 技术是新航行系统中非常重要的通信和监视技术，它把冲突探测、冲突避免、冲突解决、ATC 监视和 ATC 一致性监视以及机舱综合信息显示有机地结合起来，为新航行系统增加和扩展了非常丰富的功能，同时也带来了潜在的经济效益和社会效益。

3. 多点相关定位

多点相关定位（Multilateration，MLAT 或称 MDS）又称多点相关监视，该技术是依靠

先进的计算机处理方法，将各 MLAT 接收站所收到的飞机应答信号的时间上的细微差别（Time Difference of Arrival，TDOA）进行计算，从而对该架飞机的空间位置进行精确定位。理论上只需要 4 个地面接收站就可以通过双曲线定位方式精确测定飞机的三维位置。该技术最早被开发应用于军事领域，通过到达时差（TDOA）的方法精确定位飞机，其中很多飞机是不愿意被发现的。在空中交通管理监视领域最初用于机场场面监视，作为场面监视雷达的一种补充手段。近年来，MLAT 技术作为诸如大空域或进近阶段的监视手段，已在世界上多个地区空管工作中得到示范性应用。我国于 2013 年制定了 MLAT 系统通用技术要求，对广域多点定位（WLAM）的技术指标、试验方法和检验规则等进行了规范，同时也给出了 WLAM 系统定义，即将 MLAT 技术应用于较大区域（如航路或区域环境等），对目标进行定位的系统。

多点相关监视系统需要建立多个地面站，通常地面站设立于机场、终端区或者广域以覆盖周边更大、更广的空域范围。MLAT 主要应用在进近和机场场面目标的监视上，在航路上多使用广域多级相关技术（Wide Area Multilateration，WAM）。

与雷达需要高功率发射机发射信号不同，多点相关监视系统地面站只需静静地“聆听”空中传来的无线电信号，其中最典型的信号是飞机对从附近的二次雷达或者多点相关监视系统地面站发出的“询问”信号的“应答”信号。因为每架飞机距离每个地面站的距离存在着一定的差异性，所以应答信号到达每个地面站的时间也存在着差异。借助时差定位技术，利用计算机进行处理，飞机所处的位置就能被精确地计算出来。

多点相关监视系统无须其他电子设备，因为该系统能接收来自 A/C/S 模式应答机、军用敌我识别器（IFF）以及 ADS-B 应答机的信息。此外，尽管管制员屏幕上显示的雷达和多点相关监视系统的“目标”在外观上是相同的，但是，由于多点相关监视系统的更新率很高，在屏幕上能立即识别出目标的运动情况。显示多点相关监视系统信息的屏幕每秒钟就能更新一次数据，而雷达 4 ~ 12s 才能更新一次。

国际上主要的多点定位监视系统的生产商为 ERA 公司（原为捷克公司，后被美国收购）、Sensis 公司、THALES 公司、Rannoch 公司和 Roke Manor 公司，这些生产厂商来自美国、英国、法国、加拿大和捷克。美国 ERA 公司将产品称为 MSS（Multilateration Surveillance System），美国 Sensis 公司将产品称为 MDS（Multilateration Detection System），法国 THALES 公司将产品称为 MLAT。

在 MLAT 中，飞机和车辆等移动目标主动或被动向外广播无线电信号，通过远端地面站接收到目标发送的广播信号或响应信号而获取多点定位的原始数据；然后，由多点定位中心处理系统采用多点定位算法对定位原始数据进行解算；最终得到飞机或者车辆的定位信息，从而为冲突预警、冲突解脱和流量预测等应用提供保障。

四、通信 / 导航 / 监视的发展趋势

传统 CNS 环境下，地—空通信主要采用 VHF 话音和低速数据链通信，用在地面与飞机及飞机与飞机的通信，在高交通密度区域和主要航路使用比较广泛；HF 话音通信用在边远地区陆空通信。导航系统种类繁多，以近程无线电导航系统为主，如无方向信标系统（NDB/

ADF)、全向信标测距仪系统(VOR/DME)、仪表着陆系统(ILS)。监视系统主要有一次雷达(PSR);另外,通过话音报告位置的人工相关监视也在某些区域使用。随着卫星技术、计算机技术的发展,其局限性表现在:

(1)传统的地—空通信采用话音通信,缺少数字式地—空数据交换系统,存在着速度慢、易出错、业务种类受限等缺点。

(2)传统的 CNS 系统,其信号大多采取视距传播,存在传播距离近、精度和可靠性差等缺点。

(3)由于多方面原因,传统的 CNS 系统标准难以统一。

(4)传统的 CNS 难以适应飞机架次及流量的增加。

因为上述传统通信导航监视技术的缺陷,且为满足新型飞机航速航程的扩展和日益增长的空中交通流量,ICAO 于 1983 年底成立了一个未来空中航行系统(Future Air Navigation System, FANS)特别委员会,对国际民航未来 25 年的发展情况提出新系统协调发展的概念,ICAO 将其称为未来航行系统方案。其中,为解决现行航行系统在未来航空运输中的安全、容量和效率不足问题,提出在飞机、空间和地面设施三个环境中利用由卫星和数字信息提供的先进通信、导航和监视技术。1993—1994 年间,ICAO 将 FANS 更名为 CNS/ATM(Communication, Navigation, Surveillance / Air Traffic Management)系统,包含了一系列主要依靠卫星的、复杂的和相互关联的技术。有关系统实施规划、推荐标准和建议措施等指导性材料的制定进一步加速了新航行系统的实施。1998 年,ICAO 全体大会再次修订了全球 CNS/ATM 实施规划,其内容包括技术、运营、经济、财政、法律、组织等多个领域,为各地区实施新航行系统提供了更具体的指导。CNS/ATM 系统在航空中的应用将对全球航空运输的安全性、有效性、灵活性带来巨大的变革。新航行系统使民用航空进入了新发展时代。

与传统航行系统相比,新航行系统主要表现出以下特点。

1. 系统方面

1)新航行系统是一个完整的系统

新航行系统由通信、导航、监视和空中交通管理组成。新航行系统将各种可靠的手段(通信导航监视等)和方法(程序法规等)有机地综合在一起,将来自各信息源的信息进行加工处理和利用,实现一致的、无缝隙的全球空中交通管理。在实施空中交通管理过程中,将各分系统的高性能都体现在 ATM 的效益上,使空中交通在任何情形下都有条不紊。

2)新航行系统是一个全球一体化的系统

新航行系统满足国际承认和相互运行的要求,对空域用户以边界透明方式确保相邻系统和程序能够相互衔接。适合于广泛用户和各种水平的机载电子设备。

随着新航行系统不断完善而产生的所需总系统性能(RtSP)概念,将对总系统在安全性、规范性、有效性、空域共享和人文因素方面作出规定。RtSP 成为发展新航行系统过程中普遍应用的系列标准,指导各国、各地区如何实施新系统,保证取得协调一致的运行效果,使空中交通管理和空域利用达到最佳水平,从而实现全球一体化 ATM 的目标。

3)新航行系统是一个以滚动方式发展的系统

纵观 ICAO 开始提出的 FANS 方案和其后一再讨论制订的 CNS/ATM 实施方案,在新航行系统组成中，一方面，分系统成分发生了一些变化，另一方面，ICAO还先后增加了所需性能的概念。具体有：所需导航性能（RNP）、所需通信性能（RCP）、所需监视性能（RMP）、所需空中交通管理性能（RATMP）和在这些性能综合条件下的所需总系统性能（RtSP）。由此可见，ICAO的工作方式已经从在新系统中使用和不使用什么设备的选择上转向注重制订所需性能标准上来。根据对已经颁布的RNP规定的理解和应用结果，RNP概念的应用实现了ICAO的预期目的。所需性能概念体现了ICAO发展航行系统的战略思想，即面对今后交通持续增长和新技术的不断涌现，在完善各种性能要求，并在所需性能指导下，为各国、各地区提供广泛的新技术应用空间和发展余地。在标准化的管理模式下，新航行系统会不断地吸纳新技术、新应用，并使其向更趋于理想模式的方向发展。

2. 技术方面

新航行系统主要依赖的新技术可以表示为：卫星技术+数据链+计算机网络+自动化。其中，卫星技术和数据处理技术从根本上克服了陆基航行系统固有的而又无法解决的一些缺陷，如覆盖能力有限，信号质量差等。计算机应用和自动化技术是实现信息处理快捷、精确，减轻人员工作负荷的重要手段。

3. 实施方面

先辅后主。在走向新航行系统进程中，必然有新老系统并存的过渡期。初期，新系统在运行中起辅助作用，即在功能上发挥补充能力作用；后期，除少部分优秀的现行系统作新系统的备份外，新系统成为空中交通管理的主角。随着人们对新航行系统体系认识和理解加深，新技术的渗透将使新系统逐步平稳地取代传统系统。

先易后难，新系统先在对陆基设备影响小的地方或环境实现应用，随后在那些会对陆基设备产生较大影响的场合慎重使用。例如，目前ICAO在洋区已经使用了RNP概念进行航路设计，而在大陆，RNP航路也是最先在偏远地区使用。

4. 新航行系统对空管体系的变革

1）陆基航行系统向星基航行系统转变

人类对空间技术的研究，解决了一些在陆地环境下无法解决的问题，卫星技术的应用也是人类文明史发展的重要标志。卫星技术可用性的提高是使陆基航行系统向星基航行系统的转变关键。

卫星通信技术在电视广播领域已经普遍应用，经过了最先从租用、购买转发器开始，到自主发射卫星使用专用转发器的发展过程。卫星通信技术也从娱乐、日常生活发展成为能以多种速率、多种方式传输多种数据应用于各个领域。在实现陆基通信方式困难的地方，卫星通信技术已经成为重要的依赖手段。

与传统陆基导航系统相比，全球导航卫星系统具有高精度、多功能、全球性等优点，解决了航路设计受限于地面设施的问题，也为远距或跨洋飞行提供了实时定位导航的手段。当基本卫星导航系统与可靠的增强系统结合后，可将其用于全部飞行阶段。

在建设具有相同规模和同样保证能力的常规空管系统所需经费方面，星基空管系统已向陆基空管系统提出了挑战。

2）国家空管系统向全球一体化空管体系转变

在传统航行系统环境下，由于各国空中交通管制设施的能力不同，管制方法和管制程序，以及在空域利用和最低间隔标准问题上缺乏一致性，对飞机有效飞行增加了额外限制。在发展空中交通管理系统过程中，国家之间很少合作，导致飞机不能发挥先进机载设备的能力。传统航行系统缺乏全球覆盖性、规范性和有效性的共同基础，传统空中交通服务的安全水平仅限于某些空域范围，还不具备全球性的安全水平。这些都是传统系统无法满足未来交通增长要求和空域用户的需求的原因。

随着空中交通运输量持续增长，传统条件下，空域的不连续性和国家航行系统的不一致性，会极大地妨碍有限空域的最佳利用。

新航行系统中一体化的 ATM 能够使飞行员满足其计划的离港和到达时间，在最小的限制和不危及安全情况下保持其优选飞行剖面。为此，需要区域以及国家空管系统部件、程序的协调性和标准化。以国际一致性的 ATM 标准和程序全面开发新航行系统技术。

新航行系统中的功能系统具有的全球覆盖特点，机载和地面设备之间相互联系和数据交换功能的兼容性保证了总系统能一致有效地工作。无论在境内还是跨国空域运行，全球一体化的航行系统以无缝隙的空域管理为用户提供连贯的和一致性的服务。

3）空中交通管理向自动化和智能化方向转变

空中交通管理工作由复杂的任务组成，要求管制员具有高度的技能和灵活应变的能力，如对空域的洞察力，可用信息的处理、推理和决断的独特能力。全球一体化 ATM 所显示的安全性、空域高容量和飞行有效性要求在管制员发挥其特有能力的同时，首先要利用自动化手段改善管制工作效率。在航行数据采集处理、动态空域的组织、飞行状态的预测、解决冲突建议措施的选择过程中，自动化系统的快速解算能力获得更及时、更准确的结果，帮助管制员自动进行空中交通活动的计算、排序和间隔，获得更直接的航路，以在有限的空域内建立有效的飞行流量。同时，各种信息多途径自动有效传输极大地减轻了管制员的工作负荷。

目前，空中交通管理已经实现了自动化，大大减轻了管制员的工作负荷，使得管制员能够将主要精力用于空中交通管理决策上来。然而，现有空中交通模式下，空中交通管理系统已经达到高度饱和，限制了交通流的进一步增加。ADS-B 技术的出现使得航空器之间可以以某种程度的自治方式运行，从而能够再次提高空中交通管理系统的运行容量。这种运行模式下，系统运行的复杂性激增，人工智能将为这一复杂性难题提供解决方案。未来的空管系统必将具有更高的智能，以其普遍互联实现高速泛在感知，以高速并行计算解决大规模复杂空中交通系统的智能控制。

思 考 题

1. 大气层可分为哪几层？
2. 对流层和平流层有哪些基本特征？它们对飞行有什么影响？
3. 什么是标准大气？标准大气有什么用？
4. 影响飞行活动的气象要素有哪些？都如何影响？
5. 影响飞行活动的天气现象有哪些？都如何影响？

6. 大圆航线和等角航线有何区别？
7. 如何进行不同区时的换算？
8. 飞机上的通信方法有哪些？
9. 飞机上的导航方法有哪些？
10. VOR、DME、NDB 台是如何定位的？
11. 航空监视方法有哪些？

第八章 民航法规

民航法规是民航行业管理的依据和准绳，了解民航法规的法律部门、体系架构和法律关系，掌握各部门主要行政和运行法规，对于民航从业人员准确地适用法规，确保初始和持续运行安全，保障自身合法权益，具有重要意义。本章介绍国际航空法规体系和中国民航法规体系，并对航空法规发展的趋势进行了展望。

第一节 概　述

一、航空法的产生

人类于1783年在法国乘热气球飞上天空，开始了航空活动。法国于1784年发布了法令，规定热气球升空必须由警察局批准，这可以算作是航空法的开端，说明从一开始，人们就意识到航空活动必须制定相关法律法规来进行管理，以保障航空活动有序、安全地运行。1903年飞机出现之后，航空器大量出现，随着飞行事故的发生、飞越国界的纠纷、地面财产和人命的丧失，促使欧美等发达国家的专家提出应建立独立的航空法来处理这类问题。1914—1918年的第一次世界大战中，航空业取得了飞跃的发展，战后大量航空器进入运输及邮政等各类民用系统，航空业形成了一个具有国际性的新产业，急需一种相应的航空法规来规范和处理国家领空主权、空中交通安全、地面设施管理、国家间权益的交换等一系列国际和国内问题。1919年，在巴黎召开的国际会议签订了《空中航行管理公约》（又称《巴黎公约》）。这个条约是人类历史上第一个关于国际航空法的多边条约，根据这一条约确立了领空主权原则并建立了常设管理机构——国际空中航行委员会，标志着国际航空法的正式形成。不少国家签署了这一公约，依据公约的原则制定了国内航空法。在以后的四年中，召开过多次国际会议，签订了航空各方面的相应规范，建立了现代航空法的基本框架。二次世界大战使国际政治格局产生了巨大变化，同一时期航空技术有了质的飞跃，航空业形成国民经济中的一个占有相当比例的部门，战前的各种条款已适应不了新的形势。1944年，作为联合国大会一项专门议题，在芝加哥会议上签订了《国际民用航空公约》（简称《芝加哥公约》）作为取代《巴黎公约》的新的国际航空法规，成为现代航空法的基础。根据这一公约达成的共识，成立了国际民用航空组织（ICAO），该组织是现代世界民用航空的统一立法和管理机构。以《芝加哥公约》为基础准则，从1945年之后直至现在，航空法逐步充实，形成了一套完整的现代航空法。

二、航空法的定义和特点

1. 定义

由于航空活动的特殊性，各国的航空法专家对航空法的定义有不少说法和争论，他们从不同角度出发争论着航空法的重点特征、属性、涵盖范围等细节问题。对航空只做一般了解的人来说，航空法是关于人类进行民用航空活动所牵涉的各种法律关系和规则的总体。

2. 特征

1）国际性

当飞机出现在欧洲时，立即产生了飞越国界的问题，航空运输立即成为国际运输。航空活动的天然国际性决定了航空法的国际性，表现在航空法有统一的国际公约、技术准则和国际管理机构，参与国际航空活动必须按照国际通行的准则进行。在国内航空法方面，国际航空的联运、国外旅客在国内航空旅行和运输中出现的问题也必须和国际法相协调。此外，国内航空在国外运行所牵连的机上人员、财产问题，也涉及航空法的国内和国际的交接。

2）有特定的领域和独立的系统

航空法是只针对在大气中运行的航空器和由航空器运行牵连的有关方面的法律规定。在航空活动大量进入社会生活后，原有法律面对的是一个全新的领域。开始时把原有法律延伸，特别是把海事法套用到这一领域中，但通过实践证明航空有其自身的特有问题，在不断地发展和完善中，航空法在通用法律的基础上形成了独立的法律种类和独立的法律系统，它的发展促进了整个法律的进展，增加了新的内容。

3）航空法是综合性法律

由于航空法涉及的是特定的领域和部门，因而它处理着法律中公法、私法、刑法以及经济、行政等各类问题。对待不同问题时，航空法既要以其他法律的原则作为基础，也会因航空的具体情况有特定的规定。

4）航空法还在不断地完善改进

航空法的形成是在芝加哥公约的基础上，由各国政府和民航业界通过不断的协商形成的，其中不少牵涉到各国间的经济利益和法规的差异问题，难以达成共识，因而留出了很大空间由政府间的双边协定去解决。经济全球化的进展、恐怖活动的加剧对航空提出了新问题，都将会使航空法相应增加新的内容。

三、航空法调整的范围

航空法涉及所有参与航空活动的各个有关方面，具体表现在以下方面。

（1）航空活动的空间：大气空间，称之为空域。具体来说，是对一国领空的保护。

（2）航空器。如航空器的国籍、航空器的权利、航空器的适航管理等。

（3）航空活动使用的地面场所和设施。主要是机场的建设、开放和使用。

（4）使用和维护航空器的各类人员。主要涉及对航空从业人员的资质管理。

（5）其他各类与民用航空活动有牵连的各类人员和组织。如地面第三人、航空承运人、旅客等。

第二节 国际航空法体系

国际航空法是规范大气空间航空活动的一套规则，促使大气空间得到有效利用并使世界各国及其人民和航空活动从中受益，从 1919 年《巴黎公约》出现后，航空法已历经近百年的充实修正。时至今日，可以说没有航空法，就不可能进行正常的国际航空活动。

一、国际航空法的分类

国际航空法按照调整范围的不同，可以分为航空公法、航空私法和航空刑法三类。

1. 航空公法

航空公法以《芝加哥公约》为主，主要处理有关国家之间的国际民用航空关系和事务，包括缔约国的责任和义务、领空主权、民用航空器国籍和权利、海关通行措施、技术标准的推广、争端解决等内容。

2. 航空私法

航空私法是规定航空承运人之间或者航空承运人与其他航空法律关系主体之间权利义务关系的公约，以《华沙条约》为核心，包括其后对该条约修改的各项议定书。航空私法主要内容包括国际航空运输的定义，票证制度，人员伤亡、财产损失的赔偿制度和额度，管辖权等内容。

3. 航空刑法

航空刑法处理航空器上或航空器地面场所的犯罪行为，以《东京条约》及随后的《海牙公约》和《蒙特利尔公约》为代表。2010 年的《北京公约》《北京议定书》是根据反恐新形势对三大公约的补充和完善。航空刑法主要包括犯罪的定义以及其时间和空间外延、机长的权力、缔约国的义务、管辖权等内容。

二、航空公法体系

1. 国际民用航空公约

1944 年二次世界大战行将结束时，当时的同盟国为确定战后国际民用航空的运行秩序，在美国芝加哥签订了《国际民用航空公约》，简称 1944 年《芝加哥公约》。该公约是国际民航组织（ICAO）管理国际航空运输活动的宪章性文件。1974 年 2 月中国承认《国际民用航空公约》，公约对中国生效。

《国际民用航空公约》规定了民用航空活动的若干原则和办法，目的在于使国际民用航空按照安全和有秩序的方式发展，并使国际航空运输业务建立在机会均等的基础上，健康、经济地经营。各缔约方应无保留地遵守该公约的规定。《国际民用航空公约》的主要内容包括以下内容。

1）主权原则

确定各国在其领土和领海上面的领空有排他性的主权。飞入和飞经本国领空的航班，要经过事先批准，否则不能飞行，各国为了本国的安全可以设空中禁区，飞入的外国航空器要遵守当地的法律。

2）航空器的国籍

公约规定了航空器的定义；要求航空器在所在国应依据国内法进行登记，并只能有一个国籍；登记国的政府要保证民用航空器的使用条件以保证飞行安全；规定了各国的民航当局要给登记的航空器发放适航证，给机组成员发放资格证明（执照）。

3）规定国际航空的统一标准

公约规定了简化海关、关税、移民、放行等方面的措施，使国际航行更为方便，后来在此条款的基础上制定了称为“国际标准及建议”的 19 个附件，对民航的各种技术规则作了详细规定。

4）遇难的搜索救援和事故调查

公约规定了遇难的搜索救援是一种国际义务，规定了对失事进行调查的国家、机构及程序。

5）关于国际民航组织的章程条款

《芝加哥公约》属于航空公法，其调整范围只涉及缔约方之间的民用航空事务，关于各缔约方间航空运输的权利，主要是如何安排国际航线的问题。芝加哥会议上，由于与会各方之间的矛盾很大，没有达成一个多边的、共同的模式。会议制定了“国际航班过境协定”和“国际航空运输协定”，但没有获得通过，因此，国际航线的安排就留给各方政府的双边或多边协定来安排。

2.《国际民用航空公约》体系结构

《国际民用航空公约》体系分为四个层次，分别是：

1）标准和建议措施

标准和建议措施以公约附件的形式体现，主要涉及技术方面的相关规定，规定了缔约国规划和运行本国民用航空的基本规则、规定、条例等。

2）航行服务程序

航行服务程序是附件的补充文件，从内容上讲，该程序涉及具体的操作程序，纳入了标准与建议措施不宜涵盖的具体规定。

3）地区补充规定

地区补充程序是航行服务程序的补充文件。在与标准和建议措施、航行服务程序不冲突的前提下，地区补充程序纳入了各地区的具体程序及特殊规定。

4）其他指导材料、手册和通告

指导材料是为了补充标准和建议措施、航行服务程序，并促进其执行而制定的。指导材料作为附件的附篇颁布，也可以作为单独的文件（如手册、通告和地名代码 / 地址目录等）予以颁布。通常，指导材料在通过相关的标准和建议做法（SARPs）时同时得到批准。

手册中提供的资料，是对标准和建议措施以及航行服务程序的补充 / 或扩展。手册专以方便执行为目的，并定期修订，以确保其内容反映出当前的做法和程序。

通告提供各缔约方感兴趣的专项信息。通告与手册不同，通常不予更新。

3.《国际民用航空公约》的附件

附件的正式名称是“国际标准和建议措施”，它是在国际民航组织逐年讨论和修订基础上形成的具有约束力的技术文件，这些文件在理事会上以 2/3 多数通过，通过后三个月内生效。到现在为止，已经制定了 19 个附件：①人员执照；②空中规则；③航空气象；④航图；⑤计量单位；⑥航空器运行；⑦航空器的国籍和登记标志；⑧航空器的适航；⑨简化手续；⑩航空通信；⑪空中交通服务；⑫搜寻和救援；⑬航空器失事调查；⑭机场；⑮航空情报服务；⑯航空器噪声；⑰安全保卫；⑱危险品运输；⑲安全管理。国际民航组织利用这种附件形式还制定了一系列航行服务程序和各种手册，通过修订、补充和制定新的附件，覆盖了民航领域的各个方面，使国际航空规则趋向统一和不断更新，保证国际航空安全、高效运行，极大地推动了国际空运的发展。

这些附件作为国际航空安全与管理的标准和建议措施，各缔约方应尽力与之保持最高程度的一致。但是，附件本身对各缔约方不具有强制性约束力。各缔约方应当自觉尽力予以遵守。不能遵照执行的，则必须根据《国际民用航空公约》第 38 条之规定通知国际民航组织理事会，并且说明本国规章和措施与国际民航组织的有关标准和建议措施之间的差异所在。

三、航空私法体系

1. 华沙公约

国际航班上如果发生了航空事件 / 事故，出现乘客或货物受损失的情况，由于乘客或托运人与承运人的国籍不同，有关的赔偿应该依据什么样的法律或规则呢？ 1929 年 10 月 12 日在华沙签订的《统一国际航空运输某些规则的公约》是第一个国际航空私法公约，就国际航空运输的定义、运输凭证和承运人的责任制度问题做了统一的规定。

公约规定了运输凭证（即旅客机票、行李票和货运单）的国际统一的内容、规格以及其作为运输合同的法律地位；规定了在事故中承运人负有责任，但若承运人证明其采取了必要措施后则没有责任；规定了赔偿的限额，公约规定对每位死亡旅客的赔偿额为 12 万 5 千金法郎，丢失或损坏每件手提行李为 5000 金法郎，每公斤托运货物或行李为 250 金法郎；同时规定了诉讼的法院和时限，并声明本公约只适用于国际运输。

2. 对华沙公约的修改

《华沙条约》经过四次修改，形成了包括《华沙条约》在内的 8 个文件，总称《华沙体制》。

（1）《海牙议定书》。由于第二次世界大战后民用航空迅速发展，经济形势发生变化，各缔约方间出现了矛盾，主要是在赔偿限额的高低上分歧很大，于是 1955 年在荷兰海牙召开的会议上经过激烈的争论，通过了《海牙议定书》，它是对《华沙公约》的第一次修订。《海牙议定书》把赔偿限额提高了一倍，简化了运输凭证的一些规定，并对承运人的责任范围做了进一步的明确。《海牙议定书》并没有对责任制度做出实质性的改进，是一种以承运人的过失为基础并规定限额的主观责任制度，采用责任倒置的原则，举证责任在承运人身上。

（2）1975 年的四个蒙特利尔议定书。1955—1966 年间，《华沙公约》仍有一些小的修改和补充。到 20 世纪 60 年代末 70 年代初，国际货币危机使黄金价格大幅变动，原规定中赔偿的金额以金法郎定价已不能适应这种形势，《华沙条约》需要进行一次大修改。1975 年在蒙特利尔的航空法会议上提出了四个议定书。它把赔偿的计价单位由金法郎改变为国际货币基金组织规定的“特别提款权”。但对不是国际货币基金组织成员的仍然使用以黄金为计量的单位。此外，在议定书中把华沙公约中有关承运人可以利用“采取了必要措施后可以免除责任”的主观责任制的范围大大缩小，规定只有在托运的货物原有缺陷，包装不好或战争时承运人才没有责任。实际上等于实行承运人承担了几乎是全部责任的客观责任制。议定书为适应计算机的发展还补充了关于用电子计算机填制货运凭证的规定。我国政府批准了《华沙公约》和《海牙议定书》，对四个蒙特利尔议定书因尚未生效，我国也没有参加。

（3）1952 年在罗马签订的《关于外国航空器对地（水）面第三者造成的损害公约》（简称《罗马公约》），涉及对地面第三人的责任赔偿问题。这种责任主要是指航空器碰撞和航空器对地（水）面上的第三者造成的损害的责任，至今仍然在研究当中。

（4）1999 年的《蒙特利尔》公约，是华沙体系现代化的重要标志。蒙特利尔公约承认电子客票的法律地位；增加了“第五诉讼管辖权”，允许旅客及其承运人可以在其住所或永久居住地起诉；旅客伤亡采用双梯度赔偿责任制；行李赔偿采用过失责任制。

四、航空刑法体系

从20世纪50年代起，开始出现了有组织的劫机、炸机等机上犯罪事件。为了制止针对民用航空器及机场的犯罪活动，并确定对犯罪的管理和处置办法，1963年开始，先后制订了5个国际航空刑事方面的公约和议定书。

1.《东京公约》

针对在飞机上发生的犯罪行为，于1963年制定了《东京公约》，全名为《关于航空器上犯罪及某些行为的公约》。公约确定在航空器上，航空器的登记国依据本国法行使刑事管辖权，但同时又"不排除依本国法行使任何刑事管辖权"。这种含糊的提法表示在航空器上的管辖权是航空器登记国的，而同时又给了落地、飞经国一定的管辖权。公约对机长的权力也做了规定，使机长肩负着与机上的犯罪做斗争和处理的责任。

2.《海牙公约》

《海牙公约》是对20世纪60年代末的劫机高峰作出的反应，《东京公约》虽然有相关劫机条文，但是规定不严，处理无力。1970年，国际民航法律委员会制定了《海牙公约》，其全名为《制止非法劫持航空器公约》。《海牙公约》确定劫机为国际性罪行，缔约国家要对这种罪行进行严刑惩处，当事国对罪犯可以起诉，也可以引渡。

3.《蒙特利尔公约》

其全称是"制止危害民用航空安全非法行为公约"。它和《海牙公约》的目的是相同的，制止对飞机的犯罪，制定的时间也是相近的，《海牙公约》针对的是劫机；《蒙特利尔公约》针对的是毁坏飞机、制造空中爆炸等行为。《蒙特利尔公约》的处理罪犯原则"引渡或起诉"与《海牙公约》是一样的，只是对危害民航安全的非法行为及犯罪的定义和范围做了规定，并规定，这个公约的适用范围是"在使用中"的航空器。"使用中"包括了飞行前的准备时间、飞行中及降落后的24小时。

4.1988年的《蒙特利尔议定书》

其全称是《制止在用于国际民用航空的机场发生的非法暴力行为以补充1971年9月23日订于蒙特利尔的〈制止危害民用航空安全的非法行为的公约〉的议定书》。

5.1991年的《蒙特利尔公约》

其全称是《注标塑性炸药以便探测的公约》，旨在防止使用塑性炸药危害航空器的非法行为。

6.《北京公约》

2010年9月，国际民航组织国际航空保安公约外交大会在北京闭幕，会上审议并通过了2010年《北京公约》和2010年《北京议定书》。

在12天的会期内，与会近80个国家和组织的300多名代表和国际民航组织(ICAO)的高级官员就条约涉及的主要争议问题进行最后的磋商，并最终产生新的国际多边条约的正式案文，命名为2010年《北京公约》和2010年《北京议定书》。这是民航史上第一个以中国城市命名的国际公约。

两个法律文件的主要内容是将新出现的对航空运输业安全构成威胁的犯罪行为予以刑事定罪。将联合国反恐公约体系中的许多既有的法律制度移植到公约和议定书案文中，进

一步从实体法和程序法的角度来完善国际航空刑法，以保障国际航空运输业安全、持续、健康、有序发展。

之前有关反劫机、反爆炸等五项航空保安公约已被广大国家所接受，成为打击非法干扰民用航空广泛适用的法律文书，但仍需在若干方面对其进行更新，以便应对将航空器用作武器或者实施化学、生物和放射性攻击等新的和正在出现的威胁。此外，之前各种文书的侧重点是在航空器上或机场实际施行犯罪行为的人，而对犯罪行为的组织者和指挥者的处理问题未做具体规定。

《北京公约》和《北京议定书》不仅弥补了之前航空保安公约存在的空白和不足，还关注了大规模杀伤性武器的非法运输问题，为实现国际民用航空安全提供了强有力的法律保障，有效保护旅客的生命和财产安全，促进全球民用航空业的安全发展。

这些公约对保障飞行安全，制止国际民航飞行的犯罪起了很大的作用。与此同时，国际民航组织及各国政府制定了一系列的措施与法规，进行机场安全检查，设立机上警卫，对登机物品做出限制等，这对预防和制止犯罪也起到了巨大作用。

五、双边和多边运输协议

多边、双边航空运输协定是两个或者两个以上主权国家为了在国家间建立航空运输关系而签订的协定，是国家间通航的主要法律依据，也是国际航空法的主要渊源。例如 1956 年在巴黎签订的《关于欧洲不定期航空运输商业权利的多边协定》就是多边航空运输协定。迄今为止，世界各国共有多边、双边航空运输协定四千多个。截至 2018 年底，中国与 125 个国家和地区签署了双边民用航空运输协定。多边、双边航空运输协定在国际航空法中占有十分重要的地位，主要内容是交换航权，确定航线、运力、运价等。

“航权”（航空“业务权”）是国际航空运输中的一个十分重要的问题，涉及市场准入权。航空公司经营国际航空运输业务，如果得不到航权，是不可能进入市场的；即使获得了一定的航权，但得到的权利不充分，也很难经营国际航空运输业务。因此，不论作为主管民航事业的政府部门，还是航空运输企业，都对此高度重视。

创设“航权”概念是国家保护本国航空资源的“工具”；而在经济全球化大趋势下的今天，不开放“航权”则成了束缚航空运输发展的障碍。“航权”是国际航空运输中的概念，最早出现于 1944 年芝加哥国际民航会议，是历史的产物。第二次世界大战极大地刺激了航空技术的发展，特别是给美国创造了极大的航空运输能力，为战后将航空用于民用提供了物质条件。1944 年 11 月 1 日至 12 月 7 日，由美国邀请，共 52 个国家派代表出席，在芝加哥举行了国际民用航空会议。据统计，在 1944 年底，美国经营了当时已开通的国际航线的 80% 以上。因此，美国主张“空中自由”，为其在战争中膨胀起来的航空实力开航世界扫清道路。以英国为首，针对美国的贸易自由论，提出了经济管制论。经过激烈争论，最后签订的《国际民用航空公约》，除第 6 条关于国际定期航班、第 5 条关于不定期飞行、第 7 条关于国内载运权作了原则规定外，并没能就国际航空运输的运营权利问题达成协议。为了弥补这个缺陷，这次会议在《芝加哥公约》之外，签订了《国际航班过境协定》（通称“两大自由协定”）和《国际航空运输协定》（统称五大自由协定）。协定规定：“每一缔约国给予其他缔约国以下列定期国际航班的空中自由：

（1）不经停而飞越其领土的权利；

（2）非商业性经停的权利；

（3）卸下来自航空器国籍国领土的旅客、货物、邮件的权利；

（4）装载前往航空器国籍国领土的旅客、货物、邮件的权利；

（5）装卸前往或来自任何其他缔约国领土的旅客、货物、邮件的权利。"

除上述"五大航权"外，还发展成"第六、七、八种航权"，甚至还有"第九种自由"。但"第一种自由"至"第五种自由"，系国际条约所规定，因此有统一的法律根据；而第六至第九种至今没有统一的定义。"第六种自由"，根据国际民用航空组织文献，"是指双边航空协定——缔约国的指定空运企业，承运权利给予国（缔约另一方）领土与第三国领土间的业务，而在该空运企业所属国领土上降停的情形"；第七种自由，是指一国的承运人完全在其母国领土以外经营、在航空器登记国之外的两个外国之间运送旅客、货物、邮件的权利；第八种自由，是指一国的承运人在外国领土内的两点之间运送旅客、货物、邮件的权利（即"国内载运权"）。如果将上述第八种自由又分为"连续的国内载运权"和"非连续的国内载运权"两种形态。那么，前者是"第八种自由"，后者便成了"第九种自由"。

第三节 中国民用航空法规体系

航空法涵盖航空活动的各个方面，保证了航空活动有法可依，是航空活动能够安全、高效、有序运行的基本条件和有力保证，航空法的作用体现在以下几个方面。

（1）维护国家的领空主权，确保国际航空活动中的国家权益，协调国际和国内各类航空活动的运行。

（2）从全系统观点出发，确保航行安全，从航空器制造、航空地面设施及空中交通秩序、飞行等各个方面都有明确的规定。

（3）协调各航空企事业的关系，促使民用航空高效、持续、健康发展。

（4）加强安保，打击一切在民航领域中的犯罪和破坏活动。

有鉴于航空法的重要作用，各类民航从业人员都必须具有航空法的基本知识，熟悉和掌握所从事工作的相应法规。

中华人民共和国成立以来，民航法规体系逐步完善，特别是改革开放以来，民航法规体系建设得到了长足的发展，为我国依法规范和管理民用航空活动，奠定了件坚实的法律基础。按照立法部门和法律效力的不同，民航法规可以划分为法律、行政法规和规章三个层次，其他规范性文件作为部门规章的补充。

一、法律

法律由全国人民代表大会常务委员会制定的，具有最高的法律效力，是有关民航行政法规和规章的上位法依据。法律主要规范民航行业管理中最基本的方面，以维护国家的领空

主权和民用航空权利，保障民用航空活动安全、有秩序地进行，保护民用航空活动当事人各方的合法权益，促进民用航空事业的发展。

我国现有一部民航法律——《中华人民共和国民用航空法》。1995年10月30日，第八届全国人民代表大会常务委员会第十六次会议通过了《中华人民共和国民用航空法》（以下简称《民航法》），并于1996年3月1日开始施行。这是我国历史上第一部真正意义上的航空法，标志着我国民用航空的法制建设迈入崭新的阶段。该法共16章214条，主要内容包括领空主权、民用航空器国籍与权利、民用航空器的适航管理、航空人员执照管理、民用机场的建设和使用许可、空中航行、航空运输管理、搜寻与援救等方面的基本规范，明确了民航管理、运行、生产、保障单位以及公众从事民航活动的基本法律准则。

1. 领空主权

《民航法》规定中华人民共和国领土和领水之上的空域为中华人民共和国领空，中华人民共和国对中华人民共和国领空具有完全的、排他的主权，任何国家的飞行器进入我国领空必须接受我国政府的管理，其民用航空器必须遵守我国《民航法》的相关规定。

为了对空域实施有效管理，《民航法》授权国务院和中央军委制定空域管理的具体办法。任何民用航空器在我国管制空域内飞行，必须接受我国空中交通的管制单位的管制和服务，遵守相应的飞行规则。外国民用航空器根据其国籍登记政府与我国签订的协定、协议的规定或经我国民航主管部门批准或接受，方可飞入、飞出中华人民共和国领空，或在中华人民共和国境内飞行或降落。

2. 民用航空器

《民航法》第二、三、四章明确了对民用航空器的管理，包括民用航空器的国籍管理、适航管理以及民用航空器的权利等。

在现代社会中，国籍的概念已经从自然人扩大到法人、船舶航空器以及一般财产。航空器的国籍是一国对航空器实施管理及外交保护的基本依据。我国《民航法》沿袭了《芝加哥公约》对于国籍的相关规定，不承认航空器具有双重国籍，并规定了航空器国籍登记的条件及航空器机身上涂绘国籍标志的要求。

民用航空器的权利包括民用航空器的所有权、抵押权、优先权和租赁权。民用航空器的所有权是指民用航空器的所有人对民用航空器的占有、使用、收益和处分的权利。随着航空事业的发展，航空器的所有权出现了新的形式。我国《民航法》规定，融资租赁期间，承租人依法享有航空器的占有、使用和收益权。抵押权不转移所有权，设置抵押权的目的在于担保债务的清偿，但抵押权限制了所有权的转让。我国《民航法》规定，未经抵押权人同意，抵押人不得将被抵押航空器转让他人。优先权是指债权人向民用航空器所有人、承租人提出赔偿请求，对产生该赔偿请求的民用航空器具有优先受偿的权利。我国民航法规定搜救和保管维护单位对民用航空器具有优先受偿权。

航空器的适航管理是根据国家的有关规定，对民用航空器的设计、生产、使用和维修实施以确保飞行安全为目的的技术鉴定和监督。适航管理是政府行为，具有强制性和法规性。我国《民航法》仅规定了适航管理的证照制度的原则，适航管理的具体内容有一套严格的法规体系，包括法规层面的《中华人民共和国适航管理条例》和相关的规章。

3. 航空人员

航空活动的专业性很强，合格的技术素质和严谨的工作作风是对航空人员的基本要求。我国《民航法》规定航空人员必须接受专门训练，经考核合格，取得国务院民航主管部门办法的执照，方可担任其执照载明的工作。《民航法》特别强调了机长的法律地位和责任，从法律层面授予机长对航空器的操作权和最终处置权。

4. 民用机场

《民航法》第六章对民用机场的修建、使用、环境和安保方面做了相关规定。《民航法》规定民用机场须持有机场使用许可证方可开放，并规定了机场开放应当具备的条件。针对机场净空，《民航法》制定了严格的保护条款。

5. 航空运输

《民航法》第八、九和十二章对航空运输企业的组成、审定、运输凭证、承运人责任和赔偿等方面作出了相关规定。

6. 航空刑法

为保护民用航空运输安全，惩治犯罪行为，《民航法》第十五章“法律责任”参照我国刑法的相关规定，界定了相应的法律责任。

二、行政法规

民航行政法规是由国务院或国务院、中央军委制定的，有关民航行业管理的法律的行政法规，具有低于法律、高于规章的法律效力，是规章的上位法依据。行政法规主要规范行政法律关系主体的职责、权限，明确行政管理的程序和基本原则，以行政强制力保障法律的基本原则得以贯彻实施。行政法规主要目的是为了确定民航行政法律关系，即针对具体的行政事项，确定行政主体、行政相对人和行政法律关系客体。同时，涉及民用航空外的其他领域时，如空域飞行规则，需要由国务院单独或联合其他部门共同颁布行政法规，以起到对所有飞行活动的普遍规范作用。

截至2018年底，我国现行有效法律和行政法规28部，主要内容涉及民用航空器的国籍和所有权、民用航空市场管理、民用航空适航和飞行标准管理、空中交通管理、机场管理、民用航空器事故调查与援救等。

在空域管理和空中航行方面，不仅涉及民用航空器，也涉及军用航空器，因而这个领域就由国务院和中央军委联合颁布法规，如2007年修订的《中华人民共和国飞行基本规则》和2003年实施的《通用航空飞行管制条例》，对我国领空内的空域分类与划设、航路规定、飞行基本规则等都有涵盖各类航空器的详细规定，使我国领空中的空中航行有了统一的法律规程。

在航空运输法方面，我国从20世纪80年代之后开始了航空运输企业的改制，与之相适应的是，一批涉及民用航空市场管理的法规开始颁布实施，如《国内航空运输承运人赔偿责任限额规定》《民用航空运输不定期飞行管理暂行规定》《国务院关于通用航空管理的暂行规定》等。

在机场管理方面，涉及国家的土地法、城市规划法、海关法、出入境法、检疫法、环境保护法等，我国的机场建设正在迅速发展，投资渠道、管理体系也在不断发展变化。特别是20世纪80年代以来，绝大部分机场划归地方管理，国家出台了一系列机场管理的暂时性法规，如

1985 年的《关于建设机场和合用机场审批程序的若干规定》《国务院、中央军委关于保护机场净空的规定》和 1986 年的《民用机场管理暂行规定》等。这方面的法规将随着我国现代化进展逐步完善起来。

三、规章

民航规章是参照国际民航和世界上其他国家的通行办法，依照我国的法律和法规，由中国民航局制定有关民航行业管理的规范性法律文件，在法律效力上低于法律和行政法规，规定实施民航行业管理的具体要求、办法和规定。规章是行业管理的主要依据，包括行政规章和运行规章两部分，前者用于规范民航行政管理行为，后者用于规范民航运行和服务行为。我国从 1987 年开始制定民航规章，逐渐形成了较为完整的规章体系。现有民航规章编号 400 部，按照横向领域划分为下述 15 类。截至 2018 年，现行有效规章 115 部。根据 2008 年国务院大部制改革，中国民用航空局划归交通运输部管理，民航相关规章的立法主体也变成了交通运输部。自 2016 年 3 月，交通运输部部务会议审议并原则通过《中国民用航空应急管理规定（草案）》等 14 项民航系统规章开始，以后的规章都以交通运输部名义对外发布。

第一编　程序规则（1 ～ 20 部）
第二编　航空器（21 ～ 59 部）
第三编　航空人员（60 ～ 70 部）
第四编　空域、导航设施、空中交通规则和一般运行规则（71 ～ 120 部）
第五编　民用航空企业合格审定及运输（121 ～ 139 部）
第六编　学校、非航空人员及其他单位的合格审定及运行（140 ～ 149 部）
第七编　民用机场建设和管理（150 ～ 179 部）
第八编　委任代表规则（180 ～ 189 部）
第九编　航空保险（190 ～ 199 部）
第十编　综合调控规则（201 ～ 250 部）
第十一编　航空基金（251 ～ 270 部）
第十二编　航空运输规则（271 ～ 325 部）
第十三编　航空保安（326 ～ 355 部）
第十四编　科技和计量标准（356 ～ 390 部）
第十五编　航空器搜寻援救和事故调查（391 ～ 400 部）

四、其他规范性文件

根据民航局 1995 年制定的《中国民用航空总局职能部门规范性文件制定程序规定》（CCAR － 12LR），民航局各厅、司、局、室可以制定民航行业管理的规范性文件，包括管理程序（英文缩写为 AP）、咨询通告（英文缩写为 AC）、管理文件（英文缩写为 MD）、工作手册（英文缩写为 WM）、信息通告（英文缩写为 IB）、表格（英文缩写为 CH）六类。

规范性文件是民航规章的补充，用来规定规章的具体实施办法、管理程序或对条款进行解释说明，作为实施民航行业管理的补充手段。规范性文件可以作为民航内部行政隶属关系内部管理的手段，同时作为行业管理对象的从业指导和参考。规范性文件不能单独作为民航行业管理的依据。

五、中国民航法规体系发展趋势

建立和完善民航法规体系，是实现民航依法行政、依法运行，进而确保民航安全运行的基石。我国民航法规的发展经历了军管、军民共管、军民分开、政企分开、政事分开几个阶段，几经变革，并通过吸收和借鉴 FAA 航空法规体系的基础上，逐渐形成了我国当前较为完善的体系架构，有力地支撑和保障了我国民航事业的健康发展。

从长远来看，法规体系的发展不仅受管理体制变革的影响，同时也受到技术变革、民航发展和国民经济发展的影响，主要表现在以下几个方面。

(1)目前我国民航正处在迈向民航强国的高速发展阶段，各种新的通信、导航、监视和自动化技术不断出现，现有法规体系对新技术缺少有效的规范手段，不利于新技术在民航中的应用和推广。

(2)空中交通流量不断增长，军民航对空域的使用矛盾日益激化；通用航空产业对低空空域开放的需求不仅体现在政策上，还应当在运行保障层面尽早落地；无人机飞行的异军突起，对商业航空运输安全和国家防空安全都带来全新的挑战，急需立法规范。总之，对现有民航法和相关行政法规进行变革，明确空域管理主体和职责分工，建立灵活空域管理政策，统一空域运行法律、法规、规章，提高空域利用效率，有效缓解军民航对空域使用的矛盾，迫在眉睫。尽快确立低空空域划设方法和管理策略，有效推进低空空域管理体制改革的步伐，促进通航产业健康有序发展，也是国民经济发展的需求。

(3)配合 ARJ21、C919 等我国飞机项目，尽快完善民航标准体系、适航审定体系和行业准入制度，规范和促进一批具有自主知识产权的航空器制造、基于北斗的星基 CNS、自动化等新技术在民航领域的应用和推广，是推进民航强国战略的具体体现。

(4) 目前，我国民航法规体系在运行层面形成了以规章确定管理规定、规则、办法，以规范性文件确定管理程序、规范、手段，以标准确定技术依据的法规体系。随着大量新技术，特别是自主技术的推广应用，迫切需要完善我国民航标准体系，推进新技术和科研成果在民航业的应用，促进民航技术的进步。

思考题

1. 国际航空法规的主要表现形式是什么？
2. 《国际民航公约》的体系构成是什么？法律效力如何？
3. 国际航空法规的主要法律部门有哪些？列举其代表性公约。
4. 中国民航法规体系构成是什么样的？
5. 以管制员执照管理为例，通过法规检索，说明管制执照管理的主要法律依据和行政法律关系。

INTRODUCTION TO

CIVIL AVIATION

附　　录

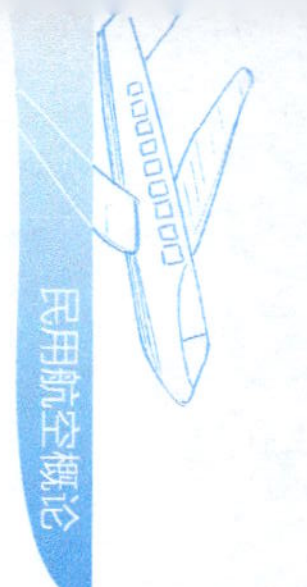

附录 1　民航现有主要飞机、直升机的性能

民航现有主要飞机、直升机的性能

附表 1

机型	飞机尺寸(m)			空重(t)	无油重量(t)	着陆重量(t)	最大起飞全重(t)	经济巡航高度(m)	经济巡航速度(km/h)	最大航程(km)	最大业载(t)	最大座位(个)	使用跑道长度(m)	安装发动机		生产国家及公司
	翼展	长度	高度											台数	型号	
B707	44.2	44.4	12.9	63.9	104.3	112	151	10000	885	10024	24	148	3000	4	JT3D-7	波音公司
B737-800	34.3	39.5	12.5	41.4	56.4	58.6	79	10668	828	5665		189	2027	2	CFM56-7	波音公司
B737-900	35.79	42.11	12.57	44.7	57.2	66.3	85.1	10670	823	5925		215	2591	2	CFM56-3	波音公司
B737-MAX	35.9	35.56	12.3	48.7	61.2	67.1	86.7	10670	850	7084	16	220	1700	2	LEAP-1B	波音公司
B747-400	64.3	70.5	19.3	177.5	256.3	285.8	385.6	10670	935	12780	65.2	400	3200	4	PW4056	波音公司
B747F	59.6	70.7	19.3	155.5	267.6	285.8	377.8	10670	935	12416	75.5		3200	4	JT-7R4J2	波音公司
B757-200	38.1	47.3	13.5	60.5	83.5	89.9	108.8	11890	850	8760	22.9	200	1800	2	RB211-535E4	波音公司
B767-200	47.6	48.5	15.9	83.4	117.9	129.3	157.5	11887	850	11355	31	214	1800	2	JT9D-7R4E	波音公司
B767-300	45.6	54.9	15.9	87.1	126.1	136.1	169.6	11887	850	9965	35	225	1800	2	PW4056	波音公司
B777-200	60.9	63.7	18.4	139	192.8	206	247.2	11000	935	9659	65.5	375	2500	2	GE90-77B	波音公司
B777-300ER	64.8	63.7	18.7	166	237	251	351.5	11000	935	14685	68	550	3200	2	GE 90-115B	波音公司
B787-8	60.2	56.7	17	110	161	172	227.9		903	15200	51	242	3100		Trent 1000	波音公司
A300-600	44.8	54.1	16.5	85.8	130	138	170.5	10670	850	8060	37.4	274	3000	2	CFM56-5C-1	空中客车公司
A310-200	43.9	46.4	15.8	78.7	111.5	123	138.6	11280	828	7470	32	228	1800	2	JT9D-7R4D	空中客车公司
A310-300	43.9	46.7	15.8	80.2	113	124	153	11280	850	9600	34	204	2600	2	CF6-80C2A2	空中客车公司
A320-200	33.9	37.6	11.8	39.3	59	63	72			7190	19.7	179	2070	2	CFM56-5	空中客车公司
A330-200	60.3	58.8	17.4	120	168	180	230	10670	875	12500	36.4	253	2500	2	CF6-80E1	空中客车公司
A340-200	60.3	59.4	16.7	129	166	178	246	9450	779	14800	50.8	375	2990	4	CFM56-5C2	空中客车公司
A350-800	64	60.5	16.9				245	13100		15400		312		2	Trent XWB	

续上表

机型	飞机尺寸(m)			空重（t）	无油重量（t）	着陆重量（t）	最大起飞全重（t）	经济巡航高度（m）	经济巡航速度（km/h）	最大航程（km）	最大业载（t）	最大座位（个）	使用跑道长度(m)	安装发动机		生产国家及公司
	翼展	长度	高度											台数	型号	
A380	79.8	72.8	24.1	275	361	386	560	13100	903	15700	90.8	555	2800	4	GP7200	空中客车公司
MD-11	51.7	61.2	17.6	133.4	185.9	207.7	280.3	9450	850	5250	67.2	340	3000	3	PW4460	美波音公司
IL-96	60.11	55.3	17.5	120.4	180	183	250	11000	860	13500	40	350	2340	4	PS-90A	前苏联伊柳辛设计集团
MD-90	32.9	46.5	9.3	40	59	64.4	70.8	10000	850		18.9	157		2	V2500	麦道公司
MD-82	32.9	45.1	9.2	36.5	55.3	59	68.3	10060	854	4941	17	147	2300	2	JT8D-217A	麦道公司
ATR-72	27.1	27.2	7.7	12.4	20	21.9	22			3500	7.2	74	1300		PW127F	欧宇航和意阿莱尼亚公司
MA-60	29.2	24.7	8.6	13.4	19.7	20.8	21.8	6000	430	2600	5.5	48-52	1000	2	PW-127J	中国西安飞机工业公司
运 -12	17.3	14.9	5.6	3	4.7	5	5.3	3000	250	1440	1.7	17	700	2	PT6A-11	中国哈尔滨飞机制造厂
ERJ145	20.04	29.87	6.76	12.0	17.9	19.3	22	10900	954	2870	4.6	50	2045	2	AE3007A	巴西航空工业公司
CRJ900	23.2	36.19	7.57	21.5	26.5	33.3	36.5	12400	860	2778	10.2	92	1778	2	CF34-8C5	庞巴迪宇航集团
运 -5	18.2	12.7	5.4	3.4	4.6	5.2	5.2	1750	180	845	1.2	10	500	2	HS-5	中国石家庄飞机制造厂
C-172	11	8.28	2.72	0.736			1.11		280	1272				1	IO-360-L2A 横式 -4 缸	美国赛斯纳飞机公司
空中国王 350i	17.6	14.2	4.4			6.8	6.8	10600	435	2837	2.3	11	1006	2	P&WC PT6A-60A	豪客比奇公司
H-135	10.2	10.2	3.51	1.5			2.9	6096	254		1.5	7		2	Turbomeca Arrius 2B2	空中客车直升机公司
S-76							4.6		250	816			1800	2	250-C303	美西科斯基公司
MI-8							12	1000	425	500	2.7	28	1000	2	TB2-117A	前苏联米里设计集团
C-313	14.9	10.9	4.2	1.9	2.9	3	3.2	3000	278	2030	0.7	9	500	2	250B17C	英皮拉图斯公司

附录2 《"十三五"现代综合交通运输体系发展规划》摘录

《"十三五"现代综合交通运输体系发展规划》(国发〔2017〕11号)(以下简称《规划》),于2017年2月3日,由国务院印发,自2017年2月3日起实施。

交通运输是国民经济中基础性、先导性、战略性产业,是重要的服务性行业。构建现代综合交通运输体系,是适应把握引领经济发展新常态,推进供给侧结构性改革,推动国家重大战略实施,支撑全面建成小康社会的客观要求。根据《中华人民共和国国民经济和社会发展第十三个五年规划纲要》,并与"一带一路"建设、京津冀协同发展、长江经济带发展等规划相衔接,制定本规划。

《规划》中提出的"十三五"综合交通运输发展主要指标见附表2。

"十三五"综合交通运输发展主要指标　　附表2

指标名称		2015年	2020年	属　性
基础设施	铁路营业里程(万km)	12.1	15	预期性
	高速铁路营业里程(万km)	1.9	3.0	预期性
	铁路复线率(%)	53	60	预期性
	铁路电气化率(%)	61	70	预期性
	公路通车里程(万km)	458	500	预期性
	高速公路建成里程(万km)	12.4	15	预期性
	内河高等级航道里程(万km)	1.36	1.71	预期性
	沿海港口万吨级及以上泊位数(个)	2207	2527	预期性
	民用运输机场数(个)	207	260	预期性
	通用机场数(个)	300	500	预期性
	建制村通硬化路率(%)	94.5	99	约束性
	城市轨道交通运营里程(km)	3300	6000	预期性
	油气管网里程(万km)	11.2	16.5	预期性
运输服务	动车组列车承担铁路客运量比重(%)	46	60	预期性
	民航航班正常率(%)	67	80	预期性
	建制村通客车率(%)	94	99	约束性
	公路货运车型标准化率(%)	50	80	预期性
	集装箱铁水联运量年均增长率(%)	10		预期性
	城区常住人口100万以上城市建成区公交站点500m覆盖率(%)	90	100	约束性

《规划》在"快速交通网重点工程"中关于民航的内容有:

建成北京新机场、成都新机场以及承德、霍林郭勒、松原、白城、建三江、五大连池、上饶、信阳、武冈、岳阳、巫山、巴中、仁怀、澜沧、陇南、祁连、莎车、若羌、图木舒克、绥芬河、芜湖/

宣城、瑞金、商丘、荆州、鄂州/黄冈、郴州、湘西、玉林、武隆、甘孜、黔北、红河等机场。

建设青岛、厦门、呼和浩特新机场，邢台、正蓝旗、丽水、安阳、乐山、元阳等机场。建设郑州等以货运功能为主的机场。研究建设大连新机场、聊城等机场。开展广州、三亚、拉萨新机场前期研究。

扩建上海浦东、广州、深圳、昆明、重庆、西安、乌鲁木齐、哈尔滨、长沙、武汉、郑州、海口、沈阳、贵阳、南宁、福州、兰州、西宁等机场。

推进京沪、京广、中韩、沪哈、沪昆、沪广、沪兰、胶昆等单向循环空中大通道建设，基本形成以单向运行为主的民航干线航路网格局。

《规划》在“加快运输服务一体化进程”中关于民航的内容有：

实施适航攻关工程，积极发展国产大飞机和通用航空器。

《规划》在“交通运输智能化发展重点工程”中关于民航的内容有：

选取示范国内民用航空器，提供空中接入互联网服务。

加快推动北斗系统在通用航空、飞行运行监视、海上应急救援和机载导航等方面的应用。加强全天候、全天时、高精度的定位、导航、授时等服务对车联网、船联网以及自动驾驶等的基础支撑作用。鼓励汽车厂商前装北斗用户端产品，推动北斗模块成为车载导航设备和智能手机的标准配置，拓宽在列车运行控制、港口运营、车辆监管、船舶监管等方面的应用。

附录 3　通用航空企业经营许可申请材料

（1）通用航空经营许可证申请书。

（2）企业章程。

（3）企业法人营业执照及复印件或企业名称预先核准书。

（4）法定代表人以及经营负责人、主管飞行和作业技术质量负责人的任职文件、资历表、身份证明、无犯罪记录声明、培训证明文件。

（5）法定代表人（负责人）无《通用航空经营许可管理规定》第十一条问题的声明。

（6）公司董事、监事、经理的委派、选举或者聘用的证明文件。

（7）航空器购租合同，航空器的所有权、占有权证明文件。

（8）民用航空器国籍登记证、适航证以及按照民航规章要求装配的机载无线电台的执照。

（9）航空器喷涂方案批准文件以及喷涂后的航空器照片。

（10）航空人员执照以及与申请人签订的有效劳动合同。

（11）基地机场的使用许可证或者起降场地经局方认可的技术说明文件。

（12）基地机场为非自有机场的，还应提供与机场管理方签署的服务保障协议（如适用）。

（13）具备充分赔偿责任承担能力的证明材料，包括地面第三者责任险的投保文件等。

（14）企业经营管理手册。

（15）企业及法定代表人（负责人）的通信地址、联系方式，企业办公场所所有权或者使用权证明材料。

（16）外商投资项目核准或备案文件、外商投资企业批准证书（如适用）。

（17）申请材料全部真实、有效的声明文件。

附录 4　国内外典型机场介绍

● 美国亚特兰大哈兹菲尔德 - 杰克逊国际机场

亚特兰大哈兹菲尔德 - 杰克逊国际机场（Hartsfield-Jackson Atlanta International Airport），简称亚特兰大机场、哈兹菲尔德 - 杰克逊机场或杰克逊机场。亚特兰大机场位于美国佐治亚州亚特兰大市中心南方约 11km 处，该机场是一座 24 小时不间断的机场，很多航空公司以此为重要枢纽。旅客可由此机场飞向全世界超过 45 个国家、72 个城市及超过 243 个目的地（含美国）。达美航空（Delta Airlines）和穿越航空（AirTran Airways）都以此机场为主要枢纽。

截至 2018 年，该机场旅客吞吐量达到 1.073 亿人次，增速 3.3%。该机场也是全球首个客运量过亿的机场，已连续二十年蝉联全球机场客运量第一，也是旅客中转量最大的机场。亚特兰大国际机场的战略位置是其成功的决定性因素，如果行程在 2 小时以内，80% 美国人都会选择这里。

● 中国北京首都国际机场

北京首都国际机场（Beijing Capital International Airport），距离市中心 25km，为 4F 级民用机场，是中国三大门户复合枢纽之一、环渤海地区国际航空货运枢纽群成员、世界超大型机场。北京首都国际机场拥有基地航空 6 家，分别为中国国际航空、中国东方航空、中国南方航空、海南航空、首都航空、顺丰航空，厦门航空在北京朝阳区设立分公司。从 1978 年至 2014 年，北京首都国际机场年旅客吞吐量由 103 万人次增长到 8612.83 万人次，位居亚洲第 1 位、全球第 2 位。

截至 2018 年，该机场旅客吞吐量达到 1.009 亿人次，增速 5.4%。北京首都国际机场是保障北京地区经济发展和推动京津冀一体化发展的重要基础之一，其提供的快捷、高效、安全的航空客货运输，对于保障北京市经济和社会运行，推动北京市产业结构升级和优化，加强京津冀区域互连互通至关重要；北京首都国际机场是保障北京地区经济发展和推动京津冀一体化发展的先导性产业之一。

● 阿拉伯联合酋长国迪拜国际机场

迪拜国际机场（Dubai International Airport）（附图 1），建于 1959 年，是中东地区重要的航空枢纽，其中占地面积达 140km^2。2008 年，该机场共处理的航班有超过 34 % 前往中东和非洲。全球约有 50 多家航空公司在迪拜机场设立了运营基地，包括阿联酋航空公司、科威特 Jazeera 航空公司和 Wataniya 电信航空公司等。

截至 2018 年，该机场旅客吞吐量达到 0.891 亿人次，增速 1.0%。每周大约有 140 多家航空公司、6000 班航班飞向北美洲、欧洲、南美洲、东亚、东南亚、南亚、大洋洲和非洲的 200 多个目的地。

附图1　迪拜国际机场

● 日本东京羽田国际机场

东京国际机场（Tokyo International Airport），又称羽田机场，是日本三大都市圈之东京都市圈的重要国际机场，位于日本东京都大田区东南端多摩川河口的左岸，是日本最大的机场，总面积408万m^2，以经营国内航线为主，但旅客流量亦名列世界前列。羽田机场亦是全球最准时的机场，近九成半的离境航班以及九成的入境航班，都能准时启航或抵达。

截至2018年，该机场旅客吞吐量达到0.871亿人次，增速2.0%。羽田机场每日航班起降架次约1200班，其国际运力均集中在亚太以及北美地区。中国、美国在羽田机场的国际运力份额分别达到19%和13%。羽田机场在亚太地区的国际运力更多，欧洲、大洋洲等远程航线运力则较少。

● 新加坡樟宜国际机场

新加坡樟宜国际机场（Singapore Changi International Airport），又称樟宜机场，是一座位于新加坡樟宜的国际机场，占地13km^2，距离市区17.2km，于1982年启用。樟宜机场是新加坡主要的民用机场，也是亚洲重要的航空枢纽。该机场是新加坡航空、新加坡航空货运、捷达航空货运、欣丰虎航、胜安航空、捷星亚洲航空和惠旅航空的主要运营基地。樟宜机场也是加鲁达印尼航空公司的枢纽和澳洲航空的第二枢纽，其中后者利用新加坡作为中途站来营运欧澳两地的袋鼠航线，是樟宜机场最繁忙的外国航空公司

截至2018年，该机场旅客吞吐量达到0.656亿人次，增速5.5%。樟宜机场凸显服务特色，在软硬件上不断提升，服务于细节。据国际航空运输评级组织Skytrax评选全球十佳机场的研究报告，新加坡连续六年排名全球第一。

● 韩国仁川国际机场

韩国仁川国际机场（Incheon International Airport）（附图2）是通往韩国的门户，也是亚洲最大、最繁忙的机场之一，该机场是大韩航空及韩亚航空的主要枢纽。仁川国际机场坐落在韩国著名的海滨度假城市仁川西部的永宗岛上，距离首尔52km，距离仁川海岸15km。仁川国际机场被美国旅行专业杂志《Global Traveler》授予“2014世界最佳机场奖”。

截至2018年，该机场旅客吞吐量达到0.683亿人次，增速10%。该机场周围无噪音源影响，自然条件优越，绿化率30%以上，环境优美舒适，加上其整体设计、规划和工程都本着环保的宗旨，亦被誉为“绿色机场”。

附图2　仁川国际机场

● 荷兰阿姆斯特丹史基浦机场

阿姆斯特丹国际机场(Schiphol International Airport)，位于荷兰首都阿姆斯特丹，又称史基浦机场，也称西佛尔机场。阿姆斯特丹史基浦机场获得超过120个各种类别的国际奖项。

史基浦机场是荷兰皇家航空与其子公司马丁航空、泛航航空的枢纽机场，美国西北航空（后被达美航空并购成为其一部分）也以该机场作为在欧洲地区的转运枢纽，因此，每年都有大批旅客以该机场作为进入欧陆地区的入口点。

截至2018年，该机场旅客吞吐量达到0.71亿人次，增速3.7%。作为欧洲的主要港口，在客运和货运吞吐量方面，史基浦机场与英国伦敦的希思罗国际机场、德国的法兰克福国际机场、法国巴黎的戴高乐机场和西班牙马德里的巴拉加斯国际机场相互竞争。

● 中国香港国际机场

香港国际机场（Hong Kong International Airport），位于中国香港特别行政区的新界大屿山赤鱲角，24小时全天候运作。香港国际机场曾在十二年内被英国航空评级机构Skytrax八度评为全球最佳机场。香港国际机场是世界最繁忙的航空港之一，全球超过100家航空公司在此运营，香港国际机场里国泰航空、国泰港龙航空、香港华民航空、香港航空以及香港快运航空的枢纽机场，同时也是国际航空联盟寰宇一家的重点机场。

截至2018年，该机场旅客吞吐量达到0.745亿人次，增速2.6%。机场连接全球近200个航点，超过100家航空公司在机场营运，每天提供逾1200班航班。

● 德国慕尼黑机场

慕尼黑机场（Munich International Airport）位于德国慕尼黑东北28km的埃尔丁沼泽，紧邻弗赖辛。慕尼黑机场是欧洲最大的航空枢纽之一，约100家航空运营商在此提供航班飞往全球69个国家的242个航点。对于汉莎航空和星空联盟成员而言，慕尼黑机场是一个重要的基地枢纽，其转机乘客平均占机场总客运量37%的份额。

截至2018年,该机场旅客吞吐量达到0.46亿人次,增速4%。得益于其全球航线网络,与2017年相比,慕尼黑长途航班的客运量增长了7%,欧洲航线客运量增长了约5%,而德国国内航班的旅客总数下降了1%。

● 加拿大温哥华国际机场

温哥华国际机场(Vancouver International Airport)是位于加拿大不列颠哥伦比亚省列治文市海岛的一个民用国际机场,是加拿大面积第二大、也是第二繁忙的国际机场,仅次于多伦多皮尔逊国际机场。该机场向大温哥华区域局提供服务,是加拿大航空以及加拿大越洋航空的枢纽机场。机场拥有前往亚洲、欧洲、大洋洲、美国和加拿大其他主要机场的直飞航班。

截至2018年,该机场旅客吞吐量达到0.3亿人次,增速5%。机场建筑以大自然与西北海岸的文化特色为主,机场内亦会四处展出图腾柱、雕刻品、玻璃製品、现代雕塑等艺术、工艺品。

● 英国伦敦希思罗国际机场

希思罗国际机场(London Heathrow International Airport)是世界著名的民用机场之一,英国首都伦敦的主要机场,世界主要航空枢纽,是全欧洲最繁忙的机场,也是全世界最繁忙的机场之一,同时也是全世界最大的机场之一。该机场是英国航空和维珍航空的枢纽机场以及英伦航空的枢纽机场,为伦敦最主要的联外机场,也是全英国乃至全世界最繁忙的机场之一。

截至2018年,该机场旅客吞吐量达到0.8亿人次,增速2.7%。希思罗国际机场于1929年启用,2014年首次打入全球十大最佳机场位置,并连续第三年获得最佳机场购物奖。

附录 5　航空器发动机主要生产商及型号

发动机生产商	主要型号系列	适用主要机型
通用电气公司	CF6 系列发动机	空客 A300、A310、A330，波音 B767、B747、MD11，道格拉斯 DC-10 等大型机
	CF34 系列发动机	CRJ-100/200/700、Challenger 601/604、EMBRAER 170/175/190/195、Dornier 728、ARJ21 等小型民航机
	GE90 系列发动机	波音 B777
	GEnx 系列发动机	波音 B787、B747 -8nter-Advanced，空客 A350
罗尔斯•罗伊斯公司	RB211 系列发动机	波音 B747-100、B747-200、B747SP
	RB211-524 系列发动机	波音 B747 系列、B767-300，洛克希德 L-1011
	RB211-535 系列发动机	波音 B757 系列
	Trent 瑞达系列发动机	空客 A330 系列、A340-500/600、A380，波音 B777 系列、B787
	BR700 系列发动机	湾流 G500、G550，庞巴迪“环球快车”，波音 B717
普拉特•惠特尼公司	JT3 系列发动机	波音 B707、道格拉斯 DC-8
	JT8D 系列发动机	波音 B727、B737-1/200、MD-80 系列
	JT9D 系列发动机	空客 A300、A310，波音 B767、B747，道格拉斯 DC-10
	PW 系列发动机	波音 B757、B747-400、B767-200/300、MD-11，空客 A300-600、A310-300
CFM 国际发动机公司	CFM56 系列发动机	波音 B737-300/400/500、空客 A340-200/300
国际航空发动机公司	V2500 系列发动机	空客 A319、A320、A321、ARJ，波音 MD-90
发动机联盟	GP7000 系列发动机	空客 A380

附录 6　2018 年波音 / 空客飞机价格目录

2018 年波音 / 空客飞机价格目录				
机型（波音）		价格（百万美元）	机型（空客）	价格（百万美元）
737 家族	B737-700	85.8	A318	77.4
	B737-800	102.2	A319	92.3
	B737-900ER	108.4	A320	101
	B737 MAX 7	96	A321	118.3
	B737 MAX 8	117.1	A319neo	101.5
	B737 MAX 200	120.2	A320neo	110.6
	B737 MAX 9	124.1	A321neo	129.5
	B737 MAX 10	129.9	A330-200	238.5
747 家族	B747-8	402.9	A330-800（neo）	259.9
	B747-8 Freighter	403.6	A330-200 Freighter	241.7
767 家族	B767-2C	无	A330-300	264.2
	B767-300ER	209.8	A330-900（neo）	296.4
	B767-300 Freighter	212.2	A350-800	280.6
777 家族	B777-200ER	295.2	A350-900	317.4
	B777-200LR	334	A350-1000	366.5
	B777-300ER	361.5	A380	445.6
	B777 Freighter	339.2		
	B777-8	394.9		
	B777-9	425.8		
787 家族	B787-8	239		
	B787-9	281.6		
	B787-10	325.8		

参考文献

[1] 陈力华，侯云波 . 民用航空航线规划策略 [J]. 上海工程技术大学学报，2002，16（3）：163-166.

[2] 耿淑香 . 航空公司运营管理方略 [M]. 北京：中国民航出版社，2000.

[3] 徐公达，石丽娜 . 航空旅客运输管理 [M]. 北京：航空工业出版社，2003

[4] 夏洪山 . 现代航空运输管理 [M]. 北京：人民交通出版社，2000.

[5] 于剑，陈俣秀 . 航空运输管理中战略的制定与执行 [M]. 北京：中国民航出版社，2007.

[6] 张军，都业富 . 发展中枢辐射航线网络战略思考 [J]. 中国民航学院学报，2004，22（增刊）：183-186.

[7] 黎群 . 航空公司战略联盟的经济动因分析 [J]. 管理工程学报，2005，19（6）：99-105.

[8] 金凤君，王成金 . 轴—辐伺服理念下的中国航空网络模式构筑 [J]. 地理研究，2005，24（5）：774-784.

[9] 葛伟 . 不确定性枢纽航线网络优化设计方法研究 [D]. 南京：南京航空航天大学，2012.

[10] 宋军威 . 山东航空公司营销渠道优化策略研究 [D]. 济南：山东大学，2010.

[11] 高红岩 . 战略管理学 [M].2 版 . 北京：清华大学出版社，北京交通大学出版社，2012.

[12] 柳莹 . 山东航空公司成本管理研究 [D]. 济南：山东大学，2012.

[13] 杜长海 . 航空公司收益管理的应用研究 [D]. 上海：复旦大学，2013.

[14] 李悦 . 欧洲大型航空公司航线网络演变历程 [J]. 中国民用航空，2007（76）：84-86.

[15] Yael Heynold，Jerker Rosander. 航空公司的一种新型组织模式 [J]. 中国民用航空，2007（80）：44-47.

[16] 陈卫 . 航空运输业演化研究 [D]. 北京：北京交通大学，2012.

[17] 中国民航大学 . 纽约新泽西港务局管理下的纽约机场群协同发展研究 [R]，2016.

[18] 刘得一，张兆宁，杨新湼 . 民航概论 [M]. 3 版 . 北京：中国民航出版社，2011.

[19] 欧阳杰 . 中国通用机场规划建设与运营管理 [M]. 北京：航空工业出版社，2016

[20] 王维 . 机场净空管理 [M]. 北京：中国民航出版社，2008.

[21] 朱智愚 . 民航机场管理 [M]. 北京：西南交通大学出版社，2008.

[22] 李涛，等 . 民用航空机场地面服务实用手册 [M]. 北京：中国知识出版社，2006.

[23] Alexander T.Wells. Airport Planning and Management[M]. TAB Inc，1986.

[24] 袁鹰 . 通用航空发展前景分析 [J]. 商情，2015：97-97.

[25] 王霞，陈兆鹏，韩莎莎 . 通用航空的基石：FBO[M]. 北京：航空工业出版社，2014.

[26] 宗苏宁 . 中国通用航空产业发展现实与思考 [M]. 北京：航空工业出版社，2014.

[27] 谢春生，郭莉，张洪 . 低空空域管理与通用航空空域规划 [M]. 北京：航空工业出版社，2016.

[28] 曲景文：通用航空器租赁及部分所有 [M]. 北京：航空工业出版社，2016.

[29] 耿建华 . 通用航空概论 [M]. 北京：航空工业出版社，2007.

[30] 于一，沈振 . 通用机场建设运营模式比较研究 [J]. 国际航空，2014（4）.